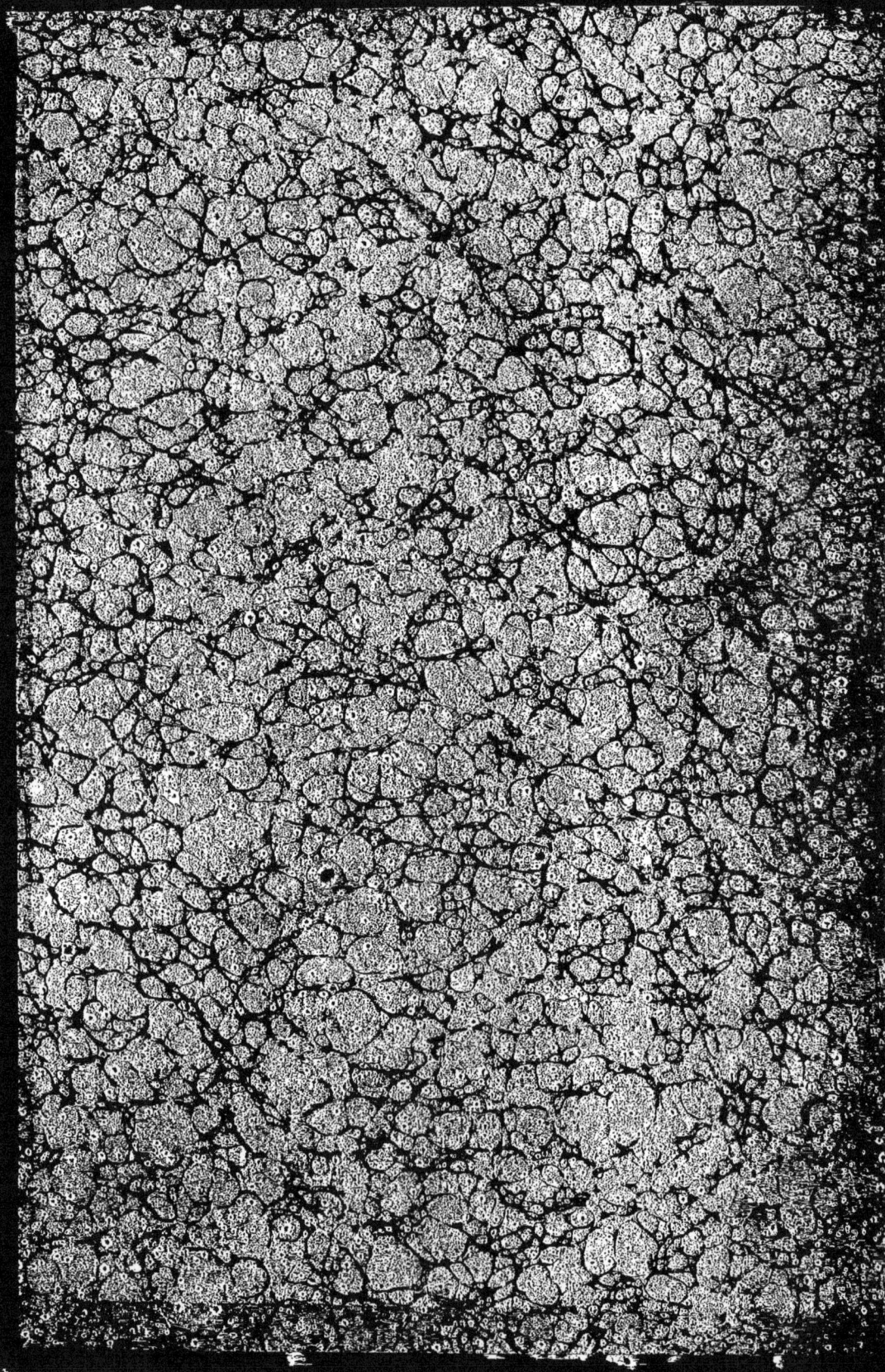

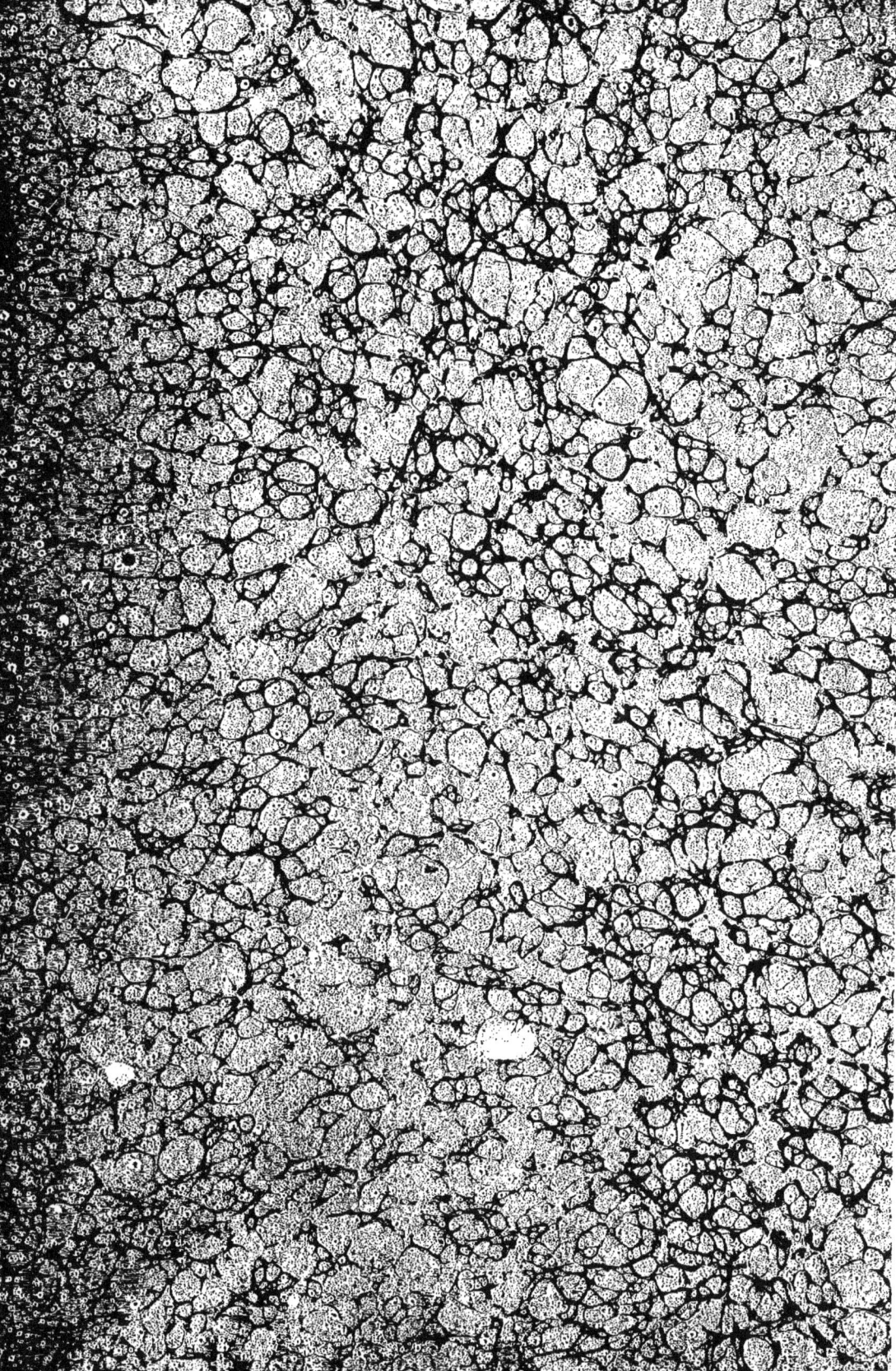

5462

… ŒUVRES ILLUSTRÉES

DE M.

EUGÈNE SCRIBE

CE VOLUME CONTIENT

Zanetta, 1. — La Marquise de Brinvillers, 24. — La Vieille, 44. — L'Ambassadrice, 49. — Le Cheval de Bronze, 72. — Les deux Nuits, 97. — Léocadie, 118. — La Médecine sans Medecin, 133. — Fra Diavolo, 145. — La Fiancée, 168. — La Neige, 189. — Le Maçon, 209. — Fiorella, 225. — Leicester, 244. — La Favorite, 257. — Le Soprano, 272. — Le Chaperon, 286. — La Famille Riquebourg, 300.

ŒUVRES ILLUSTRÉES

DE M.

EUGÈNE SCRIBE

De l'Académie française

DESSINS PAR

TONY ET ALFRED JOHANNOT, STAAL, PAUQUET, ETC.

VIALAT ET Cie, ÉDITEURS
21, quai des Grands-Augustins, 21

1855

MARESCQ ET Cie, LIBRAIRES
5, rue du Pont-de-Lodi, 5

PARIS

VIALAT ET Cie, IMPRIMEURS ET ÉDITEURS.

MATHANASIUS, s'inclinant. Madame ! — Acte 1, scène 5.

ZANETTA
OU
JOUER AVEC LE FEU

OPÉRA-COMIQUE EN TROIS ACTES

Représenté, pour la première fois, à Paris, sur le théâtre royal de l'Opéra-Comique, le 18 mai 1840,

EN SOCIÉTÉ AVEC M. DE SAINT-GEORGES.

MUSIQUE DE M. AUBER.

Personnages.

CHARLES VI, roi des Deux-Siciles.
NISIDA, princesse de Tarente.
RODOLPHE DE MONTEMAR, favori du roi.
LE BARON MATHANASIUS DE WAREN-
DORF, médecin et conseiller de l'électeur
de Bavière.

ZANETTA, jardinière du château royal de Pa-
lerme.
DIONIGI,
RUGGIERI, } seigneurs de la cour.
TCHIRCOSSHIRE, heiduque du baron.
DAMES DE LA COUR.

La scène se passe en Sicile, à Palerme, de 1740 à 1744.

ACTE PREMIER.

Le théâtre représente des jardins élégants dans le château royal de Palerme. — A droite du spectateur, un bosquet ; à gauche, une table richement servie.

SCENE PREMIERE.

RODOLPHE, MATHANASIUS, DIONIGI, RUGGIERI et plusieurs JEUNES SEIGNEURS achèvent de déjeuner au moment où finit l'ouverture. TCHIRCOSSHIRE est debout derrière Mathanasius et lui sert à boire.

CHŒUR.

A quoi bon s'attrister sur les maux de la vie ?
A table, mes amis, gaîment on les oublie...
Et jusqu'au bord quand ma coupe est remplie
Je respire, je bois, et je nargue soudain
    Le chagrin !

DIONIGI. Bravo !.. mais assez de musique.

RUGGIERI. C'est juste, on ne s'entend pas ; et avec vos tarentelles, vous n'avez pas permis à monsieur le docteur de placer un mot.

MATHANASIUS, *gravement*. Nous autres Allemands, nous pensons beaucoup, mais nous parlons peu, surtout à table. (*Au domestique qui lui verse à boire.*) N'est-ce pas, Tchircosshire ?

TCHIRCOSSHIRE. Ia.

RODOLPHE. Et moi, au risque d'être indiscret, je me permettrai d'adresser une question à M. le baron Mathanasius de Warendorf, médecin et conseiller intime de l'électeur de Bavière, ou plutôt de Sa Majesté impériale Charles VII, et je lui demanderai comment il est ici, en Sicile, au moment où son maître se fait proclamer, à Francfort, empereur d'Allemagne ?

MATHANASIUS, *froidement*. Je vais vous le dire, Messieurs. J'ai une prétention : c'est qu'en médecine, comme en toute autre chose, je ne me suis jamais trompé. (*Tendant son verre à son domestique.*) N'est-ce pas, Tchircosshire ?

TCHIRCOSSHIRE. Ia.

RODOLPHE. Vous êtes bien heureux.

MATHANASIUS. Or, il a paru en Espagne et en Sicile une maladie qui, s'lon moi, menace d'envahir l'Europe... une fièvre...

RODOLPHE. D'ambition ?

MATHANASIUS. Non, une autre encore... une espèce de fièvre jaune !

RUGGIERI. La maladetta qui a causé tant de ravages ?

MATHANASIUS. Fléau brutal et sans égards, qui n'épargne ni les empereurs, ni les bourgeois ! aussi, par ordre supérieur, et dans l'intérêt de la science, je suis venu ici pour étudier et observer.

RODOLPHE. S'il en était ainsi, vous n'auriez pas amené avec vous la jolie Mathilde de Warendorf, votre femme, pour l'exposer de vous-même au danger ! Et il faut, monsieur le docteur, que quelque autre motif vous retienne depuis un mois auprès de notre jeune roi Charles VI.

MATHANASIUS. Un grand souverain, Messieurs, jeune, brave et galant ! qui a conquis avec son épée le royaume de Naples !.. je bois à sa santé.

RODOLPHE. Monsieur le baron ne répond pas.

MATHANASIUS, *tenant son verre*. Impossible ; je bois au roi, Messieurs.

TOUS, *se levant*. Au roi !

RUGGIERI. Et maintenant à nos dames !

MATHANASIUS. C'est trop juste !

RUGGIERI. Que chacun boive à celle dont il est le chevalier... moi d'abord à la comtesse Bianca !

DIONIGI. A la belle Zagorala... la divine chanteuse !

MATHANASIUS. Moi, Messieurs, je bois à ma femme.

TOUS. C'est de droit.

DIONIGI. Et toi, Rodolphe ?

RODOLPHE. Moi, Messieurs, je suis fort embarrassé.

RUGGIERI. En effet, je ne connais à Palerme ni à Naples aucune dame qui reçoive ses hommages.

MATHANASIUS. Me sera-t-il permis d'adresser à mon tour une question à M. le comte Rodolphe de Montemar, et de lui demander comment, lui, jeune, riche, de haute naissance, favori du roi, il n'a pas fait un choix parmi nos jeunes Siciliennes.

RODOLPHE. Beautés divines et piquantes... (*Levant son verre.*) A leurs attraits, Messieurs !

MATHANASIUS. Monsieur le comte ne répond pas.

RODOLPHE, *tenant son verre, et du même ton que le baron*. Impossible ; je bois.

RUGGIERI. Et tu nous la feras connaître ?

RODOLPHE. Dès qu'elle existera... dès que j'en aurai une.

REPRISE DU CHŒUR.

Buvons donc, mes amis, buvons à l'inconnue !
Qu'un fortuné hasard la présente à nos yeux !
Qu'elle paraisse, et peut-être à sa vue
    (*Montrant Rodolphe.*)
Nous allons comme lui brûler des mêmes feux.
(*Ils sont tous debout et trinquent près de la table. Le roi paraît au fond du théâtre ; ils l'aperçoivent et quittent la table.*)

SCÈNE II.

LES PRÉCÉDENTS, LE ROI, *paraissant au fond du théâtre.*

MATHANASIUS. Le roi, Messieurs !

LE ROI, *gaîment*. Ne vous dérangez pas..... nous ne sommes plus à Naples ; et dans cette maison de plaisance, point de cérémonial, point d'étiquette, le roi n'est pas ici... il n'y a que Charles, votre ami et votre camarade, qui regrette de n'être pas arrivé plus tôt pour prendre part à votre toast... Est-il temps encore ?

RUGGIERI. Toujours, sire.

LE ROI. Ruggieri, mon échanson, verse donc, et maintenant, Messieurs, à qui buviez-vous ?

RUGGIERI. A la passion de Rodolphe.

LE ROI, *posant le verre*. Ah !

MATHANASIUS. A sa passion à venir... à celle qu'il aura.

LE ROI, *avec amertume*. Vraiment ! et vous, monsieur le baron, vous avez bu à ces souhaits ?

MATHANASIUS. Certainement ; oserais-je demander à Votre Majesté pourquoi elle ne nous imite pas ?

LE ROI. Cela devient inutile, puisque vous avez déjà porté une pareille santé ; je bois alors à la vôtre, monsieur de Warendorf.

MATHANASIUS. C'est bien de l'honneur pour moi.

LE ROI, *buvant*. Je le désire ! (*S'adressant aux jeunes gens.*) Messieurs, j'ai pensé à nos plaisirs de la journée. Ce soir, nous avons un bal, et ce matin une expédition navale.

MATHANASIUS. Voilà un prince qui connaît le prix des instants...

LE ROI, *à Ruggieri et aux autres seigneurs*. Je vous ai compris dans la promenade en mer, et la partie de pêche que nous devons fa re aujourd hui avec ma sœur, la princesse de Tarente, et toutes les dames de la cour... Les yachts sont commandés pour midi.

MATHANASIUS. Votre Majesté me permettra-t-elle de l'accompagner ?

LE ROI, *d'un air aimable*. Certainement, ainsi que madame la baronne, votre femme.

RODOLPHE. Aurai-je l'honneur de suivre Votre Majesté ?

LE ROI, *froidement*. Rien ne vous y oblige ; vous avez d'autres occupations, dont je serais désolé de vous distraire. (*Rodolphe salue profondément et sort.*)

DIONIGI, *pendant ce temps et à voix basse*. Mais il est donc en disgrâce ?

RUGGIERI, *de même*. En disgrâce complète.

DIONIGI, *de même*. Lui, le favori ! (*Au roi, d'un air joyeux.*) Ah' sire, nous ne pouvions le croire.

RUGGIERI, *au roi, du même air*. Il est donc vrai que le comte Rodolphe...

LE ROI. Assez, assez, Messieurs !.. (*Avec dignité.*) Voici le roi qui revient, laissez-nous !.. (*Tous sa'uent respectueusement et sortent. A Mathanasius, qui veut les suivre.*) Vous, monsieur de Warendorf, demeurez, je vous prie.

SCENE III.
LE ROI, MATHANASIUS.

LE ROI. Monsieur le baron, j'ai entendu dire que vous étiez non-seulement un savant docteur, mais un homme fort plein de tact et de finesse.

MATHANASIUS. Je l'ignore, sire! mais j'ai la prétention de ne m'être jamais trompé.

LE ROI. C'est ce que l'on dit. On assure même que votre maître, l'électeur de Bavière, actuellement le puissant empereur Charles VII, vous emploie souvent dans des affaires importantes, (*Mathanasius s'incline sans répondre.*) dans des négociations délicates et secrètes, où, sans caractère officiel, vous lui rendez plus de services que bien des ambassadeurs reconnus et accrédités. (*Mathanasius s'incline de nouveau.*) J'ai cru même, je l'avouerai, qu'une mission de ce genre vous attirait à ma cour... et que la *maladetta*, cette fièvre terrible et contagieuse, que vous êtes venu observer en Sicile, n'était qu'un prétexte.

MATHANASIUS. C'était l'exacte vérité.

LE ROI. Eh bien! alors. (*Hésitant.*) Mais je crains de vous fâcher.

MATHANASIUS. Un diplomate ne se fâche jamais.

LE ROI. Comment vous, si fin, si adroit, n'avez-vous pas deviné ce que j'ai découvert, moi, qui, par mon état de prince, ne dois jamais rien voir? Comment n'avez-vous pas compris que ce jeune imprudent... ce Rodolphe, au mépris du respect que vous deviez trouver dans ma cour, ose en secret porter ses vues sur une personne dont l'honneur est le vôtre?

MATHANASIUS, *froidement.* Eh qui donc?

LE ROI, *avec impatience.* Votre femme, puisqu'il faut vous avertir du danger... votre femme, la baronne Mathilde, à qui il a fait, dès son arrivée, la cour la plus assidue...

MATHANASIUS. D'accord... mais il a bien vu que cela ne me convenait pas, et il s'est bien gardé de continuer ses poursuites.

LE ROI, *avec chaleur.* Parce qu'ils s'entendent, parce qu'ils sont d'intelligence... et vous n'êtes ni ému, ni troublé?..

MATHANASIUS. Un diplomate ne s'émeut jamais! et si je ne craignais à mon tour de fâcher Votre Majesté...

LE ROI. De ce côté, vous n'avez rien à craindre.

MATHANASIUS. Je lui dirais que je ne conçois pas qu'un prince si habile, si éclairé, n'ait pas déjà deviné ce que j'ai cru découvrir, moi, étranger à sa cour. (*S'arrêtant.*) Mais, pardon, si j'ose...

LE ROI, *souriant.* Achevez, Monsieur, achevez! je ne crains rien... pas même la vérité.

MATHANASIUS. C'est comme moi! je la cherche toujours! mon état est de la trouver.

LE ROI. Et le mien de l'entendre... j'ai peu de mérite dans cette occasion... car je ne suis pas comme vous; je n'ai pas de femme!..

MATHANASIUS, *lentement.* Mais vous avez une sœur?

LE ROI, *vivement.* Monsieur...

MATHANASIUS. Je puis me tromper, quoique ce ne soit pas mon habitude... mais ce Rodolphe, qui combattit à vos côtés, ce compagnon d'armes et de plaisirs, admis matin et soir dans l'intérieur du palais et de votre famille, n'aura peut-être pu voir sans danger la princesse de Tarente, dont on vante dans toute l'Europe la beauté, l'esprit, les talents?

LE ROI. Qui vous le fait présumer?

MATHANASIUS. Ce jeune seigneur, si aimable et si brillant, n'adresse ses hommages à personne, et n'a point de passion reconnue... Votre Majesté comprend... ce qui fait supposer quelque sentiment profond et secret, qu'il a grand intérêt à cacher!

LE ROI, *avec hauteur.* Et vous pourriez croire que c'est ma sœur?

MATHANASIUS, *saluant.* Votre Majesté pensait bien que c'était ma femme!

LE ROI. La sœur de son souverain, le sang de Philippe V! non... non... ce n'est pas possible!.. une pareille ingratitude, un pareil crime, n'aurait pas de châtiment assez grand... et vous vous trompez, docteur... vous vous trompez!

MATHANASIUS. Ce serait donc la première fois.

LE ROI. C'est votre femme, vous dis-je! votre femme qu'il aime et dont il est aimé... Silence!.. la princesse vient de ce côté, seule et rêveuse... pas un mot devant elle, et observons.

MATHANASIUS. Je ne demande pas mieux... comme mari et comme diplomate. (*Tous les deux s'éloignent, en se promenant, par le bosquet à droite.*)

SCENE IV.
LA PRINCESSE, seule.

AIR.

Plus doucement l'onde fuit et murmure,
Les fleurs semblent s'épanouir!
O verts gazons, doux zéphyrs, onde pure,
Sauriez-vous donc qu'il va venir?
De cette cour qui m'environne
J'ai trompé les yeux surveillants·
Libre des soins de la couronne,
Me voilà seule! et je l'attends!..
Je l'attends!..
Plus doucement, etc.

CAVATINE.

Pauvre princesse,
Dans la tristesse
Il faut sans cesse
Passer ses jours!
Ennui suprême!
Le diadème
Nous défend même
Pensers d'amour.
Dans ces demeures,
Royal séjour,
Toutes les heures
Sont tour à tour
A la fortune,
A la grandeur;
Et jamais une
Pour le bonheur!
Pauvre princesse, etc.

(*Elle reste à gauche assise et absorbée dans ses réflexions.*)

SCENE V.
LA PRINCESSE, *à gauche;* LE ROI, MATHANASIUS, *sortant du bosquet à droite.*

TRIO.

MATHANASIUS, *bas, au roi.*
Oui, si vous daignez m'approuver,
Et croire à mon expérience,
Cette ruse peut vous prouver
Leur mutuelle intelligence.

LE ROI.
Soit, essayons!

LA PRINCESSE, *levant les yeux et les apercevant, à part.*
O fâcheux contre-temps!
Mon frère et ce docteur...
(*Regardant autour d'elle.*)
Lorsqu'ici je l'attends!
Puisse-t-il à présent ne pas venir!
(*Le roi salue sa sœur, et Mathanasius s'incline.*)

MATHANASIUS, *s'inclinant.*
Madame!
(*Tous les deux s'inclinent, et tournent le dos au bosquet, sous lequel Rodolphe paraît.*)

LA PRINCESSE, *à part, avec effroi, apercevant Rodolphe qui se trouve en face d'elle.*
C'est lui!..

(Elle lui fait signe de la main de s'éloigner. Rodolphe disparaît vivement dans le bosquet.)
Dérobons-leur le trouble de mon âme !
(Avec gaieté, à Mathanasius.)
Salut à vous, savant docteur !
Pourquoi cet air mélancolique
Qui jette un voile de douleur
Sur votre front scientifique?
MATHANASIUS, *bas, au roi.*
Vous allez voir à l'enjouement
Succéder la pâleur mortelle !
(Haut.)
Hélas ! un horrible accident,
Dont on nous apprend la nouvelle.
LA PRINCESSE.
Qu'est-ce donc?
MATHANASIUS.
Un infortuné,
Victime, hélas ! de son audace,
Par un cheval fougueux, renversé, puis traîné...
Il est mort, dit-on, sur la place.
LA PRINCESSE.
Mais c'est horrible !.. et dites-moi, de grâce,
Qui donc?
MATHANASIUS, *bas, au roi.*
Regardez bien !
(S'adressant à la princesse.)
Rodolphe !
LA PRINCESSE *tressaille, puis répond froidement :*
Ah ! c'est fâcheux.
(Au roi.)
Pour vous, sire ! un ami ! puis mourir à la chasse,
Lui ! qui dansait si bien... l'accident est affreux !..
ENSEMBLE.
LE ROI.
Son maintien est le même,
Ni trouble, ni pâleur !
De votre stratagème,
Que dites-vous, docteur?
MATHANASIUS.
Ma surprise est extrême,
Ni trouble, ni pâleur,
Ce n'est pas lui qu'elle aime ;
Oui, j'étais dans l'erreur.
LA PRINCESSE.
Ah ! c'est un stratagème,
Pour éprouver mon cœur?
Cachons-leur que je l'aime,
Conservons leur erreur.
LA PRINCESSE, *à Mathanasius.*
Et vous l'avez vu?
MATHANASIUS, *troublé.*
Non, vraiment !
On me l'a dit, et l'accident
N'est peut-être pas véritable !
LA PRINCESSE, *froidement.*
Il n'aurait rien d'invraisemblable ;
Rodolphe était de son vivant,
Etourdi, léger, imprudent !..
LE ROI, *bas, à Mathanasius.*
Grand diplomate... eh bien ! qu'ai-je dit ?
MATHANASIUS.
Quel soupçon...
LE ROI.
Vous le voyez, moi seul avais raison !
ENSEMBLE.
MATHANASIUS.
Dupe de ma ruse,
Je suis sans excuse ;
Et de moi s'amuse
Un amant heureux.
Dans le fond de l'âme,
Le courroux m'enflamme ;
Et c'est de ma femme
Qu'il est amoureux.
LE ROI.
Dupe de sa ruse,
Le docteur s'abuse,
Et de lui s'amuse
Un amant heureux.

Oui, ce trait infâme,
De fureur m'enflamme,
Car c'est de sa femme
Qu'on est amoureux.
LA PRINCESSE.
L'amour qui m'excuse,
Ici, les abuse !
Oui, par cette ruse,
Trompons-les tous deux.
L'honneur le réclame,
Qu'au fond de mon âme,
Imprudente flamme
Se cache à leurs yeux.
LE ROI, *bas, à Mathanasius.*
Ainsi donc, votre expérience,
Savant docteur, vous a trahi !
Cette secrète intelligence,
N'est pas entre ma sœur et lui !
LA PRINCESSE, *à part.*
De le revoir plus d'espérance !
Ils ne s'en iront pas d'ici.
MATHANASIUS, *à part, avec douleur.*
Il est donc vrai, le corps diplomatique,
Jusqu'à ce point peut s'abuser, hélas !
LA PRINCESSE, *à Mathanasius.*
On doit m'attendre au salon de musique,
J'y vais voir votre femme...
MATHANASIUS.
Oserais-je, en ce cas,
De votre altesse, accompagner les pas?

ENSEMBLE.

MATHANASIUS.
Dupe de ma ruse,
Je suis sans excuse, etc.
LE ROI.
Dupe de sa ruse,
Le docteur s'abuse, etc.
LA PRINCESSE.
L'amour qui m'excuse,
Ici, les abuse, etc.
(Mathanasius a offert sa main à la princesse ; tous les deux sortent par la gauche.)

SCÈNE VI.

LE ROI, *seul ; puis* RODOLPHE.

LE ROI. Oui, oui, ce n'était que trop vrai ! je ne m'étais pas abusé ! et c'est ce qui double mon dépit... *(Avec froideur.)* Ah ! c'est vous, monsieur le comte?..
RODOLPHE. Moi-même, sire, qui viens prendre congé de Votre Majesté... Votre accueil de ce matin me dit assez que j'ai perdu vos bonnes grâces...
LE ROI, *froidement.* Est-ce à tort ? et m'accuserez-vous d'injustice, quand notre amitié fut trahie par vous?
RODOLPHE, *à part.* C'est fait de moi ! il sait tout !
LE ROI. Depuis l'Espagne, où nous avons été élevés ensemble, mes projets, mes peines, mes chagrins, ne vous ai-je pas tout confié?.. et vous...
RODOLPHE. Grâce, sire, grâce !.. Je veux, je dois tout vous avouer...
LE ROI. Parlez donc !.. Je vous attends.
RODOLPHE, *dans le plus grand trouble.* Eh bien ! oui, c'est de la folie, de la démence... une passion absurde, impossible : mais croyez qu'au prix de ma vie... le plus grand mystère... le plus profond secret...
LE ROI. Il est trop tard, Monsieur ! J'ai tout découvert... j'ai tout dit.
RODOLPHE. A qui donc?
LE ROI. A son mari.
RODOLPHE, *stupéfait.* Son mari !..
LE ROI. Oui, à lui-même.
RODOLPHE, *à part.* Qu'allais-je faire? nous n'y sommes plus.
LE ROI. C'est moi... votre ami... qui vous ai dénoncé...

qui ai prévenu le baron de Warendorf... qui l'ai mis en garde contre vos projets coupables!

RODOLPHE. Mais, sire.

LE ROI. Que vous ayez adressé vos hommages à toute autre personne, peu m'importait!.. mais séduire la femme d'un ambassadeur, sous mes yeux, à ma cour, malgré l'hospitalité, malgré le droit des gens .. voilà ce que je ne pardonne pas, dans l'intérêt des mœurs et de ma couronne.

RODOLPHE. Et Votre Majesté a raison. Aussi ne lui répondrai-je qu'un seul mot : c'est que je n'aime et n'aimerai jamais la baronne.

LE ROI. Que dis-tu ?

RODOLPHE. Qu'elle m'est tout à fait indifférente.

LE ROI. Tu me trompes!

RODOLPHE. Je le jure par l'honneur... et si je connaissais un ami qui en fût épris, loin de le traiter en rival, j'offrirais de le servir.

LE ROI, *avec empressement.* J'accepte.

RODOLPHE. Vous, sire?..

LE ROI, *gaiement.* Oui, je l'aimais sans le lui dire, et, te croyant préféré, j'étais furieux contre elle, jaloux contre toi... et, dans ma colère, j'ai été injuste... je t'ai trahi... Pardonne-moi, Rodolphe!

RODOLPHE. Ah! sire...

LE ROI. Non, c'est mal ! J'ai fait cause commune avec un mari; ça ne se doit pas, et j'en serai puni... car, maintenant, j'ai éveillé ses soupçons; le voilà sur ses gardes. Il est fin, il est adroit... et réussir sera difficile...

RODOLPHE, *souriant.* Moins que vous ne croyez!..

LE ROI. Ah! s'il était vrai... dès aujourd'hui, je me déclarerais.

RODOLPHE. Je ne vois pas ce qui pourrait vous empêcher... (*Riant.*) à moins que ce ne soit le droit des gens?

LE ROI, *de même.* Tais-toi! tais-toi!.. je te tiendrai au courant. Tu viens d'abord avec nous à cette promenade en mer, à cette partie de pêche...

RODOLPHE. Je n'en suis donc plus exclu?

LE ROI, *avec bonté.* Est-ce que je peux te quitter et me passer de toi?.. Et ta passion, nous en causerons. Un amour, disais-tu, absurde, impossible. En quoi donc?.. cela dépend-il de moi?

RODOLPHE, *avec émotion.* Non, non... de mon père... de ma famille.

LE ROI. Une mésalliance ?

RODOLPHE. Oui, justement. J'en ai honte, j'en rougis; n'en parlons jamais... je vous en prie.

LE ROI. Au contraire... et quels que soient les obstacles, Rodolphe, compte sur ton roi... et, mieux encore, sur ton ami. (*Il sort.*)

—

SCÈNE VII.

RODOLPHE, *seul.* Ah ! c'est indigne à moi! Trahir mon maître, mon bienfaiteur... Hélas! j'avais perdu la raison; tout m'avait enivré : l'amour d'une princesse, l'éclat du rang suprême. Quel autre eût eu le courage de résister à tant de charmes... à tant d'illusions?.. et si je suis coupable... eh bien! il y va de mes jours; le danger ennoblit tout .. et, quoi qu'il arrive maintenant, il n'y a plus à se repentir; le sort en est jeté.

SCÈNE VIII.
RODOLPHE, LA PRINCESSE.

LA PRINCESSE, *avec agitation.* Vous encore! . vous ici!.. Dieu soit loué!.. Je sors du salon de musique, où mon frère vient d'entrer... et, toujours suivie de ces dames d'honneur, qui ne me quittent jamais; je me promenais dans ces jardins, lorsque j'ai aperçu de loin des fleurs que j'ai désirées... elles sont occupées à les cueillir.

RODOLPHE. Et je puis vous dire toutes mes craintes.

LA PRINCESSE, *lui faisant signe de s'éloigner d'elle.* N'approchez pas! On a des soupçons... le roi lui-même...

RODOLPHE. Il n'en a plus.

LA PRINCESSE. Mais ce docteur, ce baron de Warendorf... il faut, à ses yeux, aux yeux de toute la cour, dissiper jusqu'au moindre doute.

RODOLPHE. Et comment faire?.. Mon Dieu! à peine si mes regards osent de loin rencontrer les vôtres. Et, du reste, dans cette cour nombreuse qui vous entoure, je ne parle à personne.

LA PRINCESSE. C'est là le mal. Cela est remarqué, et, dans notre intérêt même, il faudrait, avec quelque assiduité, s'occuper de toute autre.

RODOLPHE. Que dites-vous?

LA PRINCESSE. Oui, Monsieur... c'est moi qui vous le demande.

RODOLPHE. Jamais...

LA PRINCESSE. Il faut que l'on puisse vous croire amoureux. (*Vivement.*) Qu'il n'en soit rien, je vous en prie; mais qu'on le dise, qu'on le répète, que ce soit reconnu, que ce soit le bruit général.. et, alors, nous sommes sauvés!

RODOLPHE. Moi, qui ne pense qu'à vous au monde, comment voulez-vous que j'adresse des hommages à une autre?

LA PRINCESSE. On prend sur soi... on fait son possible.

RODOLPHE. Et qui choisir? mon Dieu?..

LA PRINCESSE. La baronne de Warendorf... vous aviez commencé à vous occuper d'elle.

RODOLPHE. Par votre ordre !

LA PRINCESSE. C'était bien.

RODOLPHE. Vous me l'avez défendu.

LA PRINCESSE. C'est vrai; sa coquetterie m'effrayait..... mais maintenant...

RODOLPHE. Maintenant, impossible... par ordre supérieur... Le roi...

LA PRINCESSE. Comment?

RODOLPHE, *gaiement.* Le roi lui-même en est épris.

LA PRINCESSE, *de même.* Bien, bien; n'en parlons plus... mais, alors, cela vous regarde... qui vous voudrez

RODOLPHE. La duchesse de Buttura?..

LA PRINCESSE. Oh! non . elle est trop belle!.. Si vous veniez à l'aimer.

RODOLPHE. Eh bien! la comtesse de Velletri?.. une figure si insignifiante...

LA PRINCESSE. Oui... mais elle a tant d'esprit... Elle vous plairait... et, à la cour, il y en a tant d'autres...

RODOLPHE. Eh! mon Dieu! non... je n'y pensais plus. J'ai déjà parlé au roi d'une passion romanesque et impossible... d'une mésalliance... Dans le trouble où j'étais, je ne savais que lui dire.

LA PRINCESSE. Silence!.. on vient.

—

SCÈNE IX.
LES PRÉCÉDENTS, ZANETTA.

ZANETTA, *tenant une corbeille de fleurs, et faisant la révérence.*

PREMIER COUPLET.

Voici la jardinière,
Qui choisit, pour vous plaire,
Ses plus jolis bouquets!
Ces fleurs, par moi chéries,
Que pour vous j'ai cueillies,
Madame, acceptez-les!
Prenez, noble princesse;
C'est la seule richesse
De l'humble Zanetta!
Son bouquet, le voilà,
Le voilà,
Là !

DEUXIÈME COUPLET.

Voyez, dans ma corbeille,
Près la rose vermeille,
Le blanc camélia !
Voyez ces fleurs nouvelles,
Qui sont fraîches et belles
Comme vous, signora.
Prenez, noble princesse ;
C'est la seule richesse
De l'humble Zanetta !
Son bouquet, le voilà,
Le voilà,
Là !

LA PRINCESSE. Eh mais !.. ce présent est très-gracieux, très-aimable... et vous aussi, ma belle enfant !.. Qui êtes-vous ?..

ZANETTA. Zanetta... la jardinière du château. C'est mon père qui est le concierge... Pietro Thomassi... un ancien militaire... un brigadier... un grand seigneur lui a fait avoir cette place, à cause de ses blessures.

LA PRINCESSE. Le grand seigneur a fort bien fait, et je l'approuve.

ZANETTA. J'ai aperçu des dames de votre suite qui, par vos ordres, cueillaient des fleurs. J'en demande pardon à votre altesse, mais toutes grandes dames qu'elles sont, elles ne s'y connaissent pas du tout. . tandis que moi, j'ai choisi tout de suite ce qu'il y avait de mieux.

LA PRINCESSE. Je vous en remercie. (*A Rodolphe.*) Je ne l'avais pas encore vue.

RODOLPHE, *la regardant à peine.* Ni moi non plus.

ZANETTA. Je crois bien !.. quand la cour vient ici, vous ne sortez pas de vos appartements dorés, et vous ne descendez jamais dans nos jardins, qui en valent cependant la peine... je m'en vante !..

LA PRINCESSE. C'est un tort que je réparerai... et, en attendant, ma chère Zanetta, je veux me charger de toi et de ton avenir.

ZANETTA. Ça se pourrait bien !

LA PRINCESSE, *riant.* Comment ? cela se pourrait bien !.. je te dis que cela est.

ZANETTA. Eh bien ! ça ne m'étonne pas, et je m'y attendais presque.

LA PRINCESSE, *étonnée.* Et pour quelles raisons ?

ZANETTA. Je vais vous le dire : il y a, dans les environs de Palerme, une vieille sibylle qui, pour un demi-carolus apprend l'avenir à tout le monde.

LA PRINCESSE. Et tu l'as consultée ?

ZANETTA. Pas plus tard qu'hier... et en regardant, avec sa lunette, dans ma main, elle m'a dit : « Voilà une ligne qui indique que vous ferez fortune... que vous aurez un ou deux seigneurs... peut-être plus, qui vous feront la cour... finalement, vous serez une grande dame... » Or, la sorcière dit toujours vrai quand on la paie comptant, et j'ai payé d'avance.

LA PRINCESSE. Alors, il n'y a pas de doutes possibles.

ZANETTA. Aussi, vous voyez... ça commence déjà... voilà votre protection qui arrive, et peut-être d'autres encore...

LA PRINCESSE, *souriant.* En effet, cela ne m'étonnerait pas... Petite, tu viendras tous les matins renouveler les fleurs du pavillon. En attendant, arrange-moi, pour ce matin, un bouquet à la place de celui-ci (*Montrant celui qu'elle détache de sa ceinture.*) et un autre pour le bal de ce soir.

ZANETTA. Votre altesse a raison, cela vaudra toujours mieux (*Montrant le bouquet que la princesse tient à la main.*) que vos fleurs artificielles... quelque belles qu'elles soient... (*Zanetta s'approche du bosquet, à droite, où est une table sur laquelle elle a placé sa corbeille. Elle y prend des fleurs qu'elle assortit, et dont elle forme un bouquet.*)

LA PRINCESSE, *pendant ce temps, prenant Rodolphe à part.* Écoutez-moi, Rodolphe : Vous voyez cette jeune fille... c'est d'elle dont il faut que vous soyez l'amoureux en titre.

RODOLPHE. Votre altesse n'y pense pas ?

LA PRINCESSE. Si vraiment !..

RODOLPHE. Mais, c'est d'une extravagance...

LA PRINCESSE. Tant mieux ! on s'en occupera davantage .. plus ce sera absurde et bizarre et plus cela fera de bruit à la cour ; c'est justement ce qu'il faut pour détourner de nous l'attention publique.

RODOLPHE. Permettez, cependant...

LA PRINCESSE. N'est-ce pas d'ailleurs cette inclination romanesque et impossible, cette mésalliance que vous avez promise à mon frère ?.. vous lui tenez parole.

RODOLPHE. Mais quelque envie que j'aie de vous plaire et de vous obéir, je ne pourrai jamais...

LA PRINCESSE, *souriant.* C'est ce que je veux.

RODOLPHE. Il me sera impossible d'être galant et assidu auprès de cette paysanne, de cette petite niaise.

LA PRINCESSE. Vous n'en aurez que plus de mérite. Tout dépend d'ailleurs de l'imagination : ce que vous lui direz, persuadez-vous que c'est à moi que vous l'adressez.

RODOLPHE. Ah ! cruelle !.. vous me raillez encore ?

LA PRINCESSE. Non ! mais je le veux... je l'exige... ou plutôt, j'ai tort de parler en princesse. (*Lui tendant la main.*) Mon ami, je vous en prie. Et à mon tour, pour reconnaître un si beau dévouement... (*Lui présentant le bouquet de fleurs artificielles qu'elle tenait à la main.*) tenez... gardez ces fleurs, et quelque demande que vous m'adressiez un jour... je jure, ma parole royale, de vous l'accorder sur-le-champ... à la vue seule de ce bouquet...

RODOLPHE, *avec transport.* Ah ! Madame !..

LA PRINCESSE, *retirant sa main.* Imprudent !.. (*S'avançant vers Zanetta.*) Eh bien ! le bouquet est-il prêt ?

ZANETTA. Oui, Madame... et digne d'une reine, comme probablement vous le serez un jour !

LA PRINCESSE, *vivement.* Non pas .. je l'espère ! (*Bas, à Rodolphe.*) Je vous laisse .. faites votre déclaration ; mais hâtez-vous, car je vais m'arranger pour vous envoyer des témoins. (*Elle sort en laissant son éventail sur la table du bosquet et en faisant signe à Rodolphe de faire la cour à Zanetta.*)

SCÈNE X.

RODOLPHE, ZANETTA.

DUO.

RODOLPHE, *à part.*
M'imposer un devoir semblable !
Ah ! pour moi, quel mortel ennui !
Et dans le dépit qui m'accable,
Que faire ?.. et que lui dire ici ?..

ZANETTA, *à part.*
Qu'il est gentil, qu'il est aimable !
Et qu'il me paraît bien ainsi !..
Mais, hélas ! quel chagrin l'accable,
Et dans ses traits quel sombre ennui !
Qui peut donc l'attrister ainsi ?
(*S'approchant de lui timidement, après une révérence.*)
Je voudrais bien, Monseigneur, mais je n'ose
Vous aborder !..

RODOLPHE.
Pourquoi pas ?.. tu le peux ?

ZANETTA, *avec compassion.*
Vous avez l'air si malheureux !

RODOLPHE, *vivement.*
Tu dis vrai !

ZANETTA.
C'est bien mal !.. Qui donc ainsi s'expose
A vous fâcher ?

RODOLPHE, *à part.*
La pauvre enfant
Me le demande ingénument !
Et ne sait pas, morbleu, qu'elle seule en est cause !
(*Haut.*)
Mais, à mon tour, Zanetta, je voudrais...

ZANETTA, *vivement.*
Quoi donc?
RODOLPHE, *s'approchant d'elle, avec embarras.*
C'est que, vois-tu...
(A part et s'éloignant d'elle.)
Je ne pourrai jamais!

ENSEMBLE.

RODOLPHE.
Vous, qui brillez par vos conquêtes,
Apprenez-moi comment vous faites,
Pour exprimer sans embarras
L'amour que vous n'éprouvez pas?
Moi, je le veux... et ne peux pas!
J'essaye en vain, je ne peux pas;
Non, non, je ne peux pas!

ZANETTA.
Quoi détourner ainsi la tête,
Lorsqu'à l'écouter je m'apprête!..
Mais on ne doit peut-être pas
Aux grands seigneurs, parler, hélas!
Je n'ose plus faire un seul pas!
Je n'ose pas!
Non, non, je n'ose pas!

RODOLPHE, *à part, et cherchant à se donner du courage.*
A ma promesse, allons! soyons fidèle...
Mais, avant de tomber aux genoux d'une belle,
Il faut lui dire au moins son nom!
(Haut.)
Ma belle enfant.
Savez-vous qui je suis?

ZANETTA.
Depuis longtemps!

RODOLPHE, *étonné.*
Comment?

ZANETTA.
Depuis plus de trois ans!.. c'était lors de la guerre...
Le comte Rodolphe, autrefois,
S'arrêta dans notre chaumière!
Il l'a sans doute oublié?

RODOLPHE.
Non!..
(A part, riant.)
Je crois
Que j'y suis enfin!
(Haut, avec chaleur.)
Non, ma chère!
J'en ai toujours gardé fidèle souvenir.

ZANETTA.
Serait-il vrai?

RODOLPHE.
Rien n'a pu le bannir!
Et s'il faut que je vous apprenne
Ces noirs chagrins, cette secrète peine,
Sur lesquels votre cœur interrogeait le mien...

ZANETTA, *avec émotion.*
Eh bien! Monseigneur?..

RODOLPHE, *hésitant.*
Eh bien! eh bien!..

ENSEMBLE.

RODOLPHE, *à part, s'éloignant d'elle.*
Ah! dites-moi comment vous faites,
Vous qui brillez par vos conquêtes;
Comment peindre sans embarras
L'amour que l'on n'éprouve pas?
Moi, je le veux... et ne peux pas,
J'essaye en vain, je ne peux pas,
Non, non, je ne peux pas!

ZANETTA.
Quoi! détourner ainsi la tête,
Lorsqu'à l'écouter je m'apprête,
Mais c'est bien étonnant, hélas!
Pourquoi donc ne parle-t-il pas?
Oui... l'on dirait qu'il n'ose pas!
Il n'ose pas.

RODOLPHE, *regardant du côté du bosquet.*
Dieu! le baron qui vient de ce côté!
Et que vers nous sans doute envoya la princesse.
Allons! allons! il le faut... le temps presse!
Et j'ai déjà trop longtemps hésité!..

(En ce moment paraît le baron dans le bosquet. Il aperçoit et prend sur la table l'éventail que la princesse y a laissé et qu'elle lui a envoyé chercher. Il va s'éloigner, lorsqu'il aperçoit Rodolphe en tête-à-tête avec Zanetta. Il fait un geste de surprise et de curiosité et se retire dans l'intérieur du bosquet en faisant signe qu'il va écouter.)

RODOLPHE, *qui, pendant ce temps, a suivi de l'œil le baron, s'adresse à haute voix et avec véhémence à Zanetta..*
Eh bien! à votre cœur, il faut faire connaître
Ce secret dont le mien, enfin n'est plus le maître...

ZANETTA, *étonnée.*
Que dit-il?..

RODOLPHE.
Je voulais et vous fuir et bannir
Un amour dont mon nom m'oblige de rougir;
Mais malgré mes combats, malgré vous et moi-même,
Il le faut... il le faut!.. Zanetta, je vous aime!
(Zanetta pousse un cri. Le baron avance sa tête dans le bosquet, fait un geste de joie et de surprise, et se retire en indiquant qu'il écoute toujours.)

STRETTE DU DUO.

ENSEMBLE.

ZANETTA.
Non... non... non, c'est un songe
Qui se prolonge!
Et plus j'y songe,
Plus j'ai frayeur.
Que soudain cesse
Si douce ivresse,
Et disparaisse
Rêve enchanteur!

RODOLPHE, *à part et riant.*
Ah! l'heureux songe!
L'adroit mensonge!
Qu'amour prolonge
Sa douce erreur!
Feinte tendresse
Qui l'intéresse!
(Montrant le bosquet.)
Et dont l'adresse
Trompe un trompeur!

ZANETTA, *vivement et avec joie.*
Quoi! dès longtemps?..

RODOLPHE.
Mon cœur soupire!

ZANETTA.
Et vous m'aimez?

RODOLPHE.
Sans le le dire!
Cherchant de loin à le revoir!

ZANETTA, *ingénument.*
C'est donc ça que parfois, le soir,
Sous ma fenêtre solitaire,
On s'avançait avec mystère.

RODOLPHE, *souriant.*
C'était moi!

ZANETTA.
Puis on fredonnait
Sur la guitare, un air discret...

RODOLPHE, *de même.*
C'était moi!

ZANETTA.
Que j'entends encor!.. tra, la, la, la.

RODOLPHE.
Justement! c'est bien celui-là.

ZANETTA, *redisant l'air.*
Tra, la, la, la, la, la, la, la, la, la.

RODOLPHE, *à part, en souriant, et pendant qu'elle chante.*
D'autres, si je crois m'y connaître,
Venaient alors incognito!

ZANETTA, *ingénument.*
Moi, qui n'ouvrais pas ma fenêtre,
Croyant que c'était Gennaio,
Et c'était vous!

RODOLPHE.
C'était moi-même!

ZANETTA, *avec expression.*
Ah! Monseigneur!.. si j'avais su!..

RODOLPHE, *sans l'écouter, avec passion.*
Silence!.. Je t'aime!.. je t'aime!..
(*A part, et regardant du côté du bosquet.*)
J'espère au moins qu'il a tout entendu!
(*A haute voix.*)
Je t'aime!.. je t'aime!..
ENSEMBLE.
ZANETTA.
Non... non... non, c'est un songe
Qui se prolonge,
Et plus j'y songe,
Plus j'ai frayeur!
Que soudain cesse, etc.
RODOLPHE.
Ah! l'heureux songe!
L'adroit mensonge, etc.

SCENE XI.
LES PRÉCÉDENTS, LE BARON.
FINAL.

(*A la fin de ce duo, le baron sort du bosquet et s'adresse à Zanetta qu'il salue.*)
LE BARON.
A merveille, Mademoiselle!
RODOLPHE, *à part.*
Tout va bien!
ZANETTA, *effrayée et se réfugiant près de Rodolphe.*
O terreur mortelle!
ENSEMBLE.
(*Mystérieusement et à demi-voix.*)
O ciel! il écoutait!
Il sait notre secret!
Que vais-je devenir?
De honte, il faut mourir!
RODOLPHE, *à part, gaiement.*
Vivat!.. il écoutait!
Il sait notre secret!
Et pour mieux nous servir
Il va tout découvrir.
MATHANASIUS, *à part.*
Ce bosquet indiscret
M'a livré leur secret...
Ah! pour moi, quel plaisir!
J'ai su le découvrir.
ZANETTA, *allant au baron, d'un air suppliant.*
Monsieur, vous me promettez bien
D'être discret...
MATHANASIUS.
Ne craignez rien!
ZANETTA.
Vous le jurez?
MATHANASIUS.
Eh! oui! sans doute!
C'est pour me taire que j'écoute!
RODOLPHE, *bas, à Zanetta.*
C'est le roi!.. c'est sa sœur!
(*Zanetta se retire à l'écart.*)

SCENE XII.
LES PRÉCÉDENTS; LE ROI, *donnant la main à* LA PRINCESSE.

(*En apercevant la princesse, le baron va au-devant d'elle et lui présente son éventail, en lui indiquant qu'il a eu beaucoup de peine à le retrouver, et qu'il était là, dans le bosquet. Pendant que la princesse et Mathanasius sont à droite du spectateur, et Zanetta un peu au fond du théâtre au milieu, le roi prend Rodolphe à part, à gauche du spectateur.*)
LE ROI, *bas, à Rodolphe, avec joie.*
Je me suis déclaré!
RODOLPHE, *de même.*
Fort bien!

LE ROI.
O sort prospère!
La charmante baronne a reçu sans colère
L'hommage de son prince et l'offre de son cœur!
RODOLPHE, *bas.*
Et son époux, l'habile diplomate?
LE ROI.
Ne sait rien!
MATHANASIUS, *passant mystérieusement près du roi et à voix basse.*
Je sais tout!
(*Voyant l'étonnement du roi.*)
Ou du moins, je m'en flatte!
Ma femme est innocente, et votre sœur aussi!
LE ROI.
Vraiment!
MATHANASIUS, *montrant Rodolphe.*
Celle qu'il aime en secret.. est ici!
LE ROI.
Eh! qui donc?
MATHANASIUS, *montrant Zanetta qui se tient à l'écart.*
Regardez!
LE ROI, *haussant les épaules.*
Allons donc!
MATHANASIUS.
Vraiment oui!
Je l'ai vu!
LE ROI.
Pas possible!
LA PRINCESSE.
Eh mais! chacun son goût.
LE ROI, *réfléchissant, et prenant à part le baron et la princesse.*
C'est donc ça que tantôt...
ZANETTA, *les voyant tous trois en groupe, s'approche de Rodolphe, et lui dit avec dépit en montrant le baron:*)
Allons, il leur dit tout!

ENSEMBLE.

ZANETTA.
Par lui, chacun connaît
Déjà notre secret!
Que vais-je devenir?
De honte, il faut mourir!
LE ROI, *à Rodolphe.*
Quoi! c'est là ton secret?
(*Regardant Zanetta.*)
C'est fort bien en effet!
Et l'on peut sans rougir,
A ton choix applaudir.
MATHANASIUS.
Ce bosquet indiscret,
M'a livré leur secret!
Ah! pour moi, quel plaisir,
Je l'ai su découvrir!
LA PRINCESSE.
Très-bien! il écoutait!..
Il connaît leur secret,
Et pour mieux nous servir,
Il va le découvrir.
RODOLPHE, *au roi.*
Oui! c'est là mon secret,
Votre cœur le connaît;
Et dussé-je en rougir,
Je prétends la chérir.

SCENE XIII.
LES PRÉCÉDENTS, SEIGNEURS et DAMES *de la cour.*

CHŒUR.

Le temps est beau, la mer est belle,
Entendez-vous les matelots?
La tartane qui nous appelle,
Est prête à sillonner les flots!
RODOLPHE, *pendant ce temps, s'approche de Nisida et lui dit à demi-voix et tendrement.*
A mon serment, je suis fidèle!
D'un pareil dévoûment vous me devez le prix!

ZANETTA.

Type de Zanetta.

LA PRINCESSE, *à Rodolphe.*
Prenez garde!
  (*Lui montrant Zanetta.*)
    Restez auprès de votre belle!
  (*Souriant.*)
C'est le devoir d'un amant bien épris.
MATHANASIUS, *à Dionigi et à Ruggieri, avec qui il cause.*
    Voilà le fait! n'en dites rien!..
RUGGIERI, *qui a causé avec d'autres seigneurs.*
    Voilà le fait! n'en dites rien!..
    Du roi lui-même, je le tien!
(*Chacun se répète à voix basse la nouvelle qui circule dans tous les groupes en se montrant Zanetta.*)
  ZANETTA, *à part, avec douleur, les regardant.*
    Encor! encor!
LA PRINCESSE ET RODOLPHE, *à part, les regardant.*
    Très-bien!.. très-bien!

ENSEMBLE.
  ZANETTA.
De nous ils semblent rire!
Ah! mon cœur se déchire,
On vient de tout leur dire,
C'est affreux! c'est bien mal!
  (*Montrant Rodolphe.*)
Il me maudit peut-être?..

  (*Montrant le baron.*)
Et c'est lui! c'est ce traître
Qui leur a fait connaître
Ce mystère fatal!

CHŒUR.
C'est charmant! il faut rire
De son tendre martyre!
C'est vraiment du délire,
C'est trop original.
Daphnis va reparaître,
Et cet amour champêtre,
A la cour fait renaître
Le genre pastoral!
  RODOLPHE.
Oui, Messieurs, l'on peut rire
De mon tendre délire,
De l'objet qui m'inspire
Un amour sans égal!..
RODOLPHE ET LA PRINCESSE, *montrant le baron.*
Oui, lui-même, ce traître
Ne peut s'y reconnaître;
Le bonheur va renaître!
Je brave un sort fatal.

ZANETTA, *voyant tous les regards tournés vers elle.*
Sur moi s'arrêtent tous les yeux!
Pourquoi?.. pour un seul amoureux!
(*Pleurant.*)
On croirait que les grandes dames,
A la cour n'en ont jamais vu!..
RODOLPHE, *allant à elle en souriant, et cherchant à la consoler.*
Quoi! tu pleures vraiment?
ZANETTA.
Oui, je lis dans leurs âmes,
Ils vont tous m'accabler, et je l'ai bien prévu!
(*Essuyant ses yeux.*)
Avec ces dames si hautaines,
Je ne troquerais pas mon sort!
RODOLPHE.
Et pourquoi?
ZANETTA.
Leurs plaisirs sont moins doux que mes peines!
RODOLPHE, *étonné.*
Que dit-elle?
LE ROI, *prenant amicalement le bras de Rodolphe, qu'il emmène.*
Allons, viens!
RUGGIERI, *voyant Rodolphe à qui le roi donne le bras.*
Il n'est donc pas encor
En disgrâce?
LE ROI.
Partons!..
CHŒUR.
C'est charmant!.. il faut rire
De son tendre martyre!
C'est vraiment du délire,
C'est trop original!
L'âge d'or va paraître,
Et cet amour champêtre,
A la cour fait renaître
Le genre pastoral.
TOUS.
Le temps est beau, la mer est belle!
Voici les cris des matelots!
Partons! le plaisir nous appelle,
Partons! lançons-nous sur les flots!
(*Le baron donne la main à la princesse. Le roi tient Rodolphe sous le bras, et cause avec lui. Le reste de la cour les suit. Zanetta, restée seule, les regarde s'éloigner.*)

ACTE DEUXIÈME.

Un riche boudoir, dans le cabinet du roi.

SCÈNE PREMIÈRE.

MATHANASIUS, LE ROI.

(*Assis l'un près de l'autre, et causant intimement.*)
LE ROI, *à Mathanasius.* Voilà donc enfin, monsieur le baron, le motif qui vous amenait à ma cour?
MATHANASIUS. J'en conviens.
LE ROI. Et la fièvre épidémique... la maladetta... ce fléau terrible...
MATHANASIUS. Un heureux prétexte dont je me suis servi pour déguiser ma mission.
LE ROI. Et pourquoi, depuis un mois, gardez-vous un silence absolu sur cette mission, et ne m'en parlez-vous qu'aujourd'hui?
MATHANASIUS. Je vais vous l'avouer avec franchise.
LE ROI. Laquelle?
MATHANASIUS. Franchise définitive... la dernière... mon *ultimatum.* L'empereur, un matin que je lui tâtais le pouls, me dit: « Mathanasius, toi qui ne t'es jamais trompé.. j'ai bien envie de t'envoyer à Naples. Il y a là
« une princesse belle, spirituelle, savante, distinguée
« dans les arts... possédant plusieurs langues; enfin, une
« princesse accomplie, comme toutes celles qui sont à

« marier. mais dès qu'il s'agit de mariage, je tiens avant
« tout à la pureté, à la rigidité des principes... et ce que
« je ne saurais point par un ambassadeur officiel, je puis
« l'apprendre par toi... que je charge de tout observer. »
LE ROI. A merveille! inquisition intérieure dans ma famille... espionnage!...
MATHANASIUS. Honorable... ce que nous appelons diplomatie intime. « Si les renseignements que tu donnes sont
« fidèles et satisfaisants, continua l'empereur, ta fortune
« est faite, mais si tu me trompes ou te laisses tromper,
« je te fais jeter dans une forteresse pour le reste de tes
« jours. »
LE ROI. J'en ferais autant à sa place.
MATHANASIUS. Vous comprenez alors avec quelles craintes, avec quelle circonspection je m'avançais! croyant deviner ou pressentir du côté de la princesse une nuance de préférence pour le comte Rodolphe... Je me serais bien gardé d'avouer à Votre Majesté le but de ma mission!.. mais aujourd'hui que j'ai reconnu mon erreur, je puis enfin, comme j'y suis autorisé, remettre à Votre Majesté cette lettre autographe de mon auguste maître... et celle-ci, pour Son Altesse Royale la princesse de Tarente.
LE ROI. Je vais lui en donner communication.
MATHANASIUS. Dès aujourd'hui?
LE ROI. Dès aujourd'hui. Silence, on vient!
MATHANASIUS. Le comte Rodolphe!.. c'est encore un secret pour lui!
LE ROI. Pour tout le monde.

SCÈNE II.

LES PRÉCÉDENTS, RODOLPHE.

RODOLPHE, *au roi.* Je viens savoir des nouvelles de Votre Majesté.
MATHANASIUS, *vivement.* C'était aussi l'objet de ma visite.
RODOLPHE, *au roi.* Elle ne s'est pas ressentie de l'accident de ce matin?
LE ROI. Pas le moins du monde.
MATHANASIUS. C'est la faute de ma femme!
LE ROI. C'est la mienne; j'ai voulu retenir le bracelet que madame la baronne laissait tomber à la mer.. un mouvement trop brusque m'a précipité moi-même... et sans ce pauvre Rodolphe.
MATHANASIUS. Qui m'a prévenu et s'est élancé.
LE ROI. Sans savoir nager plus que moi.
RODOLPHE, *souriant.* Nous autres, grands seigneurs, on ne nous apprend rien. Aussi ai-je été bien heureux à mon tour de trouver ce brave marin qui m'a porté au rivage... où il est arrivé évanoui... je l'ai fait transporter dans mon palais, et si vous voulez, monsieur le docteur, me faire le plaisir de le visiter.
MATHANASIUS. C'est un devoir! je m'y rends à l'instant.. et j'irai après rassurer ma femme qui est fort inquiète de Votre Majesté.
LE ROI, *avec joie.* En vérité!.. j'espère que nous la verrons ce soir, au bal de la cour.
MATHANASIUS. J'irai avec elle.
LE ROI. Mais elle viendra auparavant au concert de ma sœur?
MATHANASIUS. Je l'y accompagnerai.
LE ROI, *à part, avec dépit.* Toujours avec elle...
MATHANASIUS. De cette manière, je ne quitterai pas ce soir Votre Majesté; et si elle a besoin de mon zèle et de mes talents...
LE ROI. Mon seul vœu serait de pouvoir les utiliser, car je porte grande envie à votre souverain.. qui peut à son gré... à sa volonté.. vous envoyer où il lui plaît.
MATHANASIUS. Votre Majesté est trop bonne, et je ne peux lui prouver ma reconnaissance.. que par un attachement de tous les instants. (*Il sort.*)

SCENE III.

LE ROI, RODOLPHE.

LE ROI.

PREMIER COUPLET.

C'est vraiment un homme terrible,
Il ne sait point vous laisser,
On ne peut s'en débarrasser.
Soupçonneux, susceptible,
Il tient à ses droits,
Et se montre à la cour jaloux comme un bourgeois!
C'est vraiment un mari terrible!
A qui donc nous adresser!
Qui pourra m'en débarrasser?
C'est ton seul appui
Qui peut aujourd'hui
M'épargner l'ennui
D'un pareil mari.

RODOLPHE, *riant.*

Pour moi,
Si noble emploi!..
C'est trop d'honneur, mon roi!

LE ROI, *gaiement.*

Ton ami, ton roi
N'espère qu'en toi!
Soyons tous unis
Contre les maris.

DEUXIÈME COUPLET.

Que ce soir ton zèle s'applique
A ne pas t'en séparer;
Dans le parc cherche à l'égarer!
Parle-lui politique
Ou bien gouvernement,
Pendant qu'à sa moitié je parle sentiment,
Oui, pendant que la politique
Du mari va s'emparer,
Les amours vont nous égarer.

REPRISE.

C'est ton seul appui
Qui peut aujourd'hui, etc.

RODOLPHE. Mais la baronne... qui la préviendra?

LE ROI. C'est déjà fait : une lettre que je lui ai fait remettre, dans un bouquet, par cette petite Zanetta, qui ne s'en doutait pas.

RODOLPHE. Que dites-vous?

LE ROI. Sais-tu, mon cher ami, qu'elle est charmante, délicieuse, originale? Nos jeunes seigneurs, qui se moquaient d'abord de ton choix, te portent tous envie... ils en raffolent... c'est à qui te l'enlèvera.

RODOLPHE. En vérité!..

LE ROI. C'est à qui lui fera les offres les plus brillantes et je les conçois... il est certain que c'est bien plus piquant que toutes les beautés de la cour; et moi-même, je te le jure!.. si pour le moment je n'en adorais pas une autre... et puis si ce n'était la maîtresse d'un ami.. (*Apercevant Zanetta qui passe la tête par la porte du fond.*) Mais, tiens... tiens! la voici qui te cherche sans doute. (*A Zanetta.*) N'aie pas peur!.. tu peux entrer. (*A Rodolphe.*) Je ne veux pas... moi, qui lui devrai un tête-à-tête, déranger les tiens... adieu! adieu!.. tu vois que je suis bon prince. (*Il sort en prenant le menton à Zanetta.*)

SCENE IV.

RODOLPHE, ZANETTA.

ZANETTA. Ah! vous voilà, Monsieur!.. on a assez de peine à vous trouver. Je ne vous ai pas revu depuis votre belle promenade en mer.

RODOLPHE. Et tu étais inquiète?

ZANETTA. Du tout... j'ai su ici la première qu'il ne vous était rien arrivé.

RODOLPHE. La première?.. et comment?

ZANETTA. Par quelqu'un qui était.. qui était là grâce au ciel! près de vous... et qui m'a appris que vous étiez sauvé!.. sans cela!..

RODOLPHE, *souriant.* Sans cela! qu'aurais-tu fait?

ZANETTA, *tranquillement.* Tiens!.. c'te demande... il n'y avait plus rien à faire! (*Négligemment.*) La mer est assez grande... il y a place pour tout le monde.

RODOLPHE. Que dis-tu?

ZANETTA. C'est tout naturel.. où vous restez, je reste... où vous allez... j'irai!

RODOLPHE. Toi! Zanetta?

ZANETTA. Ah!.. ce que je dis là... vous n'en auriez jamais rien su... si je vous en parle aujourd'hui, c'est parce que vous m'avez parlé le premier... parce que vous m'avez avoué ce matin que vous m'aimiez.

RODOLPHE. Et cet amour-là ne t'a pas étonnée?

ZANETTA, *tranquillement.* Mais non!.. moi je vous aimais tant... il se peut bien que ça se gagne!.. et depuis deux ans...

RODOLPHE... *surpris.* Deux ans?..

ZANETTA. Dame!.. vous savez bien... depuis la chaumière.

RODOLPHE, *avec embarras.* Certainement... cette chaumière.

ZANETTA. Quand je vous vis apporter... tout pâle... et sans connaissance... un grand coup de sabre... là, à la poitrine!.. Ah! la vilaine chose que la guerre!

RODOLPHE. Oui, oui... à la bataille de Bitonto! je crois me rappeler.

ZANETTA. Pardine! un coup de sabre comme celui-là, ça ne s'oublie pas... j'étais aussi pâle que vous... Et mon père qui disait : « Est-elle bête, elle a peur d'un blessé. » Ce n'était pas de là peur que j'avais...

RODOLPHE. Oui... près de mon lit... une jeune fille qui me soignait.. qui tenait ma main!..

ZANETTA. C'était moi... Vous m'avez donc vue?..

RODOLPHE, *vivement et lui serrant la main.* Mais certainement!..

ZANETTA. Je ne le croyais pas... car le lendemain, quand votre père, le général, vint vous chercher... à peine aviez-vous repris connaissance... Mais il ne nous oublia pas... lui... Et cette place de concierge, ici... dans ce château.

RODOLPHE. C'est mon père qui vous l'a fait obtenir... qui s'est chargé d'acquitter ma dette.

ZANETTA. Juste! et le battement de cœur que j'ai eu la première fois que je vous ai aperçu dans les jardins, avec une foule de seigneurs... Ah! je n'en voyais qu'un seul!.. mais je serais morte plutôt que de vous parler... Seulement, une fois... mais ça n'est pas bien... et je ne sais pas si je dois vous le dire...

RODOLPHE. Dis toujours!

ZANETTA.

ROMANCE.

PREMIER COUPLET.

Dans ces magnifiques jardins,
Où je me tiens sans qu'on me voie,
Un jour s'échappa de vos mains,
Un riche et beau mouchoir de soie;
Je m'approchai, bien lentement...
Je le ramassai doucement,
    En tremblant...
Et tout ce qu'en mon trouble extrême,
J'éprouvai dans ce moment-là...
(*Montrant le mouchoir qu'elle porte noué en écharpe autour de son cou.*)
Demandez-lui! (*bis*) mieux que moi-même,
    Il vous le dira!

DEUXIÈME COUPLET.

C'était mal! et je sentais bien,
Qu'à ma place, une honnête fille
Eût dû vous rendre votre bien...
Je le cachai sous ma mantille!

Tous les jours je le regardais...
Lui parlais!..
Et tous les soirs, je lui disais
Mes secrets...
(*Elle porte vivement le mouchoir à ses lèvres, sans que le comte la voie.*)
Et tout ce qu'en mon trouble extrême,
J'ai pensé depuis ce jour-là...
(*Détachant son mouchoir et le présentant au comte.*)
Demandez-lui : (*bis*) mieux que moi-même,
Il vous le dira!

RODOLPHE, *prenant le mouchoir.* Merci, Zanetta! merci!.. je le garderai... comme souvenir... de votre amitié... d'une amitié qui me rend plus coupable que je ne croyais.

ZANETTA. En quoi donc?

RODOLPHE. Mais si, par exemple, il m'était impossible de la reconnaître... ou ce moment du moins...

ZANETTA. Ah! je ne suis pas pressée... maintenant que vous m'aimez, j'ai de la patience... La sorcière dont je vous parlais ce matin et que j'ai consultée en lui montrant cette écharpe, m'a bien prédit que la personne de qui je la tenais m'aimerait et m'épouserait.

RODOLPHE, *vivement.* Par exemple !

ZANETTA. C'est étonnant, n'est-ce pas? Voilà déjà la moitié de la prédiction accomplie... le plus difficile... (*Négligemment.*) Pour le reste... quand vous le voudrez... (*Geste de Rodolphe.*) Non... j'ai voulu dire : quand vous le pourrez..., peut-être jamais!.. Qu'importe!.. je vous attendrai toute ma vie, s'il le faut.

RODOLPHE, *vivement et faisant un geste vers elle.* Zanetta!..

ZANETTA. Qu'avez-vous donc?

RODOLPHE. Je t'ai fait peur !

ZANETTA. Non... mais au geste que vous avez fait, j'ai cru que vous vouliez m'embrasser.

RODOLPHE. Et cela ne te fâchait pas ?

ZANETTA. Du tout!.. un fiancé. (*Rodolphe l'embrasse.*)

SCENE V.

LES PRÉCÉDENTS, MATHANASIUS.

MATHANASIUS. Pardon, si je vous dérange encore...

ZANETTA. Ah! mon Dieu! c'est comme un fait exprès... celui-là arrive toujours au bon moment.

MATHANASIUS. Je viens de voir, par vos ordres, monsieur le comte, ce brave homme... ce marin à qui vous devez la vie.

RODOLPHE. Eh bien?..

MATHANASIUS. Il était déjà sur pied... ce ne sera rien... et vous-même vous pourrez le remercier au palais, où il demeure.

RODOLPHE. Comment?

MATHANASIUS. C'est le concierge du château.

RODOLPHE, *à Zanetta.* Ton père?..

ZANETTA. Que j'aime encore plus depuis qu'il vous a sauvé...

RODOLPHE. Et tu ne me le disais pas...

ZANETTA. Tiens!.. est-ce que vous parlez jamais des services que vous rendez?..

RODOLPHE, *à part, avec colère.* Son père!.. il est dit que ces gens-là m'accableront de bienfaits... et moi, par reconnaissance, j'ai été justement choisir sa fille pour la tromper, l'abuser indignement... Ah! si je l'avais su.... Mais il en est temps encore... (*Haut.*) Zanetta! je m'acquitterai envers ton père... et dussé-je partager avec lui ma fortune...

ZANETTA. Ah! ce n'est pas ce qu'il demande... il n'y tient pas!.. et il y a autre chose qui, j'en suis sûre, lui ferait bien plus de plaisir...

RODOLPHE. Parle, et je te le jure, par tout mon pouvoir, par tout mon crédit près du roi...

ZANETTA. Voici ce que c'est : Mon père est un ancien soldat, qui a reçu trois blessures sur le champ de bataille... Ce n'est pas tout : l'année dernière encore, lorsque la princesse de Tarente fit ce voyage *incognito* dans la Calabre, il faisait partie de l'escorte qui repoussa si vaillamment les brigands... Aujourd'hui, en présence de M. le baron et des autres seigneurs qui étaient dans la chaloupe royale, il vous a sauvé la vie... à vous qui défendiez celle du roi... Et maintenant, Paolo Tomassi, soldat...... voudrait, non de l'or, mais des titres de noblesse.

MATHANASIUS. La noblesse, à lui?

RODOLPHE. Et à qui donc la réservez-vous, si ce n'est aux nobles actions?.. Zanetta, ton père sera noble, je le jure!.. M. le baron et les autres seigneurs ne te refuseront pas une attestation, par écrit, de ce qu'ils ont vu ce matin. Tu demanderas en même temps, à la princesse, un mot de sa main sur ce qui est arrivé en Calabre... Tu m'apporteras tout cela... aujourd'hui... le plus tôt possible ; je présenterai la demande et les pièces à l'appui, au roi... à la chancellerie... et dès demain, ce sera une affaire terminée.

ZANETTA. Ah! Monseigneur, quelle reconnaissance. (*Regardant vers la porte du fond.*) Voici le roi.

RODOLPHE, *à Zanetta.* Va vite écrire ta pétition.

ZANETTA. Ce ne sera pas long... et je reviens! (*Elle sort par la porte du fond après avoir fait une révérence au roi et à la princesse qui entrent.*)

SCENE VI.

LES PRÉCÉDENTS ; LE ROI, *entrant en donnant la main à* LA PRINCESSE.

LE ROI, *à demi-voix.* Oui, ma sœur... ce mariage est glorieux pour notre maison et utile à l'État... nous y donnons notre consentement.

LA PRINCESSE. O ciel !

LE ROI. Et nous comptons sur le vôtre... demain, vous partirez avec le baron !

MATHANASIUS, *bas, à la princesse.* En attendant le retour de Sa Majesté, je suis entré dans ce boudoir, où l'on m'avait précédé. (*A demi-voix, en souriant.*) Le comte en perd décidément l'esprit.

LA PRINCESSE, *souriant.* En vérité?

MATHANASIUS. Je l'ai trouvé ici, en tête-à-tête, avec cette jeune fille qu'il embrassait.

LA PRINCESSE, *avec hauteur, se retournant vers Rodolphe, qui est à sa gauche.* Comment?

RODOLPHE, *avec embarras.* Il l'a fallu... il nous regardait.

LA PRINCESSE. N'importe! c'était de trop... (*Rapidement.*) Il faut que je vous parle aujourd'hui.

RODOLPHE, *de même.* Et comment?

LA PRINCESSE. Je vous le dirai...

LE ROI. Venez, mon cher baron, j'ai une réponse à vous rendre.

MATHANASIUS. Réponse que j'attends avec grande impatience.

LA PRINCESSE, *bas, à Rodolphe, avec joie.* Ils s'en vont.

LE ROI, *à Rodolphe.* Ne nous quittez pas, Rodolphe ; j'ai auparavant à vous donner, pour ce soir, des ordres importants... vous savez...

RODOLPHE. Oui, sire ; mais..

LE ROI. Venez, vous dis-je.

LA PRINCESSE, *à part.* Allons, impossible de se voir ! (*Le roi, Mathanasius et Rodolphe sortent.*)

SCENE VII.

LA PRINCESSE; ZANETTA, *rentrant, un papier à la main.*

DUO.

LA PRINCESSE, *à part, s'asseyant.*
Contre l'hymen qu'ordonne un frère,
Et dont l'aspect me fait trembler,
Seule, en ces lieux, que puis-je faire?
Comment le voir et lui parler?

ZANETTA, *s'approchant de la princesse qui vient de s'asseoir.*
La voilà seule!.. et pour mon père,
C'est le moment de lui parler!
Pourtant, je ne sais comment faire;
Malgré moi, je me sens trembler!
(*S'avançant plus près de la princesse, qui a la tête appuyée sur sa main.*)
Madame!..

LA PRINCESSE.
Que veux-tu?

ZANETTA.
Souvent, vous avez dit,
Qu'en Calabre, autrefois, lors de votre voyage...
Paolo Tomassi...

LA PRINCESSE.
S'est bravement conduit!

ZANETTA, *timidement.*
C'est mon père!

LA PRINCESSE, *avec indifférence.*
Vraiment!

ZANETTA.
Pour ce trait de courage,
Le comte Rodolphe...

LA PRINCESSE, *vivement, et levant la tête.*
Ah!

ZANETTA.
Voulait le présenter
Au roi... Mais il fallait d'abord le témoignage
De votre altesse...

LA PRINCESSE.
Ah! je dois attester...

ZANETTA, *déployant sa pétition.*
Oui, là... sur cet écrit, que je vais lui porter...

LA PRINCESSE, *vivement.*
A Rodolphe?..

ZANETTA.
Oui, vraiment!

LA PRINCESSE, *de même.*
A lui seul?

ZANETTA.
A l'instant.

LA PRINCESSE, *à part.*
O hasard prospère
Qui vient me servir!
Moyen téméraire,
Qui peut réussir!..
De ma messagère,
Empruntant le nom,
Par elle, j'espère
Tromper le soupçon!
(*Elle s'assied près de la table et se dispose à écrire.*)

ZANETTA, *lui indiquant le bas de la page.*
C'est là, Madame... au bas!

LA PRINCESSE, *s'arrêtant.*
Eh! dis-moi, sais-tu lire?

ZANETTA.
J'écris aussi...
(*Montrant le papier.*)
Voyez plutôt; très-couramment.
La langue du pays s'entend!

LA PRINCESSE, *souriant.*
Et l'espagnol? et l'allemand?

ZANETTA.
C'est différent!... mais j'espère m'instruire.

LA PRINCESSE, *ayant achevé d'écrire, plie la pétition en quatre, et la tenant toujours à la main.*
Et tu pourras parler à Rodolphe?

ZANETTA.
Oui, vraiment?

LA PRINCESSE.
Il est avec le roi!

ZANETTA.
C'est égal, en sortant,
Chez lui, m'a-t-il dit, il m'attend!

LA PRINCESSE.
A lui seul?

ZANETTA.
Oui, vraiment!

ENSEMBLE.

A ton secours,
Quand j'ai recours,
Hasard heureux,
Comble mes vœux!
Ta main propice
Et protectrice
Veille toujours
Sur les amours!

ZANETTA, *regardant le papier que vient de lui remettre la princesse.*
Ah! c'est bien écrit de sa main.
C'est drôle, je n'y puis rien li e,
C'est donc du grec ou du latin.
(*Cherchant à lire.*)
Mein lieber, ich muss durchaus,
Sie diesen abend sehen.
Eh quoi, cela veut dire
De protéger mon père?..

LA PRINCESSE.
Eh! oui, vraiment!

ZANETTA.
Maïn lib... ich muss durchaus.

LA PRINCESSE.
Maïn lib...

ZANETTA.
Ah! c'est charmant!

ENSEMBLE.

ZANETTA, *à la princesse.*
Oui, ces mots écrits
De la main d'une altesse,
Vont être remis
A leur adresse!
(*A part.*)
Billet
Discret,
Qui sert ma tendresse,
Et doit ici
Me rapprocher de lui.
O doux espoir! heureux moments!
Il est un dieu pour les amants!
Habile messagère,
Ah! je saurai me taire;
Je comprends
Tout le sens
De ces mots importants,
Et je vais, leste et vive,
Porter cette missive;
Talisman
D'où dépend
Le bonheur qui m'attend.
Oui, ces mots écrits, etc.

LA PRINCESSE.
Que ces mots écrits
De la main d'une altesse,
Soient par toi remis
A leur adresse.
(*A part.*)
Billet
Discret,
Qui sert ma tendresse,
Et doit ici
Me rapprocher de lui!
O doux espoir! heureux moments!
Il est un dieu pour les amants!
Habile messagère,
Il faut surtout se taire!
Tu comprends
Tout le sens

De ces mots importants.
A l'instant, leste et vive,
Porte cette missive;
Talisman
D'où dépend
Le bonheur qui m'attend!
Oui, ces mots écrits, etc.
LA PRINCESSE.
C'est dit, c'est convenu.
ZANETTA.
A Rodolphe, à lui-même!
LA PRINCESSE.
A lui-même!..
ZANETTA.
Je porte cet ordre suprême!
LA PRINCESSE.
A lui-même!..
ZANETTA.
Ne craignez rien... c'est entendu!
ENSEMBLE.
ZANETTA.
Oui, ces mots écrits
De la main, etc.
LA PRINCESSE.
Oui, ces mots écrits
De la main, etc.
(*La princesse sort par le fond.*)

SCENE VIII.

ZANETTA, *seule; puis* MATHANASIUS.

ZANETTA. Voilà une aimable princesse!.. Courons vite... Ah! voilà monsieur le baron, ce seigneur allemand... si j'osais, pendant que j'y suis... lui demander aussi une apostille... Mais je n'ose pas, il a l'air si occupé... (*Elle tourne timidement autour de Mathanasius, qui vient de s'avancer au bord du théâtre.*)

MATHANASIUS, *se frottant les mains.* Ma fortune est assurée, car, grâce à moi, cette glorieuse alliance est enfin conclue... Je viens d'en expédier la nouvelle à ma cour, par un vaisseau fin voilier, qui s'éloigne du port à l'instant, et l'empereur, mon auguste maître, va me devoir une épouse jeune, belle, et surtout vertueuse, je m'en vante... Ça m'a donné bien de la peine, mais aussi, je suis sûr de mon fait. (*Se retournant et apercevant Zanetta qui a sa pétition à la main et n'ose l'aborder.*) Qu'est-ce que c'est? qu'y a-t-il?..

ZANETTA. C'est cette pétition en faveur de mon père... que vous avez promis de signer.

MATHANASIUS, *gaiement.* Très-volontiers, ma chère enfant... j'y suis tout disposé!

ZANETTA. La princesse a déjà daigné y mettre, de sa main, une apostille.

MATHANASIUS. Et je vais faire de même.. trop heureux de placer mon nom à côté de celui de très-noble, très-aute, très-vertueuse princesse. (*Lisant.*) Ah! mon Dieu!

ZANETTA, *à part.* Qu'a-t-il donc?

MATHANASIUS. Ces mots écrits de sa main, et en allemand : (*A part.*) « Mon ami... il faut absolument que je « vous voie! Au lieu d'aller au bal, dites-vous malade, et, « ce soir, à dix heures... au pavillon de Diane... Je vous « attends. »

ZANETTA, *à part.* Eh bien! il hésite!..

MATHANASIUS. Non, non, (*A part.*) « Je vous attends! « au pavillon de Diane. » Ce n'est pas possible, et je ne puis croire que la princesse..

ZANETTA. Vous en doutez?... c'est bien d'elle... c'est de sa main... elle l'a écrit tout à l'heure... ici, devant moi.

MATHANASIUS. Celle que j'ai choisie pour impératrice. Ah! si mes dépêches n'étaient pas parties... mais comment rejoindre ce vaisseau, qui est déjà en pleine mer?.. Non, non; c'est ici qu'est le danger, et pour préserver maintenant mon empereur et son auguste tête...

ZANETTA. Eh bien! Monsieur, écrivez donc.

MATHANASIUS, *s'asseyant.* M'y voici. Je vais t'apostiller, te recommander. (*A part.*) Là, avant l'écriture de la princesse... il y a de la place. (*Ecrivant.*) et une ligne seulement. (*Après avoir écrit.*) Tiens, mon enfant... tiens, porte tout cela à celui que l'on t'a dit, que l'on t'a désigné.

ZANETTA. Je n'irai pas loin... le voici.

MATHANASIUS, *à part, avec colère.* Rodolphe!.. Quand je le disais ce matin...

SCENE IX.

LES PRÉCÉDENTS, RODOLPHE, LE ROI, DIONIGI, RUGGIERI *et quelques* COURTISANS.

ZANETTA, *courant à Rodolphe.* Tout va à merveille... ma pétition... vous savez bien... j'ai la signature de la princesse... Tenez, tenez... et la recommandation de M. le baron.

RODOLPHE. C'est bien.

ZANETTA. Lisez tout de suite, et surtout ne me faites pas languir, comme il arrive toujours avec vous autres, messieurs de la cour.

RODOLPHE, *souriant.* Sois tranquille, mon enfant... sois tranquille... (*Zanetta sort.*)

MATHANASIUS. Monsieur le comte a l'air bien joyeux...

RODOLPHE, *ouvrant la pétition.* Oui, jamais je ne me suis senti plus dispos et mieux portant.

LE ROI, *qui causait bas avec les courtisans, s'avançant au bord du théâtre.* Oui, Messieurs, je vous annoncerai, demain, solennellement et officiellement, une importante nouvelle, qui convient fort à M. le baron.

MATHANASIUS, *à part, faisant la grimace.* Joliment.

RODOLPHE, *qui vient de lire.* O ciel!.. ce soir... à dix heures, feignez d'être malade!

MATHANASIUS, *l'observant.* C'est bien pour lui.

LE ROI. Nouvelle qui vous plaira, j'en suis sûr; car ce sont de nouveaux plaisirs qui nous arrivent... sans compter ceux d'aujourd'hui.

DIONIGI. Le concert sera charmant.

RUGGIERI. Et le bal délicieux!

LE ROI. Quoique ma sœur ne puisse y paraître qu'un instant.

RUGGIERI ET DIONIGI. En vérité!

LE ROI. Elle sera obligée de se retirer de bonne heure.

MATHANASIUS, *à part, avec colère.* C'est bien cela... tout s'accorde!

LE ROI, *bas, à Mathanasius.* A cause du départ de demain et des préparatifs nécessaires... Vous savez?

MATHANASIUS, *à part.* Oui, je ne sais que trop bien.

LE ROI. Mais nous... nous y passerons gaiement toute la nuit... N'est-ce pas, Rodolphe?.. (*Le regardant.*) Ah!.. mon Dieu! qu'as-tu donc?

RODOLPHE. Rien, sire; je ne me sens pas bien... une douleur soudaine et rapide...

MATHANASIUS, *à part.* A merveille!.. cela commence. (*Haut.*) Vous qui, tout à l'heure encore, vous portiez si bien...

RODOLPHE. Oui, c'est inattendu... un frisson.. une chaleur intérieure... une fièvre qui n'a rien d'apparent.

LE ROI. Eh mais! voilà monsieur le baron!.. un docteur distingué... qui ne se trompe jamais. Il nous dira ce que c'est ..

RODOLPHE, *à part.* Ah! diable... cela devient plus difficile ..

MATHANASIUS, *lui tâtant le pouls et secouant la tête.* Hum! hum!..

TOUS. Eh bien! eh bien!

MATHANASIUS. C'est grave.. très-grave!..

RODOLPHE, *ne pouvant retenir un éclat de rire.* En vérité!..

MATHANASIUS. Vous riez!.. et vous avez tort; ce n'est pas risible... Vous êtes dans un état qui peut devenir très-dangereux.

RODOLPHE, à part. Ah! l'excellent docteur!.. c'est charmant!
MATHANASIUS. Il y a de la vie .. jeune homme!
LE ROI, vivement. Serait-il possible?
RODOLPHE. Il me seconde à merveille? (Feignant de souffrir.) Ah! je crains bien qu'il ne me soit impossible d'aller ce soir à ce concert, à ce bal!
MATHANASIUS. Comme docteur, je le défends!.. Vous resterez ici, de peur d'aggraver le mal, qui n'est déjà que trop considérable; et, si de simples mesures de précaution ne suffisent pas, j'ai, de plus, une ordonnance d'un effet immanquable, que je vais faire préparer... si vous voulez bien me le permettre.
LE ROI. Comment donc?..
MATHANASIUS, faisant signe à son valet, qui est resté au fond, et lui parlant à part. Tchircosshire, il me faut trouver trois lazzaronis armés de leur escopette, trois bravis dont tu sois sûr.
TCHIRCOSSHIRE. Ia!
MATHANASIUS. Qu'avant dix heures du soir ils soient en embuscade dans le bosquet qui entoure le pavillon de Diane.
TCHIRCOSSHIRE. Ia!
MATHANASIUS. Et s'ils voient un homme vouloir escalader le balcon...
TCHIRCOSSHIRE. Ia!
MATHANASIUS, faisant le geste de tirer. Cinquante ducats à chacun!.. cela rentrera dans les fonds secrets de l'ambassade.
TCHIRCOSSHIRE. Ia! (Il s'éloigne.)
RODOLPHE, pendant ce temps et bas, au roi. Je suis désolé, sire, de ce contre-temps... Vous qui comptiez sur moi pour retenir ce soir le docteur!
LE ROI, à demi-voix. Je n'en ai plus besoin; j'ai mieux que cela. Tu sauras tout demain matin.
RODOLPHE. Bonne chance à Votre Majesté!
LE ROI, sortant. Adieu, Rodolphe,.. adieu!
RUGGIERI, s'apprêtant à le suivre. Adieu, mon cher. Je suis vraiment bien peiné; mais nous viendrons te tenir fidèle compagnie... nous viendrons tour à tour assidûment.
DIONIGI, bas, à Mathanasius. Ah çà! docteur, qu'est-ce qu'il a donc, décidément?..
MATHANASIUS. Quoi! vous ne l'avez pas deviné?.. Cette maladie terrible... contagieuse... qui ne fait pas de grâce...
RUGGIERI, s'éloignant de Rodolphe. O ciel!.. la maladetta!
MATHANASIUS. Précisément... Je lui disais bien que, s'il n'y prenait garde, il y allait de sa vie.
DIONIGI, s'éloignant de Rodolphe avec frayeur. Adieu, Rodolphe, adieu!
RUGGIERI, de même. Adieu, mon cher, à bientôt!
DIONIGI. Certainement, à bientôt!
RUGGIERI. Adieu, adieu au plaisir! (Ils sortent tous.)

SCENE X.

RODOLPHE, seul et riant. A merveille! l'effroi va se répandre, ainsi que la nouvelle. Ils s'éloignent rapidement, et j'entends derrière eux se fermer toutes les portes!.. (Après un moment de silence.) A dix heures!.. elle va m'attendre! Et, ce matin, elle m'a dit en me donnant ce bouquet, ce ruban: (Tirant lentement le bouquet de son sein.) quelque prière,.. quelque demande que vous m'adressiez... (Souriant.) C'est clair!.. (Regardant la pendule.) Huit heures, à peine... Il y a loin encore, et, d'ici là, je crois que je puis être tranquille pour ma soirée; les visites ne m'importuneront pas, et personne ne se dérangera du bal pour venir ici s'exposer au terrible fléau. C'est une belle invention que la maladetta!.. admirable épreuve pour connaître et apprécier ses véritables amis! Moi, qui en ai tant d'ordinaire!.. moi, qui en suis accablé... (Regardant autour de lui.) Me voilà seul!.. (Souriant.) C'est l'amitié réduite à sa plus simple expression!.. et je peux, sans peine, compter ceux qui m'aiment. (Il se rassied dans son fauteuil.)

SCENE XI.

RODOLPHE, ZANETTA.

(Zanetta s'est avancée doucement au milieu de l'appartement. Elle jette un coup d'œil sur Rodolphe, qui est étendu dans le fauteuil, va tranquillement prendre une chaise et vient s'asseoir à côté de lui, sans rien dire. Après un instant de silence, Rodolphe lève la tête, la regarde et pousse un cri.)
RODOLPHE. Ah!
ZANETTA, froidement. Me voilà!..
RODOLPHE. Toi, Zanetta!
ZANETTA, de même. Oui, mon ami. Je ne faisais pas de bruit... j'ai cru que vous dormiez!
RODOLPHE, avec surprise et attendrissement. Comment!.. tu sais donc?..
ZANETTA. Tous ces jeunes seigneurs, qui étaient ici, nous l'ont dit en s'en allant.
RODOLPHE, avec admiration. Et tu viens!..
ZANETTA... Tiens... cette surprise!.. (D'un ton de reproche.) Eh bien! par exemple! est-ce que vous ne m'attendiez pas?.. Je suis votre fiancée... c'est ici ma place, et m'y voilà!.. (Négligemment.) Voyons, Monsieur, comment ça va-t-il?
RODOLPHE, hors de lui et accablé. Je n'en sais rien... je ne peux te dire ce que j'éprouve.
ZANETTA. Allons!.. allons, du courage! ce ne sera rien! bien d'autres en sont revenus... Le docteur a-t-il ordonné quelque chose?.. non!.. tant mieux !.. je m'y entends mieux que lui, et je ne vous quitterai pas!.. c'est-à-dire jusqu'à ce soir... parce que mon père ne sait pas que je suis ici.
RODOLPHE. En vérité.
ZANETTA. Il me croit retirée dans ma chambre... il croit que je dors!.. dormir, ah! bien oui!.. Pendant qu'il fait, comme concierge du château, sa ronde ordinaire dans les jardins, je me suis échappée, sans lui en parler.. parce que, quoiqu'il ait confiance en vous... de me voir ainsi venir toute seule.. ici, vous soigner... il n'aurait peut-être pas voulu! (Avec fermeté.) Et moi, je voulais!..
RODOLPHE. Que je te remercie!..
ZANETTA. A condition que je m'en irai de bonne heure.
RODOLPHE. Rassure-toi... je te renverrai avant dix heures.
ZANETTA. Si tôt!.. et pourquoi?..
RODOLPHE. C'est convenable.
ZANETTA. Vous croyez?
RODOLPHE, rêvant. Et puis à dix heures... il faudra...
ZANETTA. Quoi donc?..
RODOLPHE. Rien... rien!.. une autre idée qui m'occupait.. mais nous avons le temps d'ici là... (Regardant la pendule.) Une heure, au moins.
ZANETTA. Eh bien! comment vous trouvez-vous?..
RODOLPHE, la regardant. Ah!.. bien mieux... depuis que tu es là!
ZANETTA. J'en étais sûre!.. voilà pourquoi je suis venue. (Lui passant la main sur le front et sur les lèvres.) La peau est très-bonne... encore un peu sèche... un peu brûlante... (Retirant vivement sa main que Rodolphe vient d'embrasser.) Ah çà! Monsieur, voulez-vous être malade?.. oui ou non?..
RODOLPHE. C'est ta faute, Zanetta! tu es une garde-malade si séduisante, si dangereuse... (La repoussant de la main.) Tiens, Zanetta... laisse-moi... éloigne-toi.
ZANETTA. Est-ce que ça va plus mal?.. est-ce que vous souffrez?..
RODOLPHE. Oui, cela me fait mal... de parler.

ZANETTA. Qu'avait-elle, cette belle? — Acte 2, scène 11.

ZANETTA. Oh! alors, taisez-vous! je ne vous ferai plus causer... Voulez-vous que je vous lise quelque chose?
RODOLPHE. Si tu veux!
ZANETTA. Je ne lis pas trop bien!.. à moins que vous n'aimiez mieux que je chante?
RODOLPHE. Tu chantes donc?..
ZANETTA. Pas trop mal!.. nous autres Siciliennes, nous savons toutes chanter... et puis, si ça vous ennuie... si ça vous endort... ce sera toujours ça de gagné pour un malade. (*Rodolphe est assis dans un fauteuil sur l'avant-scène, et Zanetta est placée sur un tabouret près de lui.*)

RÉCITATIF.

Écoutez donc sans peur!.. je cesserai
Dès que je vous endormirai!

CANTABILE.

Sur les rivages de Catane,
Et sous les beaux mûriers en fleurs,
Était gentille paysanne
Aux brunes et fraîches couleurs!
Le rossignol chantait comme elle;
Chacun se disait : Qu'elle est belle!
Chacun lui faisait les yeux doux...

(*S'arrêtant et regardant Rodolphe.*)
Dormez-vous, Monseigneur? dormez-vous?
RODOLPHE.
Je n'ai garde! sais-tu que c'est fort bien chanter!
L'heure est encore loin : j'ai le temps d'écouter.
ZANETTA.
Mais du pays cette merveille
Tout à coup languit dans les pleurs;
Et cette rose si vermeille
Perd son éclat et ses couleurs!
Plaisirs, amours, s'éloignent d'elle;
De cette voix, jadis si belle,
Le rossignol n'est plus jaloux.
(*S'arrêtant.*)
Dormez-vous, Monseigneur? dormez-vous?
RODOLPHE.
Impossible, ma chère!.. en t'écoutant chanter.
(*Regardant la pendule.*)
Plus d'un quart d'heure encor, j'ai le temps d'écouter.

CAVATINE.

Qu'avait-elle,
Cette belle?
Qui causait
Ce regret,

RODOLPHE, *tombant à genoux.* A vos pieds! — Acte 3, scène 7.

Ce chagrin
Si soudain?
Voulait-elle
Ou dentelle,
Ou brillant
Diamant?
Voulait-elle
Un amant?
Non, vraiment!..
Car elle en avait tant...
Et pourtant,
Quand on lui demandait
Les tourments qu'elle avait,
Francesca se taisait,
   Soupirait
   Et pleurait.
  Ah! ah! ah! ah!
Vous ne pouvez croire
Une telle histoire?
Le fait est prouvé,
Il est arrivé!
Aucun ne l'ignore,
Et moi, je sens là
Que peut-être encore
Il arrivera!

Car j'ai su,
J'ai connu
Quel était
Son secret!
Elle aimait,
Adorait...
— Eh! qui donc?
Un garçon
Du canton?..
— Mon Dieu! non.
— Ce sergent
Si vaillant?
Ce Beppo
Jeune et beau,
Qui portait
Un plumet
Élégant?
— Non, vraiment!
Elle aimait
En secret...
Le seigneur du pays,
Un séduisant marquis...
Et lui, ne voyait pas
La pauvre fille, hélas!
Qui pour lui languissait

Et pleurait...
Ah! ah! ah! ah!
Vous ne pouvez croire
Une telle histoire?
Le fait est prouvé,
Il est arrivé!
Aucun ne l'ignore,
Et moi, je sens là
Que peut-être encore
Il arrivera!
(*A Rodolphe qui se lève.*) Ah! ce n'est pas tout encore!
RODOLPHE. Tant mieux!
ZANETTA. Vous allez voir comment ça finit, et comment
Ile fut payée de son amour, la pauvre fille!

Un jour le seigneur passe
Pour aller à la chasse;
Seigneurs l'accompagnaient,
Les cors retentissaient!
Sur son chemin, il voi
S'avancer un convoi;
Filles de nos campagnes
Portaient, d'un pas tremblant,
Une de leurs compagnes
Ceinte d'un voile blanc!..
— Ah! dit-il, quelle est-elle?
— C'est Francesca, la belle,
Qui n'a vécu qu'un jour...
Et qui mourut d'amour!..
— Vraiment, dit-il... la pauvre enfant...
Ma's à la chasse on nous attend... —
Le cor au loin retentissait...
Et le convoi passait!..
Vous ne pouvez croire
Une telle histoire?
Le fait est prouvé,
Il est arrivé!
Aucun ne l'ignore,
Et moi, je sens là
Que peut-être encore
Il arrivera!

RODOLPHE, *très-ému.*
Ta chanson est touchante!..
ZANETTA.
Et véritable, hélas!
RODOLPHE.
Du moins, elle est charmante!
(*Lui prenant la main.*)
Et toi bien plus encore.
ZANETTA, *retirant sa main.*
Y pensez-vous, Monsieur? un malade!
RODOLPHE.
Non pas,
Je suis guéri!..
ZANETTA, *gaiement.*
Alors donc, je m'en vais!
RODOLPHE, *la retenant.*
J'entends toujours ta voix et flexible et sonore!..
ZANETTA, *souriant.*
Dormez, Monsieur, n'écoutez pas!
RODOLPHE.
Je vois toujours ces traits et ces yeux que j'adore!
ZANETTA.
Dormez, et ne regardez pas!

DUO.

RODOLPHE, *la retenant.*
Eh quoi! vouloir sans cesse
Partir!
ZANETTA.
Il faut que je vous laisse
Dormir.
RODOLPHE.
Lorsqu'en mon cœur s'élève
L'espoir!...
ZANETTA.
Bonne nuit et bon rêve!..
Bonsoir!
RODOLPHE.
Un seul instant, ma chère,
Encor!

ZANETTA.
Je vais près de mon père
Qui dort!
RODOLPHE.
Quand mes sens sont par elle
Charmés!..
ZANETTA.
A mes ordres fidèle,
Dormez!

ENSEMBLE.

ZANETTA, *que Rodolphe retient.*
Ne restons pas ensemble,
Il est tard, il me semble!
Je tressaille et je tremble,
Et d'amour et d'effroi!
Rodolphe, ô toi que j'aime!
O toi, mon bien suprême,
De ma tendresse extrême
Sauve-moi! défends-moi!
RODOLPHE.
Restons encore ensemble,
L'heure est loin, il me semble!
Près de moi son cœur tremble,
Et d'amour et d'effroi!
Oui, je vois qu'elle m'aime,
Et la sagesse même,
En ce moment suprême,
Céderait comme moi!
(*Dans ce moment, on entend sonner au loin l'horloge de la ville.*)
RODOLPHE.
C'est dix heures... ô ciel! ah! revenons à nous!
ZANETTA, *regardant la pendule.*
Eh! non; c'en est bien onze!
RODOLPHE.
Onze heures! que dit-elle?
ZANETTA, *lui montrant le cadran.*
Voyez plutôt!
(*Prête à partir.*)
Bonsoir.
RODOLPHE, *qui a été regarder le cadran.*
Grand Dieu! mon rendez-vous!
Il n'est plus temps!.. Quelle excuse?.. laquelle?
On m'attendait!..
(*Haut.*)
Et moi, sans m'être méfié,
Près de toi j'ai tout oublié.
ZANETTA, *s'approchant de Rodolphe, qui vient de se jeter dans un fauteuil.*
Et moi de même; il faut que je vous quitte :
Il se fait tard, bien tard. .
(*Gaiement.*)
Et vous êtes guéri!
Mon père doit avoir terminé sa visite,
Et tout serait perdu s'il me trouvait ici.
(*Elle gagne la porte à droite, et prête à sortir lui envoie un baiser.*)
Adieu donc! bonne nuit!..
(*On entend en dehors fermer les verrous de la porte à droite, puis ceux de la porte à gauche.*)
Ah! grand Dieu!
RODOLPHE.
Qu'avez-vous?
ZANETTA.
Mon père, qui faisait sa ronde accoutumée,
De cette porte a tiré les verrous,
Et me voilà .. près de vous enfermée,
RODOLPHE, *gaiement.*
Enfermés tous les deux par lui!
(*A part.*)
Du rendez-vous j'ai passé l'heure,
Et maintenant je vois qu'ici
(*Haut.*)
Il faut bien, Zanetta, qu'avec toi, je demeure!
(*Lui prenant la main.*)
Eh quoi! tu trembles?
ZANETTA.
Oui!
Je ne puis dire, hélas! le trouble extrême
Dont tous mes sens sont agités;

Je crains la nuit, notre amour... et moi-même!
(*Lui montrant la croisée du fond.*)
Si vous m'aimez, Monsieur, partez!
RODOLPHE.
Moi, partir! quand jamais, à mes yeux enchantés,
Tu ne parus plus belle...
ZANETTA.
O trouble extrême!
Si vous m'aimez, partez! partez!..
ENSEMBLE.
A sa voix, il me semble
Que j'hésite, et je tremble;
L'amour, qui nous rassemble,
Me défend malgré moi!
(*Rodolphe serre Zanetta contre son cœur; elle glisse entre ses bras et tombe à ses pieds.*)
RODOLPHE.
Pauvre fille! elle m'aime!
Je dois, ô trouble extrême,
Partir à l'instant même;
L'honneur m'en fait la loi.
Oui, que de l'honneur seul la voix soit écoutée!
Et pour être plus sûr de tenir mes serments,
(*S'approchant du balcon du fond, dont il ouvre la fenêtre.*)
Adieu, je pars!
(*Il s'élance dans les jardins et disparaît.*)
ZANETTA, *seule, à genoux sur le devant du théâtre.*
Et moi!.. moi, qu'il a respectée,
Je l'aime plus encore!
(*On entend dans les jardins plusieurs coups de feu; elle pousse un cri.*)
Ah! qu'est-ce que j'entends?
(*Elle court au balcon du fond, et y tombe évanouie.*)

ACTE TROISIÈME.

Le théâtre représente un pavillon circulaire à l'italienne. Une coupole soutenue par des colonnes, qui, de tous les côtés, donnent du jour et laissent apercevoir les jardins. — Au fond, un grand escalier de marbre, par lequel on descend dans le parc. — Deux portes latérales donnant dans d'autres appartements. — Dans l'entre-deux des croisées, des consoles en marbre sur lesquelles sont des vases de fleurs.

SCENE PREMIERE.

(*Au lever du rideau, toutes les dames d'honneur de la princesse sont assises à travailler. La princesse entre lentement sur la ritournelle de l'air qui suit. Les dames se lèvent et la saluent avec respect, puis se rasseoient sur un signe de la princesse.*)

LA PRINCESSE.

RÉCITATIF.

Pendant toute la nuit, mon attente fut vaine!..
Dans mon mortel effroi, je compte les instants.
Il ne vient pas... affront plus cruel que ma peine!..
Moi, fille de roi, je l'aime et je l'attends!..

AIR.

Dans l'âme délaissée,
Que l'amour a blessée,
La douce paix ne renaîtra jamais!
Cette mer irritée,
Que le vent soulevait,
Cesse d'être agitée,
Et le calme renaît.
Mais dans l'âme offensée,
Que l'amour a blessée,
La douce paix ne renaîtra jamais!..
(*La princesse va s'asseoir devant son métier à tapisserie.*)

SCENE II.

LES PRÉCÉDENTS; MATHANASIUS, *montant par l'escalier du fond.*

UN PAGE, *annonçant.* M. le baron Mathanasius de Warendorf.

MATHANASIUS, *s'approchant de la princesse et la saluant.* Qui vient faire sa cour à votre altesse et s'informer de son auguste santé... Vous avez hier quitté le bal de bien bonne heure.

LA PRINCESSE. Oui... j'étais indisposée...

MATHANASIUS, *avec intention.* Je l'ai bien vu... Votre altesse semblait absorbée, et, contre son ordinaire, prêtait peu d'attention aux nouvelles que je lui racontais.

LA PRINCESSE. Et que vous aviez peut-être composées exprès pour moi... Je vous en demande pardon, et j'espère que ce matin vous m'en dédommagerez... Qu'y a-t-il de neuf?.. que dit-on à la cour?

MATHANASIUS. Des choses fort extraordinaires... et qui pourront peut-être divertir ces dames.

LA PRINCESSE. Je ne demande pas mieux.

MATHANASIUS. C'est une aventure piquante, mystérieuse et tragique, arrivée cette nuit... une anecdote secrète et inexplicable.

LA PRINCESSE. Un mot seulement... Est-elle vraie?..

MATHANASIUS. Authentique... elle a, du reste, fait déjà assez de bruit... et ces dames ont dû entendre hier, à minuit, dans les jardins, plusieurs coups de feu.

LA PRINCESSE, *avec distraction.* Oui... je crois me rappeler... j'étais déjà renfermée dans mon appartement.

MATHANASIUS. C'était presque sous vos fenêtres... à deux pas...

LA PRINCESSE. J'y ai fait peu d'attention, j'ai cru que c'était le signal d'un feu d'artifice...

MATHANASIUS. C'était mieux que cela... (*L'examinant.*) Un homme, dit-on, descendant d'un balcon... ou essayant d'y monter... c'est ce dont on n'a pu s'assurer... La vérité est que c'était aux environs du pavillon de Diane...

LA PRINCESSE, *à part, avec intention.* Et des gens fidèles... que l'on ne connaît pas, que l'on n'a plus revus... mais que l'on suppose des gardiens du château ou des jardins...

LA PRINCESSE. Eh bien! Monsieur...

MATHANASIUS. Ont fait feu dans l'ombre...

LA PRINCESSE. Mais c'est affreux!.. Sans savoir qui ce pouvait être?..

MATHANASIUS. Un voleur... un malfaiteur... pas autre chose... ou pire encore, un conspirateur...

LA PRINCESSE. Qui vous l'a dit?

MATHANASIUS. Je le présume... malheureusement rien ne le prouve... car le coupable...

LA PRINCESSE, *vivement.* N'a pas été atteint?..

MATHANASIUS. Si vraiment... on a vu ce matin quelques gouttes de sang sur les marches de marbre du pavillon.

LA PRINCESSE, *à part.* Ah! le malheureux... je ne lui en veux plus, je lui pardonne!

MATHANASIUS. Et l'on prétend que le fugitif a été atteint au bras...

LA PRINCESSE, *vivement.* Qu'en savez-vous?

MATHANASIUS. On l'a dit... c'est une rumeur... un bruit... comme tous les bruits qui courent... et il s'en répand souvent de si singuliers... de si absurdes...

LA PRINCESSE. Lesquels?

MATHANASIUS. On prétend... mais c'est de la dernière invraisemblance, qu'un rendez-vous mystérieux... qu'un amant d'une de ces dames... (*Brouhaha parmi les dames d'honneur.*) Je vous ai dit que c'était absurde... Du reste, si quelqu'un de la cour est le héros de cette aventure nocturne, il sera facile de le reconnaître...

LA PRINCESSE, *avec émotion.* Et comment?..

MATHANASIUS. A la blessure qu'il a reçue... Le premier bras en écharpe que nous verrons paraître...

LA PRINCESSE. O ciel!..

MATHANASIUS. A moins que prudemment ce chevalier malencontreux ne reste chez lui et ne s'abstienne de se montrer... ce qui voudra dire exactement la même chose.

LA PRINCESSE, *à part.* Je suis perdue!..

UN PAGE, *annonçant.* M. le comte Rodolphe de Montemar...

SCENE III.

LES PRÉCÉDENTS, RODOLPHE.

(*Rodolphe entre vivement, salue de loin et avec respect la princesse et les dames qui l'entourent.*)

LA PRINCESSE, *avec émotion.* C'est lui!.. (*Tous les regards se tournent vers Rodolphe, qu'on examine curieusement. Rodolphe s'approche de Mathanasius et lui tend la main gauche, que celui-ci secoue vivement.*)

MATHANASIUS, *à part, et regardant le bras de Rodolphe* C'est étonnant...

RODOLPHE, *traversant et s'approchant de la princesse.* Son altesse se porte-t-elle bien?

LA PRINCESSE, *avec émotion.* Et vous, monsieur le comte, on vous disait souffrant...

MATHANASIUS. Oui... hier soir... cette attaque de fièvre si subite... nous avait tous effrayés.

RODOLPHE. Tout cela s'est dissipé... et ce matin, il n'en reste aucune trace...

MATHANASIUS, *vivement, en lui prenant la main droite qu'il secoue plus fortement que l'autre.* J'en suis enchanté... (*A part.*) Rien!.. pas blessé...

LA PRINCESSE, *stupéfaite, à part.* Ah! je reprends ma colère...

MATHANASIUS Que sont-ils donc venus me raconter?..

LA PRINCESSE, *à Rodolphe, lui montrant son métier à tapisserie.* Que pensez-vous de ce dessin, monsieur le comte?..

RODOLPHE, *s'approchant.* Délicieux!

LA PRINCESSE, *à voix basse.* Je vous ai attendu hier.

RODOLPHE, *de même et avec embarras.* Un obstacle terrible, imprévu... (*Haut et ayant l'air d'examiner la tapisserie.*) Ce bouquet me semble nuancé avec une délicatesse admirable...

LA PRINCESSE, *à voix haute.* Vous trouvez?..

RODOLPHE, *à voix basse.* Une affaire diplomatique, dont le roi m'avait chargé. (*Haut.*) Ces couleurs-là sont un peu sombres peut-être...

LA PRINCESSE, *avec intention.* Oui... il faudrait éclaircir, si c'est possible... (*Bas.*) Le roi aurait-il des soupçons?

RODOLPHE. Je le crains... car retenu hier et renfermé par lui... (*Au baron qui s'approche, et lui montrant l'ouvrage de la princesse.*) N'est-ce pas, monsieur le baron... il y a là un peu de confusion?

LA PRINCESSE. Un peu d'obscurité...

MATHANASIUS, *examinant la broderie.* Oui... oui... je suis de l'avis de votre altesse, tout cela me semble fort obscur... (*A part.*) Impossible d'y rien comprendre... et d'autant plus que j'ai vu de mes yeux... des taches de sang... Qui donc alors cela peut-il être?

LE PAGE, *annonçant.* Le roi, Messieurs! (*Tout le monde se lève.*)

SCENE IV.

LES PRÉCÉDENTS; LE ROI, *ayant le bras en écharpe.*

LA PRINCESSE, *courant à lui.* Eh! mon Dieu!.. qu'a donc Votre Majesté?..

LE ROI. Rien, ma chère sœur... moins que rien... une égratignure... Hier, en sortant du bal, où il faisait une chaleur étouffante... j'ai voulu prendre l'air... dans les jardins...

LA PRINCESSE. Et vous êtes tombé?..

LE ROI. Non... je me promenais... tranquillement... du côté de l'appartement de ces dames et du vôtre... le pavillon de Diane...

MATHANASIUS, *à part.* Les maladroits!..

LE ROI, *gaiement.* Lorsque tout à coup... j'ignore qui diable s'amuse à chasser dans mon parc à cette heure-là... plusieurs coups de feu partis d'un bosquet...

RODOLPHE ET LA PRINCESSE. Blessé... blessé...

LE ROI. Cela ne vaut pas la peine d'en parler... Mais si je peux découvrir les braconniers à qui je dois cette surprise... je les ferai pendre...

MATHANASIUS, *à part, avec terreur.* Ah! mon Dieu!..

LE ROI. Non pour moi... mais pour ces dames, que cela pouvait effrayer...

RODOLPHE, *bas.* Quelle imprudence, sire!..

LE ROI, *de même.* Que veux-tu?.. j'avais un rendez-vous de la baronne...

RODOLPHE, *bas.* Et tenter de gravir ce balcon...

LE ROI, *de même, en riant.* Du tout, je descendais...

SCENE V.

LES PRÉCÉDENTS; ZANETTA, *tenant une corbeille de fleurs.*

QUINTETTE.

LE ROI, *à Rodolphe.*
Mais, tiens! c'est Zanetta, c'est l'objet de ta flamme!
(*A Zanetta.*)
Que cherches-tu, ma belle? Est-ce lui?

ZANETTA.
            Vraiment, non!
Je viens, par l'ordre de Madame,
De fleurs garnir ce pavillon.

LA PRINCESSE, *regardant Zanetta.*
Des larmes dans tes yeux?

ZANETTA, *les essuyant vivement.*
            Qui? moi?

LA PRINCESSE.
            Je le vois bien!

RODOLPHE, *vivement et se retenant.*
Quoi! tu pleures?

ZANETTA.
Non, ce n'est rien!
(*Se remettant à pleurer.*)

COUPLETS.

PREMIER COUPLET.

Ah! ah! ah! ah! ah! ah! ah! ah!
Si je suis encor tout émue,
C'est que mon père m'a battue,
Et quand il bat, c'est de bon cœur!
Et pourquoi m'a-t-il chapitrée?
Pour avoir passé la soirée,
Hier, auprès de Monseigneur.
(*Elle montre Rodolphe.*)

LA PRINCESSE, *à part.* Avec lui! la soirée!..

ZANETTA, *continuant.*
Et mon cher père que j'honore,
Et que j'ai toujours révéré,
M'a dit: Corbleu! je te battrai
Si jamais ça t'arrive encore!
Et j'ai grand'peur, car, d'après ça,
Il est bien sûr qu'il me battra!
Ah! ah! ah! ah! ah! ah! ah! ah!

DEUXIÈME COUPLET.

C'est malgré moi, je vous l'atteste,
Mais où l'on est, il faut qu'on reste,
Quand on se trouve emprisonné;
Il le serait encor, peut-être,
S'il n'eût sauté par la fenêtre,
Alors qu'onze heures ont sonné!

LA PRINCESSE, *à part.* Onze heures!..

ZANETTA, *continuant.*
Et mon cher père que j honore,
Et que j'ai toujours révéré,
M'a dit : Corbieu! je te tûrai
Si jamais tu l'aimes encore!..
Et j'ai grand'peur, car, d'après ça,
Il est bien sûr qu'il me tûra!
Ah! ah! ah! ah! ah! ah! ah! ah!

ENSEMBLE.
LA PRINCESSE, *à part.*
L'on me trompe, l'on m'abuse!
C'est un mensonge, une ruse,
Que bientôt je connaîtrai,
Et qu'ici je déjoûrai;
Je saurai tout... je le saurai!
MATHANASIUS, *à part.*
On nous trompe, on nous abuse!
Tout ceci n'est qu'une ruse,
Que bientôt je connaîtrai,
Et qu'ici je déjoûrai!
Je saurai tout... je le saurai!
ZANETTA.
Lorsque mon père m'accuse,
A ses yeux, jamais d'excuse;
Il l'a dit!.. il l'a juré!
Je te battrai!.. je te battrai,
Je te battrai!.. je te tûrai!
LE ROI, *à part, regardant Mathanasius.*
De son sang-froid je m'amuse;
Grâce au ciel! de notre ruse
Il n'aura rien pénétré;
Notre amour est ignoré,
Oui, notre amour est ignoré!
RODOLPHE, *à part, regardant la princesse.*
Pour qu'à ses yeux je m'excuse,
Comment trouver quelque ruse?
Un moyen désespéré...
Non, jamais, je ne pourrai!
Non, non, jamais je ne pourrai!

LE ROI, *à la princesse, qui voudrait interroger Zanetta.*
Allons, venez, ma sœur;
Vous savez bien qu'avec monsieur l'ambassadeur
Nous devons, ce matin, causer.
LA PRINCESSE, *à Rodolphe.*
Monsieur le comte,
Mon éventail, mes gants?
(*Bas, à Rodolphe, qui les lui présente.*)
Que veut dire ce que j'apprends?
RODOLPHE, *à voix basse et avec embarras.*
Rien de plus simple... et quand vous saurez tout...
LA PRINCESSE, *à voix basse.*
J'y compte!
(*Voyant le roi qui s'approche et lui présente la main, elle dit à voix haute à Rodolphe, qui fait quelques pas pour sortir.*)
J'ai des ordres pour aujourd'hui
A vous donner!..
RODOLPHE, *s'inclinant.*
Je demeure!
LA PRINCESSE.
De chez le roi, quand tout à l'heure
Je sortirai, veuillez m'attendre ici!
MATHANASIUS, *à part.*
Ici!

ENSEMBLE.
LA PRINCESSE.
L'on me trompe, l'on m'abuse, etc.
LE ROI.
De son sang-froid je m'amuse, etc.
MATHANASIUS.
On nous trompe, on nous abuse, etc.
ZANETTA.
Lorsque mon père m'accuse, etc.
RODOLPHE.
Pour qu'à ses yeux je m'excuse, etc.
(*Le roi, la princesse, Mathanasius, sortent par la porte à gauche, les dames d'honneur par le fond.*)

SCENE VI.

RODOLPHE, *sur le devant de la scène;* ZANETTA, *mettant des fleurs dans les vases du pavillon.*

RODOLPHE. Des ordres!.. des ordres!.. et que lui dire? comment me justifier?.. tromper et mentir encore... rougir à ses yeux!.. ah! quelle honte!.. quel esclavage!.. mieux vaut tout lui avouer... mais c'est exposer à sa colère cette pauvre jeune fille, qui pour moi déjà n'a que trop souffert... et son père, ce brave soldat, qui la croit coupable...
ZANETTA, *avec un soupir de résignation.* C'est là le plus terrible... mais n'importe, c'est pour vous!..
RODOLPHE. Zanetta!
ZANETTA. Vous d'abord! vous toujours!
RODOLPHE. Ah! je suis un indigne!.. je suis un ingrat!.. tant de générosité, tant de dévouement... pour moi qui combats et qui hésite encore... Ecoute, Zanetta, il faut que je te l'avoue, il faut que tu saches la vérité... (*Avec passion.*) Je t'aime!
ZANETTA, *en riant.* Eh bien !.. cette nouvelle!.. je le sais bien, et depuis longtemps.
RODOLPHE, *avec entraînement.* Non, tu ne sais pas ce que j'ai ressenti depuis hier... jamais, jusqu'ici, je n'avais éprouvé d'attachement pareil... d'amour véritable... c'est ce qui fait que maintenant j'essaierais en vain de le cacher; malgré mes efforts, on le verra, on s'en apercevra.
ZANETTA. Pardine! ce n'est pas un secret, tout le monde le sait!.. et voilà pourquoi mon père veut me tuer... parce que je vous ai aimé... « Insensée! m'a-t-il dit, ne vois-tu « pas que ce grand seigneur veut t'abuser et te séduire? » (*Geste de Rodolphe.*) Soyez tranquille, je vous ai défendu!.. Je lui ai dit qu'hier encore vous vouliez m'épouser... que c'est moi qui n'avais pas voulu à cause de votre famille, et du roi, et de la cour.
RODOLPHE, *la regardant avec émotion.* Pauvre fille!
ZANETTA. Mais ces vieux militaires, ça n'entend rien. « Et s'il en est ainsi, a-t-il continué... porte-lui seulement « la promesse que je vais t'écrire... » et moi j'ai refusé! je n'ai pas besoin de promesse, votre parole vaut mieux encore!
RODOLPHE, *troublé.* Ah! Zanetta!
ZANETTA. Mais alors il ne veut pas me laisser près de vous, et nous allons partir aujourd'hui, dans un instant... il prépare la barque qui doit nous emmener.
RODOLPHE, *avec agitation.* Partir!.. tu as raison! c'est ce que je devrais faire!.. oui, je m'expliquerai... je quitterai la cour... je partirai avec toi.
ZANETTA, *vivement.* Ça n'est pas possible, mon père ne voudra jamais... ou il vous parlera encore d'engagement et de promesse.
RODOLPHE, *avec chaleur.* Ah! s'il ne tenait qu'à moi... si j'étais libre...
ZANETTA. Quoi! vraiment!
RODOLPHE. Je voudrais plus encore.
ZANETTA, *avec joie.* Non, non, pas davantage... Ça suffit pour mon père.
RODOLPHE. Mais écoute-moi, Zanetta, écoute-moi... Dieu! la princesse!..
ZANETTA. Qu'importe?
RODOLPHE, *troublé.* Devant elle, devant le roi, pas un mot, ou tout serait perdu.
ZANETTA. Je n'en parlerai qu'à mon père... car maintenant nous pouvons partir tous les trois... et dès que la barque sera prête, je viendrai vous le dire ici.
RODOLPHE, *très-agité.* Non! qu'on ne te revoie plus.
ZANETTA. Eh bien! alors, je chanterai au pied de ce pavillon... ce sera le signal.
RODOLPHE. Tout ce qu'il te plaira... mais va-t'en, va-t'en vite. (*Il la pousse vivement vers le fond et Zanetta sort.*)

SCÈNE VII.

LA PRINCESSE, RODOLPHE, *au fond du théâtre.*

LA PRINCESSE, *entrant avec agitation.* Oui... il n'y a que ce parti... il ne m'en reste pas d'autre... *(Apercevant Rodolphe qui redescend.)* Ah! vous voilà, Monsieur... les instants sont précieux... et d'abord... ces explications que vous me devez...

RODOLPHE, *avec embarras.* Je l'ai dit à votre altesse... une conférence secrète dont le roi m'avait chargé avec l'ambassadeur de France.

LA PRINCESSE. Hier soir!

RODOLPHE. Oui... Madame.

LA PRINCESSE, *avec ironie.* L'ambassadeur était parti hier matin.

RODOLPHE, *à part.* O ciel! *(Haut et vivement.)* Pour tout le monde, mais pas pour nous... et à l'issue de cette conférence, enfermé, comme je vous l'ai dit, prisonnier dans ce pavillon, je serais encore sous les verrous, sans la fille du concierge qui hier soir m'a enfin délivré.

LA PRINCESSE. Comment cela?

RODOLPHE. En m'ouvrant une persienne qui donnait sur les jardins, et par laquelle, pour vous rejoindre, je suis sorti, mais trop tard, d'une prison que je devais, je le crains bien, à la défiance du roi.

LA PRINCESSE, *vivement.* Vous le croyez?

RODOLPHE, *de même.* J'en suis sûr!.. car lui, pendant ce temps, rôdait à ma place, et en sentinelle, sous votre balcon...

LA PRINCESSE. Oui... oui... il avait des soupçons... et d'après ce mariage qu'ils ont résolu.

RODOLPHE. Que dites-vous?

LA PRINCESSE. Eh oui! Monsieur... ce baron Mathanasius, qui nous épiait.. est un envoyé de l'archiduc de Bavière; il venait demander ma main, que mon frère a accordée...

RODOLPHE. Il serait vrai?

LA PRINCESSE. Voilà depuis hier ce que je voulais vous dire... mais ne pouvant ni vous voir, ni m'entendre avec vous... il m'a fallu me confier à l'une de mes dames d'honneur, la comtesse Bianca, pour les préparatifs.

RODOLPHE. Lesquels?

LA PRINCESSE, *avec expression.* Vous me le demandez?

DUO.

A cet hymen pour me soustraire,
Je n'avais plus qu'un seul espoir!
Loin de la cour et de mon frère,
C'est de fuir avec vous, ce soir!
(A Rodolphe qui tressaille.)
Quoi! vous tremblez!

RODOLPHE.
Pour vous, Madame!
Sur les desseins par vous formés!
Lorsque le trône vous réclame!..

LA PRINCESSE, *avec amour et exaltation.*
Que m'importe!.. si vous m'aimez!

ENSEMBLE.

LA PRINCESSE.
Oui, le sceptre et l'empire
Ne sont rien pour mon cœur!
Et l'amour qui m'inspire
Suffit à mon bonheur!

RODOLPHE, *à part.*
Que répondre?.. que dire?
Infidèle et trompeur,
Le remords me déchire
Et vient briser mon cœur!

LA PRINCESSE.
Venez! partons!.. voici l'instant!
(On entend dans la coulisse, à gauche, Zanetta chanter l'air qui sert de signal pour le départ.)
Tra la, la, la, la, la, la!

RODOLPHE, *à part et avec trouble.*
Grand Dieu! Zanetta!.. c'est elle!

LA PRINCESSE.
Partons!

RODOLPHE, *montrant la princesse.*
Ici, l'honneur m'appelle.
(Montrant à gauche Zanetta.)
Et là... c'est l'amour qui m'attend!

LA PRINCESSE, *au bord du théâtre et à demi-voix, pendant qu'en dehors on entend toujours à haute voix la chanson de Zanetta.*
La route encor nous est ouverte!..

RODOLPHE, *de même.*
Pour moi, je crains peu le danger,
Mais c'est courir à votre perte!

LA PRINCESSE, *de même.*
Non, l'amour doit nous protéger.

RODOLPHE, *de même.*
Ah! pour vous, bravant le supplice,
Je puis accepter le trépas,
Mais non ce noble sacrifice,
Qu'hélas! je ne mérite pas!

LA PRINCESSE, *étonnée et le regardant avec jalousie.*
Que dit-il?..

ENSEMBLE.

LA PRINCESSE, *le regardant.*
Quel trouble l'agite?
Il tremble... il hésite!
Moi-même, interdite,
Je me sens frémir!
Le doute me lasse!
Quel sort nous menace!
Ah! parlez, de grâce,
Dussé-je en mourir.

RODOLPHE.
Je tremble... j'hésite,
Le remords agite
Mon âme interdite...
Ah! que devenir?
Le sort qui m'enlace
Partout me menace!
Tout mon sang se glace,
Je me sens mourir.

ZANETTA, *au dehors.*
Tra, la, la, la, la,
La, la, la, la, la, etc.

RODOLPHE, *troublé.*
Oui, Madame, ce nom et ce titre d'épouse...

LA PRINCESSE.
Dont vous êtes digne.

RODOLPHE, *hésitant.*
Oui, par mon dévoûment, mais. ,

LA PRINCESSE, *avec une colère concentrée.*
Rodolphe, écoutez-moi!.. je ne suis pas jalouse,
Si jamais je l'étais...

ENSEMBLE.

LA PRINCESSE, *le regardant.*
Quel trouble l'agite? etc.

RODOLPHE.
Je tremble, j'hésite, etc.

ZANETTA, *au dehors.*
Tra, la, la, la, la, etc.

STRETTE DU MORCEAU.

LA PRINCESSE.
Parlez! . parlez!..

RODOLPHE.
Pitié pour un misérable!

LA PRINCESSE.
Non, non... que ses forfaits par moi soient châtiés.

RODOLPHE.
Grâce pour un coupable!

LA PRINCESSE, *avec colère.*
Mais, enfin, ce coupable,
Où donc est-il?..

RODOLPHE, *tombant à genoux.*
A vos pieds!
Cet amour qui pour nous d'abord ne fut qu'un jeu
Est maintenant plus fort que ma raison.

SCENE VIII.

Les précédents, LE ROI, MATHANASIUS, ZANETTA.

(*Le roi et Mathanasius entrent par le fond, et Zanetta par la porte à gauche. A leur vue Rodolphe se relève vivement, mais le roi l'a aperçu. Tout cela s'est exécuté sur les dernières mesures du morceau précédent.*)

LE ROI.

Grand Dieu!
(*A Mathanasius.*)
Punissons qui nous a trahi!

ZANETTA, *avec effroi.*

Le punir... lui!

LE ROI, *à sa sœur, montrant Mathanasius.*

La comtesse Bianca, dont on paya le zèle,
Nous a de vos projets fait un rapport fidèle.

LA PRINCESSE, *à part.*

C'est fait de moi!..

RODOLPHE, *à demi-voix, à la princesse.*

Non, tant que je vivrai!

LE ROI.

Et ces apprêts de départ... cette fuite...
J'en saurai le motif!

ZANETTA.

Ah! je vous le dirai!
Ne punissez que moi... moi seule!

LE ROI.

Parle vite.
(*Sévèrement.*)
Et ne m'abuse pas!.. ou sinon!..

ZANETTA, *tremblante.*

Oui, mon roi!

LE ROI.

Eh bien! ce départ qu'il médite?

ZANETTA.

C'était avec moi!

MATHANASIUS ET LE ROI.

Avec elle!..

ZANETTA.

Avec moi!

LE ROI, *d'un air d'incrédulité.*

Quoi! cet enlèvement, cette fuite?..

ZANETTA.

Avec moi!

LE ROI.

Et ce secret mariage?

ZANETTA.

Avec moi.

LE ROI.

Un mariage!.. avec toi!..

ZANETTA, *timidement.*

Pas encor!.. Mais du moins en voici la promesse,
Qu'il allait me signer!..
(*Elle remet le papier au roi.*)

LA PRINCESSE, *avec colère.*

O ciel!

RODOLPHE, *vivement, au roi, et lui montrant la princesse.*

Oui, son altesse
Daignait nous protéger! et d'un cœur pénétré,
Je l'en remerciais... quand vous êtes entré!
(*Le roi s'est approché de Mathanasius, à qui il a montré ce papier.*)

LE ROI.

Qu'en dites-vous?

MATHANASIUS, *à voix basse.*

De n'ai rien à répondre!
Mais on nous trompe!..

LE ROI, *de même.*

Eh bien! je saurai les confondre.
(*A voix haute et froidement.*)
A cet hymen je consens de grand cœur!
(*En ce moment, entrent le chancelier et plusieurs seigneurs de la cour, qui se placent à gauche, et des dames d'honneur de la princesse, qui se placent à droite.*)

ZANETTA, *sautant de joie.*

Est-il possible!.. Non, c'est sans doute une erreur!
Moi, sans nom, sans naissance!..

LE ROI.

Eh bien! donc je te donne
Un nom, un titre, un rang!.. Relève-toi, baronne!
Et nous signerons tous! Moi, d'abord, puis ma sœur.
(*Il fait signe au chancelier, qui est à la gauche du théâtre, de s'asseoir à la table, et d'écrire le contrat.*)

LA PRINCESSE, *bas, à Rodolphe.*

Jamais!

RODOLPHE.

Au nom du ciel! pour vous, pour votre honneur!..

LA PRINCESSE, *à voix basse.*

Plutôt nous perdre, vous et moi-même!

RODOLPHE, *à part.*

O terreur!
(*Le roi, après avoir donné les ordres au chancelier, qui écrit, passe à droite, entre Rodolphe et sa sœur.*)

ZANETTA, *qui vient de causer avec Mathanasius.*

Moi, baronne et comtesse!
(*Prenant les bouquets qui sont restés dans la corbeille sur la table.*)
Adieu, mes fleurs chéries!
Pour la dernière fois je vous aurai cueillies!
Mais avant d'abdiquer, laissez-moi, grâce à vous,
M'acquitter des bienfaits qu'ici je dois à tous!
(*Présentant un premier bouquet à Mathanasius.*)

PREMIER COUPLET.

A vous, Monseigneur
L'ambassadeur,
La jardinière
Vous offrira
Ce présent-là.
Pour vous, c'est bien peu;
Mais mon seul vœu
Est de vous plaire.
Cette fleur-là
Vous le dira!
(*Passant devant Rodolphe et s'adressant au roi.*)

DEUXIÈME COUPLET.

Vous, mon roi, dont la puissance
M'a donné rang et naissance,
Et mieux encor, le droit heureux
(*Montrant Rodolphe.*)
De le chérir à tous les yeux.
Quand chacun blâmait
Et proscrivait
Mon mariage,
Cette main-là
Nous protégea!
A vous, dès ce jour,
Et mon amour
Et mon hommage...
(*Tenant un bouquet qu'elle va lui offrir.*)
Cette fleur-là
Vous le dira!
(*En ce moment, le chancelier fait signe au roi que tout est prêt; le roi quitte Zanetta et passe près de la table à gauche.*)

ZANETTA, *qui s'est approchée de la princesse, lui offre son dernier bouquet.*

Vous, fille de roi,
Daignez de moi
Prendre ce gage.

RODOLPHE, *saisissant ce bouquet et lui donnant à la place le bouquet de fleurs artificielles qu'il vient de tirer de son sein. — A demi-voix.*

Non pas!.. mais celui-ci.

ZANETTA, *étonnée et troublée, présente le bouquet à la princesse, en regardant toujours Rodolphe.*

Daignez... recevoir... les fleurs... que voici!

LA PRINCESSE, *apercevant et reconnaissant le bouquet du premier acte, qu'elle a donné à Rodolphe.*

O ciel!.. je me perdais!.. et pour lui!..

LE ROI, *qui, après avoir signé à la table à gauche, passe à droite près de sa sœur.*

Qu'as-tu donc?..

LA PRINCESSE, *avec émotion.*

Rien!.. rien!..
(*Le roi lui fait signe d'aller signer. La princesse traverse le théâtre, s'approche de la table à gauche, hésite un instant, puis signe vivement, et dit avec ironie à Rodolphe et à Zanetta.*)

Noble hymen! hymen auguste!..
Qui nous semble et digne et juste,
Nous l'approuvons de grand cœur.
(Se retournant vers Mathanasius.
Partons!.. monsieur l'ambassadeur!..
Partons!

ENSEMBLE.

LE ROI, à Mathanasius, lui montrant sa sœur.
Emmenez l'épouse chérie,
Pour votre roi, par vous choisie!
LA PRINCESSE.
Oui, ma fierté, par lui trahie,
A retrouvé son énergie.
MATHANASIUS, tenant la main de la princesse, et se frappant le front.
C'est une aventure inouïe,
Qui confond ma diplomatie!

RODOLPHE, à la princesse.
A vous le sceptre qu'on envie!
(A part, regardant Zanetta.)
A moi!.. le bonheur de la vie!..
ZANETTA, à la princesse.
A vous le sceptre qu'on envie!
(A part, regardant Rodolphe.)
A moi!.. le bonheur de la vie!..
CHŒUR.
C'est une faveur inouïe!
Le roi lui-même les marie!

(Mathanasius a présenté respectueusement sa main à la princesse, qui s'éloigne en jetant sur Rodolphe et Zanetta un regard de dédain. Les seigneurs et dames de la cour se sont rangés en haie pour les laisser passer. Le roi, en signe de réconciliation, tend la main à sa sœur, tandis que Rodolphe serre tendrement Zanetta contre son cœur. — La toile tombe.)

FIN DE ZANETTA.

LA MARQUISE DE BRINVILLIERS

DRAME LYRIQUE EN TROIS ACTES

Représenté, pour la première fois, à Paris, sur le théâtre royal de l'Opéra-Comique, le 31 octobre 1831.

EN SOCIÉTÉ AVEC M. CASTIL-BLAZE.

MUSIQUE DE MM. AUBER, BATTON, BERTON, BLANGINI, BOIELDIEU, CARAFA, CHÉRUBINI, HÉROLD ET PAER.

L'OUVERTURE EST DE M. CARAFA.

Personnages.

LA MARQUISE DE BRINVILLIERS.
M. DE VERNILLAC, fermier général.
HORTENSE DE MONTMÉLIAN, sa femme.
ARTHUR DE SAINT-BRICE, amant d'Hortense.
MADELON, sœur de lait d'Hortense.
GALIFARD, intendant de la marquise.

M. DE COULANGE.
LE PREMIER DU ROI.
UN VALET DE M. DE VERNILLAC.
UN DOMESTIQUE DE LA MARQUISE.
CONVIVES ET AMIS.
QUATRE EXEMPTS.

Les deux premiers actes se passent à Versailles chez M. de Vernillac; le troisième à Paris, rue Neuve-Saint-Paul, dans l'hôtel de la marquise.

ACTE PREMIER.

Un salon dans une maison particulière à Versailles, au temps de Louis XIV. Des jardins au fond.

SCENE PREMIERE.

VERNILLAC, HORTENSE, CONVIVES, MADELON, HOMMES ET FEMMES DE LA MAISON.

(Au lever du rideau, Vernillac, à gauche, debout, en grand costume, tient Hortense par la main, habillée en mariée. Convives et amis de Vernillac, qui viennent pour son mariage. A droite, Madelon, et plusieurs hommes et femmes de la maison.)

INTRODUCTION.
(M. Chérubini.)
CHŒUR.

Que le chant d'hyménée
Retentisse en ces lieux!
Cette heureuse journée
Voit combler tous leurs vœux.
UN DOMESTIQUE en livrée, annonçant.
Monsieur le marquis de Coulange,
Monsieur le duc de Villeroi.

VERNILLAC, allant à eux et saluant.
C'est pour nous un bonheur étrange...
LE DOMESTIQUE, annonçant.
Monsieur le Premier du roi.
VERNILLAC, avec joie.
Ils viennent pour mon mariage;
Dieu! quel honneur que celui-là!
Oui, tout Versailles, je le gage,
A mes noces assistera.
CHŒUR.
Que le chant d'hyménée
Retentisse en ces lieux!
Cette heureuse journée
Voit combler tous leurs vœux.
HORTENSE.
Victime infortunée
D'un devoir rigoureux,
Qu'un pareil hyménée
Pour mon cœur est affreux!
VERNILLAC.
Quelle douce journée!
Que mon cœur est joyeux!
Cet heureux hyménée
Voit combler tous mes vœux.
MADELON.
Dans un jour d'hyménée
Qu'elle a l'air malheureux!
Et, de fleurs couronnée,
Des pleurs sont dans ses yeux.

HORTENSE. *Vous, Monsieur, vous dans ces lieux?* — Acte 2, scène 2.

UN DES CONVIVES, *bas, à un de ses voisins.*
Sans biens, sans espérance aucune,
Hortense épouse un fermier général.
UN AUTRE CONVIVE.
A la marquise elle doit sa fortune.
UN AUTRE CONVIVE.
Ah! c'est pour elle un bonheur sans égal.
(*Madelon, qui pendant ce temps s'est approchée d'Hortense, lui fait la révérence, en lui présentant un bouquet.*)

MADELON.
COUPLETS.
PREMIER COUPLET.
Vous, que depuis mon jeune âge
Je chéris du fond du cœur,
J'arrive de not' village
Pour êtr' témoin d' votr' bonheur.
Aux lieux où l'on vous adore,
D' temps en temps, rev'nez encore,
Et parfois pensez à nous,
Qui prirons toujours pour vous.
DEUXIÈME COUPLET.
Quand de l'éclat dont il brille

Votr' sort éblouit nos yeux,
Hélas! d'une pauvre fille
Qu'importent les humbles vœux?
Mais au sein de la puissance,
D' la grandeur et de l'opulence,
Quelquefois pensez à nous,
Qui prirons toujours pour vous.
HORTENSE, *avec émotion et prenant son bouquet.*
Merci, merci, mon cœur est bien heureux;
(*A part.*)
Cachons les pleurs qui coulent de mes yeux.

ENSEMBLE.
CHŒUR.
Que le chant d'hyménée
Retentisse en ces lieux!
Cette heureuse journée
Va combler tous leurs vœux.
MADELON.
Dans un jour d'hyménée
Qu'elle a l'air malheureux!
Et, de fleurs couronnée,
Des pleurs sont dans ses yeux.
HORTENSE.
Victime infortunée

D'un devoir rigoureux,
Qu'un pareil hyménée
Pour mon cœur est affreux !
VERNILLAC.
Quelle douce journée!
Que mon cœur est joyeux!
Cet heureux hyménée
Voit combler tous mes vœux.

(*Tous les convives entrent dans le salon à gauche. Vernillac offre la main à Hortense; mais elle lui fait signe qu'elle reste, et qu'elle veut parler à Madelon.*)

SCÈNE II.
HORTENSE, MADELON.

HORTENSE. Reste, Madelon, il faut que je te remercie de ton bouquet; et c'est bien le moins qu'à toi, ma sœur de lait, je te fasse mon présent de noces. (*Lui présentant une petite boîte.*) Le voici.

MADELON. Un collier, et une croix, et des boucles d'oreilles en or! c'est trop beau, Mademoiselle.

HORTENSE. Et de plus, quand tu te marieras, je me charge de ta dot; choisis seulement quelqu'un que tu aimes, que tu puisses aimer, et sois heureuse. Adieu.

MADELON. Eh bien! vous me quittez ainsi ; et vous voilà tout en larmes!

HORTENSE. Ah! je souffre tant! et là, dans ce salon, obligée de se contraindre...

MADELON. Et qui vous chagrine donc? Orpheline, et sans fortune, vous faites un mariage magnifique; vous épousez, dit-on, un fermier général, qui n'est peut-être pas très-beau, mais qui a de l'or à pleines mains, et qui avec son or a tout ce qu'il veut, même de la naissance : car on dit qu'il vient d'en acheter, ainsi qu'une charge à la cour; et quand on est marquise ou duchesse, qu'est-ce qu'on peut désirer?

HORTENSE. Ah! si tu savais ce que je sens là, ce que j'éprouve! sans amis dans ce monde, il n'y a que toi à qui je puisse e dire; et puis, c'est la dernière fois que j'en parlerai.

MADELON. Et de qui donc?

HORTENSE. D'une personne que j'aimais bien, que je ne veux plus aimer; et c'est ce qui me rend si malheureuse. Presque parents, et élevés ensemble, il était sans fortune, moi aussi! Qu'importe! jusqu'à ce jour, je n'y avais jamais pensé. Nous devions être l'un à l'autre, il me l'avait juré du moins; et depuis un an qu'il est parti à Nancy pour rejoindre son régiment, pas une lettre, pas un mot, pas un souvenir; tandis que moi, tu sais, j'ai tenu mes promesses, je lui ai écrit.

MADELON. Quoi! lorsque nous étions ensemble en Touraine, ces lettres que tous les jours je portais à la poste...

HORTENSE. C'était pour lui.

MADELON. M. le comte Arthur de Saint-Bricé?

HORTENSE. Ah! tu te rappelles ce nom-là?

MADELON. Je l'ai lu assez de fois.

HORTENSE. Eh bien! pas une seule réponse.

MADELON. Il a été malade, blessé peut-être.

HORTENSE. Je l'ai cru; mais non, je m'abusais : j'ai reçu d'autres nouvelles. Pauvre autrefois, quoique d'une grande famille, il a perdu presque en même temps deux frères aînés, ce qui lui a donné un rang, des titres, une immense fortune; et depuis ce moment, adressant ses vœux à d'autres femmes...

MADELON. En êtes-vous bien sûre?

HORTENSE. On me l'a dit. Et après son silence et son oubli, est-il besoin d'autres preuves?

MADELON. Ah! que c'est mal à lui!

HORTENSE. Oui, n'est-ce pas, c'est bien mal? moi qui l'aimais tant, et me forcer à ne plus l'estimer! c'est là ce qui me fait le plus de chagrin. C'est alors que je suis venue à Versailles avec une de mes tantes; et, un jour que dans une société on avait prononcé mon nom, une femme qui était assise à côté de moi ne me quitta plus de la soirée, me prit en amitié, moi que tout le monde délaissa't; et je lui en sus d'autant plus de gré, que, veuve riche et brillante, tous les hommages l'entouraient.

MADELON. C'était une brave femme celle-là, et je voudrais la connaître.

HORTENSE. Tu l'as vue, elle était hier avec moi quand tu es arrivée.

MADELON. Cette jolie dame, cette marquise qui a une terre dans les environs, et qui fait, dit-on, tant de bien dans le pays?

HORTENSE. Jamais je n'ai vu de personne plus séduisante. Sans m'interroger sur mes chagrins qu'elle semblait deviner, elle cherchait à m'en consoler, blâmait devant moi la folie d'aimer un infidèle; bien mieux encore, s'occupant de mon avenir, elle ne cessait de me vanter à un de ses amis, M. de Vernillac, un fermier général, à qui elle a fait de moi un tel éloge, qu'il a fini par demander ma main.

MADELON. Est-il possible!

HORTENSE. Ah! si j'avais osé refuser... Je le voulais d'abord; mais ma tante, mais la marquise... mais tout le monde m'a tellement blâmée.

MADELON. Et ils avaient raison; surtout cette marquise, à qui vous devrez votre bonheur, et qui mérite elle-même d'être heureuse. Aussi me voilà fâchée maintenant de ce que j'ai vu ce matin.

HORTENSE. Et quoi donc?

MADELON. Je l'ai rencontrée dans le parc; elle ne me voyait pas; elle se promenait la tête baissée, respirant avec peine, marchant très-vite, et de grosses larmes roulaient dans ses yeux.

HORTENSE. O ciel! que me dis-tu là? tais-toi, la voici.

SCÈNE III.
LES PRÉCÉDENTS, LA MARQUISE.

HORTENSE, *allant à elle.* C'est vous, Madame, vous qui arrivez la dernière.

LA MARQUISE. Oui, je suis en retard, ma toilette m'a retenue; mais si j'ai été coquette aujourd'hui, ce n'est pas pour moi, c'est pour vous, mon enfant, à qui je dois servir de mère, et j'ai voulu vous faire honneur.

MADELON. C'est trop juste, puisque c'est Madame qui a fait ce mariage.

LA MARQUISE. Mariage dont vous me remercierez un jour, car à présent vous n'en êtes pas ravie.

HORTENSE. Moi, Madame!

LA MARQUISE. Avec moi vous pouvez en convenir : votre tante n'est pas là, ni votre mari non plus; et il y a sans doute à votre froideur, à votre indifférence, des raisons que je ne demande pas à connaître. Vous me les direz plus tard, quand j'aurai votre confiance.

HORTENSE. Et vous la possédez.

LA MARQUISE. Non, car je vois à vos yeux que vous avez pleuré ce matin.

HORTENSE, *avec douceur.* Peut-être ne suis-je pas la seule...

LA MARQUISE. Que dites-vous ?

HORTENSE. Que vous aussi, vous, mon amie et ma bienfaitrice... vous avez des chagrins, j'en suis sûre.

LA MARQUISE. Moi! qui vous le fait présumer?

HORTENSE. Quels changements dans vos traits!

LA MARQUISE. Hortense, ne parlons pas de moi, n'en parlons jamais. Dites-vous seulement, quelque malheureuse que vous puissiez vous trouver, qu'il est des gens plus malheureux encore, dont l'amitié ne peut calmer, ni concevoir, et que moi-même, il y a quelques années, je n'aurais pu comprendre. Mais il y a une destinée qui est là, qui vous pousse; et quand on veut regarder en arrière, ou retourner sur ses pas, il n'est plus temps.

HORTENSE. Quelle idée! c'est vous, Madame, qui vous plaignez de votre sort? Ah! si vous pensiez à votre brillante position dans le monde; si vous réfléchissiez...

LA MARQUISE. Réfléchir! jamais; il faut, au contraire, s'oublier et s'étourdir. Parlons de vous et de votre mariage; il fait du bruit dans Versailles. Il en a été question à la cour. M. de Louvois, que j'ai vu hier, à la chapelle, m'a annoncé que le roi vous ferait l'honneur de signer au contrat.

HORTENSE. Madame...

LA MARQUISE. A vous, cela vous est peut-être fort égal. Mais M. de Vernillac y tient beaucoup, car il ne manque pas de vanité; excellent homme du reste, qu'il faudra que je vous fasse connaître, puisqu'il doit être votre mari. Un peu fier, un peu orgueilleux, un peu dur, un peu égoïste; tout cela tient à sa place de fermier général. En revanche, je ne lui connais qu'un défaut, c'est d'être défiant et jaloux à l'excès. D'après cela, c'est à vous... Eh! mais, le voilà, ce cher Vernillac!

SCENE IV.

LES PRÉCÉDENTS, VERNILLAC.

LA MARQUISE, *continuant.* Hâtez-vous donc d'arriver, car je disais à votre femme bien du mal de vous.

VERNILLAC. Madame de Brinvilliers est trop bonne; et je suis sûr que le portrait était flatté!

LA MARQUISE. Mais non, pas trop, car il était ressemblant. Tout est-il prêt? tout le monde est-il venu?

VERNILLAC. Nous n'attendons que le notaire pour signer le contrat, et il nous arrive un événement fort désagréable.

LA MARQUISE. Et lequel?

VERNILLAC. M. le duc de Villars, qui m'avait fait l'honneur d'accepter mon invitation, et qui même devait danser ce soir le premier menuet avec madame de Vernillac, vient de recevoir l'ordre de se rendre sur-le-champ à Paris.

LA MARQUISE. C'est fâcheux; et pourquoi donc?

VERNILLAC. Il doit présider la Chambre Ardente que le roi vient de créer, et qui s'installe dès aujourd'hui extraordinairement.

HORTENSE. Pour quelle raison?

VERNILLAC. Pour juger les affaires d'empoisonnement qui se multiplient à l'infini, et qui ont jeté la terreur dans toutes les familles.

LA MARQUISE. Vraiment!

MADELON. Oui, Madame, rien n'est plus réel, on ne parle plus que de cela. Ils ont des essences, des poudres mortelles.

VERNILLAC. Qu'en ce pays, où l'on rit de tout, on appelle *poudre de succession.*

MADELON. Et il suffit de respirer un flacon ou un sachet empoisonné pour expirer à l'instant.

LA MARQUISE. Je sais qu'on débite à ce sujet beaucoup de fables.

VERNILLAC. C'est un Italien nommé Exili qui a apporté en France ces dangereux talents auxquels il a initié beaucoup de monde, même beaucoup de personnes de haut rang; et dernièrement, à la cour, la mort subite de Madame Henriette, sœur du roi, n'a donné à ces bruits que trop de consistance.

MADELON. Aussi l'effroi s'est répandu partout.

COUPLETS.
(M. Boïeldieu.)

PREMIER COUPLET.

C'est pire qu'une épidémie
Qui gagne, hélas! les parents trop nombreux,
Et les oncles, sans maladie,
Font sur-le-champ hériter leurs neveux.

Ce fléau, l'on en a des preuves,
Semble surtout s'attaquer aux maris;
Jamais on n'a vu tant de veuves:
Voilà pourquoi l'on tremble dans Paris.
C'est vraiment
Bien effrayant.
Ah! c'est vraiment
Bien effrayant.

DEUXIÈME COUPLET.

Oui, la terreur est générale,
Et cet effroi qui gagn' chaque mari
Est venu de la capitale
Jusqu'en province, où l'on s'en r'ssent aussi.
Craignant quelques funestes trames,
Les jeunes gens, par un commun avis,
Ne veulent plus prendre de femmes:
Voilà pourquoi l'on tremble en ce pays.
Ah! c'est vraiment
Bien effrayant.

SCENE V.

LES PRÉCÉDENTS, UN DOMESTIQUE, *sortant de l'appartement à gauche.*

LE DOMESTIQUE. M. le notaire vient d'arriver.

VERNILLAC. A merveille, et de suite nous partons pour l'église, où le premier aumônier du roi veut bien officier lui-même. (*A Hortense.*) Venez, ma belle prétendue; car on ne peut se passer de vous, pas plus que du marié: c'est l'acteur nécessaire, indispensable.

LA MARQUISE, *bas, à Vernillac, et souriant.* Ce qui n'empêche pas que quelquefois, par la suite, il n'ait des doubles.

VERNILLAC, *souriant avec confiance.* Pas ici, je m'en flatte. Venez-vous, marquise?

LA MARQUISE. Je vous suis.

LE DOMESTIQUE. Il y a quelqu'un qui arrive de Paris, et qui demande à parler à Madame.

LA MARQUISE. Qu'il attende: nous verrons après la célébration.

LE DOMESTIQUE. Il dit qu'il est au service de Madame, et qu'on le nomme Galifard. (*Le domestique sort.*)

LA MARQUISE. Galifard! ah! oui, un serviteur qui m'est dévoué, et à qui j'ai des ordres à donner. (*A Madelon.*) Dites-lui d'entrer. (*A Vernillac.*) Vous permettez...

VERNILLAC. Je vous en prie, faites comme chez vous. (*Vernillac a pris la main d'Hortense, il entre dans l'appartement à gauche. Madelon est sortie par le fond.*)

SCENE VI.

LA MARQUISE, *s'asseyant à droite;* GALIFARD, *entrant un instant après par le fond : il est habillé en noir, s'approche respectueusement, et salue deux ou trois fois.*

LA MARQUISE. Approchez, approchez, mon cher.

GALIFARD. Madame la marquise est seule?

LA MARQUISE. Eh! oui, vous le voyez bien. (*A part.*) Ce pauvre Galifard n'a qu'un défaut, c'est qu'il est horriblement bête.

GALIFARD, *s'approchant.* Plaît-il, madame la marquise?

LA MARQUISE. Je parle d'un défaut que vous avez, et dont vous ne vous corrigerez jamais.

GALIFARD, *naïvement.* C'est peut-être de naissance.

LA MARQUISE. Justement, et vous auriez tort de vous en plaindre; car c'est pour cela que vous êtes à mon service, que vous êtes mon homme de confiance.

GALIFARD. C'est bien de l'honneur pour moi.

LA MARQUISE. Du reste, garçon intelligent et instruit, qui a même des connaissances.

GALIFARD. J'ai été, dans ma jeunesse, chimiste et pharmacien à Vérone.

LA MARQUISE. Ce que nous appelons ici apothicaire.

GALIFARD. On me nommait alors Galifardi : c'est en venant en France que j'ai perdu ma terminaison. C'est mon premier maître qui m'a appelé Galifard. Vous savez bien, M. le chevalier de Sainte-Croix.

LA MARQUISE, *se levant brusquement*. C'est bien, cela suffit.

GALIFARD. Un gentilhomme qui aimait bien Madame : un bon maître, dont le souvenir m'est bien cher.

LA MARQUISE, *brusquement*. Et à moi, il m'est odieux ! je l'abhorre : sans lui, sans ses perfides conseils... (*A part.*) Mais jeune, sans expérience, et quand on a une fois manqué à ses devoirs... de là, à enfreindre tous les autres, il n'y a qu'un pas. (*Haut, à Galifard.*) N'en parlons plus. Son sort est accompli, et ce duel où il a succombé...

GALIFARD. Hélas ! oui, il est mort.

LA MARQUISE. Il est bien heureux, et je voudrais souvent être comme lui.

GALIFARD. J'oserai dire à Madame que c'est là une idée qui ne mène à rien.

LA MARQUISE. Oui, tu as raison, il vaut mieux vivre. (*A part.*) Pour se repentir, pour tout expier ; et puisque, grâce au ciel, nulle preuve, nul témoin, nulles traces ne peuvent plus rappeler le passé, l'avenir du moins m'appartient encore ; recommençons ma vie, et cette estime qui m'environne, et que j'ai usurpée, tâchons désormais de la mériter.

GALIFARD. Madame est là, qui parle toute seule : a-t-elle des ordres à me donner ?

LA MARQUISE. C'est selon. Quelles nouvelles ?

GALIFARD. Des lettres de Paris.

LA MARQUISE, *les ouvrant*. De M. le président de Harlay, de M. le coadjuteur ; que de témoignages d'amitié, de considération ! (*Prenant d'autres lettres.*) Et celles-ci ? des vœux, des hommages. C'est bien : il n'y a pas autre chose ?

GALIFARD. Non, Madame. Ah ! j'oubliais, une visite ; M. le comte Arthur de Saint-Brice.

LA MARQUISE, *vivement*. M. de Saint-Brice.

GALIFARD. Comme Madame est émue !

LA MARQUISE. Moi ! du tout... Il est à Paris, tu l'as vu ?

GALIFARD. Oui, vraiment. Il était venu à l'hôtel demander Madame qui était absente ; il a laissé son nom ; et en lisant, *Arthur de Saint-Brice*, je me disais : je connais ce nom ; et en effet, c'était celui qui était sur toutes les lettres que nous avons interceptées cette année, et que j'apportais à Madame.

LA MARQUISE, *avec effroi*. Tais-toi, tais-toi, ici surtout. Je t'ai donné de l'or, je t'en donnerai plus encore, mais du silence.

GALIFARD. Madame peut être tranquille ; elle est généreuse, elle paie bien ; mais ce n'est pas de l'or que je voudrais, c'est la confiance de Madame, et je ne l'ai pas : je ne sais jamais rien que ce que je puis deviner.

LA MARQUISE, *à part*. O ciel ! (*Haut.*) Tu as raison, tu es un bon serviteur, pour qui j'aurais tort d'avoir des secrets ; d'ailleurs, tu en sais trop maintenant, pour te cacher la vérité. Liée depuis longtemps avec la famille de M. de Saint-Brice, j'avais pour ce jeune homme quelque amitié, quelque affection.

GALIFARD. Ah ! mieux que cela ; Madame ne pouvait entendre prononcer son nom sans changer de couleur, et souvent, après avoir lu ces lettres dont je parlais tout à l'heure, je voyais Madame au désespoir, et tout en larmes.

LA MARQUISE. Ah ! tu m'épiais ! Eh bien ! oui, le dépit, la jalousie, ont pu me porter à cette action, qui me ferait mourir de honte s'il en était instruit, car son estime avant tout, son estime du moins, à défaut de son amour ; car si tu savais ce que j'ai souffert, l'aimer ! n'aimer que lui, tout lui sacrifier ! et quand j'allais lui offrir ma main et ma fortune, apprendre qu'il en aimait une autre ! Ah ! il n'y a qu'un cœur de femme qui puisse concevoir de pareils tourments.

GALIFARD. Dans mon pays, une Italienne l'aurait tué.

LA MARQUISE. Cela m'aurait-il empêchée de l'aimer ? en aurais-je été moins malheureuse ? Non, non, je n'ai point renoncé à l'espoir de le ramener à mes pieds ; et par tous les moyens possibles, j'y parviendrai, ou alors, ce n'est pas lui, c'est moi qui mourrai. Maintenant, tu sais tout, tu connais mon secret, et je compte sur ton zèle.

GALIFARD. Certainement. Mais Madame qui a tant d'esprit doit savoir qu'il y a des demi-confidences qui, loin de gagner les gens, leur donnent au contraire des idées.

LA MARQUISE. Qu'est-ce à dire ?

GALIFARD. Des idées de curiosité. Moi, je suis curieux, et je me dis souvent, en pensant à ce que Madame vient de m'apprendre : il y a peut-être d'autres choses encore que Madame devrait me confier, dans son intérêt.

LA MARQUISE, *sévèrement*. Et comment cela ?

GALIFARD. Madame me dit : fais ceci, et je le fais ; va, et je vais, mais sans savoir pourquoi ; si je le savais, cela irait peut-être mieux, pour les desseins de Madame.

LA MARQUISE. Quels desseins ?

GALIFARD. Je l'ignore, et c'est pour cela que je le demande. Voilà, par exemple, M. de Saint-Brice que Madame protégeait beaucoup, et à qui, sans qu'il s'en doutât, elle a fait avoir un régiment, ce qui l'a fait partir pour Nancy.

LA MARQUISE. Galifard !

GALIFARD. C'est bien ! voilà pour son avancement. Mais ensuite, il était le cadet de sa famille. Il avait deux frères aînés qui possédaient les titres, la fortune, et il s'est trouvé tout à coup héritier de leur rang et de leurs richesses.

LA MARQUISE, *avec angoisse*. Il suffit.

GALIFARD. C'était fort heureux pour lui.

LA MARQUISE, *de même*. Assez, assez, encore une fois.

GALIFARD, *d'un air respectueux*. Ce que j'en dis était pour prouver à Madame que je suis la fidélité, la discrétion même.

LA MARQUISE. C'est ce que nous verrons. Demain, à Paris, je vous parlerai.

GALIFARD, *naïvement*. Cela vaudra mieux, car jusque-là je ne suis engagé à rien. Et comme je n'ai pas grand esprit, ce que je vous ai raconté là, je serais capable de le dire de même, et tout bêtement, au premier venu ; à M. de Saint-Brice, par exemple.

LA MARQUISE, *avec effroi*. O ciel ! (*Se reprenant.*) C'est bien, Galifard, c'est bien. Retournez à Paris, à l'hôtel, sur-le-champ.

GALIFARD. Sur-le-champ ! cela plaît à dire à Madame. Je suis parti à jeun, et je ne m'en retournerai pas de même, surtout dans une maison qui doit être bonne ; une cuisine de fermier général.

LA MARQUISE. Comme vous voudrez ; passez à l'office. Faites-vous bien traiter.

GALIFARD. Je vous promets de me soigner, et cette promesse-là je la tiendrai. Je prie Madame de ne pas oublier les siennes. (*Il sort.*)

SCÈNE VII.

LA MARQUISE, *seule*. Moi, qui ne m'en défiais pas ! il a des soupçons, cela est certain ; peut-être même plus encore. Et avoir un pareil homme pour confident, pour complice, lorsque tout à l'heure encore j'espérais échapper à tous les souvenirs, et sortir enfin de cette atmosphère de crimes qui m'environne ! Jamais, jamais je ne pourrai m'y soustraire. Et si près d'y parvenir, c'est un pareil obstacle qui m'arrêterait !.. Qui vient là ?

SCENE VIII.

LA MARQUISE, MADELON.

MADELON. Mademoiselle s'inquiétait de votre absence.
LA MARQUISE. Calmez-la, ce n'est rien. (*Montrant les lettres qu'elle tient à la main.*) Des lettres qui m'arrivent de Paris, et auxquelles je suis obligée de répondre sur-le-champ.
MADELON. Je vais lui dire...
LA MARQUISE. Attendez; un de mes gens est là, à l'office. Il déjeune pendant que je fais mon courrier. Veillez à ce qu'il ne manque de rien.
MADELON. Madame peut être tranquille. Un jour de noce tout le monde est bien traité. Je l'ai vu avec une bouteille de vin de Bordeaux et une aile de poulet ; est-ce assez ?
LA MARQUISE. C'est bien ; joignez-y quelques friandises, quelques biscuits ; ceux qui sont chez moi, sur ma cheminée.
MADELON. Oui, Madame... un ou deux.
LA MARQUISE. Comme vous l'entendrez.
MADELON. Madame peut être tranquille. (*Elle sort.*)

SCÈNE IX.

LA MARQUISE, seule.

AIR.

(M. Paër.)

Oui, mon repos l'exige, et mon cœur qui balance
Ecoute trop longtemps des remords superflus ;
Vers l'abîme fatal, où sans effroi j'avance,
 Que m'importe un pas de plus ?
Bien jeune encore, hélas ! de la tendresse,
De la vertu, je connus les douceurs ;
Plus tard, j'ai vu se flétrir ma jeunesse
Par les conseils d'infâmes séducteurs.
Jours innocents ! jours heureux ! jours prospères !
Vous avez fui loin de moi sans retour !
Et maintenant, de mes vertus premières
Je n'ai gardé que mon premier amour.
 O fatale ivresse !
 O transports brûlants !
 C'est vous qui, sans cesse,
 Portez dans mes sens
 Ce feu qui rallume
 Son seul souvenir,
 Et qui me consume
 Sans m'anéantir.
 Bientôt, peut-être, l'heure
 Arrivera pour moi ;
 Je l'attends sans effroi.
 Qu'importe que je meure
 Pourvu qu'il soit à moi !
 O fatale ivresse, etc.

SCENE X.

LA MARQUISE, SAINT-BRICE, *entrant par le fond.*

LA MARQUISE, *l'apercevant.* O ciel ! M. de Saint-Brice ! Vous, mon ami, vous dans ces lieux ! et qui vous amène ?
SAINT-BRICE. L'impatience de vous voir. J'ai obtenu un congé ; et en arrivant ce matin à Paris, j'ai couru d'abord à votre hôtel, rue Neuve-Saint-Paul. On m'a dit que vous étiez absente pour quelques jours, et que vous demeuriez à Versailles, chez M. de Vernillac, fermier général.
LA MARQUISE, *vivement.* Qui vous a dit cela ?
SAINT-BRICE. Une espèce d'intendant à qui j'ai parlé.
LA MARQUISE, *à part.* Galifard ! il ne m'en avait pas prévenue, le traître !
SAINT-BRICE. Par malheur, un rendez-vous que j'avais avec le ministre m'a pris une partie de ma matinée ; mais libre enfin de tout soin, j'accours auprès de vous, qui êtes ma protectrice et mon amie.
LA MARQUISE. Dites-vous vrai ?
SAINT-BRICE. Jamais je n'eus plus besoin de votre amitié et de vos conseils.
LA MARQUISE. Ma fortune, ma vie, tout est à vous. Parlez, de grâce, parlez.

TRIO.

(M. Batton.)

SAINT-BRICE.
J'espérais, hélas ! par l'absence
Chasser un cruel souvenir ;
Et ni le temps, ni la distance,
De mon cœur n'ont pu le bannir.
 LA MARQUISE, *avec douleur.*
Eh quoi ! malgré son inconstance,
Vous conservez son souvenir !
(*A part, en le regardant.*)
Ah ! ni le temps, ni la distance,
De l'amour ne peuvent guérir.
 SAINT-BRICE.
Oui, je l'aime encor, l'infidèle.
 LA MARQUISE.
Quel trouble règne dans mes sens !
 SAINT-BRICE.
Et je ne puis vivre sans elle.
 LA MARQUISE.
Ah ! rien n'égale mes tourments !

ENSEMBLE.

SAINT-BRICE, *à part.*
Oui, je rougis de mon délire ;
Mais je le sens, et malgré moi,
Je brûle encor, et je soupire
Pour celle qui trahit ma foi.
 LA MARQUISE, *à part.*
Cachons ma rage et mon délire.
Moi qui lui consacrais ma foi,
Il est malheureux.... il soupire...
Et pour une autre que pour moi.
 SAINT-BRICE.
Je veux une fois dans ma vie
La voir encor.
 LA MARQUISE, *effrayée.*
  Dieu ! quel projet !
 SAINT-BRICE.
Lui reprocher sa perfidie,
Et puis m'éloigner pour jamais.
 LA MARQUISE.
Croyez-en la voix d'une amie :
Quittez ces lieux, et pour jamais
 (*Avec mystère.*)
De l'abandon d'une infidèle
Vous y verriez bientôt, hélas !
La preuve certaine et cruelle...
 SAINT-BRICE.
Que dites-vous ?
 LA MARQUISE.
  Ne m'interrogez pas.

ENSEMBLE.

LA MARQUISE, *à part.*
Cachons ma rage et mon délire ;
Moi qui lui consacrais ma foi,
Il est malheureux... il soupire...
Et pour une autre que pour moi.
 SAINT-BRICE, *à part.*
Oui, je rougis de mon délire,
Mais je le sens, et malgré moi,
Je brûle encor, et je soupire
Pour celle qui trahit ma foi.
 LA MARQUISE.
Pour plus d'espérance !
Que l'oubli, que l'absence
Soit la seule vengeance
D'un amant malheureux
Aux conseils d'une amie,
Dont la voix vous supplie,

Rendez-vous, je vous prie,
Abandonnez ces lieux.
SAINT-BRICE.
Pour moi plus d'espérance
Mais de son inconstance
Je veux avoir vengeance :
Je suis trop malheureux !
En vain, dans ma folie,
Je voudrais d'une amie
Suivre la voix chérie ;
Hélas ! je ne le peux.

SCÈNE XI.
LES PRÉCÉDENTS, VERNILLAC.

VERNILLAC, *à la marquise.*
Venez, Madame... enfin tout comble mon attente.
Vous seule nous manquez. Venez.
LA MARQUISE.
Oui, me voici.
VERNILLAC, *apercevant Saint-Brice.*
Quel est Monsieur ?
LA MARQUISE.
Souffrez que je vous le présente :
Monsieur de Saint-Brice, un ami.
VERNILLAC.
Il doit alors être le nôtre.
(*Bas.*)
Ne dois-je pas le convier ?
LA MARQUISE, *de même.*
Gardez-vous-en... de lui, plus que tout autre,
Il faut vous défier.
VERNILLAC.
Pour quel motif ?
LA MARQUISE.
Plus tard je me ferai comprendre.
(*De l'autre côté, bas, à Saint-Brice.*)
Demain, à mon hôtel...
SAINT-BRICE.
Vous daignerez m'attendre ?
LA MARQUISE.
Je l'ai dit... mais partez. A demain.
SAINT-BRICE.
A demain.
LA MARQUISE, *à Vernillac.*
Et vous, mon cher, voici ma main.

ENSEMBLE.

LA MARQUISE, *à part.*
Pour lui plus d'espérance,
Et, servant ma vengeance,
L'objet de sa constance
Va former d'autres vœux.
(*A Saint-Brice.*)
Aux conseils d'une amie,
Dont la voix vous supplie,
Rendez-vous, je vous prie,
Abandonnez ces lieux.
SAINT-BRICE, *à part.*
Pour moi plus d'espérance ;
Mais de son inconstance
Je veux avoir vengeance :
Je suis trop malheureux !
En vain, dans ma folie,
Je voudrais d'une amie
Suivre la voix chérie ;
Hélas ! je ne le peux.
VERNILLAC, *à part.*
Oui, malgré moi, d'avance,
A trembler je commence ;
Cherchons avec prudence
Qui l'amène en ces lieux.
Croyons-en une amie
Qui doit être obéie ;
De lui je me méfie...
Ayons sur lui les yeux.
(*Vernillac sort avec la marquise.*)

SCÈNE XII.
SAINT-BRICE, MADELON.

SAINT-BRICE. Allons, puisqu'elle le veut absolument, puisque je l'ai promis, attendons à demain, et retournons à Paris. Aussi bien, si j'en juge par les apprêts que je vois, par l'air de fête qui règne en cette maison, il y a sans doute ici quelque grande cérémonie, quelque joyeux événement... Eh! mais, quel tapage dans la rue ! et quel bruit de voitures !

MADELON, *entrant et regardant.* Les voilà qui partent ; quelle file de carrosses ! tout cela pour aller à l'église qui est à deux pas. Il n'y a qu'une chose qui me fasse peine, c'est ma pauvre maîtresse, si triste et si pâle, au milieu de tous ces beaux messieurs qui lui adressent des compliments... (*Apercevant Saint-Brice.*) Eh bien ! en voilà un qui est en retard. Dépêchez-vous donc, Monsieur, ils sont partis !

SAINT-BRICE. Qui donc ?

MADELON. Les mariés. La cérémonie doit déjà être commencée ; car il y avait longtemps que M. l'aumônier les attendait.

SAINT-BRICE. Pardon. Il y a donc ici un mariage ?

MADELON. Oui, vraiment.

SAINT-BRICE. J'aurais dû m'en douter.

MADELON. Est-ce que Monsieur n'est pas de la noce ?

SAINT-BRICE. Non, ma chère.

MADELON. Monsieur voudrait parler à M. de Vernillac ?

SAINT-BRICE. Du tout.

MADELON, *un peu déconcertée.* Eh bien ! alors, que demandez-vous ? et qui êtes-vous donc ? car, dans ce temps-ci, on aime à savoir à qui on a affaire.

SAINT-BRICE. N'ayez pas peur ; je suis un ami de la marquise, M. le comte de Saint-Brice.

MADELON, *avec surprise.* Ah ! mon Dieu !

SAINT-BRICE. Qu'a-t-elle donc ?

MADELON. M. le comte Arthur de Saint-Brice ?

SAINT-BRICE. Précisément.

MADELON. Dont le régiment est depuis un an en garnison à Nancy ?

SAINT-BRICE. C'est cela même.

MADELON. Et vous arrivez ici aujourd'hui ? c'est indigne à vous.

SAINT-BRICE. Et pourquoi donc ?

MADELON. Je n'ai pas besoin de vous le dire. Mais il y a quelqu'un au monde à qui vous pouvez vous vanter d'avoir fait bien du chagrin.

SAINT-BRICE. Moi, mon enfant ?

MADELON. Oui, vous. Je ne souhaite de mal à personne, mais si vous êtes jamais aussi malheureux qu'elle, ce sera bien fait ; et cela prouvera qu'il y a une justice.

SAINT-BRICE. Et de qui veux-tu donc parler ?

MADELON. Pardi ! de ma pauvre maîtresse, mademoiselle Hortense de Montmélian.

SAINT-BRICE. Celle qui m'a trahi !

MADELON. C'est bien plutôt vous. Fi ! Monsieur ; fi ! l'horreur ! vous qu'elle aimait tant, ne lui avoir pas écrit une seule fois ! avoir laissé toutes ses lettres sans réponse !

SAINT-BRICE. Que me dis-tu là ? Je n'ai rien reçu d'elle ; je te l'atteste.

MADELON. Ce n'est pas à moi que vous le ferez accroire ; moi qui, en Touraine, au château d'Amboise, portais tous les jours moi-même les lettres à la poste.

SAINT-BRICE. O ciel ! Et tu dis qu'elle me regrette, qu'elle est malheureuse ?

MADELON. Si malheureuse, que c'est malgré elle, que c'est par désespoir qu'elle se marie.

SAINT-BRICE, *hors de lui.* Se marier ! et qui donc ?

MADELON. Hortense.

SAINT-BRICE. Et à qui ?

MADELON. A M. de Vernillac.

SAINT-BRICE. Et quand donc ?

MADELON. Maintenant, dans l'instant.
SAINT-BRICE. Ah! ma raison s'égare! courons.

SCENE XIII.
LES PRÉCÉDENTS; VERNILLAC, HORTENSE, LA MARQUISE, CHŒUR DES GENS DE LA NOCE.

FINAL.
(M. Batton.)

CHŒUR.

Ils sont unis... ah! quelle ivresse!
L'hymen couronne leur tendresse :
Amis, célébrons tour à tour
La beauté, l'hymen et l'amour.

HORTENSE, *conduite par son mari, va remercier tous les conviés. Arrivée près de Saint-Brice, elle lève les yeux et le reconnaît.*
Que vois-je? Arthur!
SAINT-BRICE, *à part.*
Ah! c'est bien elle.
(*Avec douleur.*)
C'en est donc fait! mon malheur est comblé.
VERNILLAC, *s'adressant à Hortense.*
Qu'avez-vous donc? quelle pâleur mortelle!
(*Regardant Saint-Brice.*)
Et lui, cet étranger, comme il a l'air troublé!
LA MARQUISE, *bas, à Vernillac.*
Je vous l'avais bien dit : silence!
(*Bas, de l'autre côté, à Saint-Brice.*)
Et vous, en sa présence,
Par prudence, modérez-vous,
(*Montrant Vernillac.*)
Songez que c'est là son époux.
SAINT-BRICE, *avec rage.*
Son époux!

ENSEMBLE.

SAINT-BRICE ET HORTENSE, *à part.*
O destin qui m'accable!
O funeste avenir!
Pour jamais misérable,
Je n'ai plus qu'à mourir.
LA MARQUISE, *à part.*
Cet hymen qui l'accable
Vient de les désunir,
Et le sort favorable
Ne peut plus me trahir.
VERNILLAC, *à part.*
O rencontre incroyable!
Tous deux semblent frémir;
Et d'un trouble semblable
Je ne puis revenir.

CHŒUR.

Près d'une femme aimable
Ses jours vont s'embellir :
Quel destin agréable!
Quel heureux avenir!
LA MARQUISE, *regardant Saint-Brice.*
Je l'emporte; il n'est plus d'obstacle
Pour s'opposer à mes projets.

SCENE XIV.
LES PRÉCÉDENTS, GALIFARD.

GALIFARD, *entrant par le fond, et s'adressant à Vernillac.*
Monsieur est servi.
LA MARQUISE, *étonnée et à part.*
Quel miracle!
C'est Galifard! j'espérais
En être délivrée. Eh quoi! c'est vous!
GALIFARD, *appuyant sur les mots.*
Moi-même...
Frais.. dispos... et bien portant.
LA MARQUISE, *à part.*
Quand j'y pense, c'est étonnant!

VERNILLAC, *lui frappant sur l'épaule.*
A-t-on eu soin de vous, mon ami?
GALIFARD.
Mais, vraiment,
J'ai bien bu, j'ai mangé de même.
(*A la marquise.*)
Et de votre obligeance extrême
Votre humble serviteur sera reconnaissant.

ENSEMBLE.

SAINT-BRICE ET HORTENSE.
O destin qui m'accable!
O funeste avenir!
Pour jamais misérable,
Je n'ai plus qu'à mourir.
VERNILLAC.
O rencontre incroyable!
Tous deux semblent frémir;
Et d'un trouble semblable
Je ne puis revenir.
LA MARQUISE.
O hasard qui m'accable!
Je n'en puis revenir :
Le destin favorable
Voudrait-il me trahir?
GALIFARD.
C'est vraiment fort aimable,
Je dois m'en applaudir ;
Et d'un bienfait semblable
Gardons le souvenir.

CHŒUR.

Ils sont unis... ah! quelle ivresse!
L'hymen couronne leur tendresse.
Amis, célébrons tour à tour
La beauté, l'hymen et l'amour.

ACTE DEUXIÈME.

Une chambre à coucher élégante. A droite, une table sur laquelle est déposée la corbeille de la mariée. Deux portes au fond.

SCÈNE PREMIÈRE.
SAINT-BRICE, *seul.*

CHŒUR, *que l'on entend au dehors.*
(M. Blangini.)

Vive le vin! vive la danse!
A tous les plaisirs livrons-nous ;
Buvons à leur douce alliance,
Buvons à ces heureux époux.

SAINT-BRICE, *entrant par la porte du fond à droite.*

RÉCITATIF.

De ces lieux que j'abhorre, en vain j'ai voulu fuir ;
Un pouvoir inconnu malgré moi m'y ramène.
(*Regardant autour de lui.*)
Oui, cette chambre est la sienne,
Et nul œil indiscret ne m'y vit parvenir.

AIR.

O Dieu puissant! toi que j'implore,
Toi qui sais mes tourments affreux,
Qu'une fois je la voie encore,
Et ce sont là mes derniers vœux!
Oui, du moins, qu'elle apprenne
Que l'envie et la haine
Ont désuni nos jours ;
Et que, toujours fidèle,
Je vais mourir loin d'elle,
En l'adorant toujours.
(*En ce moment le chœur reprend avec plus de force. Il écoute.*)
Mais l'heure s'avance ;
Du bal qui commence
L'on entend la danse...
O rage! ô fureur!

LA MARQUISE. Partez, partez sur-le-champ. — Acte 2, scène 5.

Des chants d'allégresse
Et des cris d'ivresse,
Lorsque la tristesse
Règne dans mon cœur!
Dans cette demeure,
Où moi seul je pleure,
Où je maudis l'heure
Qui trompa mes vœux;
Leur destin prospère
Double ma misère,
Et moi seul sur terre
Suis donc malheureux!

CHŒUR, *en dehors.*

Vive le vin! vive la danse!
A tous les plaisirs livrons-nous;
Buvons à leur douce alliance!
Buvons à ces heureux époux!

SAINT-BRICE.

Oui, l'heure s'avance;
Du bal qui commence
L'on entend la danse...
O rage! ô fureur!
Ces chants d'allégresse,
Et ces cris d'ivresse

Que j'entends sans cesse,
Déchirent mon cœur.

SAINT-BRICE. On vient; et si quelqu'un de la maison me découvre ici, dans son appartement! où me cacher! Dieu! c'est elle! et elle est seule. Voilà le premier bonheur qui m'arrive aujourd'hui.

SCÈNE II.

SAINT-BRICE, HORTENSE, *entrant par une porte du fond, sans voir Arthur.*

HORTENSE, *se jetant sur un fauteuil.* Je n'y tiens plus. Les larmes me suffoquaient. J'ai pu m'échapper. Je peux donc pleurer seule un instant.

SAINT-BRICE, *à part, et s'avançant doucement.* Ah! elle est aussi malheureuse que moi!.. (*A demi-voix.*) Hortense, je vous revois enfin; mais dans quel moment!

HORTENSE, *se levant vivement.* M. de Saint-Brice! (*Avec dignité.*) Vous, Monsieur, vous dans ces lieux! qui vous a donné ce droit?

SAINT-BRICE. Mes droits! je les ai tous perdus; je

VERNILLAC. Hortense, ah! je me meurs! — Acte 2, scène 9.

n'en ai plus d'autres que votre compassion, que votre pitié.
HORTENSE. Laissez-moi ; je ne dois plus vous voir.
DUO.
(M. Biangini.)
SAINT-BRICE, *la retenant par la main.*
Un mot, encore un mot, Madame ;
C'est, avant de quitter ces lieux,
La seule faveur que réclame
Des amants le plus malheureux.
HORTENSE, *avec ironie.*
Vous malheureux !
Lorsqu'en vos serments infidèles,
Bravant mon trop juste courroux,
Vous trahissez pour d'autres belles
Un cœur qui ne pensait qu'à vous.
SAINT-BRICE, *vivement.*
Que dites-vous ?
Hélas ! par une indigne trame,
Tous les deux on nous abusait.
Toujours constant, c'est vous, Madame,
Que mon amour accusait.
ENSEMBLE.
O trahison ! ô perfidie!
Et pénétrer de tels secrets,

Lorsque le serment qui { vous / me } lie
Nous sépare, hélas! pour jamais!
SAINT-BRICE.
Comme moi, vous aimiez encore ?
HORTENSE.
Oui, pour mon malheur, je le crois,
Car de cet hymen que j'abhorre
Je saurai respecter les droits...
Il faut partir, je vous l'ordonne.
SAINT-BRICE.
Quoi! vous auriez cette rigueur!
HORTENSE.
Arthur! lorsque tout m'abandonne,
Qu'au moins il me reste l'honneur.
SAINT-BRICE.
Vous perdre, c'est perdre la vie.
HORTENSE.
Ah! partez, je vous en supplie.
SAINT-BRICE.
Et vous m'aimez ?
HORTENSE.
Plus que jamais !
SAINT-BRICE, *avec joie.*
Je pars, je pars, je le promets.

ENSEMBLE.
Il faut te fuir encore,
O toi, mes seuls amours!
Adieu! toi que j'adore,
Adieu donc, pour toujours!
(Saint-Brice est hors de lui, baise ses mains, et ne peut se décider à la quitter.)

HORTENSE. On vient; vous me perdez.
SAINT-BRICE. C'est fait de nous..... Non! grâce au ciel, c'est la marquise.

SCENE III.
Les précédents, LA MARQUISE.

LA MARQUISE, *à part*. Ici, ensemble! tous les deux. *(Allant avec colère à Saint-Brice.)* Eh quoi! Arthur, vous osez...
SAINT-BRICE. Qu'avez-vous? vous êtes tremblante?
LA MARQUISE, *cherchant à se remettre*. Oui, d'effroi pour vous! imprudent que vous êtes, la compromettre ainsi!
SAINT-BRICE. Ah! vous avez raison.
LA MARQUISE. Vernillac a des soupçons, il se doute que vous son rival; on le lui a dit, ou il l'a deviné, je ne sais comment. Mais il cherchait Hortense, il la demandait. Il peut monter en cet appartement.
SAINT-BRICE. Qu'il vienne; c'est à lui de trembler, Qu'il redoute mon désespoir, ma vengeance!
HORTENSE. O ciel!
LA MARQUISE. Arthur, y pensez-vous! songez à sa position, à la vôtre. Soyez prudent. Heureusement, je suis avec vous, et il n'y a plus rien à craindre. Mais tout à l'heure, là, en tête-à-tête... *(A part.)* J'ai peine à me contenir. *(A Saint-Brice.)* Pardon, c'est plus fort que moi; je suis si émue...
SAINT-BRICE. Autant que nous, en effet. *(Lui prenant la main.)* Notre amie!
HORTENSE. Notre seule amie!
LA MARQUISE. Rentrez au salon, où il ne faut pas que votre absence se prolonge plus longtemps.
HORTENSE. Oui, Madame. *(A Saint-Brice.)* Adieu, Arthur, adieu pour jamais.
SAINT-BRICE, *lui baisant la main, qu'il ne peut quitter*. Adieu.
LA MARQUISE, *à part*. Et devant moi! Ah! je me sens mourir. *(A Saint-Brice.)* Eloignez-vous, il le faut.
SAINT-BRICE, *regardant Hortense, qui vient de sortir.* Ah! maintenant je vous le promets.
LA MARQUISE. Et pour en être plus sûre, c'est avec moi que vous partirez. Je vous emmène.
SAINT-BRICE. Vous le voulez, et je vous en remercie. Votre présence, votre amitié peuvent seules adoucir mes peines.
LA MARQUISE. Demandez mes chevaux, ma voiture, et revenez me donner la main.
SAINT-BRICE. Oui, Madame, oui; ah! je suis bien malheureux! *(Il sort.)*
LA MARQUISE. Et moi donc!.. mais, grâce au ciel, mes tourments finiront. *(Avec satisfaction.)* Séparés maintenant, séparés pour jamais et bientôt peut-être... *(Avec joie.)* Ah! oui. Qui pourrait s'y opposer... *(Se retournant vers le fond.)* Ah! c'est ce Galifard!

SCENE IV.
LA MARQUISE, GALIFARD.

GALIFARD. Je vous cherchais; je viens prendre vos ordres, Madame. Madame a-t-elle quelque chose à me commander pour Paris?
LA MARQUISE. C'est inutile, car j'y retourne moi-même, dès ce soir.

GALIFARD, *avec intérêt*. Et Madame y retourne seule, à une pareille heure?
LA MARQUISE. Je vous remercie de vos craintes pour moi... Mais rassurez-vous, M. de Saint-Brice m'accompagnera.
GALIFARD. Quoi! ce jeune homme, avec Madame, dans sa voiture; ça ne se peut pas.
LA MARQUISE. Et pourquoi donc?
GALIFARD, *froidement*. Parce que ce ne serait pas convenable.
LA MARQUISE, *étonnée*. Par exemple!
GALIFARD, *ingénument*. Madame me répondra à cela qu'elle est libre, qu'elle est veuve, et que peut-être même déjà elle le regarde comme un futur époux.
LA MARQUISE. Et quand il serait vrai? je vous trouve bien hardi...
GALIFARD. Ce que j'en dis n'est pas pour moi, à qui cela est parfaitement égal; mais c'est dans l'intérêt de Madame.
LA MARQUISE. Et comment cela?
GALIFARD, *avec ironie*. Un jeune homme qui est la candeur, la douceur, la bonté même, cela ne peut pas convenir à Madame.
LA MARQUISE. Quelle insolence!
GALIFARD, *levant la tête avec fierté*. C'est possible; j'ai changé de défaut. Ce matin, j'avais celui d'être bête; je m'en suis corrigé.
LA MARQUISE. Quel changement! et qui donc êtes-vous?
GALIFARD, *reprenant son air simple*. Je vous l'ai dit : Galifard, un simple garçon pharmacien, élève, comme vous, du chevalier de Sainte-Croix, votre maître, qui a, comme vous, quelques connaissances en chimie, et qui, mettant jusqu'à présent sa science au service de la vôtre, vous a secondée dans toutes vos entreprises, sans rien voir, sans rien dire...
LA MARQUISE, *à part*. O ciel!
GALIFARD. Et qui, content du sort que vous lui faisiez, n'aurait peut-être rien exigé davantage, sans ce déjeuner de ce matin, qui, par une attention délicate, devait être mon dernier repas.
LA MARQUISE. Vous pourriez supposer?..
GALIFARD, *vivement*. Mais, aussi habile que vous, j'avais les moyens de rendre nulle votre générosité. Je vous conseille donc à l'avenir de renoncer à me faire des présents, c'est du bien perdu. Comme cette tabatière d'or, dont vous m'avez gratifié en sortant de table. *(La tirant de sa poche.)* Elle contient un macoubac, terrible peut-être pour tout autre amateur, que Dieu bénisse; mais pour moi tout à fait innocent. Ainsi, vous le voyez, nous pouvons nous dire mutuellement ce que disait l'autre jour le chevalier de Grammont à un joueur aussi adroit que lui : « Nous ne nous ferons rien, payons les cartes. »
LA MARQUISE. Monsieur!..
GALIFARD. Après cela, vous les paierez peut-être un peu cher; c'est votre faute. Mais voici mes conditions : vous n'épouserez pas M. de Saint-Brice.
LA MARQUISE. Que dites-vous?
GALIFARD. Parce que je vous destine un autre parti.
LA MARQUISE. Quel est-il?
GALIFARD. Moi.
LA MARQUISE. Une telle infamie...
GALIFARD. Ne doit pas vous étonner. Vous avez une immense fortune; je n'ai rien que mes talents, et entre associés...
LA MARQUISE. Jamais, jamais; plutôt mourir. Et quand vous connaissez mon amour; quand vous savez qu'il était le but de toutes mes actions, et le seul espoir de ma vie...
GALIFARD, *souriant*. Oui, cela change un peu vos plans. *(Sévèrement.)* Mais il le faut; je le veux, ou j'ai là les moyens de vous perdre. *(Tirant son portefeuille.)* Ces ordres que vous m'avez donnés par écrit, et dont le sens, quoique détourné, serait aisément compris ou expliqué; ces lettres de vous que j'ai gardées...

LA MARQUISE. Ah! traître que tu es! c'est là ce qui fait ta force. Eh bien! livre-moi, tu le peux, tu en es le maître.

GALIFARD, *froidement*. A quoi bon? et qu'y gagnerais-je? vous me supposez des intentions que je n'ai pas. Je ne demande rien, je vous l'ai dit, que ce mariage, secret si vous voulez, qui aura lieu en Italie, en pays étranger, [où cela vous conviendra. Mais vous m'appartiendrez, votre fortune du moins. Après cela, et quoique Italien, je ne suis ni exigeant, ni jaloux; et une fois marié, je ne serai pas ridicule; vous n'aurez à craindre de moi ni infidélité, ni indiscrétion; et pour encourager votre confiance, je commencerai, je vous donnerai l'exemple. Je m'en rapporte à votre bonne foi et à votre générosité. (*Lui tendant le portefeuille.*) Voici vos lettres.

LA MARQUISE. Est-il possible!

GALIFARD. Elles y sont toutes; vous pouvez les examiner à loisir. (*Voyant la marquise qui se hâte de serrer le portefeuille.*) Mais pour cela, vous n'en êtes pas moins en mon pouvoir; il vous reverrez M. de Saint-Brice; il retournera à Paris, seul et sans vous.

LA MARQUISE. M'imposer de telles conditions!

GALIFARD. Vous les tiendrez, s'il vous est cher; car à la moindre infraction à nos traités, je me venge sur lui par les mêmes moyens que vous m'avez enseignés.

LA MARQUISE, *tremblante et s'appuyant sur un fauteuil.* C'est fait de moi!

GALIFARD, *l'examinant et avec joie.* Ah! vous l'aimez bien! car je vous ai fait trembler; je ne me croyais pas tant de pouvoir. Alors, pensez à lui, car le voici.

SCÈNE V.
LES PRÉCÉDENTS, SAINT-BRICE, MADELON.

MADELON. La voiture de Madame est à ses ordres. (*A Saint-Brice.*) Et puisque vous partez avec elle...

SAINT-BRICE. Oui, je suis prêt à l'accompagner.

LA MARQUISE, *cherchant à cacher son trouble.* C'est bien... pas encore... tout à l'heure... je suis à vous.

GALIFARD, *bas.* Ce n'est pas là ce dont nous sommes convenus.

SAINT-BRICE. Auriez-vous différé votre départ?

LA MARQUISE. Oui, pour quelques instants. (*Galifard tire de sa poche la tabatière d'or et frappe légèrement dessus avant de l'ouvrir; la marquise voit ce geste.*)

LA MARQUISE. O ciel! (*A Saint-Brice.*) Il faut d'abord que je vous voie, que je vous parle.

SAINT-BRICE, *vivement.* Disposez de moi. (*Madelon pendant ce temps, range tout dans l'appartement, prend la corbeille qui est sur une chaise, la met sur la table et regarde ce que contient le bouquet*, etc.)

LA MARQUISE, *le regardant avec crainte et tendresse.* Oui, je reste auprès de vous; je ne vous quitterai pas. Il le faut, je le dois; je dois veiller sur vous.

GALIFARD, *qui a ouvert froidement la tabatière, la présente à Saint-Brice.* Monsieur le comte veut-il me faire l'honneur... (*Saint-Brice, sans lui répondre, ôte son gant et se dispose à prendre dans la tabatière. Mais avant que ses doigts y aient touché, la marquise se jette entre lui et Galifard.*)

LA MARQUISE, *vivement.* Partez, partez sur-le-champ.

SAINT-BRICE, *étonné.* Comment... et ce que vous me disiez tout à l'heure?

LA MARQUISE, *cherchant à se remettre.* Certainement; moi je reste, j'ai des motifs, qui jusqu'à demain me retiennent ici. Mais vous, c'est différent; vous savez bien, et c'était convenu, qu'il faut vous éloigner à l'instant. Nous nous reverrons plus tard.

GALIFARD, *froidement et jouant toujours avec la boîte.* C'est bien!

LA MARQUISE. Mais il y va de ce que j'ai de plus cher; partez sans moi; je le veux, je l'exige.

SAINT-BRICE. J'obéis; mais auparavant...

LA MARQUISE. Non, sortez de ces lieux, tout de suite; je le demande. Adieu. (*Saint-Brice s'incline.*)

GALIFARD, *remettant la tabatière dans sa poche.*) A la bonne heure! (*La marquise veut encore se rapprocher de Saint-Brice, mais elle rencontre un regard de Galifard qui la force à s'éloigner.*)

SCÈNE VI.
SAINT-BRICE, MADELON.

MADELON. C'est une véritable amie que vous avez là, et elle a bien raison; il faut bien partir.

SAINT-BRICE. Oui, je le sens comme elle; mais m'éloigner sans apprendre à Hortense les motifs de ce départ!

MADELON, *l'entraînant.* Il le faut.

SAINT-BRICE, *apercevant l'encrier, qui est sur la table à sa droite, y court et s'assied.* Ah!

MADELON. Eh bien! que faites-vous?

SAINT-BRICE. Rien qu'un mot, un seul mot!.. (*Écrivant.*) Qu'elle sache que c'est pour son repos, pour son honneur que je m'arrache des lieux qu'elle habite!

MADELON, *avec crainte et regardant autour d'elle.* Et si l'on vous surprenait dans cette chambre qui est la sienne?

SAINT-BRICE, *sans regarder.* Non, personne! (*Écrivant toujours.*) Elle saura que le temps ni l'absence ne peuvent nous désunir; et ce serment que je signe d'être toujours à elle, je le tiendrai jusqu'à la mort! (*Se levant, et à Madelon.*) Tiens, remets-lui ce billet.

MADELON. Y pensez-vous?

SAINT-BRICE. Une lettre tout ouverte! ce sont mes adieux, mes derniers adieux; qu'elle les lise, et je pars moins malheureux. (*La marquise paraît en ce moment à la galerie du fond; elle voudrait parler à Saint-Brice, mais le voyant avec Madelon, elle s'arrête.*)

MADELON. Impossible, aujourd'hui, d'approcher de Madame, Monsieur ne la quitte pas un instant.

SAINT-BRICE. Eh bien! ce soir, demain! je t'en conjure, il y va de ma vie!

MADELON, *prenant la lettre.* Pauvre jeune homme! Mais moi-même je n'oserai jamais. (*Apercevant la corbeille qui est sur la table.*) Ah! une idée. (*Elle va à la corbeille, y prend un bouquet de roses, y cache la lettre et remet le bouquet dans la corbeille.*) Comme cela, cela vaut mieux. J'avertirai Madame de la prendre.

SAINT-BRICE. A merveille!

MADELON. Si toutefois M. de Vernillac me permet de lui parler; car les maris, c'est terrible! surtout les nouveaux. (*Geste de colère de Saint-Brice.*) Mais partez, Monsieur, partez.

SAINT-BRICE. Un instant encore...

MADELON, *le poussant et l'entraînant avec elle.* Non, non, je ne vous quitte pas que je ne vous aie vu dehors. (*Ils sortent par la porte à droite du spectateur; la marquise entre par la porte à gauche.*)

SCÈNE VII.
LA MARQUISE, *seule, vivement.* Un billet, là, dans cette corbeille, pour Hortense. (*Elle va à la corbeille et prend le bouquet de roses.*) Lisons vite! Quand il y a à peine une heure qu'il l'a quittée. Que peut-il avoir à lui dire? (*Tenant la lettre.*) Ma main tremble malgré moi. (*Lisant avec émotion et dépit.*) Ah! que d'amour! (*Avec douleur.*) Tout ce que j'éprouve, il l'a écrit, et c'est à elle! (*Lisant à haute voix et distinctement la lettre.*) « Oui, « Hortense, vous ai aimée et vous aimerai toujours! la « trahison a pu nous séparer, mais non nous désunir. Vos « nouveaux serments ne me dégagent pas des miens; j'y « resterai fidèle, je resterai libre; et tant que vous vivrez, « aucune union, aucun hymen n'engagera ma foi; je « le jure, et j'en signe la promesse. » Qu'ai-je lu! Ainsi

se dissipe mon seul espoir ! (*Elle replie la lettre qu'elle remet dans le bouquet.*) Après tant d'efforts pour l'unir à moi! après tant d'obstacles détruits, il en reste encore ! Ce Galifard! cette Hortense qui est perdue pour lui, et dont le souvenir vient encore se placer entre nous. Ah! que ne puis-je renverser tout ce qui nous sépare! me défaire à la fois de tous mes ennemis ! (*Elle se rapproche de la corbeille, reprend le bouquet de roses et la lettre, et joue de l'autre main avec un flacon de cristal attaché à sa ceinture.*) Oui, c'est bien là de l'amour, de l'amour passionné, insurmontable. Tant qu'elle vivra... Et quand je pense qu'une goutte de ce flacon peut me délivrer à jamais de l'ennemie la plus redoutable pour moi! (*S'arrêtant et détournant la tête.*) Ah! une pauvre fille qui ne m'a jamais offensée... (*Reprenant avec colère.*) Jamais offensée! mais il l'aime, il l'aimera toujours! unis ou séparés, il sera toujours à elle; il lui appartiendra, *et tant qu'elle vivra!* (*Avec rage.*) Tant qu'elle vivra!.. (*Par un mouvement convulsif et presque involontaire, elle jette sur le bouquet quelques gouttes du flacon.*) Dieu! l'on vient! (*Elle remet le bouquet dans la corbeille, et s'en éloigne.*)

SCENE VIII.
LA MARQUISE, VERNILLAC, HORTENSE, MADELON, Hommes et Femmes de la noce, *venant assister au coucher de la mariée.*

FINAL.
(M. Carafa.)
CHŒUR.
Dans le mystère et le silence
Conduisons ces heureux époux;
Oui, voici la nuit qui s'avance,
Voici minuit, retirons-nous.
(*Ici l'on entend dans le lointain un air de danse.*)
VERNILLAC.
J'en ai les craintes les plus grandes,
Ce bal-là n'en finira pas ;
Entendez-vous encor là-bas
Les menuets, les sarabandes?
LA MARQUISE, *à Vernillac, s'efforçant de sourire.*
Adieu, moi, je retourne à Paris à l'instant.
VERNILLAC, *à la marquise.*
Si les autres, du moins, pouvaient en faire autant!
Moi, que le bal n'amuse guère,
Je voulais m'échapper sans bruit;
Et ces messieurs, avec mystère,
Jusqu'ici m'ont tous reconduit.
CHŒUR.
Dans le mystère et le silence
Conduisons ces heureux époux ;
Oui, voici la nuit qui s'avance,
Voici minuit, retirons-nous.
HORTENSE, *à part, à droite du théâtre.*
Que désormais l'honneur seul me conseille!
MADELON, *s'approchant d'Hortense, lui dit à demi-voix.*
Une lettre de lui !
HORTENSE, *vivement.*
Je dois la refuser.
MADELON, *montrant la table à gauche.*
Dans un bouquet de fleurs, là! dans cette corbeille!..
VERNILLAC, *qui les voit causer à voix basse, s'approche et entend ces derniers mots :*
« Là! dans cette corbeille!.. »
(*A part.*)
Que veut dire cela ? voudrait-on m'abuser?
CHŒUR.
Dans le mystère et le silence
Conduisons ces heureux époux;
Oui, voici la nuit qui s'avance,
Voici minuit, retirons-nous.
(*Tous les gens de la noce sortent. Vernillac ferme les portes.*)

SCENE IX.
HORTENSE, VERNILLAC.
(*Hortense s'est jetée à droite sur un fauteuil, du côté opposé à celui où est la corbeille de noces. Elle reste la tête appuyée sur sa main, et plongée dans ses réflexions. Vernillac, après avoir regardé attentivement autour de lui, s'approche d'elle lentement.*)
VERNILLAC.
Lorsque l'hymen qui nous engage
Tous deux nous enchaîne à jamais,
Dans votre cœur ce mariage
Ne laisse-t-il aucuns regrets ?
HORTENSE.
Soumise au nœud qui nous engage,
Et toujours fidèle à l'honneur,
Vous obéir dans mon ménage,
Vous plaire sera mon bonheur.
VERNILLAC, *la regardant avec défiance.*
Ainsi donc, il n'est dans votre âme
Rien dont je puisse être jaloux?
Eh ! mais... vous vous taisez, Madame ?
HORTENSE, *tremblante et baissant les yeux.*
Je n'aimerai que mon époux.
VERNILLAC, *la regardant.*
Et jamais dans votre pensée
Vous n'aurez de secret pour lui?
HORTENSE, *à part.*
De terreur mon âme est glacée.
VERNILLAC, *insistant d'une voix sévère.*
Jamais de secrets!
HORTENSE, *pouvant à peine parler.*
Oui, jamais !
VERNILLAC, *d'un air menaçant, et montrant la corbeille.*
Pas même ici?
Parmi ces fleurs...
(*A part.*)
O ciel ! elle a frémi.
ENSEMBLE.
HORTENSE, *à part.*
La force m'abandonne,
Hélas! et malgré moi,
Dans mon cœur je frissonne
Et de trouble et d'effroi.
VERNILLAC, *à part.*
Malgré moi, je soupçonne
Son trouble et son effroi;
La prudence l'ordonne,
Soyons maître de moi.
VERNILLAC, *à Hortense.*
Ce trouble, je le vois, cache quelque mystère
Que je veux pénétrer...
(*Il s'élance vers la corbeille.*)
N'importe à quel prix!
HORTENSE.
Arrêtez! qu'allez-vous faire?
VERNILLAC, *avec colère.*
Vous savez donc...
HORTENSE, *d'un air suppliant.*
Monsieur !
VERNILLAC.
Achevez.
HORTENSE.
Je ne puis.
VERNILLAC, *lui prenant la main.*
Parlez.
HORTENSE, *hors d'elle-même.*
Eh bien, je ne puis m'en défendre :
Là, dans ces fleurs... du moins on vient de me l'apprendre,
Car moi, je l'ignorais...
VERNILLAC, *avec impatience.*
Eh bien ?
HORTENSE, *baissant les yeux.*
Est un billet.
VERNILLAC, *avec colère.*
Et de qui?
HORTENSE, *tremblante.*
De quelqu'un qui dès longtemps m'aimait.
VERNILLAC.
O fureur !

HORTENSE, *vivement, et les mains jointes.*
De quelqu'un dont l'image est bannie,
Que je ne verrai plus, que pour jamais j'oublie.
   VERNILLAC, *allant à la table.*
Je veux voir cet écrit.
   HORTENSE, *le retenant.*
    Monsieur, au nom du ciel!
   VERNILLAC.
Je veux le voir.
   HORTENSE.
    Ah! par pitié! par grâce!..
   VERNILLAC, *la repoussant.*
Et quoi! votre cœur criminel
De m'implorer a l'audace!
(Courant à la corbeille, et saisissant le bouquet.)
Non, point de pitié, point de grâce!
(Il veut regarder le bouquet, en respire la vapeur empoisonnée, et tombe sur le fauteuil qui est près de la table; puis, se soulevant avec peine, il retombe en s'écriant :)
Hortense! Ah! je me meurs.
   HORTENSE.
Monsieur!.. Il n'entend plus; ô comble de terreurs!
(Lui prenant la main.)
Quel froid mortel!.. et seule ici... personne!
(Ecoutant au fond.)
Personne autour de moi, quand l'air au loin résonne
Du tumulte du bal et de ses sons joyeux.
(Elle court à plusieurs sonnettes, qu'elle tire avec violence.)
Au secours! au secours!

SCENE X.

LES PRÉCÉDENTS, MADELON, *entrant la première; puis* PLUSIEURS PERSONNES DE LA NOCE; *les portes du fond restent ouvertes, et l'on entend, pendant la fin de cet acte, un bruit lointain de bal.*

   MADELON.
    Qu'avez-vous?
   (Apercevant Vernillac.)
    Ah! grands dieux!
(Les gens de la noce se pressent autour de lui, et cherchent à le faire revenir.)
   ENSEMBLE.
   HORTENSE ET MADELON.
La force m'abandonne,
Hélas! c'est fait de moi;
Je tremble, je frissonne
Et d'horreur et d'effroi.
   CHŒUR, *autour de Vernillac.*
Le trépas l'environne,
Et qu'est-ce que je vois?
Je tremble, je frissonne
Et d'horreur et d'effroi.
   CHŒUR, *à Madelon, à demi-voix.*
Il n'est plus!
   MADELON.
    Mort!.. mort!.. ah! grands dieux!
   HORTENSE, *voulant s'avancer.*
Que dites-vous?
   MADELON, *l'empêchant d'approcher.*
    Éloignez de ses yeux
Ce spectacle affreux.
   CHŒUR.
Sortons, éloignons de ces lieux
Ce spectacle affreux.
(Les gens du bal ont formé des groupes autour de Vernillac, et masquent sa vue à Hortense, que Madelon entraîne. Pendant ce temps, le bruit du bal continue toujours dans le lointain. La toile tombe.)

ACTE TROISIÈME.

La scène se passe à Paris, rue Neuve-Saint-Paul, dans l'hôtel de la marquise. Un salon. Porte au fond : deux latérales. A gauche du spectateur, une cheminée.

SCENE PREMIERE.

LA MARQUISE, *assise près de la cheminée, et* DEUX DOMESTIQUES *debout, recevant ses ordres.* Vingt personnes à dîner, vous entendez. A côté de moi M. de Soubise et M. de Dangeau. Nous dînerons tard, très-tard, à deux heures! M. de Dangeau est obligé d'aller ce matin à la cour; et c'est pour se rendre à mon invitation qu'il reviendra exprès de Versailles. *(Réfléchissant.)* De Versailles! il nous en rapportera des nouvelles... *(Aux deux domestiques.)* Je déjeunerai seule, ici, au coin du feu; une tasse de thé, pas autre chose; pour tantôt, que l'on n'épargne rien, et que tout soit convenable. *(Ils vont pour sortir.)* Un mot encore; je ne reçois personne ce matin que M. de Saint-Brice, si par hasard il se présentait, et mon intendant Galifard, qui doit venir. Allez, qu'on me laisse. *(Les domestiques sortent.)*

SCENE II.

LA MARQUISE, *seule.* Oh! il viendra! il n'aura garde d'y manquer; il m'a fait demander un moment d'entretien, et lui-même a fixé l'heure. C'est fini, nous traitons d'égal à égal! patience! nous verrons qui des deux l'emportera. Commençons par examiner ces lettres que mon imprudence avait laissées entre ses mains, et qu'il m'a rendues, pour donner, disait-il, l'exemple de la générosité. *(Ouvrant une des lettres.)* Générosité qui lui coûte peu; car ces lettres, il ne pouvait guère en faire usage contre la personne qui les a écrites, sans compromettre celle qui les avait reçues. *(Après avoir lu.)* Oui, voilà quelques phrases douteuses, que l'on pouvait tourner contre moi. *(Prenant d'autres lettres.)* Ces deux autres aussi, *(Réfléchissant.)* surtout à cause des événements qui les ont suivies. *(Parcourant d'autres lettres.)* J'ai eu tort, grand tort. *(Froidement.)* Je n'écrirai plus! Brûlons tout cela. *(Elle jette l'une après l'autre toutes les lettres au feu.)* Me voilà tranquille! Ne reste-t-il plus rien dans ce portefeuille? *(Le secouant.)* Non. *(L'examinant avec attention.)* Cependant, et quoique rien ne soit apparent, il me semble à la forme que ce doit être un de ces portefeuilles à secret, inventés par cet Italien, et je crois me rappeler qu'en pressant un des coins de la monture... *(Elle pousse un ressort.)* Oui, vraiment, c'est bien cela. *(Elle retire quelques papiers qu'elle parcourt.)* Des formules, des recettes; il est vraiment plus habile que je ne pensais, et ce papier rouge plié... *(L'ouvrant.)* Ah! ah! un antidote certain : je comprends maintenant. *(Souriant.)* C'est à l'aide de ce préservatif infaillible qu'il a déjoué hier matin mes combinaisons. *(Elle jette au feu la poudre que renfermait ce papier.)* Ennemi difficile à surprendre! et s'il s'apercevait... *(Avec joie et saisissant une idée qui lui vient.)* Il ne s'en apercevra pas! *(Lentement et réfléchissant.)* Et si l'on remplaçait ce moyen de défense par un autre tout contraire; si plus tard, trahi lui-même par ses propres précautions... *(Sortant brusquement de sa rêverie :)* Qui vient là?

SCENE III.

LA MARQUISE, UN DOMESTIQUE, *rentrant.*

LE DOMESTIQUE, *annonçant.* M. Galifard, qui demande à parler à madame la marquise.

LA MARQUISE, *se levant.* Galifard! (*Froidement.*) C'est bien; je suis à lui. Faites-le entrer dans ce salon, et qu'il attende : je vais revenir. (*Elle prend le papier rouge et le portefeuille qu'elle emporte, et entre dans l'appartement à gauche.*)

LE DOMESTIQUE, *s'inclinant.* Oui, Madame. (*Allant à la porte du fond, et s'adressant à Galifard, qu'il fait entrer.*) Entrez, entrez, Madame est occupée, et elle ne peut vous donner audience que dans un instant. Attendez là, camarade. (*Il sort.*)

SCÈNE IV.

GALIFARD, *seul, le regardant sortir.* Camarade! En voilà un que je mettrai à la porte, et dès demain. (*Regardant autour de lui.*) C'est agréable d'être chez soi! Bel appartement, bel hôtel! et quand je pense que bientôt, que dès à présent tout cela m'appartient. (*Souriant.*) Mais cela devait finir ainsi : avec de l'ordre et de l'intelligence, on prospère toujours.

COUPLETS.
(M. Berton.)

Gens sans caractère
Et sans dignité,
Qui, dans la misère
Et la probité,
Végétez sans cesse,
Et qui, mal vêtus,
Vantez la sagesse,
L'honneur, les vertus :
Sots, sots que vous êtes,
Changez tous d'emplois;
Car les plus honnêtes
Sont les plus adroits.

Sans peur, sans reproches,
De gros fournisseurs,
En vidant vos poches,
Remplissent les leurs.
Quand ils ont voiture,
Laquais et bon vin,
La probité pure
A pied meurt de faim...
Sots, sots que vous êtes,
Changez tous d'emplois;
Car les plus honnêtes
Sont les plus adroits.

Ah! (*A part.*) C'est mon épouse!

SCÈNE V.
GALIFARD, LA MARQUISE.

LA MARQUISE, *le saluant de la main.* Vous êtes de parole...
GALIFARD. Toujours, madame la marquise.
LA MARQUISE. J'ai trouvé en effet toutes les lettres que vous aviez reçues de moi.
GALIFARD. Le compte y était bien, n'est-il pas vrai? et il n'en manquait aucune?
LA MARQUISE, *lui rendant le portefeuille.* Aucune.
GALIFARD, *examinant le portefeuille et voyant qu'il est intact.* La régularité dans mes comptes, c'est une habitude que j'ai prise dans mon état d'intendant. (*Mettant le portefeuille dans sa poche.*) Et puis, les lettres de Madame m'étaient trop chères pour ne pas les conserver toutes avec soin; trésor précieux, qui maintenant, je m'en doute, n'existe plus.
LA MARQUISE. Je viens de les brûler.
GALIFARD. C'est aussi ce que j'aurais fait à la place de Madame; et maintenant, grâce au ciel, il n'y a plus entre nous d'autres rapports que ceux de la bonne foi, et d'une inclination mutuelle. On ne pourra plus dire que c'est un mariage d'intérêt.
LA MARQUISE, *avec un mouvement de colère qu'elle réprime soudain.* Un mariage? Vous y tenez donc toujours?
GALIFARD. Plus que jamais : c'est une idée fixe.
LA MARQUISE. Et vous n'avez pas pensé à ce qu'on en dirait dans le monde?
GALIFARD. Tant pis pour ceux qui en médiraient. (*Froidement.*) Nous savons, vous et moi, comment les faire taire...
LA MARQUISE, *avec hauteur.* Galifard!
GALIFARD. Après cela, je conviens qu'en France, à Paris, dans vos brillantes sociétés de la place Royale, cela pourrait avoir quelque inconvénient. Mais dans mon pays, en Italie, où je ne suis plus connu, rien ne vous empêche d'épouser le signor Galifardi, ou même le prince Galifardi; car en Italie nous sommes tous princes.

SCÈNE VI.

LES PRÉCÉDENTS; DEUX DOMESTIQUES, *apportant du thé sur un guéridon qu'ils placent près de la marquise.*

LA MARQUISE. Ah! c'est bien. C'est mon déjeuner. (*Aux domestiques.*) Retirez-vous... (*A Galifard.*) Vous permettez, monsieur Galifard?
GALIFARD. Comment donc, Madame!..
LA MARQUISE. Oserais-je vous offrir une tasse de thé?
GALIFARD. Certainement, Madame. Aux termes où nous en sommes... c'est un honneur que tout autre que moi serait peut-être bien téméraire d'ambitionner. Mais, comme je vous le disais hier, je ne crains rien; j'ai confiance, j'accepte.
LA MARQUISE, *d'un air aimable.* Et vous avez raison. Prenez un siége; mettez-vous là, et parlons d'affaires..
GALIFARD, *s'asseyant.* Parlons-en de bonne amitié.

DUO.
(M. Auber.)

ENSEMBLE.
Douce amitié! par ta puissance
Tout ici-bas est oublié,
Et qu'entre nous règnent d'avance
La confiance et l'amitié.

GALIFARD.
Ainsi donc et pour l'Italie
Tous deux nous partons dès demain.

LA MARQUISE, *faisant le thé.*
Nous partirons pour l'Italie,
Puisque tel est votre dessein.

GALIFARD, *la regardant.*
C'est là que d'une tendre amie
L'amour me destine la main.

LA MARQUISE, *préparant toujours le thé.*
Ah! c'est là qu'une tendre amie
Doit au vôtre unir son destin.

GALIFARD.
Destin glorieux qui m'honore!

LA MARQUISE, *souriant.*
Ah! nous n'y sommes pas encore.
(*Versant du thé, d'abord dans sa tasse, puis ensuite dans celle de Galifard.*)
Déjeunons, mon futur époux.

GALIFARD.
C'est juste.
(*La marquise met du sucre dans sa tasse et boit. Pendant ce temps, Galifard, qui a pris son portefeuille, en ouvre le ressort, prend le papier rouge, et jette dans sa tasse une pincée de la poudre qui s'y trouve renfermée.*)

LA MARQUISE, *le regardant faire.*
Eh! mais, que faites-vous?

GALIFARD, *froidement, et d'un air détaché.*
Rien : c'est mon régime ordinaire!
Une espèce de vulnéraire
Qui rend le thé très-*stomacal*,
(*Souriant.*)
Et l'empêche de faire mal.

LA MARQUISE, *souriant.*
Une semblable inquiétude
Entre amis!

GALIFARD, *souriant aussi.*
C'est égal,
On peut, sans le vouloir, se tromper... l'habitude..

LA MARQUISE, *pendant qu'il boit.*
Oh! je ne dis plus rien.
C'est bien.

GALIFARD.
N'est-il pas vrai?

LA MARQUISE.
Très-bien, très-bien, très-bien.

ENSEMBLE.
Douce amitié! par ta puissance
Tout ici-bas est oublié,

Et qu'entre nous règnent d'avance
La confiance et l'amitié.
　　　LA MARQUISE, *avec gaîté.*
Nous partons donc pour l'Italie !
Et nous partirons dès demain ?
　　　　　GALIFARD.
Ah ! combien l'hymen qui nous lie
Nous promet un heureux destin !
　　　　LA MARQUISE.
Et quel bonheur sera le nôtre !
　　　　GALIFARD.
Point de contrainte, de façons.
　　　　LA MARQUISE.
Jamais de secrets l'un pour l'autre.
　　　　GALIFARD.
Quel bon ménage nous ferons !
　　　　ENSEMBLE.
L'hymen qui nous rassemble
N'aura que de beaux jours ;
Buvons, buvons ensemble
A l'hymen, aux amours.
　　　GALIFARD, *à part.*
Ah ! pour moi quelle ivresse !
J'ai su, par mon adresse,
Partager sa richesse
Et l'engager à moi.
Ah ! quel bonheur extrême !
Malgré celui qu'elle aime,
Je la force elle-même
A me donner sa foi.
　　　LA MARQUISE, *à part.*
Ah ! pour moi quelle ivresse !
Sa haine vengeresse
D'une telle promesse
A dégagé ma foi.
Oui, par ce stratagème,
C'est son adresse même
Qui vient aujourd'hui même
De le livrer à moi.
　　　　ENSEMBLE.
L'hymen qui nous rassemble
N'aura que de beaux jours ;
Buvons, buvons ensemble
A l'hymen, aux amours.

SCÈNE VII.

LES PRÉCÉDENTS, SAINT-BRICE, *entrant par la porte à droite, et regardant encore dans l'appartement par lequel il entre.*

GALIFARD. Qui vient nous déranger ? On ne peut pas être seul un moment dans son ménage.

LA MARQUISE. Monsieur de Saint-Brice.

SAINT-BRICE, *pâle et agité entrant brusquement.* Ah ! Madame ! je viens à vous ; si vous saviez... (*Apercevant Galifard.*) Mais pardon, vous étiez en affaires ; j'attendrai.

LA MARQUISE, *d'un air de prière.* Galifard !

GALIFARD. Je comprends ! je m'en vais, mais il ne faut pas qu'il s'y accoutume. Faites-lui vos adieux, et demain en Italie.

LA MARQUISE, *gaiement.* Soit, je m'y résigne ; il faut bien se faire une raison, et demain, ce soir même, je l'espère, ces idées-là n'auront plus rien qui m'effraie.

GALIFARD. A la bonne heure ; nous serons unis, je le jure. Adieu, signora. (*Il sort.*)

SCÈNE VIII.

LA MARQUISE, SAINT-BRICE, *qui s'est jeté dans un fauteuil, et qui y reste la tête appuyée dans les mains.*

LA MARQUISE, *regardant sortir Galifard avec joie.* Adieu, et cette fois, pour jamais ; avant une heure je serai sûre de son silence ; et libre maintenant de ma main et de mon cœur... (*Elle s'approche de Saint-Brice, qui est toujours assis dans le fauteuil.*) Qu'avez-vous, mon ami ? Que vouliez-vous m'apprendre ? parlez, vous savez si je vous suis dévouée.

SAINT-BRICE. Je connais votre amitié, et j'en viens réclamer une grande preuve. Un événement horrible est arrivé.

LA MARQUISE, *à part.* Aurait-il appris déjà ?..

SAINT-BRICE. Hier soir à Versailles...

LA MARQUISE, *à part.* Il sait tout.

SAINT-BRICE. Concevez-vous un malheur pareil ? le soir même de leurs noces, à peine les avions-nous quittés.

LA MARQUISE. Eh bien ! achevez.

SAINT-BRICE. Expiré sur-le-champ, comme frappé de la foudre.

LA MARQUISE. O ciel ! celle que vous aimiez tant ! cette pauvre Hortense !..

SAINT-BRICE, *vivement.* Non, Madame, ce n'est pas elle.

LA MARQUISE, *stupéfaite.* Et qui donc ?

SAINT-BRICE, *de même.* Son mari !

LA MARQUISE, *atterrée.* Ah ! grand Dieu ! mais ce n'est pas possible ; c'est épouvantable !

SAINT-BRICE. La nouvelle n'en est que trop certaine ; et vous sentez que l'honneur, la délicatesse, me forcent seuls à contraindre des sentiments que maintenant je serais maître de laisser éclater ; car enfin elle est libre, moi aussi ; nous nous aimons tous deux, et rien ne peut nous empêcher plus tard d'être unis.

LA MARQUISE, *à part.* Tant de périls, tant de crimes, pour en arriver là !

SAINT-BRICE, *continuant avec chaleur.* Mais d'ici à ce qu'il me soit permis de réaliser un tel projet, jusqu'à ce que je puisse lui rendre publiquement mes soins et mes hommages, c'est près de vous que je lui ai conseillé de chercher un asile, près de vous qui seule nous avez témoigné de l'intérêt ; et dans ce moment elle doit être ici, chez vous.

LA MARQUISE, *troublée.* Chez moi ! je ne puis... craignez de me la confier.

SAINT-BRICE. Et pourquoi ?

LA MARQUISE. Je ne sais, mais les convenances et votre présence chez moi...

SAINT-BRICE. Je m'éloignerai. Je sais qu'elle est là ; daignez l'accueillir ; convenez avec elle du temps, de l'époque où je pourrai me présenter devant elle, je me soumets à tout ; et même aujourd'hui, avant mon départ, je ne lui ferai mes adieux qu'autant qu'elle et vous daignerez y consentir.

LA MARQUISE. C'est bien : laissez-nous.

SAINT-BRICE, *lui baisant la main.* Ah ! que vous êtes bonne ! (*Il sort par le fond.*)

SCÈNE IX.

LA MARQUISE, HORTENSE.

LA MARQUISE, *à part.* Les laisser se voir, s'aimer ! Je ne le pourrais pas ! Que faire cependant ? elle ne serait plus, qu'il l'aimerait encore ; ils s'aimeront donc toujours ! oh ! non... non. (*Haut, à Hortense qui s'avance lentement et les yeux baissés.*) Approchez, mon enfant.

HORTENSE. M. de Saint-Brice vous quitte ?

LA MARQUISE, *d'un air distrait.* Oui ; et je suis encore toute tremblante de ce qu'il vient de m'apprendre.

HORTENSE. N'est-ce pas, Madame, et qui m'aurait dit hier... Eh ! mais, vous ne m'écoutez pas ?

LA MARQUISE. Ce qu'il me m'occupait ; pardon, aussi effroyable !

HORTENSE. Conçoit-on un événement pareil ? aussi prompt, aussi effroyable !

LA MARQUISE. Il n'était que trop à craindre : ses menaces d'hier m'avaient fait frémir ; et la jeunesse, l'amour, le désespoir...

HORTENSE. Que dites-vous ?

LA MARQUISE, *avec égarement et sans l'écouter.* Qui ne l'excuserait ? Quand il faut renoncer à ce qu'on aime, et plus encore, la voir dans les bras d'un autre ! (*Avec exaltation.*) Ah ! je conçois tout, je comprends tout ce que la passion peut faire entreprendre et peut faire oublier.

HORTENSE. Madame, au nom du ciel, vous me glacez de terreur.

LA MARQUISE, *sortant de son égarement.* Qu'ai-je dit ? qu'avez-vous entendu ?

HORTENSE, *tremblante.* Je ne sais. Mais M. de Saint-Brice, qui à l'instant même vous quittait...

LA MARQUISE, *avec effroi et lui mettant la main devant la bouche.* Taisez-vous, taisez-vous, je ne sais rien, je ne dois rien savoir, ni vous non plus ! ce serait nous perdre tous. (*Avec force.*) Voulez-vous le perdre ?

HORTENSE, *poussant un cri.* Ah!
LA MARQUISE. Qu'avez-vous, mon enfant?
HORTENSE, *se jetant dans ses bras en sanglotant.* Ah! Madame! ah! ma protectrice!..
LA MARQUISE. Calmez-vous, de grâce.
HORTENSE, *à voix basse.* Qu'il parte à l'instant, qu'il quitte la France! Je ne le verrai plus, ni lui, ni personne; je renonce au monde, et ensevelie dans un couvent...
LA MARQUISE. Silence, on vient. Cachez votre effroi, vos larmes! pour vous, et je n'ose le dire, pour notre ami.

SCENE X.

LES PRÉCÉDENTS.

FINAL.
(M. Hérold.)

CHŒUR.

Quand l'amitié nous appelle,
Nous accourons à sa voix,
Certains de trouver près d'elle
Tous les plaisirs à la fois.

LA MARQUISE, *allant à eux.*

Pardon, Messieurs, pardon du trouble où je me vois.
En voulant aujourd'hui vous réunir chez moi,
J'étais loin de m'attendre au coup qui nous accable :
Une fête aujourd'hui serait peu convenable
Quand je viens de perdre un ami,
Vernillac!

CHŒUR.

Ah! grand Dieu!

LA MARQUISE, *montrant Hortense.*

Dont la veuve est ici.

CHŒUR, *regardant Hortense.*

Eh quoi! si jeune encore!
A peine à son aurore
Connaître le malheur!
Respectons sa douleur.

SCÈNE XI.

LES PRÉCÉDENTS, SAINT-BRICE.

SAINT-BRICE, *à la marquise.*

Eh bien! vous l'avez vue, et puis-je devant elle
Me présenter?

LA MARQUISE.

Pas à présent, plus tard.

SAINT-BRICE, *avec surprise.*

Elle refuse!

LA MARQUISE.

Oui, sa douleur mortelle,
Ainsi que son devoir, veulent votre départ.

SAINT-BRICE, *s'approchant d'Hortense.*

Dois-je le croire? est-ce bien vous, Hortense,
Qui d'un ami redoutez la présence?

HORTENSE, *avec émotion, et baissant les yeux.*

Je ne dois plus, je ne veux plus vous voir.

SAINT-BRICE.

Et pourquoi donc?

HORTENSE.

Vous devez le savoir.

SAINT-BRICE.

Qui, moi?

HORTENSE.

Partez, vous devez me comprendre;
Dans un couvent demain je vais me rendre.

SAINT-BRICE.

Et pour quel temps?

HORTENSE.

Pour toujours.

SAINT-BRICE.

Ah! grands dieux!

Écoutez-moi.

HORTENSE.

Jamais! je ne le peux.

ENSEMBLE.

HORTENSE.

Dans mon âme éperdue,
Je frémis à sa vue;
Une secrète horreur
S'empare de mon cœur.

SAINT-BRICE.

Quelle crainte inconnue
Fait redouter ma vue?
D'une horrible terreur
Je sens battre mon cœur.

CHŒUR, *regardant Hortense.*

Elle tremble à sa vue!
Son âme trop émue
Succombe à son malheur;
Respectons sa douleur.

LA MARQUISE, *à Saint-Brice.*

Venez, fuyez sa vue;
Son âme trop émue
Succombe à son malheur;
Respectez sa douleur.

SAINT-BRICE, *à Hortense.*

Vous le voulez, je me retire!
Mais qu'un seul mot calme mon cœur,
Qu'au moins mon aspect vous inspire
De la pitié!

HORTENSE, *s'éloignant.*

C'est de l'horreur!

SAINT-BRICE.

Ah! c'en est trop! un tel outrage
De l'amitié rompt tous les nœuds.

LA MARQUISE, *l'entraînant.*

Venez, venez, quittons ces lieux.

SAINT-BRICE.

Oui, je veux fuir... oui, j'aurai le courage
De briser des nœuds détestés.

LA MARQUISE, *l'entraînant, et prête à sortir.*

Il est à moi, je triomphe!

SCÈNE XII.

LES PRÉCÉDENTS, GALIFARD, *pâle, mourant, et entouré de gens de justice.*

GALIFARD, *montrant du doigt la marquise, et parlant avec effort.*

Arrêtez!
Cette fois votre adresse a déjoué la mienne,
Mais j'ai pris ma revanche; avant ma fin prochaine,
J'ai tout dit.

LA MARQUISE, *à part.*

Ah! c'est fait de moi!

GALIFARD, *aux gens de justice.*

Saisissez-la, Messieurs, au nom du roi.

SAINT-BRICE, *aux exempts qui s'avancent.*

De quel droit?

GALIFARD, *essayant de sourire.*

Oh! j'ai plus d'une preuve.
(*Montrant Hortense.*)
C'est par elle d'abord que Madame fut veuve.

HORTENSE ET SAINT-BRICE, *se tenant l'un contre l'autre.*

O ciel! est-il possible?

GALIFARD, *souriant avec ironie.*

Et bien d'autres encor.

HORTENSE, *à demi-voix, à Saint-Brice.*

Pardon, pardon! d'horreur, ah! mon âme est glacée.

GALIFARD, *s'approchant de la marquise.*

Je vous l'avais bien dit : nous aurons même sort,
Même destin. Venez, ma noble fiancée,
Vous savez comme moi quel autel nous attend.

ENSEMBLE.

CHŒUR *des exempts.*

Allons, qu'on nous suive à l'instant!
Et sur sa tête criminelle
Qu'enfin la justice éternelle
Fasse tomber le châtiment!

SAINT-BRICE, HORTENSE ET LE CHŒUR.

Dieu tutélaire! ô Dieu puissant!
Gloire à ta justice éternelle
Contre une trame criminelle,
Elle a protégé l'innocent.

(*Saint-Brice et Hortense sont à droite, l'un près de l'autre. Des exempts ont entouré la marquise. Galifard veut les suivre; mais il chancelle et tombe expirant. La marquise, que l'on entraîne, jette sur lui des regards de triomphe et de vengeance.*)

FIN DE LA MARQUISE DE BRINVILLIERS.

LA VIEILLE

OPÉRA-COMIQUE EN UN ACTE

Représenté, pour la première fois, à Paris, sur le théâtre royal de l'Opéra-Comique, le 14 mars 1826.

EN SOCIÉTÉ AVEC M. G. DELAVIGNE,

MUSIQUE DE M. FÉTIS.

Personnages.

LA COMTESSE DE XÉNIA.
EMILE DE VERCIGNY, jeune officier.
LÉONARD, artiste.
PÉTÉROFF, régisseur.

La scène se passe aux environs de Wilna.

Le théâtre représente un salon élégant; porte au fond, deux latérales. A droite, une table; à gauche une psyché, une toilette, etc.

SCENE PREMIERE.

INTRODUCTION.

(*Pétéroff est assis devant une table, et écrit; plusieurs esclaves et paysans russes arrivent par groupes. Ils se consultent entre eux, puis vont s'adresser à Pétéroff qu'ils entourent.*)

CHŒUR.
Voici l'heure de l'ouvrage :
Nous venons, suivant l'usage,
Nous venons prendre humblement
Les ordres de l'intendant.
Parlez, parlez, monsieur l'intendant.

PÉTÉROFF.
Silence! et qu'on me laisse.

CHŒUR.
Taisons-nous, de peur
De fâcher monseigneur,
Monseigneur le régisseur.

UN DES PAYSANS, *s'approchant.*
C'est que madame la comtesse
Nous avait dit...

PÉTÉROFF.
Elle est notre maîtresse,
J'en veux bien convenir; mais vu ses soixante ans,
Elle me fait ici la grâce
De se fier en tout à mes soins prévoyants.
Je me commande alors ce qu'il faut que je fasse,
Et tout n'en va que mieux : car mon raisonnement
Est qu'il faut unité dans le gouvernement.

SCENE II.

LES PRÉCÉDENTS, UN DOMESTIQUE, *en livrée.*

PÉTÉROFF.
Eh mais, qui vient encore?

LE DOMESTIQUE.
Un Français qui demande
Le prisonnier blessé, l'officier étranger
Qui demeure en ces lieux.

PÉTÉROFF.
Au jardin qu'il attende :
Il dort encore, et rien ne doit le déranger.
(*Aux autres esclaves.*) (*Le domestique sort.*)
Partez tous, j'irai moi-même
Vous porter mon ordre suprême.

CHŒUR.
Voici l'heure de l'ouvrage :
Nous allons, suivant l'usage,
Attendre bien humblement
Les ordres de l'intendant.
Honneur, honneur à monsieur l'intendant.
(*Ils sortent.*)

SCENE III.

PÉTÉROFF, *seul, puis* ÉMILE.

PÉTÉROFF. Ah bien oui! réveiller notre jeune officier; ma maîtresse gronderait joliment! un prisonnier blessé, que nous avons reçu avec les égards dus au courage malheureux, parce que le malheur et le courage ont toujours été accueillis dans notre château. Ah! voici monsieur Emile. Bonjour, mon officier; comment vous va ce matin?

ÉMILE. A merveille! je te remercie; ma blessure est presque guérie, et je crois qu'aujourd'hui je pourrai commencer à sortir.

PÉTÉROFF. Et comment avez-vous dormi?

ÉMILE. Fort bien : madame la comtesse avait reçu hier une lettre de l'armée qui m'a fait passer une excellente nuit.

PÉTÉROFF. Il y a donc de bonnes nouvelles?

ÉMILE. Oui, il paraît qu'on a frotté vos Cosaques; ça m'a fait plaisir.

PÉTÉROFF. Mais pas à eux; et vous m'annoncez cela avec une joie...

ÉMILE. Écoute donc : parce que je suis prisonnier en Russie, crois-tu que je sois devenu Russe? Du reste, tout fait croire à une paix prochaine, et j'en suis enchanté.

PÉTÉROFF. Moi aussi, attendu que les Français n'ont qu'à reprendre Wilna, voilà notre château qui est exposé.

ÉMILE. Ne crains rien, c'est moi qui à mon tour vous protégerai; et plût au ciel que j'en trouvasse jamais l'occasion! car ta maîtresse est si bonne, si généreuse, je dois tant à ses bienfaits!

PÉTÉROFF. Ah! mon Dieu! j'oubliais de vous dire qu'il y a en bas un Français qui demande à vous parler.

ÉMILE. Et l'on ne m'a pas prévenu!

PÉTÉROFF. Ne voulant pas vous réveiller, j'ai pris sur moi de le faire attendre dans le jardin.

ÉMILE. Quelle manie as-tu donc de toujours prendre sur toi?.. Va vite le prévenir.

PÉTÉROFF. Mais, Monsieur, s'il a eu froid, il sera entré dans les appartements.

ÉMILE. Eh! va donc!

PÉTÉROFF. Entrez, entrez, Monsieur, on peut vous recevoir. (*Il sort.*)

SCENE IV.

LES PRÉCÉDENTS, LÉONARD.

ÉMILE.
Que vois-je? mon cher Léonard!

LÉONARD.
Mon cher Émile!
(*Ils courent dans les bras l'un de l'autre.*)

DUO.

ÉMILE ET LÉONARD.

ENSEMBLE.
Doux souvenir de la patrie,
Que ton pouvoir est séduisant!
Oui, tous mes maux, je les oublie,
Je les oublie en ce moment.

LÉONARD.
Dieu! quel bonheur j'éprouve!
Nous voilà réunis!

ÉMILE.
C'est toi que je retrouve
Aussi loin de Paris!
LÉONARD.
Au collège et dès notre aurore
Nous étions déjà bons amis.
ÉMILE.
Tiens, tiens, de grâce, embrassons-nous encore :
Je te revois, je revois mon pays.

ÉMILE ET LÉONARD.
ENSEMBLE.
Doux souvenir de la patrie,
Que ton pouvoir est séduisant!
Oui, tous mes maux, je les oublie,
Je les oublie en ce moment.

ÉMILE.
Quel destin, quel dieu tutélaire,
Ici t'envoie à mon secours?
LÉONARD.
Comment aux périls de la guerre
As-tu donc dérobé tes jours?

ÉMILE ET LÉONARD.
ENSEMBLE.
Doux souvenir de la patrie,
Que ton pouvoir est séduisant!
Oui, tous mes maux, je les oublie,
Je les oublie en te voyant.

ÉMILE. Comment, tu es encore en Russie?
LÉONARD. J'y étais, tu le sais, bien longtemps avant la guerre, comme artiste. En France nous avons trop de grands hommes : voilà pourquoi les talents meurent de faim : aussi c'est pour éviter la foule que je suis venu chercher fortune à Saint-Pétersbourg.
ÉMILE. Et tu as trouvé là un peu de différence?
LÉONARD. Pas tant que tu crois. Sais-tu que Saint-Pétersbourg est une colonie parisienne? on n'y parle que français; on n'y adopte que les modes de France; on y joue toutes les pièces françaises, drames, opéras-comiques et vaudevilles. Les élégants n'y sont pas plus ridicules, les maris n'y sont pas plus sévères, les femmes n'y sont pas plus froides; on intrigue, on se trompe, on s'amuse tout comme à Paris; on y dîne aussi bien, et les glaces de la Néva valent celles de Tortoni.
ÉMILE. C'est fini, tu n'as plus d'esprit national ; tu n'es plus qu'un bourgeois russe et un badaud de Saint-Pétersbourg.
LÉONARD. Tu es dans l'erreur : dans quelques années je compte bien retourner en France ; je me ferai annoncer comme premier peintre de l'empereur de Russie ; mes compatriotes me prendront pour un étranger, et ma fortune est faite.
ÉMILE. Mais, en attendant, l'as-tu un peu commencée?
LÉONARD. Oui, vraiment, le portrait donne beaucoup, et c'est ce qui rapporte le plus. J'ai peint des grands-ducs, des princes, des chambellans, et surtout beaucoup de jolies femmes ; aussi je suis à la mode dans la capitale : mais je n'aurais jamais cru que ma renommée s'étendrait jusque dans les provinces de l'empire russe, lorsqu'il y a trois semaines un banquier se présente chez moi : « N'êtes-vous pas M. Léonard, un peintre français, qui avez fait vos classes à Paris, au lycée Charlemagne? — Oui, Monsieur. »
ÉMILE, à part. Ah! mon Dieu!
LÉONARD. « Eh bien! continue le banquier, si vous voulez vous rendre sur-le-champ par delà Smolensk et Witepsk, au château de la comtesse de Xénia, pour faire son portrait, voici d'avance quatre mille roubles. »
ÉMILE. J'y suis : c'est moi qui t'ai valu cette bonne aubaine.
LÉONARD. Que dis-tu?
ÉMILE. C'est encore une galanterie de ma vieille comtesse. Je ne peux pas former un souhait que sur-le-champ il ne se trouve réalisé. Il y a quelques jours je lui parlais de toi, et je m'écriais que je donnerais tout au monde pour te revoir et t'embrasser, ce qu'hélas! je croyais impossible, mais, comme une fée bienfaisante, elle a donné un coup de baguette, et te voilà.
LÉONARD. Et quelle est donc cette comtesse de Xénia? Comment as-tu fait sa connaissance?
ÉMILE. De la façon la plus singulière. Lors de notre retraite, et dans un des derniers combats qu'il fallut livrer, nos soldats s'étaient emparés des bagages d'une division ennemie ; dans un landau d'assez belle apparence, j'aperçois une femme infirme et âgée : je pensais à ma mère, et quand elle me cria en français : « Monsieur, protégez-moi! » je courus à elle, enchanté de rendre service à une compatriote : « Si c'est à ce titre, me dit-elle, je ne veux pas vous tromper, je suis la veuve d'un officier russe. » Tu devines ma réponse ; je regarde alors ma nouvelle conquête. Elle n'était pas jeune, il s'en faut ; elle n'était pas jolie, au contraire ; et cependant il était facile de voir que jadis elle avait été fort bien. Des manières nobles et distinguées, une conversation charmante ; enfin elle avait dû faire les beaux jours de la cour de Catherine II ou de Pierre III, et je me rappelai en effet avoir entendu parler d'une comtesse de Xénia qui avait été la Ninon de ce temps-là, aux mœurs près, s'entend ; car la mienne a dû être la vertu et la sagesse même.
LÉONARD. Ah! tu réponds même du passé!
ÉMILE. Oui, sans doute ; malgré ses soixante-dix ans, je suis son chevalier, et quand tu la connaîtras, tu verras qu'il est impossible de ne pas l'aimer. Cependant notre marche continuait ; chaque instant voyait tomber un de nos soldats : nous n'étions plus qu'une douzaine autour de la voiture, lorsqu'un hourra nous apprit l'arrivée de l'ennemi : c'était de ces maraudeurs qui n'étaient ni Russes ni Français, et qui suivaient les deux armées, non pour combattre, mais pour piller. « Fuyons, me criaient mes gens, fuyons, mon officier, ils sont vingt contre un : laissez là cette femme : — Mes amis, leur dis-je, je suis son chevalier, et je ne la quitterai pas ; vous autres, conservez-vous pour vos jeunes maîtresses, partez si vous voulez. »
LÉONARD. Et ils t'ont laissé?
ÉMILE. Me laisser! nos soldats ne laissent pas leurs officiers dans le danger, et en un instant je les vois tous debout rangés autour de moi. Leurs doigts engourdis ne pouvaient plus armer leurs fusils, et trois fois nous soutînmes à la baïonnette la charge de l'ennemi ; mais enfin une balle m'atteignit, et je perdis connaissance. Je tombai sur cette terre étrangère, en pensant à la France et à ma pauvre mère que je ne devais plus revoir!
LÉONARD. Cher Émile!
ÉMILE. Quand je revins à moi, me croyant mort, ils m'avaient tous abandonné, tous, excepté ma pauvre vieille qui ne me quitta pas d'un instant. Par ses soins, je fus amené dans ce château qu'elle venait d'acheter ; et tu n'as jamais vu de garde-malade plus active, plus dévouée, plus intelligente : le jour, la nuit, elle était toujours là ; et depuis que je suis entré en convalescence, tous les matins elle vient s'établir dans ma chambre, apporte sa tapisserie, cause avec moi ou me fait des lectures. Elle lit si bien! sa voix est encore si douce et si touchante!
LÉONARD. Ah çà, prends garde, tu vas en devenir amoureux.
ÉMILE. Eh! eh! ne plaisante pas, cela m'arrive quelquefois quand je ferme les yeux.
LÉONARD. Cela me rassure.
ÉMILE. Il est de fait que si elle avait seulement quarante ans de moins, je ne répondrais de rien ! souvent, quand elle n'était pas là, je me la figurais telle qu'elle devait être à dix-huit ans ; je la revoyais jeune ; et ravi du portrait que je venais de créer, je l'adorais d'imagination et de souvenir!
LÉONARD. Tu plaisantes?
ÉMILE. Non, vraiment ; par exemple, la vue de l'original me rappelait sur-le-champ à des sentiments modérés ; mais, tiens, c'est elle, tu l'entends ; tu vas en juger par toi-même.
LÉONARD. J'avoue que tu as piqué ma curiosité. (*Émile va au-devant de la comtesse et lui donne le bras.*)

SCÈNE V.

LA COMTESSE, ÉMILE, LÉONARD.

TRIO.

LÉONARD, à part.
Oui, chez elle le poids des ans
A rendu ses pas chancelants;
Mais on voit qu'elle fut jolie.

ÉMILE.
Laissez-moi vous servir d'appui,
Acceptez la main d'un ami.
LA COMTESSE.
Heureux qui, cherchant un appui,
Rencontre la main d'un ami !
(*Apercevant Léonard.*)
Un étranger, c'est là, je le parie,
Votre ami Léonard, cet artiste fameux !
ÉMILE.
Oui ! comme par magie il arrive en ces lieux :
Les lois de la nature à vos lois sont soumises.
LA COMTESSE.
J'ai l'esprit romanesque et suis pour les surprises.
De celle-ci que dites-vous ?
LÉONARD ET ÉMILE.
De vos bienfaits c'est le plus doux.

COUPLETS.
LA COMTESSE.
O beau pays de France,
Séjour charmant, par les arts embelli,
Tous deux jadis vous passiez votre enfance,
Et j'ai voulu, vous rendant un ami,
Pour un instant vous rendre encore ici
Ce beau pays de France.
ÉMILE, *à la comtesse.*
Au doux pays de France
Tout est soumis aux lois de la beauté ;
Mais dans ces lieux et malgré la distance,
Lorsque l'on voit tant d'esprit, de bonté,
Et tant de grâce, on se croit transporté
Au doux pays de France.

LA COMTESSE. Mais voyons ; que ferons-nous ce matin pour égayer le convalescent ?.. Je vous apportais là un cahier assez curieux ; ce sont des aventures et anecdotes sur la dernière campagne de Russie. Tous les événements singuliers dont on m'a fait le récit ou dont j'ai été témoin je les ai consignés dans ce volume, et ce matin je comptais vous les lire.

ÉMILE. Ah ! volontiers.

LA COMTESSE. Oui, en tête-à-tête ; mais puisque nous avons un ami...

ÉMILE. Écoutez : Léonard était venu pour faire votre portrait.

LA COMTESSE. Ce n'était là qu'un prétexte pour l'attirer auprès de nous.

ÉMILE. Qu'il le commence dès aujourd'hui ; vous me le donnerez, et quand je ne serai plus prisonnier de guerre, quand je retournerai dans mon pays, vous serez encore avec moi ; car votre portrait sera comme votre souvenir, il ne me quittera jamais.

LA COMTESSE. Si vous me donnez de pareilles raisons, je n'ai rien à répondre.

ÉMILE. Allons, à l'ouvrage ; asseyons-nous. (*A Léonard.*) Prends tes pinceaux. (*A la comtesse.*) Voici votre tapisserie.

LA COMTESSE. Je pourrai travailler ?

LÉONARD, *s'asseyant près de la table à droite, et se disposant à peindre.* Sans doute... (*A Émile.*) Et toi ?

ÉMILE. Moi, je vous regarderai et je ne ferai rien : c'est le privilége des convalescents.

LA COMTESSE. A merveille ! ce sera une matinée d'artistes.

ÉMILE. Vous serez contente de mon ami Léonard ; c'est un vrai talent ; il fait surtout d'une ressemblance ..

LA COMTESSE. Tant pis. A vingt ans on aime un portrait soit exact et fidèle ; mais à mon âge on craint les miroirs. (*A Émile.*) Ce qui me rassure, c'est qu'en France, ce portrait-là n'excitera pas la jalousie de vos maîtresses.

ÉMILE. Ce serait difficile, car je n'en ai pas.

LA COMTESSE. Vraiment ?

ÉMILE. J'ai tout rompu, j'ai tout cédé à mes amis ; quand on part pour la Russie, il faut faire son testament.

LA COMTESSE. Quoi ! vous n'avez jamais eu de passion véritable ?

ÉMILE. Ma foi, non ; j'ai beau chercher... Dis donc, Léonard, te souviens-tu ?..

LÉONARD. Dame ! vois tes notes ; tu me parlais tout à l'heure d'un amour d'imagination.

ÉMILE, *lui faisant signe.* Veux-tu te taire ? Pardon, Madame, celui-là ne compte pas.

LA COMTESSE. Quoi ! vraiment, jamais ! S'il en est ainsi, mon ami, je vous plains ; il faut avoir aimé une fois en sa vie, non pour le moment où l'on aime, car on n'éprouve alors que des tourments, des regrets, de la jalousie ; mais peu à peu ces tourments-là deviennent des souvenirs qui charment notre arrière-saison. J'ai entendu des gens de mon âge dire, en se rappelant le passé : « Nous étions bien malheureux, c'était là le bon temps, » ces souvenirs-là influent plus qu'on ne croit sur le caractère et adoucissent notre humeur. Ils rendent l'âge mûr plus aimable, le nôtre plus indulgent ; et quand vous verrez la vieillesse douce, facile et tolérante, vous pourrez dire comme Fontenelle, votre compatriote : « L'amour a passé par là. »

LÉONARD. Prenez garde, Madame, car vous êtes si bonne et si aimable, que, d'après votre système, nous allons penser...

ÉMILE. Voyez-vous ces artistes, ils ont sur-le-champ des idées... Apprenez, Monsieur, que la comtesse de Xénia a toujours été la femme de la cour la plus sage et la plus raisonnable.

LA COMTESSE, *souriant.* Il y a à la cour bien des réputations usurpées, non pas que je ne mérite la mienne ; mais souvent cela dépend de si peu de chose qu'il n'y a pas de quoi s'en vanter. Songez donc que, veuve à dix-huit ans, j'étais maîtresse de ma main et d'une fortune immense, lorsque je rencontrai dans le monde un beau jeune homme...

ÉMILE, *vivement.* Qui vous aima ?

LA COMTESSE. Non, au contraire, c'était moi ; car lui ne s'en doutait seulement pas.

ÉMILE. Ce n'est pas possible ; contez-nous donc cela.

LA COMTESSE. Cela peut-il vous distraire un instant ? Aussi bien cela vous tiendra lieu de notre lecture.

ÉMILE, *approchant son fauteuil.* A merveille ! Toi surtout, Léonard, ne fais pas de bruit.

LA COMTESSE. Écoutez-moi bien.

SCÈNE VI.

LES PRÉCÉDENTS, PÉTÉROFF.

QUATUOR.

PÉTÉROFF.
Je viens, Madame, avec prudence,
Et surtout dans l'intérêt...
ÉMILE.
C'est encor lui ; j'aurais d'avance
Gagé qu'il nous interromprait.
PÉTÉROFF.
Je vous annonce en confidence...
ÉMILE.
Quelque malheur ?
PÉTÉROFF.
Un des plus grands.
ÉMILE.
C'est toujours l'homme aux accidents ;
Mais le plus grand, tu peux m'en croire,
C'est d'interrompre ainsi les gens
Lorsqu'ils vont entendre une histoire :
Ainsi, va-t'en.
PÉTÉROFF.
Ce serait mal,
Car c'est pour vous.
LÉONARD ET LA COMTESSE.
O ciel !
ÉMILE.
Ça m'est égal.
LA COMTESSE.
Pour nous ce ne l'est pas.
(*A Pétéroff.*)
Parle vite et sur l'heure.
PÉTÉROFF.
Dans tous les environs et dans cette demeure
On vient de publier un ordre impérial
Pour faire sur-le-champ sortir de la Russie
Tous les prisonniers français,
Lesquels devront, et sans délais,
Être conduits en Sibérie.
ÉMILE, LÉONARD, LA COMTESSE.
O ciel ! en Sibérie !
LA COMTESSE, *regardant Émile.*
Faible et souffrant encor, c'en est fait de sa vie !

ENSEMBLE.

LÉONARD ET LA COMTESSE.
A cet ordre sévère
Rien ne peut le soustraire ;
La crainte et la douleur
S'emparent de mon cœur.

ÉMILE.
A cet ordre sévère
Rien ne peut me soustraire ;
Mais c'est votre douleur
Qui déchire mon cœur.

PÉTÉROFF.
A cet ordre sévère
Rien ne peut le soustraire ;
Non, rien du gouverneur
Ne fléchit la rigueur.

ÉMILE.
Allons, mes amis, du courage ;
Puisque le sort le veut ainsi,
Je partirai ; mais c'est dommage,
Car on était si bien ici !

LA COMTESSE.
Et ce départ ?

PÉTÉROFF.
C'est aujourd'hui ;
Et le gouverneur militaire,
Pour faire exécuter cet ordre si sévère,
A l'instant même arrive ici.

LA COMTESSE.
Je le connais, et son cœur inflexible
N'écoutera que la voix du devoir.

LÉONARD.
Eh quoi ! vos pleurs ne pourront l'émouvoir ?

LA COMTESSE.
N'y comptez pas ; mais il serait possible
De le tromper.
(A Emile.)
Venez, j'ai bon espoir.
(A Pétéroff.)
Vous, suivez-moi.
(A Léonard.)
Bientôt nous allons vous revoir.

ENSEMBLE.

LÉONARD.
A cet ordre sévère
Rien ne peut le soustraire,
La crainte et la douleur
S'emparent de mon cœur.

LA COMTESSE.
Tout nous sera prospère ;
L'amitié tutélaire
De ce fier gouverneur
Trompera la rigueur.

PÉTÉROFF.
A cet ordre sévère
Rien ne peut le soustraire ;
Non, rien du gouverneur
Ne fléchit la rigueur.

(*La comtesse sort appuyée sur le bras d'Émile, et Pétéroff les suit à quelque distance.*)

SCÈNE VII.

LÉONARD, seul. Que va-t-elle faire ? je l'ignore ; mais le gouverneur lui-même, quand il le voudrait, n'est pas le maître d'éluder les ordres qu'il a reçus ; et, quand je pense que ce pauvre Émile, à peine remis de ses blessures, serait entraîné en Sibérie, seul et à pied ; seul, non pas ! si je ne puis racheter sa liberté, je partagerai son esclavage, et nous ferons la route ensemble. Je ne le quitterai pas, je le soignerai ; un peintre a partout de quoi vivre, partout il trouve des sujets de tableaux ; je ferai en Sibérie des effets de neige, et ça deviendra un voyage d'utilité et d'agrément.

ROMANCE.

PREMIER COUPLET.
Oui, de cette terre sauvage
Je peindrai les affreux déserts :
On aime à retracer l'image
Des malheurs que l'on a soufferts ;
Et nous prêtant un mutuel courage,
Nous redirons pendant ce long voyage :
Point de malheur qui ne soit oublié
Avec les arts et l'amitié.

DEUXIÈME COUPLET.
L'artiste se rit des promesses
Que font les amours et Plutus :
Inconstantes sont les richesses,
Les amours le sont encor plus.
Trahi par eux, je reviens avec zèle
A mon pinceau qui m'est resté fidèle.
Point de malheur qui ne soit oublié
Avec les arts et l'amitié.

SCENE VIII.

LÉONARD, PÉTÉROFF.

PÉTÉROFF, *à la cantonade.* C'est bien, je me charge de tout, je prends tout sur moi.
LÉONARD. Eh ! mon Dieu ! qu'y a-t-il donc ?
PÉTÉROFF. Ce qu'il y a, Monsieur, ce qu'il y a ? l'événement le plus inconcevable, le plus inouï, le plus extraordinaire, et cependant le plus naturel. (*Retournant à la cantonade.*) Vous disposerez tout dans l'oratoire de Madame ; car c'est en secret, en petit comité, entendez-vous bien ?
LÉONARD. A qui en avez-vous ?
PÉTÉROFF. A qui ? à tout le monde ! car je suis chargé de tout, et une cérémonie comme celle-là, sur-le-champ, à l'improviste, en une heure... je sais bien qu'il n'y a pas de temps à perdre, mais il faut ma tête, ma capacité. (*Se retournant vers deux domestiques qui entrent.*) Ah ! vous autres, montez à cheval sur-le-champ, et portez ces invitations à toute la noblesse, à tous les seigneurs des environs. Il n'est pas nécessaire qu'ils assistent à la cérémonie, mais il faut qu'ils soient au repas, entendez-vous ? ce sont mes ordres et ceux de Madame. Partez.
LÉONARD. Ah çà ! m'expliquerez-vous enfin...
PÉTÉROFF. Oui, Monsieur ; oui, je suis à vous, car vous entendez bien... (*Regardant un papier qu'il tient à la main.*) Ah ! mon Dieu ! cet acte que vient de me remettre Madame, ça ne peut pas aller ainsi ; mais elle s'avise d'arranger cela elle-même, et sans me consulter ! Dieu ! si je n'étais pas là pour tout réparer ! Pardon, Monsieur, je cours chez notre homme de loi et je reviens dans l'instant. (*Il sort.*)

SCENE IX.

LÉONARD ; ÉMILE, *en grand uniforme.*

LÉONARD. Eh bien ! il s'en va : est-ce qu'ils ont tous perdu la tête ?
ÉMILE. A qui en as-tu donc ?
LÉONARD, *apercevant Emile.* Ah ! te voilà superbe ; toi, du moins, tu m'expliqueras ce qui se passe dans ce château ?..
ÉMILE. Comment, on ne te l'a pas dit ? tu ne le sais pas encore, toi, mon meilleur ami ?
LÉONARD. Et qui diable veux-tu qui me l'apprenne ?
ÉMILE. C'est vrai, ce pauvre Léonard ! Eh bien ! mon ami, nous avons réfléchi avec la comtesse, et nous avons vu que ce qui m'envoyait en Sibérie c'était mon titre de prisonnier français ; mais qu'en devenant Russe...
LÉONARD. Comment, devenir Russe ?
ÉMILE. Eh ! oui, par alliance. En épousant quelqu'un du pays, c'est le moyen d'y rester.
LÉONARD. Sans contredit ; mais où trouver une femme qui veuille passer pour la tienne ?
ÉMILE. C'était là le difficile ; mais mon choix est fait, et je deviens seigneur moscovite, c'est un état comme un autre...
LÉONARD. Il serait vrai ?
ÉMILE. Certainement ; j'étais officier français ; je me fais prince russe ; moi, je n'ai pas d'ambition. J'épouse pendant trois mois quatre cent mille livres de rente, un château magnifique... Tu peux en juger par toi-même.

LÉONARD. Comment! la comtesse de Xénia...
ÉMILE. Oui, mon ami; cette Russe pouvait seule empêcher mon départ, et jamais je ne pourrai m'acquitter envers cette excellente, cette adorable femme. Voyez, m'a-t-elle dit, si vous aurez le courage de passer pendant quelques jours pour le mari d'une douairière. On va vous accabler de quolibets et de mauvaises plaisanteries, ça n'est pas gai, mais cela vaut peut-être mieux que d'aller en Sibérie.
LÉONARD. Je suis de son avis; mais ce stratagème ne peut-il pas la compromettre? et comment faire accroire au gouverneur, par exemple, que ce prétendu mariage est véritable?
ÉMILE. Rien de plus simple pour ceux qui connaissent les mœurs et les usages de la Pologne russe où nous sommes en ce moment. La comtesse vient de m'expliquer tout cela. Nous croyons, nous autres Français, être la nation la plus inconstante de l'Europe : gloire usurpée! les Polonais l'emportent encore sur nous. Chez eux, le divorce n'est pas permis, ce qui les désespère; mais pour remédier à cet inconvénient, ils ont toujours soin dans tous les actes de mariage de glisser exprès, et du consentement des parties, deux ou trois nullités.
LÉONARD. Je crois avoir lu cela dans Rulhière.
ÉMILE. C'est original, n'est-il pas vrai? et puis c'est commode. Je suis étonné qu'en France on n'y ait pas encore pensé. En attendant, mon excellente comtesse s'est chargée de tout, et dans l'acte de mariage que nous venons de rédiger, elle a placé plusieurs bonnes nullités que j'ai surveillées moi-même, de sorte que dans deux ou trois mois, m'a-t-elle dit, quand la guerre sera terminée, nous romprons cet hymen de circonstance; vous retournerez dans votre pays vous marier réellement. J'aurai été votre femme pour vous sauver la vie, et je cesserai de l'être pour vous rendre au bonheur.
LÉONARD. Tu as raison, c'est bien la plus aimable femme qui existe.
ÉMILE. N'est-ce pas? on dit qu'elle est vieille, je ne sais pas pourquoi : elle n'a jamais eu d'hiver ni d'automne; elle a soixante-dix printemps, et voilà tout; aussi dans mon mariage provisoire je vais être plus heureux qu'une foule de maris perpétuels; j'ai le bonheur en attendant, et le divorce en perspective; mais tais-toi, car cette supercherie est un secret pour tout le monde, même pour monsieur l'intendant.

SCENE X.

LES PRÉCÉDENTS ; PÉTÉROFF.

PÉTÉROFF. Quand Monseigneur voudra, Madame l'attend chez elle.
ÉMILE. C'est bien. (*A Léonard.*) Nous devions d'abord te prendre pour témoin; mais nous avons réfléchi qu'il valait mieux choisir des gens du pays. (*A Pétéroff.*) Est-ce que tout est disposé?
PÉTÉROFF. Non, Monsieur; mais j'ai pris sur moi...
ÉMILE. En voilà un qui, malgré son zèle, n'aurait jamais été soldat.
LÉONARD. Et pourquoi?
ÉMILE. C'est qu'il fait toujours feu avant le commandement.
PÉTÉROFF. C'est-à-dire, j'ai pris sur moi de venir le premier vous féliciter sur un mariage aussi convenable qu'extraordinaire, et qui prouve du reste à tous les yeux le mérite de Monseigneur.
ÉMILE, *à Léonard.* Adieu, mon ami; dans l'instant je viens te prendre et je te présenterai à ma femme, à mes vassaux, à tout le monde; il faut que tu m'aides à supporter mon bonheur. (*Il sort.*)

SCENE XI.

LÉONARD, PÉTÉROFF.

LÉONARD. Je n'ai jamais vu de marié plus joyeux que celui-là.
PÉTÉROFF. Vous croyez alors que tantôt Monseigneur sera disposé à accueillir nos petites réclamations?
LÉONARD. Je vois que tu as quelque chose à lui demander.

PÉTÉROFF. Monsieur sait bien que ces jours-là on demande toujours... D'abord je suis serf et vassal de madame la comtesse, et je tiendrais à être libre, non pas que je ne fasse ici tout ce que je veux ; mais c'est égal...
LÉONARD. Je comprends, tu as de la fierté.
PÉTÉROFF. Oui, Monsieur, je suis fier.
LÉONARD. Et tu voudrais quitter le service?
PÉTÉROFF. Non pas, car j'y fais de bons profits, et je compte bien rester toujours domestique. On porte la serviette et on est aux ordres des maîtres, mais enfin on se dit : Je suis libre... et cela suffit. Je voulais ensuite parler de la petite gratification d'usage ; deux ou trois mille roubles : croyez-vous que je pourrai les demander ce soir à Monseigneur?
LÉONARD. Les demander, tu le peux ; mais s'il les donne, ça m'étonnera.
PÉTÉROFF. Non, Monsieur, il n'hésitera pas, surtout quand il saura l'important service que je viens de lui rendre : le voilà dans l'instant seigneur de ce beau domaine ; le voilà avec un titre et une grande fortune. Eh bien! sans moi, il n'aurait rien de tout cela ; sans moi, Monsieur, il ne serait pas marié...
LÉONARD. Que veux-tu dire?
PÉTÉROFF. Que tantôt, et pour la première fois de sa vie, Madame avait arrangé tout cela elle-même, et sans me consulter ; aussi il fallait voir... pour vous en donner un exemple, rien que l'acte de mariage contenait trois ou quatre nullités.
LÉONARD. Hé bien?
PÉTÉROFF. De sorte que demain, après-demain, quand on aurait voulu, on pouvait rompre le mariage ; c'était un hymen de comédie.
LÉONARD, *vivement.* Achève.
PÉTÉROFF. Eh bien, Monsieur, j'ai pris sur moi de porter cet acte à notre homme de loi, qui a tout rétabli dans l'ordre légal, et, grâce à mon zèle et à ma prévoyance, Monsieur et Madame vont être mariés indéfiniment.
LÉONARD. Malheureux! qu'as-tu fait?
PÉTÉROFF. Le devoir d'un fidèle serviteur.
LÉONARD, *le prenant au collet.* Tu mériterais d'être assommé, et nous courons ; car, grâce au ciel, il est temps encore de tout réparer. Dieu! qu'entends-je? (*On entend au dehors des acclamations et le bruit des boîtes et des pétards.*)

SCENE XII.

LES PRÉCÉDENTS, ÉMILE.

ÉMILE, *à la cantonade.* Merci, merci, mes amis, assez de compliments comme ça. J'ai cru que je n'en sortirais pas : mon ami, tu vois un nouveau marié.
LÉONARD, *à part.* O ciel!
ÉMILE, *à voix basse.* Il a bien fallu avancer la cérémonie : ce maudit gouverneur voulait, dit-on, l'honorer de sa présence ; il nous en avait menacés.
LÉONARD. Tout est terminé?
ÉMILE. En cinq minutes... ; ça n'a pas été long : tu viens d'entendre les acclamations de mes vassaux ; ils sont là dans la cour cinq cents paysans, avec les cris de joie, les coups de fusil, les bouquets, les chapeaux en l'air, vive Monseigneur! c'est un coup d'œil admirable.
LÉONARD, *à part.* Pauvre garçon! il me fait mal.
ÉMILE. Pétéroff, fais-leur distribuer des vivres, du vin, de l'hydromel..., ce qu'il y aura dans mon château ; va, c'est de la part de leur nouveau seigneur, ou plutôt de la part de Madame, (*A part.*) car j'oublie toujours que je ne suis là que par intérim.
PÉTÉROFF. Oui, Monseigneur.
ÉMILE, *le rappelant.* Ah! Pétéroff, je veux aussi des danses, de la musique ; un jour de noce, ça ne fait pas mal, ça étourdit.
LÉONARD, *à part.* Oui, il en aura besoin.
ÉMILE. C'est agréable d'avoir des vassaux, vrai ; on s'y habituerait. (*Pétéroff sort.*) Ah! mon Dieu! et ma femme; j'oublais... (*A Léonard.*) Mon ami, je cours la rejoindre.
LÉONARD, *le retenant.* Et pourquoi donc?
ÉMILE. Parce que toute la noblesse des environs vient d'arriver, et ma femme doit être au milieu des compliments et des félicitations ; je vais à son secours.

LÉONARD, *le retenant toujours.* Elle peut bien les recevoir toute seule.

ÉMILE. Non, mon ami, ce ne serait pas juste ; tout doit être commun dans un bon ménage, même l'ennui.

LÉONARD. J'ai à te parler.

ÉMILE. C'est différent, j'écoute ; voyons, parle vite.

LÉONARD. Je ne sais trop comment te le dire, car c'est une chose qui va vous surprendre tous les deux.

ÉMILE. Une surprise, tant mieux ; quelque chose de ta composition ?

LÉONARD. Non, mon ami.

ÉMILE. Eh bien ! tu m'y fais penser. Si nous lui faisions des couplets, ça lui fera plaisir ; des couplets où je lui parlerai de ma reconnaissance, de mon attachement, car plus je connais cette excellente femme et plus je l'aime, et tu vas peut-être te moquer de moi ; mais, vois-tu, ce prétendu mariage serait véritable, que maintenant ça me serait égal.

LÉONARD. Vraiment ?

ÉMILE. Je crois même que ça me ferait plaisir.

LÉONARD. Parbleu, ça ne pouvait pas mieux se trouver, moi qui cherchais quelque transition pour arriver à ma nouvelle.

ÉMILE, *fronçant le sourcil.* Hein ! que veux-tu dire ?

LÉONARD. Que tu n'as rien à désirer, et que tous tes vœux sont comblés.

ÉMILE. Qu'est-ce que c'est ? pas de mauvaises plaisanteries.

LÉONARD. Plût au ciel que c'en fût une ! mais il n'est que trop vrai, tu as contracté un mariage que rien ne peut rompre.

ÉMILE. O ciel ! tu te trompes ; ça n'est pas possible.

LÉONARD. Eh ! si vraiment, par l'ineptie de cet imbécile d'intendant, qui, avant la célébration, a porté le contrat à un homme de loi pour en effacer les nullités que la comtesse y avait mises à dessein.

ÉMILE, *accablé.* C'en est fait de moi ! je sens une sueur froide qui me saisit ; mon ami, soutiens-moi.

LÉONARD. Hé bien ! qu'as-tu donc ;

ÉMILE. Je n'en sais rien, mais je n'y survivrai pas.

LÉONARD. Y penses-tu ? je te croyais plus de courage, plus de philosophie.

ÉMILE. Et où diable veux-tu qu'on en ait contre des coups pareils ? Epouser un siècle !

LÉONARD. Et ce que tu me disais tout à l'heure ?

ÉMILE. Ah, bien oui ! on dit cela quand on croit que ça n'arrivera pas ; mais que pensera-t-on de moi en France ?

LÉONARD. Et que pourra-t-on en penser, quand je publierai la vérité, quand on saura que c'est malgré toi, que c'est à ton insu... ? De ce côté-là je suis tranquille, l'honneur est intact.

ÉMILE, *vivement.* Oui, mais les railleries, les plaisanteries... (*Comme par réflexion.*) Je sais bien que provisoirement je peux toujours assommer ce coquin d'intendant, et lui rompre les os.

LÉONARD, *froidement.* Ça ne rompra pas ton mariage.

ÉMILE. C'est vrai, et dans mon malheur je ne sais à qui m'en prendre. Dieu ! c'est la comtesse ! Pauvre femme ! ce n'est pas sa faute ; modérons-nous, si je le peux, pour ne pas l'affliger.

SCENE XIII.

LES PRÉCÉDENTS, LA COMTESSE.

LA COMTESSE, *un peu agitée.* Monsieur Léonard, je vous en prie, laissez-nous... (*Léonard sort. A Emile.*) Monsieur, vous me voyez désolée, et quand vous saurez ce que mon intendant vient de m'apprendre...

ÉMILE. Je le sais, Madame.

LA COMTESSE. O ciel !

ÉMILE. Je sais que c'est lui seul qui, malgré vos ordres, et sans vous en prévenir...

LA COMTESSE. N'importe ; je ne me le pardonnerai jamais. Le ciel en est témoin, je ne voulais que vous rendre à la liberté, à vos amis, à votre patrie, et j'ai enchaîné votre sort au mien : j'ai disposé de votre avenir.

ÉMILE. Madame ! pouvez-vous penser...

LA COMTESSE. Non, vous ne m'accuserez pas, je le sais ; mais si vous me connaissiez bien, si vous pouviez lire au fond de mon cœur, vous verriez que cet événement renverse tous mes projets, toutes mes espérances, et me rend la plus malheureuse des femmes.

ÉMILE, *à part.* Vous allez voir que c'est moi qui serai obligé de la consoler.

LA COMTESSE. Si je n'ai pu ni prévoir ni empêcher un hasard aussi fatal, je veux du moins le réparer autant qu'il est en mon pouvoir, et c'est pour cela que je vous prie de m'écouter. Depuis le jour où je vous ai dû la vie, j'ai cherché les moyens de m'acquitter envers vous.

ÉMILE. Et n'est-ce pas moi qui suis votre débiteur ?

LA COMTESSE. Ne m'interrompez pas. J'avais donc formé le dessein de vous assurer un jour une partie de ma fortune ; mais je ne comptais pas vous la faire acheter aussi cher. Pour vous forcer à accepter, il fallait un prétexte, il fallait employer la ruse ; maintenant je n'en ai plus besoin. A dater d'aujourd'hui, j'ai le droit de vous offrir, et vous n'avez plus celui de me refuser.

ÉMILE. Madame...

LA COMTESSE. Ne m'enviez pas cet avantage, c'est le seul de ma position. Vous avez une mère que vous chérissez, traitez-moi comme elle ; cédez-moi une partie de ses droits, je le mérite peut-être par la tendresse que j'ai pour vous ; et d'abord, permettez-moi une seule question. Etiez-vous libre ?

ÉMILE. Oui, Madame.

LA COMTESSE. Quoi ! vous n'aviez aucune inclination ?

ÉMILE. Je vous l'ai déjà dit, non, Madame.

LA COMTESSE. Ah ! tant mieux, je respire. Je n'aurai point à me reprocher le malheur d'une autre personne, et vous me pardonnerez plus aisément. Partez donc ! le titre de mon époux vous fera obtenir facilement la permission de retourner à Paris. Avec cent ou deux cent mille livres de rente, on dit qu'on y est toujours heureux ; vous les aurez, vous y vivrez libre, indépendant, presque garçon, car à six cents lieues de moi, c'est comme si vous n'étiez pas marié : seulement vous m'écrirez, vous me ferez part de vos plaisirs, de votre bonheur, de vos amours. Je n'en dirai rien à votre femme ; elle ne sera point jalouse, elle ne l'est que de votre amitié.

ÉMILE. A mesure qu'elle parle, mon illusion revient ; l'on serait trop heureux de passer ses jours auprès d'une femme comme celle-là ! Pourquoi ne suis-je pas arrivé quarante ans plus tôt !

LA COMTESSE, *souriant.* Ou moi cinquante ans plus tard.

ÉMILE. Dieu ! que je vous aurais aimée ! tout en vous m'aurait séduit ; et maintenant encore, je ne sais quel charme inconnu...

LA COMTESSE. Oui, maintenant mon amitié peut vous suffire ; mais plus tard, quand vous rencontrerez dans le monde une femme jeune, jolie, celle enfin que vous devez aimer, vous regretterez alors et votre liberté, et l'hymen qui vous enchaîne ; ce qui me rassure, mon ami, c'est que, grâce au ciel, je suis bien vieille.

ÉMILE. Ah ! Madame, quelle idée ! et que je suis coupable si j'ai pu vous faire penser que je désirais la perte de ma bienfaitrice ! apprenez que votre présence, que votre amitié, sont nécessaires à mon bonheur ; et quoi qu'il arrive, quoi qu'on puisse dire le monde, je ne veux rien, je ne désire rien que de ne pas vous quitter, de rester en ces lieux, comme votre ami et comme votre époux.

LA COMTESSE. Il serait vrai ! c'est de vous, Emile, que j'entends un pareil aveu ; je ne l'oublierai jamais, et vous me rendez bien heureuse !

ÉMILE. Eh bien, tant mieux, c'est toujours une consolation... Mais qui vient là nous interrompre ?

SCENE XIV.

LES PRÉCÉDENTS ; PÉTÉROFF, LÉONARD.

MORCEAU D'ENSEMBLE.

PÉTÉROFF.

Madame et Monseigneur, toute la compagnie
Vient pour prendre congé de vous,
Et faire ses adieux aux deux nouveaux époux.

ÉMILE.

Encore une cérémonie :
Eh ! morbleu, qu'ils s'en aillent tous !

CHŒUR.
Dans l'ombre et le mystère
Restez, heureux époux.
Silence, il faut nous taire ;
Amis, éloignons-nous.
Que chacun dans sa demeure
Se retire sans bruit :
Voici l'heure,
Voici minuit.
PÉTÉROFF, *bas, aux conviés.*
C'est bien, c'est bien, quittez ces lieux.
ÉMILE, *bas, à Léonard, montrant Pétéroff.*
Je sens, en le voyant paraître,
Comme un besoin impérieux
De le jeter par la fenêtre.
LÉONARD, *bas.*
Quelle idée as-tu là ?
Un homme marié !
ÉMILE.
C'est justement pour ça.
PÉTÉROFF.
Les femmes de Madame
Peuvent-elles entrer ?
LA COMTESSE.
Eh ! oui.
PÉTÉROFF, *à Emile.*
Si Monseigneur
Veut accepter les soins que ce grand jour réclame,
Comme valet de chambre ici j'aurai l'honneur...
ÉMILE.
C'est bon, laissez-moi.
PÉTÉROFF.
Très-bien : je conçoi.

CHŒUR.
Dans l'ombre et le mystère
Restez, heureux époux.
Amis, il faut nous taire,
Silence ! éloignons-nous.
Que chacun dans sa demeure
Se retire sans bruit :
Voici l'heure,
Voici minuit.
(*Ils sortent tous.*)

LÉONARD, *restant le dernier, revient sur ses pas, et donnant une poignée de main à Emile.* Adieu, mon pauvre ami ! adieu, du courage ! (*Il sort ; on ferme toutes les portes.*)

SCENE XV.

LA COMTESSE, *près d'une toilette, à gauche du théâtre, et avec deux femmes de chambre ;* ÉMILE, *à droite.*

ÉMILE, *regardant Léonard qui s'en va.* Oui, du courage ; je voudrais bien le voir à ma place ; je suis sûr qu'il rit en lui-même.
LA COMTESSE. Eh bien ! M. Léonard nous laisse ?
ÉMILE. Oui, Madame, il s'en va. (*A part.*) Voilà les amis ! ils s'en vont toujours au moment du danger.
LA COMTESSE, *se levant de la toilette, et allant près d'Emile, à voix basse.* Je n'ai pas besoin de vous dire, Monsieur, (*Montrant l'appartement à gauche.*) que voilà votre appartement, (*Montrant celui à droite.*) et voici le mien.
ÉMILE, *s'inclinant respectueusement.* Oui, Madame. (*A part.*) Allons, décidément, ma femme est une femme charmante. (*Il prend sur la table à droite une bougie, et va pour sortir.*)
LA COMTESSE, *souriant.* Eh bien ! où allez-vous ? vous pouvez rester encore.
ÉMILE, *à part, et posant sa bougie sur la table.* C'est juste, devant ses femmes, ça n'était pas convenable. (*Haut.*) Vous me permettez donc d'assister à votre toilette ?
LA COMTESSE. Je pense que vous en avez le droit. (*Lui montrant la table à droite.*) Tenez, vous avez là ce cahier dont vous me parliez ce matin, ces anecdotes sur la campagne de Russie, recueillies par vous et écrites de votre main. (*La comtesse est à gauche à la toilette ; Emile est près de la table à droite.*)
ÉMILE, *lisant.* « On amena à l'hetman Platoff une jeune « vivandière que ses Cosaques avaient faite prisonnière. » Je connais celle-là. (*Tournant le feuillet.*) Ah ! ah ! anecdote intéressante ! voyons celle-ci : « Une jeune orpheline « avait épousé à dix-huit ans un vieux général russe, le « comte X (trois étoiles), qui avait une fortune immense. « Quand la guerre fut déclarée, le général obtint un com-« mandement ; mais sa jeune épouse, qui ne voulait point « le quitter, partit avec lui, partagea toutes les fatigues « de cette campagne et tous les périls de la guerre. » (*S'interrompant.*) C'était bien à elle, n'est-ce pas, Madame ?
LA COMTESSE, *toujours à sa toilette.* Elle n'est pas la seule.
ÉMILE, *continuant.* « A un combat sanglant où son corps « d'armée avait été mis en déroute, le vieux général russe « fut blessé à mort ; sa femme resta auprès de lui, et re-« cueillit son dernier soupir. Mais alors elle se trouva « seule dans un pays immense occupé par l'ennemi ; elle « avait trois cents lieues à faire pour regagner le château « de son mari. Elle était jeune, elle était jolie, et dans ce « long trajet elle avait tout à craindre. Que faire alors ? « et quel parti prendre ? » (*S'interrompant.*) Ça devient intéressant, n'est-il pas vrai ?
LA COMTESSE, *toujours à sa toilette.* Oui, sans doute ; continuez.
ÉMILE. « Elle pensa alors à la grand'mère de son mari, « femme très-aimable et très-respectable, qui portait le « même nom qu'elle, et son plan fut exécuté à l'instant. « Elle courba sa taille, rida ses traits, et se donna toute l'ap-« parence d'une octogénaire, persuadée que son aspect seul « la défendrait mieux que les lances de cent chevaliers « polonais. » Ma foi, le moyen n'était pas mauvais, car il est sûr que rien n'effraie un soldat entreprenant comme la vue d'une vieille fem... (*Regardant la comtesse.*) Pardon, je ne sais pas ce que je dis. (*A part.*) Où diable vais-je m'aviser de faire des réflexions, aujourd'hui surtout que j'ai du malheur !
LA COMTESSE. Eh bien ! Monsieur, vous n'achevez pas ?
ÉMILE. Si vraiment. (*Regardant la comtesse qui est toujours à sa toilette, et qui lui tourne le dos.*) C'est bien singulier, il me semble que, pour son âge, ma femme se tient encore assez droite. (*Continuant.*) « Tout alla « bien pendant une grande partie de la route ; mais for-« cée de voyager en tête-à-tête avec un jeune officier qui « l'avait défendue sans la connaître, on jugera aisément de « son embarras ; il fallait s'arrêter dans les mêmes auberges, « souvent dans le même appartement. » Au fait, c'eût été charmant, si cet imbécile d'officier avait pu se douter qu'il avait là auprès de lui... Dieu ! si j'avais été à sa place !
LA COMTESSE. Eh bien ! Monsieur, vous ne lisez plus ?
ÉMILE. Si, Madame ; voyons le dénoûment. (*Prenant le livre et regardant la comtesse.*)

DUO.

ÉMILE.
Mais que vois-je ! d'ici la chose est surprenante,
On dirait ma femme a la taille élégante.
Voyons, voyons cependant ;
Avançons un peu ; mon trouble
A chaque instant redouble,
Car le plus étonnant,
C'est que ma femme a l'air d'avoir un bras charmant,
Autant qu'on peut juger d'aussi loin.
(*S'approchant.*)
Du courage,
Avançons encore.
(*Dans ce moment, les femmes qui entourent la comtesse ont achevé de lui ôter la robe et la coiffure de vieille qui la déguisaient ; elle est en peignoir de mousseline et coiffée en cheveux.*)
Ah ! grands dieux !
Qu'avez-vous donc ?
ÉMILE.
En croirai-je mes yeux ?
C'est la réalité de la charmante image
Dont mon cœur a été amoureux.

ENSEMBLE.
ÉMILE.
O surprise ! ô prodige !

D'amour et de bonheur!
Cet aimable prestige
Fait palpiter mon cœur.
LA COMTESSE.
Ce n'est point un prodige,
Mais je vois son bonheur,
Et ce nouveau prestige
Fait palpiter mon cœur.
ÉMILE.
Ah! je suis trop heureux; je devine sans peine...
Ce que je lisais dans l'instant...
LA COMTESSE.
Est votre aventure et la mienne.
Mais maintenant, Monsieur, que rien ne vous retienne,
(*Montrant l'appartement à gauche.*)
Voici votre appartement.
ÉMILE.
Non pas, vraiment.
Mes amis, Léonard! ah! pour moi quelle ivresse!
Venez partager mon bonheur.

SCENE XVI.

Les précédents; LÉONARD, PÉTÉROFF; les Gens de la maison.

PÉTÉROFF.
Eh mais, d'où vient cette rumeur!
Qu'arrive-t-il à Monseigneur?

ÉMILE.
Mes chers amis, voici madame la comtesse
Qu'ici je vous présente.
LÉONARD ET PÉTÉROFF.
En croirai-je mes yeux?
Et comment se fait-il?..
ÉMILE.
Vous le saurez tous deux.
(*En riant.*)
C'est un retour de jeunesse.
LA COMTESSE.
Et moi je n'oublierai jamais que dans ce jour,
Malgré mes soixante ans...
ÉMILE.
Je vous aimais d'amour.
LA COMTESSE.
Pour l'avenir, voilà qui me rassure;
Et puisque la vieillesse a pour vous des appas,
Je pourrai donc vieillir sans crainte.
ÉMILE.
Oui, je le jure,
Mais pourtant ne vous pressez pas.

CHŒUR.

L'amitié, la tendresse
Nous rendent nos beaux jours;
Pour rajeunir sans cesse,
Il faut s'aimer toujours.

FIN
de
LA VIEILLE.

VIALAT ET Cⁱᵉ, IMPRIMEURS ET ÉDITEURS.

MADAME BARNEK. Ah! mon Dieu! qu'est-ce que je vois. — Acte 1, scène 8.

L'AMBASSADRICE

OPÉRA-COMIQUE EN TROIS ACTES

Représenté, pour la première fois, à Paris, sur le théâtre royal de l'Opéra-Comique, le 21 décembre 1836.

EN SOCIÉTÉ AVEC M. DE SAINT-GEORGES.

MUSIQUE DE M. AUBER.

Personnages.

LE DUC DE VALBERG.
LA COMTESSE AUGUSTA DE FIERSCHEMBERG.
FORTUNATUS, entrepreneur de spectacles.
BÉNÉDICT, premier ténor.

MADAME BARNEK, ancienne duègne, tante d'Henriette.
HENRIETTE, prima donna.
CHARLOTTE.

Le premier acte se passe à Munich, les deux autres à Berlin.

ACTE PREMIER.

Le théâtre représente une chambre fort simplement meublée, porte au fond, deux portes latérales. Une croisée au second plan, à droite; à gauche, une table et ce qu'il faut pour repasser.

SCÈNE PREMIÈRE.

MADAME BARNEK, *seule*.

(*Au lever du rideau, elle est assise à droite, regardant plusieurs lettres qu'elle tient à la main.*)

INTRODUCTION.

MADAME BARNEK.
Moi qui surveille de ma nièce
Et les talents et la jeunesse,
A ce beau papier satiné,
Facilement j'ai deviné
Billet d'amour et de tendresse..
En voilà-t-il! Lisons toujours
Et leurs soupirs et leurs amours!
(*Prenant ses lunettes.*)
J'ai peu de lecture et d'étude;
Mais j'ai du moins quelque habitude...
Et de mon temps le sentiment
Se lisait toujours couramment.

LAGNY. — Imprimerie de VIALAT et Cie. — N. 11.

(*Elle décachète un billet qu'elle épelle avec peine.*)
O cantatrice enchanteresse!
Fauvette qui nous charme tous!..
(*S'interrompant.*)
C'est bien cela!.. c'est à ma nièce
Que s'adresse ce billet doux.

SCENE II.

MADAME BARNEK, *occupée à lire;* HENRIETTE, *entrant par la porte à gauche; portant un réchaud et des fers à repasser.*

HENRIETTE.
CHANSONNETTE.
PREMIER COUPLET.

Il était un vieux bonhomme
Aussi vieux que Barrabas,
Avec son habit vert-pomme
Et sa perruque a frimas,
Contant sa flamme amoureuse
A Nancy la repasseuse,
Qui, fredonnant soir et matin,
Lui répétait pour tout refrain :
(*Elle repasse.*)
Repassez demain
MADAME BARNEK.
Que faites-vous donc, Henriette?
HENRIETTE.
Je viens repasser sans façon
Et mon rôle et ma collerette.
MADAME BARNEK.
Cet air n'est pas dans votre rôle ?
HENRIETTE.
...Eh non!
C'est une vieille chansonnette!
MADAME BARNEK.
User sa voix à ces bêtises-là,
Lorsque l'on a l'honneur de chanter l'opéra!
HENRIETTE.
Raison de plus... ça me délassera!

DEUXIÈME COUPLET.

Je veux te plaire, et j'y compte ;
Ce front qui paraît caduc,
Ma chère, est celui d'un comte...
Eh! fût-il celui d'un duc !
J'admire, mon gentilhomme,
Vous et votre habit vert-pomme ;
Mais, hélas! mon cœur inhumain
N'est pas sensible ce matin,
(*Elle repasse.*)
Repassez demain.
MADAME BARNEK, *avec impatience.*
Mais tais-toi donc! tais-toi, tu m'empêches de lire!
(*Lisant.*)
« Belle Henriette! je soupire,
« Je brûle d'un tendre martyre.
« Hélas! quand prendrez-vous enfin
« Pitié de mon cruel destin? »
HENRIETTE, *qui s'est mise devant la table à repasser sa collerette.*
Tra, la, la, la, la, la.
Repassez demain, repassez demain.
MADAME BARNEK, *ouvrant un autre billet.*
« Sans bien et sans richesse,
» Je n'ai que ce cœur qui gémit.. »
(*S'interrompant*)
Mon Dieu! comme c'est mal écrit!
(*Lisant.*)
« Mais je vous offre, ma déesse,
« D'un baron le titre et la main. »
HENRIETTE, *de même.*
Tra, la, la, repassez demain de bon matin.
(*A madame Barnek.*)
Que lisez-vous?
MADAME BARNEK.
Des billets doux.
Écoute bien !

HENRIETTE.
Je les connais d'avance :
Soupirs.. amour... éternelle constance...
Voilà, voilà, comme ils sont tous !

ENSEMBLE.

HENRIETTE.
Aussi, loin de croire
Leur style flatteur,
Mon art fait ma gloire
Et mon seul bonheur !
Travail et folie,
Succès et gaîté,
Voilà de ma vie
La félicité!
MADAME BARNEK.
Hélas! loin de croire
Mon âge et mon cœur,
Une vaine gloire
Fait son seul bonheur !
Misère et folie,
Chansons et gaîté,
Voilà de sa vie
La félicité !
MADAME BARNEK, *qui a parcouru un dernier billet.*
Ecoute, écoute cependant,
Voici quelqu'un de sage et de prudent !
« A vos pieds j'offre, mon enfant,
« Quarante mille écus de rente !
« A votre respectable tante
« Je prétends assurer un sort! »
C'est du vieux comte de Montfort!..
HENRIETTE, *sans lui répondre, et reprenant sa chansonnette.*
Il était un vieux bonhomme,
Aussi vieux que Barrabas,
Avec son habit vert-pomme
Et sa perruque à frimas...
MADAME BARNEK.
Quoi ! cette lettre intéressante...
HENRIETTE.
Tra, la, la, la, la...
MADAME BARNEK.
Cette lettre si pressante...
HENRIETTE, *la prenant, ainsi que les autres, et les jetant dans le fourneau.*
Tenez! voilà ce que j'en fais :
Cela ne vaut pas un succès.

ENSEMBLE.

HENRIETTE.
Aussi, loin de croire
Leur style flatteur,
Mon art fait ma gloire
Et mon seul bonheur!
Travail et folie,
Succès et gaîté,
Voilà de ma vie
La félicité!
MADAME BARNEK.
Hélas! loin de croire
Mon âge et mon cœur,
Une vaine gloire
Fait son seul bonheur
Misère et folie,
Chansons et gaîté,
Voilà de sa vie
La félicité!

MADAME BARNEK. Avoir brûlé un pareil billet!.. voilà les fruits de l'excellente éducation que je vous ai donnée.
HENRIETTE, *souriant.* Que vous avez tout au plus continuée, ma tante... car sans la mort de ma bonne marraine, cette femme si noble, si distinguée, qui m'a élevée, je ne serais peut-être jamais entrée au théâtre... mais je me trouvai alors sans appui... sans fortune... vous m'avez recueillie!.. (*Lui tendant la main avec affection.*) Et je ne l'oublierai jamais!..
MADAME BARNEK. Ma nièce... vous m'attendrissez!.. mais qui vient là ?

SCÈNE III.

Les précédents, CHARLOTTE.

HENRIETTE. Ah! c'est Charlotte.
MADAME BARNEK. La jolie chanteuse.
HENRIETTE. Et ma meilleure amie.
MADAME BARNEK. La plus mauvaise langue du foyer.
CHARLOTTE. Bonjour, Henriette, bonjour, madame Barnek... Mon Dieu! qu'elle est grande, cette maudite ville de Munich... je n'en puis plus!.. avec ça que vous demeurez si haut, madame Barnek.
MADAME BARNEK. Un étage de moins que vous, Mademoiselle, pas davantage.
CHARLOTTE. Au fait, c'est possible, je ne compte pas avec mes amies! A propos, Henriette... j'avais à te parler.
HENRIETTE. Sur quoi donc?
CHARLOTTE, *de même*. A toi, à toi seule.
HENRIETTE. Oh! ne te gêne pas avec ma tante, je lui dis tout.
CHARLOTTE. Eh bien! ma chère, comme je suis ton amie, que toutes deux nous tenons à notre réputation, parce que la réputation avant tout! je venais te prévenir qu'il court des bruits sur ton compte.
HENRIETTE. Et qu'est-ce qu'on peut dire?
CHARLOTTE. Ah! d'abord on dit toujours, même quand il n'y a rien... à plus forte raison...
HENRIETTE. Et qu'est-ce qu'il y a donc?
CHARLOTTE. Ce qu'il y a!..

PREMIER COUPLET.

Il est, dit-on, un beau jeune homme
Qui, de très-près, lui fait la cour,
J'ignore comment on le nomme ;
Mais pour elle il se meurt d'amour.
Voilà ce qu'on dit,
Ce que l'on dit, car...
Dans tous nos foyers on est si bavard ;
Chacun y médit
Du matin au soir
Sur les amoureux que l'on peut avoir.
Là, c'est un amant
Que l'une vous donne ;
Là, c'est un amant
Que l'autre vous prend.
Leurs discours méchants n'épargnent personne,
Moi-même j'en suis victime souvent.
Aussi, moi je hais
Les moindres caquets,
Et, je le promets,
Je n'en fais jamais.

DEUXIÈME COUPLET.

Absent sitôt qu'elle est absente,
Pour l'admirer il vient exprès,
Il l'applaudit quand elle chante,
Et lui jette après des bouquets...
Voilà ce qu'on dit,
Ce que l'on dit, car...
Dans tous nos foyers on est si bavard, etc., etc.

MADAME BARNEK. Eh bien! quand ce serait vrai... c'est un homme qui aime la musique... un amateur désintéressé.
CHARLOTTE. Désintéressé?... Hier encore, il a demandé l'adresse d'Henriette à la portière du théâtre.
MADAME BARNEK. Cela prouve qu'il n'est jamais venu ici.
CHARLOTTE. Mais qu'il veut y venir.
HENRIETTE. Où est le mal?.. c'est un ami... il m'applaudit toujours, et cela me fait plaisir.
CHARLOTTE. Voilà comme on se compromet... car depuis hier il n'est question que de cela ; d'où vient cet amateur?.. quel est-il? moi, je n'en sais rien.. je ne l'ai pas vu... sans cela, je l'aurais signalé... tant il y a, et je dois t'en prévenir, que ce pauvre Bénédict est furieux.
MADAME BARNEK. Bénédict!
CHARLOTTE. Notre jeune premier... notre ténor qui est amoureux d'elle.

MADAME BARNEK. Amoureux!
HENRIETTE. Tais-toi donc.
CHARLOTTE, *à madame Barnek, sans écouter Henriette*. C'est de droit... le ténor est toujours amoureux de la première chanteuse... c'est de l'emploi... et celui-là le remplit en conscience... il en perd le sommeil, il en perd l'esprit, il en perdrait la voix, s'il en avait jamais eu.
HENRIETTE. Est-elle méchante!
CHARLOTTE. Du tout... car je le plains.. un gentil garçon, un bon camarade... que nous aimons toutes... et lui qui n'est pas bien avancé, toi qui n'as encore que deux mille florins d'appointements... c'était bien, c'était un mariage sortable... car maintenant dans les arts, on épouse toujours, tant il y a de mœurs... il n'y a même pas que là où l'on en trouve... Aussi, tout le monde approuvait Henriette... et voilà qu'elle va s'amouracher d'un inconnu...
HENRIETTE. Moi!
CHARLOTTE Laisse donc!
HENRIETTE. Je te l'assure.
CHARLOTTE. Mon Dieu! ma chère, c'est assez visible... je me connais en passion romanesque... moi-même, j'en ai inspiré une terrible.
HENRIETTE. Vraiment?
CHARLOTTE. Oui, un étranger de distinction, que j'ai rencontré quelquefois.
HENRIETTE. Il t'a parlé?
CHARLOTTE. Jamais... Et ma réputation! mais il me regardait avec des yeux... ah! ma chère, quels yeux! puis tout à coup, je ne l'ai plus revu... mon indifférence l'aura guéri de son amour... Il en est peut-être mort! Ainsi, tu vois, je suis franche, et tu ferais bien de l'être avec moi qui suis ta meilleure amie.
MADAME BARNEK. Par exemple!
CHARLOTTE. Oui, Madame, oui, je l'aime... quoiqu'elle ait du talent, parce qu'elle n'est ni méchante, ni intrigante comme les autres... et moi, tant qu'on ne m'enlève pas mes adorateurs ou mes rôles, je suis la bonté et la douceur en personne.
HENRIETTE, *souriant*. C'est trop juste.
CHARLOTTE. N'est-il pas vrai?.. et, pour te le prouver... nous avons ce soir, entre amis, entre camarades, une petite fête, une réunion, qui ne peut avoir lieu sans toi... et je viens t'inviter.
HENRIETTE. Ça ne se peut pas... nous donnons une pièce nouvelle.
CHARLOTTE. N'est-ce que cela? j'ai fait dire à Bénédict d'être enrhumé... il me l'a promis... il est si bon enfant!.. de sorte qu'il y a relâche... et rien ne nous empêchera de nous amuser.
HENRIETTE. C'est très-mal.
CHARLOTTE. Tiens! ce scrupule!
MADAME BARNEK, *écoutant au fond*. Silence! Mesdemoiselles.. j'entends une voiture.. c'est celle de notre directeur, M. Fortunatus, pour le renouvellement de l'engagement d'Henriette.
CHARLOTTE, *à Henriette*. Ah! tu renouvelles?.. à de belles conditions au moins?
HENRIETTE. Je n'en sais rien... je ne me mêle jamais de ça.
MADAME BARNEK, *à Charlotte*. C'est moi que ça regarde, Mademoiselle ; les engagements sont de la compétence des grands parents... quant aux conditions, ça sera magnifique, surtout après notre succès d'hier au soir.
CHARLOTTE, *riant*. Ah! oui, les couronnes!.. je les avais vu faire le matin.
MADAME BARNEK, *piquée*. Ça prouve qu'on ne doutait pas du succès du soir.
CHARLOTTE. Comment donc? la veille d'un engagement, est-ce qu'on doute jamais de ça? A propos, madame Barnek, dites donc à votre petit cousin de ne pas redemander Henriette si fort... on n'entendait que lui hier au soir au parterre.

MADAME BARNEK. Mademoiselle, mon cousin fait ce qu'il veut... je ne m'en mêle pas. (*Allant écouter à la fenêtre.*) Voici notre directeur, laissez-nous, Mesdemoiselles, laissez-nous.

HENRIETTE. A la bonne heure... je vais m'occuper de mon costume.

CHARLOTTE. Je t'y aiderai... tout en causant du bel inconnu, sans oublier ce pauvre Bénédict. (*Elles entrent dans la chambre à droite, sur la ritournelle de l'air suivant.*)

MADAME BARNEK. Voilà M. le directeur... Eh bien! ce réchaud qu'elles ont oublié... de quoi ça a-t-il l'air ici!.. comme c'est rangé!.. ah! et notre engagement? qu'est-ce que j'en ai fait?.. il doit être là-dedans, courons le chercher. (*Elle sort en emportant le réchaud.*)

SCENE IV.

FORTUNATUS, *entrant.*

FORTUNATUS.

AIR.

Che gusto! que mon destin est beau!
   Oun director comme moi
Est un sultan, est un petit roi
   Qui soumet tout à sa loi.
     Bravo! son contento!
     Richesse, honor,
     Voilà le sort
D'un adroit director.
Plus d'un seigneur, plus d'une altesse,
En cachette chez moi viendra
Afin de placer sa maitresse
Dans les nymphes de l'Opéra.
Tel ambassadeur m'est propice,
Tel autre me prône toujours,
Afin d'avoir dans la coulisse
Accès auprès de ses amours.
Là, c'est une mère, une tante,
Humble, qui vient se prosterner.
Et là, c'est un vrai dilettante
Qui vient m'inviter à dîner.
Pour débuter, beauté novice
Vient chez moi; quels doux attributs!
C'est toujours à mon bénéfice
Que se font les premiers débuts.
Che gusto! que mon destin est beau!
   Oun director, etc., etc.
Il n'est point de chance fâcheuse!
Pour les habiles directors.
Signor, la première chanteuse,
A sa migraine et ses vapors;
Vite j'achète un cachemire,
Ou d'un diamant je fais choix;
Aussitôt la migraine expire,
Armide a retrouvé sa voix.
Chaque matin, chez moi j'ordonne
Les bravos, les vers et les bis,
Et même jusqu'à la couronne
Qui doit tomber du paradis.
J'entoure de mes soins fidèles
   Les amateurs influents,
   Toutes mes pièces sont belles,
Tous mes acteurs sont excellents,
Che gusto! que mon destin est beau! etc.

SCENE V.

MADAME BARNEK, FORTUNATUS.

MADAME BARNEK, *entrant après l'air.* Pardon, Monsieur, de vous avoir fait attendre si longtemps, je ne pouvais pas trouver cet engagement. (*A part.*) Il était dans mon carton à bonnets.

FORTUNATUS, *à madame Barnek.* Bonjour, ma zère madame Barnek.. comment va votre charmante nièce?..

MADAME BARNEK. Très-bien, monsieur Fortunatus, nous sommes même très en voix ce matin.

FORTUNATUS. Tant mieux!.. car nous zouons ce soir notre opéra nouveau, le Sultan Mizapouf!.. si Dieu et les rhumes de cerveau le permettent!

MADAME BARNEK. Vous donnez donc tous les jours des nouveautés?

FORTUNATUS. Il le faut bien, nous ne sommes point ici à Munich comme à Paris, où le public italien il est touzours content et crie brava avant que la toile se lève; mais ici... les Allemands sont étonnants... ils n'aiment pas qu'on se moque d'eux! et si ze ne leur donnais pas ce soir le Sultan Mizapouf, qu'ils attendent depuis un mois... ils me zetteraient les contrebasses à la tête.

MADAME BARNEK. Mais cela pourra bien vous arriver... car on dit que Bénédict ne peut pas parler.

FORTUNATUS. Bah! le zèle, il n'est zamais enrhumé. Ze viens de le voir, ce zer ami, il était chez loui... à dézeuner avec des côtelettes et une bouteille de bordeaux... Z'ai zeté la bouteille par la fenêtre et ze loui ai fait prendre devant moi deux verres de tisane.

MADAME BARNEK, *riant, à part.* Pauvre garçon, lui qui se porte à merveille!

FORTUNATUS. Il m'a même promis de venir ici répéter son duo avec votre zère nièce, mia diva, mia carissima prima donna.

MADAME BARNEK. Certainement, ma nièce est tout ça, comme vous dites... elle est même déjà très-*célébra!* mais voilà son engagement qui expire... heureusement pour nous... Deux mille florins!.. et nous déclarons que nous en voulons huit mille... ou nous allons chanter ailleurs...

FORTUNATUS. Cette bonne madame Barnek, elle a la tête vive.. elle veut me quitter... moi, son ancien ami... car ze souis un ancien ami... vi l'avez oublié, ingrate que vous êtes!..

MADAME BARNEK. Il ne s'agit pas de ça, mais de l'engagement de ma nièce; il nous faut huit mille florins.

FORTUNATUS, *avec terreur.* Huit mille florins!.. allons, allons, ma zère amie, pas d'exagération... il ne s'agit pas ici de folie... ce sont des affaires qu'il faut traiter de sang-froid et avec raison...

MADAME BARNEK. Eh bien! Monsieur, huit mille florins, c'est raisonnable.

FORTUNATUS. Mais sonzez donc qu'elle ne savait pas chanter quand ze l'ai engagée!.. c'est moi qui loui ai fait acquérir son talent... à ce compte-là, c'est elle qui me devrait quelque chose... mais ze souis zénéreux!.. ze ne réclame rien.

MADAME BARNEK. Huit mille florins!.. c'est notre dernier mot, ou nous ne chantons pas ce soir!

FORTUNATUS. Allons, allons, ne nous fâchons pas... ze me résigne. (*A part*) Elle est insupportable!.. on devrait bien, dans les arts, supprimer les mères... et les tantes!

SCENE VI.

FORTUNATUS, *à la table, écrivant;* BÉNÉDICT, *paraissant à la porte du fond, tenant dans ses bras une corbeille de fleurs; à droite,* MADAME BARNEK.

BÉNÉDICT. Me voilà!

MADAME BARNEK. C'est Bénédict.

FORTUNATUS. Il est de parole!

BÉNÉDICT. Moi-même... avec un jardin tout entier; c'est là, j'espère, un joli cadeau.

MADAME BARNEK. Qui vient de vous?..

BÉNÉDICT. Non pas!.. c'était à votre adresse chez la portière... je lui ai proposé de vous le monter... et cela vient sans doute de notre galant directeur.

FORTUNATUS. Moi! du tout!.. c'est de quelque adorateur de la belle Henriette.

MADAME BARNEK, *avec indignation.* Un adorateur!..
BÉNÉDICT, *posant la corbeille sur la table où écrit Fortunatus.* Et moi qui l'ai apportée... qui l'ai montée dans mes bras pendant quatre étages!
MADAME BARNEK, *de même.* Un adorateur!.. je voudrais bien voir cela.
FORTUNATUS. Perdié!.. il ne tient qu'à vous... car ze vois une lettre parmi les roses.
BÉNÉDICT, *avec colère, et voulant la prendre.* Une lettre!..
MADAME BARNEK, *le retenant.* Cela me regarde... à chacun ses attributions.
BÉNÉDICT, *regardant le billet qu'elle ouvre.* Un billet doux!.. et c'est moi qui en étais le facteur.
FORTUNATUS, *continuant à écrire.* Il est touzours bon enfant.
MADAME BARNEK, *lisant avec peine.* « J'ai vu, Madame, « votre charmante nièce... »
BÉNÉDICT. Quelle trahison!
MADAME BARNEK. « Et, chargé par le directeur « de Londres de lui offrir la valeur de quarante mille flo- « rins d'appointements... »
FORTUNATUS, *qui écoute.* Eh bien!
MADAME BARNEK, *continuant à lire.* « Je vous demande « la permission de me présenter aujourd'hui chez vous, « sur les trois heures, pour terminer cette affaire... » Est-il possible!.. Signé : « Sir Blake. »
FORTUNATUS, *se levant et lui présentant un papier à signer.* Z'ai fait tout ce que vi voulez... et vi n'avez plus qu'à signer.
MADAME BARNEK, *avec dédain.* Comment, mon cher, un engagement de huit mille florins!
FORTUNATUS. Et de plus... j'y joindrai pour vous tous les jours deux amphithéâtres des troisièmes; il faut bien s'immoler, perché c'était votre dernier mot.
MADAME BARNEK. Ce ne l'est plus maintenant... Il m'en faut quarante... on me les offre... voyez plutôt.
FORTUNATUS, *avec embarras.* On vi les offre .. en Angleterre... où tout est hors de prix!.. mais ici à Munich.
BÉNÉDICT, *à Fortunatus.* Vous laisseriez partir Henriette!.. mais c'est elle l'idole du public... c'est elle qui fait la fortune de votre théâtre...
FORTUNATUS. Eh! che diavolo, laissez-moi respirer.
BÉNÉDICT. Non, morbleu!.. vous signerez!
FORTUNATUS. Eh! vous y mettez oune chaleur que vous allez vi érailler la voix et me faire manquer ma représentation de ce soir!
BÉNÉDICT. C'est ce qui arrivera, si vous ne signez pas!.. je m'enroue par désespoir.
FORTUNATUS, *avec fureur.* Ma ze zouis donc dans oune enfer! c'est donc oune conzuration zénérale contre ma caisse?..
MADAME BARNEK, *à Fortunatus.* Monsieur, votre servante...
FORTUNATUS, *à madame Barnek qui veut sortir.* Eh bien! elle s'en va... Ze vous demande au moins le temps de réfléchir avant de signer ma rouine.
MADAME BARNEK. Je vais chez M. Bloum, notre homme d'affaires, et dans deux heures je vous attends ici! (*Elle sort.*)
FORTUNATUS. O vecchia maladetta!.. zi zamais tu t'engazes pour zouer les douègnes... ze zerai sans pitié à mon tour... ze va's voir... examiner... et s'il faut en finir roudement... tâcher encore de marchander. (*A Bénédict.*) Vous, mon zer ami, ze vous laisse... répétez touzours votre duo... songez à moi... et... surtout à notre recette de ce soir... ce zera touzours cela de sauvé. (*Il sort.*)

SCENE VII.
BÉNÉDICT, *puis* HENRIETTE.

BÉNÉDICT. Il a beau dire, nous ne la laisserons pas partir... Je mettrais plutôt le feu au théâtre... Je suis mauvaise tête, moi!.. sans que ça paraisse! ah! c'est elle.
HENRIETTE. Vous voilà, monsieur Bénédict, vous venez pour notre duo?
BÉNÉDICT. Oui, Mademoiselle.
HENRIETTE. Je vais appeler Charlotte qui est là... elle attache quelques pierreries à mon costume!
BÉNÉDICT. C'est inutile... nous n'avons pas besoin d'une troisième personne, puisque c'est un duo.
HENRIETTE. C'est égal... elle nous donnera des conseils. (*Poussant un cri.*) Ah! la jolie corbeille! savez-vous d'où elle vient?
BÉNÉDICT, *timidement.* C'est moi qui l'ai apportée.
HENRIETTE. Elle est charmante, Bénédict, et je vous en remercie.
BÉNÉDICT. Il n'y a pas de quoi!... au reste, c'est à qui cherchera à vous plaire... tout le monde vous admire, tout le monde est à vos pieds! et vous en êtes ravie!
HENRIETTE. C'est vrai!.. je ne croyais pas que les succès, les hommages, cela dût faire autant de plaisir!.. C'est une si douce vie que celle d'artiste... une vie d'émotions auprès de laquelle toute autre existence doit paraître si triste et si monotone...
BÉNÉDICT. Oui, ce serait bien... s'il n'y avait que les couronnes et les bravos qu'on vous prodigue .. mais ça ne s'arrête pas là...
HENRIETTE. Que voulez-vous dire?
BÉNÉDICT. Ce jeune homme dont on parlait hier au foyer... l'avez-vous remarqué?
HENRIETTE. Oui.
BÉNÉDICT, *tristement.* Je m'en doutais... c'est un milord... un grand seigneur.
HENRIETTE, *gaiement.* Je l'ignore. . je ne me suis jamais fait ces demandes-là.
BÉNÉDICT. Et pourtant vous pens.z à lui?
HENRIETTE. Quelquefois.
BÉNÉDICT. Sans le connaître...
HENRIETTE. Ecoutez, Bénédict... à vous qui êtes mon ami... je dirai franchement ce que j'éprouve... malgré moi, le soir, je le cherche des yeux... et quand je ne le vois pas, la salle me semble vide.
BÉNÉDICT. C'est que vous l'aimez.
HENRIETTE. Non... mais c'est que quand il est là, au balcon, il me semble que je chante mieux... et puis, un applaudissement de lui me fait plus de plaisir que tous ceux de la salle entière.
BÉNÉDICT. Ah! c'est de l'amour.
HENRIETTE. Eh bien! je crois que vous vous trompez... je n'ai d'amour ni pour lui...
BÉNÉDICT, *avec joie.* Tant mieux!
HENRIETTE. Ni pour personne.
BÉNÉDICT, *tristement.* Tant pis.
HENRIETTE, *gaiement.* Je n'aime que le théâtre, je n'aime que la musique, le bonheur et les applaudissements qu'elle procure... et pour cela, Monsieur, (*Souriant.*) il faut penser pour ce soir à notre duo, que vous oubliez.
BÉNÉDICT. Vous croyez?...
HENRIETTE. Certainement... vous n'êtes venu ici que pour cela.
BÉNÉDICT. C'est juste... c'est que je ne suis plus en train de chanter.

DUO.
Et pourquoi donc?.. c'est la musique
Qui vous rendra votre enjouement.
BÉNÉDICT, *montrant son papier.*
Joliment!.. un rôle tragique.
HENRIETTE.
Tant mieux! c'est bien plus amusant.
Je suis la malheureuse esclave
Que veut épouser le sultan,
Et vous, officier jeune et brave,
Et vous... vous êtes mon amant!

BÉNÉDICT, *vivement.*
Ah! c'est bien vrai!
HENRIETTE, *souriant.*
Dans le duo...
Allons, commençons le morceau.
(*Prenant son cahier de musique.*)
« Tous deux réduits à l'esclavage,
« Le sort a trahi nos amours.
« Du soudan la jalouse rage
« Veut nous séparer pour toujours. »
BÉNÉDICT, *l'écoutant chanter avec admiration.*
Ah! que c'est bien!..
HENRIETTE.
À vous, Monsieur!
BÉNÉDICT, *prenant son cahier.*
« Quels destins sont les nôtres!
HENRIETTE, *de même.*
« Je le jure ici par l'amour, »
BÉNÉDICT, *l'écoutant.*
Ah! bravo!
HENRIETTE, *de même.*
« Je ne serai jamais à d'autres! »
BÉNÉDICT, *vivement, et s'approchant d'elle.*
Vous ne serez jamais à d'autres!
HENRIETTE, *souriant.*
Mais, Monsieur!
(*Montrant le papier.*)
Que dites-vous là?
Cela n'est pas dans l'opéra!
BÉNÉDICT, *revenant à lui.*
C'est juste!.. où donc ai-je la tête?
HENRIETTE.
Allons, allons, disons la strette.
(*Tous deux prennent leur cahier et chantent sur un mouvement animé.*)

ENSEMBLE.

HENRIETTE.
« Tyran farouche,
« Quand ton œil louche
« S'adresse à moi,
« La mort cruelle,
« Qu'en vain j'appelle,
« Est bien plus belle
« Encor que toi.
« Monstre terrible!!!
« Monstre d'horreur!!!
« Ta vue horrible
« Glace mon cœur!!!
BÉNÉDICT, *chantant à la fois et parlant à part*
(*Chantant.*)
« O sort funeste!
« O fier sultan,
« Je te déteste
« Comme un tyran!
« Ta vue horrible
« Glace mon cœur,
« Monstre terrible!!!
« Monstre d'horreur!!! »
(*Regardant Henriette.*)
Grâce nouvelle
Orne ses traits;
Oh! qu'elle est belle!
Qu'elle a d'attraits!

HENRIETTE.
Mais, mon Dieu! que dites-vous là?
Tout ça n'est pas dans l'opéra!
BÉNÉDICT.
C'est que je regardais, hélas!
HENRIETTE.
Chantez, Monsieur, et ne regardez pas!
(*Regardant le papier.*)
« Eh bien! que la mort nous rassemble!
BÉNÉDICT, *de même.*
« Que la mort nous rassemble!
HENRIETTE.
« Fuyons ainsi le déshonneur,
« Et si ma main hésite et tremble,
« Que la tienne perce mon cœur! »

BÉNÉDICT, *l'écoutant avec transport, et battant des mains.*
Brava! brava! comme on applaudira!
HENRIETTE, *souriant.*
Si vous applaudissez, Monsieur, qui me tuera?
BÉNÉDICT.
Pardon... pardon, c'est vrai, je suis là pour cela!

ENSEMBLE.

HENRIETTE.
« O sort funeste!
« O fier sultan,
« Je te déteste
« Comme un tyran!
« Ta vue horrible
« Glace mon cœur,
« Monstre terrible!!!
« Monstre d'horreur!!! »
BÉNÉDICT, *à part.*
O bonheur même
Qui me ravit,
Hélas! je l'aime,
J'en perds l'esprit!
Grâce nouvelle
Orne ses traits,
Oh! qu'elle est belle!
Qu'elle a d'attraits!

BÉNÉDICT, *levant le poing.*
« Frappons! frappons!.. »
HENRIETTE, *voyant qu'il reste le bras levé.*
Qui peut arrêter votre bras?
Tuez-moi donc! et surtout en mesure!
BÉNÉDICT.
« Frappons.. »
(*S'arrêtant.*)
Eh bien! je ne peux pas,
C'est plus fort que moi, je le jure!
HENRIETTE.
Mais c'est pourtant dans l'opéra.
BÉNÉDICT, *lui montrant le papier.*
C'est vrai!.. mais aussi je vois là
Qu'entre ses bras d'abord elle se jette?
HENRIETTE.
A quoi bon?..
BÉNÉDICT.
Dam'!.. quand on répète
Il faut bien répéter.
HENRIETTE.
On peut passer cela!
BÉNÉDICT, *lui montrant le papier.*
Ah! c'est pourtant dans l'opéra!
HENRIETTE, *se jetant dans ses bras.*
« Eh bien! donc, cher Oscar!
BÉNÉDICT.
« O ma chère Amanda!

ENSEMBLE.

BÉNÉDICT.
« Mon cœur bat et palpite;
« Le trouble qui m'agite
« Me ravit à la fois
« Et la force et la voix. »
Ah! ce que je sens là
Est-il dans l'opéra?
« Délire qui m'entraîne,
« Mon cœur y résiste à peine,
« Et, quand la mort est prochaine,
« Pourrais-tu refuser
« Un baiser, un seul baiser?
HENRIETTE.
« Son cœur bat et palpite;
« Le trouble qui l'agite
« Lui ravit à la fois
« Et la force et la voix. »
(*Se dégageant de ses bras.*)
Prenez garde... cela
N'est pas dans l'opéra.
(*Voulant s'éloigner.*)
Monsieur!..
BÉNÉDICT, *la retenant.*
C'est dans l'opéra!

ENSEMBLE.
BÉNÉDICT ET HENRIETTE.

« Mon }
« Son } cœur bat et palpite,
« Le trouble, etc., etc. »

(*A la fin de cet ensemble, Bénédict embrasse Henriette et tombe à ses genoux.*)

SCÈNE VIII.

LES PRÉCÉDENTS, LE DUC, *entrant par la porte du fond avec* MADAME BARNEK.

MADAME BARNEK, *au duc*. Oui, Monsieur, c'est ici... (*Apercevant Bénédict aux pieds d'Henriette.*) Ah! mon Dieu!.. qu'est-ce que je vois?

LE DUC, *s'avançant*. Mademoiselle Henriette?

HENRIETTE, *à part, en l'apercevant*. C'est lui!.. (*Haut.*) Nous étions à répéter notre duo de l'opéra nouveau.

MADAME BARNEK. Oui, Monsieur, le Sultan Mizapouf, que nous donnons aujourd'hui.

BÉNÉDICT. Nous en étions à la scène du désespoir.

LE DUC, *riant*. La situation ne m'a cependant pas semblé des plus désespérées... (*A Henriette.*) et cet amant à vos genoux...

HENRIETTE, *vivement*. C'est dans la scène.

LE DUC. Et ce baiser?

BÉNÉDICT. C'est dans la scène.

MADAME BARNEK. Certainement, Monsieur, c'est dans la scène; nous ne nous permettons jamais de rien ajouter à nos rôles... nous ne sommes pas comme tant d'autres; la scène avant tout.

HENRIETTE. Et celle-ci n'a même pas été trop bien.

BÉNÉDICT, *vivement*. Nous pouvons la recommencer.

MADAME BARNEK. Pas dans ce moment... j'ai rencontré, au troisième, Monsieur qui s'était trompé d'étage, et qui demandait mademoiselle Henriette.

LE DUC. Ou plutôt madame Barnek.

MADAME BARNEK. C'est la même chose, et puisque vous venez, dites-vous, pour affaire....

LE DUC. Oh! une affaire bien importante... pour moi du moins... Vous avez reçu ce matin une lettre où l'on propose à votre charmante nièce un engagement de quarante mille florins pour Londres?

HENRIETTE, *vivement, et avec étonnement*. Quarante mille florins!

MADAME BARNEK. Oui, ma nièce, c'est à moi que vous devez ce bonheur-là.

BÉNÉDICT, *s'efforçant de sourire*. Certainement... c'est heureux... (*A part*.) Maudit homme! de quoi se mêle-t-il?

LE DUC. J'ai vu chaque soir mademoiselle Henriette au théâtre... je lui ai même parlé... quelquefois...

MADAME BARNEK. Ah! tu connais Monsieur?

HENRIETTE. Oui, ma tante.

BÉNÉDICT. Vous lui avez parlé?

HENRIETTE. Le matin, en allant à la répétition.

BÉNÉDICT, *avec colère*. Il n'y a rien d'ennuyeux comme les répétitions.

LE DUC, *souriant*. Vous ne disiez pas cela tout à l'heure. (*Haut.*) Mademoiselle était seule...

MADAME BARNEK. Comment, seule?

HENRIETTE, *vivement, à madame Barnek*. C'est pendant la semaine qu'a duré votre indisposition.

LE DUC. Et un jour, j'ai été assez heureux pour la défendre, la protéger contre des indiscrets qui voulaient la suivre... j'ai osé lui offrir mon bras..

HENRIETTE, *vivement*. Avec un empressement... une bonté...

BÉNÉDICT, *à part*. Le grand mérite!

MADAME BARNEK. Ah! c'est ainsi que vous vous êtes connus?

LE DUC. Oui, Madame... et cette heureuse rencontre m'a enhardi à vous écrire ce matin... au nom du directeur de Londres... dont je suis le correspondant.

MADAME BARNEK. Quoi! cette lettre... signée sir Blake?

BÉNÉDICT. Sir Blake?

LE DUC. C'est moi-même.

BÉNÉDICT. Cet inspecteur anglais.. cet agent des théâtres?.

LE DUC, *froidement*. Oui, Monsieur...

BÉNÉDICT. Elle est bonne, celle-là!.. moi qui ai vu avant-hier M. Blake.

LE DUC, *à part*. O ciel!

BÉNÉDICT. A telle enseigne qu'il est venu me proposer, pour l'année prochaine, un engagement de trois cents livres sterling... avec des feux...

MADAME BARNEK ET HENRIETTE. Eh bien! qu'est-ce que ça prouve?

BÉNÉDICT. Ça prouve que ce n'est pas Monsieur.

MADAME BARNEK ET HENRIETTE. Est-il possible?

BÉNÉDICT, *avec chaleur*. Qu'il est venu ici sous un faux nom... sous un prétexte... pour parler d'affaires de théâtre et pour vous séduire... non, nous... je veux dire séduire mademoiselle Henriette... et la preuve... demandez-lui ce qu'il a à répondre.

MADAME BARNEK. Oui, Monsieur, que répondrez-vous?

LE DUC, *froidement*. Rien du tout, Madame; et Monsieur m'a rendu un grand service, en dévoilant lui-même une ruse que j'allais vous avouer.

MADAME BARNEK. Quoi! vous n'êtes pas sir Blake?

LE DUC. Non, Madame.

HENRIETTE, *à part*. Il nous trompait!

MADAME BARNEK. Vous n'êtes point chargé de m'offrir quarante mille florins?

LE DUC. Non, Madame.

MADAME BARNEK, *à part*. Et moi qui ai refusé les huit mille de M. Fortunatus... s'il allait revenir en ce moment... (*Haut.*) Et de quel droit, Monsieur?..

BÉNÉDICT. Oui, Monsieur, de quel droit?

LE DUC. Quant à vous, Monsieur, cela ne vous regarde pas, c'est à Mademoiselle que je veux avouer toute la vérité. . Oui, Henriette, vous le savez... m'enivrant tous les soirs du plaisir de vous admirer...

BÉNÉDICT. Quoi! cet habitué du balcon?..

HENRIETTE, *avec émotion*. C'était lui!

LE DUC. Vous ne pouviez comprendre quel charme vous fascine et vous séduit à jouir du triomphe de ce qu'on aime, à entendre ceux qui vous entourent partager votre admiration, que leurs transports rendent encore plus vive.. Loin d'en être jaloux, on en est fier... et dès ce moment j'ai juré que vous seriez à moi, que vous partageriez mon sort.

BÉNÉDICT, *avec colère*. Monsieur!

LE DUC, *avec chaleur*. Pour y parvenir, il n'est point de sacrifices dont je ne sois capable... et quand je devrais vous offrir tout ce que je possède...

MADAME BARNEK. Monsieur, nous ne recevons rien que de la main d'un époux.

HENRIETTE, *d'un ton de reproche*. Ah! ma tante.. Monsieur ne peut avoir d'autres intentions.

LE DUC, *troublé*. Qui, moi?.. non, certainement... et croyez que les motifs les plus nobles, les plus purs...

MADAME BARNEK. Alors, Monsieur, qui êtes-vous?

LE DUC, *avec embarras*. Un ami des arts.. un artiste... enthousiaste, comme moi, de la musique... un jeune compositeur peu connu encore.

BÉNÉDICT. Il n'a rien fait.

HENRIETTE. Qu'importe? avec du courage et du talent... on parvient toujours.

BÉNÉDICT. Quand je vous disais que vous l'aimiez!

HENRIETTE. Pourquoi pas? je puis l'avouer en ce moment, puisqu'il n'a rien... puisqu'il est artiste comme nous...

SCÈNE IX.

Les précédents ; CHARLOTTE, *sortant de la chambre à gauche.*

QUINTETTE.

CHARLOTTE, *apercevant le duc.*
Grand Dieu! que vois-je?
(*A madame Barnek et à Henriette.*)
Et pour vous quel honneur!
(*Faisant au duc une révérence gracieuse.*)
Vous, dans ces lieux!.. vous, Monseigneur!

MADAME BARNEK, HENRIETTE ET BÉNÉDICT.
Monseigneur!.. que dit-elle?..

LE DUC, *à part.*
O fâcheuse rencontre!

HENRIETTE, *à Charlotte.*
Tu te trompes!

CHARLOTTE.
Non pas; l'aimable conquérant,
Pour les belles toujours sa tendresse se montre;
Il m'avait fait la cour...

HENRIETTE.
O ciel!

CHARLOTTE, *riant.*
Pour un instant...
Moi, je ne donne pas dans la diplomatie.

BÉNÉDICT.
Qui? lui?.. c'est un compositeur...

HENRIETTE.
Un artiste!

CHARLOTTE, *riant.*
Tu crois...
(*Riant.*)
Mais c'est l'ambassadeur
De Prusse.

TOUS.
O ciel!..

CHARLOTTE, *de même.*
Eh! oui, ma chère amie.

LE DUC, *voulant s'approcher d'Henriette.*
Écoutez-moi!

HENRIETTE, *s'éloignant de lui avec mépris.*
Pour vous j'en rougis, Monseigneur!

ENSEMBLE.

HENRIETTE, *à part.*
Ah! c'en est fait, sa perfidie
Change mon cœur, et sans retour
Il vient de perdre pour la vie
Et mon estime et mon amour!

LE DUC, *à part.*
La pauvre enfant! de perfidie
Elle m'accuse dans ce jour!
Je sens ici que pour la vie
Son cœur obtient tout mon amour!

CHARLOTTE.
Oui, c'est charmant! la perfidie
De Monseigneur va, dans ce jour,
Contre une chanteuse jolie
Voir échouer tout son amour!

BÉNÉDICT.
Que je bénis sa perfidie!
Sans elle, hélas! et sans retour,
Celle que j'aime pour la vie
Pouvait lui donner son amour!

MADAME BARNEK.
Ces grands seigneurs, leur perfidie
Tient toujours prêt quelque bon tour;
Mais je serai, nièce chérie,
Ton égide contre l'amour.

LE DUC, *à Henriette.*
Pardonnez-moi cette innocente ruse,
Pour pénétrer dans ce séjour.
Ma faute n'est que de l'amour,
Et vos charmes sont mon excuse.

HENRIETTE.

PREMIER COUPLET.
Le ciel nous a placés dans des rangs,
Hélas! différents.
Vos avez pour vous gloire et grandeur...
Moi je n'ai que mon cœur,
Et pour défendre ce cœur
D'un dangereux séducteur...
Adieu vous dis, Monseigneur,
Monseigneur l'ambassadeur.

DEUXIÈME COUPLET.
Jugez donc ce que je deviendrais,
Si je vous aimais!
Peut-être, hélas! j'en étais bien près,
Pour vous quels regrets!
Mais grâce à leurs soins prudents...
Puisqu'il en est encor temps,
Adieu vous dis, Monseigneur,
Monseigneur l'ambassadeur.

LE DUC, *à Henriette.*
Je ne vous verrai plus! pour moi quelle douleur!

HENRIETTE, *avec effort.*
De votre loge, Monseigneur,
Vous pourrez chaque soir éprouver ce bonheur!

ENSEMBLE.

HENRIETTE.
Ah! c'en est fait, sa perfidie
Change mon cœur, et sans retour
Il vient de perdre pour la vie
Et mon estime et mon amour.

LE DUC.
La pauvre enfant! de perfidie
Elle m'accuse dans ce jour!
Je sens ici que pour la vie
Son cœur obtient tout mon amour.

CHARLOTTE.
Oui, c'est charmant! la perfidie
De Monseigneur va, dans ce jour,
Contre une chanteuse jolie
Voir échouer tout son amour!

BÉNÉDICT.
Que je bénis sa perfidie!
Sans elle, hélas! et sans retour,
Celle que j'aime pour la vie
Pouvait lui donner son amour!

MADAME BARNEK.
Ces grands seigneurs, leur perfidie
Tient toujours prêt quelque bon tour;
Mais je serai, nièce chérie,
Ton égide contre l'amour.

(*Le duc sort, reconduit par Charlotte qui lui fait force révérences en se moquant de lui.*)

SCÈNE X.

Les précédents, *excepté* LE DUC.

BÉNÉDICT. Vous le renvoyez... vous le congédiez... ah! que c'est bien à vous!

HENRIETTE, *avec douleur.* Un duc, un ambassadeur.. qui se serait attendu à cela?

CHARLOTTE. Ils n'en font jamais d'autres, ma chère; fais comme moi... ne t'y fie pas.

MADAME BARNEK, *avec un soupir.* Ah! c'est dommage pourtant.

HENRIETTE, *sévèrement.* Quoi donc?

MADAME BARNEK. Que les principes soient là!.. mais il le faut!.. moi, j'ai toujours été la victime des principes...

BÉNÉDICT. Pourvu que vous n'ayez pas de regrets.

HENRIETTE, *essuyant une larme.* Moi!.. aucuns! (*Prenant la main de Bénédict et de Charlotte.*) L'amitié est là qui me consolera.

BÉNÉDICT. Oui, oui, l'amitié, vous avez raison...

MADAME BARNEK. Et M. Fortunatus... et cet engagement... moi qui ai refusé des conditions superbes!

BÉNÉDICT. Il les offrira toujours.

MADAME BARNEK. Eh! non, vraiment... s'il apprend qu'il n'y a plus concurrence.

HENRIETTE, *avec impatience.* Eh bien! qu'importe?

HENRIETTE. — Je prouverai que je suis digne de mon titre et de mon rang. — Acte 2, scène 9.

MADAME BARNEK. Ce qu'il importe?.. tout nous manque à la fois!..
BÉNÉDICT. Je cours chez notre directeur... et s'il ne vous engage pas... je ne joue pas ce soir, ni de toute la semaine!
CHARLOTTE. Et moi, je suis malade pour trois mois!
HENRIETTE, *attendrie*. Mes amis... mes chers amis!..
MADAME BARNEK. Qui vient là? est-ce lui? non, un valet.
CHARLOTTE. La livrée de l'ambassadeur.
UN VALET, *entrant*. Avant de remonter en voiture, Monseigneur a écrit en bas ce billet pour madame de Barnek.
TOUS. De Barnek.
MADAME BARNEK. Je déclare d'avance que mes principes me défendent de rien entendre.
CHARLOTTE. Comment donc! mais on peut toujours lire... quand on peut...
MADAME BARNEK. Si vous le pensez... (*Elle ouvre le billet qu'elle lit, et pousse une exclamation de surprise.*) O mon Dieu! ô mon Dieu! ce n'est pas possible! (*Le valet sort.*)
TOUS. Qu'est-ce donc?
MADAME BARNEK, *à Charlotte et à Bénédict d'un ton de protection*. Laissez-nous, mes amis, laissez-nous.
CHARLOTTE. Expliquez-nous au moins...

MADAME BARNEK, *avec dignité*. Je vous prie, mademoiselle Charlotte, de me laisser.
CHARLOTTE. Eh bien! on vous laissera, et je n'y comprends rien!
BÉNÉDICT, *à Charlotte*. Eh! oui.. allons chez Fortunatus, pour cet engagement.
MADAME BARNEK, *vivement*. Gardez-vous-en bien!.. n'allez pas nous compromettre à ce point.
CHARLOTTE. Quoi! ces vingt mille florins?
MADAME BARNEK, *d'un air de dédain*. Quand il en donnerait quarante, croyez-vous que je voudrais pour une pareille somme...
CHARLOTTE. Qu'est-ce qui lui prend donc?
HENRIETTE. Mais, ma tante... ce qu'on vous écrit là...
MADAME BARNEK, *avec fierté*. C'est un secret qui me regarde personnellement.
BÉNÉDICT, *riant*. Vous!
MADAME BARNEK. Moi-même!
BÉNÉDICT, *de même*. Ça me rassure.
CHARLOTTE, *de même*. Une note diplomatique...
MADAME BARNEK. Comme vous dites!.. et je désire être seule pour y répondre.

CHARLOTTE, *à part*. Elle ne sait pas écrire. (*Haut.*) On s'en va... on s'en va... on ne demande pas à savoir.. (*Bas, à Henriette.*) Tu nous diras ce que c'est.
BÉNÉDICT, *bas, à Henriette*. Prenez bien garde, au moins...
HENRIETTE. Soyez tranquilles, mes amis, rien ne me fera changer. (*Bénédict et Charlotte sortent.*)

SCÈNE XI.

HENRIETTE, MADAME BARNEK.

HENRIETTE. Ah çà! ma tante, qu'est-ce que ça signifie? ce mystère avec nos amis, et puis cet air rayonnant que je vous vois.
MADAME BARNEK, *avec transport*. Je n'y tiens plus... j'étouffe de joie et de bonheur.. ma chère nièce, ma chère enfant... embrasse-moi. Je te disais bien qu'avec de l'ordre... de la conduite et une bonne tante... Mon châle, mon chapeau...
HENRIETTE. Qu'avez-vous donc?
MADAME BARNEK. Je reviens, ma chère amie... je reviens dans l'instant... j'ai toujours eu l'idée que ça ne pouvait pas nous manquer, et que je finirais par être quelque chose.
HENRIETTE, *avec impatience*. Mais quoi donc?
MADAME BARNEK. Tiens, tiens ., lis... lis cette lettre... quel bruit ça ferait.., si on ne nous demandait pas le secret!.. Embrasse-moi encore... car j'en mourrai de joie, et eux tous de dépit. (*Elle sort très-vivement.*)

SCENE XII.

HENRIETTE, *seule*. Qu'est-ce que cela signifie?.. (*Lisant.*) « Madame, depuis qu'Henriette m'a banni de sa pré-
« sence et m'a défendu de la revoir, je sens que je ne puis
« vivre sans elle; un seul moyen me reste de ne la quitter
« jamais... elle eût accepté la main du pauvre artiste...
« refusera-t-elle celle du grand seigneur? » O mon Dieu!
« Je connais d'avance les reproches du monde et de ma
« famille, et je les brave. Mon souverain pourrait seul
« s'opposer à ce mariage... j'espère bien le fléchir; mais
« s'il me refusait son consentement... je n'hésiterais point
« entre la faveur du prince et le bonheur de ma vie... »
(*Parlant.*) Quel sacrifice! « D'ici là cependant que ce pro-
« jet soit secret. J'exige de plus qu'Henriette ne signe au-
« cun nouvel engagement... qu'elle quitte sur-le-champ
« le théâtre ., et pour le reste... venez me trouver... je
« vous attends. « Le duc de VALBERG. »

RÉCITATIF.

Dieu! que viens-je de lire... en croirai-je mes yeux?
A moi!.. moi, pauvre artiste, un sort si glorieux.

CANTABILE.

Jusqu'à lui son amour m'élève!
Au premier rang je vais briller. .
C'est un prestige... c'est un rêve,
Je crains encor de m'éveiller,
(*Regardant la lettre.*)
Mais non... voici les mots tracés par sa tendresse!!!
Etre sa femme! être duchesse!..
Duchesse!.. une prima donna!
Quel triomphe pour l'Opéra!
Jusqu'à lui son amour m'élève,
Au premier rang je vais briller.
Ah! si mon bonheur est un rêve,
Amour! ne viens pas m'éveiller!

CAVATINE.

(*Gaîment.*)
J'aurai des titres, des livrées,
A la cour j'aurai mes entrées,
J'aurai ma loge à l'Opéra,
Où de loin on me lorgnera;
Des diamants, un équipage;
Et la foule, sur mon passage,
En m'apercevant s'écriera :
« Voilà notre prima donna!!! »
Puis l'on dira : « Dieu! quel dommage!
N'entendre plus cette voix-là! »
Ils ont raison, c'est grand dommage,
De renoncer à tant d'éclat!
C'est qu'il était beau mon état!
   Là j'étais reine
   Et souveraine,
   Et sous ma chaîne
Qu'on adorait!
   Doux esclavage,
   Nouvel hommage,
   A chaque ouvrage,
M'environnait.
J'entends encor les transports du théâtre,
   J'entends un public idolâtre
S'écrier : Brava !
C'est un moment bien doux que celui-là...
Mais ce bonheur l'amour me le rendra.
   Et près de lui,
   Près de mon mari...
J'aurai des titres, des livrées, etc., etc.

MADAME BARNEK, *entrant vivement par la porte à gauche*. Allons, ma nièce, allons, il est en bas!.. il nous attend dans une voiture à quatre chevaux...
HENRIETTE. Quatre chevaux !
MADAME BARNEK. Dame! . pour nous enlever!.. vous et moi,.. un équipage magnifique!
HENRIETTE. Un équipage!.. (*Madame Barnek l'entraîne par la porte à gauche. Le rideau baisse.*)

ACTE DEUXIÈME.

Le théâtre représente un salon de l'hôtel du duc, à Berlin. Porte au fond. Deux portes latérales. A droite, une table; à gauche, un piano. Une vaste fenêtre avec balcon de côté. Un sofa; une table à thé, etc.

SCENE PREMIERE.

HENRIETTE, *seule, richement habillée, à la fenêtre*.
(*On entend rouler, puis s'arrêter une voiture.*)
C'est lui... c'est lui... le voilà... il revient enfin. (*Quittant la fenêtre.*) Ah! mon Dieu! j'ai cru que j'allais mourir de saisissement, de joie, en le voyant descendre de voiture. (*Gaiement.*) Tâchons de nous calmer .. il faut le punir de ses trois mois d'absence... s'il me voyait ainsi, il serait trop content.

SCENE II.

HENRIETTE, LE DUC.

UN VALET, *annonçant*. Monseigneur.
LE DUC, *entrant, et courant à Henriette*. Henriette... ma chère Henriette!
HENRIETTE, *d'un air froid*. Ah! vous voici, monsieur le duc?..
LE DUC, *surpris*. Quel accueil! . Henriette! ne m'aimez-vous plus?
HENRIETTE, *s'oubliant*. Si, Monsieur... on vous aime... on vous aime toujours. Ah! je n'ai pas le courage de vous cacher mon bonheur.
LE DUC. Ma bonne Henriette... combien ces trois mois d'absence m'ont semblé longs! combien j'ai maudit cette ennuyeuse ambassade qui me retient depuis si longtemps loin de vous!
HENRIETTE. Bien vrai? (*Lui tendant la main.*) Vous le dites si tendrement qu'il faut vous croire..... Et puis,

Monsieur, (*Montrant son cœur.*) il y a quelqu'un qui plaide si bien pour vous.

LE DUC. Pauvre Henriette! à peine vous eus-je conduite ici, à Berlin, dans mon hôtel, il y a trois mois, en quittant Munich, qu'il fallut m'éloigner, me séparer de vous, le lendemain de notre arrivée... un ordre du roi m'envoyait à Vienne, en mission extraordinaire... et dans ma position, je suis tout à Sa Majesté.

HENRIETTE, *souriant.* J'aimerais mieux un mari qui fût tout à sa femme.

LE DUC, *riant.* Que voulez-vous? quand on est ambassadrice!..

HENRIETTE, *avec malice.* Prenez garde, Monsieur... je ne le suis pas encore!

LE DUC. Cela revient au même... je vous ai présentée comme ma femme à toute ma famille; le contrat qui vous assure la moitié de ma fortune est irrévocablement signé... et si notre mariage n'est pas encore célébré, mon voyage seul en est la cause.

HENRIETTE. Et si le roi refuse... car vous m'avez dit que notre mariage ne peut avoir lieu sans son consentement... comme si les rois devaient se mêler de ces choses-là!

LE DUC. J'obtiendrai ce consentement, j'en suis sûr... je l'ai réclamé comme le prix des services que je viens de lui rendre à Vienne... Et demain, aujourd'hui peut-être, il me l'accordera... mais d'ici là, je craindrais, sur la résolution du roi, les reproches et les récriminations de ma famille, de tous ces grands seigneurs d'Allemagne qui ne comprennent pas comme moi que le talent est aussi une noblesse... voilà pourquoi je leur ai caché qui vous êtes; voilà pourquoi, aux yeux de tous, je vous ai fait passer pour une personne de noble extraction... c'est indispensable... il le faut... il y va de mon bonheur et du vôtre.

HENRIETTE. Du mien... ah! mon ami, je l'aurai bien gagné!

LE DUC, *surpris.* Que voulez-vous dire?

HENRIETTE. Si vous saviez comme je me suis ennuyée en votre absence!

LE DUC, *vivement.* Oh! que c'est aimable à vous!

HENRIETTE. Pas tant... et si j'avais pu faire autrement... mais le moyen... vous me laissez, dans cet hôtel, sous la surveillance et la garde de votre illustre sœur, la comtesse Augusta de Fierschemberg, qui n'est pas si amusante que mon ancienne camarade Charlotte.

LE DUC. Y pensez-vous?.. Ma sœur est une femme distinguée, qui ne voit que des personnes de rang ou de naissance.

HENRIETTE. Eh bien! justement... c'était à périr de naissance et d'ennui! passer la journée entière à recevoir ou à rendre des visites, rester droite et immobile sur un fauteuil doré, moi qui aimais tant à sauter et à courir... ne plus oser parler de mes anciens succès, de mon beau théâtre, que j'oublie quand vous êtes là, mais auquel, malgré moi, je pensais en votre absence... et puis surtout, m'avoir défendu .. non... prié en grâce.... c'est la même chose... de m'abstenir ici de toute musique, ma consolation... mon plus vif plaisir.

LE DUC. Vous m'avez mal compris... quand vous êtes seule chez vous, que personne ne peut vous entendre...

HENRIETTE, *riant.* Bien obligée.

LE DUC. Mais vous sentez que devant ma sœur, devant ces dames... dans un salon nombreux... c'est trop bien... l'étonnement, l'admiration que vous causeriez, feraient bientôt reconnaître l'artiste... le grand talent.

HENRIETTE, *avec malice.* Et le talent est défendu à une duchesse!

LE DUC, *riant.* On n'y est pas habitué, du moins... (*Avec tendresse.*) Aussi, ma bonne Henriette... ma jolie duchesse... je vous demande encore, pendant quelques jours seulement, et jusqu'au consentement du roi, d'éloigner des soupçons..

HENRIETTE. Que chaque instant peut faire naître. Ma pauvre tante est si heureuse d'avoir un cachemire et des plumes, de s'entendre appeler madame la baronne de Barnek, que si je n'avais pas été là pour la surveiller... et venir à son aide... vingt fois déjà votre sœur aurait découvert la vérité.

LE DUC, *à Henriette.* Silence donc! étourdie... voici la comtesse.

———

SCÈNE III.

LES PRÉCÉDENTS, LA COMTESSE.

LA COMTESSE. Enfin, monsieur le duc, vous voilà de retour dans votre hôtel?

LE DUC. Oui, ma chère sœur, après trois mois d'absence.

LA COMTESSE. Trois mois! et qu'avez-vous fait pendant ce temps?

HENRIETTE. Oui, Monsieur, vous qui m'interrogez, vous ne m'avez pas rendu compte de votre séjour à Vienne.

LE DUC. Une vie si triste, si monotone... le matin aux affaires...

LA COMTESSE. Et tous les soirs au spectacle.

HENRIETTE, *vivement.* Au spectacle!

LE DUC. Moi!

LA COMTESSE. Vous me l'avez écrit... c'est du reste votre habitude. (*A Henriette.*) Il y a toujours quelque talent lyrique pour lequel il se passionne...

LE DUC. Ma sœur...

LA COMTESSE. Une idée, un caprice qui ne dure qu'une semaine, ou souvent même qu'un jour...

HENRIETTE. Comment, Monsieur, il serait vrai?

LA COMTESSE. Oui, ma chère amie, mon frère est un peu jeune, un peu léger; mais, grâce à vous...

HENRIETTE, *bas, au duc.* Vous ne m'aviez pas dit cela, Monsieur...

LE DUC, *de même.* N'en croyez rien.

LA COMTESSE. Sortez-vous ce matin, monsieur le duc?

HENRIETTE, *vivement.* Je l'espère bien... vous m'emmènerez, n'est-ce pas?

LA COMTESSE, *sévèrement.* Comment, Mademoiselle?

HENRIETTE, *se reprenant.* Avec ma tante.

LA COMTESSE. A la bonne heure.

HENRIETTE. Où vous voudrez... hors de la ville... à la campagne .. (*A demi-voix.*) Pourvu que nous soyons ensemble.

LE DUC, *de même.* Je le désire autant que vous! mais un rapport au roi, que je dois lui donner ce soir.

LA COMTESSE, *à Henriette.* J'ai des projets pour vous et moi, ma chère Henriette... je viens de recevoir une invitation... des billets?

HENRIETTE, *vivement, et avec joie.* Pour un concert?

LA COMTESSE. Non... pour le chapitre noble qui se tient aujourd'hui, et auquel votre naissance vous donne le droit d'assister.

HENRIETTE, *avec terreur.* Le chapitre noble!

LE DUC, *lui prenant la main.* Qu'avez-vous?

HENRIETTE, *bas, au duc.* Ah! je tremble de peur... faites que je n'y aille pas, je vous en prie.

LE DUC, *à sa sœur.* Henriette est un peu souffrante, et je désire qu'elle reste.

LA COMTESSE. A la bonne heure... je ne la quitterai pas.

HENRIETTE, *bas, au duc.* La belle avance! je crois que j'aimerais mieux le chapitre noble.

LE DUC. Il faut chercher ici quelques moyens de la distraire...

LA COMTESSE. Si elle savait la musique, nous pourrions en faire toutes les deux.

HENRIETTE, *riant.* Moi, Madame!.. (*Un geste du duc l'arrête.*) A peine si je sais déchiffrer.

LA COMTESSE. Je m'en doute bien... ce n'est pas dans le fond de la Bavière... dans le château de votre tante, que l'on aurait pu soigner votre éducation musicale... mais si vous voulez que ce matin je vous donne une leçon...

LE DUC, *avec humeur*. Une belle idée!

HENRIETTE. Moi! Madame, je n'oserais...

LA COMTESSE. Pourquoi pas?.. je serai indulgente... (*Elle sonne, deux domestiques entrent.*) J'ai là des airs nouveaux que l'on m'a envoyés, des airs du Sultan Mizapouf.

HENRIETTE, *vivement*. Du Sultan...

LA COMTESSE. Vous ne connaissez pas cela... un opéra qui vient d'être donné en Allemagne avec quelque succès. (*Aux domestiques.*) Avancez ce piano. (*Se mettant au piano.*) C'est l'air que chante la Parisienne au premier acte.

LE DUC. Mais, ma sœur... c'est trop de complaisance...

LA COMTESSE. Occupez-vous de votre rapport au roi, mon frère... et laissez-nous.

LE DUC, *bas, à Henriette*. Refusez, je vous en supplie!

HENRIETTE. Est-ce possible? (*Riant.*) Elle veut me donner une leçon!

LE DUC, *bas, à Henriette*. Au moins prenez garde, et chantez mal... si ça se peut.

TRIO.

LA COMTESSE, *au piano*.
Ecoutez bien.
(*Chantant.*)
Tra, la, la, la, la, la.

HENRIETTE, *l'imitant avec gaucherie et timidité*.
Tra, la, la, la la, la.
(*Regardant le duc.*)
Etes-vous content?

LE DUC, *l'approuvant*.
C'est cela!

LA COMTESSE.
Non vraiment, ce n'est pas cela!

HENRIETTE, *de même*.
Tra, la, la.

LA COMTESSE, *la reprenant*.
C'est un sol!

HENRIETTE, *lui montrant le papier*.
C'est un la!

LA COMTESSE.
C'est vrai!
(*Chantant.*)
Tra, la, la, la, la, la.

HENRIETTE, *répétant, mais un peu mieux*.
Tra, la, la, la, la, la.

LE DUC, *bas*.
Prenez garde!.. ah! je tremble d'effroi!

LA COMTESSE, *cherchant à déchiffrer avec peine*.
Tra, la, la, la, la, la, la...

HENRIETTE, *avec un air d'admiration*.
Quelle facilité!

LE DUC, *bas, à Henriette*.
Vous nous raillez, traîtresse!

HENRIETTE, *de même*.
Comme vous le disiez, c'est chanter en duchesse!

LA COMTESSE.
Répétez avec moi.
(*Déchiffrant avec peine.*)
Le divin Mahomet,
Pour mieux charmer nos âmes,
Dans les cieux vous promet
Un paradis secret;
Mais il vous trompe, hélas!
Surtout n'y croyez pas,
Aux cieux ne cherchez pas
Ce paradis des femmes;
Car le vrai paradis,
Messieurs, est à Paris.

HENRIETTE, *reprenant l'air qu'elle chante couramment*.
Le divin Mahomet,
Pour mieux charmer nos âmes,
Dans les cieux vous promet
Un paradis secret;
Mais il vous trompe, hélas!
Surtout n'y croyez pas,
Aux cieux ne cherchez pas
Ce paradis des femmes;
Car le vrai paradis,
Messieurs, est à Paris.

LA COMTESSE.
Pas mal pour la première fois.

LE DUC, *à part, et regardant Henriette*.
Ah! je crains qu'elle ne se lance!
(*A la comtesse.*)
Vous feriez mieux d'y renoncer, je crois.

LA COMTESSE.
Non, non, j'ai de la patience,
J'en ferai quelque chose, et nous la formerons
Avec le temps...

HENRIETTE.
Et grâce à vos leçons...

ENSEMBLE.

LA COMTESSE.
Écoutez... écoutez cela!
Tra, la, la, la, la, la, la,
Tra, la, la, la, la, la, la,
Faites bien ce que je fais là!

HENRIETTE.
Brava! brava! c'est bien cela!
Quelle méthode enchanteresse!
C'est chanter comme une duchesse,
Ah! quel talent vous avez là!

LE DUC.
C'est bien, c'est bien, finissons là;
Je cède à la peur qui m'oppresse,
Je crains sa voix enchanteresse
Qui tous les deux nous trahira!

LA COMTESSE.
Continuez.

HENRIETTE.
Voguez, sultan joyeux,
Vers les bords de la Seine,
Là, s'offrent à vos yeux
Les délices des cieux;
Et jour et nuit c'est là
Qu'amour vous sourira.
Là, des jeux et des ris
La troupe vous enchaîne,
Car le vrai paradis
Est à Paris.

ENSEMBLE.

LA COMTESSE.
Ah! c'est bien mieux, bien mieux déjà,
Moi, sa maîtresse... je suis fière
De voir que mon écolière
Fait des progrès comme ceux-là!

HENRIETTE.
Oui, cela va bien mieux déjà,
Et j'en rends grâce à ma maîtresse;
Merci, madame la comtesse,
Merci de cette leçon-là!

LE DUC.
C'est bien, c'est bien, finissons là;
Je cède à la peur qui m'oppresse,
Je crains sa voix enchanteresse
Qui tous les deux nous trahira.

LA COMTESSE, *l'écoutant*.
J'en suis encor toute saisie,
Et ne comprends rien à cela!

LE DUC, *bas, à Henriette*.
Prenez garde, je vous en prie;
En écoutant... je tremble, hélas!

HENRIETTE.
Eh bien! Monsieur, n'écoutez pas!

LA COMTESSE.
Un talent
Aussi grand,
C'est vraiment
Surprenant :
Ah! combien je suis fière!
En un instant, je croi,
Voilà mon écolière
Aussi forte que moi!

HENRIETTE, *s'oubliant*.
Buvons au sultan Mizapouf,
Au descendant du grand Koulouf.

Il règne dans Maroc
Par droit de naissance.
Au combat, aussi ferme qu'un roc,
Et des amours bravant le choc,
Il est l'aigle et le coq
Des rois de Maroc.
Versez-lui les vins de France,
Versez le champagne et le médoc,
Buvons tous au sultan Mizapouf,
Au descendant du grand Koulouf.

LE DUC.
Ce talent
La surprend
Et me rend
Tout tremblant!
Ah! la voilà partie,
Comment la retenir?
Arrêtez, je vous prie!
Elle me fait frémir!

ENSEMBLE.

LE DUC, LA COMTESSE, HENRIETTE.
Buvons au sultan Mizapouf, etc.

—

SCÈNE IV.

LES PRÉCÉDENTS; MADAME BARNEK, *en grand costume, chapeau à plumes.*

MADAME BARNEK, *au fond du théâtre, apercevant sa nièce.* Brava! brava! bravi! bravo!
LE DUC. Allons! la tante!.. pourvu qu'elle ne nous trahisse pas!
LA COMTESSE. Venez donc, madame la baronne, venez recevoir mes compliments... saviez-vous que votre nièce eût de pareilles dispositions?..
HENRIETTE, *bas, au duc, en riant.* Je croyais avoir mieux que ça.
MADAME BARNEK, *se rengorgeant.* Mais, Dieu merci, Madame, c'est assez connu...
LE DUC, *à demi-voix.* Y pensez-vous?
MADAME BARNEK. C'est assez connu dans notre famille... c'est moi qui l'ai élevée.
LA COMTESSE. Et pourquoi ne m'en disiez-vous rien?
MADAME BARNEK, *avec embarras.* Pourquoi?
LE DUC. Madame la baronne est si modeste!..
MADAME BARNEK. Oh! oui... c'est mon défaut... modeste et surtout timide... c'est ce qui m'a nui... j'avais toujours des peurs quand je chantais...
LA COMTESSE. Ah! vous chantiez aussi?
MADAME BARNEK, *avec volubilité.* Les Philis, avec quelque succès!
HENRIETTE, *à part.* Voyez-vous l'amour-propre d'artiste!
LA COMTESSE, *étonnée.* Vous avez joué?
LE DUC, *vivement.* En société, dans son château... madame la baronne est de mon avis... c'est ce qu'on peut faire de mieux à la campagne.
MADAME BARNEK. Certainement, monsieur mon neveu, car ici... à la ville... ce n'est pas moi qui voudrais... au contraire... si vous saviez à présent combien je méprise tout cela!..
LE DUC. C'est bien!
MADAME BARNEK. Parce que notre rang... notre dignité...
LA COMTESSE. Et le décorum.
MADAME BARNEK. Oui, le décor...
LE DUC, *l'interrompant.* C'est bien, vous dis-je... heureusement, voilà le déjeuner, elle ne parlera plus. (*Donnant la main à Henriette.*) Bonne Henriette, vous m'avez fait une peur...
HENRIETTE. Comment! Monsieur?
LE DUC. Je veux dire un plaisir. (*Ils s'asseyent autour de la table à thé; deux domestiques apportent un plateau.*)

MADAME BARNEK. Voici le journal de la cour qui vient d'arriver.
LA COMTESSE. Notre lecture de tous les matins.
HENRIETTE, *à part.* En voilà pour une heure... comme c'est amusant.
LA COMTESSE. Voyons les présentations et les réceptions d'hier... (*Lisant.*) « Ont eu l'honneur d'être reçus par Sa
« Majesté, le comte et la comtesse de Stolberg, le baron
« de Lieven... » (*Parlant.*) C'est de droit... Voilà de la haute et véritable noblesse... (*Lisant.*) « La duchesse de
« Stillmarcher. » (*Parlant.*) Tenez, continuez, Henriette. (*Elle lui donne le journal.*)
HENRIETTE, *lisant au bas de la page.* Ah! mon Dieu! qu'ai-je vu?
TOUS. Qu'est-ce donc?
HENRIETTE. « Théâtre royal... Notre nouvel impresa-
« rio.. le signor Fortunatus, a ouvert la saison par un
« opéra nouveau. » Fortunatus est ici, à Berlin...
LE DUC. Oui, ma chère... depuis quatre ou cinq jours...
HENRIETTE, *continuant à lire.* En effet! « Il arrive de
« Vienne, où sa troupe a obtenu le plus grand succès...
« surtout la prima donna, la signora Charlotte, qui a fait
« fureur, qui y était adorée. » (*Au duc.*) Et vous ne m'en disiez rien, Monsieur, vous qui êtes resté trois mois à Vienne.
LE DUC, *avec embarras.* J'ai oublié de vous en parler...
LA COMTESSE, *à Henriette.* Au bas de la page.
HENRIETTE, *lisant au bas de la page.* « Le prince Bu-
« kendorf... (*Regardant au bas de la page.*) La signora
« Charlotte, première chanteuse, et Bénédict, premier
« ténor... »
LA COMTESSE. Une chanteuse, un ténor?
HENRIETTE, *avec joie.* Ce pauvre Bénédict... vous vous le rappelez, ma tante?
MADAME BARNEK. Certainement...
HENRIETTE. Il a été applaudi... on en dit beaucoup de bien... J'étais sûre qu'il aurait un jour du talent, de la réputation... qu'il ferait son chemin.
LA COMTESSE. Et comment connaissez-vous tous ces gens-là, ma chère belle-sœur?
LE DUC. C'est tout simple... Quand nous étions à Munich, madame la baronne et sa nièce allaient tous les soirs au théâtre.
HENRIETTE, *avec malice.* C'est vrai... monsieur le duc nous y a vues souvent.
LE DUC. Une troupe excellente... des voix admirables...
HENRIETTE, *souriant.* La prima donna surtout... n'est-ce pas, monsieur le duc? (*A la comtesse.*) Nous recevions même quelques artistes.
LA COMTESSE. Qu'entends-je? des comédiens?
MADAME BARNEK. Bien malgré moi, je vous jure .. c'est ma nièce qui le voulait.
HENRIETTE. Eh! pourquoi pas? des artistes de mérite... valent bien des comtesses qui n'en ont pas...
LE DUC, *lui faisant signe.* Henriette...
LA COMTESSE. Ah! ma chère, quel langage!
MADAME BARNEK. Ah! ma nièce... quel propos!
LA COMTESSE. C'est du libéralisme tout pur!
MADAME BARNEK, *répétant.* Certainement, c'est du... comme dit Madame... tout pur!..
LE DUC, *avec impatience.* C'en est trop sur ce sujet... qu'il n'en soit plus question, de grâce!
UN VALET, *annonçant.* Un seigneur italien demande à parler à monsieur le duc.
LE DUC. Qu'il entre... qu'il entre!.. (*A part.*) Cela du moins fera diversion.
LE VALET, *qui a fait signe à la cantonade, revient près du duc.* Et voici de la part du roi un message pour Monseigneur.
LE DUC, *prêt à décacheter la lettre.* Qu'est-ce donc? (*Apercevant Fortunatus.*) Dieu! Fortunatus!.. (*Bas, à Henriette.*) Je ne veux pas qu'il vous voie avant que je l'aie prévenu.

HENRIETTE, *bas, au duc.* Comme vous voudrez... je m'éloigne... mais pas pour longtemps. (*Elle sort.*)

SCENE V.

LE DUC, FORTUNATUS, LA COMTESSE, MADAME BARNEK.

FORTUNATUS, *se courbant jusqu'à terre et saluant le duc.* Ze zouis le servitor humilissimo de Monseigneur.

LE DUC, *à demi-voix.* Pas un mot de tout ce que vous savez devant ma sœur ou devant d'autres personnes.

FORTUNATUS, *saluant les dames et reconnaissant madame Barnek.* Ah! mon Dieu!

MADAME BARNEK. Bonjour, mon cher Fortunatus, nous parlions de vous tout à l'heure.

FORTUNATUS. Elle a un air de protection aussi étonnant que son costume.

LE DUC. Silence!

MADAME BARNEK. Parlez, mon cher, que voulez-vous? nous aimons à protéger les arts.

FORTUNATUS, *au duc.* Ze venais vous supplier, Monseigneur, de prendre à mon théâtre une loge per la saison... nous en avons de six et de huit personnes.. ma ze l'engazerai à prendre celle de huit per lui et per sa famille, (*Regardant madame Barnek.*) qui tient de la place.

LE DUC. Comme vous voudrez.

FORTUNATUS. Nous avons ce soir oune superbe représentation... la seconde du Sultan Mizapouf, opéra.

LA COMTESSE. Dont nous chantions un air tout à l'heure.

LE DUC. C'est bien, cela suffit.

FORTUNATUS, *se courbant.* Ze remercie infiniment Monseigneur, et ze m'en vas... d'autant que z'ai en bas, dans ma voiture, notre prima donna, la signora Charlotte, qui m'attend... et qui n'est point patiente... (*A demi-voix.*) vi la connaissez!

LE DUC, *vivement.* Hâtez-vous, alors.

FORTUNATUS. Monseigneur gardera-t-il aussi la petite loge grillée qui donne sur le théâtre, et que les autres années il avait, dit-on, l'habitude de louer?.. C'est souvent très-commode pour l'incognito.

LE DUC, *avec impatience.* Je la prends aussi... mais l'on vous attend.

FORTUNATUS. Ze vous les enverrai toutes les deux pour ce soir... et il est bien entendu que c'est per tous les jours...

LE DUC. C'est dit.

FORTUNATUS. Excepté per les représentations extraordinaires... et celles à bénéfice... et nous en aurons une prochainement... celle de notre premier ténor, le signor Bénédict... qui fait dézà ses visites pour cela.

LE DUC, *sans écouter Fortunatus, a décacheté la dépêche qu'il tenait à la main et y jette les yeux.* Qu'ai-je vu?

LA COMTESSE. Qu'est-ce donc?

LE DUC, *apercevant Charlotte qui entre, et serrant le papier.* Ah! mon Dieu!

SCENE VI.

LE DUC, CHARLOTTE, FORTUNATUS, LA COMTESSE ET MADAME BARNEK, *assises à droite et causant.*

CHARLOTTE. A merveille! c'est aimable... et très-gentil!.. voilà deux heures, monsieur Fortunatus, que vous me faites attendre dans votre voiture... Moi, un premier sujet!

FORTUNATUS. Signora, mille pardons.

CHARLOTTE. C'est moi qui dois en demander à monsieur le duc, de venir ainsi chercher mon directeur jusque dans cet hôtel.

FORTUNATUS. C'est, z'ose le dire, ma zère enfant, oune inconséquence...

CHARLOTTE. Que j'ai faite exprès, et dont je suis enchantée. (*Avec malice.*) J'avais un instant d'audience à demander à Monseigneur...

LE DUC, *troublé, à demi-voix.* Ici!.. Charlotte, y pensez-vous?.. et Henriette?

CHARLOTTE. N'est-ce que cela? je m'adresserai à elle-même pour faire apostiller ma pétition... il me faut mon audience, Monseigneur.

LE DUC. De grâce... prenez garde!..

CHARLOTTE, *à part, au duc.* Vous me l'accorderez..

LE DUC, *de même, très-embarrassé.* Oui, Charlotte, oui, mais plus tard.

LA COMTESSE, *se levant.* Eh! quelle est donc cette femme?

MADAME BARNEK. Ne faites pas attention, madame la comtesse, c'est une comédienne.

CHARLOTTE, *se retournant avec fierté.* Une comédienne! (*Apercevant madame Barnek en grande parure avec une toque à plumes, elle part d'un éclat de rire.*)

QUINTETTE.

CHARLOTTE, *riant aux éclats.*
Ah! ah! ah! ah! ah! ah!
TOUS.
Qu'a-t-elle donc?
CHARLOTTE, *riant plus fort et se soutenant à peine.*
Ah! ah! ah! ah! ah! ah!
Je n'en puis plus! un fauteuil... ou j'expire!
FORTUNATUS, *lui apportant un fauteuil.*
Elle se trouve mal!
CHARLOTTE, *se jetant sur le fauteuil et se roulant à force de rire.*
Ah! ah! ah! ah!
Je n'ai rien vu de pareil à cela!
TOUS.
Et qui donc ainsi vous fait rire?
CHARLOTTE, *montrant madame Barnek.*
Madame... avec sa toque à plumes!.. ah! ah! ah!
LA COMTESSE.
Outrager à ce point madame la baronne!..
CHARLOTTE, *riant plus fort.*
Baronne!.. ah! ah!
LE DUC ET FORTUNATUS, *bas, à Charlotte.*
Au nom du ciel! vous tairez-vous?
CHARLOTTE, *se tenant les côtés.*
Que Madame me le pardonne!..
Je ne puis pas!
MADAME BARNEK.
Redoutez mon courroux!
Insolente!
CHARLOTTE, *se levant.*
Ah! vraiment! Madame était moins fière
Lorsque autrefois elle jouait
Les Philis!!!
TOUS.
Les Philis!!!
LE DUC ET FORTUNATUS, *bas, à Charlotte.*
Voulez-vous bien vous taire!..
CHARLOTTE.
Les Philis, et les Dugazons... corset!!!
ENSEMBLE.
LE DUC, FORTUNATUS ET MADAME BARNEK.
Elle ne peut se taire,
Sa langue de vipère
Ici nous désespère
Et va tout découvrir!
Non, non, rien ne l'arrête,
C'est pis qu'une tempête!
N'écoutant que sa tête,
Elle va nous trahir!
CHARLOTTE.
Je ne veux pas me taire.
Lorsqu'avec moi, ma chère,
On veut faire la fière,
On doit s'en repentir!
Non, non, rien ne m'arrête,
Redoutez la tempête!

Je n'en fais qu'à ma tête
Et veux tout découvrir!
LA COMTESSE.
Qu'entends-je? et quel mystère!
O soudaine lumière!
Qui malgré moi m'éclaire
Et me fait tressaillir!
De surprise muette
Je reste stupéfaite!
(A Charlotte.)
Que rien ne vous arrête,
Je veux tout découvrir!
CHARLOTTE.
Eh bien! vous saurez tout, madame la comtesse.
(Montrant madame Barnek.)
La noble dame que voilà
Au théâtre a gagné ses quartiers de noblesse!
TOUS.
O ciel!
CHARLOTTE.
Et comme moi sa séduisante nièce,
Avant d'être duchesse, était prima donna!
LA COMTESSE.
Vit-on jamais d'affront pareil à celui-là!
(Avec force.)
Un tel hymen est un outrage...
Nous ne pouvons l'accepter sans rougir!
Le roi doit s'opposer à votre mariage!
Nous l'en supplierons tous...
LE DUC, *montrant le papier qu'il tient à la main.*
Il vient d'y consentir!
(A madame Barnek.)
Tenez, portez à votre nièce
Cet écrit qui contient sa royale promesse.
(Souriant.)
Pour cet hymen je crois qu'il ne manque plus rien!
LA COMTESSE.
Que mon consentement...
CHARLOTTE, à *demi-voix.*
Et peut-être le mien.

ENSEMBLE.

LA COMTESSE.
Jamais, jamais ce mariage
N'aura l'aveu de votre sœur!
Jamais, jamais d'un tel outrage
Je n'oublierai le déshonneur!
LE DUC.
Pour vous, ce n'est point un outrage.
Calmez, calmez votre fureur;
J'espère qu'à ce mariage
Bientôt consentira ma sœur.
FORTUNATUS ET MADAME BARNEK, *montrant la comtesse.*
Voyez!.. voyez! quelle est sa rage!
Rien ne saurait fléchir son cœur!
(Montrant Charlotte.)
Et c'est pourtant son bavardage
Qui vient d'exciter sa fureur!
CHARLOTTE.
Voyez! voyez quelle est leur rage!
Pour moi, j'en ris au fond du cœur!
De tout ce bruit, de ce tapage,
C'est pourtant moi qui suis l'auteur.
LE DUC, *à la comtesse.*
Cette colère opiniâtre
Se calmera...
MADAME BARNEK, *s'approchant de la comtesse.*
Sans doute.
LA COMTESSE, *avec mépris.*
Éloignez-vous!
Une baronne de théâtre!
CHARLOTTE, *s'approchant de madame Barnek.*
Voyez pourtant ce que c'est que de nous!
MADAME BARNEK, *avec mépris.*
Laissez-moi! laissez-moi! redoutez mon courroux.

ENSEMBLE.

LA COMTESSE.
Jamais, jamais ce mariage
N'aura l'aveu de votre sœur;
Jamais, jamais d'un tel outrage
Je n'oublierai le déshonneur!

LE DUC.
Pour vous ce n'est point un outrage.
Calmez, calmez votre fureur;
J'espère qu'à ce mariage
Bientôt consentira ma sœur.
FORTUNATUS ET MADAME BARNEK, *montrant la comtesse.*
Voyez... voyez quelle est sa rage!
Rien ne saurait fléchir son cœur.
(Montrant Charlotte.)
Et c'est pourtant son bavardage
Qui vient d'exciter sa fureur.
CHARLOTTE.
Voyez, voyez quelle est leur rage!
Pour moi, j'en ris au fond du cœur!
De tout ce bruit, de ce tapage,
C'est pourtant moi qui suis l'auteur!
(*La comtesse sort par la droite avec le duc qui cherche à l'apaiser; Fortunatus et Charlotte vont pour sortir par le fond au moment où paraît Bénédict.*)

FORTUNATUS. Tu viens, mon pauvre garçon, pour ton bénéfice?

BÉNÉDICT. Oui, pour offrir une loge à monseigneur l'ambassadeur...

CHARLOTTE. Monseigneur est mal disposé... Vous n'aurez pas bon accueil, mon cher Bénédict, mais adressez-vous à sa tante, à madame la baronne

BÉNÉDICT, *s'approchant.* Quoi! madame Barnek.

MADAME BARNEK, *le reconnaissant.* Encore un comédien! mais on ne voit donc que cela aujourd'hui!.. Votre servante, mon cher, je n'ai pas le loisir de vous écouter, et je vous salue. (*Elle sort par la porte à gauche.*)

CHARLOTTE, *montrant madame Barnek.* La tante est étourdissante de majesté! (*Elle sort en riant, avec Fortunatus, par la porte du fond.*)

SCÈNE VII.

BÉNÉDICT, *seul.* Elle n'a pas le loisir de reconnaître ses anciens amis... et sans doute, tous ceux qui demeurent ici seraient comme elle... Ça m'a fait effet... quand je suis entré dans ce bel hôtel, quand j'ai demandé au suisse : M. l'ambassadeur y est-il? — Oui. Et j'ai hésité, j'ai tremblé de tous mes membres en ajoutant : — Et madame l'ambassadrice?.. — Elle y est; mais elle n'est pas visible. — Et ça m'a donné un peu de cœur... et je me suis dit : Je ne crains rien, je ne la verrai pas... Car si le malheur avait voulu que je l'eusse rencontrée... je ne sais pas ce que je serais devenu... (*Apercevant Henriette.*) Ah! mon Dieu! c'est fait de moi!

SCÈNE VIII.

HENRIETTE, BÉNÉDICT.

HENRIETTE, *entrant avec joie.* Cette permission du roi, que vient de me remettre ma tante, c'est donc vrai!.. il n'y a donc plus d'obstacle!..

BÉNÉDICT, *à part.* Si je pouvais m'en aller sans être vu! (*Il heurte un fauteuil.*)

HENRIETTE, *se retournant et l'apercevant.* Bénédict!!

DUO.

BÉNÉDICT, *timidement.*
Oui... c'est moi qui viens ici,
Madame l'ambassadrice,
Offrir pour mon bénéfice
Une loge que voici.
HENRIETTE.
Ah! si je puis aujourd'hui
Vous servir de protectrice,
Je rends grâce au sort propice,
Qui m'offre un ancien ami.
BÉNÉDICT.
De cet ami, malgré votre opulence,
Le nom n'est donc pas effacé?

Type de Fortunatus le directeur.

HENRIETTE.
Ah! dans ces lieux, votre seule présence
Me rend tout mon bonheur passé!
ENSEMBLE.
De l'aurore de notre vie
Comment perdre les souvenirs?
Je le sens, jamais on n'oublie
Premiers chagrins, premiers plaisirs!
HENRIETTE.
Je vois encor l'humble mansarde
Où nous répétions tous les deux!
BÉNÉDICT.
Où parfois, sans y prendre garde,
HENRIETTE.
Nous chantions faux à qui mieux mieux!
Et cette sérénade
Que me donnait un camarade?
BÉNÉDICT.
Quoi! vous n'avez rien oublié?
HENRIETTE.
Non, non, je n'ai rien oublié,
Ni les succès, ni l'amitié.
ENSEMBLE.
De l'aurore de notre vie

Comment perdre les souvenirs?
Je le sens, jamais on n'oublie
Premiers chagrins, premiers plaisirs!
HENRIETTE, *gaiement*.
Et puis, comme aux moindres caprices...
BÉNÉDICT.
On était vite à vos genoux!
HENRIETTE.
Et puis le soir dans les coulisses...
BÉNÉDICT.
Joyeux propos et billets doux.
HENRIETTE.
Sans or et sans richesse aucune...
BÉNÉDICT.
Toujours gais et de bonne humeur!
HENRIETTE.
Tout en attendant la fortune...
BÉNÉDICT.
On avait déjà le bonheur!
ENSEMBLE.
Ah! le bon temps!
Quels doux instants!
Ah! qu'on est bien
Quand on n'a rien!

LE DUC. Henriette, que faites-vous? — Acte 3, scène 5.

Ah! l'heureux temps que celui-là!
Toujours mon cœur s'en souviendra!
BÉNÉDICT.
D'abord comme la salle entière...
HENRIETTE.
En silence nous écoutait!
BÉNÉDICT.
Et quand s'élançait du parterre...
HENRIETTE.
Un bravo qui nous enivrait!
BÉNÉDICT.
Et lorsque pleuvaient sur la scène
HENRIETTE.
Les bouquets aux mille couleurs.
BÉNÉDICT.
Ah! ces jours-là vous étiez reine...
HENRIETTE.
Avec ma couronne de fleurs!
ENSEMBLE.
Ah! le bon temps!
Quels doux instants! etc.
BÉNÉDICT.
Et vous rappelez-vous encore?..
A peine le rideau tombait,
L'écho de la salle sonore,

De votre nom retentissait...
C'est vous... c'est vous qu'on demandait!
HENRIETTE.
C'est vrai!.. c'est vrai!
BÉNÉDICT.
Devant le public idolâtre,
C'est moi... moi qui sur le théâtre
(*Lui prenant la main.*)
Vous ramenais ainsi... je tenais votre main
Que dans mon transport soudain
Malgré moi je serrais... ainsi!
HENRIETTE, *retirant sa main.*
Bénédict!
BÉNÉDICT.
Ah! pardon, j'oubliais qu'aujourd'hui. .
(*Reprise de la première phrase du duo.*)
Aujourd'hui, je viens ici,
Madame l'ambassadrice,
Offrir pour mon bénéfice,
La loge que voici...
ENSEMBLE.
BÉNÉDICT, *la lui donnant.*
La voici, la voici...
HENRIETTE, *avec émotion et prenant le coupon de loge.*
Merci, Bénédict, merci!

Ainsi donc, Bénédict... vous avez un bénéfice?..

BÉNÉDICT. Oui, Madame... qu'on me devait depuis longtemps... depuis Vienne.

HENRIETTE. Où vous avez eu de grands succès?

BÉNÉDICT. A ce qu'ils disent.. et alors M. Fortunatus a doublé mes appointements.

HENRIETTE. Ah! tant mieux! vous êtes donc heureux?

BÉNÉDICT. Non, Madame... mais je suis riche.

HENRIETTE. Et nos anciens amis, et Charlotte?

BÉNÉDICT. Ah! celle-là elle est au pinacle!.. elle a eu, à Vienne, un succès de rage!.. Tous les soirs, des vers... des bouquets et des bravos... tous les journaux retentissaient de ses éloges.. il n'était question que d'elle... comme de vous autrefois!

HENRIETTE. Oh! moi... l'on n'en parle plus!

BÉNÉDICT. C'est ce que je me disais : C'est étonnant... on ne parle donc pas des duchesses! tandis que Charlotte la cantatrice... et puis... ce n'est rien encore... Là-bas, à Vienne, elle avait tourné toutes les têtes... c'était à qui lui ferait la cour... M. le duc, votre mari, a dû vous le dire.

HENRIETTE. Non, vraiment, il ne m'a rien dit.

BÉNÉDICT. Ah!.. c'est différent!.. tous les grands seigneurs étaient à ses pieds.. Ces nobles d'Allemagne, si fiers et si hautains, se disputaient à qui serait reçu chez elle... à qui l'entourerait de soins et d'hommages... Enfin, tout comme vous... dans votre temps... avant votre bonheur.

HENRIETTE, à part. Oui, vraiment.

BÉNÉDICT. Mais vous avez un si bel emploi maintenant... je veux dire un si bel état! Et puis, tant d'éclat... tant d'estime... tant de considération surtout.

HENRIETTE. Silence!.. c'est la sœur de mon mari.

SCENE IX.
BÉNÉDICT, HENRIETTE, LA COMTESSE.

LA COMTESSE, *s'avançant gravement près d'Henriette.* Mademoiselle... vous savez que le roi, par une faiblesse que le respect m'empêche de qualifier, a consenti à approuver une union...

HENRIETTE. J'ai lu la lettre de Sa Majesté.

LA COMTESSE. Ou plutôt une mésalliance dont, pour l'honneur de la famille nous sommes tous indignés?

HENRIETTE. Madame... (*Montrant Bénédict.*) Il y a ici un étranger...

LA COMTESSE. Ce que je dis... je le dirais devant tout le monde... J'avais déclaré à mon frère qu'aucun pouvoir ne me forcerait à vous reconnaître, et je parlais au nom de tous nos parents... qui viennent de protester.

HENRIETTE, *à part.* Qu'entends-je? ah! quelle humiliation! (*Regardant Bénédict.*) et devant lui encore!

LA COMTESSE. Mais, vaincue par les prières et les supplications de M. le duc, qui, après tout, est le chef de la famille, je lui ai promis de venir vous trouver, et voici les concessions que je puis me permettre... Je ne m'oppose plus à ce mariage, puisqu'il n'y a pas moyen de faire autrement... je consens même à vous voir ici, chez mon frère... ou chez moi, le matin... le matin seulement.

BÉNÉDICT. Eh bien! par exemple!..

HENRIETTE, *lui faisant signe de se taire.* Bénédict...

LA COMTESSE. C'est vous dire assez que le soir, en public, et à l'Opéra, il n'est pas convenable de nous voir ensemble... Voici deux loges que le signor Fortunatus vient d'envoyer... vous êtes ici chez vous... choisissez.

HENRIETTE, *défaisant une des enveloppes.* Le choix sera facile... la belle loge à la grande dame... l'autre à l'humble artiste.

BÉNÉDICT. L'humble artiste!.. elle qui, à Munich, était respectée et honorée... elle!.. que les grandes dames étaient trop heureuses d'avoir dans leurs salons.

HENRIETTE, *voulant l'arrêter.* Silence!

BÉNÉDICT. Elle à qui le roi lui-même est venu faire des compliments, après une pièce nouvelle!

LA COMTESSE, *le toisant de la tête aux pieds.* Quel est cet homme?

BÉNÉDICT, *avec fierté.* Bénédict, premier ténor...

LA COMTESSE. Un chanteur ici!.. sortez!..

HENRIETTE. Bénédict, restez. (*A la comtesse.*) Madame, par égard pour M. le duc de Valberg, que j'aime, et dont je suis tendrement aimée, j'ai dû consentir à cacher la vérité à tout le monde, et à vous-même, jusqu'à l'adhésion du prince à notre mariage; mais maintenant que je n'ai plus de ménagements à garder, je puis avouer avec orgueil ce que j'étais quand votre frère m'a offert sa main.

BÉNÉDICT. Très-bien!

HENRIETTE, *avec hauteur.* Quant aux discours que je viens d'entendre, je ne les supporterai pas davantage... je suis duchesse de Valberg, Madame, femme de l'ambassadeur, votre frère, et je prouverai que je suis digne de mon titre et de mon rang en ne souffrant plus qu'on les oublie devant moi.

LA COMTESSE. C'est d'une audace!

HENRIETTE, *lui faisant une révérence.* Je ne vous retiens plus, Madame. (*La comtesse sort en faisant un signe de colère.*)

SCENE X.
BÉNÉDICT, HENRIETTE.

BÉNÉDICT, *regardant sortir la comtesse.* Bravo! c'est bien... aussi bien que si vous le lui aviez dit en musique. (*Voyant qu'Henriette s'est assise et pleure.*) Eh mais! qu'avez-vous donc, vous pleurez?

HENRIETTE, *avec une vive émotion.* Ah! mon Dieu! que cette scène m'a fait mal.

BÉNÉDICT. Moi qui la croyais si heureuse!

HENRIETTE. Est-ce donc là le sort qui m'attend! Est-ce pour de pareils outrages que j'ai échangé mon indépendance, que j'ai renoncé à cet art, à ce talent qui faisaient ma gloire et mon bonheur!

BÉNÉDICT. Vous qui aviez chez nous les honneurs, la fortune et l'amitié, car nous vous aimions tous... je ne parle pas de moi, c'est tout simple... mais les autres... il n'y a pas de jour où l'on ne pense à vous, où l'on ne dise : Cette pauvre Henriette! qu'elle était bonne! qu'elle était aimable! qu'elle avait de talents, avant d'être duchesse.

HENRIETTE. Ah! la duchesse... je n'y tiens pas... mais du moins, son amour me reste, et me tiendra lieu de tout... car tant qu'il m'aimera, Bénédict, je ne regretterai rien.

BÉNÉDICT, *secouant la tête.* Certainement, tant qu'il vous aimera... mais ces grands seigneurs, ça aime tous les succès, toutes les renommées.

HENRIETTE. Que voulez-vous dire?

BÉNÉDICT. Oh! rien. On ne peut pas empêcher les propos, quelque absurdes qu'ils soient... et on a prétendu à Vienne, comme si c'était possible, qu'un instant séduit par les triomphes de Charlotte...

HENRIETTE. Qui! M. le duc!

BÉNÉDICT. Je n'ai pas dit cela.... je ne l'ai pas dit.

HENRIETTE. Et vous avez raison, il ne me tromperait pas, lui... c'est impossible... (*A part.*) et pourtant, cette légèreté dont me parlait sa sœur... son embarras, tout à l'heure, quand on a prononcé le nom de Charlotte... ah! j'irai ce soir au spectacle... le duc y sera aussi (*Décachetant l'enveloppe de la lettre.*) Si de cette loge... j'examinerai. (*Regardant le papier qui est sous l'enveloppe.*) Ah! mon Dieu! ce n'est point un coupon de loge, c'est une lettre, une lettre de Charlotte! c'est son écriture. « Non, mon« sieur le duc, vous ne trouverez point ici la loge grillée « que Fortunatus vous envoyait, et que j'ai prise. Je vous

« demandé, ce matin, une audience que vous n'avez pas
« voulu m'accorder... il n'en était pas de même à Vienne. »
BÉNÉDICT. C'est assez clair.
HENRIETTE. « J'ai une pétition à vous présenter, et vous
« aurez la bonté de me recevoir et de m'écouter dans votre
« loge grillée, qui est aujourd'hui la mienne, sinon, c'est
« à Henriette que je m'adresserai... et l'explication que
« j'aurai avec elle sera moins amusante que celle de ce
« matin avec sa respectable tante. » (*Avec douleur*.) Ah!
plus de doute maintenant... moi qui avais en lui tant d'amour, tant de confiance ! c'est affreux !

—

SCÈNE XI.

LES PRÉCÉDENTS, FORTUNATUS.

TRIO.

FORTUNATUS.
Ze souis ruiné... ze souis perdu !
Mon savoir faire est confondu !
BÉNÉDICT ET HENRIETTE.
Eh mais ! quelle fureur vous guide ?
FORTUNATUS.
Ah ! ze souis, vi pouvez le voir,
Dans un état de désespoir
Presque voisin du suicide !
BÉNÉDICT ET HENRIETTE.
Qu'avez-vous donc ?
FORTUNATUS.
Je viens pour prévenir
Monsieur l'ambassadeur et sa charmante épouse...
Le spectacle annoncé, ce soir ne peut tenir ;
Ze le change.
BÉNÉDICT ET HENRIETTE.
Pourquoi ?
FORTUNATUS.
La fortune zalouse
Vient d'envoyer un rhume à ma prima donna !
Elle me le fait dire !
BÉNÉDICT, *bas, à Henriette*.
Ah ! je comprends cela !
Et c'est une ruse entre nous,
HENRIETTE, *de même*.
Pour se trouver au rendez-vous.

ENSEMBLE.

FORTUNATUS.
Fortune dont la main m'accable,
Adoucis pour moi ta rigueur,
Et jette un regard secourable
Sur un malheureux directeur !
HENRIETTE.
Forfait dont la preuve m'accable
Et qui détruit tout mon bonheur,
Je saurai punir le coupable
De l'outrage fait à mon cœur !
BÉNÉDICT.
La trahison est véritable,
Tous deux outrageaient votre cœur ;
Vous devez punir le coupable,
Vous devez venger votre honneur.
FORTUNATUS, *au désespoir*.
Le Sultan Mizapouf, chef-d'œuvre des plus beaux,
Qui faisait par la foule envahir nos bureaux !
Ne sera pas donné !
BÉNÉDICT.
Calmez-vous, je vous prie !
FORTUNATUS.
M'enlever ma recette !.. ah ! c'est m'ôter la vie !
HENRIETTE, *s'asseyant près de la table et remettant la lettre dans la première enveloppe qu'elle recachète*.
Rendons-lui, je le doi,
Ce billet... qui n'est pas pour moi.
FORTUNATUS.
Ze vais changer l'affiche... et de rage ulcéré,
Leur donner du Mozart aux doublures livré !
HENRIETTE, *à un domestique, à qui elle remet la lettre*.
Ce billet pour monseigneur
L'ambassadeur.

FORTUNATUS.
Ah ! quel malheur ! ah ! quelle perte !
Je vois d'ici les bancs de ma salle déserte :
Je compte avec effroi les rares spectateurs,
Bien moins nombreux ! hélas ! que mes acteurs !

ENSEMBLE.

FORTUNATUS.
Fortune dont la main m'accable,
Adoucis pour moi ta rigueur,
Et jette un regard secourable,
Sur un malheureux directeur.
HENRIETTE.
Forfait dont la preuve m'accable
Et qui détruit tout mon bonheur.
Je saurai punir le coupable
De l'outrage fait à mon cœur !
BÉNÉDICT.
La trahison est véritable,
Tous deux outrageaient votre cœur,
Vous devez punir le coupable,
Vous devez venger votre honneur.
HENRIETTE, *à part, et réfléchissant*.
C'est mon talent qui faisait ma puissance,
En le perdant j'ai perdu tous mes droits ;
Et chaque jour il faudrait, je le vois,
Gémir de sa froideur ou de son inconstance.
Non, non, le dessein en est pris,
Je saurai me soustraire à de pareils mépris...
FORTUNATUS, *saluant*.
Adieu donc ?
HENRIETTE, *le retenant*.
Arrêtez !
FORTUNATUS.
Que veut son excellence ?
HENRIETTE, *lentement et réfléchissant*.
Donnez ce soir votre opéra...
FORTUNATUS.
Par quel moyen ?
HENRIETTE.
Le ciel l'inspirera.

ENSEMBLE.

FORTUNATUS.
Une douce espérance
Fait palpiter mon cœur,
D'une recette immense
J'entrevois le bonheur.
Ah ! oui, j'aime à le croire,
O jours tant désirés
De fortune et de gloire,
Pour moi vous reviendrez.
HENRIETTE.
Une noble vengeance
Vient enflammer mon cœur !
Punissons qui m'offense
En retrouvant l'honneur !
A lui seul je dois croire ;
Beaux jours tant désirés,
Jours d'ivresse et de gloire,
Pour moi vous reviendrez !
BÉNÉDICT.
Une noble vengeance
Vient enflammer mon cœur !
Punissez leur offense,
Et vengez votre honneur !
A lui seul il faut croire ;
Moments si désirés,
Jours d'ivresse et de gloire,
Enfin vous reviendrez !
FORTUNATUS, *à Henriette*.
Quel est votre dessein ?
HENRIETTE.
Du secret !
(*A Bénédict*.)
Du silence.
FORTUNATUS.
J'en frémis de bonheur !
BÉNÉDICT.
Je tremble d'espérance !
HENRIETTE.
O vous, mes seuls amis, je me fie à vous deux !..
Venez, venez, sans bruit quittons ces lieux !

ENSEMBLE.

HENRIETTE.
Une noble vengeance
Vient enflammer mon cœur!
Punissons qui m'offense
En retrouvant l'honneur!
A lui seul je veux croire.
Beaux jours que j'ai perdus,
Jours d'ivresse et de gloire,
Vous voilà revenus!

BÉNÉDICT ET FORTUNATUS.
Une noble vengeance
Vient enflammer son cœur!
Je tremble d'espérance!
Je tremble de bonheur!
Marchons à la victoire!
Beaux jours qu'elle a perdus,
Jours d'ivresse et de gloire,
Vous voilà revenus!

(*Ils sortent tous trois par la porte du fond.*)

ACTE TROISIÈME.

Le théâtre représente l'intérieur d'une loge grillée. Petite décoration d'un plan. Au fond, l'ouverture de la loge fermée par des stores. Quand les stores sont levés, on aperçoit, au fond, le haut des décorations du théâtre, que l'on est censé voir de la loge où se passe cet acte. Petites portes latérales : celle de droite donne sur le théâtre, celle de gauche dans la salle.

SCENE PREMIÈRE.

CHARLOTTE, *seule, enveloppée d'une mante rabattue sur les yeux, et entrant par la petite porte du théâtre.* Personne ne m'a vue! me voici dans la loge grillée de M. le duc! et m'y voici incognito... non pas que je ne sois rassurée par ma conscience et par le motif qui m'amène ; mais on est si méchant au théâtre, et puis ils sont tous si jaloux de moi! parce que j'ai du talent, de la figure... Quels propos on ferait au foyer si l'on me savait ici! « Avez-vous vu Charlotte? — Non. — Elle est dans la « petite loge de l'ambassadeur. — Bah! en tête-à-tête? — « Précisément. — Ah! c'est une inconvenance qui n'est « pas permise... » Avec ça qu'elles ne s'en permettent pas, mes camarades ; mais, moi, je suis trop bonne, je vois tout et je ne dis rien, pas même que la seconde chanteuse a deux amants, et que la troisième n'en trouve plus. (*Allant près de la loge grillée du fond.*) Ah! mon Dieu! voilà qu'on arrive dans la salle, on allume les rampes... tout le monde doit être sur le théâtre ; heureusement je m'y suis prise de bonne heure ; et, sans rencontrer personne, j'ai pu entrer par cette porte dérobée qui donne sur la scène. (*Examinant la loge.*) Quel luxe? quelle élégance! c'est drôle, tout de même.. une loge grillée... vue à l'intérieur!

PREMIER COUPLET.
Que ces murs coquets,
S'ils n'étaient discrets,
Que ces murs coquets
Diraient de secrets!..
La grille légère
Dérobe avec art
Plus d'un doux mystère,
Plus d'un doux regard!
La pièce commence
On risque un aveu ;
Mais l'ouvrage avance,
On s'avance un peu!..
Puis, sans qu'on approuve
Un hardi dessein,
Une main se trouve
Dans une autre main!
Ah! ah! ah!
Que ces murs coquets,
S'ils n'étaient discrets,
Que ces murs coquets
Diraient de secrets!

DEUXIÈME COUPLET.
« Ah! de ma tendresse
« Écoutez les vœux!..
« — J'écoute la pièce,
« Cela vaut bien mieux! »
Mais la mélodie
A tant de douceur!
L'oreille ravie
Est si près du cœur!
La beauté sauvage
S'émeut, et bientôt
L'on maudit l'ouvrage
Qui finit trop tôt!
Ah! ah! ah!
Que ces murs coquets,
S'ils n'étaient discrets,
Que ces murs coquets
Diraient de secrets.

SCENE II.

CHARLOTTE, LE DUC.

CHARLOTTE. Ah! vous voilà enfin, monsieur le duc.
LE DUC. Oui, Mademoiselle ; je suis entré par la porte de la salle. (*A part.*) Où Henriette n'est pas encore arrivée!
CHARLOTTE, *riant.* Quand je vous disais, Monseigneur, que j'aurais mon audience!
LE DUC. Il l'a bien fallu! après ce qui s'est passé ce matin!.. avec une tête comme cela, on est capable de tout!
CHARLOTTE, *riant.* Même de la perdre pour être agréable à Monseigneur... c'est du moins ce que voulait son excellence... il y a un mois, à Vienne!
LE DUC, *contrarié.* Ne parlons plus de cela, Charlotte ; je fus un instant bien fou, bien étourdi.
CHARLOTTE. Certainement!.. m'avoir laissé croire que votre amour pour Henriette n'existait plus...
LE DUC. J'eus tort, j'en conviens... je fus entraîné!.. charmé, malgré moi, par des talents, des grâces, des succès, qui me rappelaient ceux que j'adorais dans Henriette.
CHARLOTTE. Et Monseigneur voulut me séduire par amour pour une autre.
LE DUC. Pas précisément!
CHARLOTTE. Tenez, monsieur le duc, je me suis dit souvent que ce que vous aimez en nous, vous autres grands seigneurs, c'est moins la femme que l'actrice... vous adorez chaque soir Ninette, Desdemone ; mais, par malheur, votre passion finit souvent avec la pièce, et la plus grande artiste du monde ne sera pas plus aimée qu'une femme ordinaire le jour où, comme Henriette, elle descendra du trône... Eh mais! Dieu me pardonne, je crois qu'il ne m'écoute pas!
LE DUC, *avec distraction.* Si vraiment, j'admirais votre raison.
CHARLOTTE. Écoutez donc, on ne peut pas toujours être folle, quand ce ne serait que pour changer.
LE DUC. Sans doute, Charlotte ; mais l'objet de votre demande... car vous en aviez une à me faire...
CHARLOTTE. Oui, j'ai besoin de votre crédit... vous m'aviez promis, à Vienne, un dévouement éternel...
LE DUC, *embarrassé.* C'est-à-dire, Charlotte...
CHARLOTTE. Comment, Monsieur? est-ce que vous l'auriez oublié?
LE DUC. Non vraiment... mais c'est que...
CHARLOTTE, *avec malice.* C'est qu'on est sujet à manquer de mémoire, parmi nous autres comédiens...
LE DUC, *avec fierté.* Vous parlez de vous..
CHARLOTTE. De vous aussi, messieurs les diplomates... Le théâtre est plus grand... voilà tout... nous jouons le

soir, et vous toute la journée... voilà la différence... Si bien que vous m'avez dit : Charlotte... disposez de moi... de mon crédit...

LE DUC. Et je le dis encore...

CHARLOTTE. A la bonne heure... je vous reconnais... Et, comme vous êtes tout-puissant auprès du roi... il s'agit seulement, et à ma recommandation, de faire un colonel.

LE DUC. Y pensez-vous?

CHARLOTTE. Quelqu'un qui a des droits... un jeune homme charmant...

LE DUC. Que vous protégez?

CHARLOTTE, *riant*. Vous le voyez bien.

LE DUC. Que vous aimez, peut-être?..

CHARLOTTE. Et quand il serait vrai... si je veux me marier aussi!.. Fallait-il donc rester insensible, et garder toujours son cœur ici... à Berlin, pour qui? pour le roi de...? Ah! ma foi non... Ainsi, Monsieur, quant à mon protégé... je vais vous conter cela, nous avons le temps!

LE DUC, *avec embarras*. Non, Charlotte, non!.. en restant ici... plus longtemps... je craindrais...

CHARLOTTE. Pour vous... Monseigneur?

LE DUC. Pour vous... Charlotte... le spectacle va commencer, et vous chantez ce soir.

CHARLOTTE. Ne craignez rien, je me suis arrangée... un enrouement tout exprès à votre intention, et ce qui m'étonne, c'est qu'on n'ait pas encore changé le spectacle... on donne toujours le Sultan Mizapouf... (*Vivement.*) Je vois ce que c'est... pour ne pas perdre la recette, on a laissé l'affiche ; on fera une annonce, et ce sera la troisième chanteuse, la petite Angéla, qui dira mon rôle.

LE DUC. Mais cela va causer un tapage!..

CHARLOTTE. Je l'espère bien!.. et nous l'entendrons d'ici, en loge grillée, c'est délicieux! et puis Angéla est une bonne enfant, que j'aime bien... mais elle sera mauvaise! ah! ce sera amusant! vous verrez!

LE DUC, *à part*. C'est singulier... elle ne m'a jamais paru si jolie. (*Haut.*) Il est donc vrai, Charlotte, que vous allez vous marier, sans hésiter, sans réfléchir?

CHARLOTTE. Si on réfléchissait on ne se marierait jamais.

LE DUC, *soupirant*. Ah! il est bien heureux.

CHARLOTTE. Qui? le colonel.

LE DUC. Il ne l'est pas encore.

CHARLOTTE. C'est tout comme, vous l'avez promis.

LE DUC. Je n'ai rien dit.

CHARLOTTE. Oh! c'est convenu, ou sinon...

DUO.

CHARLOTTE.
Je m'en vais
Pour jamais.
A vous fuir je mets ma gloire,
Et je pars : laissez-moi,
Non, je n'ai plus de mémoire.
Voyez pourtant,
Voyez comment
On veut toujours ce qu'on défend.

LE DUC.
Non, vraiment,
Un instant,
A me fuir tu mets ta gloire ;
Non, ma foi,
Souviens-toi,
Ah! tu n'as plus de mémoire.
Jamais son œil vif et piquant
N'eut plus d'attraits qu'en ce moment.

CHARLOTTE.
Allons, finissez, ou sinon...

LE DUC.
Crier ainsi...

CHARLOTTE.
Mais il le faut.

LE DUC.
Vit-on jamais crier si haut?

CHARLOTTE.
Finissez, ou sinon
Je m'en vais, etc.

LE DUC.
Il faut franchement qu'on s'explique,
C'est héroïque.
Servir un rival!

CHARLOTTE.
C'est très-bien!

LE DUC.
Mais en ce monde, rien pour rien.

CHARLOTTE.
Monsieur est toujours diplomate?

LE DUC.
Je suis généreux.

CHARLOTTE.
J'entends bien.

LE DUC.
Mais vous...

CHARLOTTE.
Moi, je suis très-ingrate!

LE DUC.
Rien qu'un baiser, je vous prie...

CHARLOTTE.
Non, non, de vous je me défie...
Et puis, le monde en parlera!

LE DUC.
Le monde! eh! qui donc le saura?

CHARLOTTE, *riant*.
Voyez donc comme il s'humanise!

LE DUC, *voulant l'embrasser*.
Je brave tout en cet instant!

CHARLOTTE, *riant*.
Vous ne craignez plus qu'on médise?

LE DUC.
Rien qu'un baiser!

CHARLOTTE.
Non, pas en ce moment.
Monseigneur, votre femme attend!
(*On entend un grand bruit au fond accompagnant le chœur suivant.*)

CHŒUR.

LES SPECTATEURS, *dans la salle*.
La pièce! la pièce!
C'est attendre assez.
La pièce! la pièce!
Allons, qu'on se presse!
Allons, commencez!

CHARLOTTE, *au duc*.
Ecoutez! écoutez! silence!
Nous allons rire, ça commence!

LE DUC.
Rire de quoi?

CHARLOTTE.
Mais du début,
Et de l'annonce qu'on va faire!
De Bénédict c'est l'attribut ;
Et le public, qui gronde et menace,
Pauvre garçon! va bien le recevoir,
En apprenant, ce soir,
Quelle est celle qui me remplace.

CHŒUR, *au fond*.
La pièce! la pièce!
Allons, paraissez!
La pièce! la pièce!
Allons, qu'on se presse!
Allons, commencez!

(*Le duc et Charlotte s'approchent du fond pour écouter. Le duc baisse les stores, et l'on voit Bénédict haranguer le public.*)

BÉNÉDICT, *au fond, parlant sur la ritournelle*. « Messieurs, mademoiselle Charlotte se trouvant subitement « indisposée...

PREMIER CHŒUR.
A bas! à bas!

AUTRE CHŒUR.
Ecoutez, silence!

BÉNÉDICT, *de même, parlant*. « On vous prie d'agréer, « pour la remplacer...

PREMIER CHŒUR.
A bas! à bas!
Nous n'en voulons pas!

AUTRE CHOEUR.
Laissez parler! faites silence!

BÉNÉDICT, *répétant et continuant.* « On vous prie d'a-
« gréer, pour la remplacer...

PREMIER CHOEUR.
A bas! à bas!
Nous n'en voulons pas!

AUTRE CHOEUR.
Écoutez, silence! silence!

UN PLAISANT, *du parterre.*
Laissez donc parler l'orateur!

UN PLAISANT, *du paradis.*
Un chanteur n'est pas orateur!

FOULE DE PLAISANTS.
Qu'il parle ou qu'il chante,
Qu'il parle ou qu'il chante!

CHARLOTTE, *au duc.*
Ah! vraiment, la scène est charmante!

BÉNÉDICT, *répétant et continuant.* « On vous prie d'a-
« gréer, pour la remplacer, une célèbre cantatrice qui
« arrive de Paris. »

CHOEUR GÉNÉRAL.
Bravo! bravo!
C'est du nouveau!

CHARLOTTE ET LE DUC.
Que dit-il? une autre chanteuse!

CHARLOTTE, *furieuse.*
Ah! vraiment, voilà du nouveau!
C'est affreux!... je suis furieuse!

REPRISE DU CHOEUR, *au fond.*
La pièce! la pièce!
Nous sommes pressés!
La pièce! la pièce!
Allons, qu'on se presse!
Allons, commencez!
(*Le duc relève les stores de la loge.*)

CHARLOTTE. Ah! par exemple! une nouvelle débutante qui arrive de Paris, c'est ce que nous allons voir. Mais par où sortir maintenant? du monde sur le théâtre, le public dans la salle... n'importe, je préfère la salle au théâtre, on y est moins mauvaise langue. (*Elle va pour sortir.*)

LE DUC, *l'arrêtant et se moquant d'elle.* Que faites-vous, Charlotte? Si l'on vous voit sortir de ma loge, que dira-t-on?

CHARLOTTE. On dira tout ce qu'on voudra, Monseigneur, mais je ne laisserai certainement pas débuter dans mon emploi; la nouvelle venue n'aurait qu'à avoir du talent.

LE DUC, *l'arrêtant.* Arrêtez, Charlotte, je vous en prie. (*On frappe à la porte de la loge.*)

CHARLOTTE. On vient.

LE DUC, *très-ému.* J'espère bien qu'on n'ouvrira pas.

CHARLOTTE. Écoutez... on met la clé dans la serrure.

LE DUC. Ah! mon Dieu! la porte s'ouvre!

CHARLOTTE. On entre... c'est madame Barnek.

LE DUC, *avec embarras.* La tante d'Henriette... que lui dire!

SCÈNE III.
LES PRÉCÉDENTS; MADAME BARNEK, *entrant.*

(*Charlotte, assise au fond, tourne le dos et se tient à l'écart.*)

MADAME BARNEK. C'est moi, Monseigneur, c'est moi; on ne voulait pas m'ouvrir votre loge; on avait même avec moi un petit air de mystère; par bonheur, j'ai rencontré une ouvreuse de loges de Munich, qui m'a reconnue, madame Frédéric, une brave et digne femme, qui a presque fait sa fortune en petits bancs; je lui ai appris que c'était la loge de mon neveu l'ambassadeur. — Est-il possible?
— Et j'ai été obligée de lui conter comme quoi j'étais votre tante; je lui ai dit que je la protégerais, que ma porte ne lui serait jamais fermée, ce qui fait qu'elle m'a ouvert cette de cette loge.

LE DUC, *avec embarras.* Fort bien, Madame... et qui vous amène?

MADAME BARNEK. Une nouvelle, Monseigneur, une nouvelle fort extraordinaire : j'ai perdu ma nièce.

LE DUC. Comment? que voulez-vous dire?

MADAME BARNEK, *toujours sans voir Charlotte.* Je veux dire que je ne sais plus ce qu'est devenue cette chère enfant; je l'ai cherchée dans tout l'hôtel ; pas plus d'Henriette que si elle avait été enlevée.

LE DUC. Enlevée?

MADAME BARNEK. Alors je suis accourue à votre loge des premières... je me suis trouvée face à face avec madame la comtesse, votre sœur, qui m'a dit d'un air fier : « Elle n'est pas avec moi, je vous prie de le croire; voyez « aux baignoires, loge de l'avant-scène, n° 1 ; c'est là « qu'elle doit être avec M. le duc; » et elle a dit vrai... (*Apercevant Charlotte qui a le dos tourné.*) La voici, cette chère Henriette.

CHARLOTTE, *se détournant.* Pas précisément, madame Barnek.

MADAME BARNEK. Qu'est-ce que je vois là?... mademoiselle Charlotte, ici! en tête-à-tête avec monsieur le duc!

CHARLOTTE. Eh bien! où est le mal!

MADAME BARNEK. Je le dirai à ma nièce.

LE DUC, *voulant l'apaiser.* Madame Barnek, y pensez-vous?

MADAME BARNEK. Oui, Monsieur,... oui, Mademoiselle... moi, j'ai toujours été pour les principes.

CHARLOTTE. Vous voyez bien qu'elle radote... mais à son âge on n'a plus de mémoire.

MADAME BARNEK, *furieuse.* Mademoiselle, vous oubliez qui je suis.

CHARLOTTE. C'est vrai, vous êtes à présent dans les baronnes.

MADAME BARNEK. Et vous, dans les grandes coquettes, à ce que je vois.

LE PARTERRE. Silence dans la loge!

LE DUC. Mesdames, Mesdames, je vous prie, ne parlez pas si haut, la pièce est commencée depuis longtemps. (*A ce moment, des bravos éclatent dans la salle.*

CHARLOTTE, *avec colère.* C'est la débutante! (*Le duc, madame Barnek et Charlotte s'élancent pour regarder. Le duc baisse un store.*)

LE DUC, *avec fureur.* Qu'ai-je vu?... c'est Henriette!.. (*Il relève le store.*)

CHARLOTTE ET MADAME BARNEK. Henriette!

MADAME BARNEK, *hors d'elle-même.* Une ambassadrice sur les planches!

FINAL.
ENSEMBLE.
LE DUC.
Henriette! que faut-il faire?
Quelle honte! quelle douleur!
Ah! la surprise et la colère
Ici se disputent mon cœur!

MADAME BARNEK.
Henriette! que dois-je faire?
Quelle honte! quelle douleur!
Ma nièce, dont j'étais si fière,
Compromettre ainsi son bonheur!

CHARLOTTE.
Henriette! étrange mystère!
La femme d'un ambassadeur!
De son rôle elle était si fière,
Et prend le mien, c'est une horreur!

HENRIETTE, *sur le théâtre, chantant le motif de l'air du trio du second acte.*
C'est en vain que votre puissance
Veut me retenir en ces lieux,
« Vers les rives de la France
« Malgré moi se tournent mes yeux.

« Voguez, sultan joyeux,
« Vers les bords de la Seine.
« Là s'offrent à vos yeux
« Les délices des cieux ;
« Et jour et nuit c'est là
« Qu'amour vous sourira.
« Là, des jeux et des ris
« La troupe vous enchaîne,
« Car le vrai paradis
  « Est à Paris. »
Buvons au sultan Mizapouf,
Au descendant du grand Koulouf ;
Il règne dans Maroc
Par droit de naissance.
Au combat aussi ferme qu'un roc,
Et des amours bravant le choc,
Il est l'aigle et le coq
Des rois de Maroc.
Versez les vins de France,
Versez champagne et médoc,
Buvons tous au sultan Mizapouf !
    Tra, la, la, la, etc.
(On applaudit avec force au fond sur la fin de l'air.)

SCENE IV.

Les précédents, LA COMTESSE, entrant.

LA COMTESSE. Eh bien ! monsieur le duc, j'ai tout vu... votre nom, votre rang, applaudis sur la scène...
LE DUC. Ah ! c'est indigne !.. et quel talent !.. elle n'a jamais mieux chanté... Ils sont tous ravis, n'est-ce pas ?.. ils la trouvent charmante ! ils l'adorent...
LA COMTESSE. Et qu'importe !..
LE DUC. Qu'importe ? je suis furieux... et si elle était là...

SCENE V.

Les précédents, FORTUNATUS, puis HENRIETTE et BÉNÉDICT.

FORTUNATUS. La voilà... la voilà... mia cara diva... mia divinissima prima donna !
LE DUC, saisissant Fortunatus au collet. Malheureux ! qu'as-tu fait ?..
FORTUNATUS, se débattant. Permettez, Monseigneur... elle voulait vous voir et vous parler dans l'entr'acte, et je vous l'amène. (Il montre Henriette, qui entre ramenée par Bénédict. Henriette est habillée en odalisque et Bénédict est en uniforme d'officier.)
LE DUC, à Henriette. C'est vous, Henriette ?
HENRIETTE. Point de reproches, Monseigneur ; à ce prix, je vous épargne les miens !
LE DUC. Vous sur un théâtre !
HENRIETTE. N'est-ce pas là que vous m'avez aimée ? Pour conserver votre amour je n'aurais jamais dû le quitter, peut-être. (Montrant Charlotte.) Vous aimez les talents, vous aimez les succès...
LE DUC. Ah ! je n'aime que vous ! je vous aime plus que jamais, et pour vous encore je suis prêt à tout sacrifier.
HENRIETTE, avec émotion. Non, Monseigneur... pour sa gloire et pour son bonheur, la véritable artiste ne doit jamais cesser de l'être... Voici la lettre du roi qui permettait notre mariage... voici l'acte qui m'assure la moitié de votre fortune. (Elle les déchire.)
LE DUC. Henriette, que faites-vous ?

FINAL.

HENRIETTE.
Reprise de l'air des couplets du premier acte.
  Aux beaux-arts, à mes premiers succès
      Fidèle à jamais,
  La gloire, préférable aux amours,
      Charmera mes jours ;

Et pour mieux rendre à mon cœur
Le repos et le bonheur,
Adieu vous dis, Monseigneur,
Monseigneur l'ambassadeur !
CHARLOTTE.
Encore prima donna !
MADAME BARNEK, à Charlotte. Vous aviez pris sa place, elle a pris la vôtre !
BÉNÉDICT. Elle ne l'épouse pas du moins, il y a de l'espoir.
HENRIETTE, à part. Pauvre Bénédict !.. (On frappe trois coups.)

SUITE DU FINAL.

On frappe les trois coups !
FORTUNATUS, baissant les stores du fond.
          C'est pour le second acte !
        HENRIETTE.
On m'appelle, on m'attend, et je dois être exacte !
        LE DUC.
  Henriette...
        HENRIETTE.
        Non, laissez-moi !
        LE DUC.
  Écoutez, écoutez, de grâce !..
        HENRIETTE.
Que chacun, Monseigneur, reprenne ici sa place :
Moi sur la scène, et vous dans la loge du roi !

ENSEMBLE.

FORTUNATUS ET BÉNÉDICT.
Venez, venez, l'on vous attend !
Ah ! pour nous quel bonheur suprême !
Le public est impatient,
Venez, venez, l'on vous attend !
HENRIETTE.
Adieu, l'on m'appelle, on m'attend !
Mon amitié sera la même :
De moi vengez-vous noblement,
Vengez-vous en m'applaudissant !
MADAME BARNEK.
Ah ! quel dépit ! ah ! quel tourment !
D'abdiquer la grandeur suprême !
Ah ! quel dépit ! ah ! quel tourment !
D'être bourgeoise comme avant !
LE DUC.
Ah ! quels regrets ! ah ! quel tourment !
Hélas ! plus que jamais je l'aime !
Et je la perds, cruel moment !
Quand je l'aimais si tendrement !
CHARLOTTE.
Ah ! quel dépit ! ah ! quel tourment
De partager le diadème !
Ah ! quel dépit ! ah ! quel tourment
De partager le premier rang !
LA COMTESSE.
Ah ! je respire maintenant !
Ah ! pour nous quel bonheur extrême !
Non, plus d'hymen, ah ! c'est charmant !
Chacun enfin reprend son rang !

CHŒUR DU PUBLIC, en dehors.

Allons, commencez promptement !
BÉNÉDICT ET FORTUNATUS, entraînant Henriette.
Venez, venez, l'on vous attend !
(Bénédict et Fortunatus entraînent Henriette qui, de la main, fait un geste d'adieu au duc, qui veut la suivre et que la comtesse retient ; madame Barnek est près de s'évanouir dans les bras de Charlotte, qui rit. Le rideau baisse.)

FIN DE L'AMBASSADRICE.

LE CHEVAL DE BRONZE

OPÉRA-FÉERIE EN TROIS ACTES.

Représenté, pour la première fois, à Paris, sur le théâtre royal de l'Opéra-Comique, le 23 mars 1835.

MUSIQUE DE M. AUBER.

Personnages.

YANG, prince impérial de la Chine.
TSING-SING, mandarin.
TCHIN-KAO, fermier.
YANKO.
STELLA, princesse du Mogol.
TAO-JIN.

PEKI.
LO-MANGLI, demoiselle d'honneur de la princesse.
FEMMES de la suite de Stella.
SOLDATS ET SEIGNEURS de la suite du Prince.
PAYSANS, PAYSANNES, etc.

La scène se passe dans la province de Chatong, en Chine.

ACTE PREMIER.

Le théâtre représente un site agréable, dans la province de Chatong, en Chine. — A droite, l'entrée de la ferme, de Tchin-Kao. — Au fond, un village chinois. A gauche, l'entrée d'une pagode.

SCÈNE PREMIÈRE.

INTRODUCTION.

CHŒUR.

Clochettes de la pagode,
Retentissez dans les airs,
Et, suivant l'antique mode,
D'hymen formez les concerts.
Clochettes de la pagode,
Retentissez dans les airs!

TCHIN-KAO.

Mon bonheur ne peut se comprendre,
Ma fille épouse un mandarin ;
A tous ici, pour mieux l'apprendre,
Sonnez, clochettes... tin! tin! tin!
Je crois des écus de mon gendre
Entendre le son argentin,
Tin! tin! tin! tin! tin!

CHŒUR.

Clochettes de la pagode,
Retentissez dans les airs! etc., etc.

TCHIN-KAO, *bas, à sa fille, qui est voilée.*

Allons, ma fille, allons, Peki,
Parlez donc à votre mari!

PEKI, *de même.*

A quoi bon? que puis-je lui dire?

TCHIN-KAO.

Vous, la fille d'un laboureur,
Epouser un grand de l'empire?

TSING-SING.

Le favori de l'empereur,
Le seigneur Tsing-Sing! c'est tout dire.
(*S'approchant de Peki.*)

AIR.

Trésor de jeunesse et d'amour,
Beauté dont mon âme est ravie!
Je t'ai vue... et pour toi j'oublie
Mon rang, ma noblesse et la cour!
De ma naissance,
De ma puissance,
Un seul coup d'œil
Brise l'orgueil.
Et plein d'extase,
Mon cœur s'embrase,
S'embrase aux feux
De tes beaux yeux.
Trésor de jeunesse et d'amour!
Etc., etc.

On te dira que je suis vieux!
N'en crois rien, l'amour n'a pas d'âge ;
Et, pour te séduire, je veux
Que mes trésors soient ton partage,
Et que chacun dise soudain :
« C'est la femme d'un mandarin.
« Dans ses atours quelle élégance!
« Ses pieds ont foulé le satin.
« Perle et rubis ornent son sein.
« Mollement se balance,
« Bercée en son beau palanquin. »
Esclaves, servez votre reine,
Esclaves, courbez-vous soudain ;
C'est votre maîtresse et la mienne,
C'est la femme d'un mandarin...
Quel honneur! quel heureux destin !
D'être femme d'un mandarin!

ENSEMBLE.

CHŒUR.

Quel honneur! quel heureux destin,
D'être femme d'un mandarin!

PEKI.

Soumettons-nous à mon destin,
Je suis femme d'un mandarin!

TCHIN-KAO.

Quel bonheur! quel heureux destin,
D'être femme d'un mandarin!

TCHIN-KAO, *à sa fille et aux paysans.*

Allez! allez veiller aux apprêts du festin.

CHŒUR.

Clochettes de la pagode,
Retentissez dans les airs! etc., etc.
(*Ils sortent tous, excepté Tsing-Sing, et Tchin-Kao.*)

PEKI. La victoire est à moi. — Acte 3, scène 6.

SCÈNE II.

TSING-SING, TCHIN-KAO.

TSING-SING. Eh bien! maître Tchin-Kao... qu'en dites-vous?

TCHIN-KAO. Que je ne puis en revenir encore!.. vous, gouverneur de cette province, qui veniez tous les ans au nom de l'empereur, notre gracieux souverain, pour toucher notre argent ou nous donner des coups de bâton; vous qui me faisiez une si grande peur, ainsi qu'à tout le monde, vous voilà mon gendre...

TSING-SING. Oui, maître Tchin-Kao, je vous ai fait cet honneur : j'admets votre fille au nombre de mes femmes...

TCHIN-KAO. Est-ce que vous en avez beaucoup?

TSING-SING. Quatre.

TCHIN-KAO. Est-il possible!

TSING-SING. Objet de luxe! et pas autre chose. Un grand seigneur chinois y est obligé par son rang.

TCHIN-KAO. Ici, au village, nous ne prenons qu'une femme, nous ne pouvons pas en avoir davantage...

TSING-SING. C'est juste! vous n'en avez pas les moyens!..

c'est un luxe qui revient très-cher, attendu qu'à chaque fille qu'on épouse... il faut payer une dot à son père.

TCHIN-KAO. Très-bonne coutume! encouragement moral accordé aux nombreuses familles... Du reste, la dot que j'ai reçue de votre seigneurie était magnifique... Il n'y a qu'une chose qui m'embarrasse...

TSING-SING. Laquelle?

TCHIN-KAO. Ce sont vos quatre femmes.

TSING-SING. Elles ne vous embarrassent pas plus que moi! La première est maussade, la seconde colère, la troisième jalouse; mais celles-là ne diront rien, car elles ne sortent jamais de leur chambre ou de leur palanquin. Ce qu'il y a de plus difficile, c'est ma quatrième, ma chère Tao-Jin...

TCHIN-KAO. Qui est laide?

TSING-SING. Non, elle est jeune et jolie, mais elle réunit à elle seule les qualités de toutes les autres... sans compter un petit mandarin très-assidu auprès d'elle; et je ne puis la répudier, attendu qu'elle est cousine de l'empereur, au huitième degré.

TCHIN-KAO. Cousine de l'empereur!

TSING-SING. Il en a comme ça deux ou trois mille... C'est égal, cette parenté-là donne à ma douceureuse Tao-Jin le droit de paraître sans voile, de sortir seule et de me faire enrager toute la journée.

TCHIN-KAO. Elle vous aime donc bien !

TSING-SING. Du tout : elle ne peut pas me souffrir ; mais, fière et hautaine, elle me regarde comme son premier esclave... Tu l'as voulu, Tsing-Sing..., tu as voulu, parce que tu étais riche, épouser une princesse qui n'avait rien. Aussi, avec elle, il faut que j'obéisse, et c'est pour commander à quelqu'un que j'ai épousé ta fille...

TCHIN-KAO. Je vous remercie bien.

TSING-SING. Mais tout à l'heure, au moment où j'entrais dans la pagode,.. un exprès m'a appris que ma noble compagne venait d'arriver à mon palais d'été.

TCHIN-KAO. Aux portes de ce village...

TSING-SING. C'est cela qui m'a fait hâter mon mariage avec Peki... car tu sens bien que si Tao-Jin était apparue au milieu de la cérémonie...

TCHIN-KAO. Cela aurait été fort gênant pour ce matin.

TSING-SING. Et ça le serait encore plus pour ce soir... Ainsi, tu feras préparer le repas et l'appartement nuptial chez toi..., dans ta ferme.

TCHIN-KAO. Quel honneur !

TSING-SING. Et d'ici-là, si je puis éviter la quatrième... et ne pas la voir de la journée... (*Apercevant Ta-oJin.*)

SCÈNE III.

TCHIN-KAO, TSING-SING ; TAO-JIN, *paraissant au fond du théâtre, dans un palanquin.*

TRIO.

TSING-SING.
Dieu tout-puissant ! c'est elle que je vois !

TCHIN-KAO.
A son aspect..., comme il tremble d'effroi !
Quel changement soudain !
Lui jadis si hautain,
Qu'il est humble et bénin
Notre grand mandarin !

TSING-SING.
O funeste destin !

TAO-JIN.
Je bénis le destin
Qui, pour moi plus humain,
Me ramène à la fin
Près du grand mandarin !

TSING-SING.
Ah ! ce bonheur insigne
A surpris votre époux !
Et votre esclave indigne
S'incline devant vous.
(*Il met un genou en terre.*)

TCHIN-KAO.
Que faites-vous, seigneur ?

TAO-JIN, *avec dignité.*
C'est bien !

TSING-SING, *bas, à Tchin-Kao.*
C'est de rigueur ;
Ma femme est par malheur
Du sang de l'empereur.

ENSEMBLE.

TCHIN-KAO.
Quel changement soudain !
Lui jadis si hautain,
Qu'il est humble et bénin
Notre grand mandarin !

TAO-JIN.
Je bénis le destin
Qui, pour moi plus humain,
Me ramène à la fin
Près du grand mandarin.

TSING-SING.
O funeste destin !
Qui vers moi vous conduit ?

TAO-JIN.
Une grande nouvelle
Que j'ai reçue ..

TSING-SING.
Et quelle est-elle ?

TAO-JIN.
Et pour que vous soyez, dans ce jour de bonheur,
Entouré des objets que chérit votre cœur,
J'ai voulu, réprimant mes tendresses jalouses,
Amener avec moi vos trois autres épouses.

TSING-SING,
C'est fait de moi !

TCHIN-KAO.
Quel contre-temps soudain !

TAO-JIN.
Et les voilà chacune en leur beau palanquin.

ENSEMBLE.

TCHIN-KAO.
D'un tel esclavage,
Ah ! comme il enrage !
Et ce mariage
Qui l'attend ce soir !..
Quel parti va prendre
Mon illustre gendre ?
Sinon de se pendre
Dans son désespoir.

TSING-SING.
D'un tel esclavage,
De fureur j'enrage !
Et ce mariage
Qui m'attend ce soir !
Comment se défendre ?
Ah ! quel parti prendre ?
Sinon de me pendre
Dans mon désespoir.

TAO-JIN.
D'avance, je gage,
Rien ne lui présage
Cet heureux message
Qu'il va recevoir.
Si mon cœur trop tendre
Vous le fait attendre,
Ce n'est que pour rendre
Plus doux votre espoir.

TSING-SING.
Mais cette maudite nouvelle...
(*Se reprenant.*)
Non, non, cette heureuse nouvelle
Qui vous amène ainsi vers nous,
Dites-la donc !..

TAO-JIN.
Mon cœur fidèle
Vous l'apprendra plus tard.

TSING-SING, *à Tchin-Kao.*
Éloignez-vous.

ENSEMBLE.

TCHIN-KAO.
D'un tel esclavage,
Ah ! comme il enrage ! etc.

TAO-JIN.
D'avance, je gage,
Rien ne lui présage, etc.

TSING-SING.
D'un tel esclavage,
De fureur j'enrage, et.
(*Tchin-Kao sort.*)

SCENE IV.

TSING-SING, TAO-JIN.

TAO-JIN. Eh bien! seigneur, dites encore qu'il n'y a pas d'avantage à épouser une cousine de l'empereur au huitième degré!.. Enseveli ici dans cette province de Cha-tong, dont vous êtes gouverneur, vous ne pouviez vous absenter, ni venir à Pékin, ni paraître à la cour, qui jamais n'a été plus brillante, à ce que m'écrivait dernièrement Nin-Kao... ce jeune mandarin de première classe... et mon cousin au troisième degré...

TSING-SING, *à part.* Celui dont je parlais tout à l'heure.

TAO-JIN. Alors, et dans ma tendresse pour vous, devinez ce que j'ai fait?

TSING-SING. Je ne m'en doute même pas.

TAO-JIN. Le prince impérial, qui voyageait depuis un an, revient enfin dans la capitale...

TSING-SING. Je le sais... Il doit même traverser cette province pour se rendre à Pékin...

TAO-JIN. Où l'on vient de monter sa maison... Eh bien! Monsieur, l'empereur, à ma demande et à ma considération, a daigné vous nommer à la place la plus flatteuse... il vous a donné le titre de tchangi-long ou premier menin de son altesse.

TSING-SING. Est-il possible!.. un tel honneur!

TAO-JIN. C'est à moi que vous le devez : une charge magnifique, qui vous donne le droit de rester toujours auprès du prince, de le suivre partout! pendant que moi, je resterai à la cour!

TSING-SING. Comment! je ne pourrai pas le quitter?

TAO-JIN. D'une seule minute... à moins qu'il ne l'exige... C'est l'étiquette chinoise... et si vous y manquiez, le prince aurait le droit de vous faire trancher la tête.

TSING-SING. Ah! mon Dieu! Par bonheur... je connais le prince, un jeune homme charmant, qui tient beaucoup au plaisir et fort peu à l'étiquette. Je suis un des lettrés de l'empire qui dans son enfance lui donnaient des leçons : il ne venait jamais aux miennes... ce qui ne l'a pas empêché d'être prodigieusement instruit.

TAO-JIN. Et c'est en récompense de vos soins que l'empereur vous attache à sa personne, et vous donne une place qui, dès aujourd'hui, vous ramène à la cour.

TSING-SING. Comment! aujourd'hui?..

TAO-JIN. Eh! oui, vos fonctions commencent de ce moment... Nous ne quitterons plus le prince, et comme il va arriver...

TSING-SING. Lui... le prince! *(A part, avec embarras.)* Et ce soir... mon mariage... comment faire?..

TAO-JIN. Tenez... tenez, voyez-vous de loin la bannière impériale... c'est lui... c'est son altesse... Quel bonheur! moi qui ne l'ai jamais vu...

TSING-SING. Vous oseriez vous exposer ainsi à ses yeux?

TAO-JIN. Pourquoi pas?.. comme fils de l'empereur, nous sommes parents : c'est un cousin.

TSING-SING. Elle en a partout... Et cette foule qui l'environne... braverez-vous aussi leurs regards profanes?.. Rentrez, Madame, rentrez...

TAO-JIN. Vous avez raison, et j'attendrai que le prince soit seul avec vous. *(Elle entre dans la pagode à gauche.)*

SCENE V.

TSING-SING, LE PRINCE YANG, CHŒUR DE PEUPLE,
qui le précède et le suit.

CHŒUR.

Ah! quelle ivresse!
Cet heureux jour
Rend son altesse
A notre amour!

TSING-SING.
Ah! comment faire en ma détresse
Pour mettre d'accord en ce jour
Ma dignité nouvelle et mon nouvel amour!

CHŒUR.

Ah! quelle ivresse!
Cet heureux jour
Rend son altesse
A notre amour!
C'est lui! le voilà de retour

LE PRINCE.
PREMIER COUPLET.
J'ai pour guides en voyage
La folie et l'amour,
Je ris lorsque vient l'orage
Et quand vient un beau jour,
 Ne jamais voir
 Le monde en noir,
 Ne blâmer rien,
 Trouver tout bien,
 C'est le système
 Que j'aime,
 D'être heureux c'est le moyen.
DEUXIÈME COUPLET.
S'il est des beautés fidèles,
 D'autres ne le sont pas;
Qu'importe! je fais comme elles,
Et je me dis tout bas :
 Ne jamais voir, etc.

CHŒUR.

Ah! quelle ivresse!
Cet heureux jour
Rend son altesse
A notre amour!
C'est lui! le voilà de retour!

LE PRINCE. Merci, merci, mes bons amis... Nous nous reverrons encore avant mon départ. *(Ils sortent tous.)*

SCENE VI.

LE PRINCE, TSING-SING.

LE PRINCE. Vous, Tsing-Sing, demeurez!

TSING-SING. C'est mon devoir, Monseigneur...

LE PRINCE. Oui, j'ai appris par mon père la nouvelle dignité qui vous attachait à moi, et je m'en félicite... Quand vous étiez au nombre de mes maîtres, je me souviens qu'autrefois vous ne me gêniez guère.

TSING-SING. Je continuerai avec le même zèle.

LE PRINCE. J'y compte... et nous partirons dès aujourd'hui..

TSING-SING. Pour la cour?..

LE PRINCE. M'en préserve le ciel! Mon père m'y attend pour me marier... et moi, je ne le veux pas, parce qu'il y a quelqu'un au monde que j'aime, qui occupe toutes mes pensées... et cette personne-là, il ne peut me la donner!..

TSING-SING. Et pourquoi donc?.. rien n'est au-dessus de son pouvoir... c'est une princesse... ou une reine...

LE PRINCE. C'est bien autre chose.

TSING-SING. Une impératrice...

LE PRINCE. Si ce n'était que cela...

TSING-SING. O ciel! je comprends, une personne d'une condition inférieure... une de vos sujettes...

LE PRINCE. Eh! non... tu vas me regarder comme un insensé.. un extravagant... tu ne reconnaîtras plus ton ancien élève...

TSING-SING. Au contraire... parlez...

LE PRINCE. Eh bien! cette beauté si séduisante... si ravissante, qui a renversé toutes mes idées...

TSING-SING. Quelle est-elle?

LE PRINCE. Je n'en sais rien.

TSING-SING. Dans quels lieux habite-t-elle?

LE PRINCE. Je l'ignore!..

TSING-SING. Et où donc alors l'avez-vous vue?
LE PRINCE. En songe?

AIR.

Le sommeil fermait ma paupière,
La nuit environnait mes yeux ;
Soudain un rayon de lumière
M'éblouit et m'ouvre les cieux.
Je vois sur un nuage
Et de pourpre et d'azur
Une céleste image
Au regard doux et pur !
Sur son épaule nue
Tombaient ses blonds cheveux,
Et de sa douce vue
Moi, j'enivrais mes yeux...
Quand d'un air gracieux
Me tendant sa main blanche,
Cette fille des cieux
Près de mon lit se penche,
Disant : Ami, c'est moi
Qui recevrai ta foi ;
A toi seul mes amours
Pour toujours...
Et soudain disparut cette jeune immortelle.
Les nuages légers se refermaient sur elle,
Et sa voix murmurait encor... toujours... toujours!
(Regardant Tsing-Sing qui sourit.)
Ah! cela vous fait rire,
Et vous ne pouvez croire à ce rêve charmant !
Eh bien ! voici qui semble encor plus étonnant !
Quand la nuit sombre
Ramène l'ombre
Et le sommeil,
Rêve pareil
Pour moi prolonge
Ce doux mensonge,
Et près de moi
Je la revoi !
Au rendez-vous fidèle,
Oui, vraiment, c'est bien elle
Qui vient toutes les nuits,
Et dans l'impatience
De sa douce présence,
Tous les jours je me dis :
O nuit, mon bien suprême !
O sommeil enchanteur !
Rendez-moi ce que j'aime !
Rendez-moi le bonheur !
Des heures que le sort, hélas ! m'a destinées,
Que ne puis-je à l'instant retrancher les journées?
Oui, je voudrais, c'est là mon seul désir,
Oui, je voudrais toujours dormir !
O nuit, mon bien suprême !
O sommeil enchanteur !
Rendez-moi ce que j'aime,
Rendez-moi le bonheur !

TSING-SING. C'est fort extraordinaire... Vous ne l'avez vue qu'en songe?..
LE PRINCE. Oui, mon ami.
TSING-SING. Et depuis ce temps, elle vous est apparue toutes les nuits?..
LE PRINCE. Sans en manquer une seule... Tu te doutes bien que dans mes voyages j'ai consulté là-dessus tous les astrologues et les savants de la Chine et du Thibet. Les uns ont prétendu que c'était une habitante des étoiles; d'autres, que c'était la fille du Grand-Mogol,.. une princesse charmante, qui depuis son enfance a disparu de la cour de son père, et qu'un enchanteur a transportée l'on ne sait dans quelle planète... mais tous m'assuraient que c'était celle que je devais épouser?..
TSING-SING. Je suis de leur avis.
LE PRINCE. Mais dans quel pays... dans quelle région la rencontrer?
TSING-SING. Je n'en sais rien.
LE PRINCE. Ni moi non plus... mais nous la trouverons... tu m'y aideras, et puisque tu ne dois plus me quitter, nous partirons ensemble dès ce soir.

TSING-SING, à part. Ah! mon Dieu! (Haut.) Cela ne vous serait pas égal demain?..
LE PRINCE. Pourquoi cela?
TSING-SING. C'est que je suis marié depuis ce matin.
LE PRINCE. Est-il possible !
TSING-SING. A la fille de Tchin-Kao, un riche fermier.
LE PRINCE. Que ne le disais-tu ?.. Reste, alors, c'est trop juste! (En souriant.) Est-elle jolie?
TSING-SING. Une petite Chinoise charmante!
LE PRINCE. Pourquoi alors ne me l'as-tu pas présentée?.. Ah! mon Dieu!.. quelle idée : tu dis qu'elle est charmante... si c'était celle que j'aime et que je cherche...
TSING-SING. Laissez donc !
LE PRINCE. Pourquoi pas? partout je crois la voir, et si seulement elle lui ressemblait...
TSING-SING, à part. Il ne manquerait plus que cela... et s'il lui prend fantaisie de me l'enlever...
LE PRINCE. Qui vient là?

SCÈNE VII.

LE PRINCE, TSING-SING, TAO-JIN, *sortant de la pagode.*

TRIO.

TAO-JIN, *voilée, et s'adressant à Tsing-Sing.*
Eh bien !.. eh bien ! cher époux !
LE PRINCE.
      Que dit-elle?
C'est ta femme !
TSING-SING, *vivement.*
Oui, vraiment !
LE PRINCE, *la regardant avec curiosité.*
      Son épouse nouvelle !
TSING-SING, *à part.*
Ah ! s'il pouvait me la ravir,
Qu'il me serait doux d'obéir !

ENSEMBLE.

LE PRINCE, *regardant Tao-Jin.*
Que sa démarche est belle !
Que de grâce et d'attrait !
Oui, tout me dit : C'est elle
Que j'adore en secret !
TSING-SING.
L'aventure est nouvelle !
Et du ciel quel bienfait,
Si ma femme était celle
Qu'il adore en secret !
TAO-JIN, *à part, regardant le prince qui la regarde.*
Sans le rempart fidèle
De ce voile discret,
D'une flamme nouvelle
Son cœur s'embraserait.
LE PRINCE, *à Tao-Jin.*
Daignez un instant à mes yeux
Soulever ce voile envieux !
TAO-JIN.
Quoi ! vous voulez?
TSING-SING.
    Eh ! oui, ma bonne,
Sitôt que le prince l'ordonne,
C'est votre devoir et le mien
D'obéir...
(*Tao-Jin lève son voile.*)
LE PRINCE.
Ciel ..
TSING-SING, *avec curiosité.*
Eh bien?..
LE PRINCE.
    Eh bien !

ENSEMBLE.
LE PRINCE.
O surprise nouvelle !
Ce ne sont point ses traits.
Non, non, ce n'est pas celle
Qu'en secret j'adorais !
TSING-SING, *tristement.*
Espérance infidèle
Dont mon cœur se berçait,
Ma femme n'est pas celle
Que le prince adorait !
TAO-JIN, *regardant le prince.*
Oui, je lui semble belle :
Si mon cœur le voulait,
D'une flamme nouvelle
Le sien s'embraserait !

SCENE VIII.

LES PRÉCÉDENTS, TCHIN-KAO, PEKI.

QUINTETTE.

TCHIN-KAO.
Pour vous, nobles seigneurs, le repas est servi !
LE PRINCE.
C'est Tchin-Kao, le fermier !..
TCHIN-KAO.
Oui, mon prince!
LE PRINCE.
Reçois mon compliment ! dans toute la province,
(*Lui montrant Tao-Jin.*)
Je n'ai rien vu, je crois d'aussi joli
Que ta fille !
TAO-JIN, *s'éloignant avec indignation.*
Sa fille !..
TCHIN-KAO.
Eh ! mais... ce n'est pas elle !
TAO-JIN.
Sa fille !.. quelle horreur !
Moi, cousine de l'empereur !
LE PRINCE, *à Tao-Jin.*
Eh quoi ! vous n'êtes pas cette beauté nouvelle
Que le seigneur Tsing-Sing ce matin épousa?
TAO-JIN.
Qu'il épousa !.. qu'entends-je ?
(*A Tsing-Sing.*)
Une nouvelle femme !
TSING-SING, *à demi-voix.*
Taisez-vous donc !.. le prince est là !
TAO-JIN.
Non, je ne puis calmer le courroux qui m'enflamme,
Une cinquième !.. à vous ! . vous, Monsieur, qui déjà...
TSING-SING, *de même.*
Taisez-vous donc, le prince est là !
TAO-JIN, *de même.*
Et quelle est-elle ?
TCHIN-KAO, *montrant Peki qui arrive voilée.*
La voilà...
TOUS.
La voilà !.. la voilà !
TAO-JIN.
Le perfide me le paiera !
LE PRINCE, *regardant tour à tour Peki et Tsing-Sing.*
Et m'abuser ainsi !.. pauvres princes, voilà
Comme en tout temps on nous trompa !

ENSEMBLE.
LE PRINCE.
Que sa démarche est belle !
Que de grâce et d'attrait !
Oui, tout me dit : C'est elle
Que j'adore en secret !

TSING-SING.
O souffrance mortelle !
Ah ! de moi c'en est fait !
Mon autre femme est celle
Qu'il adore en secret !
TAO-JIN.
Une flamme nouvelle
En secret l'occupait ;
Le traître, l'infidèle
Ainsi donc nous trompait !
PEKI.
Dans ma douleur mortelle,
Hélas ! si je l'osais,
D'une chance aussi belle,
Ah ! je profiterais !
TCHIN-KAO.
Quelle gloire nouvelle !
Quel triomphe complet,
Si ma fille était celle
Que le prince adorait !
TAO-JIN, *passant près de Peki et soulevant son voile.*
Je connaîtrai du moins ma rivale !
TOUS.
Ah! grands dieux !
LE PRINCE, *regardant Peki.*
Non .. non, ce n'est pas elle!
TSING-SING, *à part.*
Ah ! je l'échappe belle.
LE PRINCE, *regardant toujours Peki.*
Mais d'où viennent les pleurs qui coulent de ses yeux ?
TSING-SING, *s'approchant.*
Qu'a-t-elle donc ?
PEKI.
Ah ! je ne puis le dire !
TSING-SING.
A moi votre époux !
PEKI.
Non.
LE PRINCE.
Mais à moi, mon enfant?
PEKI.
Vous, Monseigneur, c'est différent !
Je crois que j'oserai !
LE PRINCE.
C'est bien ! qu'on se retire !
TSING SING, *avec effroi*
Qui, moi ?.. me retirer !
TAO-JIN.
C'est bien fait
LE PRINCE.
C'est charmant !
TAO-JIN.
Cinq femmes !.. ah ! cela mérite châtiment !

ENSEMBLE.
TAO-JIN.
Ah! d'une telle offense
Je veux avoir vengeance,
Et pareille inconstance
Lui portera malheur !
Oui, pour lui point de grâce,
Je ris de sa disgrâce,
On doit de tant d'audace
Punir un séducteur.
TSING-SING.
J'hésite, je balance ;
Je dois obéissance,
Et pourtant la prudence
Me fait craindre un malheur !
O tourment ! ô disgrâce !
Que faut-il que je fasse
Pour conserver ma place
Et garder mon honneur ?
LE PRINCE.
Il hésite !.. il balance !
Redoute ma puissance !

Tu dois obéissance
A ton maître et seigneur !
Allons, cède la place,
Nul danger ne menace
Tant d'attraits et de grâce,
Je suis son protecteur !
PEKI.
Quelle reconnaissance !
Ah ! sa seule présence
Vient calmer la souffrance
Dont gémissait mon cœur !
Du sort qui nous menace,
Oui, la crainte s'efface ;
D'avance je rends grâce
A mon doux protecteur !
TCHIN-KAO.
Il hésite !.. il balance !
Ah ! d'une telle offense
Sa femme aura vengeance,
Pour lui je crains malheur !
Je prévois la disgrâce
Qui déjà le menace,
Il y va de sa place
Ou bien de son honneur !

LE PRINCE, *se retournant vers Tsing-Sing qui n'est pas encore parti.*
Eh bien !.. eh bien !
TSING-SING.
Pardon, je dois rester :
Ma charge me prescrit de ne point vous quitter !
LE PRINCE.
Hormis quand je l'ordonne !
TSING-SING, *avec crainte et à demi-voix, en montrant Peki.*
Au moins, je l'espère,
Ce n'est pas elle !..
LE PRINCE, *souriant.*
Eh ! non, en vérité !
Ne crains rien, j'aime un rêve, une vaine chimère,
Et ta femme est, hélas !
TSING-SING.
Une réalité !
(*A part.*)
Aussi je crains quelques nouvelles trames !
LE PRINCE.
Eh bien ! m'entends-tu ?..
TSING-SING.
Je m'en vas.
TAO-JIN.
Allons, venez... suivez mes pas !
TSING-SING.
Époux infortuné !.. malheureux par mes femmes,
(*Montrant Peki.*)
Par l'une que je quitte, hélas !
(*Montrant Tao-Jin qui l'entraîne.*)
Et par l'autre qui ne me quitte pas !

ENSEMBLE.

TAO-JIN.
Ah ! d'une telle offense
Je veux avoir vengeance,
Et pareille inconstance
Lui portera malheur !
Oui, pour lui point de grâce,
Je ris de sa disgrâce,
On doit de tant d'audace
Punir un séducteur.
Allons, quelle lenteur !
D'où vient cet air d'humeur ?
Votre maître et seigneur
Veille sur votre honneur.

TSING-SING.
J'hésite, je balance :
Je dois obéissance,
Et pourtant la prudence
Me faut craindre un malheur !
O tourment ! ô disgrâce !
Que faut-il que je fasse
Pour conserver ma place
Et garder mon honneur ?
Allons, montrons du cœur
Et de la bonne humeur.
J'obéis sans frayeur
A mon maître et seigneur !

LE PRINCE.
Il hésite !.. il balance !
Redoute ma puissance !
Tu dois obéissance
A ton maître et seigneur !
Allons, cède la place,
Nul danger ne menace
Tant d'attraits et de grâce,
Je suis son protecteur !
Allons, quelle lenteur !
D'où vient cet air d'humeur !
Obéis sans frayeur
A ton maître et seigneur !

PEKI.
Quelle reconnaissance !
Ah ! sa seule présence
Vient calmer la souffrance
Dont gémissait mon cœur !
Du sort qui nous menace,
Oui, la crainte s'efface ;
D'avance je rends grâce
À mon doux protecteur !
Voyez quelle lenteur,
Quelle mauvaise humeur ;
On dirait qu'il a peur
D'un pareil protecteur !

TCHIN-KAO.
Il hésite !.. il balance !
Ah ! d'une telle offense
Sa femme aura vengeance,
Pour lui je crains malheur,
Je prévois la disgrâce
Qui déjà le menace,
Il y va de sa place
Ou bien de son honneur !
Voyez quelle lenteur,
Quelle mauvaise humeur ;
On dirait qu'il a peur
D'un pareil protecteur !

(*Tchin-Kao rentre dans la ferme à droite du spectateur, et Tao-Jin sort en emmenant avec elle Tsing-Sing.*)

SCENE IX.
LE PRINCE, PEKI.

LE PRINCE. Enfin il nous laisse !.. ce n'est pas sans peine ! Eh bien ! ma belle enfant, qu'aviez-vous à me dire ?.. parlez...

PEKI. Je n'ose plus.

LE PRINCE. D'où viennent vos chagrins ? Ne venez-vous pas de faire un brillant mariage ? n'avez-vous pas un époux qui a du pouvoir, de la richesse... et que sans doute vous aimez ?..

PEKI, *baissant les yeux.* Au contraire, Monseigneur, c'est que je ne l'aime pas...

LE PRINCE, *à part, en riant.* Ah ! mon Dieu ! (*Haut.*) Je conçois en effet qu'avec sa figure, ses soixante ans et ses quatre précédents mariages, il ne doit guère inspirer de passion... mais au moins, et c'est beaucoup, vous n'en aimez pas d'autres !..

PEKI, *baissant les yeux.* Je crois que si !

LE PRINCE, *gaiement.* Vraiment !

PEKI. Yanko ! un garçon de ferme de mon père, avec qui j'avais été élevée... mais il n'avait rien... que son amour... ce n'était pas assez pour mon père qui voulait une dot. Et tout à l'heure, au moment de mon mariage... Le pauvre garçon... (*Elle s'interrompt pour pleurer.*)

LE PRINCE. Eh bien?
PEKI. Eh bien! dans son désespoir, il a couru au cheval de bronze...
LE PRINCE. Le cheval de bronze... Qu'est-ce que cela?
PEKI. Vous ne le savez pas... et depuis six mois dans le pays il n'est question que de lui...
LE PRINCE. Oui, mais moi qui arrive à l'instant même, et qui voyage depuis un an...
PEKI. C'est juste!.. vous n'étiez pas ici! Eh bien! Monseigneur, apprenez donc qu'il y a six mois à peu près, on a vu tout à coup apparaître, sur un rocher de la montagne qui est en face de notre ferme, un grand cheval de bronze... qui est venu là on ne sait comment... car personne n'aurait pu l'y apporter... et il arrivait sans doute du ciel ou de l'enfer...
LE PRINCE, *riant*. Ce n'est pas possible!
PEKI. Pas possible!

PREMIER COUPLET.

Là-bas, sur un rocher sauvage,
S'élève ce cheval d'airain!
Sur lui voilà qu'avec courage
S'élance un jeune mandarin.
Soudain au milieu des éclairs
Il part... s'élance dans les airs;
Il s'élève... s'élève encore!
Mais où donc va-t-il?.. on l'ignore!
Gardez-vous, pauvre pèlerin,
De monter le cheval d'airain!

DEUXIÈME COUPLET.

Bientôt sur ce rocher aride
Le coursier était revenu!
Mais de l'écuyer intrépide,
Hélas! on n'a jamais rien su.
Jamais il n'a revu ces lieux!
Perdu dans l'espace des cieux,
Là-haut, là-haut, sur un nuage,
Pour toujours peut-être il voyage...
Gardez-vous, pauvre pèlerin,
De monter le cheval d'airain!

TROISIÈME COUPLET.

Yanko m'aimait dès son jeune âge;
Jugez de son mortel chagrin,
Quand il apprit qu'un mariage
Me demandait un mandarin!
Il s'est élancé d'un air fier
Sur ce noir coursier qui fend l'air,
Et là-bas... là-bas... dans la nue,
Disparaissant à notre vue...
Tout mon bonheur a fui soudain
Ainsi que le cheval d'airain!

LE PRINCE. Ah! que c'est amusant! et que ne suis-je avec lui!..
PEKI. Y pensez-vous?
LE PRINCE. Moi qui aime les aventures et qui allais en chercher si loin... il y en avait une ici que personne ne pouvait soupçonner... ni expliquer...
PEKI. Il est venu ici de Pékin des savants, des lettrés, des grands mandarins de l'académie impériale, qui ont fait là-dessus un rapport et une dissertation... comme quoi ils ont prouvé... qu'il y avait là un cheval de bronze!
LE PRINCE. La belle avance!.. Et ce cheval de bronze, où est-il?
PEKI. Il n'y est plus... puisque Yanko est monté dessus, et tout à l'heure tous deux ont disparu... En attendant me voilà mariée, me voilà la femme d'un mandarin que je n'aime pas... et je n'ai osé le dire ni à lui, ni à mon père, qui me fait peur, et qui m'aurait battue; mais à vous, Monseigneur, qui avez l'air si bon, et qui êtes prince... si vous pouviez me démarier...
LE PRINCE. Hélas!... mon enfant, cela ne dépend pas de moi; il y a des lois à la Chine; il faudrait que le mandarin Tsing-Sing consentît lui-même à te répudier... et il n'y a pas l'air disposé.
PEKI. Lui qui a quatre femmes, et Yanko qui n'en a pas du tout.

LE PRINCE. Je crois qu'il lui céderait plutôt les quatre autres.
PEKI, *pleurant*. Ah! mon Dieu! mon Dieu!.. il faudra le garder pour mari... Que je suis malheureuse!..
LE PRINCE. Allons, console-toi!
PEKI, *pleurant toujours*. Me consoler!.. et qu'est-ce que je pourrais faire pour me consoler?
LE PRINCE. A ton âge... il y a bien des moyens... Et puisque enfin celui que tu aimais a disparu... puisqu'il ne doit plus jamais revenir...

SCÈNE X.
LES PRÉCÉDENTS, TCHIN-KAO.

TCHIN-KAO. En voici bien d'une autre! et nous ne nous attendions guère à celui-là.
LE PRINCE. Qu'y a-t-il donc?
TCHIN-KAO. Le cheval de bronze est revenu...
LE PRINCE ET PEKI. O ciel!..
TCHIN-KAO. A sa place ordinaire, là-bas sur le rocher!..
PEKI. Et Yanko...
TCHIN-KAO. Avec lui!. (*A sa fille qui fait quelques pas pour sortir.*) Eh bien! où courez-vous?
PEKI. Moi, mon père... c'était par curiosité... c'était pour savoir... pour l'interroger.
LE PRINCE. Ce soin-là me regarde...Je veux lui parler... qu'il vienne...
TCHIN-KAO, *regardant dans la coulisse*. Tenez... tenez, Monseigneur, le voici.
LE PRINCE. Quel air sombre et rêveur!
TCHIN-KAO. Oui... un air comme étonné... comme hébété...
PEKI. Dame! comme quelqu'un qui tombe des nues; le pauvre garçon!..

SCÈNE XI.
LES PRÉCÉDENTS; YANKO, *qui s'avance lentement.*

YANKO, *levant les yeux et apercevant Peki*. Ah! Peki! je vous revois!
PEKI. Oui, Monsieur, et c'est bien mal de donner de pareilles inquiétudes à ses parents... à ses amis... D'où venez-vous, s'il vous plaît?.. et où avez-vous été courir ainsi? répondez...
TCHIN-KAO. Oui, mon garçon, raconte-nous tout ce que tu as vu en route.
YANKO. Impossible, maître Tchin-Kao, cela m'est défendu...
TCHIN-KAO ET PEKI, *étonnés*. Défendu!..
LE PRINCE. Et moi je t'ordonne de parler... moi le fils de ton souverain...
PEKI, *bas, à Yanko*. C'est le prince impérial.
YANKO, *s'inclinant*. Ah! Monseigneur, pardon! mais je serais en présence de l'empereur lui-même, que je n'en dirais pas davantage...
LE PRINCE. Et pourquoi cela?..
YANKO. Parce que si je racontais un seul mot de ce qui m'est arrivé, de ce que j'ai vu... tout serait fini pour moi, je ne verrais plus Peki... je mourrais à l'instant même...
PEKI, *courant à lui et lui mettant la main sur la bouche*. Ah! tais-toi! tais-toi! ne dis rien!
LE PRINCE. Mourir!..
YANKO, *vivement*. Mourir, c'est-à-dire, pis encore...
TCHIN-KAO. Et comment cela?
PEKI, *à son père*. Voulez-vous bien ne pas l'interroger lui surtout qui est bavard... bavard... et qui est capable de causer malgré lui et sans le vouloir... (*Ecoutant.*) Ah!.. mon Dieu!.. quel est ce bruit?

TAO-JIN, lève son voile. Le prince... ô ciel!.. — Acte I, scène 7.

SCENE XII.

Les précédents, TAO-JIN.

FINAL.

TAO-JIN.
Quel affront! quel outrage infâme
Est fait au sang impérial!
C'est le cortège nuptial
(*Montrant Peki.*)
Qui du seigneur Tsing-Sing vient emmener la femme!
YANKO.
Et je le souffrirais!
TAO-JIN.
Pour l'honneur de mon rang,
Je le tuerais plutôt!
YANKO ET PEKI, *la regardant avec reconnaissance.*
Ah! l'excellente dame!
LE PRINCE.
C'est à moi de vous rendre
(*A Tao-Jin.*)
Un époux!
(*A Peki.*)
Un amant!

TAO-JIN.
Non, de me venger il me tarde,
Et c'est moi que cela regarde!
LE PRINCE.
Calmez votre ressentiment.
PEKI ET YANKO.
Que j'aime son ressentiment!
TCHIN-KAO, *à part.*
Ah! quel caractère charmant!

ENSEMBLE.

TAO-JIN.
Qu'il craigne ma colère,
Et s'il brave mes lois,
Montrons du caractère
Pour défendre mes droits!
YANKO ET PEKI.
Bien! bien! laissons-la faire;
D'avance, je le vois,
Son courroux tutélaire
Va défendre nos droits.

PEKI, *a genoux.* Il parle encore, il parle bas... écoutons bien... — Acte 2, scène 11.

LE PRINCE ET TCHIN-KAO.
Bien! bien! laissons-la faire;
Elle veut, je le vois,
Montrer du caractère,
Et défendre ses droits!

SCÈNE XIII.

LE PRINCE, PEKI, YANKO, TAO-JIN, *qui se retire un instant derrière eux,* TCHIN-KAO, TSING-SING, *précédé et suivi d'un riche cortége et porté en palanquin par deux esclaves.*

TSING-SING, *descendant du palanquin et s'avançant vers Peki.*
Venez, mon heureuse compagne,
Rien ne peut s'opposer au bonheur qui m'attend!
TAO-JIN, *se montrant et se plaçant entre Peki et Tsing-Sing.*
Excepté moi, seigneur!
TSING-SING, *à part.*
O fatal incident!
C'est mon autre!.. je sens que la frayeur me gagne.

TAO-JIN, *d'un ton d'autorité.*
J'ordonne que vos nœuds soient brisés à l'instant!
Par vous-même!..
TSING-SING, *montrant Peki.*
Qui? moi! que je la répudie!
TAO-JIN.
Je le veux! ou sinon, et toute votre vie,
De mon courroux craignez l'effet!
TSING-SING.
C'en est trop! et je brave à la fin sa furie!
Quoi qu'il arrive,
(*Montrant Tao-Jin.*)
Ici je la défie...
De me faire enrager plus qu'elle ne l'a fait!

ENSEMBLE.

TSING-SING.
Je brave sa colère,
Je le veux, je le dois;
J'aurai du caractère
Pour la première fois!

TAO-JIN, *stupéfaite.*
Il brave ma colère,
Il méprise mes lois;
Il a du caractère
Pour la première fois!
YANKO ET PEKI.
Ah! le destin contraire
Nous trahit, je le vois;
Il a du caractère
Pour la première fois!
LE PRINCE, TCHIN KAO ET LE CHOEUR.
Oui, sa femme a beau faire,
Il méprise ses lois,
Et brave sa colère
Pour la première fois!
TSING-SING, *prenant la main de Peki.*
Oui, partons!
LE PRINCE, *s'avançant près de Tsing-Sing.*
A mes vœux serez-vous plus propice?
TSING-SING, *un peu troublé.*
Au fils de l'empereur je sais ce que je doi!
(*Se remettant, et avec plus de force.*)
Si mes jours sont à lui, mes femmes sont à moi!
TOUS.
Quelle audace!... il refuse!
LE PRINCE.
Il dit vrai; c'est la loi!
Je l'invoque à mon tour.
(*A Tsing-Sing.*)
Par ton nouvel emploi,
Tu dois m'accompagner en tous lieux!
TSING-SING.
C'est justice!
LE PRINCE.
Et j't'ordonne ici de me suivre soudain
Dans un voyage où tu m'es nécessaire.
TSING-SING.
En quels lieux, Monseigneur?
LE PRINCE.
Sur le cheval d'airain!
TOUS.
O ciel!
TAO JIN, *avec joie.*
L'idée est bonne!
PEKI, *avec effroi, au prince.*
Et que voulez-vous faire?
LE PRINCE.
Sur ce hardi coursier m'élancer dans les cieux!
(*A Tsing-Sing*)
Tu m'y suivras en croupe!
(*A Yanko.*)
On y tient deux,
N'est-il pas vrai?
YANKO.
Sans doute!
LE PRINCE.
Allons, en route!
TSING-SING.
Et si je ne veux pas!
LE PRINCE.
Tu sais ce qu'il en coûte:
Il y va de tes jours! je l'ai dit... je le veux!

ENSEMBLE.

TSING-SING, *regardant tour à tour Peki, le prince et Tao-Jin.*
Mon Dieu! que dois-je faire?
Faut-il braver sa loi?
Je tremble de colère
Encore plus que d'effroi.
LE PRINCE, YANKO, PEKI, TAO-JIN, TCHIN-KAO ET LE CHOEUR, *regardant Tsing-Sing en riant.*
Il ne sait plus que faire;
Il tremble, je le vois!
La peur et la colère
Le troublent à la fois!

TSING SING, *au prince.*
Exemptez-moi d'un voyage fatal;
Je vais en palanquin, mais jamais à cheval.
TAO-JIN, *d'un air triomphant, et montrant Peki.*
Alors... cédez!
TSING-SING, *avec colère.*
Jamais!
LE PRINCE, *aux gens de sa suite, et montrant Tsing-Sing.*
Préparez son supplice!
TSING SING.
Non... non .. des deux côtés s'il faut que je périsse,
J'aime mieux, puisqu'ici le choix m'est réservé,
Le trépas le plus noble et le plus élevé!
TOUS.
Il va partir!
TSING-SING.
J'en tremble au fond de l'âme,
TAO-JIN, *avec joie.*
Il va partir!
TSING-SING, *regardant Tao-Jin.*
Mais du moins à ma femme
Je n'aurai pas cédé... c'est tout ce que je veux.
LE PRINCE.
Allons! partons, écuyer valeureux!

ENSEMBLE.

LE PRINCE ET TAO-JIN.
Dans le sein des nuages!
Au milieu des orages,
Partons, partons } tous deux!
Partez, partez
La gloire { nous } appelle,
        { vous }
Et la mort même est belle
A qui s'élève aux cieux!
TSING-SING.
Dans le sein des nuages,
Au milieu des orages,
Je fermerai les yeux!
Mon courage chancelle,
Et dans ma peur mortelle,
J'implore en vain les cieux!
PEKI ET YANKO, *regardant le prince.*
Dans le sein des nuages,
Au milieu des orages,
Protégez-le, grands dieux!
Et l'amitié fidèle
Qui vers nous le rappelle
Pour lui fera des vœux!
TCHIN-KAO ET LE CHOEUR.
Dans le sein des nuages,
Au milieu des orages,
Ah! je tremble pour eux!
La gloire les appelle,
Et la mort même est belle
A qui s'élève aux cieux!
PEKI, *au prince.*
Restez!... restez! pour vous, je tremble, Monseigneur.
TSING-SING, *à Tao-Jin.*
Et pour moi vous n'avez pas peur,
Epouse impassible et cruelle?
TAO-JIN.
Non, vraiment, car pour vous mon amour est si fort
Que j'aime mieux vous savoir mort
Que de vous savoir infidèle!
TSING-SING.
C'est aussi par trop me chérir!
LE PRINCE.
Allons!.. allons!.. il faut partir!

ENSEMBLE.

LE PRINCE ET TAO-JIN.
Dans le sein des nuages,
Au milieu des orages,
Partons, partons } tous deux! etc.
Partez, partez

TSING-SING.
Dans le sein des nuages,
Au milieu des orages,
Je fermerai les yeux! etc.
PEKI ET YANKO.
Dans le sein des nuages,
Au milieu des orages,
Protégez-le, grands dieux! etc.
TCHIN-KAO ET LE CHOEUR.
Dans le sein des nuages,
Au milieu des orages,
Ah! je tremble pour eux! etc.
(*Le prince entraîne par le fond Tsing-Sing qui résiste et finit par le suivre. Pendant que Tao-Jin, Tchin-Kao, Peki, Yanko et le chœur, différemment groupés, les suivent des yeux, la toile tombe.*)

ACTE DEUXIÈME.

Le théâtre représente une chambre de la ferme de Tchin-Kao. Portes à droite et à gauche. Au fond, au milieu du théâtre, une grande croisée qui donne sur la campagne.

SCÈNE PREMIÈRE.

TCHIN-KAO, *près d'une table à droite, prenant du thé.*

AIR.

TCHIN-KAO.
Mon noble gendre a donc quitté la terre!
Ma fille est libre et rentre sous ma loi,
Et déjà maint amant se dispute sa foi!
Quel doux embarras pour un père!
Ma fille, vrai trésor de jeunesse et d'amour!
Que béni soit l'instant où tu reçus le jour!
Dans ce village obscur où s'écoulait ma vie,
La haine et les chagrins m'accablaient tour à tour;
Mais depuis que Peki se fait grande et jolie,
On m'aime, on me chérit et l'on me fait la cour.
Ma fille, vrai trésor, etc.

Mais de nos lois suivant le sage privilége,
Voilà deux prétendants qui, dans leur tendre ardeur,
A ma fille ont offert leur cœur,
A moi leur dot, et laquelle prendrai-je?

Je suis bon père, aussi je doi
Choisir ici comme pour moi.
Mais de quel gendre dans ce jour
Faut-il donc couronner l'amour?
L'un possède quelques vertus
Et beaucoup d'écus;
Mais l'autre, c'est embarrassant,
En possède autant.
Comment se décider entre eux,
Moi qui les estime tous deux!
Je suis bon père, etc., etc.

SCÈNE II.
TCHIN-KAO, PEKI.

TCHIN-KAO, *à Peki, qui entre et regarde par la croisée du fond.* Eh bien! tu ne vois rien?
PEKI. Non, mon père... voilà bien en face de notre ferme le rocher de granit où se place d'ordinaire le cheval de bronze... mais il n'y est plus.
TCHIN-KAO. Et là-haut... là-haut, tu ne le vois pas revenir?
PEKI. Non, vraiment! Pauvre prince!
TCHIN-KAO. Et mon gendre!.. (*Buvant.*) je crois bien que c'est fini... et qu'on n'en aura plus de nouvelles.
PEKI. Est-ce terrible, à son âge! si aimable et si gentil!
TCHIN-KAO. Mon gendre!
PEKI. Non, le prince!
TCHIN-KAO. C'est sa faute!.. Ils sont tous comme ça... l'ambition, le désir de s'élever... En attendant, ma fille, il paraît que te voilà veuve...
PEKI. Oui, mon père...
TCHIN-KAO. Ne te désole pas... que veux-tu, mon enfant, nous sommes tous mortels... les mandarins comme les autres.
PEKI. Oui, mon père...
TCHIN-KAO. Il faut se dire qu'il était bien vieux et bien laid...
PEKI. Et quand il a fallu l'épouser... vous me disiez qu'il était si bien... vous lui trouviez tant de bonnes qualités.
TCHIN-KAO. Il en avait de son vivant.. Cette dot qu'il m'avait donnée en t'épousant... toi, ma fille unique, car je n'ai qu'une fille... et c'est ce qui me désole... j'aurais voulu en avoir une douzaine, tant mes enfants me sont chers..
PEKI. Mon bon père!
TCHIN-KAO. Et tu seras satisfaite, je crois, du nouveau choix que j'ai fait...
PEKI, *étonnée*. Comment, un nouveau choix!
TCHIN-KAO. Le seigneur Kaout-Chang, un riche fabricant de porcelaine.
PEKI. Qu'est-ce que vous dites là?
TCHIN-KAO. C'est ce soir qu'il doit venir avec quelques amis... ainsi prépare-nous à souper.
PEKI. Mais ça n'a pas de nom... ce n'est pas possible... sans me consulter... le jour même de mon veuvage...
TCHIN-KAO. Dis donc de tes noces... Ne devais-tu pas te marier aujourd'hui?..
PEKI. Sans doute?...
TCHIN-KAO. Eh bien! tu te maries toujours... Rien n'est changé que le mari!..
PEKI. Mais celui-là a soixante-dix ans...
TCHIN-KAO. Je n'aime pas les gendres trop jeunes...
PEKI. Eh bien! moi... je ne pense pas comme vous... j'ai d'autres idées... et si je me marie, si j'épouse quelqu'un, ce sera Yanko...
TCHIN-KAO. Yanko... un garçon de ferme! qui a tous les défauts...
PEKI. Lesquels?..
TCHIN-KAO. Qui a dix-huit ans... qui n'a rien.
PEKI. Je l'aime ainsi... Je suis maîtresse de ma main... je suis veuve...
TCHIN-KAO. Et moi, je vous ordonne...
PEKI. Je n'ai plus d'ordres à recevoir... car, grâce au ciel, je suis libre...
TCHIN-KAO. Ça n'est pas vrai... et je ferai ton bonheur malgré toi... voilà comme je suis... Je vais trouver mon nouveau gendre, pour toucher ta nouvelle dot, et je reviens avec lui... Songe à ce que je t'ai dit, et surtout au souper...
PEKI. Mais, mon père!..
TCHIN-KAO *fait un geste de colère, et lève la main pour la frapper. Elle s'incline devant lui.* A la bonne heure! voilà comme je t'aime!.. (*Il sort et ferme les rideaux de la croisée du fond.*)

SCÈNE III.

PEKI. Est-ce terrible, une tendresse paternelle comme celle-là! C'est qu'il le ferait ainsi qu'il le dit... Ce pauvre prince qui est si aimable n'est plus là pour nous protéger, et, sans s'inquiéter de mon consentement, mon père serait capable de me marier encore comme la première fois... Oh! non pas... et nous verrons!.. parce qu'une veuve a une expérience que n'a pas une demoiselle; car... ces pauvres filles...

PREMIER COUPLET.

Quand on est fille,
Hélas! qu'il faut donc souffrir!
Dans sa famille
Il faut toujours obéir.
Sitôt chez nous qu'à bavarder
On voudrait se hasarder,
Mon père dit en courroux :
Taisez-vous.
Les parents, toujours exigeants,
Ne veulent en aucun temps
Laisser parler leurs enfants;
Mais quand on a son mari,
Ce n'est plus ça, Dieu merci!
Attentif et complaisant,
Il écoute galamment:
Quand on est femme
On parle et je parlerai,
Sans que réclame
Yanko, que je charmerai.
Car Yanko n'a pas un défaut;
Loin de commander tout haut,
Il ne dit jamais un mot;
Oui, Yanko n'a pas un défaut,
Loin de commander tout haut,
Il m'obéirait plutôt.
Voilà l'époux qu'il me faut.

DEUXIÈME COUPLET.

Quand on est fille,
Il faut, au fond de son cœur,
De sa famille,
Hélas! supporter l'humeur.
Je sais que mon père a bon cœur,
Mais dès qu'il entre en fureur,
Gare à qui tombe soudain
Sous sa main;
Et contre moi, sa seule enfant,
Il s'emporte à chaque instant
Et me bat même souvent;
Mais quand on a son mari,
Ce n'est plus ça, Dieu merci!
Yanko, je le dis tout bas,
Yanko ne me battrait pas.
Quand on est femme,
On est seule à commander,
Devant madame
Yanko va toujours céder.
Car Yanko n'a pas un défaut;
Lorsqu'on lui dit un seul mot
Son cœur s'apaise aussitôt;
Oui, Yanko n'a pas un défaut,
Loin de me battre, en un mot,
Moi je le battrais plutôt;
C'est là l'époux qu'il me faut.
(*Regardant à droite.*)
C'est lui... C'est étonnant comme il a l'air triste depuis son voyage en l'air!

SCÈNE IV.

PEKI, YANKO.

YANKO. Ah! c'est vous, Madame.
PEKI. Madame!.. pourquoi me donnes-tu ce nom-là?
YANKO. Parce qu'il ne peut pas vous échapper... (*Regardant en l'air.*) D'abord un mari qui, à chaque instant, peut nous tomber sur la tête, et puis, comme si ce n'était pas encore assez, votre père vient d'annoncer à toute la maison qu'il attendait un nouveau gendre...
PEKI. Qu'importe, si je refuse?
YANKO. Vous n'oserez pas!.. vous aurez peur.. et vous ferez comme la première fois, vous oublierez Yanko.
PEKI. Et si j'ai un moyen infaillible d'empêcher ce mariage...

YANKO. Lequel?
PEKI. D'en épouser un autre... sur-le-champ... et sans en rien dire à mon père...
YANKO. O ciel!
PEKI. Est-ce là un bon moyen?
YANKO. C'est selon... selon la personne que vous choisiriez!
PEKI. Dame! c'est pour cela que je te demande conseil.
YANKO. Eh bien! Mam'selle, qui prendrez-vous pour mari?
PEKI. Toi! si tu veux.
YANKO, *avec joie*. Ah! ce n'est pas possible!.. vous n'oseriez jamais!
PEKI, *tendrement.* J'oserai... je le jure... (*Vivement.*) Et pourquoi pas! si tu m'aimes.
YANKO, *vivement*. Oh! toujours!
PEKI. Si tu m'es resté fidèle, si tu n'as rien à te reprocher...
YANKO, *secouant la tête.* Oh! pour ce qui est de ça... il est possible qu'il y ait bien des choses à dire...
PEKI, *d'un air de reproche.* Comment, Monsieur, ici, dans ce village?
YANKO. Oh! non jamais... et si j'y étais toujours resté..
PEKI. Mais vous n'en êtes sorti qu'une fois... c'est donc quand vous êtes parti sur ce cheval de bronze? Voyez-vous comme c'est dangereux les voyages?.. Et où avez-vous été? qu'est-ce qu'il vous est arrivé?.. je veux tout savoir.
YANKO. Écoutez, mademoiselle Peki, si vous l'exigez... je vous le dirai, parce qu'avant tout je dois vous obéir... mais si je parle, ce sera mon dernier jour, et nous serons séparés à jamais!
PEKI. Ah! mon Dieu!
YANKO. Après tout... c'est justice!.. je l'ai mérité, je dois être puni... et pourvu que vous me regrettiez quelquefois... je vais vous dire...
PEKI. Non, Monsieur, non... je ne veux rien apprendre... quoique j'en aie bien grande envie, et à cause de votre repentir et du chagrin où je vous vois... je vous pardonnerais peut-être si je savais seulement jusqu'à quel point vous avez été coupable.
YANKO. Vous savez bien que je ne peux rien dire... et il faut pardonner de confiance...
PEKI. C'est terrible, un secret comme celui-là... Allons, Monsieur, puisqu'il le faut, je pardonne, (*Vivement.*) à condition que cela ne vous arrivera plus.
YANKO, *regardant en l'air.* Oh! non... il n'y a plus moyen.
PEKI. C'est rassurant!..
YANKO. Non, ce n'est pas cela que je veux dire...
PEKI. Eh bien! Monsieur, écoutez-moi : ce soir même, pendant le souper que mon père donne à son gendre, et auquel les femmes n'assistent pas... je sortirai sans bruit par la porte du jardin où tu m'attendras!
YANKO. Et où irons-nous? qui protégera notre fuite?
PEKI. Ne t'inquiète donc pas, une grande dame qui veille sur nous... ma collègue! l'autre femme du seigneur Tsing-Sing.
YANKO. Elle qui est si méchante!
PEKI. Elle ne l'est qu'avec son mari; les grandes dames sont comme cela... Tais-toi, la voici!

SCÈNE V.

LES PRÉCÉDENTS, TAO-JIN.

TAO-JIN, *entrant sur la pointe des pieds.* A merveille... je m'attendais à vous rencontrer ensemble.
YANKO, *à Peki.* Vous lui avez donc tout raconté?
PEKI. Eh! mon Dieu oui! quand on a le même mari, on se trouve liée tout de suite.

TAO-JIN, *avec sentiment.* Et puis quand le malheur vous rassemble! quand toutes deux et le même jour on est veuve... (*D'un air indifférent.*) Car décidément je ne crois pas qu'il revienne de si loin... mais enfin, si cela arrivait, je ne veux pas qu'il vous retrouve ici.

PEKI. Non, Madame.

TAO-JIN. Pour que personne ne puisse vous reconnaître ni savoir ce que vous êtes devenue, vous vous procurerez d'ici à ce soir des habillements d'homme...

YANKO. Je m'en charge!

TAO-JIN. Puis, à la nuit close, vous trouverez à la porte du jardin mes gens et mon palanquin, qui vous transporteront au pied de la montagne d'Or, dans un palais qui m'appartient, où un bonze, à qui vous remettrez ces tablettes, vous mariera sur-le-champ.

PEKI. Quel bonheur!.. et vous, Madame?

TAO-JIN. Je retourne dès demain à Pékin, près de quelques amis, pour y passer le temps de mon deuil... (*Gaîment.*) C'est bien triste... mais enfin il faut se faire une raison..

PEKI. C'est ce que je me dis... et quant à la colère de mon père... une fois le mariage fait...

YANKO. Je n'aurai plus peur de lui! (*On entend Tchin-Kao appeler en dehors.*) Yanko!

YANKO, *effrayé.* Ah! mon Dieu! il appelle! (*Peki sort par la gauche et Yanko par la droite.*)

SCENE VI.

TAO-JIN, *seule.*

RÉCITATIF.

Ah! pour un jeune cœur, triste et cruelle épreuve,
Quels tourments que ceux d'une veuve!
Le désespoir dans l'âme et les pleurs dans les yeux,
Plus de bal, plus de fête, ah! son sort est affreux!..
(*Souriant.*)
Et pourtant libre enfin d'un joug que l'on abhorre
On peut déjà penser à celui qu'on adore,
On peut rêver d'avance un plus heureux lien,
Et puis le deuil me va si bien.

 O tourments du veuvage,
 Je saurai vous subir,
 Et j'aurai le courage
 De ne pas en mourir.
 Allons, prenons patience,
 Et les amours
 Vont bientôt par leur présence
 Charmer mes jours.
 O vous que toute ma vie
 J'ai révérés,
 Plaisirs et coquetterie,
 Vous reviendrez.

Je vous revois, beaux jours que je pleurais;
Par vous les fleurs succèdent aux cyprès.
Adieu vous dis, et chagrins et regrets,
Les jours de deuil sont passés pour jamais.

SCENE VII.

TAO-JIN, TSING-SING.

(*Pendant la ritournelle de l'air précédent, les rideaux de la croisée du fond se déchirent. — On aperçoit en dehors le cheval de bronze sur le rocher de granit qui touche à la fenêtre. — Tsing-Sing, qui vient de descendre de cheval, s'avance en chancelant comme un homme encore tout étourdi.*)

TAO-JIN, *se retournant et l'apercevant.*
O ciel! en croirais-je mes yeux?
C'est lui! c'est mon mari de retour en ces lieux!

DUO.

TSING-SING, *à part, et s'avançant au bord du théâtre, pendant que Tao-Jin remonte vers le fond.*
Ah! quel voyage téméraire,
Dans les airs prendre ainsi son vol!
Je respire!.. je suis sur terre.
Enfin j'ai donc touché le sol!..
Près d'une beauté que j'adore,
En ces lieux où l'amour m'attend,
 (*Se frottant les mains.*)
Je vais...
 (*Se retournant et apercevant Tao-Jin, à part.*)
Allons, c'est l'autre encore,
Je la revois pour mon tourment!
Quoi! c'est vous, seigneur!
 TSING-SING, *haut.*
   Oui, Madame?
Moi qui pour vous descends des cieux!
 TAO-JIN.
Et le prince?..
 TSING-SING.
  Calmez votre âme,
Il est resté...
 TAO-JIN.
 Pourquoi?..
(*Voyant qu'il garde toujours le silence.*)
  Parlez donc!.. je le veux.
Comment, vous gardez le silence?
Répondez-moi!
  Je ne le peux!
 TAO-JIN.
D'où vient donc cette défiance?
 TSING-SING.
Je dois me taire et je le veux:
Parler serait trop dangereux!
 TAO-JIN, *le cajolant.*
Vous avez donc dans ce voyage
Vu des objets bien merveilleux!
 TSING-SING.
Sans doute!
 TAO-JIN, *de même.*
 Et vous pourriez, je gage,
M'en faire un récit curieux!
 TSING-SING.
Certainement!
 TAO-JIN, *de même.*
 D'avance, moi j'admire.
C'est donc bien beau! bien somptueux!
 TSING-SING, *s'oubliant.*
Je crois bien!.. car d'abord...
 (*S'arrêtant*)
  Mais je ne veux rien dire.
Non... non... je ne veux rien dire!
 TAO-JIN, *le suppliant.*
Ah! mon mari,
Mon petit mari,
Si vous voulez que je vous aime,
Parlez, parlez à l'instant même,
Et de moi vous serez chéri.

ENSEMBLE.

TAO-JIN.
Vous parlerez.
 TSING-SING.
Je ne dis mot.
 TAO-JIN.
Et pourquoi donc?
 TSING-SING.
C'est qu'il le faut.
 TAO-JIN.
Vous me direz...
 TSING-SING.
Parlez plus bas!

TAO-JIN.
Oui, je le veux.
TSING-SING.
Je ne veux pas.
TAO-JIN, *avec colère.*
Ah! je perds patience
Avec un tel époux!
Gardez donc le silence,
Je ne veux rien de vous!
TSING-SING, *avec humeur.*
Ah! je perds patience!
Ma femme, taisez-vous!
Oui, gardez le silence,
Ou craignez mon courroux.

TSING-SING, *après un instant de silence.*
Ah! quel doux ménage est le nôtre!
En descendant du ciel se trouver en enfer!
(*Regardant autour de lui.*)
Si du moins j'apercevais l'autre!
TAO-JIN, *avec ironie.*
Cette jeune beauté dont l'aspect vous est cher!
(*Se rapprochant de lui et prenant un air de douceur.*)
Eh bien! donc, vous allez connaître
Si je suis bonne et si je vous aimais,
De l'épouser demain je vous laisse le maître!
TSING-SING, *avec joie.*
Vraiment!.. ma chère femme!..
TAO-JIN.
Mais.
Voici la clause que j'y mets!
TSING-SING, *avec chaleur.*
Je m'y soumets d'avance, je l'atteste!
TAO-JIN, *d'un air câlin.*
C'est de m'apprendre les secrets
Que vous avez surpris là-haut!..
TSING-SING.
Un sort funeste
M'en empêche!
TAO-JIN.
Comment cela?
TSING-SING.
D'y penser, j'en frémis déjà!
Si j'osais révéler ce terrible mystère!
Si je le trahissais par un mot... un seul mot,
Prononcé par hasard et même involontaire,
Vous verriez votre époux se changer en magot!
TAO-JIN, *joignant les mains.*
En magot!..
TSING-SING.
En statue ou de bois ou de pierre!
TAO-JIN, *de même.*
En magot!..
TSING-SING.
Si j'osais révéler ce mystère!
TAO-JIN, *d'un air caressant.*
Ah? mon mari!
Mon petit mari!
Si vous voulez que je vous aime,
Parlez! parlez à l'instant même,
Et de moi vous serez chéri!

ENSEMBLE.

TAO-JIN.
Vous parlerez.
TSING-SING.
Je ne dis mot!
TAO-JIN.
Mais cependant...
TSING-SING.
Non, il le faut.
TAO-JIN.
Si je le veux..
TSING-SING.
Parlez plus bas!

TAO-JIN.
Moi, je le veux!
TSING-SING.
Je ne veux pas!
TAO-JIN, *avec colère.*
Ah! je perds patience
Avec un tel époux!
Gardez donc le silence,
Je ne veux rien de vous!
TSING-SING, *avec colère.*
Ah! je perds patience!
Ma femme, taisez-vous!
Oui, gardez le silence,
Ou craignez mon courroux.
(*A la fin de cet ensemble, Tsing-Sing, impatient, va se jeter dans le fauteuil à gauche.*)

TSING-SING. Qu'il ne soit plus question de cela... et puisqu'il n'y a pas moyen de vous faire entendre raison, je ne vous répondrai plus!

TAO-JIN. Eh bien! plus qu'un mot... (*S'approchant de lui.*) Quoi vraiment, si, malgré vous et sans le vouloir, ce secret-là vous échappait, vous seriez changé à l'instant même en statue de bois?..

TSING-SING. Oui!

TAO-JIN. En magot?

TSING-SING. Oui!

TAO-JIN. Serait-il comme les autres, peint et colorié?

TSING-SING, *avec colère et se rejetant dans le fauteuil.* C'en est trop!.. et quoi que vous me demandiez, quoique vous puissiez me dire maintenant, je n'ouvrirai plus la bouche!

TAO-JIN, *près du fauteuil.* C'est ce que nous verrons; et pour commencer, je ne consens plus à votre nouveau mariage... (*Geste d'impatience de Tsing-Sing, qui veut parler et qui s'arrête.*) Je ne vous quitterai plus... (*Même jeu.*) Je ne vous laisserai pas seul un instant avec votre nouvelle femme... (*Même jeu.*) Et bien plus, je la ferai disparaître de vos yeux!

TSING-SING, *éclatant et se levant.* Vous oseriez!..

TAO-JIN. Je savais bien que je vous ferais parler... Adieu, adieu! (*A part.*) Courons tout préparer pour le départ de Peki. (*Elle sort.*)

SCENE VIII.

TSING-SING, *seul, se rejetant dans le fauteuil.* Elle ne sait qu'inventer pour me faire enrager! Dans ce moment surtout où je n'ai pas même la force de me mettre en colère... car je tombe de faim, de sommeil et de fatigue... Quand on a passé la journée à cheval... non pas que la route soit mauvaise... (*Commençant à s'endormir.*) mais elle est longue... et ce maudit cheval était si dur... surtout en allant, où nous étions deux... et puis, arrivé là-bas, c'était bien autre chose... (*Il s'endort tout à fait.*)

SCENE IX.

TSING-SING, *endormi sur le fauteuil à gauche*; TCHIN-KAO ET PEKI, *entrant par la gauche derrière lui.*

TCHIN-KAO. Oui, mon enfant, tous mes convives et mon nouveau gendre seront ici dans un instant...

PEKI, *regardant vers le fond.* Ah! grand Dieu!

TCHIN-KAO, *à Peki.* Qu'as-tu donc?

PEKI. Le cheval de bronze qui est de retour... (*Montrant Tsing-Sing.*) Et lui aussi!

TCHIN-KAO. Le mandarin!

PEKI. Je crois qu'il dort...

TCHIN-KAO. Qui diable le ramène? Il y a des gens qui ne peuvent rester nulle part!

PEKI, *à part*. Et Yanko, qui va venir ici au rendez-vous !
TCHIN-KAO. Et mon second gendre qui va arriver... je n'en serai pas quitte pour une double bastonnade.
PEKI. Ce que c'est aussi que de vous presser...
TCHIN-KAO. Ne te fâche pas... je cours retirer ma parole, et prier Caout-Chang d'attendre... ce qui ne doit pas être bien long... (*Se frappant la tête.*) Ah ! mon Dieu !.. et tous mes autres convives que je n'aurai jamais le temps de décommander... Pourquoi les aurais-je invités ?..
PEKI. Oui, pourquoi ?
TCHIN-KAO. Pour le retour de celui-ci... ce sera toujours pour fêter un gendre... Je reviens avec eux et tous les musiciens du pays... (*Montrant Tsing-Sing.*) Une surprise que je lui réserve... une aubade, une sérénade... en son honneur... Je crois que cela fera bien, et qu'il y sera sensible...
TSING-SING, *dormant*. Ma femme !..
TCHIN-KAO. Il t'appelle !..
PEKI. Eh non ! c'est l'autre !
TSING-SING, *de même*. Peki !..
TCHIN-KAO. Tu vois bien !
PEKI. Non... il dort toujours.
TCHIN-KAO, *sortant sur la pointe du pied par la porte du fond*. Adieu !.. Reste là !

SCÈNE X.

TSING-SING, *toujours endormi* ; PEKI, *puis* YANKO, *sortant de la porte à droite*.

TRIO.

TSING-SING, *rêvant tout haut*.
Ma femme... ma femme... à souper..
... Il vaut mieux être en son ménage...
Que d'être encore à galoper
A cheval sur un nuage !
PEKI.
Il rêve en dormant !
(*Se retournant et apercevant Yanko qui vient d'entrer, tenant un paquet à la main*.)
Ah ! grands dieux !
Yanko qui revient en ces lieux !
YANKO, *apercevant Tsing-Sing*.
Que vois-je !
(*Il laisse tomber sur une chaise le paquet qu'il tenait*.)
C'est lui !
PEKI.
Du silence.
YANKO, *stupéfait*.
Comment, le voilà de retour !
PEKI.
Hélas ! oui !
YANKO.
Sa seule présence
Détruit tous mes rêves d'amour !

ENSEMBLE.

TSING-SING, *rêvant*.
L'amour m'attend... douce espérance,
Enfin me voilà de retour !
PEKI ET YANKO.
Pour nous, sa funeste présence
Détruit tous nos rêves d'amour.
TSING-SING, *rêvant*.
Allez, esclaves, qu'on prépare...
Notre appartement nuptial !
YANKO.
Qui moi, souffrir qu'on nous sépare ;
Plutôt immoler ce rival !
PEKI, *à voix basse*.
Ecoute-moi !
Je ne puis à présent m'éloigner avec toi,
Mais je partirai seule, et j'irai sans effroi
Aux pieds de l'empereur implorer sa justice,
Pour rompre cet hymen et dégager ma foi !
YANKO.
Tu l'oserais ?
PEKI.
Le ciel propice
Protégera ma fuite, et veillera sur moi !
TSING-SING, *rêvant*.
A souper, ma femme... ma femme...
PEKI.
Ah ! la frayeur glace mon âme !

ENSEMBLE.

Va-t'en ! va-t'en ! c'est mon mari,
J'ai peur qu'il ne s'éveille ici !
YANKO.
Ah ! ne crains rien de ton mari,
Tu vois bien qu'il est endormi !
TSING-SING, *rêvant*.
Ah ! quel bonheur pour un mari,
De reposer enfin chez lui !
YANKO.
Je pars... mais que j'entende encore
Un mot, un dernier mot d'amour !
PEKI.
Yanko, c'est moi qui vous implore,
Eloignez-vous de ce séjour !
YANKO.
Quoi ? te quitter à l'instant même...
PEKI.
Eh bien ! tu le sais, oui, je t'aime !..
Je t'aime !
Mais...
Va-t'en ! va-t'en ! c'est mon mari,
Je crains qu'il ne te voie ici.
YANKO.
Ah ! ne crains rien de ton mari,
Tu vois bien qu'il est endormi.
TSING-SING, *rêvant*.
Ah ! quel bonheur pour un mari,
De se trouver enfin chez lui !
PEKI, *à Yanko*.
Partez... partez... je vous supplie...
YANKO, *avec chaleur*.
Vous perdre, c'est perdre la vie !
PEKI, *lui imposant silence*.
Pas si haut !.. il me fait trembler !
YANKO, *baissant la voix*.
Eh bien ! je me tais... mais par grâce,
Un seul baiser !
PEKI.
Ah ! quelle audace !
Le bruit pourrait le réveiller.
Non... non... je défends qu'on m'embrasse !
YANKO.
Il le faut... ou je reste ici !
PEKI.
Alors, dépêchez-vous, de grâce...
(*Yanko l'embrasse*.)

ENSEMBLE.

PEKI.
Va-t'en ! va-t'en ! c'est mon mari,
Je crains qu'il ne te voie ici !
YANKO.
Ah ! ne crains rien de ton mari,
Tu vois bien qu'il est endormi.
TSING-SING.
Ah ! quel bonheur pour un mari,
De se trouver enfin chez lui !

SCENE XI.

TSING-SING, *endormi;* PEKI, *prenant le paquet apporté par Yanko.*

PEKI.

Dépêchons-nous de partir!.. prenons vite
Ces habits d'homme et ce déguisement
Qui doivent assurer ma fuite!
(*Elle va pour sortir par la porte à gauche.*)
TSING-SING, *rêvant tout haut.*
Les beaux jardins!
PEKI, *revenant près de lui.*
Que dit-il?
TSING-SING.
C'est charmant!
Voyez-vous pas ce palais magnifique?..
PEKI.
Écoutons bien!..
TSING-SING, *rêvant.*
Ce bracelet magique...
PEKI.
Un bracelet magique?
TSING-SING, *rêvant.*
Il faut s'en emparer!..
O voluptés!.. qui viennent m'enivrer!
PEKI.
Si je pouvais savoir!..
TSING-SING, *rêvant.*
Oh! oui, belle princesse,
Je me tairai, vous avez ma promesse,
Et j'ai trop peur... non, je ne dirai pas!
(*Sa voix s'est affaiblie peu à peu et il continue.*)
PEKI, *à genoux près du fauteuil et prêtant toujours l'oreille.*
Il parle encore... il parle bas!..
Écoutons bien...
(*Elle écoute.*)
Ciel...
(*Écoutant encore.*)
O surprise extrême!..
Quoi! c'est là que Yanko... que le prince lui-même...
(*Avec joie.*)
Ce secret qu'il cachait à mes vœux empressés,
Il vient de le trahir malgré lui... je le sais!
Ah! quel bonheur! je le sais!.. je le sais!..
(*Regardant par la porte du fond.*)
C'est mon père!.. partons!
(*Elle sort par la porte à droite.*)

—

SCENE XII.

TSING-SING, *sur le fauteuil à gauche;* TCHIN-KAO, *paraissant à la porte du fond;* SES AMIS, ET PLUSIEURS MUSICIENS, *portant des instruments de musique chinois.*

TCHIN-KAO, *au fond.*
En bon ordre avancez!
(*Regardant Tsing-Sing.*)
Il dort encor!.. tant mieux!
(*Aux musiciens et aux chanteurs qu'il a disposés derrière Tsing-Sing, autour du fauteuil.*)
Etes-vous tous placés?
Qu'une aimable harmonie arrive à son oreille!
Et par un bruit flatteur doucement le réveille!
(*Tenant à la main le bâton de mesure.*)
C'est bien!.. c'est bien!.. commencez!
TCHIN-KAO, LE CHŒUR ET LES MUSICIENS, *commençant piano.*
Miroir d'esprit et de science,
O vous que nous admirons tous,
Eveillez-vous!
Astre de gloire et de puissance,
Dont le soleil serait jaloux,
Eveillez-vous!
Pour adorer votre excellence,
Nous venons tous à vos genoux;
Eveillez-vous!
Grand mandarin, éveillez-vous!
TCHIN-KAO.
C'est étonnant!.. il dort encor!
Chantons amis, un peu plus fort!
CHŒUR, *reprenant et allant toujours crescendo.*
Miroir d'esprit et de science,
O vous que nous admirons tous,
Eveillez-vous!
TCHIN-KAO.
Plus fort! plus fort!
Encor
Un peu plus fort!
LE CHŒUR, *augmentant toujours de bruit.*
Astre de gloire et de puissance,
Dont le soleil serait jaloux,
Eveillez-vous!
TCHIN-KAO.
Plus fort! plus fort!
Encor
Plus fort!
LE CHŒUR, *augmentant toujours.*
Pour adorer votre excellence,
Nous venons tous à vos genoux;
Eveillez-vous!
TCHIN-KAO.
Plus fort! plus fort!
Encor
Plus fort!
TOUS, *avec tout le déploiement de l'orchestre.*
Ah! c'est inconcevable!
C'est à faire trembler.
Quoi! ce bruit effroyable
Ne peut le réveiller.

—

SCENE XIII.

LES PRÉCÉDENTS, YANKO, *arrivant tout effrayé par la porte à droite.*

YANKO.
Ah! quel bruit! quel vacarme affreux!
J'accours tremblant... est-ce la foudre
Qui vient de tomber en ces lieux?
TCHIN-KAO.
C'est mon gendre qui dort et ne peut se résoudre
A s'éveiller!
YANKO.
Pas possible!
TCHIN-KAO.
Il est sûr
Qu'il a le sommeil un peu dur!
Car nous avons mis en usage
Toute la musique à tapage
Que la Chine peut employer.
Il nous faudrait pour l'éveiller
Des musiciens de l'Europe!
(*S'approchant de Tsing-Sing et le prenant respectueusement par le bras.*)
Allons, mon gendre!..
(*Avec effroi.*)
O ciel! je sens là sous mes doigts
Ses membres que durcit une épaisse enveloppe!
Ce n'est plus de la chair!
(*Le tâtant.*)
C'est du marbre ou du bois!
(*Lui frappant sur la tête avec le bâton de mesure qu'il tient à la main.*)
Ce front savant n'est plus qu'une tête de bois!
TOUS.
O miracle! ô prodige!
Je tremble de frayeur!
Et tout mon sang se fige
D'épouvante et d'horreur!

Peki sur le cheval de bronze.

TCHIN-KAO.
Quoi! ce grand mandarin n'est plus qu'une statue!
D'où peut venir un pareil changement?
YANKO, riant.
J'y suis... et de moi seul la cause en est connue
(Se jetant en riant dans le fauteuil à droite.)
Je n'ai plus de rival!.. ah! ah! ah! c'est charmant!
TCHIN-KAO, à Yanko.
Tu sais donc...
YANKO, riant toujours.
Ah! ah! ah!
TCHIN-KAO.
D'où vient cet accident?
YANKO, riant.
Rien n'est plus simple... et ce voyage...
Il aura parlé, je le gage...
Il aura dit...
(Voyant tous les assistants qui se groupent autour de son fauteuil et écoutent.)
Sont-ils donc curieux!
(Tchin-Kao les éloigne et revient se baisser près du fauteuil de Yanko.)

YANKO, riant toujours.
Il aura dit...
TCHIN-KAO.
Quoi donc?
(Ecoutant Yanko qui lui parle bas à l'oreille.)
Vraiment!
(Ecoutant toujours.)
C'est merveilleux!
Et puis... achève...
(Regardant Yanko, qui tout à coup reste immobile et dans la position où il était en parlant.)
Eh bien!.. le voilà qui s'endort!
(L'appelant.)
Yanko! Yanko!
TOUS, l'appelant aussi.
Yanko! Yanko!
TCHIN-KAO.
Plus fort!
Plus fort!
Encor
Plus fort!

TOUS.
Ah! c'est inconcevable!
C'est à faire trembler!
Quoi! ce bruit effroyable
Ne peut le réveiller!
TOUS.
Yanko! Yanko! Yanko!

SCÈNE XIV.

LES PRÉCÉDENTS, PÉKI, *sortant de la porte à droite, elle a des habits d'homme;* TAO-JIN, *sortant de la porte à gauche un instant après.*

PÉKI, *avec effroi.*
Yanko! Yanko! pourquoi l'appelez-vous ainsi?
TCHIN-KAO, *apercevant Peki habillée en homme.*
Peki sous ce costume!..
PÉKI, *dans le plus grand trouble.*
Eh! qu'importe, mon père?
TAO-JIN.
Qu'est-il donc arrivé?
PÉKI.
Quel bruit a retenti?
TCHIN-KAO, *à Tao-Jin.*
Ce qu'il est arrivé?.. voilà votre mari!
Qu'on a changé... voyez!
(*A Peki*)
Et ce n'est rien, ma chère;
Yanko de même!..
PÉKI ET TAO-JIN, *regardant l'une Yanko, et l'autre Tsing-Sing.*
O ciel! il a parlé!
TCHIN-KAO.
Oui, sans doute il m'a révélé
Que là-haut... (*S'arrêtant.*) Qu'allais-je faire?
Ah! taisons-nous! en voilà deux déjà!
C'est bien assez de magots comme ça!

ENSEMBLE.

TAO-JIN.
Oui, sur ce mystère
Il n'a pu se taire,
Le destin sévère
Vient nous séparer!
Destin que j'ignore,
Qui dès mon aurore
Me rend veuve encore!
Dois-je en murmurer?

PÉKI.
O Dieu tutélaire
Qui vois ma misère,
Que pourrais-je faire
(*Montrant Yanko.*)
Pour le délivrer?
Pour lui que j'adore,
Amour, je t'implore,
Sois mon guide encore
Et viens m'inspirer!

TCHIN-KAO.
Oui, je veux me taire,
Et de moi, ma chère,
Effroi salutaire
Vient de s'emparer!
Péril qu'on ignore
Est plus grand encore;
Mon Dieu! je t'implore,
Viens nous inspirer!

CHŒUR.
O fatal mystère!
O destin contraire!
Que pourrions-nous faire
Pour les délivrer?
Péril qu'on ignore
Est plus grand encore;
O Dieu que j'implore,
Viens nous inspirer!

CHŒUR, *montrant Tsing-Sing et Yanko.*
Qu'en ferons-nous en attendant?
TAO-JIN.
Pour leur trouver un gîte et brillant et commode,
Transportons-les dans la grande pagode,
Dont ils seront le plus bel ornement!
PÉKI, *regardant Yanko.*
Ah! pour le rendre à sa forme première,
Si j'employais
Les terribles secrets...
Que j'ai surpris ici...
De mon mari!

ENSEMBLE.

TAO-JIN.
Oui, sur ce mystère
Il n'a pu se taire!
Le destin sévère
Vient nous séparer!
Destin que j'ignore,
Qui dès mon aurore
Me rend veuve encore!
Dois-je en murmurer?

PÉKI.
O Dieu tutélaire
Qui vois ma misère,
En toi seul j'espère
Pour le délivrer!
Pour lui que j'adore,
Amour, je t'implore!
Sois mon guide encore
Et viens m'inspirer!

TCHIN-KAO.
Oui, je veux me taire,
Et de moi, ma chère,
Effroi salutaire
Vient de s'emparer!
Péril qu'on ignore
Est plus grand encore;
O Dieu que j'implore,
Viens nous inspirer!

CHŒUR.
O fatal mystère!
O destin contraire,
Que pourrions-nous faire
Pour les délivrer?
Péril qu'on ignore
Est plus grand encore;
O Dieu que j'implore,
Viens nous inspirer!

PÉKI, *à part avec exaltation.*
Oui, j'en crois mon courage et l'ardeur qui m'enflamme!
S'ils ont tous succombé, c'est à moi, faible femme,
Qu'est réservé l'honneur de l'emporter!
Et cette épreuve... eh bien! j'oserai la tenter!
(*Elle s'élance vers la porte à droite qu'elle referme sur elle.*)
TCHIN-KAO, *regardant Peki.*
Eh bien donc! où va-t-elle?
(*On voit, par la fenêtre du fond, Peki s'élancer sur le cheval de bronze qui l'enlève, et elle disparaît.*)
TCHIN-KAO ET LE CHŒUR.
O terreur nouvelle!
Funeste destin!..
(*Regardant dans la coulisse à gauche et en l'air.*)
La voyez-vous là-haut!.. là-haut!.. c'est elle!
Qui disparaît sur le cheval d'airain!
TOUS, *revenant au bord du théâtre.*
Ah! c'est inconcevable!
C'est à faire frémir!
D'une audace semblable
Je ne puis revenir!

(*La toile tombe.*)

ACTE TROISIÈME.

Le théâtre représente un palais et des jardins célestes au milieu des nuages. Au lever du rideau, Stella est assise sur de riches coussins. Lo-Mangli, et plusieurs femmes vêtues de robes de gaze, l'entourent et la servent; d'autres jouent du théorbe, de la lyre, etc.

SCENE PREMIERE.
LE CHŒUR.

O séduisante ivresse !
O volupté des cieux !
Vous habitez sans cesse
En ce séjour heureux !

AIR.
STELLA.

En vain de mon jeune âge
Leurs soins charmaient le cours
Hélas ! dans l'esclavage
Il n'est point de beaux jours !

De ces ruisseaux les ondes jaillissantes,
Tous ces trésors dont l'œil est ébloui,
Ces bois, ces prés, ces nymphes séduisantes,
Ne m'inspiraient qu'un triste et sombre ennui !

En vain de mon jeune âge
Leurs soins charmaient le cours,
Hélas ! dans l'esclavage
Il n'est point de beaux jours !

Mais soudain !..

CAVATINE.

De ma délivrance
La douce espérance
Sourit à mon cœur !
Pour moi plus d'alarme.
Ici tout me charme !
Et tout est bonheur !

Tout a changé dans la nature,
L'air est plus doux, l'onde plus pure !
Des oiseaux les chants amoureux
Sont pour moi plus harmonieux !

De ma délivrance
La douce espérance
Sourit à mon cœur !
Pour moi plus d'alarme,
Ici tout me charme
Et tout est bonheur !

(Sur un geste de la princesse toutes les femmes sortent excepté Lo-Mangli.)

LO-MANGLI. Oui, quelques heures encore, et vous serez libre, et l'enchantement qui vous retient ici sera rompu, grâce à ce joli petit prince chinois qui nous est arrivé hier !
STELLA. Aura-t-il assez de courage et de sagesse pour mettre à fin une telle entreprise ?
LO-MANGLI. Je le crois bien, avec la précaution que vous avez prise, de ne pas rester auprès de lui !
STELLA. Il l'a bien fallu ! il était si tendre, si empressé.
LO-MANGLI. Et puis si étourdi.
STELLA. Conviens aussi que notre aventure est bien étonnante.
LO-MANGLI. Pas pour nous qui voyons les choses d'un peu haut ! mais sur terre, je suis persuadé qu'il y a des gens qui n'y croiraient pas, qui diraient : c'est invraisemblable !
STELLA. Celle que toutes les nuits il voyait, c'était moi !
LO-MANGLI. Et celui qui vous apparaissait dans tous vos songes...
STELLA. C'était lui ! de sorte que quand nous nous sommes vus pour la première fois..
LO-MANGLI. Vous vous êtes reconnus ?

STELLA. Qui donc pouvait de si loin nous réunir ainsi ?
LO-MANGLI. Quelque enchanteur qui, dès longtemps sans doute, vous destinait l'un à l'autre ; celui-là même, peut-être, qui autrefois vous a enlevée de la cour du Grand Mogol votre père, pour vous transporter dans cette planète où il a mis à votre délivrance des conditions...
STELLA. Si bizarres et si difficiles.
LO-MANGLI. Vous trouvez... (On entend en dehors un appel de trompettes.) Encore un voyageur que nous amène le cheval de bronze.
STELLA. Ah ! quel ennui !
LO-MANGLI. Vous ne disiez pas cela autrefois ; cela vous amusait ! mais rassurez-vous, je me charge de le recevoir.
STELLA. Et de le faire repartir sur-le-champ !
LO-MANGLI. Dame !.. je tâcherai.
STELLA. Adieu ! je vais voir pendant quelques minutes...
LO-MANGLI. Ce pauvre prince qui vous aime tant !
STELLA. Il le dit du moins.
LO-MANGLI. Comme tous les voyageurs qui viennent ici ! A beau mentir qui vient de...
STELLA, vivement. Que dis-tu ?
LO-MANGLI, de même. Non ! non ! je me trompe, celui-là ne ment pas. (Second appel de trompettes plus fort que le premier. — Stella sort par la gauche, et Peki entre par la droite.)

SCENE II.
LO-MANGLI, PEKI.

PEKI, se bouchant les oreilles. C'est assez... c'est assez !.. je l'ai bien entendu... des grandes statues de femmes avec des trompettes... qui me répètent l'une après l'autre : Si tu racontes tout ce que tu auras vu ici... tu seras changé en magot... Eh ! je le savais déjà... je le sais de reste... ce n'est pas là ce qui m'effraie !
LO-MANGLI. Je vois, beau voyageur, que vous êtes brave !
PEKI, timidement. Pas beaucoup !.. (S'enhardissant.) Mais enfin je suis venu sur le cheval de bronze pour tenter l'épreuve.
LO-MANGLI. Et délivrer la princesse !
PEKI. Oui ; en m'emparant de ce bracelet magique qui seul, dit-on, peut rompre tous les enchantements... (A part.) Ce qui sera bien utile pour ce pauvre Yanko que j'ai laissé... (Imitant la position d'un magot.)
LO-MANGLI. Et vous êtes bien décidé !..
PEKI. Très-décidé. Mais pour devenir maître de ce bracelet, que faut-il faire ? voilà ce que je ne sais pas encore...
LO-MANGLI. Et ce que je dois vous apprendre !.. Il faut dans cette planète !..
PEKI. C'est une planète !..
LO-MANGLI. Celle de Vénus, où il n'y a que des femmes !.. Il faut pendant une journée entière rester au milieu de nous, calme et insensible.
PEKI. Si ce n'est que cela !..
LO-MANGLI. Oui-dà !.. et quelles que soient les épreuves auxquelles vous serez exposé, ne pas manquer un instant aux lois de la plus stricte sagesse.
PEKI. J'entends !
LO-MANGLI. Car, à la première faveur que vous demanderez...
PEKI. Vous refuserez !.
LO-MANGLI, d'un air doucereux. Mon Dieu non !.. il ne tient qu'à vous... on ne vous empêche pas !.. mais au plus petit baiser que vous aurez pris... crac !.. vous redescendrez à l'instant sur la terre, sans pouvoir jamais remonter le cheval de bronze, ni revenir en ces lieux.
PEKI, étonnée. Est-il possible !.. (Vivement.) Ah ! mon Dieu !.. et j'y pense maintenant. (A Lo-Mangli.) Quels sont les derniers voyageurs qui sont venus ?
LO-MANGLI. D'abord le prince de la Chine, qui est encore dans ces jardins... un concurrent redoutable ! car, encore

une heure ou deux, et la journée sera écoulée... jamais aucun voyageur ne nous a fait une aussi longue visite!..

PEKI. C'est très-bien à lui!.. et puis?

LO-MANGLI. Le grand mandarin Tsing-Sing... un vieux qui s'est arrêté ici assez longtemps... deux heures!

PEKI. Voyez-vous cela! à son âge!.... Mais avant eux!..

LO-MANGLI. Ah! je me le rappelle... un jeune homme nommé Yanko!

PEKI, *vivement.* C'est lui!.. eh bien?..

LO-MANGLI. Il est à peine resté un instant!..

PEKI, *avec colère.* Quelle indignité!

LO-MANGLI. Il est reparti tout de suite... tout de suite!..

PEKI. C'est affreux!.. moi qui l'aimais tant!.. moi qui viens ici pour le retirer de la position où il est... exposez-vous donc pour de pareils magots!.. Je suis d'une colère!... et si dans ce moment je pouvais me venger... (*S'arrêtant.*) Mais il n'y a ici que des femmes!.. (*A Lo-Mangli.*) Mademoiselle, dites-moi, je vous prie...

LO-MANGLI, *s'approchant vivement.* Tout ce que vous voudrez...

PEKI. Vous êtes certainement bien gentille... bien aimable...

LO-MANGLI, *à part.* Pauvre jeune homme!.. il va s'en aller!.. (*Haut et regardant du côté de la coulisse à gauche.*) Tenez... tenez .. voyez-vous de ce côté... c'est Stella et le prince!..

PEKI, *à part.* Je ne veux pas qu'il m'aperçoive... (*Entraînant Lo-Mangli par la main du côté à droite.*) Venez... venez...

LO-MANGLI, *en s'en allant.* En voilà un qui ne restera pas longtemps ici... et c'est dommage... car il est gentil!.. (*Elle sort avec Peki par la droite.*)

—

SCÈNE III.

LE PRINCE, STELLA, *entrant par la gauche en se disputant.*

DUO.

STELLA.
Eh quoi! Monsieur, toujours vous plaindre!

LE PRINCE.
Et n'ai-je pas raison, hélas!

STELLA.
Lorsqu'au terme on est prêt d'atteindre!

LE PRINCE.
Mais ce jour ne finira pas!

STELLA.
C'est peu de patience, ou bien peu de tendresse!
Songez qu'une heure encore!.. une heure de sagesse...
Et je vous appartiens pour jamais!

LE PRINCE.
J'entends bien!
Mais une heure est un siècle!.. une heure de sagesse,
Quand le cœur bat d'amour et d'espoir et d'ivresse,
Car vous ne savez pas quel amour est le mien
(*Se rapprochant très-près d'elle.*)
Et si je vous disais depuis quand je soupire!..

STELLA.
Oui... oui... mais de plus loin tâchez de me le dire.

ENSEMBLE.

Plus loin, plus loin!.. encor plus loin!
Oui, j'en prends le ciel à témoin,
Votre amour lui-même
Me glace d'effroi!
Et si je vous aime,
Ah! c'est loin de moi!

LE PRINCE, *qui s'est placé à l'autre extrémité du théâtre.*
Eh bien! eh bien! est-ce assez loin?
Sagesse suprême,
J'admire ta loi!
Quoi! son amour même
L'éloigne de moi!

STELLA, *regardant le prince qui lui tourne le dos.*
Quoi! vous êtes fâché! vous boudez?

LE PRINCE.
Oui, vraiment!

STELLA.
D'où vient cette colère extrême?

LE PRINCE.
Me renvoyer!

STELLA.
Parce que je vous aime!
Songez qu'un désir imprudent,
Songez que la faveur même la plus légère...

LE PRINCE.
Quoi! rien qu'un seul baiser!..

STELLA.
Vous renverrait sur terre!

LE PRINCE.
O ciel!

STELLA, *s'approchant plus près encore de lui.*
Et qu'il faudrait renoncer à l'espoir
De s'aimer... et de se revoir!

LE PRINCE, *sans la regarder et l'éloignant de la main.*
Plus loin! plus loin?.. encor plus loin!

ENSEMBLE.

Oui, j'en prends le ciel à témoin!
Votre aspect lui-même
Me glace d'effroi,
Et si je vous aime,
Ah! c'est loin de moi!

STELLA, *à l'autre bout du théâtre, à gauche.*
Eh bien!.. eh bien! suis-je assez loin?
Sagesse suprême,
J'admire ta loi,
Son amour lui-même
L'éloigne de moi!

(*Le prince s'asseoit au bout du théâtre, à droite.*)

LE PRINCE, *assis.*
Allons! sur ce sopha, s'il le faut, je demeure!

STELLA.
C'est plus prudent!

LE PRINCE.
Mais c'est bien ennuyeux!
Nous n'avons plus, je crois, rien qu'une demi-heure!

STELLA.
A peu près!

LE PRINCE.
Et comment l'employer à nous deux?

STELLA.
On peut causer!

LE PRINCE.
Sur quoi voulez-vous que l'on cause?

STELLA.
Ou danser!

LE PRINCE.
Non vraiment!

STELLA.
Monsieur, je le suppose,
Préfère la musique, et cela vaut bien mieux!
Séduisante et folle,
Elle nous console ;
Son pouvoir divin
Calme le chagrin.
Le temps qui se traîne
S'écoule sans peine
Et s'enfuit soudain
Au son d'un refrain!
Et je le vois, ce pouvoir-là,
Ah! ah! ah! ah! ah!
Sur votre cœur a réussi déjà,
Ah! ah! ah! ah! ah!

ENSEMBLE.
LE PRINCE.
O toi, mon idole,
Mon cœur se console
Au pouvoir divin
De ce gai refrain !
Ta voix qui m'entraîne
Dissipant ma peine,
Loin de moi soudain
Bannit le chagrin !
STELLA.
Séduisante et folle,
Elle nous console ;
Son pouvoir divin
Calme le chagrin.
Le temps qui se traîne
S'écoule sans peine
Et s'enfuit soudain
Au son d'un refrain !
LE PRINCE, *courant brusquement à Stella.*
Stella ! Stella !
STELLA
Qu'avez-vous donc?
LE PRINCE.
L'heure a sonné !
STELLA.
Vraiment non !
LE PRINCE.
J'en suis sûr et je crois entendre...
STELLA.
Et moi, j'en suis certaine, il faut encore attendre !
LE PRINCE, *avec dépit.*
Attendre est bien facile alors qu'on n'aime rien !
STELLA, *avec douceur.*
Mais je vous aime, et vous le savez bien !
LE PRINCE, *avec chaleur.*
Ah ! si vous m'aimiez, inhumaine !
Vous seriez sensible à ma peine !
(*Lui prenant la main.*)
Si vous m'aimiez !
STELLA, *retirant sa main avec effroi.*
Laissez-moi, je le veux !
LE PRINCE, *avec dépit.*
C'en est trop ! je rougis de l'amour qui m'enchaîne,
Oui, je sais le moyen de fuir loin de ces lieux !
Et j'y cours !..
(*Il fait quelques pas pour sortir.*)
STELLA.
Partez donc ! partez !
LE PRINCE, *revenant.*
Oui, je le veux !

ENSEMBLE.
LE PRINCE.
Cédons au dépit qui m'entraîne,
Oui, fuyons loin d'une inhumaine
Dont les regards indifférents
Portent le trouble dans mes sens !
STELLA.
Qu'il cède au dépit qui l'entraîne,
Que rien ici ne le retienne !
Cachons à ses yeux les tourments
Et le trouble que je ressens ?
(*Stella va s'asseoir sur le banc à gauche.*)
STELLA, *assise, et regardant le prince qui ne s'en va pas.*
Eh bien?..
LE PRINCE, *revenant près d'elle.*
Oui, vers toi me ramène
Un feu que rien ne peut calmer !
(*Il se met à genoux près de Stella toujours assise.*)
STELLA.
Laissez-moi, je respire à peine !
LE PRINCE.
Ah ! si ton cœur savait aimer,
Si le mien pouvait l'animer !..

ENSEMBLE.
LE PRINCE.
Sa main a frémi dans la mienne,
L'amour et m'enivre et m'entraîne,
Je cède aux transports délirants
Qui s'emparent de tous mes sens !
STELLA, *cherchant à se défendre.*
Laissez-moi, je respire à peine...
Sa voix et me trouble et m'entraîne,
Ayez pitié de mes tourments
Et du trouble que je ressens !
(*Stella éperdue, hors d'elle-même, laisse tomber sa tête sur l'épaule de Yang, qui l'embrasse. — Le tonnerre gronde, et Yang, qui était un genou en terre près de la princesse, est soudain englouti et disparaît. Stella pousse un cri d'effroi, et tombe à moitié évanouie dans les bras de Lo-Mangli, qui entre en ce moment.*)

—

SCENE IV.

STELLA, puis LO-MANGLI.

LO-MANGLI. Et lui aussi !.. lorsqu'il ne s'en fallait plus que d'un petit quart d'heure... c'est avoir bien peu de patience !..

STELLA. Ah ! rien n'égale mon désespoir. . car je l'aimais, vois-tu bien... j'en étais aimée... et, séparé de moi, que va-t-il devenir ? que fera-t-il sur la terre ?..

LO-MANGLI. Ce n'est pas difficile à deviner !.. impétueux comme il l'est, il ne pourra jamais se modérer... ni se taire... il parlera de vous à tout le monde... et, à l'heure qu'il est, peut-être déjà est-il changé en magot !

STELLA. O ciel !

LO-MANGLI. Ce qui est bien désagréable pour un aussi joli garçon ! lui surtout qui n'aimait pas à rester en place !

STELLA. Ah ! je n'y survivrai pas... j'en mourrai !..

LO-MANGLI. Mourir !.. vous savez bien qu'ici on est immortelle.. et qu'on ne peut pas mourir d'amour... sur terre je ne dis pas...

STELLA. Eh bien ! alors je garderai éternellement son souvenir... je lui serai fidèle... je n'appartiendrai à personne...

LO-MANGLI. Si vous pouvez... car il y a ici quelqu'un qui m'inquiète pour vous...

STELLA. Que veux-tu dire ?..

LO-MANGLI. Ce petit voyageur... que vous m'aviez chargée de renvoyer..

STELLA. Eh bien !..

LO-MANGLI. J'ai cru d'abord qu'il ne demandait pas mieux que de s'en aller...

STELLA. Et il est encore ici !

LO-MANGLI. Ecoutez donc, Madame... ce n'est pas ma faute... Dans ces cas-là... il faut qu'on s'y prête un peu.

COUPLETS.

PREMIER COUPLET.

Tranquillement il se promène
Sans songer à nous admirer !
Et passant près de la fontaine
Il s'occupait à se mirer !
Pour obéir à vous, ma souveraine,
J'espérais bien le séduire sans peine,
Mais... mais j'ai beau faire, hélas !..
J'ai beau faire... il ne veut pas !
Il ne veut pas !

DEUXIÈME COUPLET.

Et quel dommage quand j'y pense,
Il est si jeune et si gentil !
Jusqu'à son air d'indifférence,
Tout me plaît et me charme en lui !

Pour obéir à votre ordre suprême,
Combien j'aurais voulu qu'il dît... je t'aime !..
Mais... mais j'ai beau faire, hélas !
J'ai beau faire... il ne veut pas !
Il ne veut pas !
Non, non, non, il ne veut pas !

STELLA. C'est bien singulier...

LO-MANGLI. Certainement, ce n'est pas naturel... et si vous n'y prenez garde... il est capable de rester comme cela jusqu'à ce soir...

STELLA. Tu crois...

LO-MANGLI. Alors il deviendrait maître de ce talisman... et de votre personne... il n'y aurait pas à dire.... vous seriez obligée de le suivre...

STELLA. Ah ! voilà qui serait le pire de tout.

LO-MANGLI. Pas tant !.. car il est très-agréable... et certainement... si j'avais un mari à choisir... mais ici on ne peut pas...

STELLA. Y pensez-vous ?

LO-MANGLI. Tenez... tenez... Madame... voyez plutôt... voilà qu'il vient de ce côté... il n'est pas mal, n'est-ce pas ?

STELLA. Cela m'est bien égal... qu'il vienne !.. je m'en vais le traiter avec tout le dédain, tout le mépris...

LO-MANGLI. Mais au contraire !.. ce n'est pas le moyen de vous en défaire...

STELLA. Tu as raison... il faut être aimable, gracieuse... oh ! que je le hais... laisse-moi !..

LO-MANGLI. Oui, Madame !.. (*Elle sort en faisant à Peki une révérence dont celle-ci ne s'aperçoit seulement pas... et Lo-Mangli s'éloigne avec dépit.*)

SCENE V.

STELLA, PEKI.

DUO.

STELLA.
Quel désir vous conduit vers nous, bel étranger ?

PEKI, *froidement*.
Le seul désir de voyager !

STELLA.
Pas autre chose !

PEKI.
Eh mais !... peut-être aussi, Madame,
Le désir de vous voir !

STELLA, *avec coquetterie et baissant les yeux*.
Comment !.. vous m'aimeriez ?

PEKI.
Non, vraiment !

STELLA, *étonnée*.
Que dit-il ?

PEKI.
Jamais aucune femme
Ne m'a vu tomber à ses pieds.

STELLA, *à part*.
Dieu ! quel air suffisant ! déjà je le déteste !
(*Haut.*)
Eh quoi ! nulle beauté dans ce séjour céleste
De vous charmer n'a le pouvoir !

PEKI, *froidement*.
Aucune !

STELLA.
Aucune ! (*A part.*) Ah ! c'est ce qu'on va voir !

ENSEMBLE.

STELLA.
De cette âme fière,
Ah ! je triompherai,
Car je prétends lui plaire
Et j'y réussirai !
Oui.. oui... je l'ai juré !

PEKI.
Oui... oui .. beauté si fière,
Je vous résisterai !
Je ris de sa colère
Et je réussirai !
Oui... oui... je l'ai juré !

STELLA, *s'approchant de Peki d'un air caressant*.
On m'avait dit pourtant que j'avais quelques charmes !

PEKI, *d'un air indifférent et sans la regarder*.
Oui ! vous n'êtes pas mal !

STELLA, *avec coquetterie*.
Qu'en savez-vous ?

PEKI.
Pourquoi ?

STELLA.
Vous n'avez pas encor jeté les yeux sur moi !
Craignez-vous de me voir ?

PEKI.
Je le puis sans alarmes !
(*Là regardant et n'examinant que sa parure.*)
J'aime de ces habits l'élégance et le goût !
Ce riche bracelet...
(*A part.*)
Qui bientôt, je le pense,
Va tomber en ma puissance !
(*Haut.*)
Qu'il est beau ! qu'il me plaît !

STELLA, *avec dépit*.
Voilà tout !

Et moi ?

PEKI, *la regardant*.
Vous !.. ah ! je dois le dire !
Voilà des traits charmants et faits pour tout séduire.
Et ces beaux yeux...

STELLA, *la regardant avec tendresse*.
Ces yeux !.. eh bien !

PEKI.
Eh bien !..
Sur mon cœur ne font rien !

STELLA, *avec dépit*.
Rien !

PEKI, *tranquillement*.
Rien !

ENSEMBLE.

STELLA.
Je suis d'une colère,
Eh quoi ? je ne pourrai
Le séduire et lui plaire !
Oh ! j'y réussirai !
Oui... oui .. je l'ai juré !

PEKI.
Oui, oui, beauté si fière,
Je vous résisterai,
Je ris de sa colère,
Et je réussirai !
Oui... oui... je l'ai juré !

PEKI.
Grâce au ciel ! la journée avance dans son cours !

STELLA.
C'est fait de moi !.. mon Dieu, venez à mon secours !
(*S'approchant de Peki.*)
Eh bien ! puisqu'il faut tout vous dire,
Pour un autre que vous, mon cœur, hélas, soupire !

PEKI, *gaiement*.
Vous ne m'aimez donc pas !

STELLA.
Non vraiment !

PEKI, *froidement*.
C'est très-bien !

STELLA, *timidement*.
Et voilà pourquoi je désire
Que vous partiez !

PEKI.
Partir d'ici !.. par quel moyen ?

STELLA, *avec embarras.*
Oh! le moyen est terrible à vous dire,
Et de moi qu'allez-vous penser?
Il faudrait pour cela... sur-le-champ... m'embrasser!
PEKI.
Qui? moi!.. cela m'est impossible!
STELLA.
Quoi! vous me refusez... vous êtes insensible!
D'autres pourtant à mes genoux
M'ont demandé ce que j'attends de vous

ENSEMBLE.
STELLA.
O mortelle souffrance!
Je suis en sa puissance,
Me voilà sous sa loi!
Pour moi plus d'espérance,
Déjà l'heure s'avance,
Tout est fini pour moi!
PEKI.
Ah! mon bonheur commence,
Elle est en ma puissance,
Je la tiens sous ma loi!
Oui, courage!.. espérance!
Bientôt l'heure s'avance,
La victoire est à moi!
STELLA, *à Peki, d'un air suppliant.*
Ainsi donc l'espoir m'abandonne!
Et sur votre rigueur je ne puis l'emporter!
PEKI, *à part, et la regardant avec malice.*
Si j'étais homme!!!
(*Avec sentiment.*)
Yanko, je te pardonne:
Comment lui résister?
STELLA.
Ce qu'ici je demande
Est-il faveur si grande?
Et si cruel pour vous!
Je suis femme!.. et j'implore!
Et s'il faut plus encore,
Je suis à vos genoux!
(*Elle se met à genoux. Peki fait un pas vers elle pour la relever et puis s'arrête.*)

ENSEMBLE.
STELLA.
O mortelle souffrance!
Déjà l'heure s'avance,
Et je tremble d'effroi!
Pour moi plus d'espérance,
Je suis en sa puissance,
Tout est fini pour moi!
PEKI.
Ah! mon bonheur commence,
Elle est en ma puissance,
Je la tiens sous ma loi!
Oui, courage!.. espérance!..
Bientôt, l'heure s'avance,
La victoire est à moi!
(*La nuit obscurcit le théâtre et des nuages commencent à les environner.*)
STELLA.
Le jour s'enfuit!
Voici la nuit.
Adieu, toi! qui reçus ma foi!
Ce talisman me soumet à sa loi!
Je me meurs! c'est fait de moi!
PEKI.
Le jour s'enfuit!
Voici la nuit.
Il m'appartient! il est à moi!
Le talisman qui la met sous ma loi!..
(*Elle arrache le bracelet que porte Stella.*)
La victoire est à moi!
(*Stella tombe évanouie. — Un coup de tam-tam se fait entendre. — Peki et Stella disparaissent et descendent sur la terre. — Les nuages qui couvraient le théâtre se lèvent peu à peu et l'on aperçoit la grande pagode richement décorée. — Tsing-Sing, toujours en magot, est placé au milieu du théâtre sur un grand piédestal. — A sa droite Yang et à sa gauche Yanko aussi en magots, sur des piédestaux moins élevés.*)

SCENE VI.

YANG, TSING-SING, YANKO, *sur leurs piédestaux,* TAO-JIN, TCHIN-KAO, *et le peuple prosternés, pendant que des jeunes filles jettent des fleurs et que des bonzes ou prêtres chinois font brûler de l'encens.*

CHŒUR.
Que l'encens et la prière
Vers eux s'élèvent de la terre!
Et révérons ces nouveaux dieux
Qui pour nous descendent des cieux!
TCHIN-KAO, *montrant le prince.*
Encore un dieu dont la puissance brille!
Être dieu devient bien commun:
(*Montrant Tsing-Sing et Yanko.*)
En voilà deux déjà dans ma famille,
A chaque instant je tremble d'en faire un!

CHŒUR.
Que l'encens et la prière
Vers eux s'élèvent de la terre,
Et révérons ces nouveaux dieux
Qui pour nous descendent des cieux!
(*A la fin de ce chœur on entend une musique céleste.*)
Mais quels accords harmonieux!
(*On voit descendre au milieu d'un nuage et de la voûte de la pagode Peki tenant à la main le bracelet magique et debout, près de Stella qui est toujours évanouie.*)

SCENE VII.

LES PRECEDENTS, PEKI ET STELLA.

TOUS.
Quel prodige nouveau vient éblouir nos yeux!
TCHIN-KAO.
C'est ma fille!.. c'est elle-même
Qu'enfin le ciel rend à mes vœux.
PEKI.
Oui, je reviens délivrer ce que j'aime!
(*Etendant le bracelet du côté de Yanko et de Yang, puis de Stella.*)
Yanko, mon bien-aimé!.. vous, prince généreux!..
Et toi sa maîtresse chérie!..
Mon pouvoir vous rend à la vie!
Renaissez tous pour être heureux!
YANG, STELLA ET YANKO, *revenant à eux par degrés.*
Quel jour radieux m'environne!
Et que vois-je?..
STELLA, *s'élançant vers le prince.*
C'est lui!
LE PRINCE, *courant à elle.*
Stella!
PEKI.
Que j'ai conquise et qu'ici je vous donne!
TCHIN-KAO, *bas, à Peki.*
Et le seigneur Tsing-Sing qui reste là!
TAO-JIN, *à part.*
De quoi se mêle celui-là!

PEKI, *étendant vers lui le bracelet.*
Qu'il reste encor statue ainsi que le voilà,
Mais que sa tête seule et s'anime et réponde !
(*S'adressant à Tsing-Sing.*)
A me répudier veux-tu bien consentir ?
(*Tsing-Sing, remuant sa tête à la façon des magots de la Chine, fait signe que non.*)
Avec Yanko tu ne veux pas m'unir ?
(*Tsing-Sing fait encore signe que non.*)
Eh bien ! demeure ainsi jusqu'à la fin du monde !
Sois l'idole qui dans ces lieux
Des époux bénira les nœuds !
(*Tsing-Sing fait en tournant la tête un geste de colère.*)
Quoi ! cette seule idée excite ta colère !

(*Prenant Yanko par la main et s'approchant du piédestal de la statue.*)
Vois alors si ton cœur préfère
Nous unir !..
(*Tsing-Sing fait signe que oui.*)
PEKI.
Il a dit oui !
Vous l'entendez !.. il n'est plus mon mari !
(*Etendant son bracelet vers Tsing-Sing.*)
Qu'il revienne à la vie !..
TSING-SING, *se levant debout sur le piédestal et étendant ses mains pour bénir Yanko et Peki.*
Et vous tous au bonheur !
CHŒUR.
Clochettes de la pagode,
Retentissez dans les airs, etc.

FIN
de
Le Cheval de Bronze.

VIALAT ET Cie, IMPRIMEURS ET ÉDITEURS.

LORD FINGAR. En croirai-je mes yeux ! mon rival en ces lieux !

LES DEUX NUITS

OPÉRA COMIQUE EN TROIS ACTES

Représenté, pour la première fois, à Paris, sur le théâtre royal de l'Opéra-Comique, le 20 mai 1829.

EN SOCIÉTÉ AVEC M. BOUILLY.

MUSIQUE DE M. BOYELDIEU.

Personnages.

LORD FINGAR, colonel d'un régiment de cavalerie irlandaise.
SIR EDOUARD ACTON, capitaine-major d'un régiment d'infanterie.
MAC-DOWEL,
BLACFORT,
DUNCAN,
FALGAR,   } jeunes officiers.
DOUGLAS,
WALTER,
MONTCALME,
MALVINA DE MORVEN, orpheline et nièce du duc de Calderhal, gouverneur de Dublin.

STROUNN, ancien marin, concierge du château de Butland.
BETTY, fille de Strounn.
CARILL, jeune montagnard amoureux de Betty.
VICTOR, valet français au service de sir Edouard.
JAKMANN, valet et confident de lord Fingar.
JOBSON, constable.
PLUSIEURS JEUNES SEIGNEURS IRLANDAIS.
VALETS DE DIFFÉRENTES LIVRÉES.
HABITANTS DE LA VILLE DE DUBLIN.
AGRICULTEURS DES MONTAGNES DE BUTLAND.

La scène se passe à Dublin pendant le premier acte, et au château de Butland pendant les deux autres.

ACTE PREMIER.

Le théâtre représente un riche salon de la taverne de l'Aigle d'Or, à Dublin. A droite et à gauche, sur un guéridon, des verres à punch. Au fond, une grande croisée donnant sur un balcon ; elle est ornée d'une draperie dont les rideaux sont tirés. Sur chaque côté de la coulisse, une porte mène à des pièces adjacentes. Celle à gauche du spectateur conduit dans la salle à manger, où l'on entend, au lever de la toile, le bruit d'un souper joyeux, et la voix de nombreux convives, répétant en chœur de vieux refrains irlandais. Plusieurs lustres allumés annoncent que la scène se passe pendant la nuit.)

SCÈNE PREMIÈRE.

JAKMANN, DEUX JOCKEYS, sous la livrée de lord Fingar. PLUSIEURS VALETS sous différentes livrées. Peu après, VICTOR.

INTRODUCTION.

(Ils entrent tous, la serviette à la main, par la porte à droite du spectateur.)

LE CHŒUR DES CONVIVES, dans la coulisse.

Amis, demain, que l'aurore
Nous retrouve le verre en main!
Bacchus nous invite encore ;
Amis, buvons, buvons jusqu'à demain.

JAKMANN ET LES VALETS.
Ah! quel bruit, quel vacarme !
Par leurs cris, par leurs chansons,
Ils vont jeter l'alarme
Dans tous les environs.

JAKMANN.
Je reconnais bien là mon maître ;
Généreux, aimant à paraître,
Il a voulu réunir à grands frais
Tous les plus fous des seigneurs irlandais.
(On entend chanter, dans la coulisse, le chœur suivant.)

LE CHŒUR, dans la coulisse.
Amis, demain, que l'aurore
Nous retrouve le verre en main ;
Bacchus nous invite encore :
Amis, buvons, buvons jusqu'à demain.

LE CHŒUR, sur la scène.
Ah! quel bruit, quel vacarme !
Par leurs cris, etc., etc.

VICTOR, entrant la serviette à la main.
Quelle abondance !
Quelle élégance !
C'est un souper délicieux.
Que de gaîté ! que de propos joyeux !
D'honneur, il me semble être en France !

JAKMANN.
A mon maître, à coup sûr, il en coûtera cher.

VICTOR.
Que de vins délicats ! que de bouchons en l'air !
Du vin d'Aï, moi j'aime la folie :
Dans sa fougue charmante on dirait qu'il défie
Le plus intrépide buveur.
(Imitant le bruit de plusieurs bouchons qui sautent.)
Pif, paf, paf, pouf! ah ! cette artillerie
Vaut bien celle du champ d'honneur.

ENSEMBLE.

LE CHŒUR, dans la coulisse.
Amis, demain que l'aurore
Nous retrouve, etc., etc.

VICTOR.
Que j'aime ce vacarme !
Comme eux, buvons, chantons,
Comme eux, jetons l'alarme
Dans tous les environs.

LE CHŒUR, sur la scène.
Ah ! quel bruit, quel vacarme !
Par leurs cris, par leurs chansons,
Ils vont jeter l'alarme
Dans tous les environs.

VICTOR. Allez donc, allez donc, on demande encore du champagne. (Plusieurs domestiques sortent.)

JAKMANN. Quel beau souper !

VICTOR. Je m'en vante ! un souper que j'ai commandé moi-même à l'Aigle d'Or, la taverne la plus renommée de la ville de Dublin.

JAKMANN. Il me semble seulement, monsieur Victor, que nos maîtres restent bien longtemps à table.

VICTOR. Eh ! que vous importe?

JAKMANN. C'est qu'il faut qu'ils aient fini, pour que nous commencions.

VICTOR. Monsieur Jakmann est pressé.

JAKMANN. Toujours ; il faut que j'aille vite; c'est mon état... quand on est coureur d'un grand seigneur.

VICTOR. Une belle place, qui peut vous mener loin.

JAKMANN. Trop loin ; car, avec lord Fingar mon maître, on n'a pas un moment pour se reposer. Ne me parlez pas de ces jeunes gens à la mode, de ces brillants militaires, qui ont des inclinations dans tous les quartiers de la ville! L'inconstance est une chose terrible pour les coureurs ! aussi, quoique je sois bien payé, j'envie quelquefois le sort de Thomas, le cocher.

VICTOR. Je comprends, un poste plus élevé.

JAKMANN. Non ; mais c'est qu'il est toujours assis ; ça doit être si agréable ! Moi, toute mon ambition est de m'asseoir un jour.

VICTOR. Comme nous allons le faire tout à l'heure, devant une bonne table.

JAKMANN. Oui, c'est une retraite... et vous, monsieur Victor ?

VICTOR. Moi, je ne suis que trop paisible ! Valet de chambre parisien, et ne pouvant rester en place, tour à tour soldat, peintre, musicien, j'ai fait tous les métiers qui ne rapportent rien. J'ai manié le fusil en Belgique, le pinceau en Italie, la guitare en Espagne, et revenant à la livrée, mes premières amours, j'ai quitté de nouveau ma patrie pour suivre sir Édouard Acton, seigneur irlandais, espérant avec lui courir les grandes aventures, et perfectionner ici mon génie naturel. Eh bien ! pas du tout, je ne fais rien ; je perds mon talent, je me rouille, faute d'exercice.

JAKMANN, se frottant les jambes. Ce n'est pas comme moi. Votre maître ne ressemble donc pas au mien ? il n'aime pas toutes les belles?

VICTOR. Il n'en aime jamais qu'une à la fois ; il a l'ordre, et encore, dans ce moment-ci, celle qu'il adore, il ne sait pas où elle est ; voilà ce qui nous retient dans l'inaction.

JAKMANN. Vraiment !

VICTOR. Eh ! oui, une beauté céleste, une jeune Irlandaise, qui, comme lui, voyageait en France. Deux compatriotes qui se rencontrent en pays étranger sont si disposés à s'aimer ! l'éloignement nous rapproche. Aussi, il paraît que mon maître, car je n'étais pas encore à son service, était décidément amoureux, et que même cet amour était partagé, lorsqu'une maudite lettre française tombe entre les mains de sa belle compatriote.

JAKMANN. Une lettre ?

VICTOR. Oui, une ancienne passion, une inclination antérieure que nous avions oubliée depuis longtemps ; mais, sans daigner se plaindre, sans nous adresser un reproche, sans même faire attention à la date, ce qui, en fait de trahison, est bien essentiel, la belle Malvina est partie sur-le-champ, et, contre l'ordinaire des beautés fugitives, qui s'arrangent toujours pour être poursuivies, celle-ci n'a laissé aucun indice, aucune trace de son départ. Est-elle restée sur le continent ? est-elle revenue dans les trois royaumes ? c'est ce que mon maître n'a pu deviner, et c'est dans cette circonstance qu'il m'a pris à son service ; je suis entré dans un interrègne.

JAKMANN. Vous êtes bien heureux, il n'y en a jamais chez nous. Mais quel est ce bruit?

VICTOR. Ce sont nos maîtres qui sortent de table ; à notre tour passons à l'office, et reposons-nous des fatigues de la nuit en faisant trinquer ensemble la France et l'Angleterre. (Il passe le bras sur l'épaule de Jakmann, qui sourit malgré lui.) Il a ri ! j'ai fait rire un Anglais ! Allons, grave Jakmann, on fera quelque chose de vous, et ce premier accès de gaieté doit être inscrit parmi les exploits qui signaleront ma carrière. (*Ils sortent par le fond.*)

SCENE II.

LORD FINGAR, SIR ÉDOUARD, DUNCAN, Officiers de différents corps, Anglais et Irlandais.

LORD FINGAR. A merveille! c'est ainsi que j'aime les réconciliations, le verre à la main. (*A deux officiers.*) J'espère, Messieurs, que tout est oublié. (*Les deux officiers se donnent une poignée de main.*) A la bonne heure! deux officiers de mon régiment se battre en l'honneur d'une coquette qui les trahit peut-être pour un troisième! (*Bas, à Édouard.*) j'en sais quelque chose. (*Haut.*) Mes amis, pour conserver la mémoire de ce joyeux souper, jurons ici de ne jamais terminer autrement nos querelles d'amour. Se fâcher pour une infidélité! c'est absurde; c'est vouloir passer sa vie l'épée à la main; aussi, j'ai pris le parti d'en rire; et je vous défie ici, par le vin de Champagne que j'ai bu, d'altérer en rien ma philosophie ou ma joyeuse humeur, dussiez-vous, si vous le pouvez, m'enlever toutes mes maîtresses.

DUNCAN ET LES AUTRES. Accepté.

LORD FINGAR, *vivement*. A charge de revanche.

DUNCAN. C'est juste.

LORD FINGAR. Il n'y a que sir Édouard qui n'est pas du traité; il a déjà peur.

ÉDOUARD. Moi! au contraire, je n'y trouve que trop d'avantage; car n'ayant aucune belle qui s'intéresse à moi, je ne crains pas qu'on me l'enlève.

LORD FINGAR. Vraiment! pauvre garçon! je vous demande pardon de vous avoir accusé. Oui, je vous soupçonnais d'être amoureux; car vous n'êtes pas à la hauteur de nos principes. J'ai remarqué qu'à table vous étiez toujours en arrière de trois ou quatre verres de champagne.

ÉDOUARD. C'est possible. Vous, colonel, vous êtes toujours en avant.

LORD FINGAR. Un colonel, c'est de droit; mais savez-vous que vous n'êtes plus reconnaissable, depuis votre retour de France? Ici même, dans votre patrie, il semble que vous regrettiez ce pays-là.

ÉDOUARD. Ah! c'est qu'il me rappelle des souvenirs...

COUPLETS.

PREMIER COUPLET.

Le beau pays de France
Est un séjour favorisé des cieux;
Lui seul produit en abondance
Joyeux refrains et vins délicieux.
Il plait au cœur, il plait aux yeux,
Le beau pays de France.

DEUXIÈME COUPLET.

Au beau pays de France
Mille beautés ont droit de nous charmer;
Que de grâces! que d'élégance!
Le plaisir seul y sait tout animer.
C'est en riant qu'on sait aimer
Au beau pays de France.

TROISIÈME COUPLET.

Charmant pays de France,
Tu plais au brave, au galant troubadour;
L'un aux combats pour toi s'élance,
L'autre pour toi redit les chants d'amour.
Pourrai-je encor te voir un jour,
Charmant pays de France.

SCENE III.

LES PRÉCÉDENTS, JAKMANN.

JAKMANN. Milord, c'est la carte.

LORD FINGAR. C'est juste; moi l'amphitryon, cela me regarde. Deux cents guinées! ce n'est pas cher, pour un dîner qui dure jusqu'au souper; et quel repas! On voit que sir Edouard s'était chargé de le commander.

ÉDOUARD. Ce n'est pas moi, c'est Victor, mon valet de chambre; un sujet admirable.

LORD FINGAR. Ce n'est pas comme ce paresseux de Jakmann, que j'essaye en vain de former et qui n'arrivera jamais.

JAKMANN. Ce n'est pas faute de faire du chemin.

LORD FINGAR, *lui jetant une bourse*. Fais dresser la table de jeu dans la salle à côté, et dis qu'on nous fasse du punch; et puis ne t'éloigne pas, j'aurai plus tard d'autres commissions à te donner.

JAKMANN. Il a déjà peur que je ne me repose. (*Il sort.*)

ÉDOUARD, *regardant Jakmann qui sort lentement*. N'est-ce pas votre coureur?

LORD FINGAR. Oui, un poltron, un imbécile, qui n'a d'esprit que dans les jambes; mais elles sont longues. Il a été autrefois le premier marcheur des trois royaumes. Je lui ai donné par an jusqu'à six mille livres.

ÉDOUARD. Vous qui n'en avez que douze, en donner six à votre coureur!

LORD FINGAR. C'est le moyen d'avoir toujours devant soi la moitié de son revenu; mais maintenant, mes amis, c'est bien changé, et je peux tous les jours, sans me gêner, vous donner des dîners comme celui-ci; car demain, à pareille heure, je serai riche à jamais, et qui plus est marié.

ÉDOUARD. Et vous ne nous en disiez rien?

LORD FINGAR. Ce n'était pas sans motif. J'avais un excellent oncle, le duc de Calderhal, qui adorait le mariage, qui me vantait que le mariage, et qui pourtant est mort garçon. Du reste, une foule de bonnes qualités et un million de rentes; il est mort, je ne lui en veux pas...

ÉDOUARD. En vous laissant sa fortune...

LORD FINGAR. Au contraire, en la laissant tout entière à une nièce, sa fille adoptive, la plus jolie fille d'Irlande, à la seule condition que, dans les trois mois qui suivront son décès, elle prendra un mari à son choix, n'importe lequel, pourvu que dans les trois mois elle soit mariée.

ÉDOUARD. Et si elle ne l'est pas?

LORD FINGAR. C'est à moi que revient toute la fortune; clause à peu près inutile, et qui me laisserait peu d'espoir, car vous sentez bien qu'en trois mois de temps une jolie fille qui peut apporter en dot un million de rentes...

ÉDOUARD. Doit aisément trouver à se marier.

LORD FINGAR. Il y a tant d'amateurs! aussi ma seule ressource était de me mettre sur les rangs; il était naturel que j'eusse des vues tout comme un autre, moi, surtout, qui, en qualité de proche parent, avais été nommé tuteur, et un tuteur de vingt-cinq ans peut bien faire un mari. Mais avoir à lutter contre une foule de rivaux, être obligé surtout à une constance, mes amis, à une cour assidue; je ne l'aurais jamais pu, même pour un million. Aussi, jugez de ma joie, lorsque ma jolie cousine me demanda à passer les trois mois de deuil dans la solitude la plus absolue! Vous comprenez que je ne suis pas de ces tuteurs jaloux et farouches qui contrarient leur pupille; et pour obéir à la mienne et lui faire plaisir, je l'ai confinée dans un vieux château qui dépend de la succession, et où personne, excepté moi, n'a le droit de la voir. Château féodal, orné de tourelles, pont-levis, bastions, et de tous ses agréments romantiques. C'est là que, sous la garde de fidèles vassaux, et sous la surveillance d'un concierge qui m'est dévoué, ma belle cousine se livre en paix aux beaux-arts et à toutes les jouissances de la mélancolie.

DUNCAN. Je vous avoue, colonel, que je trouve à cette aventure quelque chose de piquant et d'original.

LORD FINGAR. Situation délicieuse! et le meilleur, c'est que tout cela finit la nuit prochaine, à minuit, époque où les trois mois expirent.

DUNCAN. Quoi! demain, à pareille heure, vous serez marié?

LORD FINGAR. Ou millionnaire, l'un ou l'autre, et probablement tous les deux. Aussi, mes amis, je vous invite à ma noce.

DUNCAN. De grand cœur; partons sur-le-champ.

LORD FINGAR. Non, demain soir, pas avant.

DUNCAN. Et pourquoi?

LORD FINGAR, *riant*. Pourquoi? eh! mais, à cause de ce que nous disions tout à l'heure, en sortant de table.

ÉDOUARD, *souriant*. J'entends; c'est vous qui maintenant avez peur.

LORD FINGAR. Non pas; mais je prends mes précautions, je me tiens sur mes gardes. Je permets l'attaque, vous devez me permettre la défense.

DUNCAN. A la bonne heure: vous devez au moins nous indiquer où est située cette forteresse impénétrable.

LORD FINGAR. Mieux que cela; je vous y conduirai moi-même demain soir, au moment du mariage.

DUNCAN. Et le nom de votre jeune pupille, de cette charmante solitaire?

LORD FINGAR. Vous le saurez, quand elle sera ma femme.

DUNCAN. C'est aussi être par trop discret.

LORD FINGAR. C'est le moyen de réussir avec les dames. Moi, d'abord, je suis toujours la discrétion même, avant... après, je ne dis pas. Mais, pour vous consoler et vous faire prendre patience, je puis, sans danger, vous montrer son portrait.

DUNCAN. Ah! voyons.

ÉDOUARD, *à part, et regardant le portrait que Fingar tire de son sein*. Dieu! Malvina.

LORD FINGAR. Eh bien! qu'en dites-vous?

ÉDOUARD, *troublé et cherchant à se remettre*. Je dis... je dis... qu'elle n'est pas mal.

DUNCAN. Vous êtes bien difficile; des traits comme ceux-là, c'est ce que j'ai vu de plus séduisant, de plus ravissant.

LORD FINGAR. Eh bien! eh bien! capitaine, comme vous prenez feu! je vois que j'ai eu raison de ne pas vous montrer l'original.

DUNCAN. Ah! Milord, vous êtes trop heureux!

LORD FINGAR. Vous croyez? Mais tenez, les tables de jeu sont prêtes; j'ai à perdu, avant le souper, quelques centaines de guinées, et sir Édouard me doit une revanche.

ÉDOUARD. Oui, Milord, oui, je vous suis; commencez sans moi.

LORD FINGAR. Voyons donc si la fortune me sera aussi favorable que l'amour! Allons, mes amis, demain le mariage, demain la raison; voici ma dernière nuit de folie, dépêchons-nous. (*Ils sortent tous par la porte à droite du spectateur.*)

SCENE IV.

ÉDOUARD, *seul*. Qu'ai-je appris, grand Dieu! Malvina dont j'ignorais le sort, Malvina qui me fuit, qui me croit infidèle, qui refuse de m'entendre, c'est elle qui, la nuit prochaine, doit épouser lord Fingar!..

SCENE V.

SIR ÉDOUARD, VICTOR.

VICTOR, *à la cantonade*. Je suis à vous dans l'instant; tâchez de vous maintenir à la hauteur de la table; car, du train dont ils y vont, je crains bien de les retrouver... (*Faisant le geste de rouler à terre. A sir Édouard.*) Eh quoi! seul ici, Milord? votre seigneurie me paraît sombre et rêveuse.

ÉDOUARD. Et ce n'est pas sans sujet. Apprends que cette jeune Irlandaise, qui fit en France une si vive impression sur mon cœur, cette Malvina de Morven, que nous cherchons en vain depuis trois mois...

VICTOR, *vivement*. Vous avez de ses nouvelles?

ÉDOUARD. A l'instant même! elle est au pouvoir de lord Fingar, qui la nuit prochaine doit l'épouser!

VICTOR, *vivement*. Tant mieux!

ÉDOUARD, *étonné*. Comment, tant mieux!

VICTOR. Oui, vraiment! si ce n'était qu'une de ces expéditions vulgaires dont on est rebattu, je ne l'entreprendrais pas; non, Milord, je ne l'entreprendrais pas; il me faut à moi de ces positions tout à fait désespérées, de ces coups hardis, étonnants, de ces intrigues bien nouées, bien serrées, en un mot, de quoi développer les moyens que j'ai reçus de la nature, et qu'ont mûris dix années d'expérience. Combien de temps me donnez-vous?

ÉDOUARD. Un jour!

VICTOR. Un jour!

ÉDOUARD. Un seul! car, d'après le testament d'un oncle, demain, à minuit, Malvina doit être mariée, et si elle ne l'est pas, elle perd une fortune considérable qu'il n'est pas en mon pouvoir de lui rendre.

VICTOR. Bon! cela commence à merveille. Où est-elle?

ÉDOUARD. Je l'ignore!

VICTOR, *étonné*. Vous l'ignorez?

ÉDOUARD, *avec impatience*. Eh oui, sans doute.

VICTOR, *riant*. C'est charmant! Vous n'avez pas le moindre indice sur sa retraite?

ÉDOUARD. Pas le moindre.

VICTOR. C'est divin! Soupçonnez-vous que ce soit dans Dublin?

ÉDOUARD. Je suis sûr, au contraire, que c'est dans un château-fort, au milieu de nos montagnes; mais il y en a tant dans ces environs.

VICTOR. C'est admirable! et la belle est sous la garde...

ÉDOUARD. D'un véritable cerbère qu'on ne peut ni tromper ni séduire.

VICTOR, *gaiement*. Eh bien! voilà qui me transporte, m'enflamme! Parlez-moi d'une pareille expédition; je m'en charge, et je vous réponds du succès.

ÉDOUARD. Mais comment parvenir en si peu de temps?..

VICTOR. C'est là le beau, l'admirable! Si on pouvait attendre, on aurait toujours de l'esprit; le difficile est d'en avoir tout de suite, à volonté. Mais avant tout, Monsieur, une seule question, qui va vous paraître bien commune, bien vulgaire, mais que les héros eux-mêmes sont obligés de faire avant d'entrer en campagne: sommes-nous en fonds?

ÉDOUARD. Plus que jamais; j'ai gagné cette nuit même trois cents guinées au lord Fingar; tu peux en disposer.

VICTOR. Comment! c'est avec l'or de votre rival que nous allons le combattre? Il est mort!

ÉDOUARD. Ah! si tu pouvais réussir!..

VICTOR, *agité, et cherchant dans son imagination*. Si je réussirai! j'imagine déjà... non, je n'imagine rien; mais laissez-moi réfléchir. (*Apercevant Jakmann, qui entre du fond, dans le salon à droite, en portant un plateau de liqueurs.*) Rentrez au salon, où votre absence serait remarquée; retournez près de votre rival, redoublez de folies, et ne craignez rien; je veille sur vous et sur lui. (*Édouard sort par la porte à droite.*)

SCENE VI.

VICTOR, *seul*.

AIR.

Héros fameux de la grande livrée,

Scapin, Frontin, Hector, Sganarelle, Crispin,
J'invoque de vos noms la gloire révérée,
Venez, inspirez-moi de votre esprit malin.
Ils viennent tous : je les vois, je les compte :
C'est Sganarelle et son divin tabac ;
Puis c'est Scapin, affublé de ce sac
Où va s'envelopper Géronte.
Plus loin, Hector grondant tout bas,
Un gros Sénèque sous le bras!
A cette mine joyeuse,
A ce noir manteau de velours,
C'est Crispin rêvant toujours
Quelque folie amoureuse.
Mais écoutez.. on rit de toute part ;
On chante aussi... c'est Thalie en goguette ;
C'est Figaro tenant une lancette,
Et fredonnant un refrain de Mozart.
Ah! ah! ah!
La séance est ouverte... ils sont tous rassemblés.
(*Otant son chapeau.*)
Je vous écoute, ô mes maîtres, parlez.
(*S'asseyant et imitant diverses personnes qui parlent à la fois.*)
Avant tout, il faut plaire
Aux gens de la maison.
— D'un rival ou d'un frère
Il faut prendre le nom.
— Quiproquos et méprise,
Et puis déguisement...
— Et finir l'entreprise
Par un enlèvement.
(*Se bouchant les oreilles.*)
Eh! Messieurs, un moment.
(*Recommençant à parler.*)
— Je prendrais d'un notaire
La robe et le rabat.
— Il faut faire au beau-père
Signer un faux contrat.
— Faire jouer le maître.
— Enivrer le valet.
— Sauter par la fenêtre.
— Mettre en fuite le guet.
(*Leur faisant signe de se taire.*)
Eh! Messieurs, s'il vous plaît...
(*Reprenant.*)
Pour tromper un tuteur faut-il une autre ruse?
(*S'interrompant.*)
— Eh non, l'on ne veut plus de tuteur qu'on abuse.
— Vraiment? — Eh oui : nous en avons assez.
Les maris les ont remplacés.
— Prenez donc mon moyen.
— Eh non! c'est trop ancien.
— Prenez plutôt le mien.
— Le mien. — Le mien. — Le mien.
L'assemblée, où l'on n'entend rien,
Ne s'y reconnaît plus... Eh bien!

CAVATINE.

Toi, qu'implore la grisette,
Le prince et l'humble bourgeois,
Toi qui devant une coquette
Fais courber le front des rois ;
Toi, qu'implorent les soubrettes
Dans les moments d'embarras,
Toi, qu'invoquent les poëtes
Dans tous les vers d'opéras...
Notre ressource éternelle,
O dieu malin! dieu fripon!
S'il faut enfin qu'on t'appelle,
Qu'on t'appelle par ton nom,
Amour! je reviens encore,
Je reviens à toi,
Ici je t'implore,
Viens, conseille-moi.
En vain l'on critique
Ton carquois gothique,
Et la forme antique
De ton vieux flambeau.
Va, laisse-les faire,
Toujours sûr de plaire,
Toi seul, sur la terre,
Es toujours nouveau.

Tu m'inspires, tu me conseilles,
Et ces maîtres que j'invoquais,
Vont, en admirant tes merveilles,
Applaudir mes premiers essais.
J'entends déjà Scapin, Crispin et Figaro
Me crier : Bravo, bravo!
Il est digne de nous : bravo, bravo, Victor!
— Eh! Messieurs, pas encor.
Dieu d'amour, toi qui me conseilles,
Permets du moins que mes efforts heureux
Me donnent quelque jour une place auprès d'eux.

SCENE VII.

VICTOR, JAKMANN.

JAKMANN. C'est fini, je n'en reviendrai jamais ; passe pour le jour ; mais à cette heure-ci...
VICTOR. Qu'y a-t-il donc, brave Jakmann?
JAKMANN. Il y a, qu'après le petit repas que nous venons de faire, je comptais bien passer dans mon lit le reste de la nuit ; pas du tout ; Milord, mon maître, qui a achevé ses dépêches, m'a ordonné de me tenir prêt à partir sur-le-champ, et je vais prendre mon costume de voyage.
VICTOR. Pour faire une commission dans la ville?
JAKMANN. Ah! bien oui ; il m'envoie dans les montagnes.
VICTOR. Dans les montagnes, dis-tu ? (*A part.*) Serions-nous sur la trace? (*Haut.*) Quelque mission d'amour?
JAKMANN. Je n'en sais rien ; j'aimerais mieux faire dix lieues en plaine, que trois dans le haut pays ; des ravins, des défilés, des précipices, et à chaque rocher qui s'avance je crois voir un voleur.
VICTOR. Tu n'es pas brave.
JAKMANN. Ce n'est pas mon état ; je suis payé pour avoir des jambes, et non pour avoir du cœur.
VICTOR. C'est juste. Et l'endroit où il t'envoie, n'est-il pas un château-fort?
JAKMANN. Oui ; à trois lieues d'ici ; le château de Dombar.
VICTOR *à part.* Je le tiens ; nous y voilà, impossible que la veille de ses noces il n'écrive pas à sa belle. (*Haut.*) Et tu vas de ce pas au château de Dombar?
JAKMANN. Oui ; et à celui de Blakston, et à celui de Butland, et à Saint-Dunstan.
VICTOR. Ah! mon Dieu! comme en voilà! et comment s'y reconnaître? Répète-moi un peu cela ; car ce sont des noms si barbares, que ça fait mal à prononcer.
JAKMANN, *soupirant.* Et à y aller! ça fait bien plus de mal encore! j'en ai une courbature, rien que d'y penser. Songez donc que le château de Dombar est à trois milles d'ici, au nord, Blakston au midi, Butland entre les deux, et Saint-Dunstan encore par-delà ; en tout, quinze à dix-huit milles, qu'il faut avoir faits à midi ; voilà pourquoi je pars de suite.
VICTOR. Et tu ne cherches pas à deviner, tu ne soupçonnes pas le motif de ces diverses commissions?
JAKMANN. Ah! bien oui ; c'est assez de les faire ; s'il fallait encore savoir pourquoi, ça serait une fatigue de plus. Moi, on me dit : va, et puis je vais ; mais en conscience, je vais trop ; et Milord peut se vanter d'avoir trouvé en moi le mouvement perpétuel. Adieu, monsieur Victor. (*Il sort.*)

SCENE VIII.

VICTOR, *seul.* Bon voyage. Moi, qui m'amuse à interroger cet imbécile, il ne peut me dire que ce qu'il sait, et il ne sait rien. (*Tirant un calepin et écrivant.*) Dombar, Blakston, Butland, Saint-Dunstan ! il est sûr que Malvina est enfermée dans un de ces châteaux ; mais lequel? et qui pourrait me l'apprendre ? il n'y a que lord Fingar... Le voici.

SCENE IX.
VICTOR, LORD FINGAR.

LORD FINGAR, *tenant des lettres à la main.* Jakmann! Jakmann!

VICTOR. Il n'est pas là, Milord ; mais qu'y a-t-il pour votre service?

LORD FINGAR, *mettant les lettres dans sa poche.* D'abord, le punch que j'ai demandé, et qui n'arrive pas; pour calmer la chaleur du jeu, ces messieurs ont été obligés de revenir au champagne et au madère, ce qui est très-désagréable. Que font donc nos gens?

VICTOR, *avec intention.* Pardon, Milord, ils sont tous à l'office, où notre hôte nous racontait des nouvelles qu'il vient de recevoir; des nouvelles effrayantes, si elles sont vraies.

LORD FINGAR. Qu'est-ce donc?

VICTOR. C'est l'association qui a encore fait des siennes ; il paraît que ces brigands, formant une troupe assez nombreuse ont osé attaquer (*Examinant lord Fingar.*) le château de Dombar.

LORD FINGAR, *riant.* Vraiment!

VICTOR, *à part.* Ce n'est pas celui-là.

LORD FINGAR. Ils ont dû trouver à qui parler. Nous avons là justement cinq ou six mauvais sujets de nos amis, que j'invite à mes noces, et qui demain nous raconteront cela en détail.

VICTOR, *examinant toujours lord Fingar.* Aussi, il paraît que, repoussés avec perte, ils se sont rejetés sur Blakston.

LORD FINGAR. Charmant! le baronnet a dû avoir une peur...

VICTOR, *à part.* Ce n'est pas cela. (*Haut.*) Et qu'ils ont même été jusqu'au château de Butland.

LORD FINGAR, *avec effroi.* Butland!

VICTOR, *vivement, à part.* C'est là qu'elle est.

LORD FINGAR, *cherchant à se remettre.* Butland, dites-vous?

VICTOR. Non, non, je me trompe ; je ne suis pas fort sur les noms; c'est aux environs de Butland, un endroit qu'on nomme Saint... Saint...

LORD FINGAR. Saint-Dunstan?..

VICTOR. Précisément.

LORD FINGAR. On vous a induit en erreur. Le monastère de Saint-Dunstan est trop révéré de nos catholiques irlandais pour qu'ils osent jamais l'attaquer.

VICTOR. Je le crois aussi; et puis, comme Milord le dit très-bien, ce n'est peut-être pas vrai; on fait tant de contes... Mais voici ces messieurs qui rentrent; je vais demander le punch. (*A part.*) Butland... Maintenant que je sais le nom de la forteresse, je saurai bien y pénétrer avant eux.

SCENE X.

LES PRÉCÉDENTS, SIR ÉDOUARD, WALTER, DUNCAN, JEUNES OFFICIERS.

FINAL.

LE CHŒUR.

Honneur! honneur à l'hôte aimable
Qui sait si bien nous accueillir ;
Amis joyeux et bonne table,
Chez lui tout est plaisir.

LORD FINGAR, *aux valets.*
Ouvrez vite le grand balcon ;
L'air est si pur, si salutaire!

(*Plusieurs valets tirent la draperie de la croisée au fond du théâtre, et l'on découvre un grand balcon donnant sur la principale place de Dublin.*)

LE CHŒUR.

Le jour paraît déjà sur l'horizon,
Le crépuscule nous éclaire.

LORD FINGAR, *excitant la flamme d'un grand vase de cristal rempli de punch, que l'on vient de déposer sur un guéridon.*

La belle flamme! croirait-on
Que, loin d'éclairer la raison,
Elle fait perdre la mémoire?
(*Il sert du punch aux convives.*)

LE CHŒUR.

Quel plaisir de chanter et boire!
D'honneur, le punch est excellent!

VICTOR, *qui était sorti, rentre en ce moment et dit bas à sir Édouard.*

C'est dans le château de Butland
Que votre belle est prisonnière.

SIR ÉDOUARD, *bas, à Victor.*
Qui t'a révélé ce mystère?
Il faut nous y rendre à l'instant.

PLUSIEURS CONVIVES, *le verre en main.*
D'honneur, ce punch est excellent!

LE CHŒUR.

Honneur! honneur à l'hôte aimable
Qui sait si bien nous accueillir.
Punch excellent, vin délectable,
Chez lui tout est plaisir!

SCENE XI.

LES PRÉCÉDENTS, UN CONSTABLE, GARDES, CITADINS, HABITANTS DE DUBLIN *de tout sexe et de tout âge.*

LE CONSTABLE ET LES HABITANTS.

Quel train ! quel bruit épouvantable!
Vous troublez tous les habitants.

LE CHŒUR.

Aimable folie,
Viens nous réunir
Semons sur la vie
Les fleurs du plaisir.

LES CONVIVES, *en gaieté.*
Au diable soit le vieux constable
Qui trouble nos jeux et nos chants.

LORD FINGAR.

Paix, mes amis, soyons prudents,
Laissez-moi parler au constable.
(*Au constable.*)
Demain, je dois me marier,
C'est le dernier jour de ma vie
Que je consacre à la folie;
Je cherche à le bien employer.

LE CONSTABLE ET LES HABITANTS.

Faut-il donc, quand on se marie,
Troubler ainsi tout le quartier?

LORD FINGAR, *du ton le plus aimable.*

Vous troubler, c'est être coupable.
Pour m'excuser envers vous,
Amis, je vous invite tous,
Sous les auspices du constable
A rire, à danser avec nous.

LE CONSTABLE.

Moi danser! quelle irrévérence!
Non, non, redoutez mon courroux.

LE CHŒUR, *composé d'une partie des habitants, et surtout des femmes.*

Il faut de l'indulgence
Pour ces aimables fous.

LE CONSTABLE, *et l'autre partie des habitants.*

Ah! quelle irrévérence !
Redoutez $\left\{\begin{array}{l}\text{mon}\\\text{son}\end{array}\right\}$ courroux.

LORD FINGAR.

Allons, que la danse commence.

LE CONSTABLE.

Danser ! quelle irrévérence !

LORD FINGAR, *lui présentant une rasade.*

Buvez, ce punch est excellent.

LE CONSTABLE.

Boire ! ah ! c'est bien différent.

LE CHŒUR.

Vraiment, on n'est pas plus galant.

LORD FINGAR, *aux autres.*
Allons, amis, que la danse commence.
LE CONSTABLE, *goûtant le punch.*
Dieu! quelle irrévérence!
LORD FINGAR, *au constable, en lui présentant un deuxième verre.*
Nous, buvons.
LE CONSTABLE.
Ah! c'est bien différent.
Je vois qu'il faut être indulgent.
LE CHŒUR, *pendant qu'il boit.*
Voyez comme il s'apaise;
Il n'est plus en courroux.
LORD FINGAR.
Eh! vite, une danse irlandaise.
(*Plusieurs jeunes lords prennent divers instruments. — Les autres se joignent aux habitants pour faire danser les dames.*)
LE CONSTABLE ET PLUSIEURS VIEUX HABITANTS.
Comment conserver son courroux
Avec tous ces aimables fous?

AIR DE DANSE IRLANDAISE.

(*Pendant ce temps paraît Jakmann en costume de courrier; des guêtres, une ceinture, une petite valise sur les épaules.*)
LORD FINGAR, *le prenant à part, et lui remettant plusieurs lettres et un écrin.*
Le jour commence à paraître;
Il faut porter à l'instant
Ces dépêches de ton maître :
Sois exact et diligent.
VICTOR, *de l'autre côté de la scène, bas, à sir Édouard.*
Je médite un coup de maître,
Au château je vous attends :
Là, je vous ferai connaître
Tous les pièges que je tends.

ENSEMBLE.
LORD FINGAR, *à Jakmann.*
Sois exact et fidèle;
Je me fie à ta foi.
JAKMANN.
Vous connaissez mon zèle,
Reposez-vous sur moi.
SIR ÉDOUARD, *à Victor.*
L'amant le plus fidèle
N'espère plus qu'en toi.
VICTOR, *gaiement.*
Comptez sur tout mon zèle,
Chantez, dansez, reposez-vous sur moi.

(*La danse continue; elle met en train tous les assistants, au point que le constable lui-même, et les plus récalcitrants, se mêlent parmi les danseurs, en répétant le chœur général.*)

BACCHANALE ET DANSE.

Au cliquetis du verre,
Au bruit des vieux flacons,
Narguant toute la terre,
Amis, buvons, chantons.

Que l'austère sagesse,
S'envolant dans les cieux,
Pour compagnons nous laisse
Les plaisirs et les jeux.

Au cliquetis du verre,
Au bruit, etc., etc.

Livrons-nous au délire
D'Apollon, de Bacchus :
Un flacon, une lyre,
Que nous faut-il de plus?

Au cliquetis du verre,
Au bruit des vieux flacons,
Narguant toute la terre,
Amis, buvons, chantons.

(*La toile tombe dans le moment le plus animé.*)

ACTE DEUXIÈME.

Le théâtre représente l'intérieur de la salle d'armes du château de Butland. Au fond, une grande galerie qui tient toute la largeur du théâtre. A droite et à gauche, sur le troisième plan, deux grilles donnant sur des escaliers intérieurs. A droite, une table sur laquelle sont des flambeaux et un grand vase d'albâtre. Du même côté, et sur le premier plan, la porte d'une tour. Au-dessus de la porte, une croisée par laquelle on aperçoit de la lumière. A gauche, sur le premier plan, la porte d'un appartement.

SCENE PREMIÈRE.

STROUNN, BETTY.

(*Au lever du rideau Strounn est occupé à allumer un candélabre qui est sur la table. Betty, à droite, est à travailler.*)

BETTY. Comment! vous allumez déjà, mon père?
STROUNN. Tu le vois bien.
BETTY. La nuit est à peine venue.
STROUNN. J'aime à y voir clair, moi! Quand on est concierge d'un château aussi important que celui de Butland, quand on a une surveillance comme la mienne!..
BETTY. Surveiller, et qui donc?
STROUNN. Cela ne te regarde pas.

SCENE II.

LES PRÉCÉDENTS, CARILL, *portant des fleurs qu'il pose sur la table à droite.*

STROUNN, *brusquement.* Qu'est-ce que tu viens faire ici? qui est-ce qui t'a permis d'entrer dans cette salle, où personne ne doit mettre le pied?
CARILL. Votre fille y est bien.
STROUNN. C'est pour cela que je ne veux pas que tu y sois; vous êtes toujours ensemble.
CARILL. Si on peut dire cela!.. après l'absence de trois mois que mademoiselle Betty vient de faire, et qui a été cause que je séchais sur pied. Ce que c'est que l'amour!.. n'est-ce pas, mademoiselle Betty, que vous me trouvez maigri et enlaidi?
BETTY, *tendrement.* C'est vrai; pauvre Carill!
CARILL. Je ne vous ferai pas le même compliment; car vous me semblez encore plus jolie, ce qui est bien mal à vous, et ce qui prouve bien peu d'affection de votre part.
STROUNN. As-tu bientôt fini? au lieu de mettre ces fleurs dans ce vase.
CARILL. M'y voilà, père Strounn : comme jardinier du château, c'est mon ouvrage de tous les soirs.
BETTY, *à son père.* Comment! depuis trois mois que vous m'avez envoyée chez ma tante, on n'a pas manqué un seul jour de remplir ce grand vase de fleurs nouvelles... Et, dites-moi donc, mon père, pourquoi ça, pourquoi?..
STROUNN. Voilà déjà tes questions qui recommencent!
BETTY. Depuis trois mois que je ne vous ai rien demandé.
STROUNN. Oui, mais depuis trois jours que tu es revenue, tu t'en es bien dédommagée.
BETTY. Faut bien réparer le temps perdu; faut bien répondre à tous les gens du dehors, qui nous répètent toute la journée : « Mais que se passe-t-il donc au château de « Butland? tous les ponts sont levés; des hommes d'armes « sont postés nuit et jour à chaque entrée!.. » — Dame! que je leur réponds, ce sont les ordres de lord Fingar, notre nouveau maître.
CARILL. « Mais quelle est, nous disent les autres, cette

« voix plaintive qu'on entend du haut de la grande tour? « (*Mouvement de Strounn.*) Et pourquoi n'y a-t-il per-« sonne au château où l'on s'ennuie à périr? » Dame! que je leur réponds, ce sont les ordres de lord Fingar, notre nouveau maître.

STROUNN. C'est cela; voilà ce qu'il faut répondre à tous les curieux qui vous interrogent. (*Avec mystère, les amenant sur le devant du théâtre.*) Je vous l'ai déjà dit : c'est l'ombre de cette princesse irlandaise qui mourut ici l'an dernier, d'une chute de cheval. Dès que la nuit vient, elle erre dans cette vieille tour jusqu'à ce qu'on renouvelle les fleurs que le feu duc, notre ancien maître, ne manquait jamais d'aller, au coucher du soleil, déposer sur sa tombe. (*On entend à l'œil-de-bœuf un prélude de harpe.*)

CARILL, *tremblant*. Voilà déjà son carillon qui commence. Ah! la, la!

BETTY, *feignant d'avoir peur*. Cela me fait toujours frissonner.

CARILL. Et moi, donc!

BETTY, *écoutant*. C'est singulier! on dirait cet air montagnard que nous chantions hier.

CARILL. Faut croire que le revenant aime cet air-là.

BETTY. Répétons-le, pour nous mettre bien avec lui.

AIR *avec accompagnement de harpe*.

CARILL, *tremblant*.
Tra, la, la, la, la...
BETTY, *gaiement*.
Tra, la, la, la, la.
MALVINA, *dans la tour, répétant les dernières notes.*
La, la, la, la.
(*La voix de Carill s'affaiblit par degrés.*)
BETTY.
Qu'as-tu donc? qui trouble tes sens?
CARILL.
C'est elle-même que j'entends.
Ecoutez.
MALVINA, *en dehors, reprenant le motif.*
Tra, la, la, la, la.

ENSEMBLE, *sur le même motif*.

STROUNN, *à part*.
De terreur il frissonne,
Et docile à ma voix,
Des ordres que je donne
Il ne rira plus, je le crois.
CARILL, *tremblant*.
Tra, la, la, la, la.
Je tremble, je frissonne
La force m'abandonne,
Et je n'ai plus de voix.
La, la, la, la.
BETTY, *riant*.
La, la, la, la.
De terreur il frissonne,
J' suis plus brave, je crois.
En mon cœur je soupçonne
D'où provient cette voix.
La, la, la, la, la.

CARILL. C'est fini, je n'approcherai plus de cette tour.

STROUNN, *à part*. C'est ce que je demande.

BETTY. Comment fait donc lord Fingar qui, toutes les semaines, dit-on, vient s'y enfermer pendant une heure?

CARILL. Ces mauvais sujets, ça ne craint rien.

STROUNN. Un mauvais sujet! un noble lord qui a doublé mes gages! Aussi, il aura du zèle, de la loyauté et du dévouement pour son argent.

BETTY. L'argent, l'argent! vous n'avez jamais que ce mot-là à dire.

STROUNN. C'est qu'il n'y a que celui-là qui ait du poids; les autres ne signifient rien. Et, pour que vous connaissiez mes intentions, apprenez que, depuis trois mois, on m'a promis deux cents guinées que j'espère bien toucher ce soir à minuit.

CARILL. Vous auriez deux cents guinées de capital!

STROUNN. Oui, mon garçon. Je n'en suis pas plus fier pour cela; mais, comme je n'aime pas les mésalliances, je ne veux donner ma fille qu'à quelqu'un qui en aura autant. L'égalité avant tout, voilà mes principes.

CARILL. Et moi qui n'ai rien!

STROUNN. Ça ne m'empêche pas d'avoir pour toi une estime proportionnée à ta fortune. Tu seras toujours mon ami, sans que ça te coûte rien; mais, pour être mon gendre, tu sais à quel prix, arrange-toi là-dessus; (*Montrant Betty.*) et fais-lui tes adieux, pendant que je me chargerai de ces fleurs que je vais porter ce soir. (*A part.*) pour la dernière fois. (*Il entre par la porte à gauche de l'acteur, qui est celle de la tour.*)

SCENE III.

BETTY, CARILL.

CARILL. Deux cents guinées! et où veut-il que je les trouve? que le diable l'emporte, lui, et ses... (*Se reprenant.*) Non, non, je ne dis pas ça, parce que, si le diable m'entendait, lui qui est près d'ici...

BETTY. Tu crois ça; mon Dieu, que t'es simple! Sais-tu, Carill, que si on voulait t'en faire accroire?..

CARILL. Dame, tu viens de l'entendre. Il faut que ton père soit bien hardi, lui qui n'a pas la conscience trop nette, de s'exposer ainsi à rencontrer dans la tour ce grand fantôme; il y a de quoi en mourir.

BETTY. Je serais donc morte, moi?

CARILL. Est-ce que tu l'as vu?

BETTY. De mes deux yeux. Depuis trois jours que je suis revenue auprès de mon père, j'ai deviné sans peine, à son embarras, qu'il y avait quelque mystère, et qu'il se jouait de moi. Dame! quand on me trompe, je prends ma revanche; retiens bien ça.

CARILL. C'est bon à savoir; si bien donc...

BETTY. Si bien donc qu'hier, en regardant par hasard (car moi, je regarde toujours), j'ai aperçu qu'on avait laissé une clé, (*Montrant celle à droite de l'acteur.*) et tiens, elle y est encore, crac, je suis entrée.

CARILL. Ah! mon Dieu! et tu as vu...

BETTY. Personne, qu'un grand chevalier armé de pied en cap.

CARILL. Et qu'est-ce qu'il t'a dit?

BETTY. Rien, attendu que c'était une armure; celle du fameux Robert Bruce. Tout auprès, il y avait sur une table une mandoline, des crayons, des pinceaux, une grande armoire dorée avec des livres. Pendant que j'étais à examiner tout cela, j'entendis un léger bruit. Je me blottis dans la cuirasse de Robert; d'une main je prends sa lance, de l'autre sa hache avec laquelle il fendait un homme en deux d'un seul coup, et, baissant la visière de son casque...

CARILL. O ciel!

DUO.

Seule, dans cette armure.
Et tu n'es pas morte de peur?
BETTY.
Pour obliger, je te le jure,
Betty toujours aura du cœur.
CARILL.
Et qu'as-tu vu de cette armure?
BETTY.
Ah! c'était un beau revenant.
CARILL.
Beau!
BETTY.
Charmant.
CARILL.
As-tu remarqué sa figure?
Avait-il l'air bien menaçant?
BETTY.
Non, vraiment, car ce revenant
Est une jeune prisonnière
Qu'à tous les yeux on cache dans la tour.

Type de Malvina.

CARILL.
Mais pourquoi donc un tel mystère!
Dans tout cela j'entrevois de l'amour.
BETTY.
Elle gémit, elle soupire :
Puis elle dit : Édouard! Édouard!
CARILL.
Vraiment!
Edouard, c'est le nom d'un amant.
BETTY.
Si nous pouvions soulager son martyre.
CARILL.
Si nous pouvions apaiser son tourment.
BETTY.
Mais comment?.. Comment?..
ENSEMBLE.
Charmante solitaire,
Parlez, que faut-il faire?
Ah! pour nous quel plaisir
De pouvoir vous servir!
BETTY.
Voyons, cherchons.
CARILL.
Cherchons quelque moyen.

BETTY.
Voyons, cherchons.
CARILL.
Pour moi, je ne vois rien.
BETTY.
Si l'on pouvait...
CARILL.
Par une lettre...
BETTY.
Oui, mais comment?
CARILL.
La lui remettre.
BETTY.
Et ce billet...
CARILL.
Qui le fera?
BETTY.
Il a raison...
CARILL.
Qui l'écrira?
BETTY.
Qui l'écrira?
CARILL.
Ce n'est pas moi,

BETTY.
Tu n'écris pas?
CARILL.
Pas plus que toi.
BETTY.
C'est tout au plus si je sais lire.
ENSEMBLE.
Que ferons-nous? ah! quel martyre!
Quoi! nous ne la servirons pas!
Mon Dieu! mon Dieu! quel embarras!
Charmante solitaire,
Parlez, que faut-il faire?
Ah! pour nous quel plaisir
De pouvoir vous servir!

CARILL. Eh bien! puisque nous ne trouvons rien, c'est égal. En arrivera ce qu'il pourra, il faut toujours essayer; en avant! (*On entend une grosse cloche, et Carill fait un pas en arrière.*)
BETTY. Eh bien! tu recules déjà?
CARILL. Non, c'est l'habitude. (*Allant près de la porte.*) Père Strounn, on sonne.

SCÈNE IV.
LES PRÉCÉDENTS, STROUNN.

STROUNN, *sortant de la tour à gauche*. Je l'ai bien entendu; marche devant pour m'éclairer, et surtout n'approche jamais de cette tour, pas plus que Betty, ou sinon... vous m'entendez. (*Il sort, précédé par Carill, qui a pris la lanterne.*)

SCÈNE V.

BETTY, *seule*. Mon père veut m'effrayer et me donner le change sur la belle inconnue! On la trompe, c'est sûr, on a rompu tout comme moi; nous autres jeunes filles, on ne fait plus que ça; mais heureusement j'ai de la tête, ce n'est pas à moi qu'on en fait accroire...

COUPLETS.
PREMIER COUPLET.

« Prends garde à toi, me répète mon père ..
« Tous les amants sont des monstres affreux !
« Fuis leurs discours; aucun d'eux n'est sincère;
« Crains de l'amour le poison dangereux.
« Ah! tu serais perdue à l'instant même,
« S'il t'arrivait d'aimer... » Croyez donc ça. .
J'aime Carill; oui, je l'aime... je l'aime,
Et pourtant me voilà,
Oui, me voilà,
Me voilà.

DEUXIÈME COUPLET.

« Modeste fleur brillait dans la prairie,
« On admirait sa native blancheur ;
« Des papillons les baisers l'ont flétrie,
« Elle a perdu sa beauté, sa fraîcheur...
« Ma fille, hélas ! même sort te menace,
« S'il t'arrivait jamais... » Croyez donc ça...
Carill m'embrasse; il m'embrasse, il m'embrasse,
Et pourtant me voilà,
Oui, me voilà,
Me voilà.

SCÈNE VI.

BETTY, STROUNN, CARILL, VICTOR, *habillé en courrier il a de larges favoris et est couvert d'un manteau qu'il dépose en entrant.*

STROUNN. Par ici! par ici! monsieur le messager.
VICTOR. Ouf! je n'en peux plus; je suis bien en retard; j'ai cru que je n'arriverais jamais; je me suis perdu dans vos montagnes... (*A part.*) Maudit pays, pour mener une intrigue!
STROUNN. Oh! l'accès du château n'est pas facile.
VICTOR, *s'essuyant le front*. A qui le dites-vous?
STROUNN. Surtout quand on vient pour la première fois, car je ne vous ai pas encore vu.
VICTOR. Non, ce n'est pas moi qui d'ordinaire porte les messages de Milord ; c'est Jakmann, son coureur.
CARILL. Oui, M. Jakmann, un poltron.
STROUNN. Qui est déjà venu une fois.
VICTOR. Et qui n'y reviendra pas une seconde, parce qu'il paraît que dans la dernière expédition dont on l'avait chargé, il a rencontré deux pillards, qui, le pistolet sur la gorge, lui ont pris ses dépêches; ce qui lui a fait plus de peur que de mal ; et depuis ce temps, c'est moi qui ai pris sa place. (*Lui donnant une lettre.*) Voilà ce que Milord mon maître m'a ordonné de vous remettre.
STROUNN. C'est bien. C'est bien... y a-t-il réponse?
VICTOR. Je l'ignore : lisez.
STROUNN, *lisant de manière à ce que Victor seul l'entende*. « Brave et honnête concierge, c'est aujourd'hui à
« minuit que je me marie, et que tu auras la récompense
« promise. » (*S'interrompant.*) Neuf heures viennent de sonner, ainsi ça ne sera pas long. (*Continuant.*) « Afin
« que tout soit prêt pour la cérémonie, envoie sur-le-
« champ à l'abbaye de Saint-Dunstan; car, d'après le tes-
« tament de mon oncle, c'est dans cette chapelle, et non
« loin de l'endroit où ses cendres reposent, qu'il veut que
« ce mariage soit célébré. » (*S'interrompant.*) A Saint-Dunstan; un quart de lieue d'ici, on y enverra. (*Continuant.*) « Prépare en outre, au château, un excellent sou-
« per; » ça, j'y ai déjà songé « car j'attends cette nuit
« une vingtaine d'amis intimes que j'ai invités au ban-
« quet de mes noces. Qu'ils soient reçus dans le château
« de Butland avec tout l'appareil et le cérémonial des an-
« ciens seigneurs irlandais. Que tous nos vassaux soient
« en costume, et que les ménestrels du pays entonnent
« au dessert le chant nuptial. » Des ménestrels! je ne connais dans le canton que Tom et Cuddy, deux ivrognes, des chanteurs excellents, à la voix près. Carill, cours à la chaumière, et amène-les ici, au château, dans leur ancien costume.
BETTY. Comment! vous voulez qu'à une pareille heure, ce pauvre Carill...
VICTOR. Mam'selle Betty s'y intéresse. (*A part.*) C'est bon à savoir.
STROUNN, *à Carill*. Eh bien! tu n'es pas parti?
CARILL. Si vraiment, j'y cours. (*Il sort.*)

SCÈNE VII.

STROUNN, VICTOR, BETTY, *qui se tient à l'écart.*

VICTOR, *prenant Strounn à part*. Il y a un autre message plus important.
STROUNN. Qu'est-ce donc?
VICTOR. Cet écrin, ces tablettes, que Milord m'a dit de présenter moi-même à la jeune lady.
STROUNN, *l'entraînant du côté opposé à celui où est Betty*. Silence! ah! il vous a dit... il a donc bien de la confiance en vous?
VICTOR. Si on n'en avait pas en son premier valet de chambre! un valet de chambre est un ami à qui on donne des gages, voilà tout. Daignez donc me conduire auprès de Malvina de Morven.
STROUNN. Impossible dans ce moment.
VICTOR. Et pourquoi ?
STROUNN. Il y a aujourd'hui trois mois qu'elle a perdu le duc de Caldheral, son oncle, qu'elle aimait beaucoup, et elle veut passer cette journée dans la solitude et la prière.

VICTOR. Oui, mais moi, c'est différent; elle peut toujours recevoir...
STROUNN. Personne, que les jeunes filles du pays, qui, selon la coutume, et une heure seulement avant le mariage, viendront la prendre pour aller en pèlerinage à Saint-Dunstan.
VICTOR, *à part, avec dépit.* Ce soir à onze heures, il sera bien temps!
STROUNN. Mais donnez toujours, je vais lui remettre de la part de Milord cet écrin.
VICTOR, *vivement.* Et ces tablettes.
STROUNN. Je m'en charge.
VICTOR, *à part.* Allons, elle aura du moins de nos nouvelles. (*Haut.*) Mais, de grâce, ne tardez pas.
STROUNN. Vous êtes bien pressé; on y va, soyez tranquille, on y va. (*Il s'approche de la porte à gauche, qui est celle de la tour. En ce moment on sonne en dehors; il s'arrête.*) Allons, voilà qu'on sonne encore à la grande porte; j'y cours, je ne peux pas être partout. (*Il sort.*)

SCENE VIII.
VICTOR, BETTY, ensuite STROUNN.

VICTOR, *à part.* Qui diable cela peut-il être? (*Courant à Betty qui est assise sur le fauteuil à gauche et qui travaille.*) Ma belle enfant!
BETTY, *effrayée.* Ah! mon Dieu! ce monsieur, qu'est-ce qu'il a donc?
VICTOR. Les moments sont précieux; j'ai un maître qui est jeune, riche, généreux. Il sait que vous aimez Carill...
BETTY. Comment, Monsieur, ça se sait?
VICTOR. Et je vous réponds de votre mariage, si vous voulez l'aider dans le sien, avec la belle Malvina, qui gémit là, dans cette tour.
BETTY. Votre maître! est-ce M. Édouard?
VICTOR. Justement; vous le connaissez?
BETTY. Non; mais l'autre jour la prisonnière a prononcé son nom en soupirant.
VICTOR. Elle pense à nous, et elle soupire; vivat!
BETTY. Elle est donc bien à plaindre?
VICTOR. Autant que possible.
BETTY. Séparée de celui qu'elle aime?
VICTOR. Par un tyran jaloux, c'est toujours comme ça.
BETTY. Là, je m'en doutais. Et même avant de vous avoir vu, nous avions formé, Carill et moi, le projet de les secourir.
VICTOR. Il serait vrai! O généreux enfants! on peut donc se fier à Carill?
BETTY. Comme à moi-même.
VICTOR. Cela suffit, je le verrai... Mais, en attendant, répétez à la belle prisonnière que sir Édouard Acton vient ici pour la délivrer; qu'abusée par des apparences, elle s'est crue trahie; mais que mon maître l'aime toujours, qu'il est toujours fidèle.
BETTY. Est-ce que ça peut être autrement?
VICTOR. Jamais! (*On entend plusieurs sons de cor. Victor, courant à la fenêtre.*) Dieu! c'est lord Fingar, entouré de ses vassaux.
BETTY. C'est lui qui vient d'arriver : il a devancé ses convives.
VICTOR, *reprenant son manteau et voulant sortir par le fond.* S'il me voit, tout est perdu!
BETTY. Pas par là, vous le rencontreriez. (*Lui montrant la grille.*) Cette porte conduit dans la grande cour, de là dans la campagne.
VICTOR. Merci, ma belle enfant. Surtout, prévenez la prisonnière. (*Il sort.*)
BETTY. Je m'en charge. (*Second son de cor.*)
STROUNN, *entrant par le fond.* Eh bien! que fais-tu là?
BETTY, *tout émue.* Mes adieux au valet de chambre de Milord, qui vient de partir.

STROUNN, *la regardant.* Quelle émotion! Vous avez fait bien vite connaissance; que sera-ce donc quand vont arriver tous ces jeunes seigneurs, dont le seul état est de conter fleurette aux jeunes filles! Faites-moi le plaisir d'entrer là, dans cette pièce écartée, dans le salon de Robert Bruce, où personne n'ira vous trouver.
BETTY, *à part.* Et la belle inconnue, comment la prévenir?
STROUNN, *la poussant.* Allons, allons, dépêchons.
BETTY, *entrant dans le cabinet.* Comment, mon père, vous ne vous en rapportez pas à mes principes?
STROUNN, *fermant la porte.* Si, vraiment, des principes et un tour de clé : voilà la sauvegarde de l'innocence et de la vertu; un second tour.

SCENE IX.
LORD FINGAR, *précédé de* MONTAGNARDS *jouant de la cornemuse.*

LE CHŒUR.
Gloire au maître de ce domaine!
Honneur au seigneur châtelain!
Avec lui le ciel nous ramène
Amour, plaisir et gai refrain.
PREMIÈRE FILLE, *présentant des fleurs.*
Qu'il accepte aujourd'hui l'offrande
Et l'hommage de ses vassaux!
DEUXIÈME FILLE.
Que les anciens airs de l'Irlande
Avec nous disent aux échos!

LE CHŒUR.
Gloire au maître de ce domaine!
Honneur au seigneur châtelain!
Avec lui le ciel nous ramène
Amour, plaisir et gai refrain.

LORD FINGAR. Assez, assez. (*A Strounn.*) Eh bien! mon brave puritain, mon honnête geôlier, tout est-il prêt au château?
STROUNN. Pas encore; ce n'est pas ma faute, mais celle de votre messager, qui vient d'arriver.
LORD FINGAR. Lui que j'avais fait partir au point du jour! ce paresseux de Jakmann!
STROUNN. Mais, ce n'était pas Jakmann.
LORD FINGAR. Et qui donc?
STROUNN. Monseigneur sait bien que c'était son premier valet de chambre.
LORD FINGAR, *étonné.* Mon valet de chambre! fais-le venir, je ne serais pas fâché de le connaître.
STROUNN. Il sort à l'instant même du château. Il voulait absolument parler à Milady.
LORD FINGAR. Et tu l'as souffert?
STROUNN. Non, vraiment. Mais il se disait chargé de votre part de cet écrin et de ces riches tablettes.
LORD FINGAR. Cet écrin, c'est bien le mien. Mais ces tablettes... (*Aux paysans.*) Laissez-nous, mes amis! (*Les paysans sortent.*) Instruis lady Malvina de mon arrivée.
STROUNN. Oui, Milord. (*Il sort.*)

SCENE X.

LORD FINGAR, *seul.* Qu'est-ce que cela signifie? quelques mots au crayon. (*Ouvrant les tablettes.*) « Malvina, ce soir, à minuit, vous appartenez à un autre; et cependant celui qu'autrefois vous aimiez vous adore toujours. Daignez le voir, daignez l'entendre : il bravera tout pour arriver jusqu'à vous... » (*S'interrompant.*) C'est ce que nous verrons. (*Continuant.*) « Quelque déguisement qu'il prenne, cette écharpe bleue, qu'autrefois il reçut de vous, saura le faire reconnaître à vos yeux. » Point de signature, et aucun autre indice. Je ne reviens point de ma surprise. J'arrivais pour triompher, et il faudra combattre.

Eh bien! par saint Dunstan, je ne demande pas mieux. Allons, point de bruit, point d'éclat; il ne s'agit que de défendre la place pendant trois heures encore et la victoire est à moi. Mais quel est donc le téméraire qui ose me la disputer? C'est un de nos convives d'hier au soir, j'en suis sûr. C'est un ami, je le reconnais là; mais lequel? j'en ai tant! et moi qui les ai tous invités; eh bien! tant mieux, j'aurai des témoins de mon triomphe... Mais on vient.

SCÈNE XI.

LORD FINGAR, MALVINA, *en robe de velours noir et couverte d'un voile.*

MALVINA. Je pensais bien, Milord, que ce soir je recevrais votre visite.

LORD FINGAR. Vous devez, ma belle cousine, vous douter de mon impatience. Eh quoi! même le jour de mon bonheur ne quitterez-vous pas ces habits de deuil?

MALVINA. Demain, Milord, je vous le promets.

LORD FINGAR, *souriant*. Au moins, consentez à lever ce voile que vous vous obstinez à toujours garder.

MALVINA. Milord...

LORD FINGAR. Je sais qu'il vous rappelle les vœux que vous vouliez prononcer; mais comme heureusement vous avez renoncé à de pareilles idées, je demande en grâce qu'aujourd'hui, pour moi seul...

MALVINA, *levant son voile*. Vous le voulez?

LORD FINGAR. Combien vous êtes bonne! (*La regardant.*) Mon admiration vous paiera de votre complaisance; ne rougissez pas, un pareil langage est permis à un amant, à un époux, car dans quelques heures vous allez m'appartenir.

DUO.

LORD FINGAR.
A minuit l'hymen nous engage,
A minuit vous serez à moi.

MALVINA.
A minuit l'hymen qui m'engage
Vous donne et ma main et ma foi.

LORD FINGAR.
Aucun regret, aucun nuage
Ne troublera ce doux lien?

MALVINA.
Mais, Milord, pourquoi ce langage?

LORD FINGAR.
On m'avait dit... je n'en crois rien,
On m'avait dit qu'un autre hommage
Vous fut adressé.

MALVINA.
J'en conviens.
De mon cœur il n'était pas digne;
J'ai dû l'oublier à jamais.

LORD FINGAR.
Ah! pour moi quel bonheur insigne!
A jamais!

MALVINA.
A jamais!
Tels sont les serments que j'ai faits.

ENSEMBLE.

MALVINA, *à part*.
Toi dont l'inconstance
Causa ma souffrance,
De ma souvenance
Il faut te bannir.
Mon cœur te pardonne;
Mais l'honneur m'ordonne
De fuir à jamais
L'ingrat que j'aimais.

LORD FINGAR.
O douce espérance!
Heureuse inconstance!
Tout semble d'avance
Combler mes désirs.
O toi, dont l'audace
En vain me menace,
Je puis désormais
Braver tes projets.

LORD FINGAR.
Une grâce, une seule encore.

MALVINA.
De moi qu'exigez-vous?

LORD FINGAR.
Pardon,
De ce rival qui vous adore
Ne puis-je connaître le nom?

MALVINA, *troublée*.
Son nom?..
De mon cœur et de ma pensée
Quand j'ai juré de l'exiler,
Faut-il par vous être forcée,
Hélas! à me le rappeler?

LORD FINGAR.
Non, non, je n'en veux plus parler.

MALVINA, *à part*.
Toi, dont l'inconstance
Causa ma souffrance,
Je dois te bannir
De mon souvenir.
Mon cœur te pardonne, etc., etc., etc.

LORD FINGAR.
O douce espérance!
De son inconstance,
L'heureux souvenir
Saura me servir.
O toi, dont l'audace
En vain me menace,
Je puis désormais
Braver tes projets.

ENSEMBLE.

LORD FINGAR.
C'est à minuit
Qu'amour m'appelle;
C'est à minuit
Qu'on nous unit.
Moment charmant!
Voici l'instant.
L'amour, la nuit,
Tout me sourit.

MALVINA.
Mon cœur frémit,
Peine cruelle!
C'est à minuit
Qu'on nous unit.
Ah! quel tourment!
Voici l'instant;
Et de dépit
Mon cœur gémit.

LORD FINGAR, *à part*. Je crois, d'après cet entretien, qu'il reste peu d'espoir au bel inconnu, et je lui défie bien maintenant d'oser rien entreprendre. (*On entend en dehors un prélude de harpe.*)

MALVINA. D'où viennent ces accents qui pénètrent jusqu'ici?

STROUNN, *entrant*. Ce sont les ménestrels que Milord a fait demander pour ce soir, et qu'on a eu assez de peine à trouver. Tom et Cuddy, les deux plus anciens, ont quitté le pays, et Carill n'a pu avoir que ces deux-là qui leur ont succédé, et qui peut-être ne sont pas bien forts. Ils demandent si Milady désirerait les entendre.

MALVINA. Volontiers.

LORD FINGAR, *vivement, à Strounn*. Fais-les entrer. (*A part.*) Allons, allons, c'est un bon signe : sa mélancolie ne demande pas mieux que de s'égayer.

SCENE XII.

LORD FINGAR et MALVINA, *s'asseyant à gauche;* VICTOR et SIR ÉDOUARD, *habillés en ménestrels, longue barbe grise, et large toque qui leur couvre la moitié du visage : ils sont amenés par* CARILL.

STROUNN. Entrez, entrez.
CARILL. Oui, oui; n'ayez pas peur. (*Apercevant Fingar, et Malvina, qui vient de baisser son voile.*) Qu'est-ce que j'ai vu là?
STROUNN. Silence, écoute sans regarder.
ÉDOUARD, *bas, à* Victor. C'est elle!
VICTOR, *de même.* Prenez garde.
LORD FINGAR, *à* Strounn. Donne-leur cette bourse, et dis-leur de commencer.
STROUNN, *passant entre eux deux et donnant la bourse à Édouard.* Jongleurs, voici Milady et Milord qui vous font l'honneur de vous entendre.
VICTOR, *à part.* Ah! Milord est de trop.
ÉDOUARD, *qui a pris la bourse.* Nous payer pour le tromper! il y a conscience; (*La donnant à* Carill.) tiens, prends encore cela.
CARILL, *à part.* Et de deux! me voilà doté.
MALVINA, *à* Édouard. Quelle est cette ballade dont nous avons entendu le prélude?
ÉDOUARD, *déguisant sa voix.* C'est un ancien fabliau du temps des croisades. (*Il s'accompagne sur la harpe.*)

ROMANCE.

Dans les beaux vallons de Clarence,
Au fond de son noble castel,
La dame d'un preux ménestrel
Exprimait, hélas! sa souffrance...
VICTOR, *achevant l'air.*
Quand elle entend, près de la tour,
Un ménestrel disant ce chant d'amour :
Pour la patrie
Quitter sa mie,
C'est un devoir;
Mais quel délire,
Quand on peut dire :
Vais la revoir!

ENSEMBLE.
LORD FINGAR, *se levant, et observant les ménestrels.*
De cet air la douce langueur
Porte le trouble dans son cœur.
MALVINA.
Est-ce un prestige? est-ce une erreur?
D'où vient le trouble de mon cœur?
ÉDOUARD.
Moment d'ivresse et de bonheur!
Cachons le trouble de mon cœur.
VICTOR.
Pour lui quel moment enchanteur!
Mais cachez bien votre bonheur.
STROUNN.
Il chante bien pour un jongleur;
L'argent leur a donné du cœur.
CARILL, *montrant la bourse.*
Ah! c'est un habile chanteur!
Surtout quand ils chantent en chœur.

DEUXIÈME COUPLET.
ÉDOUARD.
Il est enfin près de sa belle.
Il tremble, il n'ose lui parler...
Mais à ses yeux il fait briller
Ce talisman qu'il reçut d'elle.
(*Il tire de son sein une écharpe bleue, qu'il tâche de faire voir à* Malvina. *Celle-ci, pensive et rêveuse, la tête appuyée sur sa main, ne jette pas les yeux de ce côté.*)
Gage charmant, gage d'amour,
Que sur son cœur il portait nuit et jour.
LORD FINGAR, *l'apercevant.*
En croirai-je mes yeux!
Mon rival en ces lieux!

VICTOR ET ÉDOUARD.
Pour la patrie
Quitter sa mie,
C'est un devoir;
Mais quel délire,
Quand on peut dire :
Vais la revoir!

ENSEMBLE
LORD FINGAR.
De la prudence... et dans mon cœur
Cachons mon trouble et ma fureur.
MALVINA.
Est-ce un prestige? est-ce une erreur?
D'où vient le trouble de mon cœur?
ÉDOUARD.
Moment d'ivresse et de bonheur!
Cachons le trouble de mon cœur.
VICTOR, CARILL ET STROUNN, *examinant lord* Fingar.
Quel coup soudain trouble son cœur?
D'où vient sa secrète fureur?
Oui, dans ses yeux est la fureur.

LORD FINGAR. C'est bien. Vous êtes d'habiles ménestrels, qui serez récompensés comme vous le méritez; mais il faut avant tout leur donner quelque repos dont ils ont besoin. (*A part.*) Lequel des deux est mon rival? (*A* Strounn, *montrant* Victor.) Conduis celui-ci (*Bas.*) dans le caveau de la tour. Mets-le sous les verrous, et reviens aussitôt.
STROUNN. Oui, Milord.
LORD FINGAR, *passant près de Carill et lui montrant* Édouard. Conduis celui-là (*A voix basse.*) dans la prison du château. Enferme-le à double tour, et apporte-moi la clé.
CARILL. Oui, Milord.
LORD FINGAR. Adieu, mes braves gens, au revoir. Milady vous remercie; et moi je vous promets, après la fête, une récompense toute particulière. (*Victor sort par la gauche, emmené par Strounn; et Édouard par la droite, emmené par Carill.*)

SCÈNE XIII.

LORD FINGAR, MALVINA.

MALVINA. Écoutez ce bruit de chevaux, ces voix confuses.
LORD FINGAR. Ce sont mes amis qui arrivent. (*A part.*) Je suis bien en train de les recevoir! (*Haut.*) De jeunes seigneurs irlandais, qui ont voulu assister à notre bonheur. Restez, je vous en prie.
MALVINA. Daignez m'en dispenser. Je vous laisse avec eux, et vous demande à ne paraître qu'au moment de la cérémonie, quand les jeunes filles du pays viendront me prendre pour aller à Saint-Dunstan. (*Elle ouvre la porte du cabinet à droite et la referme sur elle.*)

SCÈNE XIV.

LORD FINGAR, STROUNN; *peu après* CARILL.

STROUNN. Notre gaillard est en lieu sûr; une bonne porte doublée en fer, et deux verrous tirés sur lui.
LORD FINGAR. C'est bien.
STROUNN. Nous saurons qui il est.
LORD FINGAR. Plus tard. L'essentiel était de les éloigner de Malvina, de les tenir séparés; car, tout à l'heure, si j'avais éclaté, si je leur avais arraché ce déguisement, ils s'expliquaient, ils se reconnaissaient, et peut-être se raccommodaient.
CARILL, *entrant.* Vos ordres sont exécutés; la prison est bien fermée, et voici la clé.
LORD FINGAR. A merveille. Maintenant, monte à cheval, et ventre à terre jusqu'à Dublin.

STROUNN. Lui?
LORD FINGAR. Non, toi ; c'est plus sûr.
STROUNN. Que voulez-vous donc faire?
LORD FINGAR. J'ai ma réputation à soutenir, et aux yeux de mes amis, témoins du combat, il ne s'agit pas seulement de vaincre, il faut vaincre gaiement. Cours chercher messire Jobson, le constable. Dis-lui que deux voleurs, dont on s'est emparé, ont tenté de s'introduire dans le château ; qu'il vienne les saisir, et les conduire, sous bonne escorte, cette nuit même, à Dublin, tandis que nous boirons ici au succès de leur ruse.
STROUNN. Je comprends. Vous aurez ainsi, dans deux heures, la belle milady, l'héritage, et les rieurs de votre côté. (*A part.*) Et moi, mon or.
LORD FINGAR. A merveille. Mais pars vite. (*Il écoute.*) Je les entends. (*Strounn sort.*)

LE CHŒUR, *en dehors.*

Ah ! quel plaisir pour nous s'apprête !
La belle nuit ! la belle fête !
Ne songeons qu'à nous divertir ;
La nuit est l'heure du plaisir.

LORD FINGAR.

Je connaîtrai le téméraire
Que je retiens sous les verrous ;
S'il en manque un au rendez-vous,
C'est mon rival, la chose est claire,
Comme à ses dépens on rira,
Quand de prison il sortira !

PLUSIEURS CONVIVES, *entrant.*

Ah ! quel plaisir pour nous s'apprête ! etc., etc.

LORD FINGAR, *cherchant.*

Serait-ce Walter ou Falgar?
Eh ! non, non, je les vois paraître !
Serait-ce ce fou de Duncar?
Non, le voici... Qui peut-il être?
Ils s'offrent tous à mon regard.

LE CHŒUR.

La belle nuit ! la belle fête !
Ah ! quel plaisir pour nous s'apprête !

LORD FINGAR, *regardant.*

Je n'aperçois point sir Édouard...
A l'aspect des traits de ma belle,
Moi, je l'ai vu tressaillir,
Malgré lui, se troubler, rougir.
Oui, oui, c'est lui, tout le décèle,
Comme à ses dépens on rira,
Quand de prison il sortira !

SIR ÉDOUARD, PLUSIEURS LORDS, ET VALETS *en différentes livrées.*
(*Ils entrent gaiement et reprennent en chœur.*)
La belle nuit, la belle fête ! etc., etc.

LORD FINGAR.

D'honneur ! c'est à perdre la tête.
Les voilà tous, les voilà tous,
Aucun ne manque au rendez-vous.
(*Moment de silence général.*)

ENSEMBLE.

LE CHŒUR.

La belle nuit, la belle fête !
Ah ! quel plaisir pour nous s'apprête !
Gaîment célébrons tour à tour
L'amitié, l'hymen et l'amour.

LORD FINGAR.

D'honneur ! c'est à perdre la tête,
Ils sont tous présents à la fête.
Quel est donc ce héros d'amour
Que je retiens là dans la tour?

CARILL, *à Edouard.*

Il vous croit toujours dans la tour.
Qui ne rirait d'un pareil tour?

LORD FINGAR, *à part.*

Quel que soit cet amant fidèle,
Le constable va le saisir.
(*A ses amis, à demi-voix, et les formant en cercle.*)
Apprenez tous une nouvelle
Qui doit tantôt vous divertir.

TOUS.

Ah ! parlez, parlez, quelle est-elle?

LORD FINGAR.

Afin de me ravir ma belle,
Sachez donc qu'un audacieux
S'était introduit dans ces lieux...
Mais ce n'est pas moi qu'on abuse :
Nous avons découvert la ruse.

ÉDOUARD, *à part.*

O ciel !

TOUS.

Ah ! le tour est joyeux.

ÉDOUARD, *à lord Fingar, en riant.*

Et comment?

LORD FINGAR.

Ma belle maîtresse,
Qui tout bas se rit de ses feux,
(*Montrant les tablettes qu'il tire de sa poche.*)
M'a prévenu de sa tendresse
Et de ses complots amoureux.

ÉDOUARD, *à part.*

Qu'entends-je ! ô perfidie extrême !
(*En riant, à Fingar.*)
Eh quoi ! vraiment ! c'est elle-même !

LORD FINGAR, *riant.*

J'ai, pour punir les conjurés,
D'autres moyens que vous saurez.
L'intrépide rival s'est enferré lui-même.

DUNCAN.

Mais quels accents ont retenti?

LORD FINGAR.

Ce sont les filles du village
Qui viennent chercher Milady,
Pour un pieux pèlerinage...
Nous les suivrons à Saint-Dunstan.

LE CHŒUR.

Des jeunes filles, c'est charmant !

DUNCAN.

Escorter ainsi l'innocence,
Est-il un plus aimable emploi !

LORD FINGAR, *à demi-voix.*

Soyez sages, de la prudence ;
Messieurs, Messieurs, imitez-moi,
Je les entends.
(*Les portes du fond s'ouvrent ; paraissent toutes les jeunes filles de la contrée, avec des vêtements, des voiles blancs et des couronnes de roses.*)

LE CHŒUR.

Dans ce riche domaine,
O noble châtelaine,
Vous que l'hymen enchaîne
Par des nœuds solennels,
La cloche solitaire
Résonne au monastère...
L'heure de la prière
Nous appelle aux autels.
(*La porte à droite s'ouvre, et Malvina paraît couverte de son voile.*)

LORD FINGAR.

Voici Malvina qui s'avance.

WALTER.

Dans sa taille quelle élégance !

ÉDOUARD, *à part.*

Sachons modérer mon courroux.

DUNCAN.

Pourquoi donc ce voile sévère
Nous cache-t-il ses traits si doux?

LE CHŒUR DE JEUNES FILLES.

(*A Malvina.*)
On nous attend au monastère ;
Venez y prier avec nous.

LORD FINGAR, *à Malvina.*

Venez m'y nommer votre époux.

ÉDOUARD, *s'approchant de Malvina et à voix basse.*

Perfide ! infidèle !
(*Le voile de Malvina se relève un moment, et l'on aperçoit sous ce vêtement Betty, qui dit vivement à Édouard :*)
Rassurez-vous, ce n'est pas elle.

ÉDOUARD.
Que vois-je! ô surprise nouvelle!
J'en suis muet d'étonnement.
LORD FINGAR.
A Saint-Dunstan l'on nous attend;
Partons, partons en silence,
Respectons son recueillement.
DUNCAN ET LE CHOEUR.
Escorter ainsi l'innocence,
Ah! c'est divin! ah! c'est charmant!
LORD FINGAR ET LE CHOEUR.
Amis, suivons-les en silence.
Respectons son recueillement.
Oui, suivons-les bien doucement,
Faisons silence,
Silence!
Silence!

(*Toutes les jeunes filles, Betty en tête, sortent par le fond du théâtre. Édouard, interdit, regarde autour de lui sans pouvoir s'expliquer ce mystère. Lord Fingar lui prend la main et le force à le suivre. Les autres officiers sortent avec eux. Carill, pendant que ce cortège défile, se tient sur le devant de la scène dans un grand recueillement; Betty, en passant auprès de lui, relève son voile un instant, pour s'en faire reconnaître; mais il reste toujours les yeux baissés, et ne peut apercevoir les signes qu'elle lui fait.*)

ACTE TROISIÈME.

Le théâtre représente une cour de l'abbaye de Saint-Dunstan. Au fond, vers la gauche, le monastère, dont on n'aperçoit que les deux dernières fenêtres, et qui se termine par une tour assez élevée, au milieu de laquelle est un cadran gothique. Au fond, vers la droite, des ruines entourées d'arbres et de verdure, d'un aspect pittoresque. A gauche, sur le premier plan, une espèce d'oratoire où l'on arrive par un escalier de quelques marches : sur le côté, vis-à-vis, un pilier en ruines. Une croisée gothique fait face au spectateur. Tout ce riche paysage est éclairé par la lune.

SCÈNE PREMIÈRE.

ÉDOUARD, *seul.*

RÉCITATIF.

Voici de Saint-Dunstan l'antique monastère,
Où vient de pénétrer ce cortège pieux.
Que faut-il craindre, hélas! que faut-il que j'espère?
Est-ce un songe, une erreur dont s'abusaient mes yeux?
Ou pour me secourir, un ange tutélaire
Auprès de moi veille-t-il en ces lieux?
(*Il regarde autour de lui, écoute quelques instants.*)

CANTABILE.

Je n'entends rien que le feuillage
Par le vent du soir agité,
Et des pâtres du voisinage
Les chants par l'écho répétés.
L'astre des nuits sur l'ermitage
Répand une douce lueur;
Tout repose en ce lieu sauvage!
Partout le calme, hors dans mon cœur.
O mortelle souffrance!
Je frémis et j'attends;
Chaque instant qui s'avance
Redouble mes tourments.
(*Regardant le cadran de la tour, qui dans ce moment est éclairé par la lune.*)

CAVATINE.

Une heure! hélas, une heure encore,
Et je perds celle que j'adore!
Heure fatale à mes amours,
Un seul instant suspends ton cours.
Au gré de mon attente,
Que l'aiguille plus lente
Marche plus doucement!
Un instant, je t'en prie.
Dussé-je, heureux amant,
Payer ce seul instant
Du reste de ma vie.
Heure fatale à mes amours,
Suspends encor, suspends ton cours!

Et Victor dont je n'ai point de nouvelles! et cette jeune fille que je n'ai jamais vue! cette fausse Malvina qui semble me protéger, où est-elle?

SCÈNE II.

ÉDOUARD, BETTY.

BETTY, *ouvrant la fenêtre grillée de l'oratoire qui fait face aux spectateurs.* Près de vous.
ÉDOUARD. Mon ange tutélaire, vous voilà; que se passe-t-il donc?
BETTY. Je venais vous le demander.
ÉDOUARD. A moi?
BETTY. Eh! oui, sans doute; j'ai bien peur! j'ai fait dire à lord Fingar, qui s'imagine toujours que je suis Milady, que jusqu'au moment de la cérémonie je voulais rester seule dans cet oratoire, où je suis renfermée à double tour. On m'a laissé pour m'amuser la harpe de madame la supérieure, à laquelle je me garderai bien de toucher, et pour cause... Ainsi, dépêchez-vous de me délivrer ou tout va se découvrir; je ne compte que sur votre protection.
ÉDOUARD. Et moi qui comptais sur la vôtre! Qui êtes-vous?
BETTY. Betty.
ÉDOUARD. La bonne amie de Carill?
BETTY. Justement. Allez, Milord, votre mariage nous donne assez de mal. D'après les ordres de monsieur votre valet, dont je ne sais pas le nom...
ÉDOUARD. Victor! c'est lui qui a mené tout cela.
BETTY. J'ai prévenu la prisonnière qu'on la trompait, que vous l'aimiez toujours, que vous lui seriez fidèle... c'est vrai, n'est-ce pas?
ÉDOUARD. Je te le jure.
BETTY. A la bonne heure; car je ne voudrais pas mentir, surtout pour un autre; ah! si c'était pour mon compte.
ÉDOUARD. Eh bien! qu'a-t-elle répondu?
BETTY. Que si on pouvait lui en donner la preuve, peut-être n'épouserait-elle pas lord Fingar.
ÉDOUARD. Et comment lui parler? comment me justifier à ses yeux?
BETTY. C'est pour vous en donner les moyens qu'elle a consenti à changer de costume avec moi.
ÉDOUARD. Où est-elle? Et tu ne me l'as pas dit!
BETTY. Est-ce que je le pouvais devant tout ce monde?
ÉDOUARD. Où est-elle?
BETTY. Au château de Butland.
ÉDOUARD. Et Victor?
BETTY. Au château de Butland, sous les verrous.
ÉDOUARD, *regardant le cadran.* Et onze heures ont déjà sonné! N'importe, j'y retourne; un mot encore.
BETTY, *refermant la fenêtre.* On vient; prenez garde.

SCÈNE III.

LORD FINGAR ET STROUNN, *venant de la droite;* ÉDOUARD, *se cachant derrière le pilier gothique.*

ÉDOUARD, *à part.* C'est Fingar!
LORD FINGAR, *vivement, à Strounn.* Tu arrives de Butland?
STROUNN. Oui, Milord.
ÉDOUARD. Grand Dieu! écoutons.
LORD FINGAR. Avec le constable?
STROUNN. Oui, Milord.

ÉDOUARD. Dieu! Malvina!

LORD FINGAR. Et vous ramenez les deux prisonniers?
STROUNN. Oui, Milord, jusqu'à un certain point.
LORD FINGAR. Que veux-tu dire?
STROUNN. Que l'un d'eux n'y est plus.
LORD FINGAR. O ciel
STROUNN. Et que l'autre a disparu.
ÉDOUARD, *à part*. Victor est sauvé.
LORD FINGAR, *à Strounn*. Misérable!
STROUNN. Ne vous fâchez pas, ce n'est rien encore; où est lady Malvina?
LORD FINGAR. Elle vient d'arriver avec nous à Saint-Dunstan, et elle est là, dans cet oratoire dont j'ai la clé.
STROUNN. Vous en êtes sûr? (*En ce moment Betty, qui a rouvert la fenêtre, promène son doigt sur la harpe en faisant des gammes du haut en bas.*)
LORD FINGAR. L'entends-tu?
STROUNN. C'est juste, je reconnais sa brillante exécution.
LORD FINGAR. Pourquoi cette demande?
STROUNN. C'est qu'il paraît que cette nuit on enlève tout le monde, jusqu'à ma fille...
LORD FINGAR. Que dis-tu?
STROUNN. Que j'avais aussi enfermée moi-même, à double tour, dans le salon de Robert Bruce, et qui a disparu avec les deux prisonniers.
LORD FINGAR. Pas possible!
STROUNN. Je vous dis qu'au château de Butland la place n'est pas tenable. Nous y serions restés, moi et le constable, qu'on nous aurait enlevés aussi; et le plus étonnant, c'est que Carill, qui était resté au château quelque temps après nous, n'a rien vu ni entendu.
LORD FINGAR. Ce Carill, en es-tu bien sûr?
STROUNN. Parbleu! il aime Betty; il n'aurait pas laissé enlever sa maîtresse.
LORD FINGAR. L'observation est juste; mais qu'est-ce que tout cela signifie?
ÉDOUARD, *à part*. Allons attendre Victor; il ne peut tarder, car il sa t que je suis à Saint-Dunstan, et que l'heure approche. (*Il sort par le fond*)
STROUNN. Mais voici M. le constable qui peut nous en apprendre davantage.

Édouard... vous voilà! que se passe-t-il donc? — Acte 3, scène 2.

SCENE IV.

Les précédents; JOBSON, Suite du Constable.

JOBSON. Tenez-les! tenez-les bien! grâce au ciel, il ne sera pas dit que je n'aurai arrêté personne!
LORD FINGAR. Qu'y a-t-il donc, monsieur le constable?
JOBSON. Il y a, Milord, que nous tenons toute l'affaire. Deux personnages mystérieux qui ont passé près de nous sans répondre au qui vive! et mes gens, après les avoir longtemps poursuivis dans ces ruines, sont enfin parvenus à les saisir.
LORD FINGAR. A merveille!
JOBSON. Mais le plus étonnant, c'est que dans les deux fugitifs j'avais vu très-distinctement une femme, et qu'ils ont arrêté deux hommes.
STROUNN. Ceux de Butland, nos deux voleurs.
JOBSON. Je l'espère bien. D'abord il nous en faut deux, et dans ces cas-là on les prend où l'on peut! (*A ses gens.*) Qu'on les amène! nous allons, Milord, les interroger en même temps.
LORD FINGAR. En même temps! y pensez-vous?
JOBSON. C'est juste, (*A ses gens.*) l'un après l'autre, pour qu'ils ne puissent pas s'entendre et répondre de même.

SCENE V.

Les précédents, JAKMANN, *amené par* plusieurs Laquais.

JOBSON. Voici d'abord le premier voleur. Approchez!
LORD FINGAR. Que vois-je! c'est Jakmann, mon coureur!
JAKMANN. Qui a couru aujourd'hui de fameux dangers. Oui, Milord, je m'étais réfugié dans ces ruines où je me reposais un instant, quand on est venu m'arrêter; car depuis ce matin on ne fait que cela.
JOBSON. Il serait possible!
JAKMANN. Aussi j'ai une fameuse déclaration à vous faire.
JOBSON. Une déclaration!

QUATUOR.

JOBSON.
Parlez, parlez, et sans mystère;
La justice vous entendra.

(*Aux montagnards.*)
Vous, surtout, tâchez de vous taire;
Songez que le constable est là!

ENSEMBLE.
JOBSON.
Ah! je tiens l'affaire,
Elle est nette et claire.
De mon ministère
Je connais les droits.
Je saurai les prendre,
Et pour leur apprendre,
J'en veux faire pendre
Au moins deux ou trois.
JAKMANN.
Oh! c'est une affaire,
Oui, c'est un mystère
Terrible, je crois.
J'n'y peux rien comprendre;
Mais on doit en pendre
Au moins deux ou trois.
FINGAR ET STROUNN.
Pour moi, cette affaire
Me paraît peu claire;
Mais, pour cette fois,
Oui, laissons-le faire,
De son ministère
Respectons les droits.

LE CHŒUR.
Quelle est cette affaire?
Quel est ce mystère, etc., etc.

JAKMANN.
Le jour venait de naître,
Je portais à Butland,
De la part de mon maître,
Un message important.
JOBSON.
Bien, bien.
JAKMANN.
Au détour d'une gorge,
Deux hardis montagnards
Me mettent sur la gorge
Le fer de leurs poignards.
JOBSON.
Bien, bien.
JAKMANN.
« Si tu ne te dépêches,
« Dit l'un en menaçant,
« De livrer tes dépêches,
« Je te tue à l'instant. »
JOBSON.
Bien, bien.
JAKMANN.
Et prompt à me soumettre,
Soudain je lui remets
Le paquet et la lettre
Qu'à Butland je portais.
JOBSON.
Bien, bien,
Je tiens toute l'affaire.
STROUNN ET LORD FINGAR, *à part.*
Moi, j'y vois du mystère.
JOBSON.
C'était un voleur, c'est très-bon.
JAKMANN.
C'est selon.
JOBSON.
C'est selon!
Quel est donc ce langage?
On est voleur ou non,
C'est l'ordinaire usage.
JAKMANN.
Ici le fait n'est pas certain,
Et je crains de me compromettre.
Quand l'un me prenait cette lettre,
L'autre me glissait dans la main
Sa bourse, où, par un sort propice,
Se trouvaient trente pièces d'or.
Voyez plutôt, voyez, Milord.

JOBSON, *prenant la bourse.*
Donnez, donnez à la justice.
Pour un voleur, c'est étonnant!
Les lois dont je suis l'interprète,
N'ont pas prévu ce cas embarrassant,
D'un voleur qui vous arrête
Pour vous donner de l'argent.

ENSEMBLE.
JOBSON.
Pour moi cette affaire
N'est plus aussi claire.
Ma judiciaire
S'embrouille, je crois.
Tâchons de comprendre,
Et pour leur apprendre,
J'en veux faire pendre
Au moins deux ou trois.
LORD FINGAR.
Pour lui cette affaire
N'est plus aussi claire.
Sa judiciaire
S'embrouille, je crois.
Et pour mieux comprendre,
Il en ferait pendre
Au moins deux ou trois.
JOBSON.
En mon procès-verbal pour ne rien oublier,
Qu'on avertisse mon greffier.
(*Fingar fait signe à Strounn, qui sort par la gauche.*)

SCÈNE VI.

LES PRÉCÉDENTS, VICTOR, *amené à la droite par les gens de lord Fingar.*

(*Victor a de larges favoris, des moustaches, un manteau, et le même costume qu'à son entrée du second acte.*)

JOBSON.
Voici l'autre quidam que mes gens ont su prendre.
(*Il fait signe à Fingar de s'asseoir à gauche sur le banc de pierre qui est près de la table, et cause quelques instants à voix basse.*)
VICTOR, *à droite du théâtre, et entouré par les gens du constable.*
O contre-temps fatal! comment faire à présent?
(*Regardant autour de lui.*)
Je ne vois pas mon maître, et ne lui peux apprendre
Que non loin de ces lieux Malvina nous attend.
(*Montrant un billet qu'il tient.*)
Si ces mots, qu'au crayon ma main vient de transcrire,
Pouvaient lui parvenir...
(*Apercevant Jakmann.*)
C'est Jakmann! qu'ai-je vu?
JOBSON, *à Fingar, montrant Victor.*
Celui-là pourra nous instruire.
VICTOR, *à part, montrant Jakmann.*
Bientôt il m'aura reconnu.
Allons, et c'est le seul refuge,
Pour embrouiller l'affaire, embrouillons notre juge!
JOBSON, *allant près de Victor.*
Avancez!
Je vous écoute; commencez!
VICTOR.
Messager ordinaire
Du village voisin,
Pour mes courses à faire
Je partais ce matin.
JOBSON.
Bien, bien, jusqu'ici.
Tout va m'être éclairci.
VICTOR.
Au détour d'une gorge,
Deux hardis montagnards
Me mettent sur la gorge
Le fer de leurs poignards.
JOBSON, *avec joie.*
(*Montrant Jakmann.*)
Bien, bien, c'est comme lui.

JAKMANN, *qui en ce moment regarde Victor.*
Eh, mais! ne serait-ce pas lui?
VICTOR.
« Si tu ne te dépêches,
« Dit l'un en menaçant,
« De livrer tes dépêches,
« Je te tue à l'instant. »
JOBSON, *de même, se frottant les mains.*
Bien, bien, c'est comme lui.
JAKMANN, *de même.*
Eh, mais! je crois bien que c'est lui!
JOBSON, *à Jakmann et Victor.*
Pourriez-vous reconnaître
Ce voleur si hardi?
VICTOR ET JAKMANN, *se désignant mutuellement.*
Oui, je le vois paraître,
Oui, c'est lui!
Le voici!
JOBSON.
Un incident semblable
Est vraiment étonnant!
VICTOR ET JAKMANN, *se montrant toujours l'un l'autre.*
Moi, je suis innocent,
Mais voici le coupable,
Oui, voici le coupable.
JOBSON.
O bonheur peu commun!
Deux fripons au lieu d'un!

ENSEMBLE.
JOBSON.
Pour moi, cette affaire
N'est plus aussi claire.
Ma judiciaire
S'embrouille, je crois;
Mais pour mieux m'y prendre,
Je les ferai pendre
Tous deux à la fois.
LORD FINGAR.
Pour moi, cette affaire
Me paraît peu claire;
Mais, pour cette fois,
Oui, laissons-le faire;
De son ministère
Respectons les droits.
VICTOR, *montrant Jobson.*
Dieu merci, l'affaire
N'est plus aussi claire.
Sa judiciaire
S'embrouille, je crois.

JOBSON. Qu'on les emmène tous deux! (*Les gens de Fingar saisissent Victor. Les autres saisissent Jakmann, et on va les emmener au moment où paraissent Strounn et le greffier.*)

SCÈNE VII.

LES PRÉCÉDENTS; STROUNN, *qui entre à la fin du morceau précédent et qui examine Victor avec attention.*

STROUNN. Arrêtez, Milord; s'il y a quelqu'un à pendre, je réclame la priorité pour celui-ci. (*Montrant Victor.*)
VICTOR, *à part.* Malédiction!.. c'est le concierge de Butland!..
LORD FINGAR, *à Strounn.* Que dis-tu?
STROUNN. Que c'est votre prétendu valet de chambre, celui que vous aviez chargé de m'apporter ces tablettes et cet écrin.
JOBSON, *à ses gens, montrant Victor.* Des tablettes! un écrin! qu'on le fouille à l'instant!
VICTOR, *aux gens du constable qui lui prennent sa boîte.* Mais, monsieur le constable! permettez donc...
LORD FINGAR, *à Strounn, montrant Victor.* Quoi! c'est lui qui voulait absolument parler à Malvina?
STROUNN. Oui, Milord, je le reconnais.
LORD FINGAR. Qu'est-ce que cela signifie?
JOBSON, *qui a ouvert la boîte.* Voici peut-être qui nous l'apprendra : ce papier dont il était porteur...

VICTOR. Maudit concierge! maudit constable!.. au moment où la victoire était à nous!
LORD FINGAR, *qui a parcouru le papier.* Dieu! quel trait de lumière! (*Il examine Victor.*)
VICTOR, *à part.* Il sait tout! et maintenant comment prévenir mon maître?
LORD FINGAR, *à Jobson.* Écoutez. (*Sur la ritournelle du morceau qui reprend, il lui parle bas à l'oreille.*)
VICTOR. N'importe : de l'audace! du courage! tout n'est pas encore désespéré.
JOBSON, *à qui Fingar a parlé à l'oreille.* J'entends! je comprends!

REPRISE DU MORCEAU PRÉCÉDENT.
Je tiens toute l'affaire;
Laissez, laissez-moi faire,
Je sais quels sont mes droits;
Et pour mieux leur apprendre,
Je veux en faire pendre
Au moins deux ou trois.

(*Il sort avec tous ses gens, en emmenant Victor.*)

SCÈNE VIII.

LORD FINGAR, STROUNN, JAKMANN, *à l'écart.*

STROUNN. Qu'y a-t-il donc, Milord? et qu'avez-vous découvert?
LORD FINGAR. Tout s'éclaircit enfin! Je tiens le fil du complot. La lettre était adressée à sir Edouard Acton, un de nos amis.
STROUNN. Par qui?
LORD FINGAR. Ecoute plutôt. (*Lisant.*) « Après votre dé-
« part, Milord, j'étais resté à Rutland sous les verrous!..
« mais, délivré, comme vous, par les soins de Carill... »
Quand je te disais que ce Carill était un traître!
STROUNN. Moi, qui ne me doutais de rien!
LORD FINGAR. Tu aurais mérité d'être constable; aussi, la première place vacante... sois tranquille.
STROUNN, *s'inclinant.* Ah! Milord...
LORD FINGAR. Poursuivons. (*Il lit.*) « Je me suis rendu
« dans le salon de Robert Bruce, où j'ai trouvé la belle
« Malvina, que je ne connaissais pas. »
STROUNN, *montrant l'oratoire.* Que dit-il? puisqu'elle est là!
LORD FINGAR. Attends donc. « Je l'ai amenée dans la cha-
« pelle de Saint-Dunstan, où, suivant le testament de lord
« Caldheral, le mariage doit être célébré. C'est là qu'elle
« vous attend, et je vous cherchais pour vous en prévenir,
« lorsque j'ai été arrêté par les gens du constable et de
« lord Fingar; mais j'espère vous faire remettre par un
« de mes gardiens ce billet que je vous écris à la hâte. Ne
« perdez pas de temps et courez à la chapelle.
« *Signé* VICTOR. »
STROUNN. Qu'est-ce que cela veut dire?
LORD FINGAR. Qu'après notre départ et celui de Carill qui est venu nous rejoindre, Victor, demeuré maître de la place, aura enlevé la seule femme qui restait au château.
STROUNN. Il n'y avait que ma fille!
LORD FINGAR. Justement.
STROUNN, *hors de lui.* Que j'avais enfermée moi-même dans la salle de Robert Bruce.
LORD FINGAR. Tu le vois bien. (*A part.*) Et mons Victor qui ne la connaissait point...
STROUNN. Courons vite.
LORD FINGAR. Non pas; j'ai manqué d'être trahi, d'être joué à tous les yeux; et ce sir Edouard, ce rusé Victor, ce traître de Carill, je me vengerai d'eux tous.
STROUNN. Ce sera bien fait.
LORD FINGAR. En faisant ta fortune...
STROUNN. C'est encore mieux.
LORD FINGAR. Et comme Victor, que j'ai mis sous la

garde du constable, ne peut prévenir son maître que la ruse est découverte, il me faudrait pour lui remettre ce billet quelqu'un en qui il eût confiance.

SCENE IX.

Les précédents, CARILL.

CARILL. Milord, je venais vous dire que voilà vos amis qui vous cherchent.
LORD FINGAR, *à part*. C'est ce coquin de Carill.
CARILL. Je voudrais bien savoir où en sont les affaires.
LORD FINGAR. Approche et écoute. Quand ces messieurs seront réunis, tu remettras devant nous et mystérieusement ce billet à sir Edouard que tu connais.
CARILL. Moi!..
LORD FINGAR. Pas un mot de plus.
STROUNN, *le menaçant*. Ou sinon...
LORD FINGAR, *lui faisant signe de se taire et s'adressant à Carill.* Et voilà pour ta peine.
CARILL. Et de trois! il paraît qu'il y a du profit à se mettre de tous les partis; Milord peut être sûr que mon zèle et ma fidélité... *(A part.)* Il y en a un des deux que je trompe, c'est sûr; mais je ne sais pas lequel.

SCENE X.

Les précédents, tous les Amis de LORD FINGAR, Paysans.

CHŒUR, *désignant Fingar*.
Voici l'heure qui s'avance,
Pour lui quelle heureuse nuit!
Bientôt son bonheur commence,
Bientôt va sonner minuit.
ÉDOUARD, *regardant avec inquiétude autour de lui.*
Ah! quelles craintes mortelles!
C'en est fait, tout me trahit;
De Victor pas de nouvelles,
Bientôt va sonner minuit.
CARILL, *entrant, et lui remettant la lettre.*
Pour Milord cette lettre arrive.
ÉDOUARD, *la prenant vivement, et la lisant.*
A l'espoir enfin je reviens.
LORD FINGAR, *aux autres seigneurs.*
Quelle est cette tendre missive?
Voyez donc quel trouble est le sien.
DUNCAN, *à Fingar.*
C'est quelque rendez-vous.
ÉDOUARD, *tout en lisant.*
Milord doit s'y connaître.
LORD FINGAR.
D'une de vos beautés, peut-être?
ÉDOUARD, *à part.*
Il ne croit pas dire aussi bien...
Elle m'attend à la chapelle.
Partons.
LORD FINGAR, *le retenant.*
Quoi qu'il en soit, que chacun se rappelle
Tous les serments qu'hier nous avons faits.
ÉDOUARD, *gaiement, à lord Fingar.*
Ah! j'y promets d'être fidèle.
(A part.)
C'est vraiment comme un fait exprès.
LORD FINGAR.
Oui, le rival que l'on abuse,
Conservant sa joyeuse humeur,
Doit rire d'une telle ruse,
Et rendre hommage à son vainqueur.
TOUS.
Quand, par une maîtresse,
Nous nous verrions trahis,
Jurons d'être sans cesse
Rivaux et bons amis.

LORD FINGAR ET ÉDOUARD, *à part.*
Ah! c'est charmant! comme il est pris!
Jurons, etc., etc.
(Edouard sort.)

SCENE XI.

Les précédents, *excepté* ÉDOUARD.

DUNCAN. Où va donc ce galant chevalier?
LORD FINGAR, *riant.* Il court à la chapelle de Saint-Dunstan se faire arrêter par notre ami Jobson le constable.
TOUS. Que dites-vous?
LORD FINGAR. Oui, Messieurs, vous ne savez pas que sir Edouard, avec son air sentimental, se permet aussi d'être mauvais sujet; il va sur nos brisées, et vient, en voulant me ravir ma maîtresse, d'enlever une petite fille charmante!
TOUS. Vraiment!
LORD FINGAR. La fille de Strounn, mon concierge!
CARILL. Ah! mon Dieu!
LORD FINGAR, *riant.* Et comme le père a rendu plainte, il sera forcé d'épouser...
CARILL. Epouser ma maîtresse!
LORD FINGAR. Ou, s'il refuse, comme c'est probable, il sera forcé, d'après la loi, de payer deux mille guinées à Betty.
CARILL. Deux mille guinées; si ce n'est que cela.
LORD FINGAR. Et alors ce sera son complice, Victor, son valet de chambre, que je viens aussi de faire arrêter, qui, n'ayant pas deux mille guinées, sera obligé de payer de sa personne, et d'épouser la petite pour son compte.
CARILL. Pour son compte; cela ne serait pas le mien. Courons vite!
LORD FINGAR, *à ses gens.* Qu'on le retienne! *(A Carill.)* Ah! ah! fidèle serviteur qui mets les gens en liberté! te voilà pris à ton tour.
CARILL. Milord, je vous en supplie...
LORD FINGAR. Je t'apprendrai à servir les projets d'un rival! mais ce rival lui-même, dupe de sa ruse, est pris dans ses propres filets. *(A Strounn.)* Es-tu content? voilà ta fille dotée et mariée!
CARILL. Et moi, que suis-je donc? Si jamais je me mêle des amours des grands seigneurs!.. *(Pendant ce temps on a vu les vitraux du fond s'éclairer, et on entend une musique religieuse.)*

FINAL.

LORD FINGAR.
Entendez-vous dans la chapelle
Cette musique solennelle?
De mon hymen voici l'instant.
(Il donne à Strounn la clé de l'oratoire. Celui-ci monte l'escalier, ouvre la porte et redescend.)
O Malvina, vous que mon cœur appelle,
Apparaissez aux yeux de votre amant.
(Minuit commence à sonner.)

SCENE XII.

Les précédents, BETTY.

(Betty, sortant de l'oratoire, et s'arrêtant au haut de l'escalier, le visage découvert.)

LORD FINGAR, *stupéfait.*
Grand Dieu! ce n'est pas elle!
STROUNN.
C'est ma fille!
CARILL.
C'est Betty!
Elle n'est pas Milady.
Dieu soit béni!
Ce n'est pas elle
Qu'on épousait dans la chapelle.

LORD FINGAR, *furieux*.
Et qui serait-ce donc?

SCÈNE XIII.

LES PRÉCÉDENTS; VICTOR, *sortant de la chapelle dont les portes s'ouvrent.*

VICTOR.
La belle Malvina.

JOBSON.
Il a fallu qu'il l'épousât!
Pour l'y contraindre j'étais là,
Oui, par votre ordre j'étais là.

(*En ce moment parait Edouard donnant la main à Malvina. Les jeunes filles et les vassaux du domaine les suivent, et descendent du monastère en tenant les unes des rameaux de feuillage et des fleurs, les autres les armes et les écussons seigneuriaux.*)

ENSEMBLE.
STROUNN ET LORD FINGAR.
O maudit stratagème
Qui confond mes projets!
Me voilà pris moi-même.
Dans mes propres filets.

VICTOR, ÉDOUARD ET MALVINA.
Ce joyeux stratagème
A servi nos projets :
Le voilà pris lui-même
Dans ses propres filets,

CABILL ET BETTY.
Ce joyeux stratagème
Me rend ce que j'aimais;
Le voilà pris lui-même
Dans ses propres filets.

CHŒUR DE VASSAUX.
Ah! quel bonheur extrême,
Que de grâce et d'attraits!

Ici, le ciel lui-même
Les unit à jamais.
LORD FINGAR, *à Edouard*.
Milord, un pareil trait...
ÉDOUARD.
Sans doute est sans excuse;
Mais le rival que l'on abuse,
Conservant sa joyeuse humeur,
Doit rire d'une telle ruse,
Et rendre hommage à son vainqueur
LORD FINGAR.
D'accord... mais Malvina qui trahit ma tendresse...
ÉDOUARD ET LE CHŒUR DES JEUNES SEIGNEURS.
Quand par une maîtresse
Nous nous verrions trahis,
Jurons d'être sans cesse
Rivaux et bons amis.
LORD FINGAR.
Ah! je l'ai dit, je l'ai promis.
Amis, vous l'emportez, que l'hymen vous engage!
J'abandonne gaîment mes droits à l'héritage.
MALVINA.
Vous en avez encor par mon manque de foi.
Oui, qu'un partage égal au moins vous dédommage
(*Montrant sa main qu'elle donne à Edouard.*)
De la perte d'un bien qui n'était plus à moi!
LORD FINGAR.
A celle qu'il adore,
Allons, qu'il soit uni!
(*A ses amis.*)
Moi, je reste garçon, et veux longtemps encore
Répéter avec vous notre refrain chéri.
Au cliquetis du verre,
Au bruit des vieux flacons,
Narguant toute la terre,
Amis, buvons, chantons!

CHŒUR FINAL.
Au cliquetis du verre, etc., etc., etc.

FIN
de
LES DEUX NUITS.

LÉOCADIE.

DRAME LYRIQUE EN TROIS ACTES

Représenté, pour la première fois, à Paris, sur le théâtre royal de l'Opéra-Comique, le 4 novembre 1824.

MUSIQUE DE M. AUBER.

Personnages.

DON CARLOS, colonel d'un régiment d'infanterie.
DON FERNAND D'ALVEYRO, capitaine au même régiment.
PHILIPPE DE LEIRAS, sergent.
CRESPO, alcade.
LÉOCADIE, sœur de Philippe.
SANCHETTE, nièce de Crespo.
OFFICIERS.
SOLDATS.
VILLAGEOIS.
VILLAGEOISES.
BATELEURS.

La scène se passe en Portugal, dans le comté d'Elvas.

ACTE PREMIER.

Le théâtre représente une campagne agréable. A droite du spectateur, la maison de Crespo ; à gauche, celle de Philippe, devant laquelle sont une table en pierre et deux chaises. Plus haut, du même côté, une partie du village d'Elvas. A droite, sur le troisième plan, le commencement de l'avenue qui conduit au château.

SCÈNE PREMIÈRE.

SANCHETTE, *en costume de mariée, et entourée de jeunes filles qui ont l'air d'achever sa toilette : l'une lui donne le bouquet, l'autre attache à son bonnet une branche d'oranger.*

ENSEMBLE.
CHŒUR DE JEUNES FILLES.

C'est aujourd'hui que l'hymen vous engage ;
Recevez notre compliment.
Dieu ! quel beau jour qu'un jour de mariage !
Ah ! qu'il nous en arrive autant !

SANCHETTE.

C'est aujourd'hui qu'à jamais je m'engage
Au plus fidèle des amants.
Ah ! quel beau jour qu'un jour de mariage,
Quand on attend depuis longtemps !

CRESPO, *sortant de sa maison et allant à Sanchette.*

Eh bien ! est-ce fini, ma chère ?

SANCHETTE.

Mon oncle, suis-je bien ainsi ?
Dites-moi, pourrai-je lui plaire ?

CRESPO.

Tu le veux, je le veux aussi :
Mais pour toi je pouvais, ma chère,
Espérer un meilleur parti.
Toi, toi, la nièce d'un alcade,
Épouser un simple sergent ?

SANCHETTE.

Philippe doit monter en grade ;
Il est tendre, aimable et vaillant.

CHŒUR DE JEUNES FILLES.

Philippe est aimable et vaillant.

SANCHETTE, *aux jeunes filles.*

Grâce à vos soins, me voilà prête.
(*Allant parler à chacune.*)
Merci, merci. Mais à présent
Songez vite à votre toilette,
Et revenez bien promptement.

ENSEMBLE.
CHŒUR DE JEUNES FILLES.

C'est aujourd'hui que l'hymen vous engage ;
Recevez notre compliment.
Dieu ! quel beau jour qu'un jour de mariage !
Ah ! qu'il nous en arrive autant !
(*Elles sortent.*)

SANCHETTE.

C'est aujourd'hui que l'amour nous engage ;
Oui, je reçois vos compliments.
Ah ! quel beau jour qu'un jour de mariage,
Quand on attend depuis longtemps !

CRESPO.

C'est aujourd'hui que l'hymen les engage ;
Il est vrai qu'ils ont mes serments ;
Mais j'aurais dû, si j'avais été sage,
Attendre encor bien plus longtemps.

SCÈNE II.

SANCHETTE, CRESPO.

SANCHETTE.

Oui, Philippe, rassurez-vous,
Sera le meilleur des époux ;
Et puis sa sœur Léocadie,
Si bonne et si jolie,
Est ma meilleure amie.

CRESPO.

Mais ce que je ne comprends pas,
D'où vient donc sa mélancolie ?
Qu'a-t-elle donc ?

SANCHETTE.

On n'en sait rien, hélas !
Mais, tenez, vers ces lieux elle porte ses pas !

CRESPO.

Toujours triste et rêveuse !

SANCHETTE.

Ah ! l'on ne croirait pas
Que son frère ici se marie.

SCÈNE III.

LES PRÉCÉDENTS ; LÉOCADIE, *vêtue simplement, et tenant des fleurs à la main.*

LÉOCADIE.
ROMANCE.
PREMIER COUPLET.

Pour moi, dans la nature,

Tout n'est plus que douleur;
Des eaux le doux murmure
Ne charme plus mon cœur.
L'oiseau de la prairie
Ne sait plus m'attendrir.
Pauvre Léocadie!
Te vaudrait mieux mourir.
SANCHETTE.
Elle ne nous voit pas.
CRESPO.
Mais tais-toi donc; parle plus bas.
LÉOCADIE.

DEUXIÈME COUPLET.

La fleur à peine éclose
Me parait sans fraîcheur;
Le parfum de la rose
A perdu sa douceur.
Le bonheur d'une amie
Ne vient plus m'embellir.
Pauvre Léocadie!
Te vaudrait mieux mourir.
SANCHETTE, *allant à elle.*
Je n'y tiens plus : Léocadie!
LÉOCADIE.
Eh quoi! c'est toi, ma sœur?
SANCHETTE.
Mais qu'as-tu donc?
LÉOCADIE, *affectant une grande joie.*
Rien! mon âme est ravie
De ton hymen, de ton bonheur.

ENSEMBLE.

LÉOCADIE.
C'est aujourd'hui que l'hymen vous engage;
Soyez heureux, soyez constants.
Ah! quel beau jour qu'un jour de mariage,
Quand l'amour reçoit nos serments!
SANCHETTE.
C'est aujourd'hui qu'à jamais je m'engage
Au plus fidèle des amants;
Ah! quel beau jour qu'un jour de mariage,
Quand on attend depuis longtemps.
CRESPO.
C'est aujourd'hui que l'hymen les engage;
Il est vrai qu'ils ont mes serments :
Mais j'aurais dû, si j'avais été sage,
Attendre encor bien plus longtemps.

SANCHETTE, *à Léocadie.* Mais, je vous le demande : où est donc M. Philippe, votre frère? moi je suis prête, et c'est le futur qui se fait attendre!

CRESPO. Vous savez bien qu'il a été chercher des papiers nécessaires à son mariage, et sans lesquels moi, alcade de ce village, je n'aurais pu consentir à votre union.

LÉOCADIE. Et puis, ne faut-il pas qu'il aille au château demander la permission de don Carlos, son colonel?

SANCHETTE. La permission! la permission! Cependant ce n'est pas une affaire de discipline, et je vous demande où nous en serons dans notre ménage, s'il faut toujours comme cela demander?

LÉOCADIE, *l'interrompant.* Allons, allons, ne te plains pas, car le voici!

SCÈNE IV.

LES PRÉCÉDENTS, PHILIPPE, *en uniforme de sergent.*

PHILIPPE, *à Crespo.* Bonjour, cher oncle. (*A Léocadie.*) Bonjour, ma sœur.

SANCHETTE. Et à moi, Monsieur, vous ne dites rien... Quelles nouvelles y a-t-il?

PHILIPPE. D'excellentes! mon colonel a tant d'amitié pour moi! « Bien, Philippe, m'a-t-il dit, hâte-toi de te marier « et d'avoir des enfants, il n'y a jamais trop de braves « gens. »

SANCHETTE. Dieu! que Monseigneur est bon!

LÉOCADIE, *à Sanchette.* Je crois alors que je puis aller chercher nos bouquets. (*Elle entre un instant dans la maison de Philippe.*)

PHILIPPE. Oui, sans doute, aujourd'hui la noce. (*A Crespo.*) Et voilà mes papiers que je vous apporte. Vous pouvez être tranquille, ils sont en règle.

CRESPO. Je n'en doute point; mais en ma qualité d'oncle et de magistrat, je dois apporter à leur examen une double attention. Quelle est d'abord cette grande pancarte, dont l'écriture est si belle? J'ai cru, au premier coup d'œil, que c'était gravé.

PHILIPPE. Ce sont mes états de service que ma sœur Léocadie a eu la bonté de copier de sa main.

CRESPO. Je ne lui aurais jamais soupçonné un pareil talent. Moi, qui vous parle, je ne ferais pas mieux.

SANCHETTE. Et mon oncle s'y connaît, lui qui, avant d'être alcade, était magister.

CRESPO. Du tout, Mademoiselle, j'étais gouverneur! gouverneur d'une douzaine d'enfants que l'on m'avait confiés! fonctions honorables qui n'étaient qu'un acheminement à de plus hautes dignités (*Regardant les papiers.*) ÉTATS DE SERVICE. Passons, cela ne me regarde pas! (*Ici Léocadie rentre, tenant à la main une corbeille de fleurs qu'elle pose sur la table de pierre qui est devant la maison.*) Voyons, les papiers civils, les renseignements sur la famille; car vous sentez bien, mon cher ami, que la moindre infraction, ce que nous appelons la plus petite faute d'orthographe, peut porter atteinte au respect et à la considération qui me sont nécessaires.

PHILIPPE. Vous avez raison, l'honneur avant tout; mais rassurez-vous, notre alliance ne vous fera point de tort, et si vous trouvez la moindre tache à notre nom, je vous permets de rompre notre mariage et de m'enlever Sanchette. (*A Léocadie.*) N'est-il pas vrai, ma sœur?

LÉOCADIE, *avec émotion.* Oui, oui, mon ami.

CRESPO, *parcourant les papiers.* Qu'est-ce que je vois donc là dans votre acte de naissance? le .. comte de Dénia.

PHILIPPE, *froidement.* C'était mon grand-père!

CRESPO, *étonné.* Hein?.. et le chevalier de Leiras.

PHILIPPE, *de même.* C'était mon père.

CRESPO, *ôtant son chapeau.* Il serait possible! votre propre père, à vous, Philippe?

PHILIPPE. Et pourquoi pas? Qu'y a-t-il d'étonnant? Dans ces temps de troubles et de révolutions, attaché à un parti malheureux, il est mort dans l'exil et dépouillé de ses biens. Je suis resté, à quinze ans, sans appui, sans ressources, protecteur de ma sœur et d'une vieille tante, notre seule parente; que pouvais-je faire? Mendier des secours en parlant de mes aïeux? Non! mon père m'avait laissé son épée; c'était mon seul héritage; je m'en suis montré digne. Je me suis fait soldat, j'ai servi mon pays : je crois du moins que ce n'est pas déroger.

SANCHETTE, *sautant de joie.* Quoi! vous êtes noble! ah! que je suis contente!

PHILIPPE. Eh! qu'est-ce que cela te fait? Qu'est-ce qu'il t'en reviendra? Quand on est sans fortune, quand on n'a rien pour soutenir son nom, il vaut mieux ne pas s'en parer; et c'est ce que j'ai fait. Nourri dans les camps, élevé au milieu des armes, je ne serai jamais qu'un soldat; c'est mon lot. Eh bien! j'en suis fier et content; je ne demande pas autre chose. Je m'allie à celle que j'aime, à une famille d'honnêtes gens; et pourvu que ma sœur Léocadie soit aussi heureuse que moi, rien ne manquera à mon bonheur.

CRESPO. Mon cher ami! mon cher neveu! Et, dites-moi, Monseigneur en est-il instruit?

PHILIPPE. De ce matin seulement, car il a fallu aussi lui confier une partie de ces papiers, et je ne reviens pas encore de sa surprise et de sa joie. « Quoi! Philippe, s'est-il « écrié, toi et ta sœur vous avez de la naissance! vous « êtes d'une famille noble! si tu savais quel plaisir me fait

« cette nouvelle... » Et en effet, il avait un air rayonnant. Je vous demande ce que ça peut lui faire? car, d'ordinaire, il n'y tient pas. Au régiment, il traite tous ses soldats en camarades; et au feu, il est toujours à côté d'eux, quand toutefois il n'est pas en avant.

CRESPO. C'est égal. Monseigneur a raison; et je suis de son avis. Ce cher Philippe! Je suis ravi de cette alliance. Par exemple, vous me permettrez de mettre dans le contrat Philippe de Leiras, c'est de rigueur; et puis : Philippe de Leiras, neveu d'un alcade; ces deux phrases-là vont bien ensemble!

PHILIPPE. Faites comme vous voudrez, pourvu que vous vous dépêchiez.

CRESPO. Soyez tranquille. Je vais m'occuper du contrat, et dans une heure vous serez mariés. (*Il sort par la droite.*)

SCENE V.

LÉOCADIE, PHILIPPE, SANCHETTE.

SANCHETTE. Cet excellent oncle! pourvu qu'il ne perde pas de temps à causer, comme il le fait toujours!

PHILIPPE. C'est pour cela que je n'ai pas voulu, devant lui, vous répéter les nouvelles qu'on m'a apprises au château, parce qu'il aurait fait là-dessus des commentaires à n'en plus finir.

LÉOCADIE. Qu'est-ce donc?

PHILIPPE. En sortant de l'appartement de don Carlos, j'ai vu, dans le château, des gens de pied et des équipages qui arrivaient, et puis un bruit, un tapage... Il se prépare quelque cérémonie; et l'on dit que don Carlos, mon colonel, va se marier.

LÉOCADIE. Lui, se marier!.. vous croyez?

PHILIPPE. Eh bien! qu'as-tu donc?

LÉOCADIE. Moi! rien. En effet, cette nouvelle ne doit pas étonner.

PHILIPPE. Sans doute; il y a longtemps que cela devrait être fait. Un jeune seigneur qui est son maître, qui a une fortune superbe, et qui en outre est le plus joli garçon du pays, ce qui ne gâte rien...

LÉOCADIE, *à Philippe*. Et comment as-tu appris?..

PHILIPPE. C'est mon capitaine que j'ai trouvé là, et qui me l'a dit en confidence.

SANCHETTE. Votre capitaine? don Fernand d'Alveyro?

PHILIPPE. Oui, l'ami de mon colonel, jadis son compagnon d'études et de folies, et maintenant son frère d'armes.

LÉOCADIE, *d'un air de confiance*. Oh! si c'est de lui que tu tiens cette nouvelle, il n'y a encore rien de certain.

SANCHETTE. Sans doute; est-ce qu'il sait jamais ce qu'il fait ou ce qu'il dit! un étourdi, un mauvais sujet, dont le colonel a déjà deux ou trois fois payé les dettes.

PHILIPPE. Eh bien! Monseigneur a bien fait, parce que c'est un brave jeune homme que nous aimons tous au régiment, et qui, malgré son étourderie, est dévoué au colonel.

SANCHETTE. Oui, dévoué, dévoué; il verra, à la fin de l'année, les mémoires de dévouement.

FERNAND, *en dehors*. Allez, dépêchez-vous, et ne perdez pas de temps.

SANCHETTE. C'est lui, je l'entends; ce que c'est que d'en parler!

SCENE VI.

LES PRÉCÉDENTS, FERNAND, *sortant de l'allée du château.*

FERNAND, *à la cantonade*. Des danses, des quadrilles et un bel orchestre; je veux aussi des jeux de bague, et même un petit combat de taureaux, si c'est possible. Enfin, qu'on n'épargne rien, c'est moi qui paie.

SANCHETTE. Eh! mon Dieu! monsieur le capitaine, qu'y a-t-il donc?

FERNAND. Vous ne savez pas la grande nouvelle! il n'est question que de cela au village et au château.

PHILIPPE. Comment! il serait vrai? Monseigneur se marie?

FERNAND. Eh non, ce n'est pas lui, mais la comtesse Amélie, sa sœur!

LÉOCADIE, *vivement*. Vous en êtes bien sûr?

SANCHETTE. Et qui épouse-t-elle?

FERNAND. Vous ne devinez pas? regardez-moi donc.

CAVATINE.

C'est moi qui suis son époux :
Est-il un destin plus doux?
Voilà quatre ans que je l'adore,
Et personne ne s'en doutait.
Oui, voilà quatre ans qu'en secret
Elle m'a donné son portrait...
Aujourd'hui j'ai bien mieux encore.
C'est moi qui suis son époux :
Est-il un destin plus doux?
Je l'aimai longtemps en silence,
N'osant réclamer un tel bien :
Son frère est riche, et je n'ai rien.
Mais aujourd'hui, pour l'opulence,
Qui pourrait s'égaler à moi?
Je suis plus riche que le roi.
C'est moi qui suis son époux :
Est-il un destin plus doux?
Je suis son époux!

SANCHETTE. Et comment cela est-il arrivé?

FERNAND. C'est ce matin, don Carlos, mon colonel, mon ami... (*Avec émotion.*) Ah! tu es trop heureux, Philippe, d'avoir manqué te faire tuer pour lui; et tu as reçu là une balle qui m'appartenait de droit. Enfin, ce brave et excellent jeune homme m'apprend qu'il connaît mon amour, qu'il l'approuve, qu'il a fait sortir sa sœur de son couvent, et qu'aujourd'hui même nous serons mariés.

LÉOCADIE. Et qui avait pu l'instruire?

FERNAND. Je n'en sais, ma foi, rien; mais j'ai l'idée que c'est une lettre de moi.

LÉOCADIE. Une lettre!

FERNAND. Oui; un jour que j'écrivais à Amélie et à son frère, je me serai trompé d'adresse, et il aura lu la lettre destinée à sa sœur. Enfin c'est aujourd'hui qu'arrive ma future, et j'accours au-devant d'elle. Vous ne la connaissez pas? Je crois bien, depuis trois ans qu'elle n'est pas sortie de son couvent? (*A Philippe.*) Imagine-toi, mon cher ami, la plus jolie et la plus aimable femme! Je ne sais pas pourquoi elle est riche; car personne mieux qu'elle n'aurait pu s'en passer. Mais c'est encore don Carlos : il donne à sa sœur une partie de sa fortune; il l'a voulu absolument. Moi, je ne pouvais pas le contrarier, un beau-frère à qui je dois tout!

LÉOCADIE. Ah! je le reconnais bien là! Mais puisque la comtesse Amélie doit arriver dans le village, eh vite, Sanchette, viens m'aider à faire des bouquets.

SANCHETTE. Oh! de grand cœur! (*Elles vont toutes deux s'asseoir près de la table.*)

FERNAND. C'est bien, nous en aurons besoin. J'ai rencontré tout à l'heure votre oncle, le seigneur Crespo, que j'ai mis à la tête de mes divertissements champêtres; un alcade, ça fait bien, cela donne tout de suite à une fête un air imposant et municipal; et puis, Philippe, j'ai fait placer la danse et la musique sur la pelouse à côté de la maison, car nous aurons tout le village. Moi, je n'aime pas à être heureux seul. De plus, je dote six jeunes filles; Sanchette, Léocadie, vous m'indiquerez les plus jolies... je veux dire les plus sages. Et, à propos de cela, dites-moi donc ce que c'est qu'un petit bonhomme de deux ou trois ans qui demeure là, à deux pas, avec la vieille Catherine.

SANCHETTE. Le petit Paul, vous voulez dire?

LÉOCADIE, *laissant tomber son bouquet*. Le petit Paul!

Pauvre Léocadie ! te vaudrait mieux mourir. — Acte 1, scène 3.

SANCHETTE, *le ramassant.* Prends donc garde à ce que tu fais.

FERNAND. Il paraît qu'on ne connaît pas ses parents ; c'est dommage, il est gentil cet enfant, de petits cheveux blonds, et puis il bavarde...

PHILIPPE. Oui, oui, le petit drôle a de l'esprit : c'est le favori de Léocadie.

FERNAND. Vraiment ! je suis enchanté que vous vous y intéressiez ; je l'emmène avec moi.

LÉOCADIE, *vivement et se levant.* Vous l'emmenez ! Catherine y consent !

FERNAND. C'est arrangé avec la vieille. Autrefois, tous les mois on lui écrivait ; mais en voilà six qu'elle n'a reçu de nouvelles ; peut-être que les parents de cet enfant n'existent plus. Pour lui rendre service, j'ai proposé de m'en charger ; elle a accepté ; j'en ferai un page ; et s'il a des dispositions, je veux le lancer, et que dans quelques années il soit le plus mauvais sujet du régiment : vous m'en direz des nouvelles. Eh bien ! où allez-vous donc, Léocadie ?

LÉOCADIE. Pardon, j'ai oublié quelques préparatifs.

FERNAND. Les toilettes, c'est trop juste. Ah çà, vous qui ne voulez jamais danser avec moi, j'espère qu'aujourd'hui...

LÉOCADIE. Je n'ai rien à refuser au beau-frère de Monseigneur. (*Elle fait la révérence et sort.*)

SCENE VII.

LES PRÉCÉDENTS, *hors* LÉOCADIE.

FERNAND. C'est-à-dire que c'est à mon nouveau titre, et non à mon mérite personnel, que je devrai cette faveur. Sais-tu, Philippe, que ta sœur est très-singulière ? Sous son costume villageois, elle a un air de dignité qui impose. Don Carlos ne lui parle jamais qu'avec respect ; et moi-même je n'ose plaisanter avec elle... comme avec Sanchette, par exemple.

SANCHETTE. Je vous remercie de la préférence.

PHILIPPE. Que voulez-vous ? elle a été élevée par une tante qui lui a donné, peut-être à tort, l'éducation et les manières d'une grande dame ; vous vous y habituerez. Mais savez-vous que c'est une bonne action que vous avez faite là, mon capitaine ? vous charger de ce pauvre petit diable !

FERNAND. Il n'y a pas de mal, mon ami ; cela en répare

d'autres qui ne sont pas aussi belles : j'ai encore de la marge pour être au pair !

PHILIPPE. Vous, capitaine !

FERNAND. Oui, oui ; il ne faut pas croire, parce que vous me voyez posé et raisonnable, que j'aie toujours été comme cela : je ne parle pas des petites distractions qui arrivaient au régiment, parce que tu sais bien, Philippe, qu'entre militaires...

SANCHETTE, à *Philippe.* Comment, Monsieur...

FERNAND. Hein ! qu'est-ce que je fais donc là devant la future ? n: parlons pas de cela : ce n'est rien ; mais quand j'y pense, et que je me rappelle les aventures de ma vie ! nous avons surtout quelques vilains chapitres! Tiens, Philippe, je te raconterai cela quelque jour, quand nous aurons une vingtaine d'années de mariage. Je cours chercher mon jeune page, je veux le faire habiller pour la cérémonie. Dites donc, j'aurais pourtant bien voulu savoir quelle est sa mère ; j'ai interrogé la vieille Catherine, parce que je suis assez curieux de ces aventures-là ; mais elle ne sait rien...

PHILIPPE. On croit que c'est le fruit de quelque hymen secret.

FERNAND. Ou peut-être... car enfin... c'est possible...

SANCHETTE. Ah ! mon Dieu, oui ; car, d'après ce qu'on disait hier chez mon oncle...

FERNAND. Comment ? il y a des caquets... même chez l'alcade !

SANCHETTE. Je crois bien, c'est là qu'on les fait.

FERNAND. Dites-les-moi vite, je veux tout savoir.

SANCHETTE.

PREMIER COUPLET.

Voilà trois ans qu'en ce village
Nous arriva ce bel enfant ;
Et chacun dans le voisinage
Dit qu'il doit être d'un haut rang.
Par sa grâce et son doux sourire
Tous les cœurs sont intéressés ;
Mais du reste on n'en peut rien dire ;
Et voilà tout ce que je sais !

DEUXIÈME COUPLET.

Jamais, hélas ! jamais sa mère
Près de lui n'a porté ses pas ;
Sa nourrice est une étrangère
Qui même ne le connaît pas ;
En secret quelquefois encore
Des présents lui sont adressés ;
Pour le reste, chacun l'ignore ;
Et voilà tout ce que je sais !

TROISIÈME COUPLET.

Matin et soir, dans la prairie,
Nous nous amusons de ses jeux ;
Mais c'est moi, c'est Léocadie
Que toujours il aime le mieux.
Qu'il est joli ! qu'il est aimable !
Si mes vœux étaient exaucés,
Moi, j'en voudrais un tout semblable ;
(*Philippe lui fait signe de se taire, et elle reprend l'air en baissant les yeux.*)
Et voilà tout ce que je sais !

FERNAND. C'est déjà quelque chose, et cela redouble encore ma curiosité. Si vous pouviez, ma petite Sanchette, vous qui avez de l'esprit, découvrir le mot de l'énigme, ou seulement le nom de la mère, tenez, je vous donnerais cette belle chaîne d'or que vous regardiez hier avec tant de plaisir.

SANCHETTE. Vrai ?.. oh !.. oui, vous ne me la donneriez pas...

FERNAND. Tu te méfies de moi ; (*La lui jetant au cou.*) tiens, la voilà d'avance, tant je suis sûr que tu la gagneras, parce que tu es si adroite et si jolie... C'est que vraiment, Philippe, ta future est charmante; un air malin, un regard... (*Il quitte brusquement sa main qu'il avait prise.*)

Eh bien! qu'est-ce que j'ai donc, moi?.. ces souvenirs de garnison... (*Haut.*) Adieu, ma petite.

SCÈNE VIII.

PHILIPPE, SANCHETTE.

SANCHETTE. Dieu! la belle chaîne d'or! que je suis heureuse! et que le seigneur Fernand est aimable! Certainement, je ne plains pas la comtesse Amélie. (*Rencontrant un regard de Philippe.*) Eh bien! monsieur Philippe, qu'avez-vous donc? et pourquoi me regarder ainsi?

PHILIPPE. Qu'est-ce que c'est que ces coquetteries et ces compliments, et cette chaîne que vous avez acceptée!.. Avisez-vous de la gagner, et je ne vous revois de ma vie.

SANCHETTE. Comment, c'est pour cela !.. Je vous demande un peu si ce n'est pas terrible de n'avoir pas un moment de tranquillité!.. D'abord, monsieur Philippe, je vous en prie, ne me faites pas pleurer ; je serai jolie, après cela, pour la noce !.. Vilain caractère !.. est-ce que vous croyez que je m'en soucie de cette chaîne? Et la preuve, c'est que je m'en vais sur-le-champ la rendre au seigneur Fernand.

PHILIPPE, *la retenant.* Non pas, rentrez; plus tard nous parlerons de cela.

SANCHETTE. Fi! le jaloux!

PHILIPPE. Eh bien, Sanchette, je te demande pardon.

SANCHETTE. Vous ne m'en voulez plus? bien sûr?

PHILIPPE, *lui baisant la main.* Je te le promets.

SANCHETTE. Que cela vous arrive encore! (*Elle entre à droite, chez Crespo.*)

SCÈNE IX.

PHILIPPE, FERNAND, *entrant par la gauche, et* CRESPO *par la droite du spectateur.*

FERNAND. Ah! seigneur alcade, je vous trouve à propos.

PHILIPPE. Que vous est-il donc arrivé, mon capitaine?

FERNAND. Également?. L'aventure la plus piquante ! et si je m'en croyais, je serais d'une colère... mais un jour de noce on n'a pas le temps. J'arrive chez cette vieille Catherine, qui, selon sa promesse, devait me remettre mon jeune page : « Ah! Monsieur, me dit-elle, il m'est défendu de vous le confier. — Et par qui? pour quel motif? — Je l'ignore moi-même ; je ne puis le dire. » Il y avait là-dessous un mystère qui me déplaisait. « Prenez garde, lui dis-je ; car, si par votre faute vous privez ce pauvre enfant de l'état et du sort heureux que je lui destine, c'est vous que l'on accusera. » Alors cette brave femme, tremblante, incertaine... « Tenez, Monsieur, portez au seigneur alcade cette lettre que je viens de recevoir ; ne la montrez qu'à lui, et demandez son avis. » Je l'ai prise, je l'apporte, et la voici. (*A Crespo.*) Voyez plutôt. (*La lui lisant.*) « Vous « garderez chez vous et ne remettrez à personne le dépôt « qui vous est confié ; bientôt vous aurez de mes nouvelles. « Brûlez cette lettre comme toutes les autres. » (*Donnant la lettre à Crespo.*) Toujours le même mystère!

CRESPO, *tenant la lettre et la regardant.* Ah! mon Dieu, quelle écriture! celle de ce matin!

FERNAND, *vivement.* Eh bien! est-ce que vous seriez au fait?

CRESPO. Non, non ; je croyais d'abord... (*A part.*) C'est bien elle : quelle découverte!

FERNAND. C'est égal ; si vous savez quelque chose, nous devons partager la nouvelle, et vous devez tout me dire, parce que moi, je suis la discrétion même, c'est connu. Ah, mon Dieu! déjà midi! et ma future qui va arriver! je cours à sa rencontre. (*A Crespo.*) Vous n'oubliez pas le programme de la fête ; je vous ai nommé pour aujourd'hui mon intendant des menus plaisirs, et si on ne s'amuse pas, vous êtes responsable. Philippe, viens-tu avec moi? je vais te présenter à ma femme. (*Il sort en courant.*)

PHILIPPE, *prêt à le suivre.* Oui, mon capitaine.

SCENE X.
PHILIPPE, CRESPO.

CRESPO, *retenant Philippe par le bras.* Un moment!
PHILIPPE. Qu'avez-vous donc?
CRESPO. Parle bas.
PHILIPPE, *souriant.* Eh mais, Crespo, qu'est-ce que cela signifie? Comme vous voilà ému!
CRESPO. Oui, car dans le fond je t'estime, je t'aime; mais, comme tu le disais toi-même ce matin, l'honneur de notre famille avant tout.
PHILIPPE. Que voulez-vous dire?
CRESPO. Que tout est rompu.
PHILIPPE. Comment?
CRESPO. Plus de mariage.
PHILIPPE. Quoi! vous osez...
CRESPO. Parle bas, te dis-je, tu as entendu le capitaine... Cette lettre de la mère de Paul... Tiens, connais-tu cette écriture?
PHILIPPE, *frappé.* Dieux! Léocadie! ma sœur!

FINAL.
PHILIPPE.
Qu'ai-je vu?
CRESPO.
Du silence!
PHILIPPE.
O fureur!
CRESPO.
Calme-toi.
PHILIPPE, *avec désordre.*
Je ne puis... ma vengeance
Parlera malgré moi.
CRESPO, *le retenant dans ses bras.*
Allons, est-ce là ton courage?
PHILIPPE.
J'en ai pour souffrir le malheur;
Mais pour dévorer un outrage,
Pour supporter le déshonneur,
Je n'en ai plus!..
CRESPO.
Apaise ta fureur.

ENSEMBLE.

PHILIPPE.
Plus d'avenir, plus d'espérance!
Ce coup a détruit mon bonheur.
Eh! comment garder le silence,
Quand l'enfer déchire mon cœur!
CRESPO.
A tous les yeux, avec prudence,
Cache ton trouble et ta douleur;
Et songe à garder le silence,
Pour sauver l'honneur de ta sœur.
PHILIPPE, *avec désespoir.*
Ah! qu'elle craigne ma fureur!
CRESPO.
Silence, on vient.
PHILIPPE.
Dieux! c'est tout le village:
Où cacher ma honte et ma rage?
CRESPO, *à demi-voix.*
Par égard pour toi, pour ta sœur,
A me taire ici je m'engage,
Ce secret mourra dans mon cœur;
Mais plus de mariage.
PHILIPPE.
Non, non, plus de mariage,
Plus de repos, plus de bonheur.

SCENE XI.
LES PRÉCÉDENTS, TROUPE DE VILLAGEOIS ET DE JEUNES FILLES PORTANT DES FLEURS, *ensuite* SANCHETTE ET LÉOCADIE.

(*Les villageois et les jeunes filles accourent de tous côtés, et forment des danses au son des castagnettes, pendant le chœur suivant.*)
Venez, jeunes fillettes,
Venez, jeunes garçons,
Au son des castagnettes
Dansons, chantons, dansons.
Le plaisir nous appelle,
Quel jour heureux pour nous!
Nous chantons la plus belle,
Et le plus tendre époux.
Venez, jeunes fillettes, etc.
LES HOMMES, *à Philippe.*
Allons, allons, il faut partir.
PHILIPPE, *à part.*
Ah! quel tourment!
TOUS.
Ah! quel plaisir!
CHŒUR.
Venez, jeunes fillettes, etc.
SANCHETTE, *sortant de la maison de Crespo.*
Me voilà, je suis prête;
Eh bien! partons-nous pour la fête?
PHILIPPE.
Non.
SANCHETTE, *étourdie.*
Non! et pourquoi?
PHILIPPE, *avec colère.*
Pourquoi?.. pourquoi?
Ne m'interrogez pas; laissez-moi, laissez-moi.
LÉOCADIE, *sortant de la maison de Philippe.*
Eh bien! partons-nous pour la fête?
PHILIPPE.
Non.
LÉOCADIE, *étonnée.*
Non! et pourquoi?
PHILIPPE, *avec un mouvement de fureur.*
Pourquoi?.. pourquoi?..
LÉOCADIE.
Mon frère!..
PHILIPPE, *hors de lui.*
Laissez-moi.
LÉOCADIE, *à part.*
Il me glace d'effroi.

ENSEMBLE.

PHILIPPE, *à part.*
Plus d'avenir, plus d'espérance!
Ce jour détruit tout mon bonheur.
Eh! comment garder le silence,
Quand l'enfer déchire mon cœur!
CRESPO, *bas, à Philippe.*
A tous les yeux, avec prudence,
Cache ton trouble et ta douleur,
Et songe à garder le silence,
Pour sauver l'honneur de ta sœur.
LÉOCADIE, SANCHETTE, CHŒUR.
Dans tous ses traits quelle souffrance!
Dans ses regards quelle fureur!
Je crains de rompre le silence
Et de connaître { mon / son } malheur.
SANCHETTE, *désolée.*
Je n'y tiens plus, c'est une horreur!
Que veut dire un pareil mystère?
PHILIPPE.
Qu'il n'est plus d'hymen entre nous.
SANCHETTE.
Plus d'hymen.
TOUS.
Plus d'hymen!
LÉOCADIE, *courant à son frère.*
Qu'entends-je? eh quoi! mon frère...
PHILIPPE, *la repoussant.*
Laissez-moi; craignez mon courroux!

ENSEMBLE.

PHILIPPE, *à part.*
Plus d'avenir, plus d'espérance!
Ce jour détruit tout mon bonheur.
Eh! comment garder le silence,
Quand l'enfer déchire mon cœur!

CRESPO, *bas, à Philippe.*
A tous les yeux, avec prudence,
Cache ton trouble et ta douleur ;
Et songe à garder le silence,
Pour sauver l'honneur de ta sœur.
SANCHETTE, *à part.*
Ah ! je perds enfin patience !
Pourquoi son trouble et sa fureur ?
Eh quoi ! n'est-il plus d'espérance ?
Faut-il renoncer au bonheur ?
LÉOCADIE, *à part.*
Dans tous ses traits quelle souffrance !
Pourquoi son trouble et sa fureur ?
Pour lui s'il n'est plus d'espérance,
Ses peines doublent mon malheur.
LE CHŒUR.
Dans tous ses traits quelle souffrance !
Dans ses regards quelle fureur !
Pour lui n'est-il plus d'espérance?
Faut-il qu'il renonce au bonheur ?
(*Philippe, entraîné par Crespo, s'élance dans sa maison ; Sanchette se jette dans les bras de Léocadie, tandis que les villageois s'empressent autour d'elle.*)

ACTE DEUXIÈME.

Le théâtre représente l'intérieur de la maison de Philippe. Porte à droite et à gauche ; au fond une porte et trois grandes croisées fermées par des rideaux. A droite, une table et deux chaises.

SCÈNE PREMIÈRE.

(*Au lever du rideau, Léocadie est assise et plongée dans ses réflexions : on frappe à la porte extérieure, elle se lève et va ouvrir.*)

LÉOCADIE, DON CARLOS.

LÉOCADIE. Quoi ! Monseigneur, c'est vous que nous recevons dans notre chaumière ! Que dira Philippe, quand il saura que son colonel a daigné venir chez lui ?

DON CARLOS. Il ne me doit aucune reconnaissance ; j'ai besoin de lui parler.

LÉOCADIE. Depuis deux heures il n'est pas rentré, et j'ignore où il est allé ; mais je cours m'informer...

DON CARLOS, *la retenant.* Restez, Léocadie, vous pouvez m'instruire aussi bien que lui de ce que je veux savoir. Est-il vrai que le mariage de votre frère soit rompu ?

LÉOCADIE. Oui, Monseigneur.

DON CARLOS. Et pour quelle raison ?

LÉOCADIE. Je ne sais ; ni lui ni le seigneur Crespo n'ont voulu nous le dire ; mais Philippe était dans une fureur que ma vue et mes prières semblaient augmenter encore. Alors je n'ai pas osé insister, et je me suis retirée ici avec Sanchette, que j'essaye en vain de consoler.

DON CARLOS. C'est son oncle, c'est Crespo qui est cause de tout. Depuis qu'il est alcade de ce village, il a pour sa nièce des prétentions et des idées de fortune.. Si ce n'est que cela, j'espère rétablir entre eux la bonne intelligence, et je veux maintenant que ce mariage ait lieu en même temps que celui de ma sœur.

LÉOCADIE. Quoi ! Monseigneur, vous daigneriez?.. vous voulez que tout le monde ici vous doive son bonheur !

DON CARLOS. Il n'y a que vous, Léocadie, qui ne vouliez rien me devoir. D'où vient cette tristesse continuelle ? quelle est la cause de vos peines ? car vous en avez.

LÉOCADIE. Moi, Monseigneur ?

DON CARLOS. Oui, et vous craignez de les confier à mon amitié ; ne suis-je pas le protecteur de votre frère, le vôtre ?

LÉOCADIE. Je connais l'excès de vos bontés, mais elles ne peuvent rien ici.

DON CARLOS, *gaiement.* Peut-être : qu'en savez-vous ? tout peut arriver. Il est des idées qu'autrefois je regardais comme impossibles à réaliser ; et depuis ce matin je commence à y croire aussi, Léocadie ; j'attends ma sœur pour lui faire part...

LÉOCADIE. Et de quoi ?

DON CARLOS, *se reprenant.* Rien... nous en parlerons plus tard ; mais j'espère qu'aujourd'hui, pour le mariage de ma sœur et de Fernand, nous vous verrons au château.

LÉOCADIE. Non, Monseigneur

DON CARLOS. Que me dites-vous ?

DUO.

LÉOCADIE.
Dans une douce ivresse,
Des dons de la richesse
Vos jours vont s'embellir.
Moi, dans cet humble asile,
Vivre obscure et tranquille,
C'est là mon seul désir.
DON CARLOS.
Quoi ! tels sont vos souhaits ?
LÉOCADIE.
Je n'en forme point d'autres.
DON CARLOS.
Moi, j'ai bien mes projets,
Mais plus doux que les vôtres ;
Je les confie à votre foi.
Écoutez-moi.

(*Reprise du premier motif.*)
Dans une douce ivresse,
Je veux par la tendresse
Voir mes jours s'embellir !
Près d'une épouse chère
Passer ma vie entière,
C'est là mon seul désir.
LÉOCADIE, *à part, avec émotion.*
Dieu ! que dit-il ? ô trouble extrême !
DON CARLOS.
Oui, de mes vœux le seul objet
Est de trouver un cœur qui m'aime.
Mais gardez-moi bien le secret.

ENSEMBLE.

DON CARLOS, *à part, la regardant avec tendresse.*
Oui, d'espérance
Et de bonheur
Je sens d'avance
Battre mon cœur.
LÉOCADIE.
Quelle souffrance !
Ah ! pour mon cœur,
Plus d'espérance,
Plus de bonheur !
DON CARLOS, *avec joie.*
Adieu, j'ai bon espoir :
Bientôt je pourrai vous revoir.

ENSEMBLE.

DON CARLOS.
Oui, d'espérance
Et de bonheur
Je sens d'avance
Battre mon cœur.
LÉOCADIE.
Quelle souffrance !
Ah ! pour mon cœur,
Plus d'espérance,
Plus de bonheur !
(*Don Carlos sort par la porte du fond.*)

SCÈNE II.

LÉOCADIE, *seule, le suivant des yeux.* Qu'ai-je entendu ?.. Quand je pense à ses projets, à ses plans de bonheur... il se pourrait !.. lui !.. don Carlos ! Non, non, éloignons de pareilles idées. Il est des rêves auxquels il n'est pas même permis de s'arrêter.

SCENE III.

LÉOCADIE, PHILIPPE, *arrivant du côté opposé à la sortie de don Carlos.*

LÉOCADIE. Ah! te voilà, mon frère! tu nous as bien inquiétés : où étais-tu donc?

PHILIPPE. Que t'importe? laisse-moi. (*Il ôte son chapeau et son sabre et les suspend à la muraille.*)

LÉOCADIE. C'est qu'en ton absence Monseigneur est venu; il avait appris la rupture de ton mariage.

PHILIPPE. Ah! il avait appris...

LÉOCADIE. Mon Dieu! ne te fâche pas; il voulait te parler à ce sujet; mais il est allé trouver le seigneur Crespo, l'alcade, et il espère le déterminer...

PHILIPPE, *avec une colère concentrée.* Il n'y réussira pas... Je remercie Monseigneur de me continuer ses bontés; mais Crespo me refuse sa nièce; et il fait bien, il a raison.

LÉOCADIE. Que dis-tu? et pour quel motif?

DUO.

PHILIPPE, *d'un air sombre*
Tu le demandes!.. toi!
    LÉOCADIE, *effrayée.*
           Mon frère!
Ne me regarde pas ainsi.
    PHILIPPE.
Tu le demandes! toi!
    LÉOCADIE, *plus effrayée.*
           Mon frère!
    PHILIPPE.
Toi qui m'as ravi
Le seul bien que laissa mon père!
    LÉOCADIE.
Que dis-tu?
    PHILIPPE.
    Je sais tout!
    LÉOCADIE.
           O ciel!
Je suis trahie!
    PHILIPPE.
Ne tremble pas, ne crains rien pour ta vie;
J'ai fait de l'épargner le serment solennel.
    LÉOCADIE.
Ah! par pitié!
    PHILIPPE.
Je ne veux rien entendre,
Rien qu'un seul mot; son nom?
    LÉOCADIE.
Ah! Philippe...
    PHILIPPE.
    Son nom?
Je veux l'apprendre.
    LÉOCADIE.
Rappelle la raison.
    PHILIPPE.
Ecoute-moi, Léocadie :
Tu m'as frappé d'un coup mortel,
Tu m'as couvert d'un opprobre éternel,
Tu m'as fait détester la vie!
Eh bien! je puis encor t'accorder mon pardon :
J'oublierai tout, dis-moi son nom.

ENSEMBLE.

PHILIPPE.
Oui, parle, et la vengeance
Va conduire mon bras.
    LÉOCADIE, *à part.*
Quelle horrible souffrance!
Je n'y survivrai pas.
    PHILIPPE.
Eh quoi! tu gardes le silence!
    LÉOCADIE.
Rien n'est égal à l'horreur de mon sort.
Mais j'en appelle à toi, mon juge,
Au ciel, mon unique refuge...
Ah! frappez-moi tous deux de mort,
Si la triste Léocadie
A mérité les maux dont elle est poursuivie!
(*La musique cesse peu à peu.*)

PHILIPPE. Parle, je t'écoute...

LÉOCADIE. Oui! toi seul peux m'entendre et nous venger.. Il y a quatre ans, tu partis pour l'armée; tu nous laissas près d'ici, dans le petit village de Riélos, dont le château avait appartenu à nos ancêtres. Un soir, funeste souvenir! c'était la veille du jour où ma tante me fut ravie; tremblante pour elle, privée de tout secours, je ne pensai ni à l'éloignement, ni à l'obscurité de la nuit; je m'enveloppai d'une mante, et seule, à pied, je courus à la ville voisine. Déjà j'en approchais, j'étais dans la grande prairie, auprès de cette chapelle que mon père avait fait élever pour remercier le ciel de notre naissance, lorsque j'entendis les pas d'une nombreuse cavalcade : c'étaient de jeunes seigneurs qui sortaient de la ville; leur désordre, leurs bruyants éclats de voix, tout me fit présumer qu'ils n'avaient pas leur raison. Je voulus me mettre à l'écart, afin de les éviter; mais en vain. Ils m'avaient aperçue, car ils s'écrièrent : « C'est elle, c'est la fugitive. » Ils courent sur mes traces, m'entourent; l'un d'eux me saisit, m'enlève dans ses bras...

PHILIPPE. Les lâches!

LÉOCADIE. La frayeur, le désespoir, m'avaient ôté l'usage de mes sens... mais, prête à quitter la vie, ma dernière pensée fut pour toi, mon frère, que j'appelais à mon secours...

PHILIPPE. O fureur!

LÉOCADIE. Et toi aussi, mon père, j'invoquais ton nom, je te suppliais de me protéger. Hélas! tu ne m'entendis pas!.. Et quand je revins à moi, cette nuit qui m'environnait encore, cette maison, cet appartement inconnus, tout m'apprit que la mort était désormais mon seul espoir! A genoux, j'implorais le trépas, lorsque soudain retentit à mon oreille un cri douloureux, un cri déchirant que je crois entendre encore : « Dieu! ce n'est pas elle!.. » et l'on s'élance hors de l'appartement.

PHILIPPE. O ciel! quel est ce nouveau mystère!..

LÉOCADIE. Restée seule et dans l'obscurité, je fais quelques pas, je me trouve près d'une croisée, je l'ouvre, et une faible lueur vient éclairer les lieux où j'étais; je regarde; l'or et la soie étincelaient de toutes parts. Je vois encore ces tableaux, ces tapisseries; oui, je les vois, je les reconnaîtrais. A côté de la cheminée brillait un médaillon attaché à une chaîne d'or; je ne sais quelle idée m'inspire, et me dit qu'un pareil indice peut un jour servir à me venger... Je m'en empare, je le cache dans mon sein, je cours à la croisée; des rideaux que j'y attache m'offrent un moyen de fuite. En ce moment j'entendais les pas de plusieurs personnes, je voyais briller les flambeaux; je m'élance, éperdue, hors de moi, craignant d'être poursuivie; une rue se présente, vingt autres se croisent. Errant, marchant au hasard, sans appui, sans abri, j'ignore ce que je devins dans cette nuit fatale; seulement je me rappelle que de loin j'aperçus le Tage. Enfin, m'écriai-je, voici un asile! et j'y courus. Sans doute mes forces me trahirent; car, au point du jour, je me trouvai hors de la ville, seule, étendue près du fleuve. Maintenant tu sais tout.

REPRISE DU DUO.

PHILIPPE.
Non, non, tu ne fus point coupable!
Pardonne un injuste soupçon;
Mais le sort fatal qui m'accable
Trouble mes sens et ma raison.
    LÉOCADIE.
O vous que j'implore à genoux,
Mon Dieu, mon Dieu, protégez-nous!

PHILIPPE, *la soutenant.* Léocadie, ma sœur nous ne nous quitterons plus, je n'existe maintenant que pour la vengeance; je connaîtrai ton ravisseur; quel qu'il soit, je le frapperai.

LÉOCADIE. Philippe! mon frère!

PHILIPPE. Oui, les peines, les fatigues, les dangers, rien

ne me coûtera pour le découvrir, et j'y parviendrai. Le moindre indice nous mène souvent à la vérité ; et ce médaillon dont tu parlais tout à l'heure, je veux le voir.
LÉOCADIE, *le défaisant de son cou.* Le voici ! Mais hélas ! il ne t'apprendra rien.
PHILIPPE. N'importe, donne. *(Ouvrant le médaillon.)* Que vois-je ? un portrait de femme !
LÉOCADIE. Oui, une femme jeune et belle.
PHILIPPE. Dont les traits me sont inconnus. Ainsi la fortune trahit encore mon espoir, et dérobe ma victime.
LÉOCADIE. On vient, c'est Monseigneur ! *(Elle cache le portrait.)*

SCENE IV.

LES PRÉCÉDENTS, DON CARLOS.

DON CARLOS. Ah ! te voilà, mon cher Philippe ; j'ai bien des nouvelles à t'annoncer, et j'ai voulu te les apprendre moi-même.
PHILIPPE. Je ne sais comment vous remercier de vos bontés, mon colonel ; mais vous me connaissez, et vous savez que depuis longtemps ma vie est à vous.
DON CARLOS. Tu me l'as trop bien prouvé, pour que je puisse l'ignorer. J'ai fait venir Crespo, l'alcade, qui a manqué me mettre en colère, quoique je n'en eusse guère envie !.. Croirais-tu qu'il n'a jamais voulu me dire pour quelle raison il te refusait sa nièce ?
PHILIPPE. C'est un honnête homme, mon colonel.
DON CARLOS. Oui, mais c'est un obstiné ; et il s'adressait mal, car j'avais décidé, moi, qu'il donnerait son consentement. Qui s'oppose à ce mariage ? lui ai-je dit ; le grade de Philippe ? je viens de le faire sous-lieutenant.
PHILIPPE, *avec joie.* Quoi, mon colonel !..
DON CARLOS. Il m'a sauvé la vie, et dès aujourd'hui je me charge de sa fortune. Enfin, d'un air embarrassé, il m'a répondu ; Philippe connaissait le motif de mon refus ; eh bien ! pourvu que tout reste entre nous deux, je donne mon consentement.
PHILIPPE. Comment ! il se pourrait !
DON CARLOS. C'est ce soir, à sept heures, que vous serez mariés. En attendant, Fernand, mon beau-frère, nous donne ce matin une fête charmante sur les bords du Tage ; le fleuve est couvert de barques et de gondoles préparées par ses ordres ; mais il a manqué me chercher querelle quand il a appris que la cérémonie était retardée de quelques heures ; il est vrai que j'avais bien mes intentions. Tu ne sais pas... Je vais peut-être aussi me marier.
PHILIPPE. Vous, colonel ?
LÉOCADIE, *à part.* O ciel !..
DON CARLOS. Oui ; j'ai été de trop bonne heure maître de moi-même et de ma fortune. Dans ma première jeunesse, j'ai été l'esclave d'abord de mes passions, plus tard de celles des autres. Des idées de grandeur ou d'ambition ont occupé tous mes instants. Mais aujourd'hui, désabusé du monde, je ne veux plus vivre que pour moi-même et pour mes amis. Voilà longtemps que je suis riche, je voudrais me retirer au sein de cette retraite, auprès d'une épouse aimable, qui m'apportât en dot non une fortune dont je n'ai que faire, mais des qualités plus nécessaires à mon bonheur. Eh bien ! Philippe, cette compagne de mon choix, je l'ai enfin trouvée : douce, jeune, aimante, et de plus d'une noble famille. Ma sœur pouvait seule peut-être blâmer un pareil projet ; je lui en ai fait part ; et ce n'est pas, m'a-t-elle dit, quand je viens d'assurer son bonheur et celui de Fernand, qu'elle voudrait s'opposer au mien. Je puis donc épouser celle que j'aime.
PHILIPPE. Que dites-vous ?
DON CARLOS. Je viens te demander ta sœur en mariage. Veux-tu me la donner ?

MORCEAU D'ENSEMBLE.

LÉOCADIE.
Grand Dieu !

PHILIPPE.
Malheureux que je suis !
(A Carlos.)
Si vous saviez quel destin est le nôtre ?
Accablez-moi de vos mépris...
(Se jetant à genoux.)
Mon colonel, je ne le puis !

DON CARLOS.
O ciel !
(Froidement.)
Je te comprends, ta sœur en aime un autre !

LÉOCADIE.
Moi ! jamais ; et pourtant la fortune jalouse
M'interdit pour toujours le nom de votre épouse.

DON CARLOS.
Parlez. Il faut me découvrir
Ce secret, dussé-je en mourir.

LÉOCADIE.
Je ne le puis...

SCENE V.

LES PRÉCÉDENTS, SANCHETTE.

SANCHETTE.
Ah ! quel dommage !
Ah ! quel malheur pour ses parents !

PHILIPPE.
Mais c'est Sanchette que j'entends !

SANCHETTE.
Ça fait un bruit dans le village :
C'est le jour aux événements...

PHILIPPE.
Qu'avez-vous donc ?

SANCHETTE.
Au bord du Tage..
Ce petit Paul... ce bel enfant...

LÉOCADIE, *courant à elle et retenue par Philippe, qui est caché entre Sanchette et Léocadie.*
Ah ! tu me glaces d'épouvante !
Parle vite, quel accident...

SANCHETTE.
Dans une gondole élégante,
De loin il aperçoit Fernand
Qui lui tendait les bras... Hélas ! le pauvre enfant
Vers lui s'élance... et l'onde mugissante
L'engloutit à l'instant.

LÉOCADIE, *poussant un cri.*
Mon fils !..

SANCHETTE ET DON CARLOS.
Dieu ! que dit-elle ?

PHILIPPE, *la retenant.*
Imprudente !

LÉOCADIE.
Mon fils !.. je veux le voir ou mourir avec lui.
(Elle sort en courant, Sanchette la suit.)

SCENE VI.

PHILIPPE, DON CARLOS.

DON CARLOS.
Je connais donc ce funeste mystère !

ENSEMBLE.

PHILIPPE.
La honte, la colère,
Le regret, la douleur,
S'emparent de mon cœur.
Fatale découverte,
Mystère plein d'horreur,
Qui consomme sa perte
Et qui fait mon malheur !

DON CARLOS.
La honte, la colère,
Le regret, la douleur,
S'emparent de mon cœur.
Fatale découverte,
Mystère plein d'horreur,
Qui consomme sa perte
Et qui fait mon malheur !
PHILIPPE.
Vous connaissez ma destinée,
Pour moi plus d'hyménée ;
Avec elle, et loin de ces lieux,
Je vais cacher ma honte à tous les yeux.
ENSEMBLE.)
PHILIPPE.
La honte, la colère,
Le regret, la douleur, etc.
DON CARLOS.
La honte, la colère,
Le regret, la douleur, etc.
(*Philippe sort.*)

SCÈNE VII.

DON CARLOS, *à droite du spectateur, absorbé dans ses réflexions* ; FERNAND, DEUX PAYSANS, *puis* CRESPO.

FERNAND, *aux paysans.* C'est bien, mes amis ; attendez-moi un instant. (*Apercevant don Carlos.*) Eh bien ! Carlos, qu'est-ce que tu fais donc là ? on te demande de tous les côtés. (*A Crespo qui entre.*) Seigneur Crespo, je suis à vous ; j'ai à vous parler. (*Aux paysans.*) Tenez, voilà pour boire à ma santé, (*A l'un d'eux.*) et de plus, je te promets de te servir le jour de tes noces.
CRESPO. A qui on avez-vous donc ?
FERNAND. C'est un de ces villageois qui m'a servi de valet de chambre, et qui m'a aidé à changer d'habit, car j'étais dans un état...
CRESPO. D'où sortez-vous donc ?
FERNAND. Parbleu ! de la rivière ; au moment où j'ai vu tomber ce pauvre petit garçon, je me suis jeté après lui, et je l'ai ramené en un instant.
CRESPO. Il y a donc eu un accident ?
FERNAND. Vous ne savez donc rien, vous magistrat chargé de veiller à la sûreté publique ? Et ma future, cette chère Amélie, a eu une peur !.. Mais pas le moindre danger ; mon jeune page se porte mieux qu'avant, et moi aussi ; je suis même chargé d'avoir été faire aux nymphes du Tage ma visite de noce. (*A Carlos.*) Ah çà ! mon ami, partons-nous ? Tout est prêt pour la cérémonie, et l'on nous attend.
DON CARLOS, *d'un air distrait.* Y penses-tu ? il n'est pas encore temps : c'est ce soir à sept heures.
FERNAND. Oui, tu l'avais commandé ainsi ; mais j'ai donné contre-ordre. Mon ami, je n'aurais jamais pu attendre jusque-là, c'était impossible. (*L'entraînant.*) Ainsi, viens vite. Eh mais ! qu'as-tu donc ? tu es pâle, agité ; te voilà comme ta sœur était tout à l'heure, au moment de mon expédition navale.
DON CARLOS. Moi ! mon ami, non, tu t'abuses.
FERNAND. Si vraiment, tu as quelque chose, Carlos ; mon ami, mon frère, est-il quelque chagrin, quelque danger qui te menace ? faut-il y courir ? faut-il donner mes jours pour toi ? réponds, de grâce. (*Voyant qu'il se tait.*) Hein ! ce n'est pas assez !.. faut-il plus encore ?.. faut-il retarder mon mariage jusqu'à demain ?.. parle, je suis capable de tout...
DON CARLOS, *faisant un effort sur lui-même.* Non, mon ami, non : je n'exige rien ! Sortons d'ici ; allons trouver ma sœur : j'ai besoin d'être auprès de vous, j'ai besoin de voir des gens heureux.
FERNAND. Eh bien ! alors tu peux me regarder ; je ne cache pas mon bonheur, j'en parle à tout le monde. (*L'emmenant.*) Viens, partons.

CRESPO, *le retenant.* Eh bien ! . seigneur Fernand, qu'aviez-vous donc à me dire ? moi qui vous attends.
FERNAND. C'est, ma foi, vrai ; je l'oubliais. (*A Carlos, qui est sorti par la porte du fond.*) Mon ami, va toujours, je te rejoins dans l'instant. (*A Crespo.*) Vous êtes-vous occupé du bal et du souper ?
CRESPO. Oui, sans doute, dans la grande salle du château...
FERNAND. C'est bien ; mais ce n'est plus ça : il y a aussi un contre-ordre. Après la cérémonie, nous nous rendons tous à la ville ; mais auparavant je veux donner ici, aux jeunes filles du village, la dot que je leur ai promise : les en avez-vous prévenues ?
CRESPO. Oui, sans doute. De plus, nous aurons ici, sur la pelouse, les tables et la danse champêtre ; et si vous vouliez voir le programme d'aujourd'hui ..
FERNAND, *sans l'écouter.* Demain, demain. Du reste, je m'en rapporte à vous. Adieu, mon ami, je vais me marier. (*Il sort en courant.*)

SCÈNE VIII.

CRESPO, *puis* PHILIPPE.

CRESPO, *le regardant sortir.* Quelle tête ! quelle tête. Il est bien heureux d'être capitaine, car s'il avait fallu qu'il fût alcade... Eh ! c'est Philippe ; comme il a l'air soucieux !
PHILIPPE, *à part, d'un air rêveur.* Pauvre Léocadie !.. en revoyant son enfant, la joie, l'émotion... j'ai cru qu'elle allait s'évanouir ; et pendant qu'on s'empressait de lui porter des secours, je me suis hâté de dérober à tous les yeux... (*Montrant le médaillon et la chaîne qu'il tient à la main.*) C'est bien, seigneur Crespo.
CRESPO. Oui, mon cher Philippe ; Monseigneur vous a fait part, sans doute, de mes nouvelles intentions...
PHILIPPE, *d'un air triste, et lui donnant la main.* Oui, je vous remercie, Crespo.
CRESPO, *regardant la chaîne que tient Philippe.* Ah ! ah ! vous avez repris à Sanchette la chaîne d'or que le seigneur Fernand lui avait donnée ce matin. Vous avez bien fait, ce n'était pas convenable.
PHILIPPE. Quelle chaîne d'or ?
CRESPO. Celle que vous tenez à la main.
PHILIPPE. Non, celle-ci n'appartient point au seigneur Fernand.
CRESPO. C'est singulier, on dirait qu'elles ont été faites en même temps, car elles se ressemblent exactement.
PHILIPPE. Hein ! que dites-vous ? (*La regardant.*) Il me semble en effet... Quel étonnant rapport !.. Dites-moi, Crespo, vous qui avez été souvent dans les châteaux voisins, et qui connaissez mieux que moi tous les habitants des environs, auriez-vous quelque idée de cette figure-là, et de la personne à qui ce portrait pourrait appartenir ?
CRESPO. Vous l'avez donc trouvé ?
PHILIPPE. Oui, précisément.
CRESPO. Attendez, attendez. (*Regardant.*) Eh ! parbleu ! qu'est-ce que je disais tout à l'heure ? cet étourdi-là n'en fait jamais d'autres ! (*Lui rendant le portrait.*) C'est au seigneur Fernand.
PHILIPPE. Que dites-vous là ?
CRESPO. C'est le portrait de sa future, de la comtesse Amélie.
PHILIPPE, *tremblant de colère.* Vous en êtes bien sûr ?
CRESPO. Parbleu ! je viens de la voir encore il n'y a qu'une demi-heure. C'est moi qui, à la tête du village, lui ai débité la harangue de rigueur. Vous pouvez aisément vous convaincre par vous-même ; le portrait est fort ressemblant...
PHILIPPE. Ce portrait ! Fernand !
CRESPO, *en riant.* Eh !.. sans doute ; il y a longtemps

Sans doute mes forces me trahirent... — Acte 2, scène 3.

qu'ils s'aimaient, et la comtesse lui avait donné ce portrait bien avant que leur union fût décidée.

PHILIPPE. En effet, il nous a dit ce matin que la comtesse lui avait donné son portrait il y a quatre ans. (*Avec fureur.*) Quatre ans!.. c'est cela... j'y suis enfin.

CRESPO. Eh bien! qu'avez-vous donc? vous voilà comme un furieux!

PHILIPPE, *sans l'écouter*. Que je suis heureux! il est temps encore! Oui, c'est ce soir, le colonel me l'a dit, ce soir à sept heures, que leur union doit avoir lieu. Je cours trouver don Carlos, Amélie elle-même; ils jugeront entre nous. Après tout, ma sœur est noble, et d'une naissance égale à la sienne. Allons, calmons ma colère. N'allons pas tout compromettre par un éclat; rien n'est désespéré, tant que Fernand peut épouser ma sœur.

SCÈNE IX.

LES PRÉCÉDENTS; SANCHETTE.

SANCHETTE, *accourant*. Que c'était beau! la belle cérémonie! ils sont mariés.

FINAL.

PHILIPPE.
Que dit-elle?
CRESPO.
D'où viens-tu donc?
SANCHETTE.
De la chapelle,
Où l'on célèbre en ce moment
Le mariage de Fernand!
PHILIPPE.
Fernand!
SANCHETTE.
Lui-même!
Il épouse celle qu'il aime!
PHILIPPE.
Ils sont unis!
SANCHETTE.
Et pour jamais.
Quel bonheur brille dans leurs traits!
PHILIPPE, *à part*.
C'en est donc fait, plus d'espérance!
Je n'en ai plus qu'en ma vengeance!
SANCHETTE.
Vous vous plaignez de leur bonheur!

LÉOCADIE. Non, non, éloignez-vous! — Acte 3, scène 2.

PHILIPPE.
Oui, oui, l'enfer est dans mon cœur.
SANCHETTE.
Quels sentiments sont donc les vôtres!
Monsieur, si nous ne pouvons pas
Nous marier, faut-il, hélas!
Vouloir en empêcher les autres?
PHILIPPE, *à part, sans l'écouter.*
C'est fini, je ne crains plus rien.
Oui, son trépas ou le mien.
SANCHETTE. *remontant le théâtre.*
Entendez-vous? l'écho répète
    Les sons de la musette
    Et ceux du violon.
Voyez d'ici sur le gazon
Se former les jeux et la danse;
Hélas! sans moi le bal commence!

(*Elle pousse les trois grandes croisées du fond, et l'on aperçoit le tableau d'une fête de village; d'un côté, l'orchestre, les ménétriers et la danse, de l'autre, un jeu de bague, et des tables où plusieurs villageois sont occupés à boire, et portent la santé de Fernand.*)

ENSEMBLE.
PHILIPPE, *à part.*
O fureur! ô vengeance!
Je punirai le ravisseur!
Sa mort est la seule espérance
Qui puisse consoler mon cœur.

CHŒUR.
Ah! quel beau jour pour lui commence!
De Fernand chantons le bonheur.
Oui, de cette heureuse alliance
Rien ne peut troubler la douceur.

SCENE X.

LES PRÉCÉDENTS; DON CARLOS, FERNAND.

(*Plusieurs personnes de la noce; tous les paysans s'empressent autour d'elle, et agitent en l'air leurs chapeaux*)
    Vive Fernand!
FERNAND.
    Ah! quelle ivresse?

Elle est ma femme, elle est à moi.
(*A don Carlos, lui serrant la main.*)
Carlos, quel bonheur je te doi!
(*Aux paysans qui l'entourent.*)
Redoublez vos chants d'allégresse ;
Mes amis, disposez de mon bien!
(*Leur jetant plusieurs bourses.*)
Tenez, prenez, n'épargnez rien :
Il me reste une autre richesse ;
Elle est ma femme, elle est à moi.

SANCHETTE, *essuyant une larme, et le regardant en souriant.*
Dans quelle ivresse je le voi!

FERNAND.
Ce soir, amis, vous viendrez à la ville ;
Votre présence est fort utile,
Pour le bal et pour le repas.

DON CARLOS.
Comment! c'est à la ville?

FERNAND.
Oh! ne réplique pas,
Car ma femme le veut, et je pars de ce pas.

PHILIPPE, *à part.*
Qu'ai-je entendu? c'est ce soir à la ville!
Il suffit, je suivrai ses pas,
Fernand, tu m'y retrouveras.

ENSEMBLE.
LE CHOEUR, SANCHETTE, CRESPO.
Ah! quel beau jour pour lui commence!
De Fernand chantons le bonheur.
Oui, de cette heureuse alliance
Rien ne peut troubler la douceur.

PHILIPPE.
O fureur! ô vengeance!
Je perdrai le ravisseur ;
Sa mort est la seule espérance
Qui puisse consoler mon cœur.

DON CARLOS.
Ah! rien n'égale ma souffrance ;
Pour moi, non, jamais de bonheur.
(*Montrant Fernand.*)
Qu'il soit heureux! cette espérance
Peut seule consoler mon cœur.

FERNAND.
Ah! quel beau jour pour moi commence!
Ivre d'amour et de bonheur,
Oui, de cette heureuse alliance
Rien ne peut troubler la douceur.

(*Ils sortent tous ; Philippe prend son chapeau et son sabre, qui étaient attachés à la muraille, et sort le dernier.*)

ACTE TROISIÈME.

Le théâtre représente un riche appartement de l'hôtel de don Carlos ; il est orné de tableaux. A gauche, une cheminée ; au fond, des croisées donnant sur des jardins.

SCÈNE PREMIÈRE.

SANCHETTE, *seule et parlant à la cantonade.* Non, Monsieur, non, je ne veux pas danser. Ah! mon Dieu! quel bruit, quel tapage! Mon oncle Crespo, qui est le majordome général, ne sait plus lui-même où donner de la tête. Dieu! que c'est beau, une noce de grand seigneur! C'était à qui m'inviterait. Ah bien oui! j'ai bien le cœur à cela! Moi qui devais me marier aujourd'hui, dire que je suis à une noce, et que ce n'est pas la mienne!

COUPLETS.

Je viens de voir notre comtesse
Ouvrant le bal en ce moment ;
Dans ses atours que de richesse,
Que son regard est séduisant!
Par le bonheur elle était embellie ;
Ah! ce n'est pas que je lui porte envie,
Mais, mais
Tout bas je me disais :
Voilà pourtant comm' je serais.

DEUXIÈME COUPLET.

La jeune épouse, aimable et belle,
Baissait les yeux en rougissant ;
Car son époux, toujours près d'elle,
Serrait ses mains bien tendrement :
Qu'elle semblait et confuse et ravie!
Ah! ce n'est pas que je lui porte envie ;
Mais, mais
Tout bas je me disais :
Voilà pourtant comm' je serais.

Mais je ne dois pas y penser ; tout est rompu avec Philippe. Il a dit à mon oncle qu'il partirait, qu'il quitterait le pays. Hélas! je sens bien maintenant qu'il le faut ; mais n'avoir pas pu lui faire mes adieux, voilà ce qui me désole le plus. (*Elle voit ouvrir la porte à droite.*) Ah! mon Dieu! je ne me trompe pas! c'est lui-même.

SCÈNE II.

SANCHETTE, PHILIPPE.

(*Philippe est en négligé de voyage, le chapeau militaire et sans armes ; il regarde de tous côtés d'un air inquiet ; sa physionomie est pâle et abattue.*)

SANCHETTE, *courant à lui.* Mon cher Philippe!

PHILIPPE, *surpris.* Ah! c'est vous, Sanchette!

SANCHETTE. Que je suis contente de vous revoir! Qui vous amène ici?

PHILIPPE, *d'un air distrait.* Je pars, je me suis éloigné de ma sœur sans la prévenir ; mais avant de quitter le pays, j'ai voulu...

SANCHETTE, *vivement.* Me dire adieu. Ah! que c'est aimable à vous!

PHILIPPE, *de même.* Oui, oui, Sanchette, te dire adieu ; et en même temps je voulais... J'ai d'anciens comptes à régler avec mon capitaine. Il est ici, n'est-ce pas?

SANCHETTE. Oui, sans doute.

PHILIPPE. Cet hôtel lui appartient?

SANCHETTE. C'est-à-dire qu'il était à don Carlos, qui en a fait cadeau à sa sœur ; et il a aussi bien fait, car il ne l'habitait pas, il n'y venait jamais ; il semblait même avoir cette maison en haine. Conçoit-on cela? une habitation magnifique! (*Voyant Philippe qui regarde de tous côtés.*) Eh! mais, que voulez-vous donc?

PHILIPPE. Dites-moi : ne pourrai-je pas lui parler un moment en secret?

SANCHETTE. A qui?

PHILIPPE. Au capitaine.

SANCHETTE. Lui? le marié? impossible. Ils sont à table avec tous leurs amis ; et puis il ne quitte pas sa femme d'une minute.

PHILIPPE. Sa femme?

SANCHETTE. Croyez-moi, il vaut mieux attendre à demain...

PHILIPPE, *avec force.* Attendre! pas un jour, pas une heure! Ne faut-il pas que je parte!

SANCHETTE. Allons, Philippe, calmez-vous, et surtout n'ayez pas cet air sombre et malheureux ; vous me faites presque peur. Je sais bien que ce n'est pas gai de se quitter ainsi ; mais, parce qu'on est triste, ça n'empêche pas d'être aimable avec les gens. Moi, d'abord, je vous promets de ne jamais en épouser un autre, de penser toujours à vous, et... Eh bien! vous ne m'écoutez pas?

PHILIPPE. Si, si fait. Mais puisqu'il est impossible de parler à Fernand, pourriez-vous au moins lui remettre un billet?

SANCHETTE. Pour cela, je le crois.

PHILIPPE, *s'approchant de la table.* Eh bien! attendez.
(*On appelle en dehors.*) Sanchette! Sanchette!

SANCHETTE. Eh! mon Dieu! l'on me cherche. Je crois entendre la voix de mon oncle.
PHILIPPE. Allez vite, je ne veux pas qu'il me voie. Où pourrai-je vous retrouver?
SANCHETTE. Dans le jardin, près de la grille.
PHILIPPE. J'y serai dans quelques minutes. (*Sanchette sort par le fond.*)

SCENE III.

PHILIPPE, *seul*. Au fait, quelle imprudence j'allais commettre! le défier chez lui, au milieu de sa famille! Et puis, oser provoquer mon supérieur! j'aurais été saisi, arrêté. Ecrivons, cela vaut mieux. Oui, en lui demandant raison d'une insulte mortelle... je le connais, il est brave, il y viendra. Impossible, d'ailleurs, qu'il soupçonne quel est son adversaire. (*Il se met à table et parle en écrivant.*)

RÉCITATIF.

Seul, sans témoins, la nuit,
Dans le bois d'orangers où j'ai caché mes armes.
(*On entend en dehors un air de danse.*)
De l'orchestre et du bal j'entends d'ici le bruit.
Du plaisir ils goûtent les charmes;
Je vais en cris de deuil changer ces chants joyeux.
(*Achevant d'écrire.*)
Oui! oui! la mort de l'un des deux,
La mort!
(*Il se lève.*)

AIR.

Et Carlos est mon bienfaiteur!
Je vais, dans ma rage cruelle,
Lui ravir un ami fidèle,
Lui ravir l'époux de sa sœur,
Non, non, non l'époux de sa sœur,
Mais le ravisseur de la mienne!
Ce mot seul ranime ma haine
Et me rend toute ma fureur.

On vient. Allons retrouver Sanche .le, et chargeons-la de remettre ce cartel. (*Il sort par la porte à gauche, sur la ritournelle de l'air de danse que l'on entend toujours.*)

SCENE IV.

DON CARLOS, FERNAND, *entrant par le fond*.

FERNAND. Je te trouve enfin; j'ai cru que je ne pourrais jamais te rejoindre, depuis un quart d'heure que je suis à ta poursuite. Le difficile était de se frayer un passage à travers la foule des danseurs ou des convives. Que de saluts, que de compliments! Dieu! qu'on a d'amis quand on se marie! Et des lettres de félicitations! (*En tirant un paquet de sa poche.*) Tiens, rien que d'aujourd'hui. Je n'aurai jamais le temps de lire tout cela. Si tu voulais t'en charger?
DON CARLOS, *prenant les lettres*. Volontiers.
FERNAND, *le retenant*. Oh! je te tiens, tu ne m'échapperas pas; et nous allons avoir une explication sérieuse. Oui, mon ami, je ne suis pas content de toi. Dans un jour de joie et de bonheur, d'où vient ce front soucieux et cet air de mélancolie? enfin, tout à l'heure, quand j'ai chanté mes couplets, moi, je ne peux pas en juger, mais je m'en rapporte à ma femme, elle les trouve charmants; tout le monde les a applaudis, excepté toi. Cependant, si on ne se soutient pas entre parents... Qu'est-ce que c'est donc que cette conduite-là, beau-frère?
DON CARLOS, *d'un air rêveur*. Je ne sais, ma sœur a voulu que sa noce fût célébrée dans ces lieux...
FERNAND. Un séjour magnifique, que nous devons à ta générosité! Mais, dis-moi donc pourquoi tu l'avais abandonné : nous y faisions autrefois des soupers délicieux; et depuis trois ou quatre ans, je n'ai pas idée que tu nous y aies invités une seule fois.
DON CARLOS, *avec trouble*. Fernand!
FERNAND. Oui, vraiment, il y a quatre ans; je me rappelle très-bien la dernière fois que nous y sommes venus; à telles enseignes qu'un de nous était brouillé avec sa maîtresse... Et parbleu, c'était toi! Je vois encore Pédrille, ton valet, qui, au dessert, vient nous annoncer que, dans son désespoir, la signora Bianca était sortie de la ville, seule, à pied, pour aller, disait-elle, se jeter dans le Tage. Quoique persuadé qu'il n'en serait rien : A cheval, m'écriai-je, et courons sur ses traces; car, malgré la nuit qui était noire en diable, c'est moi qui de loin l'ai aperçue le premier.
DON CARLOS, *très-ému*. Fernand, tais-toi; tais-toi, au nom du ciel!
FERNAND, *étonné*. Eh mais! qu'as-tu donc!
DON CARLOS. Rien; n'en parlons plus, je t'en prie; rentre au salon, car je suis sûr que ma sœur est inquiète de ton absence.
FERNAND. Vraiment? pauvre petite femme! C'est bien naturel! C'est comme moi : crois-tu que depuis qu'elle est ma femme, je l'aime dix fois plus qu'auparavant! Je n'y conçois rien, ça dérange tous les systèmes reçus. aussi je vais la retrouver; car, malgré mon mariage, j'ai toujours peur que quelque événement ne nous sépare! Mourir demain, ça me serait égal; mais aujourd'hui, vrai, ce serait désespérant. Hein! que nous veut Sanchette? et à qui en a-t-elle avec ses signes?

SCENE V.

LES PRÉCÉDENTS, SANCHETTE.

SANCHETTE, *de loin*. Monsieur! Monsieur!
FERNAND. Eh bien! avance donc.
SANCHETTE, *embarrassée*. C'est que... c'est que madame la comtesse vous demande, pour ce boléro.
FERNAND. Madame la comtesse? ah! ma femme. Dis donc ma femme, si tu veux que je t'entende. (*A Carlos.*) Mon ami, c'est ma femme qui me demande.
SANCHETTE, *le retenant*. Mais, un instant.
FERNAND. Je ne peux pas, puisque ma femme m'attend.
SANCHETTE. Ce sont des lettres que j'ai à vous remettre.
FERNAND. De quelle part?
SANCHETTE. Est-ce que je sais! ce sont des pétitions et réclamations de vos nouveaux fermiers. Et puis il y en a une d'un cavalier, que je ne connais pas, et qui est reparti sur-le-champ. (*Elle sort en courant*)
FERNAND, *prenant les lettres*. C'est ça, encore des compliments. (*A Carlos.*) Tiens, mon ami. (*Les lui donnant.*) mets ça avec les autres.
DON CARLOS. Donne, je t'épargnerai cet ennui.
FERNAND. Est-on heureux d'avoir un beau-frère! Ne te gêne pas; tantôt, ce soir, avant de te coucher, toi, tu as le temps. Adieu, mon ami, je vais trouver ma femme. (*Il sort par la porte du fond.*)

SCÈNE VI.

DON CARLOS, *seul*. Oui, leur bonheur me donnera le courage de supporter la perte de Léocadie, et d'éloigner de mon cœur un autre tourment plus affreux encore. (*Assis près de la table, il ouvre plusieurs lettres.*) Le comte d'Aranza, la duchesse Delmontès... Des compliments de grands seigneurs; rien ne presse. (*Il ouvre un autre billet.*) Qu'ai-je vu! juste ciel! (*Il regarde l'adresse.*) C'est bien pour lui : au capitaine Fernand d'Alveyro! (*Il lit à demi-voix.*) « Si vous n'êtes pas le

« plus lâche des hommes, vous vous rendrez, dans une
« demi-heure, à l'entrée du petit bois d'orangers, près
« du rempart ; vous y trouverez un homme que vous avez
« mortellement outragé ; je n'ai d'autres armes que mon
« sabre. Nous serons sans témoins ; c'est vous dire assez
« que la mort de l'un de nous peut seule terminer le
« combat!.. Je vous attends! » (*Il ferme le billet.*) Point
de signature. Fernand aurait un ennemi mortel! il ne
m'en a jamais parlé! Et ma sœur, ma pauvre Amélie,
qui n'existe, qui ne respire que pour son époux! et je
remettrais ce billet! Non, je m'en garderai bien. (*Relisant le billet.*) Seuls, sans témoins, au milieu de l'obscurité. Rien ne peut me trahir; je prendrai la place de
Fernand, je m'y rendrai. Aussi bien depuis le jour funeste que ces lieux me rappellent, je n'ai pas eu un seul
instant de repos. Mais le ciel est juste, et je n'échapperai
point au châtiment; car, je le sens, dans ce combat c'est
moi qui dois succomber. Je le disais tout à l'heure : cette
maison me sera fatale.

SCÈNE VII.
DON CARLOS, SANCHETTE.

SANCHETTE. Monseigneur, pardon de vous interrompre ;
on vient de me dire qu'une jeune fille de notre village
était en bas, et demandait à vous parler.
DON CARLOS, *préoccupé et brusquement.* Lui parler!
je ne puis, je ne puis dans ce moment : laissez-moi. (*A part.*) L'heure approche, allons, partons ; allons prendre
mes armes. (*Il sort par la porte à droite.*)

SCÈNE VIII.

SANCHETTE, *seule.* Qu'a-t-il donc? je ne le reconnais
pas, lui qui d'ordinaire accueille tout le monde avec tant
de bonté. Allons voir quelle est cette jeune fille. Ciel!
c'est Léocadie.

SCÈNE IX.

SANCHETTE, LÉOCADIE, *accourant par la porte
à gauche.*

SANCHETTE. Qui vous amène ici?
LÉOCADIE, *hors d'elle-même.* Philippe, où est-il? il y
va de ses jours. Il n'est venu en ces lieux que pour se
battre.
SANCHETTE. Grand Dieu! qui vous l'a dit?
LÉOCADIE. Un militaire, notre voisin. Philippe lui a confié son dessein, en le priant de veiller sur moi s'il succombait, et j'accours implorer le secours de don Carlos.
SANCHETTE. Il est sorti ; il ne peut vous recevoir.
LÉOCADIE. O ciel! que devenir!
SANCHETTE. Attendez, restez ici, je vais chercher mon
oncle l'alcade, lui seul peut nous donner un conseil.
LÉOCADIE, *la conduisant jusqu'à la porte du fond.* Va,
cours, c'est mon seul espoir; je t'attends. (*Elle se jette
sur un fauteuil qui est au fond de l'appartement; peu
à peu elle lève les yeux et regarde autour d'elle.*)

AIR.

O ciel! où suis-je ?
(*Elle s'arrête comme stupéfaite et glacée de terreur,
porte la main à ses yeux comme pour s'assurer de
ce qu'elle a vu, et regarde de nouveau.*)
Je ne m'abuse point! ce n'est pas un prestige!
Qui m'a ramenée en ces lieux ?
Je les revois! je les connais! grands dieux !

SCÈNE X.
LÉOCADIE, DON CARLOS.

DON CARLOS, *sortant du cabinet à droite, tenant à la
main un sabre qu'il pose sur la table. A part.*
En croirai-je mes yeux !
Léocadie! et quel trouble l'agite !
LÉOCADIE.
Dans quel piège m'a-t-on conduite?
(*Portant la main à son front.*)
On a juré ma perte, je le voi!
(*Apercevant don Carlos, qui s'est approché; elle pousse
un cri de joie et court à lui.*)
Carlos, Carlos! c'est vous, protégez-moi!
Je ne vous quitte pas. Daignez ici, par grâce,
Daignez être mon défenseur!
Guidez mes pas loin de ce lieu d'horreur!
DON CARLOS.
Qu'avez-vous donc? qui vous menace?
LÉOCADIE.
La honte, le déshonneur!
DON CARLOS.
Que dites-vous? quel souvenir funeste?
Ne vous abusez-vous pas?
LÉOCADIE.
Non, non! là, j'invoquai la justice céleste ;
Là, j'étais à ses pieds, implorant le trépas !
Et ce seul témoin qui me reste,
Ce médaillon dont ma main s'empara.
(*Montrant la cheminée.*)
Il était là!
DON CARLOS.
Grands dieux ! là, il se pourrait? Ah ! le remords m'accable.
LÉOCADIE, *éperdue.*
Ne l'entendez-vous pas? fuyons, éloignons-nous,
Et que le ciel vengeur frappe seul le coupable.
DON CARLOS.
Ah! ne le maudis pas ! il est à tes genoux.
LÉOCADIE, *avec terreur.*
O ciel! que dites-vous?
DON CARLOS.
Voyez son désespoir extrême ;
En horreur à lui-même,
Il attend son arrêt de vous
Désarmez la justice suprême,
En le nommant votre époux.
LÉOCADIE, *voulant fuir.*
Non! non!
DON CARLOS, *la retenant.*
Tu m'entendras!
LÉOCADIE, *avec effroi.*
Non, non, éloignez-vous.
DON CARLOS, *à ses pieds.*
Par mes remords, par ma souffrance,
Que mes forfaits soient expiés !
De ce ciel que j'invoque imite la clémence ;
Accorde le pardon que j'implore à tes pieds.

SCÈNE XI.
LES PRÉCÉDENTS, PHILIPPE.

PHILIPPE.
Dieu! que vois-je ?
DON CARLOS, *avec désespoir.*
Un coupable!
Que poursuit le remords, que le malheur accable ;
Que ton bras doit punir! Frappe!
PHILIPPE, *portant la main à son sabre.*
Que dites-vous?
LÉOCADIE, *courant à son frère.*
O ciel! que vas-tu faire? épargne mon époux!
PHILIPPE ET DON CARLOS.
Lui } son époux!
Moi

ENSEMBLE.
DON CARLOS ET LÉOCADIE.
Celui } que j'adore
Celle

Est là contre mon cœur.
Je ne puis croire encore
A tant de bonheur.
PHILIPPE.
Le ciel que j'implore
Enfin me rend l'honneur.
Je ne puis croire encore
A tant de bonheur,

SCENE XII.

Les précédents, FERNAND, SANCHETTE, CRESPO, TOUS LES GENS DE LA NOCE.

FERNAND.
Que faites-vous ici ? c'est la dernière ronde,
Le dernier fandango ! car après lui je veux
Renvoyer tout le monde.
Ces bons amis ! c'est ennuyeux,
Ils dansent tous avec ma femme.
DON CARLOS.
Ainsi que toi, Fernand, je suis heureux.

Le bonheur et la paix vont rentrer dans mon âme.
(*Lui montrant Léocadie.*)
C'est elle que j'épouse.
FERNAND.
O ciel ! il se pourrait !
DON CARLOS.
Demain, ma sœur et toi connaîtrez mon secret.
PHILIPPE, *à Sanchette.*
Nous aussi de l'hymen nous formerons la chaîne.
SANCHETTE.
Nous serons donc unis ; ah ! ce n'est pas sans peine.
FERNAND.
Ecoute ; quel bonheur ! ce sont
Nos amis qui s'en vont.

CHŒUR FINAL.

Vous qu'en ce jour l'hymen engage,
Goûtez le destin le plus doux ;
Chantons cet heureux mariage,
Célébrons ces heureux époux.

FIN DE LÉOCADIE.

LA MÉDECINE SANS MÉDECIN

OPÉRA-COMIQUE EN UN ACTE

Représenté, pour la première fois, à Paris, sur le théâtre royal de l'Opéra-Comique, le 15 octobre 1832.

EN SOCIÉTÉ AVEC M. BAYARD.

MUSIQUE DE M. HÉROLD.

Personnages.

M. DELAROCHE, négociant.
AGATHE, sa fille.
DARMENTIÈRES, médecin.

MISTRESS BERLINGTON.
LORD ARTHUR, son neveu.

La scène se passe à Paris, chez M. Delaroche.

Le théâtre représente l'arrière-boutique d'un magasin de soieries et de nouveautés ; un bureau à droite, porte de cabinet du même côté ; étalage d'étoffes dans le fond.

SCENE PREMIERE.

AGATHE, DELAROCHE.

(*Delaroche est à droite à son bureau, et feuillette un registre. Agathe est assise à gauche et travaille à une broderie.*)

INTRODUCTION.

DUO.

DELAROCHE, *avec désespoir, et regardant le registre.*
Oui, c'en est fait, plus d'espérance !
Mon malheur n'est que trop certain.
(*Montrant Agathe.*)
A ses yeux cachons ma souffrance ;
Pour moi seul gardons mon chagrin.
AGATHE, *chantant en travaillant.*
Jeune Tyrolienne,
On t'attend dans la plaine
Pour conduire la chaîne
Que ta voix guidera.
Ah ! ah ! ah ! ah !
A tes sons en cadence,
Va s'animer la danse ;
Par ta seule présence
Le plaisir reviendra.
Ah ! ah ! ah ! ah !
DELAROCHE, *de l'autre côté.*
Et je me trouve la victime
De ceux même que j'obligeais.

(*Frappant du poing sur le registre.*)
Ils m'ont entraîné dans l'abîme !
AGATHE, *levant la tête à ce bruit.*
Mon père !..
(*Le regardant.*)
Eh ! mais, dans tous vos traits
Quel trouble !..
DELAROCHE, *cherchant à se remettre.*
Moi ! je travaillais.
(*A part, la regardant.*)
Ma pauvre fille ! ah ! quel dommage !
Et moi qui rêvais son bonheur !
Ne lui laisser pour héritage
Que la honte et le déshonneur !
AGATHE, *qui s'est levée et s'est approchée de lui.*
Qu'avez-vous ?
DELAROCHE.
Je n'ai rien ; va, reprends ton ouvrage
Et ta chanson... tes chants me donnent du courage.
ENSEMBLE.
(*Tout en chantant, Agathe regarde toujours son père avec inquiétude.*)
AGATHE.
Jeune Tyrolienne,
On t'attend dans la plaine, etc.
DELAROCHE, *à part.*
Oui, c'en est fait, plus d'espérance !
Mon malheur, etc.

AGATHE. Vous avez beau dire, vous souffrez, vous êtes

malade; oh! vous me l'avez avoué hier, et d'ailleurs je le vois bien! Si vous consentiez à voir un médecin... un seul, mon papa.

DELAROCHE. A quoi bon?

AGATHE. Écoutez donc, un médecin! si ça ne fait pas de mal, ça ne peut pas faire de mal.

DELAROCHE. Ah! tu crois?

AGATHE. Dans Paris on peut choisir... il y en a tant!..

DELAROCHE, *souriant.* Il y en a trop.

AGATHE. Et voyons... pour avoir votre confiance... s'il était vieux?

DELAROCHE. Oui, un ami de la routine, un entêté qui aimerait mieux laisser partir son malade que de le sauver par des moyens à la mode!

AGATHE. Vous avez raison; ce n'est pas ce qu'il vous faut : mais un jeune docteur?

DELAROCHE. Encore... quelque étourdi qui se jette à corps perdu sur les pas d'un maître dont il gâte la doctrine en l'exagérant; un ennemi de tout ce qui est vieux, fût-ce le bien! un romantique en médecine!

AGATHE. Eh bien! non; mais on pourrait... en cherchant un peu... Tenez, celui dont je vous parlais hier soir... M. Darmentières!

DELAROCHE. M. Darmentières! par exemple! celui-là moins que tous les autres.

AGATHE. Mais, mon papa...

DELAROCHE. Non... je ne veux pas le voir, je ne le verrai pas... ne m'en parle jamais. Allons, mon enfant, rassure-toi... ne pleure pas... je suis mieux que tu ne penses... il faut que je passe à ma caisse... adieu... je suis très-bien... adieu. (*Il sort par la droite.*)

SCÈNE II.

AGATHE, *seule.* Oui, très-bien!.. comme si je ne le voyais pas; et maintenant, comment dire cela à M. Darmentières, s'il vient!... et il viendra! Il y a de quoi le mettre en colère, et la colère d'un médecin, ça peut avoir des suites... Ah! mon Dieu! c'est lui!

SCÈNE III.

AGATHE, DARMENTIÈRES.

DARMENTIÈRES. Pardon... c'est sans doute à mademoiselle Agathe Delaroche que j'ai l'honneur...

AGATHE. Oui, Monsieur.

DARMENTIÈRES. C'est vous, Mademoiselle, qui m'avez fait prier de passer ici... je suis un peu en retard... c'était l'heure de mes consultations...

AGATHE. Gratuites?

DARMENTIÈRES. Oui, à de pauvres diables qui sans cela n'auraient pas le moyen d'être malades. Eh! mais, c'est singulier... non, je ne me trompe pas... je vous connais, je vous ai rencontrée...

AGATHE. Oh! plusieurs fois... et hier encore, chez cette pauvre mère de famille...

DARMENTIÈRES. C'est cela, dans les mansardes, où vous portiez des secours, des bienfaits... Mademoiselle, quand on a l'habitude de se rencontrer dans ces lieux-là, on est déjà d'anciens amis... Voyons, pourquoi m'avez-vous fait appeler? est-ce quelque malheureux à secourir? s'agit-il de nous entendre?.. le malade...

AGATHE. Ah! Monsieur, c'est quelqu'un qui m'est bien cher!

DARMENTIÈRES. Et à moi aussi, par conséquent... Ah! mon Dieu! comme vous paraissez émue!.. cette personne c'est...

AGATHE. C'est mon père.

DARMENTIÈRES. Votre père!.. je conçois... Allons, rassurez-vous; je ne suis pas très-habile, mais je guéris... quelquefois... Je verrai votre père... Il aura confiance en moi.

AGATHE. Eh bien! non, Monsieur, voilà ce qui me désole, il n'a pas confiance... et quand je lui ai parlé de vous hier... ce matin...

DARMENTIÈRES. Il vous a répondu... achevez...

AGATHE. C'est que je ne sais comment vous dire qu'il ne veut pas vous recevoir...

DARMENTIÈRES. Eh bien! c'est dit à présent... ça ne doit plus vous embarrasser... et la raison?

AGATHE, *avec embarras.* C'est qu'il ne croit pas à la médecine.

DARMENTIÈRES. N'est-ce que cela? ni moi non plus.

AGATHE. Vous, un médecin?

DARMENTIÈRES. C'est peut-être pour cela; bien plus, je soutiens, c'est là mon système, qu'il n'y a point de maladies; non pas que mes confrères n'en fassent de très-belles et qui sont d'un excellent rapport; mais presque toujours elles ont leur source dans nos chagrins, dans nos passions, dans nos peines secrètes; c'est là que je les attaque pour les guérir, persuadé qu'un médecin qui observe en sait plus que tous les philosophes. Voyez cette jeune femme que la jalousie dévore, cette jeune fille qu'un amour malheureux a flétrie, ce citoyen que le remords accable, ce sybarite que les plaisirs ont usé : ils sont malades, ils le seront demain davantage, vous les combattrez par la raison, par des bienfaits, par un peu d'espérance le mal qui les déchire, aidez-les à rejeter le poids qui les tue, leurs forces se ranimeront; ils reviendront à la santé, au bonheur, à la vie... Voilà mon système, Mademoiselle; trouvez-vous qu'il soit si mauvais?

AGATHE. Au contraire; et c'est pour cela sans doute qu'hier encore, dans la mansarde où je vous ai rencontré, votre bourse...

DARMENTIÈRES. Chut! c'est mon secret!.. Cette pauvre femme, elle avait plus besoin d'un peu d'argent que de toute la science de nos docteurs; vous aviez commencé le traitement, j'ai doublé la dose, et la voilà guérie.

AGATHE. On ne me trompait pas : vous êtes si bon, si bienfaisant!

DARMENTIÈRES. Allons, allons, ménagez ma modestie... à charge de revanche... Revenons à ce qui vous intéresse, à votre père; vous connaissez mon système à présent.

AGATHE. Oui, Monsieur, mais ce n'est pas ici que vous en ferez l'application; l'estime de tout le monde... une fille qui l'aime...

DARMENTIÈRES. Oh! oui, il est bien heureux, je n'en doute pas; et cependant il souffre, dites-vous?

AGATHE. Oui, souvent, je le vois bien... Ah! mon Dieu! voilà du monde, quelqu'un qui vient pour acheter.

DARMENTIÈRES, *prenant un journal.* Faites vos affaires, j'attendrai; vous savez bien que nous sommes d'anciens amis, et entre amis...

AGATHE. Ah! que vous êtes bon!

SCÈNE IV.

DARMENTIÈRES, MISTRESS BERLINGTON, AGATHE.

MISTRESS BERLINGTON, *à la cantonade.* C'est bien, attendez, on vous appellera. (*A Agathe.*) Ah! ma belle demoiselle, je suis un peu pressée, faites-moi servir sur-le-champ.

AGATHE. Que désire Madame?

MISTRESS BERLINGTON. Des étoffes de soie; une garniture de salon; quelque chose d'élégant... (*Darmentières, qui tient son journal, se retourne et lève la tête.*) Eh! mais, je ne me trompe pas; c'est vous, docteur!

DARMENTIÈRES. Mistress Berlington!

MISTRESS BERLINGTON. J'allais chez vous, en sortant d'ici; c'est pour cela que j'avais gardé mes chevaux, quoique vous m'ayez recommandé l'exercice. . (*A Agathe.*) Ah! Mademoiselle, voilà la note que mon tapissier a faite;

voyez ce qu'il me faut, je vous prie. (*Agathe passe dans le magasin; à Darmentières.*) Vous viendrez avec moi, n'est-il pas vrai? je vous emmène...

DARMENTIÈRES. Non pas, on a besoin de moi ici; tandis que vous...

MISTRESS BERLINGTON. Je ne peux pas m'en passer, docteur, je ne le peux pas; depuis deux jours que je ne vous ai vu, je ne sais pas comment j'ai fait pour vivre Et vous me laissez! vous vous emportez contre moi!

DARMENTIÈRES. Il n'y a peut-être pas de quoi! vous qui, Française et veuve d'un négociant anglais, riche et sans enfants, me refusez cinquante louis pour traiter de pauvres malades qui meurent de faim!

MISTRESS BERLINGTON. Je n'avais pas d'argent.

DARMENTIÈRES. Et aujourd'hui, de nouvelles emplettes...

MISTRESS BERLINGTON. Ne vous fâchez pas; j'ai envoyée matin ce que vous exigiez afin que vous reveniez chez moi.

DARMENTIÈRES, *qui jusque-là lui a toujours parlé en lui tournant le dos, se retourne d'un air gracieux.* C'est différent; vous êtes donc bien malade?

MISTRESS BERLINGTON. Oui, docteur.

DARMENTIÈRES. Et qu'avez-vous?

MISTRESS BERLINGTON. Je ne sais, mais ce matin je me regardais dans ma glace, et je ne suis pas contente de moi; cela va mal, oh! très-mal!

COUPLETS.

PREMIER COUPLET.

Doucement je sommeille,
Mes songes sont heureux;
Je déjeune à merveille,
Et je dîne encor mieux;
Et pourtant, moins légère,
Quand je veux m'élancer,
Je ne sais quoi sur terre
Semble, hélas! me fixer.
Ma taille qu'on admire
(*Formant le cercle avec ses dix doigts.*)
Ne tient plus dans cela...
Chaque jour me retire
Ma fraîcheur qui s'en va...
Ah! docteur, cher docteur, docteur, daignez me dire
Quand cela reviendra.

DEUXIÈME COUPLET.

De mes grâces parée,
Lorsque dans un salon
Je passe la soirée
A jouer au boston,
Tout ce qui m'environne
A toujours cinquante ans;
Partout je vois l'automne
Et jamais le printemps;
Plus de tendre sourire,
Regards *et cœtera.*
Chaque jour me retire
Un galant qui s'en va..
Ah! docteur, cher docteur, docteur, daignez me dire
Quand cela reviendra.

DARMENTIÈRES. Je comprends, je comprends... ce que nous appelons une maladie chronique.

MISTRESS BERLINGTON, *effrayée.* Chronique!

DARMENTIÈRES. Oui, qui vient avec le temps.

MISTRESS BERLINGTON. Et ça se passera?

DARMENTIÈRES. Au contraire.

MISTRESS BERLINGTON. Et quel remède y a-t-il?

DARMENTIÈRES. La raison; il faut s'en faire une; il faut savoir vieillir.

MISTRESS BERLINGTON. Qu'est-ce que cela signifie?

DARMENTIÈRES. Nous allons encore nous fâcher, mais peu importe; voilà mon ordonnance : Il faut quitter le rose et les fleurs et les coiffures en cheveux; ne plus danser la galope, se créer des goûts paisibles, un intérieur agréable, se faire des amis, une famille; et, pour commencer, vous raccommoder avec votre neveu, contre qui vous plaidez.

MISTRESS BERLINGTON. Jamais! je ne puis le souffrir.

DARMENTIÈRES. Et moi, je l'aime de tout mon cœur. Un Anglais, cependant, le seul parent de feu votre mari; mais noble, généreux, un cœur d'or, qui, lors de ce duel où je l'ai soigné et où il a manqué mourir, voulait de force et malgré moi, me laisser toute sa fortune. Heureusement qu'en France les médecins n'héritent pas, sans cela je ne sais pas comment j'aurais fait pour m'y soustraire. Voilà ce qui vous convient, ce qui vous tiendra lieu de famille : il faut qu'il devienne votre fils.

MISTRESS BERLINGTON. Mon fils! à moi! à mon âge! je me remarierais plutôt. Savez-vous qu'il vient de gagner contre moi un procès qui lui donne une fortune immense.

DARMENTIÈRES. Vous êtes si riche!

MISTRESS BERLINGTON. On ne l'est jamais assez. Et j'en appelle. Savez-vous en outre qu'il s'est permis, dans un bal où je dansais, de ces railleries qu'on ne pardonne pas! qu'il m'a tournée en ridicule, moi, docteur, moi? vous ne le croiriez pas?

DARMENTIÈRES. Si, parbleu!

MISTRESS BERLINGTON. Et loin de me raccommoder avec lui, si je peux trouver quelque moyen de me venger, de l'humilier, de le tenir dans ma dépendance...

DARMENTIÈRES. Et c'est comme cela que vous voulez bien vous porter? De la colère, de l'emportement; voilà comme on se donne le choléra.

MISTRESS BERLINGTON. Le choléra! ah! mon Dieu! moi qui en ai tant peur!

DARMENTIÈRES. Eh bien! il n'y a qu'un moyen de l'éviter : c'est d'avoir de la bonté, de la douceur...

MISTRESS BERLINGTON. J'en aurai.

DARMENTIÈRES. De bannir tout sentiment de haine, tout ce qui excite, tout ce qui irrite.

MISTRESS BERLINGTON. Je verrai; je tâcherai; ce neveu, je le déteste bien, pourtant; mais la santé avant tout.

AGATHE, *rentrant.* On vient de porter à la voiture de Madame tout ce qu'elle avait demandé; et si Madame n'est pas contente, nous changerons les étoffes.

MISTRESS BERLINGTON. C'est bien, mon enfant, c'est bien. — Je vous verrai, docteur, n'est-il pas vrai? Vous m'avez dit tout à l'heure un mot qui me fait trembler; j'ai si peur maintenant de me mettre en colère, que cela me donne une irritation continuelle. Vous viendrez, n'est-ce pas? je ne crains plus rien quand je vous vois.

DARMENTIÈRES. C'est bon, c'est bon; songez à mon ordonnance. (*Mistress Berlington sort.*)

SCÈNE V.

DARMENTIÈRES, AGATHE.

DARMENTIÈRES. J'ai cru qu'elle ne s'en irait pas. A nous deux maintenant, mon enfant; revenons à ce qui vous intéresse bien davantage, à votre père : Il souffre, dites-vous?

AGATHE. Il dit que non, mais il me trompe; je le vois toujours triste, soucieux...

DARMENTIÈRES. Est-ce que son état l'ennuierait?

AGATHE. Non, Monsieur; il y est si estimé, il y jouit d'une telle considération...

DARMENTIÈRES. C'est égal, on tient à s'élever; le négociant veut devenir banquier, et le banquier ministre : c'est la maladie du siècle.

AGATHE. Mon père m'a toujours dit qu'il voulait vivre et mourir dans son comptoir.

DARMENTIÈRES. Alors ce n'est pas cela; mais s'il n'a pas d'ambition pour lui, peut-être en a-t-il pour vous; peut-être des idées de mariage?

AGATHE. Au contraire, depuis quelque temps il éloigne ces idées-là; et si j'osais vous faire part de la dernière de mes observations, peut-être cela vous mettrait-il sur la voie.

DARMENTIÈRES. Parlez, mon enfant.

AGATHE. Mais c'est que pour cela il faudrait entrer dans des détails qui me concernent.

DARMENTIÈRES. Raison de plus! on doit tout dire à son médecin; achevez, de grâce, achevez!

AGATHE. C'est qu'il y a deux mois, je me rendais à Rouen avec ma tante, en diligence, et voilà que l'essieu se brise; la voiture verse...

DARMENTIÈRES. Jusque-là rien d'extraordinaire; cela arrive tous les jours.

AGATHE. Moi, je n'eus aucun mal, mais ma tante fut assez grièvement blessée.

DARMENTIÈRES. Et je n'étais pas là!

AGATHE. Hélas! non! mais par bonheur, dans ce moment, passait sur la grande route une berline élégante où il n'y avait qu'un seul voyageur, un jeune étranger. Il s'élance de voiture, et avec une bonté, une obligeance que je n'oublierai jamais, il prodigue à ma tante les soins les plus touchants; voyant qu'elle avait besoin d'être transportée...

DARMENTIÈRES. Il offre sa berline.

AGATHE. Oui, Monsieur; il y monte avec nous jusqu'à la ville voisine, et là, loin de nous quitter, il reste auprès d'elle pendant deux jours, il y serait même demeuré bien davantage encore, si son domestique ne lui eût répété toute la journée en mauvais anglais : « Mais, Monsieur, l'ambassadeur vous attendra! » Et, avant son départ, il voulait absolument savoir qui j'étais, mon nom, ma demeure. Moi, j'allais le lui dire; c'est ma tante qui m'en a empêchée, prétendant que ce n'était pas convenable, et cela est cause que je ne l'ai pas revu, et que je ne le reverrai sans doute jamais!

DARMENTIÈRES. Ce qui vous fait de la peine!

AGATHE. Sans doute! ne pouvoir s'acquitter envers lui, et lui témoigner notre reconnaissance...

DARMENTIÈRES. Et puis, qui sait? des idées de jeune fille; un roman qui aurait pu, comme tous les autres, finir par un mariage.

AGATHE. Vous croyez?

DARMENTIÈRES. Dame! ça s'est vu; et qu'en dit votre père?

AGATHE. Mon père! c'est justement là où je voulais en venir, et voilà le plus étonnant.

ROMANCE.

PREMIER COUPLET.

Lorsque j'en parlais à mon père,
D'un air sombre et douloureux,
Il attachait sur moi les yeux,
Et des pleurs baignaient sa paupière.
ur ce sujet alors supprimant mes discours,
Je n'en parle jamais... et j'y pense toujours.

DEUXIÈME COUPLET.

Quand pour moi dans le voisinage
D'hymen par hasard on causait,
Soudain mon père soupirait
A ce seul mot de mariage;
Et moi, sur ce sujet, supprimant mes discours,
Je n'en parle jamais... et j'y pense toujours.

DARMENTIÈRES, *réfléchissant*. En effet, il y a dans cette appréhension, dans cet éloignement pour votre établissement, quelque chose qui, comme vous le disiez, peut nous faire arriver à la source du mal, et nous en viendrons à bout, je vous le promets.

AGATHE, *le poussant à gauche*. C'est mon père; le voilà! tenez, tenez, il nous aperçoit seulement pas; regardez comme il a l'air sombre et soucieux.

DARMENTIÈRES, *l'examinant d'un air effrayé, et à part*. Ah! mon Dieu! il y a dans ces traits-là du malheur réel. (*Regardant encore.*) Un morne désespoir! c'est plus sérieux que je ne pensais. (*A Agathe, à demi-voix.*) Laissez-nous, mon enfant, laissez-nous; il faut que nous soyons seuls.

AGATHE. Oui, monsieur le docteur. (*Elle sort en faisant des signes à Darmentières.*)

SCENE VI.

DELAROCHE, DARMENTIÈRES.

(*Delaroche est plongé dans ses réflexions; Darmentières, qui s'est assis en face de lui, l'examine toujours avec attention, la main et le menton appuyés sur sa canne.*)

DELAROCHE, *à part*. Cette lettre de change de Londres peut arriver d'un instant à l'autre; dix mille francs à payer aujourd'hui, ce matin! Verdier, mon commis, ne revient pas! Verdier, que j'ai envoyé chez tous mes amis, si toutefois il en reste quand on est dans le malheur... (*Il lève les yeux et aperçoit Darmentières assis vis-à-vis de lui et qui l'examine.*) Ah! que veut Monsieur?

DARMENTIÈRES. Rien; je vous attendais pour vous parler.

DELAROCHE, *avec crainte*. Monsieur est négociant, et vient de Londres peut-être?

DARMENTIÈRES, *à part*. Comme il est troublé!

DELAROCHE, *avec désespoir*. Vous venez de Londres, n'est-il pas vrai?

DARMENTIÈRES. Non, Monsieur... (*Delaroche fait un geste de joie; à part.*) C'est singulier, ce mot seul l'a calmé. (*Haut.*) Je suis de Paris, et, quoique vous ne me connaissiez pas, je suis de vos amis; car, lorsque je me mets une fois à aimer les gens, c'est de tout mon cœur, de toutes mes forces, et c'est ainsi déjà que j'aime votre fille.

DELAROCHE. Ma fille!

DARMENTIÈRES. Rassurez-vous, je ne viens pas vous la demander en mariage, je sais que cela vous déplait, vous fait de la peine...

DELAROCHE, *avec trouble*. A moi, Monsieur?

DARMENTIÈRES. On me l'avait dit; j'en suis sûr maintenant, et c'est par intérêt, par amitié pour elle que je viens à votre secours.

DELAROCHE, *lui prenant la main*. A mon secours, est-il possible? Ah! Monsieur, vous me rendez la vie!

DARMENTIÈRES. C'est mon devoir.

DELAROCHE. Et qui vous amène vers moi? qui donc êtes-vous?

DARMENTIÈRES, *qui lui a pris le pouls*. Darmentières, médecin.

DELAROCHE, *retirant sa main avec colère*. Un médecin! chez moi!

DARMENTIÈRES. Et pour qui me preniez-vous donc?

DELAROCHE. Un médecin! quand j'ai déclaré que je ne voulais pas en voir, que je n'en avais pas besoin, que je n'étais pas malade.

DARMENTIÈRES. Plus que vous ne croyez; mais rassurez-vous, nous vous guérirons.

DELAROCHE, *avec colère*. Monsieur...

DARMENTIÈRES. Oh! vous ne me connaissez pas! quand j'ai promis de sauver un malade, que cela lui convienne ou non, il faut qu'il en prenne son parti, et malgré la Faculté, malgré vous-même, je vous guérirai; oui, Monsieur, je l'ai promis, je vous guérirai; pour cela, il n'y a qu'une difficulté, c'est de savoir ce que vous avez, et nous le saurons, je suis déjà sur la voie.

DELAROCHE. Silence, Monsieur, silence, on vient.

SCENE VII.

LES PRÉCÉDENTS, ARTHUR.

TRIO.

ARTHUR, *à la cantonade*.
John, avec la voiture attendez à la porte.

AGATHE. Je n'en parle jamais... et j'y pense toujours! — Scène 5.

DARMENTIÈRES.
Eh! mais... c'est lord Arthur! c'est un de mes clients.
ARTHUR.
Moi-même, cher docteur.
DARMENTIÈRES.
Voyez comme il se porte!
ARTHUR.
Je ne vous ai pas vu, je crois, depuis longtemps.
DARMENTIÈRES, *souriant*.
C'est peut-être pour ça... Vous venez, je suppose,
En ces beaux magasins acheter quelque chose.
(*A Delaroche.*)
Faites-le payer cher.
DELAROCHE, *avec indignation*.
Monsieur...
DARMENTIÈRES.
C'est pour son bien.
Il n'a qu'un seul défaut : il est propriétaire
De quelques millions dont il ne sait que faire.
DELAROCHE, *soupirant*.
Ah! il est bien heureux.
DARMENTIÈRES, *vivement*.
Que dites-vous!
DELAROCHE.
Moi, rien.

DARMENTIÈRES, *l'observant*.
D'où vient qu'il a pâli?
ENSEMBLE.
DARMENTIÈRES, *à part*.
Je n'y suis pas encore;
Mais sachons découvrir
Le mal qui le dévore
Et que je veux guérir.
DELAROCHE, *à part*.
Mon malheur qu'on ignore
Va donc se découvrir!
Quand on se déshonore
On n'a plus qu'à mourir.
ARTHUR, *à Darmentières*.
Vous que j'aime et j'honore,
Ce soir j'allais partir,
Et vous revoir encore
Me cause un grand plaisir.

DELAROCHE, *à Arthur*.
A vos ordres, Monsieur, me voilà... quelle étoffe
Voulez-vous qu'on vous montre?
ARTHUR.
Aucune.

DELAROCHE, *étonné.*
Eh quoi! vraiment?
ARTHUR.
Je ne tiens pas au luxe.
DARMENTIÈRES.
Oh! c'est un philosophe.
DELAROCHE.
Qui vous amène alors?
ARTHUR.
Je viens pour un paiement :
Une lettre de change.
DELAROCHE, *troublé.*
O ciel!
DARMENTIÈRES, *l'observant.*
D'où vient son trouble?
ARTHUR.
Dix mille francs!
DELAROCHE, *à part.*
Grand Dieu!
(*Haut.*)
Mon caissier est sorti;
Mais dans quelques instants...
DARMENTIÈRES, *de même.*
Ah! sa pâleur redouble.
DELAROCHE.
Il va rentrer...
ARTHUR, *négligemment.*
Très-bien, j'attendrai.
DELAROCHE.
Je frémi.
DARMENTIÈRES, *l'observant toujours.*
J'y suis, j'y suis... l'infortuné!
(*Montrant la lettre de change.*)
Voilà d'où vient son mal : j'ai trop bien deviné!

ENSEMBLE.
DARMENTIÈRES.
Ce mal qui le dévore,
J'ai su le découvrir.
Ah! je l'espère encore,
Je pourrai le guérir.
ARTHUR, *à Darmentières.*
Vous que j'aime et j'honore,
Ce soir je dois partir,
Et vous revoir encore
Me cause un grand plaisir.
DELAROCHE, *à part.*
Une heure, une heure encore!
Tout va se découvrir!
Quand on se déshonore
On n'a plus qu'à mourir. (*Il sort.*)

SCÈNE VIII.
ARTHUR, DARMENTIÈRES.

DARMENTIÈRES, *le regardant sortir.* Pauvre homme! il est bien malade!
ARTHUR, *froidement.* Ah! il a une maladie?
DARMENTIÈRES. Oui. (*A part.*) Maladie d'argent! mal épidémique, et source de tant d'autres. (*Haut.*) Et je vous avoue que je suis inquiet pour lui.
ARTHUR, *froidement.* Moi, je ne le suis pas : il est entre vos mains.
DARMENTIÈRES, *avec embarras.* Vous êtes bien bon ; mais j'ai idée que, sans être médecin, vous pourriez m'aider dans le traitement.
ARTHUR, *froidement.* Hier, peut-être; aujourd'hui, impossible ; j'ai d'autres idées, je pars!
DARMENTIÈRES. Et pour quel endroit?
ARTHUR. Ça, docteur, c'est mon secret.
DARMENTIÈRES. Et depuis quand en avez-vous pour moi! qu'est-ce que cela veut dire? qu'est-ce que cela signifie? Si vous avez quelque bonne fièvre, quelque bonne maladie, ça me regarde : je suis votre médecin; et si c'est quelque chagrin, ça me revient encore, ça m'appartient, car je suis votre ami, et tout à l'heure je prenais votre défense auprès de mistress Berlington, votre tante, et je n'ai pas craint, pour vous, de me fâcher avec ma meilleure malade.
ARTHUR. Vous avez raison, docteur, vous êtes mon vrai, mon seul ami, et avant mon départ autant me confier à vous ; voilà ma situation.

AIR.

Dans le monde, lorsque je vois
Une femme au joli minois,
Je regarde, et cela m'ennuie ;
Lorsqu'à table, dans un festin,
On me verse un nectar divin,
Je bois... et puis cela m'ennuie.
Oui, même au sein de la folie,
Je ris, et puis cela m'ennuie.

Le son du cor retentissant,
Les chiens, les chevaux et la chasse,
Et le champagne pétillant,
Rien ne m'amuse, tout me lasse.
Alors, docteur, alors, ma foi,
Je me suis dit à part moi :
Sur cette terre
Que puis-je faire?
J'ai su, j'espère,
De tout user.
C'est mon envie :
Si tout m'ennuie,
Quittons la vie
Pour m'amuser.

Oui, dans ma sagesse profonde,
Dès ce soir je serai parti,
Afin de voir dans l'autre monde
Si l'on rit plus qu'en celui-ci.

Sur cette terre
Que puis-je faire?
J'ai su, j'espère,
De tout user.
Rien ne m'y lie,
Et tout m'ennuie :
Quittons la vie
Pour m'amuser.

Tel est donc mon dessein, et sans plus de retards,
Adieu, docteur, adieu ; ce soir gaiment je pars.

DARMENTIÈRES. A merveille! le spleen! une maladie, ou plutôt la plus grande extravagance que j'aie jamais rencontrée.
ARTHUR. Extravagance!
DARMENTIÈRES. Oui, Monsieur, et pire encore! ingratitude, manque de procédés. Quand on a un médecin, on ne part pas, comme vous dites, sans sa permission, sans son ordonnance. Que diable! nous n'en refusons pas, et vous me ferez le plaisir de remettre encore de quelques mois...
ARTHUR, *froidement.* Du tout; je partirai aujourd'hui à une heure, je me suis arrangé pour cela.
DARMENTIÈRES. Je vous demande une semaine de réflexion.
ARTHUR, *tenant sa montre.* Je partirai à une heure.
DARMENTIÈRES. Jusqu'à demain seulement.
ARTHUR, *de même.* Je partirai...
DARMENTIÈRES. Allez au diable! et faites comme vous voudrez. Je vous croyais mon ami, et comme tel j'avais un service à vous demander.
ARTHUR, *se levant.* Un service! qu'est-ce que c'est?
DARMENTIÈRES. Je n'en demande pas aux gens qui partent.
ARTHUR. Oh! vous parlerez; allons, voyons! d'ici à une heure nous avons le temps.
DARMENTIÈRES, *à part.* Est-il obstiné! (*Haut.*) Eh bien! cette lettre de change de dix mille francs que vous veniez toucher, en êtes-vous bien pressé?
ARTHUR. Oui; de vieux domestiques qui m'aiment et à qui je voulais laisser cette somme.
DARMENTIÈRES. C'est bien! mais vous n'êtes pas à cela près; et si vous pouvez attendre...
ARTHUR, *froidement.* Je partirai à...
DARMENTIÈRES. Eh! je le sais de reste ; mais dans ce cas on retarde un peu ; et s'il s'agissait de la vie d'un de

mes malades; si, en accordant un délai, vous sauviez un homme d'honneur, un père de famille...
ARTHUR. Ah! (Il tire l'effet de sa poche et le déchire en deux.)
DARMENTIÈRES. Eh bien! que faites-vous?
ARTHUR. J'acquitte.
DARMENTIÈRES. Je ne vous en demandais pas tant, mais c'est égal; et quoique entêté, vous êtes un brave jeune homme que j'aime, que j'estime. Cette action-là me fait du bien, et à vous aussi, j'en suis sûr. Cela va mieux, n'est-ce pas?
ARTHUR. C'est vrai.
DARMENTIÈRES. Vous voyez ce que c'est que d'attendre; demain, peut-être, vous trouveriez aussi une occasion de ce genre-là; après-demain, encore... Allons, laissez-vous fléchir, jusqu'à demain.
ARTHUR. Je ne demanderais pas mieux; mais qu'est-ce que je ferai ce soir?
DARMENTIÈRES. Nous tâcherons de vous égayer, de vous distraire : nous irons au spectacle.
ARTHUR, tristement. Des spectacles! oh! oui; des spectacles; j'y ai été hier, pour rire, à une pièce nouvelle, aux Français.
DARMENTIÈRES. Eh bien?
ARTHUR. Eh bien! ça m'a décidé tout à fait.
DARMENTIÈRES. Ils en sont bien capables! Eh bien! nous irons ailleurs, nous ferons autre chose; attendez-moi ici, seulement un quart d'heure, et ne décidez rien avant mon retour; vous me le jurez?
ARTHUR. Je promets.
DARMENTIÈRES. Allons voir mon autre malade, et lui rendre la vie. (Il sort.)

SCENE IX.

ARTHUR, seul. Il a raison le docteur, cela m'a fait du bien; quant à mes pauvres domestiques, je leur laisserai autre chose; oui, et puisque j'en ai le temps, écrivons, car je n'avais songé à rien et je partais comme un étourdi. Quand on a une fortune, il faut en disposer, et en faveur de qui? ah! je sais bien, si je le pouvais; mais ne connaissant ni son nom, ni le lieu de sa demeure, il faut bien en revenir... A qui? à ma famille! je n'ai que ma tante qui me déteste, cela nous raccommodera peut-être; je lui abandonne tout, et ma fortune, et le procès que je venais de gagner. Va-t-elle être contente! je voudrais revenir pour voir sa joie. Holà! John! (Cachetant sa lettre pendant que le domestique qui était au fond s'avance.) John, porte à l'instant cette lettre à l'hôtel de mistress Berlington, attend sa réponse s'il y en a, et reviens sur-le-champ. (Le domestique s'incline et sort. Arthur tirant sa montre.) Ah çà, voilà le quart d'heure expiré, et le docteur ne revient pas; tant pis pour lui : un médecin doit être exact. Moi je suis pressé, et n'ai pas le temps d'attendre; je vais partir. (Il va pour sortir.)

SCENE X.

AGATHE, ARTHUR.

ENSEMBLE.
O ciel! ô surprise nouvelle!
Je la { vois!
Je le
AGATHE.
C'est lui!
ARTHUR.
C'est elle!
Ah! pour moi quel destin heureux
Vient encor l'offrir à mes yeux!

ARTHUR.
C'est vous, ma charmante inconnue,
Vous que je retrouve en ces lieux?
Le ciel qui vous rend à ma vue
Enfin a comblé tous mes vœux.
AGATHE.
Comment êtes-vous chez mon père?
ARTHUR.
Votre père?.. Ce lieu par vous est habité.
AGATHE.
Et le docteur que je révère
Vers vous m'envoie...
ARTHUR.
En vérité?
Et pourquoi donc?
AGATHE.
Ah! je l'ignore.
Allez trouver, m'a-t-il dit, à l'instant,
Ce jeune étranger qui m'attend;
Restez près de lui.
ARTHUR, à part.
C'est charmant.
AGATHE.
Pour qu'il ne parte pas encore.
ARTHUR.
O ciel!
AGATHE, naïvement.
Ainsi, ne partez pas.
ARTHUR, embarrassé.
Je le voulais.
AGATHE, de même.
Changez d'idée...
Ou bien, vous le voyez, hélas!
C'est moi qui vais être grondée.
ARTHUR, la regardant avec plaisir.
Oui, oui, maintenant j'attendrai,
Et mon départ d'un jour peut être différé.

ENSEMBLE.

ARTHUR.
De sa douce vue
Mon âme est émue;
Et pourquoi partir
Lorsque vient s'offrir
Un jour de plaisir?
Encore, encore un jour de plaisir!
AGATHE.
Combien à sa vue
Mon âme est émue!
Ah! loin de partir,
A mon seul désir
Il vient d'obéir.
Ah! pour moi, pour moi quel plaisir!
ARTHUR.
Depuis le jour où le destin jaloux,
Hélas! me sépara de vous,
Loin de vous et sans espérance,
Votre souvenir enchanteur,
Malgré le temps, malgré l'absence,
Fut toujours présent à mon cœur.
AGATHE, à part.
Est-il possible?..
ARTHUR.
Et vous! ah! quelle différence?
AGATHE.
Et moi, dans ma reconnaissance,
L'image de mon protecteur,
Malgré le temps, malgré l'absence,
Fut toujours présente à mon cœur.

ENSEMBLE.

ARTHUR.
De sa douce vue
Mon âme est émue;
Et pourquoi partir
Lorsque vient s'offrir
Un jour de plaisir?
Encore, encore un jour de plaisir!
Oui, sa voix chérie
Me rend à la vie;

Ah! quelle folie
De vouloir mourir!
Lorsque l'existence
S'embellit d'avance,
Et par l'espérance
Et par le plaisir!
AGATHE.
Combien à sa vue
Mon âme est émue!
Et, loin de partir,
A mon seul désir
Il vient d'obéir.
Ah! pour moi, pour moi quel plaisir!
Mon âme attendrie
Renaît à la vie;
Et quelle magie
Vient nous réunir!
Ah! lorsque j'y pense,
Mon cœur bat d'avance :
Est-ce d'espérance,
Est-ce de plaisir?

SCENE XI.

LES PRÉCÉDENTS, DARMENTIÈRES.

AGATHE. C'est le docteur!.. Et mon père, comment va-t-il?..

DARMENTIÈRES. Beaucoup mieux, grâce à la potion calmante que je viens de lui faire prendre, et qu'il refusait d'abord.

AGATHE. Vous savez donc?..

DARMENTIÈRES. Oui, mon enfant, j'ai découvert la cause de son mal; je vous l'avais bien dit, et je vous raconterai plus tard. Allez m'attendre au jardin.

AGATHE, *prête à sortir et revenant*. Est-ce dangereux, monsieur le docteur, et en meurt-on?

DARMENTIÈRES. Presque jamais, et au contraire, il y en a beaucoup qui en vivent. (*Voyant qu'elle fait un geste.*) Mais je n'ai pas le temps de vous expliquer... j'ai une consultation à donner à un autre malade, (*Montrant Arthur.*) à Monsieur.

AGATHE. Est-il possible! il est souffrant, il est malade?

DARMENTIÈRES. Très-sérieusement.

AGATHE. O ciel!

DARMENTIÈRES. Eh! mais, comme vous voilà troublée! et quel intérêt pouvez-vous y prendre?

AGATHE, *à demi-voix*. Quel intérêt! c'est lui dont je vous parlais ce matin, sur la route de Rouen, ce jeune étranger...

DARMENTIÈRES, *se frappant le front*. La berlue, la diligence renversée; je comprends. C'est très-bien, très-bien, mon enfant; alors, comme je vous l'ai dit, laissez-moi et allez vous promener au jardin.

AGATHE. Mais, Monsieur...

DARMENTIÈRES. Et vous aussi, allez-vous résister au docteur?

AGATHE. Non, Monsieur... non, je m'en vais; je vous le recommande. (*Se retournant.*) Pauvre jeune homme! ah! mon Dieu! que c'est dommage! (*Elle sort.*)

SCENE XII.

DARMENTIÈRES, ARTHUR.

ARTHUR, *la suivant des yeux*. Elle est charmante. (*Vivement.*) Ah! mon cher docteur!

DARMENTIÈRES, *froidement et lui prenant la main*. Je vous remercie, mon cher ami, de m'avoir tenu parole, d'avoir attendu mon retour; je voulais vous apprendre que votre argent était bien placé, que vous aviez sauvé un honnête homme; et maintenant, que je ne vous retienne plus : ne vous gênez pas, vous êtes libre.

ARTHUR. Certainement, docteur; mais je voulais vous dire...

DARMENTIÈRES, *l'observant toujours*. Je serais désolé de vous faire attendre plus longtemps, surtout quand on est aussi pressé que vous.

ARTHUR. Je le suis moins en ce moment.

DARMENTIÈRES. Est-ce que tout n'est pas disposé? est-ce qu'il y a quelque obstacle, quelque retard?

ARTHUR. Peut-être bien : car cette jeune fille qui était là, que vous avez vue, occupait depuis longtemps mon cœur et ma pensée; mais je la croyais à jamais perdue pour moi; cette idée me laissait dans un vague, une indifférence, un ennui que sa présence seule vient de dissiper.

DARMENTIÈRES, *lui prenant le pouls*. En effet, cela va mieux; il y a plus de vivacité, plus de chaleur.

ARTHUR. Oui, oui, il me semble qu'à présent j'aurais moins de peine à vivre.

DARMENTIÈRES. C'est possible, et je ne sais cependant si je dois vous conseiller...

ARTHUR. Pourquoi cela?

DARMENTIÈRES. C'est que j'ai aussi reçu les confidences de cette jeune fille; ce matin encore elle me parlait de vous...

ARTHUR. Elle ne m'aime pas?

DARMENTIÈRES. Au contraire, elle ne pensait qu'à vous, elle vous aime...

ARTHUR. Est-il possible?

DARMENTIÈRES. Raison de plus pour ne pas changer d'idées : car c'est une famille d'honnêtes gens, une fille sage, vertueuse, bien élevée; et vous, quoique grand seigneur, riche et puissant, vous ne voudriez pas la tromper, la séduire, en faire votre maîtresse : ce serait mal. Il vaut donc mieux, comme vous le disiez, partir sur-le-champ et sans avoir rien à se reprocher; c'est moi maintenant qui vous y engage.

ARTHUR. Allez au diable! partez si vous voulez; moi, je reste.

DARMENTIÈRES. Que dites-vous?

ARTHUR. Que, puisque je l'aime, que j'en suis aimé, je ne vois pas ce qui m'empêcherait de l'épouser.

DARMENTIÈRES. Vous!

ARTHUR. Et pourquoi pas?

DARMENTIÈRES, *vivement et se rapprochant*. C'est différent; restez alors, restez, je vous le permets, car c'est là que je voulais vous amener, c'est le régime que je voulais vous prescrire. Oui, mon jeune ami, le mariage; on vous dira peut-être que c'est encore une folie, c'est possible; mais elle vaut toujours mieux que l'autre; elle est plus gaie; et puis un bon ménage, une jolie femme, des enfants... Je vois que l'ordonnance vous sourit.

ARTHUR. Sans contredit; mais le père voudra-t-il?

DARMENTIÈRES. Cela me regarde, je m'en charge.

ARTHUR. Et ma future! êtes-vous bien sûr de ce que vous m'avez annoncé? ne vous êtes-vous pas trompé? Je ne peux pas vivre dans une telle incertitude; non, docteur, je n'y suis plus, je brûle, je dessèche; j'en ferai une maladie.

DARMENTIÈRES, *lui tâtant le pouls*. C'est ce que je vois; il vous faut quelque chose qui vous modère, qui vous calme. Allez vous promener.

ARTHUR. Vous moquez-vous de moi?

DARMENTIÈRES. Pendant dix minutes, au jardin.

ARTHUR. Lorsque je souffre! lorsque je suis amoureux!

DARMENTIÈRES. Ah çà, voulez-vous savoir mieux que votre médecin ce qu'il vous faut et ce qui vous convient? J'ai rendu mon ordonnance et n'y change rien; dix minutes au jardin, pas une de plus, pas une de moins, sinon je ne me mêle plus de votre santé.

ARTHUR. J'y vais, docteur, j'y vais.

DARMENTIÈRES. A la bonne heure, et vous vous en trouverez bien.

ARTHUR. Soit! (*Le regardant.*) Est-il original!

DARMENTIÈRES, *le regardant aussi.* C'est ce que j'allais vous dire. (*Arthur sort.*)

SCENE XIII.
DARMENTIÈRES, puis DELAROCHE.

DARMENTIÈRES. Pauvre garçon! il ne se doute pas de ce qu'il va y rencontrer; et alors, émotion, explication, déclaration, cela les regarde; là finissent les droits de la Faculté... Ah! voilà mon autre malade. (*A Delaroche qui entre.*) Eh bien! comment nous trouvons-nous?
DELAROCHE. Ah! docteur, ah! mon cher ami!..
DARMENTIÈRES. Je savais bien que je vous forcerais à me donner ce nom; et tantôt cependant, si je vous avais laissé faire, vous me mettiez à la porte, vous refusiez mes prescriptions qui ne vous ont pas trop mal réussi. Le teint est meilleur, la poitrine moins oppressée.
DELAROCHE. Oui, je respire, et me voilà, grâce à vous, délivré d'un grand poids pour aujourd'hui; mais après-demain... mais dans quelques jours...
DARMENTIÈRES. Ce que nous appelons des rechutes; ce qui est souvent plus terrible. Il faut alors, en médecin habile, couper le mal dans sa racine.
DELAROCHE. Et le moyen?
DARMENTIÈRES. N'avez-vous pas confiance en moi? et si, dès ce soir, en suivant ma nouvelle ordonnance, vous trouviez le moyen de faire face à vos engagements et de rétablir vos affaires; s'il vous arrivait cent, deux cent mille francs, ce que vous voudrez.
DELAROCHE. Vous riez de moi.
DARMENTIÈRES. La Faculté ne rit jamais, Monsieur.
DELAROCHE. Et comment un tel miracle pourrait-il se faire?
DARMENTIÈRES. Par un seul mot de vous! en disant: Oui, à un de mes malades, à un jeune homme bien portant, riche, aimable, qui aime votre fille, qui en est aimé, et qui vous la demande en mariage.
DELAROCHE, *hors de lui.* Vous ne m'abusez pas? Ma fille, ma chère enfant!.. Ce mariage... vous en êtes sûr?..
DARMENTIÈRES. Je le crois bien! c'est moi qui l'ai prescrit; et, s'il y avait une justice, la mariée me devrait quelque chose pour mes honoraires.
DELAROCHE. Je ne sais si je veille, et je n'y puis croire.
DARMENTIÈRES. Tenez, tenez, voilà votre fille qui va vous donner de bonnes nouvelles.

SCENE XIV.
Les précédents, AGATHE, ARTHUR.

AGATHE, *accourant entre eux.* Ah! mon père! ah! monsieur le docteur, si vous saviez; je viens de le voir au jardin, où nous nous sommes rencontrés par hasard.
DARMENTIÈRES. Par hasard. Je crois bien.
AGATHE. Et il m'aime, il m'adore, il veut m'épouser, et il va venir me demander à mon père.
DARMENTIÈRES. Et où est-il donc?
AGATHE. Je l'ai laissé lisant une lettre que son domestique venait de lui apporter; il est dans la joie, dans l'ivresse; il ne se connaît plus... Tenez, c'est lui. (*Arthur paraît triste et rêveur, une lettre à la main.*)
DARMENTIÈRES. Ah! mon Dieu! quel air triste! Eh! venez donc, n'ayez plus peur. Voilà son père qui vous la donne en mariage.
ARTHUR ET AGATHE. Est-il possible!
DELAROCHE. Permettez...
DARMENTIÈRES. C'est convenu.
AGATHE. Ah! mon père, si vous l'avez dit!
DELAROCHE. Mais ma fille n'a rien.
DARMENTIÈRES. Qu'importe! votre gendre a de la fortune.
ARTHUR. Au contraire, c'est que je n'en ai plus.

QUATUOR.

DARMENTIÈRES.
Grands dieux!
TOUS.
Eh! mais, que dit-il donc?
ARTHUR.
Décidé ce matin à sortir de la vie,
De tous mes biens j'avais fait l'abandon
En bonne forme.
DARMENTIÈRES.
O ciel! quelle folie!
ARTHUR.
On m'écrit qu'on accepte...
TOUS.
Eh bien?
ARTHUR.
Eh bien!
J'ai tout donné, je n'ai plus rien.

ENSEMBLE.

Le destin qui nous accable
Nous protégeait un instant,
Pour rendre plus misérable
L'avenir qui nous attend.

DARMENTIÈRES, *à Delaroche, à demi-voix.*
Moi qui comptais sur sa fortune
Pour rétablir la vôtre.
DELAROCHE.
Eh bien?
DARMENTIÈRES.
Il n'est plus d'espérance aucune:
Le père et le gendre n'ont rien.
ARTHUR, *avec exaltation, et montrant Agathe.*
Qu'importe, si j'ai sa tendresse!
AGATHE, *de même.*
Qu'importe, si j'ai son amour!
DARMENTIÈRES, *se plaçant entre eux.*
Voilà des phrases de jeunesse;
Mais la raison parle à son tour,
Et nous ne devons plus songer au mariage!
ARTHUR ET AGATHE, *avec effroi.*
Que dites-vous?
DARMENTIÈRES.
Docteur prudent et sage,
Je l'ordonnais, je le défends.
AGATHE ET ARTHUR.
O ciel!
DARMENTIÈRES.
Selon le mal, selon les accidents,
Il nous faut changer de recettes.
ARTHUR.
La première est la bonne, et moi je m'y connais,
Je la suivrai.
DARMENTIÈRES.
Non pas.
ARTHUR, *passant près d'Agathe.*
Barbare que vous êtes,
Vous changerez d'avis.
DARMENTIÈRES.
Jamais.
TOUS.
Jamais?
DARMENTIÈRES.
Jamais.

ENSEMBLE.

ARTHUR.
Eh bien! malgré la médecine,
Moi, dans mon dessein je m'obstine;
Je brave ici votre courroux,
Et jure d'être son époux!
AGATHE.
Eh quoi! c'est lui qui nous chagrine!
A nous désunir il s'obstine;
Lui jadis si bon et si doux!
Allez, je ne crois plus en vous.
DARMENTIÈRES.
Ah! vous bravez la médecine!
Eh bien! morbleu! moi je m'obstine; .

Et si vous déraisonnez tous,
Seul, j'aurai du bon sens pour vous.
DELAROCHE.
Au diable donc la médecine!
Du sort fatal qui me domine
Rien ne peut détourner les coups,
Et je dois braver son courroux!

DELAROCHE, *retenant Arthur.*
Arrêtez! il eut ma promesse!
DARMENTIÈRES.
Quand je croyais à sa richesse;
Mais il la perd en ce moment.
DELAROCHE, *entre eux.*
Raison de plus pour tenir mon serment.
AGATHE ET ARTHUR.
Ah! quel bonheur!
DARMENTIÈRES.
Quelles folies!
DELAROCHE.
L'honneur le veut.

DARMENTIÈRES.
C'est ça, toutes les maladies :
L'amour, l'honneur, la probité!
Qu'un instant je sois écouté!
ARTHUR.
Son père à cet hymen a consenti...
DELAROCHE.
Sans doute.
DARMENTIÈRES.
Et moi je le défends : il ne peut avoir lieu.
(*Bas, à Delaroche.*)
Vous le savez trop bien... ou moi-même...
DELAROCHE.
Grand Dieu!
DARMENTIÈRES, *de même.*
Provoquant un éclat que votre cœur redoute,
Je déclare tout haut que sans honte, son nom
Ne saurait s'allier au vôtre.
DELAROCHE, *à part.*
Il a raison.
Oui, de mon déshonneur quand j'ai la certitude...
(*Haut.*)
Cela n'est plus possible... il n'est plus d'union!
ARTHUR ET AGATHE, *le menaçant.*
De quoi se mêle-t-il? c'est lui qui sans raison
Met le trouble en cette maison.
DELAROCHE, *avec colère.*
Oui, c'est lui, vous avez raison,
Qui vient troubler cette maison.
DARMENTIÈRES.
Une autre maladie! allons, l'ingratitude!
ARTHUR ET AGATHE, *à Delaroche.*
De grâce, au moins expliquez-nous...
DELAROCHE.
Non, ne me suivez pas... laissez-moi tous.

ENSEMBLE.

ARTHUR.
Oh! oui, malgré la médecine,
Moi, etc.

AGATHE.
Eh quoi! c'est lui qui nous chagrine!
A nous désunir, etc.

DARMENTIÈRES.
Ah! vous bravez la médecine!
Eh bien! etc.

DELAROCHE.
Au diable donc la médecine!
Du sort, etc.

(*Delaroche sort par la droite.*)

SCENE XV.

DARMENTIÈRES, ARTHUR, *assis à gauche du théâtre,* AGATHE, *assise à droite.*

DARMENTIÈRES, *les regardant après un instant de silence.* Les voilà tous malades à présent, et c'est moi, c'est le médecin qu'on accuse; c'est toujours comme ça quand nous ne réussissons pas.

ARTHUR, *se levant.* N'ai-je pas raison? vous m'empêchez de partir, vous me rendez encore plus amoureux que je n'étais.

AGATHE, *se levant.* Et quand mon père a consenti à notre mariage, c'est vous qui l'en dissuadez, qui le faites manquer à sa parole.

DARMENTIÈRES, *entre eux.* Qu'est-ce que je disais? il n'y a rien d'ingrat comme les malades à qui on a sauvé la vie; car les autres, ils sont bien plus raisonnables, ils ne disent rien. (*A Arthur.*) Est-ce que je pouvais vous laisser contracter une pareille union? (*A Agathe.*) Est-ce que vous-même vous l'auriez voulu, si vous aviez su...

AGATHE ET ARTHUR. Quoi donc?
DARMENTIÈRES. Que demain peut-être, dans cette maison, la ruine, la misère, le déshonneur...
AGATHE. Que dites-vous?
DARMENTIÈRES. Oui, voilà le secret que votre père vous cachait, et que moi seul avais découvert; forcé de déclarer sa honte, de suspendre ses paiements...
AGATHE ET ARTHUR. O ciel!
DARMENTIÈRES. C'est ce mal-là qui le conduisait au tombeau et dont j'espérais le guérir; mais tout est perdu, grâce à Monsieur qui s'en va comme un fou et sans demander conseil, disposer de toute sa fortune. Que diable! Monsieur, quand on est malade, on ne fait rien sans consulter son médecin.
ARTHUR. Eh! morbleu!..
DARMENTIÈRES. Il ne s'agit pas ici de disputer, mais de s'entendre et de voir s'il n'y aurait pas quelques moyens...
ARTHUR. Il n'y a plus d'espoir. (*Agathe s'éloigne.*)
DARMENTIÈRES. Tant mieux; c'est dans ces cas-là que la médecine triomphe. Voyons un peu; à qui avez-vous légué, donné, abandonné cette fortune?
ARTHUR. A qui? à ma famille; et comme je n'ai qu'une seule parente...
DARMENTIÈRES. Votre tante, mistress Berlington?
ARTHUR. Elle-même.
DARMENTIÈRES. Par Esculape! elle ne rendra rien, car elle aime l'argent autant qu'elle vous déteste.
AGATHE, *qui avait remonté le théâtre et regardé au fond, redescend entre eux.* Ne restez pas en ce magasin; passez là chez mon père, car voici du monde; cette dame qui est venue acheter ce matin ici pendant que vous y étiez.
DARMENTIÈRES. La robe rose?
AGATHE. Oui, j'ai reconnu sa voiture qui s'arrêtait à la porte.
DARMENTIÈRES, *à Arthur.* C'est votre tante.
AGATHE. Je vais la recevoir.
DARMENTIÈRES. Non, non, c'est moi que cela regarde; rentrez, rentrez tous deux; laissez-moi avec elle.
ARTHUR. Et pourquoi?
DARMENTIÈRES. Je ne désespère pas encore, parce que le talent, la science du médecin, et puis la nature, la nature qui vient si souvent à notre aide; enfin, laissez-moi, nous verrons; aux grands maux les grands remèdes. (*Agathe et Arthur sortent par la porte à droite.*)

SCÈNE XVI.

MISTRESS BERLINGTON, DARMENTIÈRES.

MISTRESS BERLINGTON. Eh bien! personne en ce magasin! oh! si vraiment! vous, docteur! vous que j'y retrouve encore! c'est un coup du ciel!

DARMENTIÈRES. Et pourquoi donc?

MISTRESS BERLINGTON. Je n'ai jamais été si contente, si heureuse; depuis que je vous ai vu, il vient de m'arriver une fortune immense, et vous verrez, j'ai déjà une foule d'idées admirables : je change mon coupé et mes chevaux, je renouvelle toutes les tentures de mon hôtel, et vous allez m'aider à choisir des étoffes; je veux ce qu'il y a de plus beau, de plus riche, de plus... Tenez, le ravissement où je suis me produit un tel effet que je ne peux pas parler, ça me coupe la respiration.

DARMENTIÈRES, *froidement*. J'attendrai alors que vous ayez respiré pour savoir d'où vous vient cet accroissement de richesse.

MISTRESS BERLINGTON. De mon neveu, de sir Arthur, qui me donne tous ses biens.

DARMENTIÈRES. Et à quel propos?

MISTRESS BERLINGTON. Je n'en sais rien, mais cela est...

DARMENTIÈRES. Laissez donc! à son âge! une telle donation pourrait bien n'être révocable.

MISTRESS BERLINGTON. J'en doute; mais ce qui ne peut pas l'être, c'est la renonciation qu'il fait à ses droits dans le procès qu'il avait gagné. Tenez, docteur, tenez, voyez plutôt, je l'ai déjà montrée à mon avoué, qui m'a assuré qu'il n'y avait pas à revenir sur un pareil titre.

DARMENTIÈRES, *prenant le papier, à part*. Diable! si l'avoué y a passé, cela va mal. (*Parcourant la lettre à voix basse*.) Hum, hum, hum, l'imprudent! tous ses biens, tant en France qu'en Angleterre. (*Achevant de lire*.) « Enfin, le domaine de Cerwood, où je suis né, et que je me « reproche de n'avoir presque jamais habité. Aussi, et dans « l'intérêt du pays, je ne mets qu'une condition expresse « et formelle à la présente donation, c'est que ma tante « ira se fixer dans ce château, et y fera tout le bien que « je regrette de n'avoir pu y faire... » Le domaine de Cerwood; j'en ai souvent entendu parler; c'est, je crois, en Écosse.

MISTRESS BERLINGTON. Dans les montagnes et au bord d'un lac; un château admirable par sa situation.

DARMENTIÈRES. En Écosse?

MISTRESS BERLINGTON. Oui, docteur.

DARMENTIÈRES. Dans les montagnes?

MISTRESS BERLINGTON. Oui, docteur.

DARMENTIÈRES. Et au bord d'un lac?

MISTRESS BERLINGTON. Certainement... une vue magnifique!..

DARMENTIÈRES. Et vous irez en jouir?

MISTRESS BERLINGTON. Il le faut bien!

DARMENTIÈRES. Pauvre femme!.. si jeune encore et si fraîche!..

MISTRESS BERLINGTON. Qu'est-ce que signifie?.. expliquez-vous.

DARMENTIÈRES. Rien! mais avant que vous partiez je vous prie de recevoir mes adieux, les adieux d'un ami qui vous était sincèrement attaché.

MISTRESS BERLINGTON. Et à propos de quoi, docteur?

DARMENTIÈRES. Vous me le demandez, lorsque avant un an peut-être...

MISTRESS BERLINGTON. O ciel!

DARMENTIÈRES. Est-ce que je ne vous ai pas envoyée, l'année dernière, en Italie et dans le midi de la France?

MISTRESS BERLINGTON. Eh bien?

DARMENTIÈRES. Eh bien! vous, à qui il faut un pays chaud, un pays sec, vous allez vous ensevelir dans les montagnes d'Écosse, au milieu des vapeurs, des nuages, des brouillards; je ne vous donne pas un an à vivre.

MISTRESS BERLINGTON, *effrayée*. O ciel! (*Vivement*.) Je n'irai pas! docteur, je n'irai pas! je vous le promets.

DARMENTIÈRES. Et alors cette donation est nulle, car elle porte formellement l'obligation d'aller dans ce pays et d'y résider.

MISTRESS BERLINGTON. C'est vrai; eh bien! alors, j'irai, j'irai avec un médecin, un bon médecin; vous viendrez avec moi, docteur, vous ne m'abandonnerez pas.

DARMENTIÈRES. Votre serviteur; pour être médecin, on n'est pas assuré contre une mort certaine.

MISTRESS BERLINGTON, *avec effroi*. Grand Dieu!.. vous croyez?

DARMENTIÈRES. Vous la trouverez là, à poste fixe, au bord du lac; elle n'en bouge pas.

MISTRESS BERLINGTON. Et aller s'exposer ainsi quand on est riche! vous conviendrez, docteur, que je suis bien malheureuse! j'en ferai une maladie.

DARMENTIÈRES. Cela se pourrait bien, et à qui la faute? à vous qui ne voulez pas bien vous porter.

MISTRESS BERLINGTON. Moi! je ne le veux pas?

DARMENTIÈRES. Oui, morbleu! plus je vous regarde et plus je suis convaincu qu'il ne tiendrait qu'à vous d'avoir la plus belle santé de France! cela dépend de vous.

MISTRESS BERLINGTON. De moi!

DARMENTIÈRES. N'ayez plus de procès, plus d'ambition, plus de désir de fortune qui vous tourmente et vous empêche de dormir, qui vous brûle le sang; vivant comme vous le faites, seule ou entourée d'indifférents; toujours triste, inquiète, grondant sans cesse, car vous ne faites que cela, à commencer par moi, votre docteur; et n'ayant là, près de vous, rien pour le cœur. Qui diable y résisterait? C'est ainsi qu'on épuise les sources de la vie, qu'on les détruit, qu'on se tue soi-même; c'est ce qui est arrivé à votre neveu.

MISTRESS BERLINGTON. Mon neveu?

DARMENTIÈRES. Oui, seul au monde et fatigué de l'existence, il voulait la quitter; c'est alors qu'il vous a fait cet abandon, cette donation; mais au moment où il allait succomber à son mal, je suis arrivé, je l'ai vu, je l'ai guéri par des moyens infaillibles et semblables à ceux que je vous proposais tout à l'heure; aussi, il ne demande plus qu'à vivre maintenant; il est amoureux, amoureux d'une jeune fille, jolie et bonne, comme vous; (*A part*.) il faut la flatter; (*Haut*.) mais pour l'obtenir il n'a plus de fortune, rendez-lui la sienne.

MISTRESS BERLINGTON. Par exemple! quelle idée!

DARMENTIÈRES. Dans votre intérêt autant que dans le sien? car s'il la redemande aux tribunaux, s'il faut plaider encore... mais vous ne le voudrez pas, c'est un don, un cadeau que vous lui ferez; hier, rien ne vous répondait de son cœur; aujourd'hui, c'est une chaîne qui l'attache à vous! Sa femme et lui, pour prix de leur bonheur, vous entoureront de soins, de caresses; vous verrez naître, croître autour de vous leurs enfants, qui apprendront d'eux à vous aimer, à vous chérir, et que vous gronderez tout à votre aise; mon tour viendra moins souvent. Voilà des amis, une famille pour vos vieux jours; et cette idée seule vous touche, vous émeut!

MISTRESS BERLINGTON. Moi! docteur?

DARMENTIÈRES. Oui, vous êtes émue, je le vois.

MISTRESS BERLINGTON. Mais non!

DARMENTIÈRES. Si fait!..

SCÈNE XVII.

LES PRÉCÉDENTS; ARTHUR, AGATHE, DELAROCHE.

(*Ils entrent par la porte à droite. Darmentières leur fait signe de la main d'avancer lentement.*)

FINAL.

DARMENTIÈRES.

Tenez, tenez, les voilà qui s'avancent!

C'est de vous que leur sort dépend.
Allons, qu'à vous chérir dès ce jour ils commencent !
Une bonne action nous rafraîchit le sang.
(*Prenant la lettre.*)
En déchirant cet acte injuste autant qu'indigne...
MISTRESS BERLINGTON, *l'arrêtant.*
Mais, docteur...
DARMENTIÈRES.
Vous vivrez au moins cinq ans de plus.
MISTRESS BERLINGTON.
Cinq ans ! serait-il vrai ?
DARMENTIÈRES.
S'il le faut, je le signe ;
Et vos jours à venir me sont si bien connus
Que, si vous consentez, je vous assure même
Dix ans...
MISTRESS BERLINGTON.
Que dites-vous ?
DARMENTIÈRES, *faisant toujours le geste de déchirer.*
Quinze ans...
MISTRESS BERLINGTON.
Grand Dieu !
DARMENTIÈRES.
Vingt ans...
MISTRESS BERLINGTON.
Vingt ans ! ah ! déchirez, déchirez, j'y consens.
TOUS.
O bonheur extrême !

DARMENTIÈRES, *déchirant l'acte.*
Tombez à ses pieds !
MISTRESS BERLINGTON.
Non, dans mes bras, mes enfants !
ENSEMBLE.
ARTHUR.
O moment plein d'ivresse !
Je retrouve en ce jour
L'amitié, la richesse,
Le bonheur et l'amour.
DARMENTIÈRES.
Par moi, par ma sagesse,
Il retrouve en ce jour
Sa tante, sa maîtresse,
Sa fortune et l'amour.
TOUS.
O moment plein d'ivresse !
Il retrouve en ce jour
L'amitié, la richesse,
Le bonheur et l'amour !
DARMENTIÈRES, *à Delaroche.*
De mes talents, mon cher, ce matin vous doutiez ;
Et, grâce à mon système, ici, vous le voyez,
La santé chez vous tous est enfin rétablie,
Sans qu'il en ait coûté rien à la pharmacie.
TOUS.
O moment plein d'ivresse ! etc.

FIN
de
La Médecine sans
Médecin.

VIALAT ET Cⁱᵉ, IMPRIMEURS ET ÉDITEURS.

ZERLINE.   Diavolo! Diavolo!
Diavolo! — Acte 1, scène 5.

FRA-DIAVOLO

OU

L'HOTELLERIE DE TERRACINE

OPÉRA-COMIQUE EN TROIS ACTES.

Représenté, pour la première fois, à Paris, sur le théâtre royal de l'Opéra-Comique, le 28 janvier 1830.

MUSIQUE DE M. AUBER.

Personnages.

FRA-DIAVOLO, sous le nom du marquis de San-Marco.
LORD COKBOURG, voyageur anglais.
PAMÉLA, sa femme.
LORENZO, brigadier des carabiniers.
MATHÉO, maître de l'hôtellerie.
ZERLINE, sa fille.

GIACOMO, } compagnons du marquis.
BEPPO,
FRANCESCO, prétendu de Zerline, personnage muet.
UN PAYSAN.
CHOEURE D'HABITANTS ET HABITANTES DE TERRACINE.
CARABINIERS.

La scène se passe dans un village aux environs de Terracine.

ACTE PREMIER.

Le théâtre représente un vestibule d'auberge en Italie, aux environs de Terracine. Le fond que soutiennent deux piliers, est ouvert et laisse apercevoir un riant paysage. A gauche et à droite, porte latérale ; sur le devant, à droite du spectateur, une table autour de laquelle boivent plusieurs carabiniers en uniforme de carabiniers romains.

SCENE PREMIERE.

CHOEUR DE CARABINIERS, LORENZO, ZERLINE,
dans un coin.

INTRODUCTION.

CHOEUR.

En bons militaires,
Buvons à pleins verres;

Le vin au combat
Soutient le soldat.
Il mène à la gloire,
Donne la victoire.
(*A Lorenzo.*)
Brigadier romain,
Verse-nous du vin !
En bons militaires,
Buvons à pleins verres :
Le vin au combat
Soutient le soldat.
PLUSIEURS CARABINIERS.
S'il tombait en notre puissance
Ce bandit, ce chef redouté,
Nous aurions donc pour récompense...
LORENZO.
Vingt mille écus !
PLUSIEURS CARABINIERS.
En vérité?
LORENZO.
Tout autant !
TOUS.
Sans compter la gloire !
Allons, notre hôte, allons, à boire !
(*Entre Mathéo qui apporte de nouvelles cruches de vin et retire celles qui sont vides.*)
Vingt mille écus, nous les aurons !
Et mort ou vif nous le prendrons.
Nous le jurons, nous le jurons !
En bons militaires,
Buvons à pleins verres :
Le vin au combat
Soutient le soldat.
MATHÉO, *s'adressant à Lorenzo, qui pendant ce temps s'est tenu à l'écart, triste et pensif.*
Lorsque c'est vous qui leur payez rasades,
Qu'avec eux on vous voie au moins le verre en main.
LORENZO.
Buvez sans moi, buvez, mes camarades.

LE CHOEUR, *à demi-voix.*
Le brigadier a du chagrin.
MATHÉO, *à part.*
Moi, je crois deviner d'où provient ce chagrin.
(*Haut.*)
Demain, mes chers seigneurs, ma fille se marie
Au riche Francesco, fermier de ce canton.
Je vous invite tous !
LORENZO, *à part.*
Plutôt perdre la vie !
LE CHOEUR.
Du vin !.. Du vin !
MATHÉO.
Je vais en chercher, et du bon !
(*Il sort.*)
ZERLINE, *s'approchant de Lorenzo.*
Lorenzo, vous partez?
LORENZO.
Je vais à la montagne
Combattre ces brigands, et puissé-je y périr !
ZERLINE.
O ciel !
LORENZO.
D'un autre, hélas ! vous serez la compagne,
Votre père le veut, je n'ai plus qu'à mourir !

NOCTURNE A DEUX VOIX.

PREMIER COUPLET.

ZERLINE.
Cher Lorenzo, conservons l'espérance.
LORENZO.
En reste-t-il à qui perd ses amours?
ZERLINE.
Reste du moins, c'est calmer ma souffrance.

LORENZO.
Adieu, peut-être pour toujours !

DEUXIÈME COUPLET.

ZERLINE.
Mes vœux, hélas ! au combat vont te suivre.
LORENZO.
Qu'ai-je besoin de penser à mes jours?
ZERLINE.
Ah ! pense à moi, qui sans toi ne peux vivre.
LORENZO.
Adieu! peut-être pour toujours !
(*En ce moment on entend un grand bruit au dehors; tous les carabiniers se lèvent.*)

SCÈNE II.

LES PRÉCÉDENTS ; MILORD ET MILADY COCKBOURG ; UN POSTILLON ET PLUSIEURS LAQUAIS *en livrée, qui les suivent.*

MILORD, MILADY ET LE CHOEUR.
Au secours ! au secours !
On en veut à nos jours.
Quel pays effroyable !
Ah ! c'est épouvantable !
Au secours ! au secours !
On en veut à nos jours.
LORENZO, *s'approchant de Milord.*
Qu'est-ce donc ? parlez, je vous prie.
MILORD.
Messié l'archer.
LORENZO.
C'est un Anglais !
(*Regardant Paméla qui vient de s'asseoir.*)
Une femme jeune et jolie?
MILORD.
J'étais dans la colère !
PAMÉLA, *soutenue par Zerline.*
Et moi, je me mourais.
MILORD, *allant à elle et lui faisant respirer des sels.*
Milady ! Paméla ! Ma chère milady !
C'est ma femme, elle était sensible à l'infini.
PAMÉLA, *se soutenant à peine.*
Ah ! quel voyage abominable !
En vérité, c'est effroyable :
Ce monsieur le brigand
S'était conduit vraiment
En gentleman bien peu galant.
Je n'avais plus l'envie
De revoir l'Italie ;
Mes chapeaux, mes dentelles,
Mes robes les plus belles,
Répondez, où sont-elles?
Est-il malheur plus grand ?
Oui, Milord, cette aventure
Me mettait en courroux ;
Je voulais, je le jure,
Plus voyager avec vous.

ENSEMBLE.

MILORD.
Non, non, jamais plus de voyage,
Pour longtemps j'en suis revenu ;
Si je cours davantage,
Je veux être pendu.
LES CARABINIERS.
On prétend qu'en ce voisinage,
Depuis quelque temps on l'a vu.
Gagnons avec courage
Le prix qui nous est dû.
PAMÉLA.
Non, non, jamais plus de voyage,
C'était un point bien résolu.
Malgré tout mon courage,
Que mon cœur est ému !

LORENZO.
On prétend qu'en ce voisinage,
Depuis quelque temps on l'a vu.
Mes amis, du courage !
Le bandit est perdu.
ZERLINE.
Je tremble qu'en ce voisinage
Ce hardi brigand n'ait paru ;
Je redoute sa rage ;
Que mon cœur est ému !

MILORD, *s'approchant de Lorenzo.* Oui, messié le brigadier, c'est à vous que je faisais ma déclaration.
LORENZO. Je vous écoute, Milord.
MILORD. Je havais l'honneur d'être Anglais ; je havais enlevé, selon l'usage, miss Paméla, une riche héritière que je havais épousée par inclination.
PAMÉLA, *soupirant.* Oh oui ! à Gretna-Green !
MILORD. Et pour éviter les poursuites, je havais voulu voyager en Italie avec elle, et la dot que je havais enlevée aussi, comme je disais à vous, par inclination.
PAMÉLA, *soupirant.* Oh ! oui.
MILORD. Et, à une lieue d'ici, le postillon à moi, il avait été arrêté.
PAMÉLA. Yes, par des bandits. Oh ! Dieu !
LORENZO. De quel côté venaient-ils ?
MILORD. Quand ils ont attaqué moi, je dormais dans le landau, près de Milady...
PAMÉLA. Yes. Maintenant, Milord dormait beaucoup ; aussi je disais : Cela portera malheur à vous, mon cher milord.
LORENZO. Et que vous ont-ils dérobé ?
MILORD. Ils avaient fouillé partout, et avaient pris...
PAMÉLA. Tous mes diamants.
MILORD. Ils étaient si beaux !
PAMÉLA. Et ils allaient si bien à moi !
LORENZO. C'est la bande que nous poursuivons, celle de Fra-Diavolo ! De quel côté se sont-ils réfugiés ?
MILORD. Vers la montagne, et nos diamants aussi.
LORENZO, *à ses soldats.* Allons, Messieurs, en route !.. buvez le coup de l'étrier, et dirigeons-nous de ce côté... *(Pendant que Mathéo verse à boire aux soldats.)*
ZERLINE, *s'approchant de Lorenzo et à demi-voix.* On dit ce brigand si redoutable... s'il vous arrivait malheur ?
LORENZO. Autrefois je pouvais tenir à la vie ; mais maintenant...
ZERLINE. Lorenzo !
LORENZO. Demain vous en épouserez un autre ; vous avez eu plus d'obéissance pour votre père que d'amour pour moi, je ne vous en ferai point de reproches. Adieu, soyez heureuse, et pensez à moi quand je ne serai plus...
ZERLINE. Vous vivrez, vous vivrez ! je ferai des vœux pour vous !
LORENZO. Des vœux ! oui, faites-en pour que demain je ne puisse pas voir votre mariage.
ZERLINE. Que dites-vous ?
LORENZO, *essuyant une larme.* Allons ! allons ! le devoir avant tout. J'espère, Milord, vous rapporter de bonnes nouvelles. Adieu, père Mathéo. Adieu, Zerline. *(A ses soldats.)* En marche ! *(Il sort avec ses soldats.)*

SCÈNE III.

MILORD, PAMÉLA, MATHÉO, ZERLINE.

MILORD. Il avait l'air bien ému, le brigadier. Ce Fra-Diavolo, il effrayait tout le monde.
MATHÉO. Vous vous trompez, Lorenzo n'a peur de rien. Il a servi dans l'armée d'Italie avec les Français ; c'est un brave garçon qui n'a qu'un défaut.
PAMÉLA. Et lequel ?

MATHÉO. Il est amoureux, et n'a pour s'établir que sa paie de soldat, et des coups de fusil en perspective.
MILORD. Ce n'était pas assez pour vivre.
MATHÉO. Sans cela je n'aurais pas demandé mieux. *(Regardant sa fille.)* Mais il faut de la raison... Allons, Zerline, serrez ces verres, ces bouteilles.
MILORD. Je havais envie de donner du courage aux gens du pays avec des guinées ! *(S'avançant vers Mathéo.)* Messié l'hôtesse, voulez-vous rédiger une pancarte où je promettrai de l'argent beaucoup à celui qui rapporterait à nous ce que nous avons perdu ?
MATHÉO, *se mettant à table à droite, et écrivant pendant que Milord lui dicte à voix basse.* Volontiers.
PAMÉLA, *observant Zerline qui a été s'asseoir dans un coin à gauche.* Miss Zerline pleurait ? elle avait du chagrin ?..
ZERLINE, *essuyant ses yeux.* Moi ! Madame, pas du tout.
PAMÉLA. Yes, je m'y connaissais. La petite brigadier, il avait lancé à vous un regard qui disait : Oh ! je vous aime beaucoup !
ZERLINE, *effrayée.* Madame !
PAMÉLA. Ce était si joli les mariages d'inclination ! *(Tendrement.)* N'est-ce pas, Milord ? *(Voyant qu'il ne répond pas, et avec colère.)* Milord ?
MILORD, *de l'autre côté, occupé avec Mathéo.* Vous voyez que j'étais occupé, et vous tourmentez moi. Je faisais la pancarte pour le récompense. *(A Mathéo.)* Vous avez écrit que je promettais trois mille francs ?
PAMÉLA. Ce était pas assez ! mettez dix mille francs. L'écrin il en valait trois cent mille ! et s'il était perdu, ce était la faute à vous, qui avez voulu prendre le chemin de traverse.
MILORD. Pour éviter ce cavalier si élégant qui nous suivait partout, et qui s'arrêtait toujours dans les mêmes auberges.
PAMÉLA. Je pouvais pas empêcher lui de faire le même route.
MILORD. Vous pouvez empêcher vous de le regarder et de chanter, comme hier au soir, ce petit barcarolle qui amusait pas moi du tout.
PAMÉLA, *avec humeur.* On peut faire le musique ?
MILORD. Vous faisiez pas le musique, vous faisiez le coquetterie avec lui.
PAMÉLA. Moi ! le coquetterie !
MILORD. Yes, Milady : je l'avais vu, et je déclare ici que je ne voulais pas.
PAMÉLA. Vous ne voulez pas ?
MILORD. C'est-à-dire, je voulais bien, mais je ne voulais pas ! entendons-nous ! *(Pendant les couplets suivants, Mathéo et Zerline vont placarder en dedans et en dehors des piliers de l'auberge les affiches que Mathéo vient d'écrire.)*

PREMIER COUPLET.

Je voulais bien, je voulais bien
Que l'on trouve vous très-aimable,
Et que de loin maint fashionable
Admire aussi votre maintien...
Je voulais bien, je voulais bien ;
Mais qu'en tous lieux où je passe,
En lorgnant vous avec audace,
Un galantin suive vos pas,
Je voulais pas, je voulais pas ;
Non, non, non, non, je voulais pas,
Goddam ! je voulais pas.

DEUXIÈME COUPLET.

Je voulais bien, je voulais bien
Payer les bijoux et la soie ;
Et pour qu'à la mode on vous voie,
Par an dépenser tout mon bien..
Je voulais bien, je voulais bien ;
Mais moi suivre votre méthode,
Mais être un époux à la mode,

Comme on en voit tant ici-bas,
Je voulais pas, je voulais pas;
Non, non, non, non, je voulais pas,
Goddam! je voulais pas.

TROISIÈME COUPLET.

PAMÉLA.

Je voulais bien, je voulais bien
Etre sage et jamais coquette,
Et, s'il le faut, pour ma toilette
Ne plus dépenser jamais rien;
Je voulais bien, je voulais bien;
Car, par goût et par caractère,
Je suis très-douce d'ordinaire;
Mais dès qu'on dit : *Je veux* .. hélas!
Je voulais pas, je voulais pas;
Non, non, non, non, je voulais pas,
Milord, je voulais pas.

MILORD. Ah! vous voulez pas! il faudra pourtant bien... car j'entends plus que vous voyiez jamais ce marquis napolitain.

MATHÉO, *se levant et écoutant.* C'est le bruit d'une voiture!

SCENE IV.

LES PRÉCÉDENTS, puis LE MARQUIS.

QUINTETTE.

MATHÉO, *regardant par la droite.*
Un landau qui s'arrête, ah! quel bonheur extrême!
C'est quelque grand seigneur qui vient loger ici.
    (*Voyant entrer le marquis.*)
Oui, c'est un grand seigneur.
            MILORD.
                Qu'ai-je vu? c'est lui-même!
            PAMÉLA.
C'est monsieur le marquis!
            MILORD, *avec fureur.*
                Comment! c'est encor lui?
            LE MARQUIS.
                Comment! c'est Milady!

ENSEMBLE.

LE MARQUIS.
Que vois-je? c'est elle,
C'est la charmante Milady!
Que vois-je? c'est elle
Que je retrouve ici!
    MILORD.
Surprise nouvelle!
Comme il regarde Milady!
Surprise nouvelle!
Comment! c'est encor lui!
    PAMÉLA.
Surprise nouvelle!
Il a suivi nous jusqu'ici!
Surprise nouvelle!
Comment! c'est encor lui!
    ZERLINE.
C'est elle, c'est elle
Que cherchait monsieur le marquis;
C'est elle, c'est elle
Dont son cœur est épris!
    MATHÉO.
C'est elle, c'est elle
Que cherchait monsieur le marquis;
C'est elle, c'est elle
Dont son cœur est épris!

MATHÉO, *à ses gens, montrant le marquis.*
Que l'on serve sa seigneurie.
    LE MARQUIS.
J'ai le temps, pourquoi vous hâter?
        (*Regardant Paméla.*)
Je compte en cette hôtellerie
Jusqu'à demain matin rester.

MILORD, *bas, à sa femme.*
Vous entendez? ce départ qu'il retarde,
C'était pour vous, assurément.
Et comme il vous regarde!
Tenez, encore en ce moment!
    LE MARQUIS.
La bonne folie!
Mon âme est ravie :
La fortune et l'amour secondent tous mes vœux.
    PAMÉLA.
De moi, bien jolie,
Son âme est ravie;
Est-ce ma faute, à moi, s'il était amoureux?
    ZERLINE.
Oui, cette étrangère
Aura su lui plaire;
Il lui fait les doux yeux, les yeux d'un amoureux.

ENSEMBLE.

LE MARQUIS.
Que vois-je, c'est elle, etc.
    MILORD.
Surprise nouvelle! etc.
    PAMÉLA.
Surprise nouvelle! etc.
    ZERLINE.
C'est elle, c'est elle, etc.
    MATHÉO.
C'est elle, c'est elle, etc.

(*A la fin de ce morceau, Milord force Paméla à rentrer dans l'auberge. Elle fait en sortant une révérence au marquis.*)

SCENE V.

LE MARQUIS, *à table;* MATHÉO, ZERLINE,
GARÇONS D'AUBERGE.

MATHÉO, *à Zerline.* Allons donc, petite fille, servez monsieur le marquis; j'espère que Monseigneur sera content du zèle de mes gens, et de ma fille, que je laisse maîtresse de la maison, car je suis obligé ce soir de m'absenter.

LE MARQUIS. Ah! vous partez?

MATHÉO. Dans l'instant. Je vais coucher à deux lieues d'ici, chez Francesco, mon gendre, que j'amènerai demain matin avec toute la noce.

ZERLINE, *à part.* Ah! mon Dieu!

LE MARQUIS. Avez-vous beaucoup de monde dans cette auberge?

MATHÉO. Vous, Monseigneur, et ceux que vous venez de voir, Milord et Milady.

LE MARQUIS. Pas d'autres? (*Après un instant de réflexion.*) Milady est jolie; mais Milord est de mauvaise humeur.

ZERLINE. On le serait à moins. Il a été attaqué et dévalisé par les bandits de la montagne.

LE MARQUIS, *toujours mangeant.* Pas possible! je ne crois pas aux voleurs.

MATHÉO. Moi j'y crois comme en Dieu, et en Notre-Dame des Rameaux, notre patronne.

LE MARQUIS. Ce sont des histoires pour effrayer les voyageurs. J'ai parcouru de jour et de nuit les montagnes, et je n'ai jamais été attaqué.

MATHÉO. Autrefois, peut-être; mais depuis que Fra-Diavolo s'est établi dans ce canton...

LE MARQUIS. Fra-Diavolo? Qu'est-ce que c'est que cela?

ZERLINE. Vous n'en avez pas entendu parler? un fameux bandit.

MATHÉO. Qui est partout.

ZERLINE. Et qu'on ne peut jamais joindre.

MATHÉO. Il a une amulette qu'il a volée à un cardinal, et qui le rend invisible.

LE MARQUIS. Voyez-vous cela!

ZERLINE. Et les balles des gendarmes rebondissent sur sa peau.
LE MARQUIS. Vraiment!
ZERLINE. Oui, Monseigneur; et comme dit la chanson...
LE MARQUIS. Il y a une chanson sur lui?
MATHÉO. Une fameuse en son honneur! Vingt-deux couplets! Si, pendant son dîner, Monseigneur veut permettre...
LE MARQUIS. Est-on obligé de l'entendre tout entière?
MATHÉO. C'est au choix des voyageurs; on ne force personne.
LE MARQUIS. A la bonne heure.
MATHÉO, *détachant de la muraille une mandoline et la présentant à Zerline.* Tiens, ma fille.
ZERLINE, *la repoussant de la main et la plaçant près d'elle sur le coin de la table.* Merci, mon père, je chanterai bien sans cela.

PREMIER COUPLET.

Voyez sur cette roche
Ce brave à l'air fier et hardi,
Son mousquet est près de lui,
C'est son fidèle ami.
Regardez, il s'approche,
Un plumet rouge à son chapeau,
Et couvert de son manteau,
Du velours le plus beau.
Tremblez! au sein de la tempête,
Au loin l'écho répète :
Diavolo! Diavolo!
Diavolo!

DEUXIÈME COUPLET.

S'il menace la tête
De l'ennemi qui se défend,
Pour les belles on prétend
Qu'il est tendre et galant.
Plus d'une qu'il arrête
(Témoin la fille de Piétro)
Pensive rentre au hameau,
Dans un trouble nouveau.
Tremblez! car voyant la fillette,
Tout bas chacun répète :
Diavolo! Diavolo!
Diavolo!

TROISIÈME COUPLET.

LE MARQUIS, *se levant.*
Il se peut qu'on s'abuse,
Ma chère enfant; peut-être aussi
Tout ce qui se prend ici
N'est-il pas pris par lui.
Souvent quand on l'accuse,
Auprès de vous maint jouvenceau
Pour quelque larcin nouveau
Se glisse incognito!
Tremblez! cet amant qui soupire,
C'est lui qu'on peut dire :
Diavolo! Diavolo!
Diavolo!

SCENE VI.

LES PRÉCÉDENTS, BEPPO, GIACOMO, *paraissant près des piliers du fond.*

ZERLINE. Ah! mon Dieu, qu'ai-je vu!
MATHÉO, *brusquement.* Qu'est-ce? que demandez-vous?
BEPPO. L'hospitalité pour cette nuit.
GIACOMO. Au nom de Notre-Dame des Ram aux!
MATHÉO. On ne reçoit pas ainsi des mendiants, des vagabonds.
BEPPO. Nous sommes des pèlerins.
ZERLINE. Mon père, si c'était vrai!
MATHÉO. Sous un pareil costume!
BEPPO. Nous sommes partis pour remplir un vœu.

MATHÉO. Et lequel?
GIACOMO. Celui de faire fortune.
MATHÉO. Ce n'est pas ici que vous la trouverez.
LE MARQUIS, *se levant et ouvrant sa bourse où il prend un peu de monnaie.* Peut-être! tenez, tenez, voici ce que je vous donne au nom de cette belle enfant.
BEPPO ET GIACOMO. Ah! monsieur le marquis!
MATHÉO, *étonné.* Ils vous connaissent?
LE MARQUIS. Oui, ce sont de pauvres diables que j'ai rencontrés ce matin, et à qui j'ai déjà fait l'aumône. Monsieur l'hôte, je veux bien payer leur souper et leur coucher.
MATHÉO. Ce sera un écu par tête.
LE MARQUIS. Par tête! c'est peut-être plus qu'elles ne valent; n'importe!
MATHÉO, *recevant l'argent.* Dès que monsieur le marquis s'y intéresse, il n'y a pas besoin d'autre recommandation.
ZERLINE. Mon père, on va les loger tout là-haut?
MATHÉO. Pas dans la maison, surtout quand je vais passer la nuit dehors. Jean, vous leur donnerez un morceau, et puis vous les conduirez vous-même à la grange, ici à côté. (*Aux autres gens de l'auberge.*) Rentrez et préparez le souper de Milord. (*A Zerline.*) Toi, ma fille, tu vas me reconduire à quelques pas d'ici, jusqu'à l'ermitage, et nous parlerons de ton prétendu. (*Au marquis.*) Adieu, monsieur le marquis; j'espère, demain matin, en revenant avec mon gendre, retrouver encore votre seigneurie.
LE MARQUIS. Je l'espère aussi, je me lève tard. Adieu, notre hôte, bon voyage. Adieu, ma belle enfant. (*Les domestiques rentrent dans l'hôtellerie; Mathéo, qui a pris son chapeau et son bâton, sort par le fond avec Zerline.*)

SCENE VII.

LE MARQUIS, BEPPO, GIACOMO.

(*Le marquis est assis sur le devant du théâtre, près de la table à droite, et tient un cure-dent; Beppo et Giacomo regardent si tout le monde est parti.*)

BEPPO, *redescendant le théâtre et prenant la bouteille qui est sur la table, se verse un verre de vin.* A ta santé!
LE MARQUIS, *se retournant avec hauteur.* Hein!
BEPPO, *de même.* Je dis à ta santé!
LE MARQUIS. Qu'est-ce que c'est que de pareilles manières?
GIACOMO, *le chapeau bas.* Excusez, capitaine, c'est une recrue qui ne sait pas encore le respect qu'on vous doit. (*Bas, à Beppo.*) Ôte donc ton chapeau! Il n'est pas encore au fait; mais il sort d'une bonne maison : c'est un ancien intendant qui veut travailler maintenant en brave et à découvert.
LE MARQUIS. Il ne suffit pas d'être brave, il faut encore être honnête et savoir vivre. Je n'ai jamais vu, dans l'origine, de troupe plus mal composée que celle que j'ai l'honneur de commander. Les bandits les plus mal élevés! et si je n'y avais établi l'ordre et la discipline... (*A Giacomo, lui montrant une carafe et relevant la manche de son pourpoint.*) Verse-moi de l'eau! (*A Beppo, tout en se lavant les mains.*) A la première familiarité, je te fais sauter la cervelle; cela t'apprendra.
BEPPO. Eh bien! par exemple!
GIACOMO. Il le ferait comme il le dit.
BEPPO, *tremblant.*
LE MARQUIS. Une serviette! (*S'essuyant les mains.*) Qu'y a-t-il de nouveau? et qui vous amène?
BEPPO, *chapeau bas.* L'entreprise a réussi; nous avons arrêté le milord et ses diamants.
LE MARQUIS. Crois-tu que je ne sois au fait? je le savais déjà.

GIACOMO. Toutes les indications que vous nous aviez données si exactes!

LE MARQUIS. Je le crois bien ; depuis trois jours que je les suis à la piste, que je dîne avec eux dans les mêmes auberges, et que tous les soirs je chante des barcarolles avec Milady. Vous croyez que ce n'est pas fatigant!

GIACOMO. Nous savons, capitaine, ce que vous faites pour nous.

LE MARQUIS. Milord ne s'est pas défendu, et nous n'avons perdu personne!

GIACOMO. Non, capitaine, au contraire ; le postillon était un ancien qui nous avait quittés, et qui demande à s'enrôler de nouveau.

LE MARQUIS. Est-il entre vos mains?

GIACOMO. Oui.

LE MARQUIS, *se curant les dents et arrangeant sa chemise devant un miroir de poche.* Qu'on le fusille! je n'aime pas l'inconstance : dans notre état, s'entend ; près des belles, c'est autre chose ; et puisque, grâce à Milord, nous avons des diamants, tu en enverras pour six mille écus à Florina, cette jeune cantatrice que je protége ; j'aime les arts, et surtout la musique.

GIACOMO. Oui, capitaine.

LE MARQUIS. Eh bien! est-ce tout?

GIACOMO. Non, vraiment, et nous craignons d'avoir été trompés.

LE MARQUIS. Comment cela?

GIACOMO. Cette cassette que vous nous aviez annoncée et que Milord devait avoir dans sa voiture...

LE MARQUIS. Cinq cent mille francs en or qu'il allait placer à Livourne chez un banquier ; du moins Milady me l'avait dit.

GIACOMO. Impossible de les trouver.

LE MARQUIS. Imbécile! manquer une si belle opération!

BEPPO. Peut-être, pour nous faire du tort, les a-t-il dépensés?

LE MARQUIS. Ce que c'est que de ne pas faire ses affaires soi-même! Mais je saurai à tout prix ce que cet or est devenu. Laissez-moi. (*A part.*) Allons, il faudra encore faire de la musique avec Milady. Ces coquins-là sont-ils heureux de m'avoir! (*Regardant par la porte de l'auberge.*) C'est elle! (*Apercevant Beppo et Giacomo qui sont au fond du théâtre.*) Eh bien! vous n'êtes pas encore partis! (*Ils disparaissent par la droite.*)

SCENE VIII.

LE MARQUIS, PAMÈLA.

RÉCITATIF.

PAMÈLA, *sortant de l'auberge.*
Oui, je vais commander le punch à vous, Milord.

LE MARQUIS, *s'avançant.*
Charmante Milady!

PAMÈLA, *effrayée.*
 Comment! c'est vous encor!
Et mon époux était dans la chambre voisine ;
 Lui si jaloux, jaloux comme Othello!

LE MARQUIS.
Est-ce donc l'offenser que chanter un duo?
(*Prenant la mandoline que Zerline a placée sur le coin de la table à la cinquième scène.*)
 Et nous pouvons, sur cette mandoline,
 Répéter tous les deux cet air
 Que nous commençâmes hier.

PAMÈLA, *regardant à gauche par la porte de l'auberge.*
 Ah! je l'entends! c'est lui.

DUO.

LE MARQUIS, *saisissant brusquement la mandoline et en jouant.*
 « Le gondolier fidèle
 « Brave, pour voir sa belle,

 « Les autans ennemis.
 (*La regardant.*)
 « De loin, s'il obtient d'elle
 « Un regard, un souris,
 « C'est toujours ça de pris. »
(*Il regarde vers la gauche si l'on ne vient pas, et remet la mandoline sur la table en s'adressant à Paméla.*)
Faut-il que votre cœur ignore
Le feu brûlant qui me dévore!

PAMÉLA, *voulant s'éloigner.*
Monsieur, je ne puis écouter.

LE MARQUIS, *la retenant.*
Je me tais, vous pouvez rester ;
Oui, vous admirer en silence
Ne peut vous paraître une offense.

PAMÉLA.
Je ne pouvais pas, je le croi,
Empêcher vous d'admirer moi.

LE MARQUIS.
Ah! combien mon âme est ravie
En contemplant ces traits charmants!
Cette robe simple et jolie.
(*Regardant un médaillon qui est à son cou.*)
Ah! grand Dieu! les beaux diamants!

PAMÉLA.
Les seuls échappés au pillage,
Tant je les cachais avec soin!

LE MARQUIS, *à part.*
Les maladroits! Ah! quel dommage!
(*Haut, à Paméla, d'un ton galant.*)
Pour plaire en avez-vous besoin?
Mais plus je considère
Ce riche médaillon... il contient un secret?

PAMÉLA.
Pour lui mon époux l'a fait faire,
Car il renferme mon portrait.
(*L'ouvrant et le lui montrant.*)
Trouvez-vous ressemblant?

LE MARQUIS, *affectant un trouble amoureux.*
 O ciel! il se pourrait!
(*Le regardant avec ivresse.*)
Voilà ce regard doux et tendre,
Voilà ces traits si gracieux ;
Je crois la voir, je crois l'entendre.
(*Avec délire.*)
Mon âme a passé dans mes yeux.
(*Avec rage.*)
Et c'est pour un rival, un tyran, un barbare...
(*Il met le portrait dans sa poche.*)

PAMÉLA.
Que faites-vous!

LE MARQUIS.
Je m'en empare.

PAMÉLA, *troublée, et voulant le reprendre.*
Monsieur!

LE MARQUIS.
Jamais, jamais il ne me quittera.

PAMÉLA.
Monsieur!

LE MARQUIS.
Oui, sur mon cœur toujours il restera.

PAMÉLA.
C'est mon mari!
(*Milord sort de l'hôtellerie ; et le marquis saisissant vivement la mandoline, reprend le premier motif.*)
 « Le gondolier fidèle
 « Brave sur sa nacelle
 « Les jaloux, les maris,
 « Quand son cœur de sa belle
 « Presse les traits chéris :
 « C'est toujours ça de pris. »

SCENE IX.

Les précédents; MILORD, *passant entre eux deux.*

TRIO.

MILORD,
Bravi! bravi!

PAMÉLA.
Ah! c'était vous?

MILORD.
Oui, Milady.

PAMÉLA.
Nous faisions de la musique.

MILORD.
Je n'aime pas la musique.

ENSEMBLE.

PAMÉLA.
Combien moi j'aimais la musique!
Elle me plaisait fort ;
Mais je vois, c'est unique,
Qu'elle ennuyait Milord.
Jamais avec Milord,
Nous ne sommes d'accord.

LE MARQUIS.
Bravo, bravo, c'est la musique
Qui nous a mis d'accord ;
Il faudra qu'on s'explique
Et qu'on m'instruise encor.
Enlevons à Milord
Et sa femme et son or.

MILORD.
Toujours ensemble, c'est unique,
Ils sont très-bien d'accord ;
Aussi cette musique
A moi me déplaît fort,
Et peut faire du tort
A l'honneur d'un milord.

PAMÉLA. Nous répétions cette barcarolle...
MILORD. C'était bien aimable à vous pendant que je m'impatientais, moi, pour le punch.
LE MARQUIS. Permettez donc, Milord, puisque vous preniez du punch, nous pouvions bien faire de la musique.
MILORD. Oui, si j'en avais pris! mais je n'en prenais pas, j'en attendais.
LE MARQUIS. Que ne le disiez-vous? Holà ! quelqu'un !
MILORD. Ce était pas besoin; je avais plus soif, je l'avais perdu le soif.
LE MARQUIS. Depuis la perte de vos diamants!
MILORD. Oui, cela, et puis autre chose encore.
LE MARQUIS. Ah! mon Dieu ! est-ce qu'il serait arrivé malheur à ces cinq cent mille francs en or que vous alliez placer à Livourne?
MILORD. Je les avais toujours.
LE MARQUIS. Ah! tant mieux! je respire, car si vous les aviez perdus, j'en aurais été aussi fâché que vous-même.
PAMÉLA. Que vous étiez bon!
LE MARQUIS. Ce que j'en disais, c'était pour vous offrir mon portefeuille.
MILORD. Je remerciais vous. *(Tirant son portefeuille.)* Je avais déjà regardé le mien.
LE MARQUIS. Et comment cela? comment avez-vous pu sauver votre or ?
MILORD. Par un moyen bien adroit que je ne disais à personne.
LE MARQUIS. Vous avez de l'esprit.
MILORD. Je croyais bien.
PAMÉLA. Il avait changé les pièces d'or en billets de banque, il les avait fait coudre.
LE MARQUIS, *vivement.* Où cela?
MILORD, *riant.* Devinez.
LE MARQUIS. Moi, je ne devine jamais rien.
MILORD. Dans mon habit, et dans la robe de Milady.

LE MARQUIS. Il serait possible! *(Regardant la robe de Paméla.)* Ce tissu charmant et précieux... *(Se retournant en riant vers Milord.)* C'est impayable.
MILORD, *riant aussi.* Yes, yes, nous étions tout cousus d'or.
LE MARQUIS. C'est bon à savoir. *(En ce moment on entend en dehors une marche guerrière. Milord et Paméla vont regarder par le fond.)*

FINAL.

MILORD ET PAMÉLA.
Écoutez !

LE MARQUIS.
Quelle est donc cette marche guerrière ?
BEPPO ET GIACOMO *entrent mystérieusement et disent à demi-voix au marquis, sur le devant du théâtre.*
Un brigadier et des soldats
Qui vers ces lieux portent leurs pas.
Fuyons!

LE MARQUIS.
Jamais! Poltrons, du cœur !

BEPPO.
Je n'en ai guère...

LE MARQUIS.
Auprès de moi n'êtes-vous pas?

SCENE X.

LES PRÉCÉDENTS; LORENZO, CHŒUR DE SOLDATS, ZERLINE, GENS DE L'AUBERGE ET DU VILLAGE.

CHŒUR.

Victoire! victoire! victoire!
Réjouissons-nous !
Victoire! victoire!
Pour nous quelle gloire !
Ils sont tombés sous nos coups.

ZERLINE, *courant à Lorenzo.*
C'est lui que je revois!

MILORD ET PAMÉLA, *à Lorenzo.*
De grâce, expliquez-vous.

LORENZO.
En silence et dans l'ombre
Suivant leurs pas errants,
Dans un défilé sombre
J'ai surpris ces brigands.

LE MARQUIS, *à part.* Et je n'étais pas là !

LORENZO.
Longtemps avec audace
Ils se sont comportés ;
Vingt d'entre eux sur la place
En braves sont restés !

LE MARQUIS, *à part.* O fureur !

LORENZO.
Mais l'effroi qui les gagne
Disperse ces bandits,
L'écho de la montagne
A répété ces cris :

LE CHŒUR.

Victoire! victoire! victoire!
Réjouissons-nous !
Victoire! victoire!
Pour nous quelle gloire !
Ils sont tombés sous nos coups.

LORENZO, *à Milord.*
Sur l'un de ces brigands couchés sur la poussière,
J'ai retrouvé, Milord, cet écrin.

MILORD ET PAMÉLA, *s'en emparant.*
C'est le mien!

LE MARQUIS, *à part.*
O sort contraire!
(Montrant Lorenzo.)
Par lui perdre à la fois mes soldats et mon bien !

ENSEMBLE.

LE MARQUIS, BEPPO ET GIACOMO.
Que la fureur et la vengeance
Pour le punir arment nos bras ;
Son sang expira son offense :
Oui, je vous promets son trépas,
Oui, je jure ici son trépas !

ZERLINE, MILORD ET PAMÉLA.
Honneur à sa vaillance!
Le ciel a protégé son bras ;
Oui, je renais à l'espérance ;
Pour moi quel moment plein d'appas!
Oui, quel moment plein d'appas!

LORENZO ET LE CHOEUR.
Victoire! victoire! victoire!
Réjouissons-nous!
Victoire! victoire!
Pour nous quelle gloire!
Ils sont tombés sous nos coups.

LORENZO.
Adieu, Milord.

ZERLINE.
Déjà quitter cette demeure!

LORENZO.
Il le faut.

ZERLINE.
Pourquoi donc repartir à cette heure?

LORENZO.
Le chef de ces bandits a su nous échapper !
Mais je suis sur sa trace, il ne peut nous tromper.
Adieu, Zerline.

PAMÉLA, *le retenant.*
Un instant, je vous prie.
(A Milord.)
Le portefeuille à vous?

MILORD, *le tirant avec peine de sa poche.*
Et pourquoi, chère amie?

PAMÉLA, *ouvrant le portefeuille et y prenant des billets de banque, et s'adressant à Lorenzo.*
Milord, qui chérissait beaucoup les gens de cœur,
De ces dix mille francs est votre débiteur ;
(Montrant la pancarte au fond.)
Lisez plutôt.

LORENZO, *repoussant les billets.*
Jamais ! quelle idée est la vôtre ?

PAMÉLA, *à demi-voix.*
C'est la dot de Zerline ; acceptez aujourd'hui
Un trésor qui pourrait vous en donner un autre.

ZERLINE, *les prenant vivement.*
Moi j'accepte pour lui ;
Le voilà riche, Dieu merci !
Autant que son rival.

LORENZO, *avec joie, et vivement.*
Et je puis...

ZERLINE, *de même.*
A mon père...

LORENZO.
Demander...

ZERLINE.
Dès demain...

LORENZO.
Et ton cœur...

ZERLINE.
Et ma main.

LORENZO.
O sort prospère !

ZERLINE.
Heureux destin !

ENSEMBLE.

LORENZO ET ZERLINE.
Ah ! je renais à l'espérance,
Le ciel me ramène en tes bras ;
D'aujourd'hui mon bonheur commence ;
Pour moi quel moment plein d'appas!

MILORD ET PAMÉLA.
Rendons honneur à sa vaillance,
Le ciel a protégé son bras.

(Regardant l'écrin.)
Cher écrin, ma seule espérance,
Ah! tu ne me quitteras pas.
Quel moment plein d'appas!

ENSEMBLE.
LE MARQUIS, BEPPO ET GIACOMO.
Que la fureur et la vengeance
Pour le punir arment nos bras!
Son sang expira son offense,
Oui, je jure ici son trépas !

LE CHOEUR DE SOLDATS.
Victoire! victoire! etc.

(A la fin de cet ensemble, Lorenzo va parler à ses soldats et les range en bataille.)

LE MARQUIS, *bas, à Beppo et à Giacomo, sur le devant, à droite.*
Tout nous sourit, sachons attendre,
Le père ne peut revenir.

BEPPO.
Et ces soldats ?

LE MARQUIS.
Ils vont partir.
Ils vont ailleurs pour nous surprendre !

LORENZO, *au fond.*
Partons, mes braves compagnons !

LE MARQUIS.
Ils s'éloignent et nous restons.

ZERLINE, *à Lorenzo.*
Demain, songe au bonheur que le ciel te destine.

LE MARQUIS, *bas, à ses compagnons.*
L'or et les diamants, et la dot de Zerline,
Cette nuit...

BEPPO.
Sont à nous, et nous les reprendrons.

ENSEMBLE.

MILORD, PAMÉLA, ZERLINE.
A demain, à demain, oui, nous nous reverrons.
Demain, demain, nous reviendrons.
Partons, partons.

LE MARQUIS, BEPPO, GIACOMO.
Cette nuit, cette nuit, oui, d'eux tous je réponds.
Ils sont à nous, oui, j'en réponds,
Nous les tenons.

LE MARQUIS ET SES COMPAGNONS.
Que la fureur et la vengeance
Pour le punir arment nos bras!
Son sang expira son offense,
Et je jure ici son trépas :
Oui, je jure son trépas.

LORENZO ET ZERLINE.
Mon cœur renaît à l'espérance ;
Demain, demain, tu reviendras ;
Oui, demain tu m'appartiendras :
D'aujourd'hui mon bonheur commence.
Pour moi quel moment plein d'appas!

MILORD ET PAMÉLA.
Le ciel protége sa vaillance?
Il doit encor guider ses pas.
Cher écrin, ma seule espérance,
Ah! tu ne me quitteras pas.

LE CHOEUR DE SOLDATS.
Victoire! victoire ! victoire!
Dieu combat pour nous.
Victoire! victoire!
Pour nous quelle gloire,
Il va tomber sous nos coups.

(Lorenzo, à la tête de ses soldats, défile au fond du théâtre, tandis que des gens de l'auberge apportent des flambeaux au marquis, à Paméla et à Milord, qui se souhaitent le bonsoir. Un garçon d'auberge montre à Beppo et à Giacomo la grange qui est à droite du théâtre, et les emmène de ce côté pendant que les autres entrent dans la maison.)

ZERLINE. Voilà, pour une servante, une taille qui n'est pas mal. — Acte 2, scène 5.

ACTE DEUXIÈME.

Le théâtre représente une chambre d'auberge. Sur les deux premiers plans, à gauche et à droite, deux portes vitrées faisant face au spectateur; sur le second plan à gauche, un lit et une table sur laquelle est un miroir ; à droite, sur le second plan, une porte conduisant dans l'intérieur de la maison. Au fond du théâtre, une croisée donnant sur la rue.

SCÈNE PREMIÈRE.

ZERLINE, *tenant à la main un bougeoir et des flambeaux. Elle entre par la porte à droite, qu'elle laisse ouverte, et parle à la cantonade.*

RÉCITATIF.

Ne craignez rien, Milord! oui, je vais sur-le-champ,
  Pendant que vous êtes à table,
 Préparer votre lit et votre appartement.

(*Descendant le théâtre et posant le bougeoir sur la table.*)
On n'entendit jamais de tapage semblable ;
  J'en perdrai la tête, je crois :
Aller, venir, courir au bruit de vingt sonnettes,
Et de tous ces messieurs écouter les fleurettes,
  On n'a pas un instant à soi.

AIR.

Quel bonheur! je respire. Oui, je suis seule ici;
On me laisse un instant : qu'au moins il soit pour lui!
A peine ai-je le temps de dire que je l'aime.
De peur de l'oublier, je le dis à moi-même.
  Non, pour moi ce mot-là
  Jamais ne s'oubliera.
  (*Montrant son cœur.*)
  Son souvenir est là!
Quel bonheur! je respire. Oui, je suis seule ici;
Ou me laisse un moment, qu'au moins il soit pour lui!
Ce ne sera pas long, car voilà que l'on monte déjà. (*A Milord et à sa femme qui entrent.*) Quand Milord et Milady voudront, leur appartement est prêt. Au bout du corridor.

SCENE II.

LES PRÉCÉDENTS; MILORD, MILADY.

TRIO.

MILORD.
Allons, ma femme,
Allons dormir.
Déjà le sommeil me réclame.
Pour un époux, ah! quel plaisir!
Ah! quel plaisir
De bien dormir!

PAMÉLA.
Eh quoi! Milord, déjà dormir!
Déjà le sommeil vous réclame!
Jadis, je crois m'en souvenir,
Vous étiez moins prompt à dormir.

MILORD.
Pour un époux, ah! quel plaisir!
Ah! quel plaisir
De bien dormir!

ENSEMBLE.

ZERLINE.
Après un an de mariage,
On querelle donc son mari?
Avec le mien, dans mon ménage,
Il n'en sera jamais ainsi.

PAMÉLA.
Après un an de mariage,
Comment! déjà changer ainsi!
Voyez donc le joli ménage,
Voyez donc l'aimable mari!

Après un an de mariage,
Comment! déjà changer ainsi!
Voyez donc le joli ménage!
Je reconnais plus Milady.

MILORD.
Il est minuit, c'est très-honnête;
Il faut partir de grand matin.

PAMÉLA.
Non, vraiment : je reste à la fête;
(*Montrant Zerline.*)
Sa noce elle avait lieu demain.

ZERLINE.
Croyez à ma reconnaissance.

PAMÉLA.
Je veux vous donner des avis.
Ma chère enfant, je veux d'avance
Vous prévenir sur les maris...
Voyez-vous bien, tous les maris..,

MILORD, *l'interrompant.*
Allons, ma femme, allons dormir.

ENSEMBLE.

PAMÉLA.
Eh quoi! Milord, déjà dormir?

ZERLINE.
Milord, Milord aime à dormir?

ZERLINE, *le bougeoir à la main.*
Milord voudrait-il quelque chose?

MILORD.
Un oreiller.

ZERLINE, *allant en prendre un dans le cabinet à droite.*
C'est là, je crois!

PAMÉLA, *à Zerline.*
Où donc est la soubrette à moi?

ZERLINE.
De moi que Madame dispose.

(*Au moment où ils vont sortir, Milord s'arrête et regarde au cou de sa femme.*)

MILORD.
Mais qu'avez-vous donc fait, ma chère,
Du médaillon que d'ordinaire
J'ai l'habitude ici de voir
Attaché par un ruban noir?

PAMÉLA, *un peu troublée.*
Ce portrait?

MILORD.
Oui, ce médaillon?

PAMÉLA, *troublée.*
Il est... il est...

MILORD.
Où donc?

PAMÉLA.
Allons, Milord, allons dormir, etc.

(*Reprise de l'ensemble.*)

(*Zerline, qui a pris un bougeoir et l'oreiller, entre, en les éclairant, dans la chambre à gauche. Milord et sa femme la suivent. La chambre reste dans l'obscurité.*)

SCENE III.

LE MARQUIS, *seul, entrant mystérieusement.*

(*Au moment où ils sortent, le marquis paraît au haut de l'escalier à droite.*)

Ils sont tous retirés dans leurs appartements, et personne, grâce au ciel, ne m'a vu monter cet escalier. Orientons-nous. Au premier, m'a-t-on dit, la seconde chambre au bout du corridor. Voici bien la première chambre, j'y suis. Pour la seconde, est-ce celle-ci? (*Regardant par la porte à droite que Zerline a laissée ouverte.*) Non, un cabinet noir avec des porte-manteaux, des rideaux. (*Regardant de l'autre côté.*) Alors voilà sans doute la porte du corridor qui conduit chez l'Anglais. Pas d'autre issue, notre proie ne peut nous échapper. Il s'agit maintenant d'avertir mes compagnons qu'on a logés dans la grange. (*Ouvrant la fenêtre du fond.*) Ils devraient déjà être dehors, et je ne les vois pas! la nuit est si sombre... Peut-être rôdent-ils autour de la maison. (*Apercevant une mandoline accrochée à l'un des murs.*) Allons, le signal convenu. Et si on m'entendait! qu'importe? Je ne peux pas dormir, je chante. On chante jour et nuit en Italie. D'ailleurs ma chanson n'éveillera pas de soupçons. C'est celle que fredonnent toutes les jeunes filles qui attendent leurs amoureux : et elle est joliment connue dans le pays.

BARCAROLLE.

PREMIER COUPLET.

Agnès la jouvencelle,
Aussi jeune que belle,
Un soir à sa tourelle
Ainsi chantait tout bas :
La nuit cachera tes pas,
On ne te verra pas,
La nuit cachera tes pas;
Et je suis seule, hélas!
C'est ma voix qui t'appelle,
Ami, n'entends-tu pas?

DEUXIÈME COUPLET.

L'instant est si prospère!
Nulle étoile n'éclaire
Ta marche solitaire,
Pourquoi ne viens-tu pas?
Le jour, ma grand'mère, hélas!
Est toujours sur nos pas.
Mais ma grand'mère, là-bas,
Dort après son repas.
L'instant est si prospère!
Ami, n'entends-tu pas?

(*A la fin du couplet, Beppo et Giacomo paraissent à la croisée du fond.*)

SCÈNE IV.

LE MARQUIS, BEPPO, GIACOMO.

LE MARQUIS. Entrez sans bruit.
GIACOMO. Il ne nous a pas été difficile de sortir de la grange où l'on nous avait mis.
BEPPO. Et nous voici exacts au rendez-vous.
LE MARQUIS. Silence! Milord et Milady viennent d'entrer dans leur chambre.
GIACOMO. Et les cent mille écus de diamants qu'ils nous ont pris?
BEPPO. Les cinq cents billets de banque qu'ils nous ont dérobés?
LE MARQUIS, *montrant leur appartement.* Sont là, avec eux. (*Voyant qu'ils font un mouvement pour y courir.*) Où allez-vous?
GIACOMO. Reprendre notre bien.
LE MARQUIS. Un instant! ils ne sont pas encore endormis; il y a dans leur chambre quelqu'un qui ne va pas tarder à en sortir, cette petite servante.
GIACOMO. Zerline?
BEPPO. Nous avons aussi un compte avec elle, car enfin il y a dix mille francs à nous qu'elle a détournés de la masse.
LE MARQUIS. Ils nous reviendront; mais ce n'est pas à elle que j'en veux le plus, c'est à Lorenzo, son amoureux, qui nous a privés d'une vingtaine de braves, et par San-Diavolo, mon patron, je me vengerai de lui, ou je ne suis pas Italien!
ZERLINE, *en dehors de la porte à gauche.* Bonsoir, Milord; il ne vous faut plus rien?
LE MARQUIS. On vient. (*Leur montrant la porte à droite.*) Dans ce cabinet, derrière ces rideaux.
BEPPO, *hésitant.* Ces rideaux!
LE MARQUIS. Eh oui! jusqu'à ce que la petite soit partie! (*Ils entrent tous trois dans le cabinet à droite, dont ils referment la porte.*)

SCÈNE V.

LES PRÉCÉDENTS, *cachés;* ZERLINE, *tenant un bougeoir.*

(*Le théâtre redevient éclairé.*)

ZERLINE. Bonne nuit, Milord; bonne nuit, Milady. Oh! vous dormirez bien : la maison est très-sûre et très-tranquille. (*Posant son bougeoir sur la table près du lit.*) Grâce au ciel, voilà chez nous tout le monde endormi; et je ne suis pas fâchée d'en faire autant, je suis fatiguée de ma journée. Dépêchons-nous de dormir, car il est déjà bien tard, et demain au point du jour il faut être sur pied. (*Elle s'approche du lit, dont elle ôte la courtepointe.*) Mon lit ne vaut pas celui de Milord, non certainement. (*Elle ouvre la porte du cabinet, et place sur la chaise qui est à l'entrée la couverture qu'elle vient de ployer, elle laisse la porte ouverte; cette porte doit s'ouvrir en dehors, c'est-à-dire du côté du spectateur; continuant à parler, elle se rapproche de son lit, et tourne le dos au cabinet.*) Mais c'est égal, j'ai idée que j'y dormirai mieux; je suis heureuse!..
GIACOMO, *paraissant à l'entrée du cabinet dont on vient d'ouvrir la porte.* Il paraît que c'est sa chambre.
BEPPO, *de même.* Qu'allons-nous faire?
LE MARQUIS, *de même.* Attendre qu'elle soit couchée et endormie.
BEPPO. Alors, qu'elle se dépêche.
ZERLINE. Demain matin Lorenzo reviendra; il demandera ma main à mon père, qui ne pourra la lui refuser : car il est riche, il a dix mille francs! (*Les tirant de son corset.*) Les voilà! ils sont à lui! qu'est-ce que j'en dis? ils sont à nous! Le compte y est-il? oui vraiment! J'ai toujours peur qu'il n'en manque. Qu'ils sont jolis! que je les aime! (*Elle les porte à sa bouche.*) Aussi ils ne me quitteront pas. (*Allant les mettre sous son oreiller.*) Ils passeront la nuit à côté de moi, sous mon chevet,
BEPPO, *à part, dans le cabinet.* Ces coquins de billets!
LE MARQUIS. Te tairas-tu?
BEPPO, *avec mauvaise humeur.* On ne peut plus parler maintenant.
ZERLINE, *va chercher la table qui est à côté du lit, et sur laquelle est un miroir en pupitre. Et Francesco, que mon père doit m'amener comme son gendre! Je lui parlerai franchement; je lui dirai que je ne l'aime pas, cela le consolera; et demain, à cette heure-ci, peut-être que je serai la femme de Lorenzo.* (*S'arrêtant.*) Sa femme! il est vrai qu'il y a si longtemps que j'y rêve! tous les soirs en me couchant; mais maintenant il n'y a plus à dire! (*Sur la ritournelle de l'air suivant, elle s'assied près de la table, et commence sa toilette de nuit, elle détache son collier, ses boucles d'oreilles et les rubans de sa coiffure.*)

CAVATINE.

Oui, c'est demain, c'est demain
Qu'enfin l'on nous marie!
C'est demain, c'est demain
Qu'il recevra ma main.
Que mon âme est ravie!
C'est demain, c'est demain,
C'est demain!

(*Détachant son fichu.*)

Nous ferons bien meilleur ménage
Que cette Anglaise et son époux;
Car Lorenzo n'est pas volage,
Il ne sera pas jaloux.
Aye, aye, je n'y prends pas garde,
Et je me pique!

(*Elle presse son doigt.*)

BEPPO, *regardant par la porte vitrée.*
Elle est jolie ainsi!

(*Sur un geste menaçant que lui fait le marquis.*)
Je ne parle pas, je regarde.

LE MARQUIS, *le repoussant et prenant sa place.*
Va-t'en, c'est moi qui dois tout observer ici.

ZERLINE, *continuant l'air tout en faisant sa toilette.*
Je suis sûre de mon mari;
En sa femme il a confiance;
Aussi pour moi quelle espérance!
C'est demain, c'est demain
Qu'enfin l'on nous marie!
C'est demain, c'est demain,
Qu'il recevra ma main!
Que mon âme est ravie!
C'est demain, c'est demain,
C'est demain!

(*Elle a ôté son tablier, ses manches et son corset, elle reste le cou et les bras nus et avec une petite robe de dessous.*)

Pour moi, je n'ai pas l'élégance
Ni les attraits de Milady.

(*Se regardant.*)

Pourtant Lorenzo, quand j'y pense,
N'est pas à plaindre, Dieu merci!

(*Se retournant pour voir sa taille.*)

Oui, voilà, pour une servante,
Une taille qui n'est pas mal;
Vraiment, vraiment, ce n'est pas mal :
Je crois qu'on en voit de plus mal.

(*Avec satisfaction.*)

Oui, oui, j'en suis assez contente.

LE MARQUIS ET LES DEUX AUTRES, *dans le cabinet, ne pouvant contenir un éclat de rire.*
Ah! ah! c'est original.

ZERLINE, *effrayée, s'arrêtant.*
Je crois qu'on vient de rire.
(*Elle remonte le théâtre, écoute du côté du cabinet et n'entend plus rien.*)
Est-ce en la chambre de Milord?
(*Allant écouter.*)
Non, il ne rit jamais; je n'entends rien! il dort.
(*Reprenant, avec gaieté.*)
C'est demain, c'est demain,
Ce jour que je désire;
C'est demain, c'est demain,
Qu'il recevra ma main.
Ah! quel bonheur de dire :
C'est demain, c'est demain!
(*Elle reporte la table près du lit, et s'y asseyant, elle défait ses souliers.*)
Allons, allons, il faut dormir.
LE MARQUIS ET SES COMPAGNONS.
C'est heureux!
ZERLINE.
Lorenzo, que ton doux souvenir
Pour un seul instant m'abandonne!
Laisse-moi prier ma patronne.
(*Se mettant à genoux près du lit.*)
O Vierge sainte, en qui j'ai foi,
Veillez sur lui! veillez sur moi!
(*Se relevant et s'asseyant sur le lit.*)
Bonsoir, bonsoir, mon ami,
Mon mari.
O Vierge sainte, en qui j'ai foi,
Priez pour lui, priez pour m...
(*Le sommeil la saisit, ses yeux se ferment et sa tête tombe sur son oreiller.*)
LE MARQUIS, BEPPO ET GIACOMO, *sortant du cabinet.*
Que la prudence
Guide nos pas!
Que la vengeance
Arme nos bras!
LE MARQUIS, *s'approchant de la lumière qui est sur la table et qu'il éteint.*
Elle dort!
BEPPO.
Non sans peine.
Je croyais, capitaine,
(*Montrant le cabinet.*)
Que nous y resterions toujours.
GIACOMO.
Qu'une jeune fillette
Est longue en sa toilette,
Ainsi qu'en ses pensers d'amours!
BEPPO.
Entrons chez Milord!
LE MARQUIS.
Du mystère!
GIACOMO, *montrant son poignard.*
Je sais comment le faire taire.

ENSEMBLE.

Oui, la prudence
Veut son trépas!
Que la vengeance
Arme nos bras!

GIACOMO, *prêt à entrer dans la chambre de Milord.*
Marchons!
BEPPO, *l'arrêtant et lui montrant Zerline.*
Et cette jeune fille,
Que le bruit pourrait éveiller,
A son secours peut appeler.
LE MARQUIS.
Beppo par la prudence brille.
GIACOMO.
Que faire?
BEPPO.
Commençons par elle.

GIACOMO, *au marquis.*
Le veux-tu?
LE MARQUIS.
C'est dommage!
BEPPO.
Qu'ai-je entendu?
Le capitaine y met de la délicatesse!
LE MARQUIS.
Moi, faquin, pour qui me prends-tu?
(*Lui donnant son poignard.*)
Tiens, frappe! et point de faiblesse.

ENSEMBLE.

Oui, la prudence
Veut son trépas!
Que la vengeance
Arme nos bras!

(*Beppo passe derrière le lit en faisant face aux spectateurs. Il lève le poignard pour frapper Zerline.*)
ZERLINE, *dormant et répétant les derniers mots de sa prière.*
O Vierge sainte, en qui j'ai foi,
Veillez sur lui, veillez sur moi!
(*Beppo, troublé, hésite.*)
GIACOMO.
N'importe, frappe!
LE MARQUIS, *détournant la tête.*
Allons, n'hésite pas.
(*Beppo lève le bras de nouveau et va frapper, lorsqu'on entend heurter violemment en dehors. Tous trois, étonnés, s'arrêtent.*)
C'est en dehors, c'est à la grande porte!
Que veut dire ce bruit?
(*On frappe plus fort.*)
ZERLINE, *étendant les bras.*
Quoi! déjà m'éveiller! Qui frappe de la sorte
Au milieu de la nuit?
LE CHŒUR, *en dehors.*
Qu'on se réveille en cette auberge!
Voici de braves cavaliers.
Ouvrez vite! qu'on les héberge!
Car ce sont des carabiniers;
Oui, ce sont des carabiniers.
BEPPO.
Des carabiniers?
(*Tremblant.*)
Capitaine!
LE MARQUIS, *froidement.*
As-tu donc peur?
BEPPO.
Qui les ramène?
LORENZO, *en dehors.*
Zerline! Zerline! écoute-moi :
C'est ton amant qui revient près de toi.
ZERLINE, *avec joie.*
C'est Lorenzo!
GIACOMO.
Grands dieux!
LE MARQUIS, *avec colère.*
Ah! j'en aurai vengeance!
Mais d'ici là de la prudence!

ENSEMBLE.

TOUS TROIS, *se retirant vers le cabinet.*
Que la prudence
Guide nos pas;
Faisons silence;
Ne nous montrons pas.
LORENZO ET LES CAVALIERS, *en dehors.*
Qu'on se réveille en cette auberge!
Voici de braves cavaliers.
Ouvrez vite qu'on les héberge!
Ce sont des carabiniers.
(*Ils frappent de nouveau à la porte.*)

ZERLINE, *qui pendant le chœur précédent s'est habillée à la hâte, a remis ses souliers, etc.* Mais un instant! un instant! par Notre-Dame! donnez-vous patience. (*Allant à la fenêtre du fond qu'elle ouvre.*) Est-ce bien vous, Lorenzo?
LORENZO, *en dehors.* Sans doute.
ZERLINE. Vous en êtes bien sûr?
LORENZO. Moi et mes camarades, que depuis une heure vous faites attendre.
ZERLINE. Il faut bien le temps de s'habiller! quand on est réveillée en sursaut. Mais tenez, (*Jetant une clé par la fenêtre.*) vous entrerez par la cuisine, et voici la clé; la lampe y est allumée, d'ailleurs voici le jour qui commence à poindre. (*Elle referme la croisée et revient près du lit achever sa toilette.*) Dépêchons-nous à grand renfort d'épingles; encore faut-il être présentable, surtout devant des militaires; c'est terrible! (*Le bruit redouble en bas à gauche; en dehors, on entend Milord.*)
MILORD. Calmez-vous, Milady! je allais voir ce que c'était... je avais payé pour le dormir tranquille, et on volait à moi mon argent!

SCÈNE VI.

ZERLINE, LORENZO, *entrant par la porte à droite,* puis MILORD.

ZERLINE, *apercevant Lorenzo et s'enveloppant vivement dans le rideau du lit.* Ah! mon Dieu! c'est déjà vous! on n'entre pas ainsi à l'improviste chez les gens! c'est très-mal.
LORENZO. Ma Zerline, pardonne-moi; tu es si jolie dans ce négligé!
MILORD, *entrant et apercevant Lorenzo.* C'est vous, la brigadier? D'où venait ce bruit, et qui ramenait vous ainsi?
LORENZO. De bonnes nouvelles! je crois que maître Diavolo ne peut nous échapper.
ZERLINE ET MILORD. Vraiment!
LORENZO. Nous avions de mauvais renseignements, et nous le poursuivions dans une fausse direction, lorsqu'à trois lieues d'ici nous avons rencontré un brave meunier qui nous a dit: Seigneurs cavaliers, je sais où est le bandit que vous cherchez, il n'est pas à la montagne; je connais sa figure, car j'ai été deux jours son prisonnier, et ce soir je l'ai vu passer dans une voiture découverte et suivant la route de Terracine.
ZERLINE. Il serait possible!
LORENZO. Il nous a offert alors de nous conduire, de ne pas nous quitter: ce que j'ai accepté, et de grand cœur; quand il ne servirait qu'à le désigner, c'est déjà beaucoup, et nous allons nous remettre à sa poursuite; mais paravant, j'ai voulu faire prendre à mes soldats quelques heures de repos, car ils ont marché toute la nuit et meurent de faim.
MILORD. Mourir de faim! c'était un vilain mort.
ZERLINE. Jésus Maria! Et vous, Monsieur?
LORENZO. Et moi aussi! pour être brigadier, cela n'empêche pas.
ZERLINE. Il y a d'autres auberges, où vous auriez depuis longtemps trouvé à souper.
LORENZO. Il n'y avait que celle-ci où j'aurais trouvé Zerline.
ZERLINE. Ah! ah! c'est pour cela?
LORENZO. Justement; aussi je disais toujours: Cavaliers! en avant, marche! Voilà les occasions où il est agréable d'être commandant.
ZERLINE. Ce pauvre garçon! je vais vous chercher à manger.
LORENZO. Non, commencez par mes camarades; ceux qui ne sont pas amoureux sont plus pressés. Va vite, ma Zerline.

ZERLINE. Ma Zerline! Il se croit déjà mon mari.
LORENZO, *la serrant dans ses bras.* Pas aujourd'hui; mais demain!
ZERLINE. Finissez, Monsieur! finissez. Je ne sais pas ce que vous voulez dire. Et tenez! tenez! voilà vos camarades qui s'impatientent. (*On entend les cavaliers qui sonnent et frappent sur les meubles.*) Holà! la fille! holà! quelqu'un!
ZERLINE, *se dégageant des bras de Lorenzo.* Ils ne sont pas comme vous, ils sont bien sages. — Voilà, voilà. — Je vais leur donner tout ce qu'il y a de meilleur pour vous l'apporter... Eh! mon Dieu! quel tapage! (*Elle sort en courant.* — *Il est grand jour.*)

SCÈNE VII.

LORENZO, MILORD.

MILORD. Et moi, messié la brigadier, je allais retrouver Milady qui était capable pour mourir de frayeur. J'ai dit: rassurez-vous, je vais aller voir. (*Contrefaisant la voix d'une femme.*) Milord, mon cher milord, ne laissez pas moi toute seule! Et elle serrait moi tendrement beaucoup. C'était pas arrivé depuis bien longtemps.
LORENZO, *souriant.* Vous voyez qu'à quelque chose la frayeur est bonne.
MILORD. Yes, c'était bonne pour des femmes. (*Continuant à parler pendant que Lorenzo remonte le théâtre, il regarde par la porte à droite si Zerline revient, et redescend à gauche du spectateur. Il s'assied près de la table.*) Mais pour nous autres, messié la brigadier, nous autres qui étaient des hommes... (*On entend dans le cabinet à droite le bruit d'une chaise qu'on renverse.*)
MILORD, *effrayé.* Hein! avez-vous entendu?
LE MARQUIS, *bas, à Beppo dans le cabinet.* Maladroit!
LORENZO, *froidement.* C'est le bruit d'un meuble qu'on a renversé.
MILORD. Nous n'étions pas seuls ici?
LORENZO. C'est sans doute Milady ou sa femme de chambre.
MILORD. Non elle n'est pas de ce côté : il n'y avait personne.
LORENZO, *toujours assis.* Vous croyez?
MILORD, *inquiet et regardant.* Je en étais persuadé!
BEPPO. Nous sommes perdus!

FINAL.

MILORD.
N'était-il pas prudent de reconnaître
Ce qui se passe là-bas?
LORENZO *se levant.*
On peut voir.
MILORD, *l'engageant à passer.*
Yes, voyez.
BEPPO, *dans le cabinet.*
C'est fait de nous!
LE MARQUIS, *de même.*
Peut-être.
Laissez-moi faire et ne vous montrez pas.

(*Au moment où Lorenzo traverse le théâtre pour entrer dans le cabinet, le marquis en ouvre la porte qu'il referme.*)

SCENE VIII.

LORENZO, MILORD, LE MARQUIS.

LORENZO ET MILORD.
Ah! grand Dieu!
LE MARQUIS, *le doigt sur la bouche.*
Du silence!
MILORD.
C'est messié le marquis.
LORENZO.
Ce seigneur qu'hier soir j'ai vu dans ce logis?
MILORD.
Lui--même!
LORENZO, *vivement, et à voix haute.*
Qui l'amène à cette heure?
LE MARQUIS, *à demi-voix.*
Silence!
J'ai d'importants motifs pour cacher ma présence.
LORENZO ET MILORD.
Quels sont-ils?
LE MARQUIS, *feignant l'embarras.*
Je ne puis les dire en ce moment;
Si c'était, par exemple, un rendez-vous galant?
LORENZO ET MILORD.
O ciel!
LE MARQUIS, *passant entre eux deux.*
En votre honneur je mets ma confiance.
LORENZO ET MILORD.
Achevez!
LE MARQUIS.
Eh bien! oui, je l'avoue entre nous,
Soyez discrets, c'est un rendez-vous.

ENSEMBLE.

MILORD.
Quel soupçon dans mon âme
Se glisse malgré moi!
Si c'était pour ma femme!
Ah! j'en tremble d'effroi!

LORENZO.
Quel soupçon dans mon âme
Se glisse malgré moi!

LE MARQUIS.
Je ris au fond de l'âme
Du trouble où je les voi;
Le courroux qui l'enflamme
Est un plaisir pour moi.

BEPPO ET GIACOMO, *dans le cabinet.*
L'espoir rentre en mon âme;
J'en sortirai, je crois!
Le courroux qui l'enflamme
A banni mon effroi.

MILORD, *au marquis.*
Peut-on savoir au moins... la nuit... à la sourdine,
Pour qui donc vous veniez ici?
LORENZO, *à voix basse, et d'un air menaçant.*
Était-ce pour Zerline?
MILORD, *de même, de l'autre côté.*
Est-ce pour Milady?
LE MARQUIS.
Qu'importe? de quel droit m'interroger ainsi?
De mes secrets ne suis-je pas le maître?
MILORD ET LORENZO, *chacun à voix basse et aux deux
côtés du marquis.*
Pour laquelle des deux?

LE MARQUIS, *riant.*
Pour toutes deux, peut-être.
MILORD ET LORENZO.
Monsieur, sur ce doute outrageant
Vous vous expliquerez ici même à l'instant.
LE MARQUIS, *à part avec joie, et les regardant l'un après
l'autre.*
De tous mes ennemis, enfin, j'aurai vengeance!
(*Prenant Milord à part, et à demi-voix.*)
Pour vous-même, Milord, ne faites point de bruit!
De Milady, c'est vrai, les charmes m'ont séduit;
Et ce portrait charmant, gage de ma constance...
(*Il tire de sa poche le médaillon qu'il lui montre.*)
MILORD, *furieux.*
Ah! goddam! nous verrons!
LE MARQUIS, *froidement, et à voix basse.*
Quand vous voudrez, suffit.
(*Prenant à part Lorenzo, et montrant Milord.*)
Je voulais à ses yeux dérober ton offense,
Mais tu l'exiges...
LORENZO.
Oui!
LE MARQUIS, *montrant le cabinet.*
J'étais là... je venais...
Pour Zerline.
LORENZO.
Grand Dieu!
LE MARQUIS.
Tu comprends, je suppose?
LORENZO.
Être trahi par elle! et je le souffrirais!
Courons!
LE MARQUIS, *le retenant par la main.*
Je n'entends point qu'un tel aveu l'expose!
LORENZO.
Vous la défendez?
LE MARQUIS.
Oui; pour elle, point d'éclat.
LORENZO, *s'arrêtant et regardant le marquis avec une
fureur concentrée.*
Quand un grand ne craint pas d'outrager un soldat,
S'il a du cœur...
LE MARQUIS, *à demi-voix.*
J'entends! tantôt, seul, à sept heures,
Aux Rochers noirs.
LORENZO, *de même.*
C'est dit.
LE MARQUIS, *à part, avec joie.*
Il n'en reviendra pas,
Mes compagnons, dans ces sombres demeures,
De nos braves sur lui vengeront le trépas.

ENSEMBLE.

LORENZO.
O fureur! ô vengeance!
Elle a pu me trahir!
Après son inconstance
Je n'ai plus qu'à mourir!

LE MARQUIS.
O bonheur! ô vengeance!
Tout va me réussir!
Je punis qui m'offense:
Ah! pour moi quel plaisir!

MILORD.
O fureur! ô vengeance!
Elle a pu me trahir?
Gardons bien le silence;
Mais sachons la punir!

BEPPO ET GIACOMO.
O bonheur! ô vengeance!
Il s'en tire à ravir!
Attendons en silence
Le moment de sortir.

SCÈNE IX.

LES PRÉCÉDENTS; PAMÉLA, *sortant de la chambre à gauche*; ZERLINE, *entrant par la porte à droite.*

PAMÉLA.
Dans cette auberge quel tapage!
(*A son mari.*)
Vous veniez pas me rassurer.
ZERLINE, *allant à Lorenzo.*
Venez, j'ai fait tout préparer.
ZERLINE ET PAMÉLA, *l'une à Lorenzo, l'autre à Milord.*
Pourquoi donc ce sombre visage?
MILORD ET LORENZO, *à part.*
La perfide!
PAMÉLA, *tendrement.*
Mon cher époux!
MILORD.
Laissez-moi! je voulais me séparer de vous.
PAMÉLA.
Pourquoi donc?
MILORD.
Je voulais.
ZERLINE, *de l'autre côté, à Lorenzo.*
Lorenzo, qu'avez-vous?
LORENZO, *froidement et sans la regarder.*
Laissez-moi! laissez-moi!
ZERLINE ET PAMÉLA.
Quel est donc ce mystère!
LORENZO.
Pour vous, pour votre bonheur, je consens à me taire.
ZERLINE.
Que dit il?
LORENZO.
Mais partez!
ZERLINE.
Lorenzo!
LORENZO.
Laissez-moi!
ZERLINE.
Écoutez.
LORENZO.
Je ne puis! je vous rends votre foi!
(*Bas, au marquis.*)
Ce matin aux rochers.
LE MARQUIS, *de même.*
C'est dit : comptez sur moi.

ENSEMBLE

LORENZO, *de même.*
Comptez sur moi!
ZERLINE.
C'est fait de moi!
MILORD, *à sa femme.*
Oui, laissez-moi!
PAMÉLA.
Mais qu'avait-il donc contre moi?
ZERLINE.
Voilà donc sa constance!
Il ose me trahir.
Pour moi plus d'espérance!
Je n'ai plus qu'à mourir.
LORENZO.
O fureur! ô vengeance!
Elle a pu me trahir!
Après son inconstance
Je n'ai plus qu'à mourir.
LE MARQUIS, *qui tient le milieu du théâtre, et qui les regarde tous avec joie.*
O bonheur! ô vengeance!
Tout va me réussir;
Je punis qui m'offense;
Ah! pour moi quel plaisir!
PAMÉLA.
Le dépit, la vengeance,
A moi se font sentir;
Milord de son offense
Pourra se repentir!
MILORD.
O fureur, ô vengeance!
Elle a pu me trahir!
Gardons bien le silence;
Mais sachons la punir.
BEPPO ET GIACOMO, *dans le cabinet.*
O bonheur! ô vengeance!
Il s'en tire à ravir;
Attendons en silence
Le moment de sortir.

(*Milord veut entrer dans sa chambre; Paméla s'attache à ses pas et l'arrête. Lorenzo, qui veut s'élancer sur l'escalier à droite, est retenu par Zerline qui le conjure encore de l'écouter. Beppo et Giacomo entr'ouvrent la porte du cabinet pour sortir. Le marquis étend la main vers eux et leur fait signe d'attendre encore. La toile tombe.*)

ACTE TROISIÈME.

Le théâtre représente un riant paysage d'Italie; à gauche des spectateurs, une porte extérieure de l'auberge, et devant, un bouquet d'arbres; à droite, une table et un banc de pierre, et derrière, un bosquet; au fond, une montagne et plusieurs sentiers pour y arriver. Au sommet de la montagne, un ermitage avec un clocher.

SCÈNE PREMIÈRE.

DIAVOLO, *seul, descendant de la montagne.*

RÉCITATIF.

J'ai revu nos amis! tout s'apprête en silence
Pour seconder ma vengeance,
Et pour combler tous mes vœux;
Est-il un destin plus heureux?

AIR.

Je vois marcher sous mes bannières
Des braves qui me sont soumis;
J'ai pour sujets et tributaires
Les voyageurs de tous pays.
Aucun d'eux ne m'échappe,
Je leur commande en roi,

MILORD. C'est vous, la brigadier? — Acte 2, scène 6.

Et les soldats du pape
Tremblent tous devant moi.
On m'amène un banquier : — De l'or! — De l'or! — De l'or!
Là c'est un grand seigneur : — De l'or! — De l'or! — De l'or!
Là c'est un fournisseur : — Que justice soit faite!
De l'or! de l'or! bien plus encor.

Là c'est un pauvre pèlerin :
— « Je suis sans or, je suis sans pain! »
— En voici, camarade ; et poursuis ton chemin.
Là c'est une jeune fillette,
Comme elle tremble, la pauvrette!
« Par charité, laissez-moi, je vous prie!
« Ah! ah! ah! ah!
« Par charité, ne m'ôtez pas la vie!
« Ah! ah! ah! ah!
« Grâce, monseigneur le brigand!
« Je ne suis qu'une pauvre enfant. »

CAVATINE.

Nous ne demandons rien aux belles :

L'usage est de les épargner ;
Mais toujours nous recevons d'elles
Ce que leur cœur veut nous donner.
Ah! quel plaisir et quel enchantement!
Le bel état que celui de brigand!
Mais, mais, dans cet état charmant...

RONDEAU.

Il faut se hâter, le temps presse,
Il faut se hâter de jouir!
Le sort, qui nous caresse,
Demain pourra nous trahir.
Quand des périls de toute espèce
Semblent toujours nous menacer,
Et plaisir et richesse,
Il faut gaiment tout dépenser.
Ah! le bel état!

Aussi puissant qu'un potentat,
Partout j'ai des droits,
Et moi-même je les perçois.
Je prends, j'enlève, je ravis

D AVOLO, seul, descendant de la montagne. — Acte 3, scène 1.

Et les femmes et les maris.
J'ai fait battre souvent leur cœur,
L'un d'amour, l'autre de frayeur.
L'un en tremblant dit : Monseigneur !
Et l'autre dit : Cher voleur ! cher voleur !

Il faut se hâter, le temps presse, etc.

Oui, tout mon plan est arrêté, et j'espère que cette fois messire Lorenzo ne pourra plus le déranger. Six heures viennent de sonner à l'horloge de l'auberge ; dans une heure j'en serai débarrassé. Il est jaloux, il est brave : il ira au rendez-vous. (*Souriant.*) J'ai donné ma procuration à mes compagnons qui l'attendent, et qui se font toujours une fête de mettre du plomb dans la tête d'un brigadier romain. Moi, pendant ce temps, et sitôt que le détachement sera parti.. Oui, si j'ai bonne mémoire, le père de Zerline, Mathéo, revient ce matin avec son gendre pour la noce ; et pendant qu'ils seront tous à la chapelle, les billets de banque à Milord, ses bijoux, et jusqu'à Milady...

je lui dois cela, je l'inviterai à venir passer quelque temps avec nous à la montagne. En sera-t-elle fâchée ? Elle le dira. (*Avec fatuité.*) Mais je ne le crois pas ; il est si agréable de pouvoir raconter son aventure dans toutes les sociétés de Londres. (*Contrefaisant une voix de femme.*) « Ah ! ma chère, quelle horreur ! j'ai été enlevée par les brigands les plus aimables et les plus respectueux. — Vraiment ? — Je vous le jure. » Elles voudront toutes, d'après cela, faire le voyage d'Italie. (*Regardant autour de lui.*) L'essentiel est de guetter le départ de Lorenzo et celui du détachement. Je ne vois pas paraître Beppo et Giacomo que j'ai laissés ici en éclaireurs ; et je n'ose les aller chercher dans l'auberge : car les carabiniers sont sur pied, et si je rencontrais ce paysan qu'ils ont amené et qui me connaît... Un ingrat ! qu'on s'est contenté de voler. Voilà une leçon pour l'avenir. (*Écoutant.*) On vient ! (*Tirant des tablettes.*) Ayons recours au messager convenu. (*Montrant un des arbres du bosquet à droite.*) Le creux de cet arbre... à Beppo et à Giacomo, deux mots qu'c x seuls pourront comprendre. (*Il déchire la feuille de ses tablettes, la ploie, la jette dans l'arbre et s'éloigne par la droite.*)

SCÈNE II.

MATHÉO, FRANCESCO, Paysans et Paysannes, *paraissant au haut de la montagne. Ils ont tous des feuillages à leur coiffure.*

CHŒUR.

C'est aujourd'hui Pâques fleuries !
De nos vallons, de nos prairies,
Accourez tous ; voici
Ce jour si joli !
Garçon, fillette,
Vite, qu'on mette
De verts rameaux
A vos chapeaux !
C'est grande fête !
Voici, voici
Ce jour si joli !

SCÈNE III.

Les précédents, *descendant de la montagne*; BEPPO ET GIACOMO, *sortant de la gauche, près de l'auberge.*

GIACOMO.
Paresseux, viendras-tu ?
BEPPO.
C'est bien le moins qu'on prenne
Une heure de sommeil.
GIACOMO.
Et si le capitaine
Nous attendait ?
(*S'arrêtant sous le bosquet à gauche.*)
Eh ! mais voici tout le hameau.
BEPPO.
Eh ! oui, c'est jour de fête ; et, cependant, regarde,
Tu n'as pas seulement un buis à ton chapeau !
Veux-tu donc nous porter malheur ?
GIACOMO, *cueillant une branche d'arbre.*
Le ciel m'en garde !
Dès longtemps pour son zèle on connaît Giacomo.

CHŒUR.

C'est aujourd'hui Pâques fleuries !
De nos vallons, de nos prairies,
Accourez tous ; voici
Ce jour si joli !
Garçon, fillette,
Vite, qu'on mette
De verts rameaux
A vos chapeaux !
C'est grande fête !
Voici, voici
Ce jour si joli !

MATHÉO.
Est-il un plus beau jour pour entrer en ménage ?

(*A Francesco, qui est près de lui, le bouquet au côté.*)
Mon gendre, avant d'offrir vos vœux et votre hommage,

(*Montrant des jeunes filles et des garçons qui s'arrêtent au haut de la montagne, et qui s'agenouillent à la porte de l'ermitage.*)

A Notre-Dame des Rameaux
Faisons comme eux la prière d'usage.

LE CHŒUR, *se mettant à genoux.*
O sainte Vierge des Rameaux,
Exauce aujourd'hui nos prières !
Veille toujours sur nos chaumières,
Protége toujours nos travaux !
MATHÉO, *montrant sa maison, où est sa fille.*
Conserve à ma tendresse
L'enfant que je chéris !

CHŒUR DES HOMMES.

Donne-nous la richesse !

CHŒUR DES JEUNES FILLES.

Donne-nous des maris !

CHŒUR GÉNÉRAL.

O sainte Vierge des Rameaux !
Exauce aujourd'hui nos prières !
Veille toujours sur nos chaumières !
Protége toujours nos travaux !

(*Mathéo leur montre la porte de l'auberge, et engage tous les gens de la noce à entrer chez lui.*)

CHŒUR.

C'est grande fête
Aujourd'hui.
Garçon, fillette,
Voici, voici
Ce jour si joli !

(*Ils sortent tous par la porte à gauche.*)

SCÈNE IV.

BEPPO, GIACOMO.

GIACOMO. Ils s'éloignent. (*Regardant par les sentiers du fond qui sont à droite et à gauche.*) Vois-tu le capitaine ?
BEPPO, *s'asseyant sur le banc à droite.* Non ; il est peut-être déjà parti.
GIACOMO. Et que fais-tu là ! à quoi t'occupes-tu ?
BEPPO. Je m'occupe... à rien faire ; c'est si doux de ce beau soleil-là !
GIACOMO. Dans le cas où le capitaine ne pourrait nous rejoindre, il a dit que nous trouverions ses instructions dans le creux de l'arbre, près de la treille.
BEPPO, *se retournant et mettant son bras dans l'arbre.* C'est ici, il y a quelque chose, un papier, et de son écriture...
GIACOMO. Lisons.
BEPPO. Lis toi-même.
GIACOMO, *lisant.* « Dès que l'amoureux de la petite sera
« parti pour le rendez-vous où nos braves l'attendent, les
« carabiniers pour leur expédition contre nous, et les gens

« de l'auberge pour la noce, vous m'en avertirez en son-
« nant la cloche de l'ermitage. Je viendrai alors avec quel-
« ques braves, et me charge de Milord et de Milady. At-
« tendez-moi. »

BEPPO. C'est clair...

GIACOMO. Clair ou non, dès qu'il le dit, il faut le faire; il s'agit de guetter le départ des carabiniers.

BEPPO. Ce ne sera pas long, nous venons de les voir sur pied et prêts à se mettre en route.

GIACOMO. Tant mieux...

BEPPO. Il n'y a qu'une chose qui m'embarrasse. Attaquer ce milord un dimanche! un jour de fête!

GIACOMO. Si c'était un chrétien, mais un Anglais! cela doit nous porter bonheur pour le reste de l'année.

BEPPO. Tu as raison; que le ciel nous soit en aide!

GIACOMO. Mais tiens, voici l'amoureux, le brigadier Lorenzo, qui vient de ce côté; il est triste, il soupire.

BEPPO. Il fait bien de se dépêcher : car s'il va au rendez-vous que lui prépare le capitaine, il n'aura pas longtemps à soupirer.

GIACOMO. Viens, laissons-le, et ne le perdons pas de vue. (*Ils s'éloignent par le sentier à droite qui est derrière la treille.*)

—

SCENE V.

LORENZO, *sortant de l'auberge, à gauche.*

ROMANCE.

PREMIER COUPLET.

Pour toujours, disait-elle,
Je suis à toi;
Le sort peut bien t'être infidèle,
Mais non pas moi!
Et déjà la perfide adore
Un autre amant!
Ah! je ne puis le croire encore :
Je l'aimais tant!

DEUXIÈME COUPLET.

Allons, que l'honneur seul me guide,
Je veux la fuir!
Je veux oublier la perfide,
Et puis mourir!
Oui, je la hais, oui, je l'abhorre,
Et cependant
Je ne puis l'oublier encore :
Je l'aimais tant!

Et j'ai su me contraindre, j'ai eu le courage de l'épargner! quand je puis, à haute voix, devant son père, devant tout le monde, lui reprocher sa trahison!.. Qu'ai-je dit?.. moi! déshonorer celle que j'ai aimée! la perdre à jamais! non, qu'elle se marie, qu'elle soit heureuse si elle peut l'être; elle n'entendra de moi ni plaintes, ni reproches. Voici bientôt l'heure du rendez-vous; j'irai, j'irai me faire tuer pour elle, ce sera ma seule vengeance.

SCÈNE VI.

LORENZO, MATHÉO, ZERLINE, *sortant de l'auberge, à gauche.*

MATHÉO. Mettez là une table et du vin! les gens de la noce et les carabiniers ne seront pas fâchés de boire un coup avant de partir. Des carabiniers, c'est toujours altéré! (*Mathéo va et vient pendant toute la scène suivante. Durant ce temps, Zerline s'est approchée de Lorenzo qui est dans le coin à droite.*)

ZERLINE, *timidement.* Lorenzo, c'est moi qui vous cherche. Voici mon père de retour.

LORENZO. C'est bien.

ZERLINE. Francesco est avec lui!

LORENZO, *un peu ému.* Francesco!

ZERLINE. Il me l'a présenté comme son gendre. Tout est prêt pour notre mariage.

LORENZO, *à part.* Tant mieux!

ZERLINE. Dans une heure, je vais être à un autre, si vous ne parlez pas, si vous ne daignez pas m'expliquer votre étrange conduite.

MATHÉO, *à la table à gauche.* Qu'est-ce que tu fais donc, au lieu de venir m'aider?

ZERLINE, *allant à lui tout en regardant Lorenzo.* Me voici, mon père.

—

SCENE VII.

LES PRÉCÉDENTS; BEPPO ET GIACOMO, *entrant par la droite.*

BEPPO, *s'asseyant près de la table à droite sous la treille.* D'ici nous pouvons tout surveiller.

ZERLINE, *qui s'est approchée de Lorenzo.* Lorenzo, dites-moi la vérité; qu'avez-vous contre moi? qu'avez-vous à me reprocher?

BEPPO ET GIACOMO, *frappant sur la table.* Allons, la fille! ici! à boire!

MATHÉO. Eh bien! eh bien! tu n'entends pas qu'on t'appelle?

ZERLINE, *avec impatience.* Tout à l'heure. Il s'agit bien de cela dans ce moment! (*Elle fait un signe à un garçon qui apporte à boire à Beppo et à Giacomo; Zerline cherche encore à parler à Lorenzo; mais dans ce moment entrent les cavaliers.*)

SCENE VIII.

LES PRÉCÉDENTS; SOLDATS DU DÉTACHEMENT.

CHŒUR.

Allons, allons, mon capitaine,
Voici le jour qui nous ramène
Et les combats et le plaisir.
Allons, allons, il faut partir!

MATHÉO.
Quoi! déjà vous mettre en campagne!

LE CHŒUR DE SOLDATS.
Dès longtemps l'aurore a paru :
Sept heures vont bientôt sonner.
LORENZO, *à part.*
Qu'ai-je entendu?
(*Aux soldats.*)
Nous partons.
A un sous-officier qu'il prend à part.)
Ecoute : au pied de la montagne
Un quart d'heure tu m'attendras!
Et si je ne reparais pas,
A ma place commande et dirige leur zèle.
MATHÉO.
Quoi! seul dans ces rochers!
LORENZO.
C'est l'honneur qui m'appelle!
BEPPO, *à part.*
C'est à la mort qu'il va courir.
GIACOMO.
Enfin, enfin, il va partir!
ZERLINE, *regardant Lorenzo.*
Je ne puis le laisser partir.
Il faut...

(*Elle va s'avancer vers lui ; en ce moment Francesco et toute la noce arrivent et l'entourent.*)

SCÈNE IX.

LES PRÉCÉDENTS; HABITANTS ET HABITANTES DU VILLAGE, avec des bouquets; MILORD, PAMÉLA.

ENSEMBLE.

LE CHŒUR DE VILLAGEOIS.

Allons, allons, jeunes fillettes,
Les tambourins et les musettes
Annoncent l'instant du plaisir;
Et pour la noce il faut partir.

LE CHŒUR DE SOLDATS.

Allons, allons, mon capitaine,
Voici le jour qui nous ramène
Et les combats et le plaisir.
Allons, allons, il faut partir!

MATHÉO, *unissant Francesco et Zerline.*
Allons, enfants, votre bonheur commence.
(*A Zerline, montrant Francesco.*)
Dans un instant il recevra ta foi.
ZERLINE.
Tout est fini! pour moi plus d'espérance!
(*Voyant Lorenzo qui va partir, elle s'approche de lui.*)
Ah! Lorenzo, de grâce, écoutez-moi!
Qu'ai-je donc fait?
LORENZO, *avec une fureur concentrée.*
Perfide!

ZERLINE, *à haute voix.*
Achevez!
LORENZO, *à demi-voix, et lui imposant silence.*
Imprudente!
Songez à cet amant que cette nuit j'ai vu
Non loin de vous caché...
ZERLINE.
Qu'ai-je entendu?
De surprise et d'horreur je suis toute tremblante!
(*Lorenzo, qui s'est brusquement éloigné d'elle, va retrouver ses soldats qui sont au fond du théâtre, et les range en bataille.*)
BEPPO, *sur la droite, près de la table, et buvant.*
Partent-ils?
GIACOMO, *de même.*
Dans l'instant.
ZERLINE.
O mystère infernal!
BEPPO, *frappant sur la table et appelant.*
Holà! du vin!
(*Se retournant et apercevant Zerline qu'il montre à Giacomo.*)
Eh! mais! vois donc, c'est la jeune fillette
Qui fut hier au soir si longue à sa toilette.
GIACOMO.
Et qui se trouve si bien faite;
Il t'en souvient?
BEPPO.
Oui, c'est original
(*Riant.*)
« Oui, voilà, pour une servante,
« Une taille qui n'est pas mal.
(*Imitant la posture de Zerline devant la glace.*)
« Vraiment, vraiment, ce n'est pas mal. »
ZERLINE, *étonnée.*
Qu'entends-je?
TOUS DEUX.
Ah! ah! ce n'est pas mal :
Elle a raison d'être contente.
ZERLINE, *cherchant à rappeler ses idées.*
Qu'ont-ils dit? quel est donc ce mystère infernal?

ENSEMBLE.

MATHÉO ET LE CHŒUR.
Allons, allons, jeunes fillettes,
Les tambourins et les musettes
Annoncent l'instant du plaisir;
Et pour la noce il faut partir.

LES SOLDATS.
Oui, c'est l'honneur qui nous appelle!
Nous saurons courir avec zèle
Au danger ainsi qu'au plaisir.
Allons, allons, il faut partir.

BEPPO ET GIACOMO.
Bon, bon, bon! il va partir!
C'est à la mort qu'il va courir.
Oui, tout semble nous réussir;
C'est bien, c'est bien, ils vont partir.

LORENZO.
Oui, de ces lieux il faut partir,
Et pour jamais je dois la fuir.
ZERLINE.
Qui donc ainsi m'a pu trahir?
Par quel moyen le découvrir?
O mon Dieu! viens me secourir!

(*A la fin de cet ensemble, Lorenzo, qui a rangé ses soldats en bataille, leur crie :*)

Portez armes! en avant! marche!

(*Ils défilent devant lui et commencent à gravir la montagne; Mathéo vient prendre la main à Zerline et lui montre la noce qui se dispose aussi à partir. En ce moment, Zerline voit Lorenzo qui s'éloigne; et, hors d'elle-même, elle s'élance au milieu du théâtre. — Pendant ce temps, l'orchestre continue, et on entend toujours un roulement lointain de tambours.*)

ZERLINE. Arrêtez! arrêtez tous, et écoutez-moi!
TOUS, *l'entourant.* Qu'a-t-elle donc?
ZERLINE, *regardant Lorenzo qui est redescendu près d'elle.* J'ignore qui a fait naître les soupçons auxquels je suis en butte, et je cherche en vain à me les expliquer; mais je sais qu'hier soir j'étais seule dans ma chambre; (*Avec force, et regardant Lorenzo.*) oui, seule! Je pensais à des personnes qui me sont chères, et je me rappelle avoir proféré tout haut des paroles que Dieu seul a dû entendre, et cependant on vient de les répéter tout à l'heure près de moi.
LORENZO. Et qui donc?
ZERLINE, *montrant Beppo et Giacomo.* Ces deux hommes que je ne connais pas. Ils étaient donc près de moi, cette nuit, à mon insu!
LORENZO. Dans quel but? dans quelle intention? il faut le savoir. (*Le morceau de musique reprend.*)

TOUS.
Grands dieux!
LORENZO, *à ses soldats, montrant Beppo et Giacomo.*
Qu'on s'assure de tous les deux!

ENSEMBLE.

SOLDATS ET LE CHOEUR.
Il a raison, le capitaine;
Saisissez-les.
Saisissons-les! saisissons-les!
On connaîtra qui les amène;
Oui, l'on connaîtra leurs projets.

LORENZO ET ZERLINE.
Pour moi quelle lueur soudaine!
Il faut pénétrer leurs secrets;
Du ciel la bonté souveraine
Peut me rendre à ce que j'aimais!

LORENZO.
Seraient-ce ces bandits que poursuivent nos armes?

(*Faisant approcher un paysan.*)

Toi qui connais leur chef et dois nous le livrer,
Regarde bien, et parle sans alarmes :
Est-ce l'un d'eux?
LE PAYSAN, *après les avoir regardés quelque temps.*
Non, non.
BEPPO ET GIACOMO, *à part.*
Nous pouvons respirer.
LORENZO, *les regardant.*
Ils ne m'en sont pas moins suspects.
MATHÉO, *montrant à Lorenzo deux poignards et un papier.*
Voici des armes,
Un billet dont sur eux on vient de s'emparer.

LORENZO, *le prenant vivement.* Lisons. (*Même effet que plus haut. L'orchestre continue seul et en sourdine.*)
LORENZO, *lisant une partie de la lettre à voix basse et le reste tout haut.* « Dès que les carabiniers et les gens
« de la noce seront partis, vous m'en avertirez en son-
« nant la cloche de l'ermitage; je viendrai alors avec
« quelques braves, et me charge de Milord et de Milady. »

TOUS.
Grands dieux!
MILORD ET PAMÉLA, *tremblants.*
C'est un complot contre nous deux.

(*A Lorenzo.*)

Que veut dire ceci?
LORENZO.
Nous le saurons.

(*Il parle bas à un de ses soldats.*)

MILORD.
Je tremble.

(*A Paméla.*)

Pour toi.
PAMÉLA.
Pour vous!
MILORD.
Non, pour tous deux.
Que l'amour...
PAMÉLA.
Ou du moins que la peur nous rassemble!
LORENZO, *au soldat à qui il a parlé bas.*
Ainsi que je l'ai dit, va, dispose-les tous.

(*A un autre soldat, lui montrant Giacomo.*)

Toi, monte à l'ermitage avec lui; s'il hésite,
Qu'à l'instant même il tombe sous tes coups.

(*Aux gens de la noce.*)

Vous, mes amis, cachez-vous vite
Derrière ces buissons épais.

(*A Beppo.*)

Pour toi, reste seul ici, reste!
Et si, pour nous trahir, tu fais le moindre geste...

(*Frappant sur sa carabine, et lui montrant le buisson à gauche.*)

Songe que je suis là! tu m'entends?
BEPPO, *tremblant.*
Trop bien!

LORENZO.

Paix!

(*Un soldat est monté avec Giacomo à l'ermitage qui est au haut de la montagne, en face du spectateur. — Le soldat est dans l'intérieur de la chapelle; on ne voit, par une des fenêtres du clocher, que le bras de Giacomo qui sonne lentement la cloche. — Les carabiniers sont à droite et à gauche dans les ravins qui bordent le théâtre. — Dans le bosquet à droite, Francesco, les paysans. — Dans le bosquet à gauche du spectateur, et près de la porte de l'auberge, Lorenzo, Zerline, Milord, Paméla. — Beppo est seul au milieu du théâtre. — La cloche commence à sonner.*)

ENSEMBLE.

LORENZO ET LE CHŒUR.

Dieu puissant, que j'implore,
Seconde { mon / son } dessein!

BEPPO, *seul au milieu du théâtre, et jetant autour de lui des regards effrayés.*

Dieu puissant, que j'implore,
Renverse leur dessein!

ZERLINE.

Vient-il quelqu'un?

LORENZO.

Non, pas encore!

BEPPO, *à part.*

Puisse-t-il rester en chemin!

REPRISE DE L'ENSEMBLE.

MATHÉO, *au fond du théâtre, sur la première élévation.*

Quelqu'un s'avance!

LORENZO.

Garde à vous! du silence!

(*Tous les soldats disparaissent à droite et à gauche derrière les arbres et les rochers. — Le marquis paraît au fond du théâtre par la droite de la montagne. Il s'arrête, regarde d'en haut, n'aperçoit que Giacomo qui continue à sonner, et Beppo sur le devant.*)

LE MARQUIS, *appelant.*

Beppo!

LORENZO, *caché par le bosquet, et couchant Beppo en joue avec sa carabine.*

Ne bouge pas!

LE MARQUIS, *toujours au fond, sur la montagne.*

Sommes-nous seuls ici?
Et peut-on avancer sans crainte?

LORENZO, *derrière le bosquet, sur le devant du théâtre, et à voix basse, à Beppo, qu'il continue à coucher en joue.*

Réponds: oui!

BEPPO, *tremblant.*

Oui!

LORENZO, *de même.*

Plus haut!

BEPPO, *tournant la tête vers le fond.*

Oui, oui, capitaine.

LE MARQUIS, *fait signe à quatre de ses compagnons de descendre, et les précède.*

C'est le plaisir qui me ramène;
C'est la fortune qui m'attend.

BEPPO, *entre ses dents.*

Joliment! joliment!

LE PAYSAN, *qui est dans le bosquet à gauche, près de Lorenzo, regardant le marquis, au moment où il descend la montagne.*

C'est Diavolo!

LORENZO.

Qu'as-tu dit!

LE PAYSAN.

Je l'atteste!

MILORD.

C'est le marquis!

PAMÉLA.

O méprise funeste!
Ce seigneur...

MILORD.

Cet amant
N'était qu'un brigand!

(*Pendant ce temps, le marquis est descendu de la montagne; il avance lentement au milieu du théâtre, en arrangeant son col et les boucles de ses cheveux.*)

LE MARQUIS, *s'appuyant sur l'épaule de Beppo.*

Tu vois, Beppo, que le ciel nous protège:
Enfin, Milord,
Et sa femme et son or
Sont à nous!

LORENZO, *sortant du bosquet à gauche.*

Pas encore!

(*En ce moment, les rochers, les hauteurs qui sont aux deux côtés du théâtre, et la montagne du fond, se garnissent de carabiniers qui couchent en joue Beppo et le marquis. Quant à leurs quatre compagnons qui étaient restés au fond du théâtre, les paysans, armés de bâtons, de pioches et de faux, les entourent et les saisissent.*)

LE MARQUIS.

Grand Dieu! c'est un piége!

LORENZO.

Non, c'est le rendez-vous préparé par tes soins.
J'ai changé seulement l'endroit...

(*Montrant les soldats.*)

Et les témoins.

(*Faisant signe de l'emmener.*)

Allez!

CHŒUR.

Victoire! victoire! victoire!
Mes braves compagnons!
Victoire! victoire! victoire!
Ah! pour nous quelle gloire!
Enfin, nous le tenons!

MILORD, *à Paméla.*

D'un mari...

LORENZO, *à Zerline.*

D'un amant pardonne les soupçons!

ENSEMBLE.
LORENZO, ZERLINE, MILORD, PAMÉLA, MATHÉO.

(*Reprise de la ronde du premier acte.*)

Grand Dieu ! je te rends grâce !
C'est par ton pouvoir protecteur
Que rentrent dans notre cœur
   Le paix et le bonheur !
   Dès que l'orage passe
Gaîment chante le matelot,
Et se rassurant bientôt,
   Chacun dans ce hameau,
Sans crainte en son foyer paisible,
   Dira ce nom terrible !
    Diavolo ! Diavolo

(*En ce moment, Diavolo passe sur la montagne du fond précédé et suivi des carabiniers ; tous les paysans se retournent et le montrent du doigt.*)

LE CHŒUR, *achevant l'air.*

Diavolo !
Victoire ! victoire ! victoire !

(*Montrant Lorenzo et Zerline.*)

Combien ils sont heureux !
Victoire ! victoire ! victoire !
Et l'amour et la gloire
Vont combler tous leurs vœux !

FIN
de
FRA-DIAVOLO

LA FIANCÉE

OPÉRA-COMIQUE EN TROIS ACTES

Représenté, pour la première fois, à Paris, sur le théâtre royal de l'Opéra-Comique, le 10 janvier 1829.

MUSIQUE DE M. AUBER.

Personnages.

M. DE SALDORF, chambellan.
FRÉDÉRIC DE LOWENSTEIN, colonel.
MADAME CHARLOTTE, modiste et marchande lingère.
HENRIETTE, une de ses ouvrières.
MINA, autre ouvrière de madame Charlotte.
FRITZ, marchand tapissier, fiancé d'Henriette.
DEMOISELLES DE COMPTOIR.
SOLDATS de la milice bourgeoise.
SEIGNEURS ET DAMES DE LA COUR, DOMESTIQUES, etc.

La scène se passe à Vienne.

ACTE PREMIER.

Le théâtre représente un des boulevards de Vienne. Au fond, une allée d'arbres ; sur le premier plan, à droite du spectateur, l'hôtel de M. de Saldorf ; au-dessus de la porte cochère, une fenêtre avec un balcon ; à gauche, la boutique de madame Charlotte ; au-dessus de la porte, un auvent en coutil sous lequel travaillent, en plein air, les demoiselles du magasin. Sur le second plan, et toujours à gauche, la façade d'un hôtel avec des colonnes.

SCÈNE PREMIÈRE.

HENRIETTE, MINA, DEMOISELLES DE BOUTIQUE, *occupées à travailler.*

INTRODUCTION.

LE CHŒUR.

Travaillons, Mesdemoiselles ;
Grâce à nos heureux talents,
Les dames sont bien plus belles
Et les messieurs plus galants.

MINA.

C'est en chantant que l'ouvrage s'avance.
Henriette, dis-nous la romance
De Brigitte et de Julien.
TOUTES, *regardant autour d'elles.*
Madame n'est pas là ?
TOUTES.
Silence ! écoutons bien.

HENRIETTE.

PREMIER COUPLET.

« Si je suis infidèle,
« Même après ton trépas,
« Pour me punir, dit-elle,
« Julien, tu reviendras ! »
Il partit, et Brigitte
Un grand mois le pleura,
Et puis le mois d'ensuite
Elle se consola.
Dans ce temps-là
C'était déjà comm' ça.

DEUXIÈME COUPLET.

Mais alors en Autriche
Etait un beau seigneur,
Jeune, amoureux et riche,
Toujours rempli d'ardeur.
Brigitte, toujours constante,
D'abord le repoussa ;
Puis la semaine suivante,
Brigitte l'épousa.
Dans ce temps-là
C'était déjà comm' ça.

TROISIÈME COUPLET.

On fait le mariage ;
Mais voilà que le soir
Un spectre au noir visage
Près du lit vient s'asseoir.
(*Toutes les petites filles se lèvent et se rapprochent d'Henriette.*)
Et ce spectre effroyable,
C'est Julien, le voilà.
(*Le montrant de la main.*)
Et d'effroi la coupable
A sa vue expira !
Dans ce temps-là
C'était toujours comm' ça.

SCÈNE II.

LES PRÉCÉDENTS ; MADAME CHARLOTTE, *suivie d'une* DEMOISELLE DE COMPTOIR, *portant un carton.*

LE CHŒUR.

Mais taisons-nous ! c'est Madame ! c'est elle !
(*Se rasseyant et se mettant à l'ouvrage.*)
Eh vite ! redoublons de travail et de zèle.

MADAME CHARLOTTE.

PREMIER COUPLET

Que de mal, de tourments !
Et qu'il faut de talents,
Quand on est modiste et couturière !
Aux tendrons de quinze ans,
Et même aux grand'mamans,
A chacune, en un mot, il faut plaire.
« Changez-moi ce bouquet,
« La couleur m'en déplait ! »
— « Reprenez ce bonnet,
« Je le veux plus coquet. »
— « Le tour de ce corset
« Me paraît indiscret. »
Que de goûts différents !
Que de mal, de tourments !
Quand on veut satisfaire les femmes !
Il faudrait des secrets
Pour pouvoir à jamais
Conserver les attraits de ces dames !
On a tant d' mal déjà
A garder ceux qu'on a !

DEUXIÈME COUPLET.

L'une veut s'embellir,

FRITZ. Comme moi, dans la garde
Il faut vous engager! — Acte 2, scène 1.

L'autre veut rajeunir,
Et chacune a le dessein de plaire
A l'amant, au mari :
Par bonheur celles-ci
Ne sont pas nombreuses d'ordinaire.
« Que ce nœud séducteur
« Me ramène son cœur! »
— « Avec ces rubans bleus,
« Il me trouvera mieux! »
— « Le vert lui plait beaucoup. »
— « Le rose est de son goût. »
Que de mal, de tourments!
Et qu'il faut de talents,
Quand on veut satisfaire les femmes!
Il faudrait pour toujours,
Enchaînant les amours,
Conserver les amants de ces dames!
On a tant d' mal déjà
A garder ceux qu'on a!

(*Elle se retourne, et ses ouvrières, qui s'étaient levées pour l'écouter, se rasseyent vivement.*)

LE CHŒUR.

Travaillons, Mesdemoiselles, etc.

(*Pendant la reprise de ce chœur, madame Charlotte examine le travail de chacune des ouvrières.*)

MADAME CHARLOTTE. Ah! si on n'était pas là pour surveiller! (*A Mina.*) Qu'est-ce que vous faites là? quel est cet ouvrage?

MINA. C'est pour madame de Saldorf, la femme du chambellan.

MADAME CHARLOTTE. Cette grande dame si vertueuse! si exemplaire! la protectrice d'Henriette! (*S'approchant d'Henriette.*) Et vous, Mademoiselle, à quoi vous occupez-vous?

HENRIETTE. C'est pour mon mariage.

MADAME CHARLOTTE. En effet, c'est demain qu'on vous marie. (*Soupirant.*) Pauvre enfant!

MINA. Je ne vois pas qu'elle soit si à plaindre; épouser M. Fritz, un joli garçon et le plus riche tapissier de Vienne! certes, si j'étais à sa place!..

TOUTES. Et moi aussi!..

MADAME CHARLOTTE. Silence! Mesdemoiselles, on ne vous demande pas votre avis! Je conviens que M. Fritz n'est pas mal, et qu'il est changé à son avantage, surtout depuis quelques mois, depuis la mort de son oncle Dominique, dont il a hérité; mais il est si défiant, si soupçonneux, si jaloux!

HENRIETTE. Lui, Madame!

MADAME CHARLOTTE. Ah! je le connais mieux que vous, car tout le monde sait qu'autrefois il avait eu des intentions, et que certainement il n'aurait pas demandé mieux; mais c'est moi qui ai refusé, parce que, quelque vertu que l'on ait, elle court trop de danger avec un mari jaloux, ne fût-ce que par esprit de contradiction. Du reste, ce que j'en dis, c'est pour vous prévenir et par amitié pour vous, car dès que ce mariage doit se faire, j'aime autant que ce soit demain.

MINA. Vraiment!

MADAME CHARLOTTE. Oui, Mademoiselle! Depuis un mois que M. Fritz vient ici tous les soirs pour vous faire la cour, c'est d'un très-mauvais effet dans une maison telle que la mienne, aux yeux de mes pratiques qui ne sont pas obligées de savoir qu'il s'agit de mariage, sans compter que cela peut donner des idées à ces demoiselles.

TOUTES. Ah! Madame!

MADAME CHARLOTTE. Silence! je dois aussi vous prévenir que la noce se fait demain à l'hôtel et dans les jardins de M. de Saldorf, qui nous a toutes invitées.

TOUTES *quittent leur ouvrage et se lèvent.* Ah! quel bonheur! quel bonheur!

MADAME CHARLOTTE. Et j'espère que, pour la tenue, la mise et la décence, vous ferez honneur à la maison où vous avez l'avantage de travailler; d'ailleurs, je serai là! (*A Henriette.*) Tenez, portez là-haut ces cartons; et vous, Mesdemoiselles, il est temps de rentrer et de fermer le magasin, car voici le soir. (*Regardant à droite du spectateur.*) Dien! encore M. Fritz que j'aperçois! (*Aux jeunes filles qu'elle fait rentrer.*) Allons, allons, dépêchons; m'avez-vous entendue? (*Elles rentrent toutes dans le magasin, et Mina, qui est restée la dernière, enlève l'auvent et ferme le contrevent de la boutique, tout cela sur la ritournelle de l'air suivant.*)

SCENE III.

FRITZ, *arrivant par la droite.*

CANTABILE.

O jour plein de charmes!
Le cœur rempli d'espoir, j'arrive au rendez-vous.
Plus de craintes, plus d'alarmes!
Enfin, demain je serai son époux!
Qu'elle est jeune et jolie
Celle que j'ai choisie!
D'un tel trésor, d'un bien si doux,
Comment ne pas être jaloux?

CAVATINE.

Un jour encore,
Un seul jour! quel tourment,
Lorsque l'on s'adore
Et lorsque l'on attend

Qu'un tel hyménée
A pour moi d'appas!
Mais cette journée
Ne finira pas!

Un jour encore,
Un seul jour! quel tourment,
Lorsque l'on s'adore,
Et lorsque l'on attend!

C'est elle! je l'entends! Ah! mon Dieu, madame Charlotte est avec elle et ne la quitte jamais!

SCENE IV.

FRITZ, HENRIETTE, MADAME CHARLOTTE, *sortant du magasin.*

MADAME CHARLOTTE, *à Fritz, qui la regarde d'un air de mauvaise humeur.* Eh bien! monsieur Fritz, qu'avez-vous donc? pour une veille de noce, vous avez l'air bien soucieux.

FRITZ. C'est qu'il y a de quoi, madame Charlotte.

MADAME CHARLOTTE, *vivement.* Est-ce que votre mariage serait contrarié?

FRITZ. Le mariage? non pas; mais c'est le mari qui l'est beaucoup. Je disais à Henriette que je venais de recevoir un billet de garde pour ce soir.

MADAME CHARLOTTE. Vraiment!

FRITZ. Passez donc toute la nuit au corps-de-garde, comme c'est agréable! comme je serai gentil demain pour mon mariage!

MADAME CHARLOTTE. Il faut bien que les honneurs coûtent quelque chose; quand on est, comme vous, caporal dans la Lansturm, dans la milice bourgeoise de Vienne...

FRITZ. Les honneurs, c'est bel et bon; mais je ne suis pas soldat, je suis bourgeois; je suis patente pour être tapissier, et non pas pour être brave; et depuis cette invention de garde urbaine, je ne sais pas si les grands seigneurs dorment mieux dans leur lit; mais nous autres ne sommes jamais sûrs de passer la nuit dans le nôtre; et c'est ça qui me fait trembler pour plus tard, (*Regardant Henriette.*) quand je serai marié.

MADAME CHARLOTTE. Qu'est-ce que je disais tout à l'heure? déjà de la jalousie!

FRITZ. Oh! non; quand elle sera ma femme, quand elle sera chez moi, je n'en aurai plus; mais ici, dans ce magasin de nouveautés, qui est toujours fréquenté par des chambellans, des ducs, des marquis...

MADAME CHARLOTTE Quand on tient du bon...

FRITZ. Ça leur est bien égal, ils achètent toujours sans regarder; c'est-à-dire, si, ils regardent, mais c'est mademoiselle Henriette qu'ils ne quittent pas des yeux, et qui n'a pas même l'air d'y faire attention. Aussi, (*Regardant madame Charlotte.*) quoi qu'on puisse dire certaine personne, je suis bien tranquille sur son compte; c'est honnête et désintéressé. (*Regardant toujours madame Charlotte.*) Ce n'est pas elle qui m'épouse pour ma fortune, ce n'est pas elle qui a eu des vues sur moi depuis l'héritage de mon oncle Dominique.

MADAME CHARLOTTE, *fièrement.* Qu'est-ce que c'est?

FRITZ. Ce n'est pas à vous que je parle, c'est à elle. Oui, mademoiselle Henriette, je sais tout ce que vous valez; je suis trop heureux que vous vouliez bien m'aimer, et j'ai en vous autant de confiance que d'amour et de vénération.

HENRIETTE, *lui tendant la main.* Pauvre Fritz!

MADAME CHARLOTTE. Que je ne vous dérange pas; je m'en vais. Mais j'oubliais, Mademoiselle, de vous remettre une carte qu'on a apportée tantôt pour vous.

HENRIETTE. Une carte pour moi?

MADAME CHARLOTTE. Oui, un colonel, un beau jeune homme.

FRITZ, *vivement.* Un jeune homme.

MADAME CHARLOTTE. Dans un superbe équipage attelé de quatre chevaux gris. Madame, m'a-t-il dit, Henriette Miller est-elle ici?

FRITZ. Comment! Henriette tout court? moi qui vous dis toujours mademoiselle!

MADAME CHARLOTTE. Monsieur, ai-je répondu, elle est ici en face, chez madame de Saldorf, la femme du chambellan. Soudain je l'ai vu pâlir et changer de couleur. Madame, a-t-il repris d'une voix très-émue, dites-lui que c'était un ami qui était venu pour la voir, et qui reviendra demain. Et il est parti en me laissant cette carte.

FRITZ, *la prenant.* Donnez (*Lisant.*) « Le comte Frédéric de Lewenstein. »

HENRIETTE, *avec joie.* Frédéric!

FRITZ. « Colonel des carabiniers. » Vous connaissez des carabiniers, et vous ne m'en parliez pas! Eh! mais, qu'est-ce que cela veut dire? et d'où vient le trouble où je vous vois?

HENRIETTE. Moi!

MADAME CHARLOTTE. Pardon, ma chère Henriette, d'avoir commis une indiscrétion; si j'avais su... si j'avais pu me douter..

HENRIETTE. Il n'y a point de mal, Madame; depuis trois ans le comte de Lowenstein était prisonnier en Russie; on l'avait cru mort, et je vous remercie du plaisir que vous m'avez causé en m'annonçant son arrivée.

FRITZ. Qu'est-ce que cela signifie? Parlez; je veux savoir...

HENRIETTE. C'est ce que je voulais vous apprendre, Monsieur; mais à vous, à vous seul.

MADAME CHARLOTTE. C'est-à-dire que je suis de trop. Je m'en vais, mon voisin; mais quoique vous ayez bien mal interprété jusqu'ici l'amitié que je vous porte, je ne vous donnerai qu'un dernier conseil : prenez garde à vous! (*Elle rentre dans la boutique à gauche.*)

SCENE V.

FRITZ, HENRIETTE.

HENRIETTE, *s'approchant de lui, après un moment de silence.* Fritz! croyez-vous que je vous aime?

FRITZ. Mais... vous me le dites.

HENRIETTE. Et si je ne vous aimais pas, qui me forcerait à vous le dire? qui m'obligerait à vous épouser?

FRITZ. Personne, je le sais. Aussi, Mademoiselle, je vous écoute, et je vous crois d'avance.

HENRIETTE. Mon père, qui était un simple soldat, eut le bonheur, dans une bataille contre les Français, de sauver la vie au vieux comte de Lowenstein, qui lui fit avoir son congé, le nomma son jardinier en chef et me fit élever au château avec son fils Frédéric, qui avait quelques années de plus que moi.

FRITZ. Celui qui est colonel des carabiniers?

HENRIETTE. Lui-même. Quoique grand seigneur, quoique seul héritier des titres et des richesses de l'une des premières familles de l'Allemagne, Frédéric était si bon qu'il me traitait comme une sœur, moi, pauvre paysanne et simple jardinière du château. Aussi, touchée de ses bienfaits, pénétrée de reconnaissance, je m'étais habituée dès mes jeunes années à le respecter, à le chérir comme mon protecteur, comme le fils de mes maîtres.

FRITZ. Pas davantage?

HENRIETTE. Je le croyais, du moins; et cependant je ne pouvais m'expliquer le serrement de cœur que j'éprouvais lorsqu'il venait au château de belles et nobles demoiselles, avec qui Frédéric était si galant et si empressé! et dans les jours de bal, lorsque ces jeunes comtesses, éclatantes d'attraits et de parures, dansaient avec lui dans les salons, tandis que moi et les gens du château les regardions de l'antichambre, je ne sais quelle tristesse venait me saisir. Je me trouvais au milieu de tout ce monde, seule, abandonnée, et le désespoir dans le cœur.

FRITZ. Voyez-vous cela!

HENRIETTE. Enfin, un jour, une jeune et belle héritière, mademoiselle de Rhetal, était au château, et au détour d'une allée, je l'aperçus auprès de Frédéric qui lui baisait la main. Ah! je crus que j'allais mourir! Mais que devins-je quand il me dit tout bas : Henriette, va-t'en! Je m'enfuis, je courus dans ma chambre, et me jetant dans les bras de mon père, je fondis en larmes. Il ne comprit que trop bien ma douleur. « Tu es de trop basse naissance, me dit-il, pour être sa femme, et tu as le cœur trop fier pour devenir sa maîtresse; il faut t'éloigner, il faut l'oublier, ma fille. » Et c'est alors que je vins dans cette capitale près de la comtesse de Rhetal, près de sa fille, qui m'avait prise en amitié.

FRITZ. Et M. Frédéric?

HENRIETTE. Il partit pour son régiment, et plus tard pour la campagne de Russie avec les Français, dont nous étions alors les alliés. Deux ans après, les parents de mademoiselle de Rhetal la marièrent à M. le baron de Saldorf, le chambellan, et ma jeune protectrice me plaça chez madame Charlotte, cette lingère dont le magasin est en face de son hôtel, de sorte que je ne passe pas un jour sans la voir; et si vous la connaissiez comme moi, si vous saviez quel ange de bonté, quel modèle de toutes les vertus! je retrouvai près d'elle l'amour de mes devoirs, le calme, le repos. C'est alors que vous vous êtes présenté, et que, d'abord indifférente à votre amour, j'ai fini par en être touchée et par vous plaindre.

FRITZ. Serait-il vrai?

HENRIETTE. Vous m'aimiez tant! et il doit être si cruel de ne pas être aimé de ceux qu'on aime! Vous aviez l'aveu de mon père, celui de madame Charlotte, ma bienfaitrice. Vous m'avez demandé le mien. J'ai compris alors quels étaient mes nouveaux devoirs; j'ai juré de faire le bonheur d'un galant homme qui me consacrait sa vie. Ce serment-là, je le tiendrai, monsieur Fritz, et vous aurez en moi une honnête femme.

FRITZ. Cette franchise-là me le prouve, et je suis trop heureux. Oui, mademoiselle Henriette, si vous saviez..., si je pouvais vous dire... (*On entend un roulement de tambour lointain, dont le bruit augmente peu à peu.*)

DUO.

HENRIETTE.
Entendez-vous? c'est le tambour;
De votre garde voici l'heure.
Entendez-vous? c'est le tambour;
Il défend de parler d'amour.

FRITZ.
Qu'un instant encor je demeure;
Laissez-moi vous parler d'amour.
(*Le bruit augmente.*)
Maudit tambour! maudit tambour!

HENRIETTE.
Il faut partir, c'est le signal!

FRITZ.
Et le premier je dois m'y rendre.
Ah! quel ennui! quel sort fatal!
D'être amoureux et caporal!

HENRIETTE, *souriant.*
Loin de sa belle
L'honneur l'appelle.
Qu'il est cruel, mais qu'il est beau,
Guerrier fidèle,
De fuir sa belle
Pour l'honneur et pour son drapeau!

FRITZ.
Adieu, ma belle,
L'honneur m'appelle.
Qu'il est cruel, mais qu'il est beau,
Guerrier fidèle,
De fuir sa belle
Pour l'honneur et pour son drapeau!

HENRIETTE, *lui tendant la main au moment où il va partir.*
Plus de soupçons, plus de colère.

FRITZ.
Non, non, je n'en ai plus, ma chère;
Mais pourtant ce beau militaire,
Qui demain doit venir vous voir?

HENRIETTE.
S'il doit vous donner de l'ombrage,
Dès ce moment je m'engage
A ne plus le recevoir.

FRITZ.
Non, non, plus de défiance,
Car à l'amour, à l'espérance
Mon cœur se livre en ce jour.
(*Le roulement redouble.*)

HENRIETTE.
Entendez-vous? c'est le tambour;
De votre garde voici l'heure!
FRITZ.
Qu'un instant encor je demeure;
Laissez-moi vous parler d'amour
(*Même bruit.*)
Maudit tambour! maudit tambour!
On ne peut pas parler d'amour
Ah! quel ennui! quel sort fatal!
D'être amoureux et caporal!

ENSEMBLE.
HENRIETTE.
Loin de sa belle,
L'honneur l'appelle,
Qu'il est cruel, mais qu'il est beau,
Guerrier fidèle,
De fuir sa belle
Pour l'honneur et pour son drapeau!
FRITZ.
Adieu, ma belle;
L'honneur m'appelle
Qu'il est cruel, mais qu'il est beau,
Guerrier fidèle,
De fuir sa belle
Pour l'honneur et pour son drapeau!

SCÈNE VI.

LES PRÉCÉDENTS; SALDORF, *sortant de son hôtel.*

SALDORF. Eh bien! eh bien! Fritz! qu'est-ce que nous faisons là? Est-ce que tu n'entends pas le rappel? Tu n'as pas encore ton uniforme!

FRITZ. Si, mon commandant; je vais le chercher et me rends à mon poste. Ce soir, mademoiselle Henriette, je ne ferai la patrouille qu'autour de votre maison. (*Il sort en courant.*)

HENRIETTE. Comment! monsieur de Saldorf, vous êtes son commandant?

SALDORF. Oui, ma belle enfant; colonel de la milice urbaine, j'y ai consenti; c'est un honneur que nous autres, grands seigneurs, faisons à la bourgeoisie. D'ailleurs, quoique chambellan, j'ai toujours eu des inclinations guerrières.

HENRIETTE. C'est vrai: j'ai entendu parler de plusieurs affaires où vous vous êtes montré.

SALDORF. Il faut cela dans ma position. Il y a une foule de gens qui en veulent aux honneurs et à la richesse, et qui disent : il est millionnaire, donc il est bête. Eh bien! non, et je le prouve l'épée à la main. Pour cela il ne faut que de l'adresse et du courage; on en achète à la salle d'armes; et quand une fois on a tué son homme, on vit là-dessus, et les railleurs vous laissent tranquille; tu comprends?

HENRIETTE. En vérité, monsieur le baron, je vous admire; vous êtes toujours gai et content.

SALDORF. C'est vrai; je suis content... de moi! et tu conviendras que ce n'est pas sans motif. De l'or, de la jeunesse, de la santé, une femme charmante, et baron par-dessus le marché, si avec cela on n'était pas gai, il faudrait être bien misanthrope, et je ne le suis pas; j'aime tout le monde, surtout les jolies femmes. Tu en sais quelque chose.....

HENRIETTE. Moi, Monsieur?

SALDORF. Oh! tu me tiens rigueur; tu fais la cruelle. Je devrais m'en fâcher; eh bien! pas du tout, j'aime cela parce que c'est bizarre... C'est la première. Aussi je suis de moitié avec ma femme pour te protéger, pour te doter. Tu n'as pas oublié que demain la noce se faisait chez moi, à l'hôtel. J'ai permis à Fritz, ton mari, d'inviter tous ses amis, tous ses compatriotes qui se trouvent en cette ville. Nous aurons des chants et des costumes tyroliens : cela fera bien dans mes jardins; et, pour compléter la fête, j'ai invité en masse cette excellente madame Charlotte et toutes ses demoiselles.

HENRIETTE. Je connais, Monsieur, toutes vos bontés.

SALDORF. Oui, moi je suis bon, cela m'amusera, parce que toutes ces petites filles, c'est gentil ; et puis, un grand seigneur qui protège la candeur, l'innocence, c'est original. Si j'avais le temps, j'aurais fait des couplets là-dessus.

HENRIETTE. Vous en faites aussi?

SALDORF. Parbleu! on fait de tout quand on est chambellan ; mais aujourd'hui je ne serais pas en train ; j'ai un chagrin affreux.

HENRIETTE. On ne s'en douterait pas.

SALDORF. Parce que je prends sur moi. Ma femme est malade.

HENRIETTE. O ciel!

SALDORF. Elle dit que non, de peur de me faire de la peine, mais je m'y connais ; elle est souffrante, et comme ça m'inquiète beaucoup, je te prierai de passer la nuit auprès d'elle, à l'hôtel, comme cela t'arrive souvent, parce que je suis obligé d'aller au bal.

HENRIETTE. Dans un pareil moment, vous éloigner?

SALDORF. Du tout, c'est à deux pas, là, en face ; l'hôtel du comte de Darmstadt, un bal paré et masqué, voilà pourquoi tu me vois en grande tenue. Tu sais que ma femme n'habite plus ce côté du boulevard, et j'ai dit qu'on te préparât la chambre à coucher.

HENRIETTE. Qui est derrière la sienne, (*Montrant le balcon à droite du spectateur.*) qui donne sur ce balcon?

SALDORF. Oui ; de sorte que demain, en t'éveillant, tu apercevras le boulevard de la fenêtre.

HENRIETTE. Je vous remercie, Monsieur, d'avoir pensé à moi.

SALDORF. Oh! moi d'abord, je pense à tout. Adieu, ma toute belle. Adieu, madame Fritz. A demain, bonne nuit. (*Henriette entre dans l'hôtel à droite.*)

SCÈNE VII.

SALDORF, *seul, regardant sortir Henriette.* Elle est charmante, cette femme-là !

RÉCITATIF.
Quel sourire enchanteur! quel séduisant regard!
Que ce Fritz est heureux! Mais nous verrons plus tard.

CANTABILE.
De plaire aux plus rebelles,
Je connais le secret.
On parle de cruelles;
Moi, je n'y crois jamais.
Leur sagesse est un rêve,
Comme on l'a dit déjà :
L'amour nous les enlève,
L'hymen nous les rendra.

RONDEAU.
Oui, l'amour m'est favorable;
De succès il vous accable,
Lorsqu'on est riche, aimable,
Et lorsqu'on est chambellan :
Devant ce talisman,
L'innocence
Se trouve bien souvent
Sans défense,
Et promptement
Elle se rend.
Oui, l'amour m'est favorable, etc.

SCÈNE VIII.

SALDORF, FRÉDÉRIC, *qui entre pendant la ritournelle de l'air précédent.*

SALDORF, *l'apercevant.* Eh! mais, je ne me trompe point; monsieur le comte de Lowenstein!

FRÉDÉRIC. Monsieur de Saldorf!
SALDORF. Je suis enchanté de vous trouver, car j'ai de grands reproches à vous faire. Comment! colonel, depuis votre résurrection, vous vous êtes présenté dans les premières maisons de la capitale, et vous n'êtes pas encore venu chez moi!
FRÉDÉRIC. Je n'aurais pas osé, monsieur le baron, sans votre invitation.
SALDORF. Justement, voilà ce que j'ai dit à madame de Saldorf. Je l'ai grondée, parce qu'elle ne voulait pas vous écrire; mais elle vous écrira, et j'étais d'autant plus fâché contre elle et contre vous... que ce matin j'ai aperçu votre voiture à deux pas d'ici, à la porte du magasin de nouveautés, où vous n'étiez point venu sans quelque dessein.
FRÉDÉRIC. Moi, Monsieur!
SALDORF. Vous êtes comme moi, vous êtes un amateur! et il y a là des petites filles charmantes : c'est peut-être pour l'une d'elles que vous êtes ici en héros espagnol? hein? Mais qu'avez-vous donc, mon cher? d'où vient cet air triste et glacé? est-ce un reste de la Sibérie? Il me semble au contraire que lorsqu'on vient de Russie, lorsque pendant trois ans on a été mort ou à peu près, car nous avons bien cru que vous l'étiez, on doit avoir envie de s'égayer et de vivre pour rattraper le temps perdu. Ne venez-vous pas ce soir au bal du comte de Darmstadt?
FRÉDÉRIC, *vivement*. Vous y allez avec madame de Saldorf?
SALDORF. Non, ma femme est un peu indisposée, et en bon mari, je l'ai engagée à rester chez elle, ce que j'aime autant, parce qu'il y a là de très-jolies femmes, et elle est très-jalouse la chère baronne.
FRÉDÉRIC. Jalouse!
SALDORF. Oui, et moi qui suis volontiers aimable avec tout le monde, je crains toujours qu'elle ne se doute de quelque chose. Elle est triste, mélancolique; quelquefois, quand je rentre, elle a les yeux rouges, elle a pleuré; au point que je lui disais l'autre jour : chère amie, tu as une passion dans le cœur, une passion malheureuse : ce qui est vrai, elle m'aime trop, elle n'est pas raisonnable, mais voici l'heure, je me rends au bal. On vous verra ce soir?
FRÉDÉRIC. Non, monsieur le baron, je n'y vais point.
SALDORF. Je croyais que vous m'aviez dit...
FRÉDÉRIC. Au contraire, je suis attendu ce soir chez le ministre de la guerre, et j'ai laissé mes gens à deux pas d'ici.
SALDORF. Vous avez bien fait, car l'accès de ce boulevard est défendu aux voitures. Désolé de ne point passer la soirée avec vous. Mais je vous préviens, monsieur le comte, que c'est là ma demeure, et nous nous brouillerons si vous ne venez point. Mais qui est-ce qui sort là de chez moi?

SCÈNE IX.

LES PRÉCÉDENTS, UN DOMESTIQUE.

SALDORF. Wilhem, où allez-vous?
LE DOMESTIQUE. C'est une commission dont Madame m'a chargé, une lettre pour M. le comte de Lowenstein, et je me rends à son hôtel.
SALDORF, *prenant la lettre*. C'est inutile, donnez! (*Le domestique rentre dans l'hôtel.*)
FRÉDÉRIC, *à part*. O ciel!
SALDORF. Vous le voyez, mon cher colonel, je n'ai qu'à parler pour être obéi. J'avais dit à ma femme de vous écrire, et elle n'a pas voulu se coucher avant d'avoir exécuté mes ordres; je vous remets son invitation.
FRÉDÉRIC, *mettant le billet dans sa poche*. En vérité, monsieur le baron ..
SALDORF. Que je ne vous gêne pas. Lisez, je vous prie;
moi je m'en vais au bal, parce qu'il ne faut jamais qu'un mari prenne connaissance des lettres de sa femme; c'est plus prudent, n'est-il pas vrai? (*Il sort par la porte à gauche.*)

—

SCÈNE X.

FRÉDÉRIC *seul*.

RÉCITATIF.

Je craignais de trahir le secret de mon cœur.
(*Regardant du côté par où Saldorf est sorti.*)
C'est donc lui qui causa le malheur de ma vie!
(*Regardant du côté des fenêtres de madame de Saldorf.*)
Et toi, que j'adorais, toi, qui me fus ravie,
Comme moi, tu gémis en proie à ta douleur!
(*Décachetant la lettre.*)
Ah! depuis que je l'aime, à ses devoirs fidèle,
Ce gage est le premier, qu'hélas! je reçus d'elle.
Lisons : je ne le peux.
Ma main tremble, et les pleurs obscurcissent mes yeux.
(*Il s'arrête, essuie ses yeux, porte la lettre à ses lèvres, puis il lit.*)

« Frédéric, je fais mal en vous écrivant, et pourtant il
« le faut, plaignez-moi et ne m'accusez pas! » Moi, accuser la vertu la plus pure! (*Continuant*) « Lorsqu'il y a
« trois ans, votre général lui-même nous apprit la nou-
« velle de votre mort, je ne vous dirai pas quelle fut ma
« douleur; vous la comprendrez sans peine, vous que j'ai-
« mais dès l'enfance, vous à qui je devais être unie! Si
« j'avais été maîtresse de mon sort, j'aurais voué à votre
« souvenir le reste de ma vie; mais mon père ordonnait,
« il fallut obéir, il fallut donner à un autre un cœur
« qui vous appartenait encore! » (*S'arrêtant et cachant sa tête dans ses mains.*) Ah! malheureux que je suis!
(*Continuant.*) « Une seule consolation dans mon infor-
« tune, c'est d'avoir rempli mes devoirs; vous êtes le
« seul bien qui me reste! Aidez-moi vous-même à vous
« oublier! Qu'une autre union, qu'un autre hymen nous
« sépare encore plus; je le désire, je l'espère. Mais jus-
« qu'à là évitez les occasions de me voir et de me parler;
« je vous en supplie, Frédéric. Si vous m'avez jamais aimée,
« si vous m'aimez encore, fuyez-moi. »

AIR.

Ah! qu'ai-je lu! .. m'éloigner d'elle!..
    Cruelle! cruelle!
Donne-moi donc, s'il faut te fuir,
Le courage de t'obéir.
Toi que mon cœur adore,
Je veux suivre tes lois,
Obéir à ta voix;
Mais une seule fois
Que je te voie encore!
Et donne-moi, s'il faut te fuir,
Le courage de t'obéir.

Mais qui sort là de chez elle?

—

SCÈNE XI.

FRÉDÉRIC, *se tenant à l'écart*; HENRIETTE *sortant de l'hôtel de Saldorf.*

HENRIETTE, *sur le pas de la porte*. Il le faut; Madame est plus tranquille, et veut absolument que je rentre chez moi, que je dorme. Ah! mon Dieu, qui vient là? (*A Frédéric.*) Ah! que j'ai eu peur!
FRÉDÉRIC. O ciel! cette voix que je crois reconnaître, n'est-ce pas Henriette?
HENRIETTE, *courant à lui*. Monsieur Frédéric! Comment! vous trouvez-vous ici à une pareille heure, sur ce boulevard isolé?
FRÉDÉRIC. Mais toi-même...

HENRIETTE. Je rentrais à la maison, un peu tard il est vrai, car j'étais restée auprès de madame de Saldorf qui est malade.

FRÉDÉRIC. Et qu'a-t-elle donc?

HENRIETTE. Elle est souffrante. Elle était agitée, elle a eu un peu de fièvre, et cependant elle m'a renvoyée, elle a renvoyé tous ses gens; elle a voulu rester seule.

FRÉDÉRIC, à part. Seule! (*Haut.*) Adieu, ma chère Henriette, je ne veux pas t'empêcher de rentrer chez toi; demain nous nous reverrons...

HENRIETTE. Je sais, monsieur le comte, que vous avez eu la bonté de faire ce matin une visite à la fille de votre vieux jardinier.

FRÉDÉRIC. Dis plutôt à une amie d'enfance; oui, je voulais voir une amie, j'en avais besoin, car je suis bien malheureux.

HENRIETTE. Vous! qui avez tout en partage, la naissance, la fortune, l'estime publique! vous, que chacun envie!

FRÉDÉRIC. Ah! s'ils savaient ce que je souffre!

HENRIETTE. Que dites-vous?

FRÉDÉRIC. Demain, ma bonne Henriette, nous causerons: nous parlerons de toi, de ton sort, et si je peux contribuer à l'embellir, tu sais que je suis toujours ton ami, ton frère.

HENRIETTE. Ah! je n'ai rien à désirer! je suis heureuse, calme et tranquille. Mais ce n'est pas là le moment de vous parler de mon bonheur, à vous qui avez du chagrin. A demain, monsieur Frédéric.

FRÉDÉRIC. Bonsoir, Henriette, bonsoir.

HENRIETTE, *s'approchant de la maison à gauche.* Ah! mon Dieu! toutes ces demoiselles sont couchées depuis longtemps. Heureusement ma demeure du côté de la cour. Tâchons de rentrer sans bruit de peur de les réveiller. (*Elle met la clé dans la serrure, ouvre la porte doucement et entre dans la maison à gauche. Pendant ce temps, Frédéric, qui a eu l'air de remonter le théâtre, s'approche à droite de la porte de l'hôtel de Saldorf, qui est restée ouverte depuis la sortie d'Henriette, et y entre vivement.*)

SCENE XII.

FRITZ, *à la tête d'une* PATROUILLE. *Ils ont tous l'uniforme de la Landwher.*

PREMIER COUPLET.

Garde à vous! garde à vous!
Avançons en silence.
Surtout de la prudence,
Sur mes pas marchez tous.
Garde à vous!
Veillez d'un pas docile,
Au repos de la ville;
Et vous, adroits filous,
Garde à vous!
Nous voici, garde à vous!

DEUXIÈME COUPLET.

Garde à vous! garde à vous!
Séducteurs qui, sans crainte,
La nuit, portez atteinte
Au repos des époux,
Garde à vous!
Et vous, jeunes fillettes,
Qui le soir, en cachette,
Donnez des rendez-vous,
Nous voici, garde à vous!

(*Ils chantent en marchant; la ronde continue, et ils sortent par le fond.*)

SCENE XIII.

SALDORF, *sortant à gauche de l'hôtel de Darmstadt.*

Ah! le beau bal! ah! la belle soirée!
Un jeu d'enfer! C'est divin, c'est charmant!
Moi, j'ai déjà perdu tout mon argent.
Contre moi maintenant la veine est déclarée.
Pour ce soir, je le crois, c'est assez de plaisir.
Dansera qui voudra; moi, je m'en vais dormir.
Ah! le beau bal! ah! la belle soirée!
(*Il frappe à la porte de son hôtel. La porte s'ouvre, se referme sur lui, et un instant après, on entend les verrous de la grande porte, que tire le suisse de l'hôtel.*)

SCENE XIV.

FRÉDÉRIC, *paraissant sur le balcon à droite.*

Il est rentré! que devenir?
De ces lieux je ne puis sortir.
O mortelles alarmes!
C'est ma coupable ardeur
Qui fait couler ses larmes,
Et cause mon malheur!
(*Regardant dans la rue et au-dessous de lui.*)
Je n'entends rien! personne! Allons, quoi qu'il arrive,
Il s'agit, avant tout, de sauver son honneur.
(*Il attache au balcon sa ceinture d'officier, et s'apprête à descendre.*)

SCENE XV.

FRÉDÉRIC, *descendant du balcon;* FRITZ *et sa patrouille paraissant au fond.*

FRITZ.

Doucement, mes amis, et que votre valeur
Soit toujours sur la défensive.
Ah! mon Dieu!

LE CHOEUR.

Qu'est-ce donc?

FRITZ.

J'ai cru voir un voleur
Le long de ce balcon, le voyez-vous? — Qui vive!

FRÉDÉRIC.

O ciel!

CHOEUR.

Qui vive! qui vive!
Il se tait, il a peur.
Arrêtant Frédéric qui vient de sauter à terre.)
Au voleur! au voleur!

FRÉDÉRIC, à voix basse.

Tais-toi! tais-toi! crains ma fureur.

FRITZ ET LE CHOEUR.

Au voleur! au voleur!

FRÉDÉRIC, de même.

Tais-toi! tais-toi! c'est une erreur.

FRITZ ET LE CHOEUR.

Plus de peur, plus d'alarmes,
Nous tenons le voleur
Quel succès pour nos armes!
Et pour nous quel honneur!

FRÉDÉRIC, à part.

O mortelles alarmes!
C'est ma coupable ardeur
Qui fait couler ses larmes,
Et cause son malheur!

FRITZ.

La patrouille, je crois, ce soir s'est bien montrée.
(*A Frédéric.*)
Au corps-de-garde, allons, suivez-nous promptement.

FRÉDÉRIC, à part.

O ciel! quand on saura qui je suis!
(*Haut.*)
Un instant.

FRITZ ET LE CHŒUR.
Non, non, suivez-nous sur-le-champ.
(*Au moment où ils vont l'entraîner, la porte de l'hôtel de Saldorf s'ouvre; deux domestiques en sortent au bruit; puis paraît M. de Saldorf.*)

SCÈNE XVI.

LES PRÉCÉDENTS, SALDORF.

SALDORF.
Quel est ce bruit? la terrible soirée!
Pour reposer on n'a pas un instant.
(*Apercevant la patrouille qui entoure Frédéric, et qui va l'emmener.*)
Mais c'est Fritz qu'en guerrier je vois ici paraître.
Qu'as-tu donc fait?
FRITZ.
Un coup de maître.
SALDORF.
Et ce captif?
FRITZ.
C'est un fripon.
SALDORF.
Où l'as-tu pris?
FRITZ.
A la fenêtre.
SALDORF.
D'où venait-il?
FRITZ.
De ce balcon.
SALDORF.
Mais c'est chez moi, c'est ma maison!
Je veux le voir. Qui peut-il être?
(*Le regardant.*)
C'est Frédéric!
FRÉDÉRIC, *à part*.
Tout est perdu!
Par son mari me voilà reconnu.
SALDORF, *riant*.
Ah! l'aventure est singulière!
(*A Fritz.*)
Mais je me charge de l'affaire.
(*Bas, à Frédéric, qu'il prend à part.*)
Je suis au fait. Comment! fripon,
Vous descendiez de ce balcon,
De la chambre où repose une jeune ouvrière!
FRÉDÉRIC, *à part*.
O ciel!
SALDORF.
Qui, je le vois, a déjà su vous plaire.
FRÉDÉRIC, *à part*.
Que dit-il?
SALDORF.
Allons donc, entre nous, sans façon,
Convenez-en.
FRÉDÉRIC, *troublé*.
Moi, je ne dis pas non.
Mais c'était...
SALDORF, *gaiement*.
Oh! c'était à bonne intention!
(*A demi-voix.*)
Car c'est toujours ainsi. C'est bon! c'est bon!

ENSEMBLE.

FRÉDÉRIC.
O moment plein de charmes!
Je renais au bonheur.
Pour mon cœur plus d'alarmes,
J'ai sauvé son honneur.
SALDORF.
Dissipez vos alarmes.
Bientôt, heureux vainqueur,
Vous reverrez les charmes
Qui touchent votre cœur.
FRITZ ET LA PATROUILLE.
Plus de peur, plus d'alarmes,
Nous tenons le voleur.
Quel succès pour nos armes
Et pour nous quel honneur!

SALDORF, *à Fritz*.
Noble guerrier dont j'aime la vaillance,
De ce voleur je me rends caution.
(*Lui donnant la main.*)
Je le connais, c'est un ami.
FRITZ, *étonné*.
C'est donc
Un voleur de bonne maison?
SALDORF.
Oui, sans doute.
(*A part, regardant Fritz.*)
Mais quand j'y pense,
Pauvre garçon! cet ange d'innocence
Est celle que demain il devait épouser!
FRITZ, *le regardant*.
Qu'avez-vous donc?
SALDORF, *gaiement*.
Moi? rien.
(*Lui frappant sur l'épaule.*)
Tu peux te reposer;
L'aurore, qui bientôt s'avance,
De la retraite a donné le signal;
Chacun se retire du bal.

SCÈNE XVII.

LES PRÉCÉDENTS; TOUTES LES PERSONNES DU BAL, suivies de VALETS qui portent des flambeaux.

LE CHŒUR.
Voici le jour. Ah! quel dommage!
Pourquoi faut-il déjà partir?
Mais de ce bal la douce image
Émeut encor mon souvenir.

ENSEMBLE.

SALDORF, *regardant Fritz*.
Oui, c'est demain son mariage.
Ah! quel bonheur! ah! quel plaisir!
Le bon époux! dans son ménage
Tout doit vraiment lui réussir.
FRÉDÉRIC, *regardant le balcon*.
O doux objet de mon hommage!
O mon unique souvenir!
Soutiens ma force et mon courage,
Plutôt mourir que te trahir.
FRITZ.
Je suis content de mon courage;
Mais la nuit est près de finir,
Et c'est demain mon mariage,
Dépêchons-nous d'aller dormir.
LA PATROUILLE.
Nous avons montré du courage;
Mais la nuit est près de finir,
Retournons dans notre ménage;
Dépêchons-nous d'aller dormir.
LES OUVRIÈRES, *paraissant à gauche, aux croisées qui donnent sur la rue*.
Quel bruit dans tout le voisinage!
Vraiment on ne saurait dormir.
Quelle rumeur et quel tapage!
C'est le bal qui vient de finir.

UN LAQUAIS, *annonçant*.
La voiture
De monsieur le baron.
SALDORF, *à part*.
Cette aventure
Servira dans l'occasion.
UN AUTRE LAQUAIS.
La voiture
De monsieur le marquis.
FRÉDÉRIC, *à part*.
Ah! je le jure,
De frayeur encor j'en frémis!
LE LAQUAIS.
Le tilbury d' monsieur le chevalier.
TOUS.
Ah! quelle nuit heureuse!

FRÉDÉRIC. D... ma mère reçois ce souvenir chéri. — Acte 2, scène 5.

LA PATROUILLE ET LES OUVRIÈRES.
Ah! quelle nuit affreuse!
Impossible de sommeiller.
LE LAQUAIS.
La dormeuse
De monsieur le conseiller,
CHŒUR GÉNÉRAL.
LES GENS DU BAL.
Voici le jour. Ah! quel dommage!
Pourquoi faut-il déjà partir?
Mais de ce bal la douce image
Emeut encor mon souvenir.
FRITZ.
Je suis content de mon courage;
Mais la nuit est près de finir,
Et c'est demain mon mariage,
Dépêchons-nous d'aller dormir.
SALDORF.
Oui, c'est demain son mariage.
Ah! quel bonheur! ah! quel plaisir!
Le bon époux! dans son ménage
Tout doit vraiment lui réussir.
FRÉDÉRIC.
O doux objet de mon hommage!

O mon unique souvenir!
Soutiens ma force et mon courage,
Plutôt mourir que te trahir.
LA PATROUILLE.
Nous avons montré du courage;
Mais la nuit est près de finir.
Retournons dans notre ménage,
Et dépêchons-nous de dormir.
LES OUVRIÈRES, *aux fenêtres.*
Quel bruit dans tout le voisinage!
Vraiment, on ne saurait dormir.
Quelle rumeur et quel tapage!
C'est le bal qui vient de finir.

ACTE DEUXIÈME.

Le théâtre représente les jardins de l'hôtel de Saldorf. A gauche du spectateur, un pavillon qui communique aux appartements; une croisée fermée par une persienne fait face aux spectateurs. Au lever du rideau, et sur le premier plan, des jeunes filles forment plusieurs contredanses, tandis que d'autres, au fond du théâtre, jouent à la balançoire ou à d'autres jeux. A droite, un

LA FIANCÉE.

FRÉDÉRIC. Tais-toi! tais-toi! c'est une erreur. — Acte 1, scène 11

orchestre. Un buffet dressé et couvert de rafraichissements.

SCENE PREMIÈRE.

MADAME CHARLOTTE, MINA, TOUTES LES JEUNES FILLES DU MAGASIN, *occupées à danser*; FRITZ ET HENRIETTE, *en habits de mariés, le bouquet au côté*; M. DE SALDORF, *parcourant tous les groupes, et parlant à tout le monde.*

LE CHŒUR.

Sous ce riant feuillage,
Sous ces ombrages frais,
Un jour de mariage,
Que la danse a d'attraits!

SALDORF.

De ces jeunes fillettes
Que j'aime l'enjouement!
D'honneur, rien n'est charmant
Comme un bal de grisettes!
Dansez donc, mes amours,
Dansez, dansez toujours.

LE CHŒUR.

Sous ce riant feuillage,
Sous ces ombrages frais,
Un jour de mariage,
Que la danse a d'attraits!

(*A la fin de ce chœur, et pendant que Fritz commence une figure, Henriette fait signe à madame Charlotte de prendre sa place, et entre dans le pavillon à gauche, vers lequel ses yeux se sont souvent tournés avec inquiétude.*)

SALDORF.

Dans mon hôtel, un bal champêtre!
C'est charmant
Pour un chambellan!
Je m'amuse, c'est singulier,
Comme un simple particulier.

LE CHŒUR.

Sous ce riant feuillage, etc.

MADAME CHARLOTTE, *dansant en face de Fritz qui s'arrête.*

Mais allez donc, vous n'allez pas.

FRITZ.

Je n'en peux plus, hélas!

MADAME CHARLOTTE.
Quoi! le marié se repose!
TOUTES LES PETITES FILLES, *se moquant de lui.*
Le marié qui déjà se repose !
FRITZ.
Oui, oui, Mesdames, et pour cause;
On n'a pas de cœur à danser
Lorsque, hélas! on vient de passer
Sous les armes la nuit tout entière!
(*A madame Charlotte, se tâtant les bras et les jambes.*)
Je suis rompu, brisé, ma chère,
Dans toutes les dimensions.
MADAME CHARLOTTE.
Eh bien! chantez, nous valserons.
FRITZ.
Ah! dès qu'il faut rester sur place,
Je le veux bien.
SALDORF.
Cela délasse.
FRITZ.
Je vais vous dire un air de notre sol,
Une valse du Tyrol.

PREMIER COUPLET.

Montagnard ou berger,
Votre sort peut changer ;
Comme moi dans la garde
Il faut vous engager.
Quel état fortuné
Vous sera destiné !
Vous aurez la cocarde
Et l'habit galonné.
— Non, non, vraiment ! m'engager ?
Je crains trop le danger.
Mieux vaut encor vivre et rester berger.
Dans mon hameau restons sans cesse ;
Son aspect fait battre mon cœur.
C'est là qu'est ma maîtresse,
C'est là qu'est le bonheur.

LE CHŒUR.

Loin du danger, loin du combat,
Plus de bonheur et moins d'éclat.
Sachons à la richesse
Préférer notre état.
Dans mon hameau restons sans cesse ;
C'est bien plus sûr et moins trompeur :
C'est là qu'est ma maîtresse,
C'est là qu'est le bonheur.

DEUXIÈME COUPLET.

FRITZ.

Dans les champs de l'honneur
Brillera ta valeur.
Là, pour que l'on parvienne,
Il ne faut que du cœur.
On obtient le chevron,
Et de simple dragon
On devient capitaine,
Au doux son du canon.
Non, j'aime peu le fracas ;
Le canon peut, hélas !
Me prendre en traître ; adieu, jambes et bras.
Dans mon hameau restons sans cesse, etc.

TROISIÈME COUPLET.

Un soldat, franc luron,
Sans chagrin, sans façon,
Est toujours sûr de plaire
Dans chaque garnison.
De séjour en séjour,
Et d'amour en amour,
Toujours un militaire
Est payé de retour.
— Oui, dès qu'il part dans les camps,
Gare les accidents!
On prend sa place, et malheur aux absents!
Dans mon hameau restons sans cesse ;
C'est bien plus sûr et moins trompeur :
C'est là qu'est ma maîtresse,
C'est là qu'est le bonheur.

LE CHŒUR.
Dans mon hameau restons sans cesse, etc.

SCÈNE II.

LES PRÉCÉDENTS, HENRIETTE *sortant du pavillon à gauche.*

HENRIETTE.
Quel bruit ! quelle rumeur soudaine !
SALDORF.
Eh ! oui, je l'oubliais, ma femme a la migraine ;
Taisons-nous.
HENRIETTE.
Non, vraiment ;
Madame ne veut pas interrompre la fête ;
Mais pour elle du moins chantons plus doucement.
SALDORF.
S'il est ainsi, belle Henriette,
Donnez l'exemple en ce moment.

CANON A TROIS VOIX.

HENRIETTE, FRITZ ET MADAME CHARLOTTE.
Où trouver le bonheur ?
Est-ce en la richesse ?
Où trouver le bonheur ?
Est-ce en la grandeur ?
Loin de vous il fuira ;
Car ce n'est pas là
Qu'on le trouvera.
D'un objet
Qui nous plaît
Fixer la tendresse :
Ce secret, le voilà,
Le bonheur est là.
SALDORF ET LE CHŒUR, *regardant Henriette.*
Sa grâce enchanteresse
Charme et séduit nos yeux.
Fritz a sa tendresse ;
Que Fritz est heureux !

SCÈNE III.

LES PRÉCÉDENTS ; LE NOTAIRE.

SALDORF.
Mais qui vient là ? c'est monsieur le notaire.
TOUS, *se retournant.*
Le notaire !
SALDORF.
Personnage très-nécessaire,
Mais peu divertissant.
(*Aux jeunes filles et à madame Charlotte.*)
Aussi, mes chers amours,
Dans ces jardins promenez-vous toujours,
Pendant que nous allons parler dot et douaire,
Et dresser le contrat dans la forme ordinaire.
(*Au notaire.*)
Nous passons chez ma femme.
(*Lui montrant la porte du pavillon.*)
Allons, Monsieur, entrons.
Fritz, tu viendras, nous t'attendons.

LE CHŒUR.

Sous ce riant feuillage,
Sous ces ombrages frais,
Un jour de mariage,
Que la danse a d'attraits !
(*Elles sortent toutes en courant et en dansant, et disparaissent dans les bosquets ; Saldorf et le notaire entrent dans le pavillon à gauche.*)

SCÈNE IV.

FRITZ, HENRIETTE, *restant seuls en scène.*

HENRIETTE. Eh bien! monsieur Fritz, vous ne suivez pas M. le baron ? vous n'allez pas à ce contrat ? c'est vous que cela regarde ; car moi je n'y entends rien.

FRITZ. Oui, cela vous ennuierait, nous allons le rédiger, l'écrire ; et puis on vous appellera pour la lecture et surtout pour la signature, ce qui ne sera pas long, car tout ce que j'ai je vous le donne ; mais auparavant j'étais bien aise de rester un instant avec vous ; on ne peut pas s'aimer quand il y a tant de monde. (*Faisant un geste de douleur.*) Aïe ! les épaules !
HENRIETTE. Qu'est-ce donc ?
FRITZ. Rien ! dans une heure nous serons mariés, mariés pour toujours ; et puis il faut croire que je ne serai pas de garde tous les jours. (*On appelle du pavillon.*) Monsieur Fritz.
FRITZ. On y va ! Adieu, ma petite femme.
HENRIETTE. Adieu, Fritz ; adieu, mon ami... (*Le regardant sortir.*) Ah ! je m'en veux de ne pas l'aimer encore autant qu'il le mérite.

—

SCENE V.

HENRIETTE, FRÉDÉRIC.

FRÉDÉRIC, *à part.* Oui, je lui ai juré de partir ; mais après la scène d'hier, le puis-je sans savoir au moins de ses nouvelles ?
HENRIETTE. Monsieur Frédéric !
FRÉDÉRIC. Henriette ! c'est le ciel qui me la fait rencontrer.
HENRIETTE. Vous dans ces lieux !
FRÉDÉRIC. Voilà plusieurs fois que M. de Saldorf m'a fait l'honneur de m'inviter, et je venais lui rendre ma visite, ainsi qu'à Madame ; est-elle visible ?
HENRIETTE. Non, Monsieur, elle est souffrante.
FRÉDÉRIC, *à part.* O ciel ! (*Haut.*) Je ne demande pas à la voir ; mais dis-lui que je suis venu m'informer de ses nouvelles, je t'en prie, je t'en supplie.
HENRIETTE. Rassurez-vous, il n'y a pas de danger.
FRÉDÉRIC, *avec joie.* Vraiment ! (*A part.*) Je respire. (*Haut.*) C'est égal, vas-y toujours.
HENRIETTE. Tout à l'heure, Monsieur, car, dans ce moment, madame de Saldorf est occupée ; elle assiste, ainsi que son mari, à la rédaction d'un contrat.
FRÉDÉRIC. D'un contrat ! et lequel ?
HENRIETTE. Le mien, Monsieur.
FRÉDÉRIC, *la regardant.* En effet, je n'avais pas encore remarqué ce costume ; comment ! Henriette, tu te maries ?
HENRIETTE. Oui, vraiment. Hier soir vous étiez si pressé, vous aviez tant de chagrins, que je n'ai pas osé vous parler de mon bonheur ; mais aujourd'hui, vous voilà, et en l'absence de mon père, qui, faible et souffrant, n'a pu quitter le pays, j'espère bien que vous daignerez assister à mon mariage, que vous me ferez cet honneur ?
FRÉDÉRIC. Oui, ma chère enfant, oui, ma bonne Henriette, et de grand cœur. Que je suis coupable de l'avoir négligée à ce point ! Pardonnez-moi ; depuis mon retour j'ai eu tant de tourments ! Qui épouses-tu ? quel est ton mari ?
HENRIETTE. Monsieur Fritz, un tapissier.
FRÉDÉRIC. Un pareil mariage...
HENRIETTE. Eh ! que puis-je désirer de mieux ?
FRÉDÉRIC. Toi, si jolie, si distinguée, et avec l'éducation, les talents que t'a donnés madame de Saldorf !
HENRIETTE. Ma bienfaitrice m'a traitée comme son enfant, c'est peut-être un tort ; car toutes ses bontés n'empêchaient point que je ne fusse la fille d'un simple soldat, et ce que je puis faire de mieux est d'épouser mon égal ; mon mari est un excellent homme, qui m'aime beaucoup, que j'aime aussi, qui me rendra heureuse : vous voyez donc bien que c'est un bon mariage ! et bientôt, monsieur le comte, j'espère que vous ferez comme nous.
FRÉDÉRIC. Moi !
HENRIETTE. Oui, sans doute, il faut vous marier.
FRÉDÉRIC. Jamais ! cela n'est pas possible.

HENRIETTE. Pourquoi donc ? J'ignore vos chagrins et ne puis les partager ; mais, croyez-moi, il n'est point d'éternelles douleurs ; et avec votre nom, vos richesses, qui ne serait heureuse et fière de vous appartenir ?
FRÉDÉRIC. Bonne Henriette, c'est toi qui me consoles ; toi, du moins, tu seras toujours mon amie.
HENRIETTE. Dame ! je suis la plus ancienne, la première en date ! Allons, mon jeune maître, du courage ; qui plus que vous mérite d'être heureux ?.. (*En souriant.*) Cela viendra. Vous ferez un beau mariage, vous prendrez ici un bel hôtel, et vous donnerez votre pratique à mon mari.
FRÉDÉRIC. Chère Henriette !.. j'espère bien mieux faire que cela pour vous. C'est à moi de te doter.
HENRIETTE. Ma bienfaitrice s'est chargée de ce soin.
FRÉDÉRIC. Je serai de moitié avec elle. Je vais en parler tout à l'heure à M. de Saldorf ; mais en attendant...

ROMANCE.

PREMIER COUPLET.

Aux jours heureux que mon cœur se rappelle,
J'ai vu par toi mon printemps embelli.
O toi, qui fus ma sœur, ma compagne fidèle,
(*Otant une chaine d'or qui est à son cou.*)
De ma mère reçois ce souvenir chéri !
Je jure ici devant Dieu, devant elle,
D'être toujours ton frère et ton ami.
(*Sur la ritournelle de l'air il passe la chaîne au cou d'Henriette.*)

DEUXIÈME COUPLET.

Que tous tes jours s'écoulent sans nuage,
Que de ton cœur le chagrin soit banni !
Et si jamais sur toi vient à gronder l'orage,
Près de moi viens chercher un asile, un abri.
(*L'embrassant sur le front.*)
De mes serments reçois ici le gage,
C'est le baiser d'un frère et d'un ami.

—

SCENE VI.

LES PRÉCÉDENTS ; SALDORF, *qui est sorti du pavillon avant la fin du second couplet.*

SALDORF, *à part.* Frédéric et la mariée ! ne les dérangeons pas.
HENRIETTE, *un peu émue.* Je vous laisse ; je vais signer le contrat, et en même temps je dirai à madame de Saldorf que vous êtes ici. (*Elle sort.*)
SALDORF, *attend qu'elle soit sortie, et pousse un éclat de rire.* A merveille. J'espère que je suis discret.
FRÉDÉRIC, *à part.* Dieu ! M. de Saldorf ! (*Haut.*) Vous voyez, Monsieur, j'ai été sensible à vos reproches, que je me rends à votre invitation.
SALDORF. A d'autres, mon cher ami ; ce n'est pas à moi qu'on en fait accroire ; je sais pour qui vous venez ici.
FRÉDÉRIC. O ciel !
SALDORF. Et ce n'est pas pour moi.
FRÉDÉRIC. Vous pourriez supposer ?..
SALDORF. Des suppositions ? vous êtes bien bon, je n'en suis plus là, j'ai des preuves.
FRÉDÉRIC, *vivement.* Et moi je puis vous attester...
SALDORF. N'allez-vous pas dissimuler avec moi ? Je vous ai vu tout à l'heure, là même, embrasser la mariée.
FRÉDÉRIC, *étonné et troublé.* Henriette ? eh bien ! quel rapport ?.. et qu'est-ce que cela fait ?
SALDORF. Parbleu, à vous, cela ne fait rien ; mais à Fritz, à cet honnête tapissier, qui s'était là comme hier pour vous arrêter.
FRÉDÉRIC. Que dites-vous ?
SALDORF. Il se fâcherait et il aurait raison, parce qu'il faut des principes.
FRÉDÉRIC. En vérité, Monsieur, je ne vous comprends pas...
SALDORF, *riant.* Admirable ! sur ma parole ! il a déjà ou-

blié son aventure de cette nuit. Il ne se rappelle plus que la jeune héroïne de chez qui il sortait si mystérieusement, cette beauté si prude et si sévère, c'était la belle Henriette.

FRÉDÉRIC. Qui a osé dire?

SALDORF. Vous-même qui me l'avez avoué.

FRÉDÉRIC. Grand Dieu!

SALDORF. Est-ce vrai? ou n'est-ce pas vrai? Eh! mais, qu'avez-vous donc? vous voilà tout troublé! Vous y tenez donc beaucoup?

FRÉDÉRIC. Ah! plus que je ne puis vous le dire, et l'idée seule de l'avoir compromise sera pour moi un remords éternel.

SALDORF. Y pensez-vous?

FRÉDÉRIC. C'est à vous que je me confie, Monsieur; je vous le demande, je vous en conjure, au nom du ciel, que ce secret reste à jamais entre nous!

SALDORF. Eh! mais, mon cher, remettez-vous! Je vois en effet que vous êtes bien amoureux, car la tête n'y est plus. Je n'en dirai rien à personne, je vous le jure sur l'honneur.

FRÉDÉRIC. J'y compte, et me voilà plus tranquille.

SALDORF, *à part*. Mais, par exemple, j'en profiterai.

FRÉDÉRIC. Après cela, Monsieur, je puis vous jurer que vous êtes dans l'erreur sur son compte, que l'affection que j'ai pour elle est ce qu'il y a de plus pur au monde.

SALDORF. C'est toujours comme cela.

FRÉDÉRIC. Qu'on n'a rien à lui reprocher.

SALDORF. Cela va sans dire, témoin ce baiser de tout à l'heure. Et tenez, tenez, la voilà encore qui vous cherche et qui voudrait vous parler.

FRÉDÉRIC. Monsieur, je vous jure encore...

SCENE VII.

LES PRÉCÉDENTS, HENRIETTE.

HENRIETTE, *tenant une lettre à la main*. Monsieur Frédéric. (*A part.*) Dieu! M. de Saldorf!

SALDORF, *bas, à Frédéric*. On ne s'attendait pas à me trouver ici, et cette lettre qu'on tenait à la main, et qu'on vient de cacher, vous doutez-vous pour qui elle était destinée?..

FRÉDÉRIC. Monsieur, de grâce... (*A part.*) Ah! que devenir?..

SALDORF. Et puis, c'est singulier; cette chaîne d'or qui brille à son cou ressemble exactement à celle que vous portiez hier; mais ne craignez rien, j'ai promis d'être discret, et je le prouve en m'en allant. Adieu, mon cher Frédéric, à charge de revanche. Une autre fois ne craignez pas d'avoir confiance en vos amis. (*Il rentre dans le pavillon.*)

SCENE VIII.

FRÉDÉRIC, HENRIETTE.

HENRIETTE. Eh! mais, monsieur Frédéric, comme vous êtes agité! Votre main est tremblante.

FRÉDÉRIC. Moi! non, vous vous trompez! Que me voulez-vous? Que veniez-vous me dire?

HENRIETTE. Eh! mais, qu'avez-vous donc contre moi?.. vous ne me tutoyez pas?

FRÉDÉRIC, *à part*. Je n'ose plus, je n'ose pas la regarder. Pauvre enfant! (*Haut.*) Henriette, Henriette, ne m'en voulez pas.

HENRIETTE. Et de quoi donc?

FRÉDÉRIC, *revenant à lui*. Rien, pardon. Que venais-tu m'annoncer?

HENRIETTE. J'ai dit à Madame que vous étiez ici; mais ce qui m'effraie, c'est que maintenant elle est beaucoup plus mal que je ne croyais.

FRÉDÉRIC. Grand Dieu!

HENRIETTE. Elle a cependant voulu vous écrire, pour vous demander un service.

FRÉDÉRIC. A moi!

HENRIETTE. Oui, quelqu'un de bien malheureux pour qui elle implore votre pitié à l'insu de M. le baron; car elle m'a dit de vous remettre ce billet, sans lui en parler: le voilà; (*Frédéric le prend vivement.*) il ne contient que quelques lignes, et encore, après les avoir écrites, elle s'est trouvée dans un état affreux.

FRÉDÉRIC. Malheureux que je suis!

HENRIETTE, *regardant du côté du pavillon*. Lisez vite, car j'aperçois M. de Saldorf; il cause avec Fritz mon mari.

FRÉDÉRIC, *lisant le billet pendant qu'Henriette regarde du côté du pavillon*. «Que s'est-il passé cette nuit, après votre départ? Quelle est cette arrestation dont j'ai entendu parler? je veux tout savoir. Si mon nom a été prononcé dans cette affaire, s'il me faut perdre le seul bien qui me reste, si mon honneur est compromis, je n'ai plus qu'à mourir, et tel est mon dessein.» Et c'est moi, moi qui en serais la cause! Je ne puis ni ne dois plus vous voir; mais tantôt, à deux heures, je serai dans le pavillon du jardin, derrière la jalousie; jetez-y votre réponse, et après, si mes jours vous sont chers, quittez-moi pour jamais!»

HENRIETTE. Eh bien! la réponse?

FRÉDÉRIC. Je vais la faire, et la lui enverrai. (*A part.*) Oui, à deux heures. (*Montrant la fenêtre du pavillon.*) Elle sera là, j'y viendrai.

HENRIETTE, *regardant toujours à gauche*. Voici M. de Saldorf.

FRÉDÉRIC. Adieu, adieu, Henriette. (*Il s'enfuit par la droite.*)

SCENE IX.

HENRIETTE, *puis* FRITZ ET SALDORF.

HENRIETTE. Qu'il a l'air malheureux! et pourquoi donc? Pourquoi faut-il qu'aujourd'hui je voie souffrir tous ceux que j'aime?

FRITZ, *entrant et causant avec de Saldorf*. Maintenant que tout est écrit, que tout est signé, je vous demande pourquoi nous ne partons pas pour l'église?

SALDORF. Parce qu'on doit nous avertir quand tout sera prêt. Madame Charlotte et ses demoiselles doivent venir prendre la mariée en grande cérémonie.

FRITZ. Des cérémonies! je trouve qu'il y en a déjà trop comme cela, il n'en faut pas tant.

HENRIETTE. Allons, monsieur Fritz, de la patience.

FRITZ. Ça vous est bien aisé à dire; mais moi, qui me vois au moment d'épouser la plus belle fille de la ville... car, regardez-la donc, monsieur le baron; elle est jolie comme ça, avec cet air modeste et les yeux baissés.

SALDORF, *à part*. Pauvre garçon!

FRITZ. Et puis c'te parure, qui lui va si bien! Qu'est-ce que c'est que cette chaîne d'or que je ne vous connaissais pas?..

HENRIETTE. On vient de me la donner.

FRITZ. Et qui donc?

SALDORF. C'est moi.

HENRIETTE, *étonnée*. Vous, Monsieur!

SALDORF, *à demi-voix*. Taisez-vous donc. (*Vivement et passant près de Fritz.*) Et en outre, j'ai quelque chose à dire à Henriette; ainsi, fais-moi le plaisir d'aller donner le coup d'œil du maître, de voir si rien ne manque au repas de noce...

FRITZ. J'aime mieux qu'il y manque quelque chose, et rester ici.

SALDORF. Et pourquoi?

FRITZ. Parce que je ne serai pas fâché d'entendre ce que vous avez à dire à ma femme en particulier.

SALDORF. C'est elle seule que cela regarde; ce sont des avis, des conseils que ma femme voulait lui donner ; et comme elle est malade, c'est moi qui la remplace, c'est moi qu'elle charge de ce soin : ainsi, laisse-nous.

HENRIETTE, *souriant.* Eh! oui, sans doute; n'avez-vous pas confiance?..

FRITZ. Si vraiment, confiance tout entière ; aussi, je m'en vais.

SALDORF, *se retournant et l'apercevant.* Où donc?

FRITZ. Savoir des nouvelles de Madame, car ce pavillon mène à ses appartements.

SALDORF. Eh bien ! tu n'es pas parti?

FRITZ. Si vraiment, je m'en vais. (*A part.*) Je m'en vais écouter. (*Fritz entre dans le pavillon.*)

TRIO.

(*Fritz dans le pavillon. Saldorf et Henriette sur le devant du théâtre.*)

SALDORF.
Près d'entrer en ménage,
Ecoutez, mon enfant,
D'un ami tendre et sage
Le conseil bien prudent.

HENRIETTE.
Près d'entrer en ménage,
Mon cœur reconnaissant
D'un ami tendre et sage
Suivra l'avis prudent.

FRITZ, *ouvrant la jalousie du pavillon, et paraissant à la fenêtre qui fait face aux spectateurs.*
D'ici je puis entendre
Ce qu'il lui veut apprendre.

SALDORF.
Il faut aimer votre mari.

FRITZ, *à part.*
C'est bien! c'est très-bien jusqu'ici!

SALDORF.
Mais ses amis doivent aussi,
Mon enfant, devenir les vôtres.

FRITZ, *à part.*
Conseil qui me semble suspect.

HENRIETTE.
J'ai pour eux le plus grand respect.

FRITZ, *à part.*
Très-bien !

SALDORF.
Ils veulent plus encore.

HENRIETTE.
De tout mon cœur je les honore.

SALDORF.
Il m'en faut un gage bien doux ;
Et cette main...

HENRIETTE.
    Que faites-vous?

FRITZ, *à part.*
Veille sur moi, dieu des époux !

ENSEMBLE.
HENRIETTE.
O ciel! je crains d'entendre,
Et ses regards et ses discours!
Mais de lui comment me défendre?
A quel moyen avoir recours?

SALDORF.
Ne dirait-on pas, à l'entendre,
Qu'elle a toujours fui les amours ?
Mais, quoique prude, l'on est tendre.
Allons, continuons toujours.

FRITZ, *à part.*
O ciel! ô ciel! je crains d'entendre
Et ses regards et ses discours;
Mais je suis là pour la défendre
Et pour venir à son secours.

HENRIETTE, *voulant sortir.*
Souffrez, Monsieur, que je vous quitte.

SALDORF, *la retenant.*
Non, vraiment, encore un instant.

FRITZ, *à part.*
Sur sa vertu, sur son mérite,
Je suis bien tranquille à présent.

SALDORF.
Si j'étais moins discret, ma chère,
M'offensant de vos cruautés,
Je dirais... mais je dois me taire...
Que j'en sais qui sont mieux traités.

HENRIETTE, *étonnée.*
Que dites-vous?

FRITZ, *à part.*
    Dieu! quel mystère !

SALDORF.
Oui, ce Fritz que vous épousez,
N'est pas celui que votre cœur préfère.

FRITZ, *à part.*
Il est donc vrai!

HENRIETTE.
    Quoi ! Monsieur, vous osez!..

SALDORF.
Point d'éclat. Je sais tout. Je connais, chère amie,
Ce jeune homme qui, cette nuit,
Près de vous s'est glissé sans bruit.

HENRIETTE.
Quelle indigne calomnie !

FRITZ, *à part.*
Quelle perfidie!

SALDORF.
J'en fus témoin. Oui, j'ai vu l'imprudent,
Ce Frédéric, sortir de votre appartement.

FRITZ. Frédéric ! (*Il referme la jalousie, s'élance vers la porte, et au moment où il sort du pavillon pâle et tremblant de colère, il voit, en face de lui, madame Charlotte et tout le chœur qui l'entoure en lui offrant des bouquets.*)

SCENE X.

LES PRÉCÉDENTS, SALDORF, TOUS LES GENS DE LA NOCE, MADAME CHARLOTTE, MINA ET SES JEUNES COMPAGNES, *tenant des bouquets.*

CHŒUR, *entourant Fritz et Henriette.*

Voici l'instant du mariage.
Quel jour heureux ! quels doux moments !
Jeunes époux qu'amour engage,
Venez former ces nœuds charmants.

SALDORF.
Enfin, rien ne manque à la fête.

TOUTES LES JEUNES FILLES, *offrant des bouquets à Fritz et à Henriette.*
Partons, la noce est prête.

HENRIETTE, *se retournant et apercevant Fritz.*
Vous voilà ! Qu'avez-vous? D'où vient cette pâleur?

MADAME CHARLOTTE.
Est-ce un effet de son bonheur ?

FRITZ, *à madame Charlotte.*
On me trahit.

MADAME CHARLOTTE.
    Est-ce possible?

FRITZ.
On me trompait.

SALDORF.
Y penses-tu?

FRITZ.
Je sais tout, j'ai tout entendu.

MADAME CHARLOTTE.
Tromper un cœur tendre et sensible!

FRITZ.
Je sais qu'un jeune homme, un amant,
Est sorti cette nuit de son appartement.

(*Les compagnes d'Henriette, qui sont autour d'elle, à la droite des spectateurs, s'éloignent en ce moment, et passent toutes à gauche, du côté du pavillon.*)

ENSEMBLE.

FRITZ.
Après un tel outrage,
De mon aveugle rage
Redoutez les effets.
Non, plus de mariage;
J'y renonce à jamais.

HENRIETTE.
Quel indigne langage!
D'un soupçon qui m'outrage
Suspendez les effets.
A lui l'amour m'engage;
Recevez-en pour gage
Le serment que je fais.
SALDORF.
Quel malheur! quel dommage!
Il la croyait si sage!
Je vois qu'il est au fait.
C'est quelque bavardage
Qui rompt son mariage.
Je fus pourtant discret!
MADAME CHARLOTTE ET LES OUVRIÈRES.
Voyez donc, à son âge,
Le jour du mariage
Faire de pareils traits!
Avec cet air si sage!
A qui donc, en ménage,
Se fier désormais!
MINA.
Quel indigne langage!
D'un soupçon qui l'outrage
Suspendez les effets.
Si modeste et si sage!
Non, non, à cet outrage
Je ne croirai jamais.

SCÈNE XI.

Les précédents; FRÉDÉRIC.

(*En ce moment on entend sonner deux heures à l'horloge de l'hôtel, et les gens de la noce, qui sont tous groupés à gauche, aperçoivent Frédéric que Fritz leur montre, et qui sort du bosquet à droite. A mesure qu'il redescend le théâtre, ils passent derrière lui et l'entourent.*)

FRÉDÉRIC, *à part, se dirigeant du côté du pavillon.*
Voici l'heure du rendez-vous.
Dieu! que de monde!
    (*Apercevant Saldorf.*)
            O ciel! et son époux...
FRITZ, *montrant Frédéric.*
Oser venir encore! Ah! quelle audace extrême!
Cet amant, ce rival qu'elle aime,
    Il est devant vos yeux,
    Le voici!
TOUS, *quittant la gauche du théâtre et achevant de passer à droite derrière Frédéric, de manière à laisser la fenêtre du pavillon entièrement en vue aux spectateurs.*
        Grands dieux!

ENSEMBLE.

FRITZ.
Rien n'égale ma rage!
L'auteur de mon outrage,
Enfin je le connais!
Non, plus de mariage;
Au serment qui m'engage
Je renonce à jamais.

HENRIETTE.
Que dit-il? quel langage!
A cet excès d'outrage
Je ne croirai jamais.
A lui l'amour m'engage;
Recevez-en pour gage
Le serment que je fais.

SALDORF.
Pauvre enfant! quel dommage!
    (*Montrant Fritz.*)
Mais aussi quelle rage
A parler l'obligeait?
Rompre son mariage,
Et le nœud qui l'engage,
Malgré moi je l'ai fait!

FRÉDÉRIC.
Que dit-il? quel langage!
Quoi! c'est moi qui l'outrage?
O funeste secret!
Je romps son mariage,
Et le nœud qui l'engage.
Malheureux, qu'ai-je fait?

MADAME CHARLOTTE ET LE CHŒUR.
Voyez donc, à son âge,
Le jour du mariage,
Faire de pareils traits!
Avec un air si sage!
A qui donc, en ménage,
Se fier désormais?

MINA.
Que dit-il? quel langage!
Ah! mon Dieu! quel dommage!
Leurs soupçons étaient vrais;
Elle, autrefois si sage!
Comment d'un tel outrage
Se consoler jamais?

FRÉDÉRIC, *passant près de Saldorf.*
Arrêtez! c'est une imposture!
HENRIETTE ET MINA, *avec joie.*
Vous l'entendez!
FRITZ, *montrant Saldorf.*
        Il l'a dit, je le jure.
            FRÉDÉRIC.
C'est une erreur; oui, je l'atteste ici.

SALDORF, *quittant sa place qui est à l'extrême droite, et passant devant tout le monde pour aller près de Frédéric.*

Mais alors de chez qui sortiez-vous donc ainsi?
        FRÉDÉRIC, *troublé.*
De chez qui?
            SALDORF.
    Répondez.
        FRÉDÉRIC, *à part.*
            Juste ciel! que lui dire?

(*En ce moment, la jalousie du pavillon s'entr'ouvre, mais sans qu'on puisse voir la personne qui est derrière. On aperçoit seulement l'extrémité d'une écharpe bleue qui passe par-dessous la croisée. Frédéric, qui regarde de ce côté, aperçoit le mouvement de la jalousie, et croit voir madame de Saldorf.*)

Elle écoute, elle est là. Si je parle, elle expire!
        SALDORF, *avec force.*
De quel appartement veniez-vous donc?
FRÉDÉRIC, *hors de lui, et regardant tour à tour du côté d'Henriette et du côté de la jalousie.*
            Eh bien!
            TOUS.
Parlez, parlez.

(*En ce moment, la jalousie se referme comme si la personne qui l'entr'ouvrait n'avait plus la force de la tenir et tombait en faiblesse. Frédéric veut s'élancer de ce côté.*)

        SALDORF, *avec force.*
De quel appartement?
TOUS, *croyant qu'il veut s'échapper, et le retenant.*
    Parlez.
        FRÉDÉRIC.
            Eh bien! eh bien!

(*Il cache sa tête dans sa main, et étendant l'autre du côté d'Henriette, il dit :*)

        C'était du sien!

(*Henriette pousse un cri, et Mina, qui est derrière elle, la reçoit dans ses bras au moment où elle tombe évanouie. Pendant le reste du final, Mina et plusieurs de ses compagnes portent Henriette sur une chaise au milieu du théâtre, sur le second plan. A gauche de ce groupe, les gens de la noce qui sont redescen-*

(dus devant la fenêtre du pavillon qu'ils cachent en ce moment. A droite, un autre groupe, formé par Fritz, madame Charlotte et les autres compagnes d'Henriette. Frédéric est sur le premier plan, à droite d'Henriette; Saldorf à sa gauche. Plusieurs des jeunes ouvrières qui entourent Henriette entrent dans le pavillon pour chercher des sels qu'elles lui font respirer; puis, voyant que tous leurs secours sont inutiles, elles vont chercher deux domestiques en livrée qui sortent du pavillon, et qui emportent Henriette dans leurs bras. Tout ce mouvement est fait pendant le commencement du final, et au moment où Henriette disparaît, les trois groupes indiqués ci-dessus se réunissent et n'en forment plus qu'un.)

ENSEMBLE.

MADAME CHARLOTTE, aux jeunes ouvrières.
Ah! quelle horreur! ah! quel scandale!
Profitez de cette leçon.
Dieu! quel outrage à la morale!
Et quel affront pour la maison!

FRÉDÉRIC.
C'est fait de moi! Non, rien n'égale
L'horreur de cette trahison.
Secret funeste! erreur fatale!
Pour mes remords point de pardon.

SALDORF.
J'en suis fâché pour la morale,
Et puis pour ce pauvre garçon.
Mais tais-toi donc, point de scandale,
Il faut se faire une raison.

FRITZ.
J'en étais sûr, non, rien n'égale
L'horreur de cette trahison,
Je maudis sa beauté fatale;
Pour ses forfaits point de pardon.

(Madame Charlotte entraîne Fritz, et Frédéric reste sur le devant du théâtre, se cachant la tête dans ses mains, et absorbé dans sa douleur.)

ACTE TROISIÈME.

Le théâtre représente l'intérieur d'un magasin de modes très-élégant, fermé par des vitrages qui donnent sur la rue. Porte au fond et deux portes latérales; à droite du spectateur, un guéridon en acajou, et dessus, tout ce qu'il faut pour écrire. A droite et à gauche, des comptoirs en acajou et des étoffes déployées, des voiles, des cachemires.

SCÈNE PREMIÈRE.

MADAME CHARLOTTE, FRITZ, assis près du comptoir à droite.

MADAME CHARLOTTE, entrant par la porte à gauche. Quel événement! j'en suis encore indignée! compromettre la réputation, l'honneur de ma maison! car cela se répandra, j'en suis sûre; la vertu des lingères et des modistes a déjà eu tant de peine à s'établir, qu'une pareille aventure n'est pas faite pour augmenter la confiance.

FRITZ, toujours assis. Je n'en puis revenir encore.
MADAME CHARLOTTE. Eh bien! mon pauvre monsieur Fritz...
FRITZ. Eh bien! madame Charlotte, qu'en dites-vous?
MADAME CHARLOTTE. Je dis que cela ne m'étonne pas, que je l'avais toujours prévu; mais j'étais dans une si singulière position! Une jeune veuve, votre voisine, maîtresse comme vous de ma liberté, et d'une fortune indépendante, vous auriez pu me supposer des idées! A moi, des idées, grand Dieu! voilà pourquoi je ne vous disais rien de mes soupçons.
FRITZ. Vous m'en parliez toute la journée.
MADAME CHARLOTTE. C'était donc malgré moi, et vous voyez si j'avais tort. Une demoiselle de comptoir, élevée comme une princesse; la lecture, le dessin, la musique; toujours dans l'hôtel de ce chambellan où madame de Saldorf l'avait prise pour demoiselle d'honneur, et je vous demande comme ce titre lui allait bien!
FRITZ. Deux amants à la fois!
MADAME CHARLOTTE. Elevée dans le grand monde, elle en a pris les manières. Il faut dire aussi, pour l'excuser, car moi je ne demanderais pas mieux, qu'il était bien difficile de résister au comte de Lowenstein : un jeune seigneur si brave, si riche, si généreux! car hier, dans un instant qu'il est resté ici, il a acheté pour deux ou trois mille florins de tissus et de cachemires qu'on ne lui a même pas encore envoyés. Et vous pensez bien que ce sont là des moyens de séduction, même auprès de grandes dames qui y sont faites; à plus forte raison avec des vertus qui n'en ont pas l'habitude.
FRITZ. Eh morbleu! qu'importe? il n'en est pas moins vrai qu'avec tout cela je suis abandonné, que je suis!... Enfin, madame Charlotte, je suis trahi, c'est un fait.
MADAME CHARLOTTE. Je ne dis pas non.
FRITZ. Et ce qu'il y a d'incompréhensible, c'est que cette perfide, je l'aimais autrefois. Eh bien! depuis sa trahison, je crois que je l'aime encore plus!
MADAME CHARLOTTE. Eh mon Dieu! ces pauvres hommes sont toujours comme cela.
FRITZ. C'est comme une fièvre, avec des redoublements de rage; et vous, qui vous y connaissez mieux que moi, qu'est-ce qu'il y a à faire dans ces états-là?
MADAME CHARLOTTE. Il y a bien des partis à prendre.
FRITZ. Mais enfin, si vous étiez à ma place, que feriez-vous?
MADAME CHARLOTTE. Ce que je ferais?

DUO.

Bannissant la tristesse,
Bannissant les regrets,
J'oublierais ma tendresse,
Et gaîment j'en rirais.
FRITZ.
Vous croyez qu'il faut rire?
MADAME CHARLOTTE
Il faut rire avec nous,
Et puis surtout vous dire...
FRITZ.
Voyons, que diriez-vous?
MADAME CHARLOTTE.
Je me dirais : Lorsque l'on est aimable,
Jeune, riche et galant,
Un accident semblable
N'a rien de désolant.
FRITZ.
Lorsque l'on est aimable, etc.
MADAME CHARLOTTE.
Fuyant une traîtresse
Indigne de mon cœur,
Près d'une autre maîtresse,
Pour trouver le bonheur,
J'offrirais ma tendresse,
Ma fortune et ma main.
FRITZ.
Ma fortune et ma main?
MADAME CHARLOTTE.
Rien qu'à cette nouvelle,
Je vois votre infidèle
Expirer de chagrin!
FRITZ.
Expirer de chagrin!

ENSEMBLE.

FRITZ.
Douce espérance !
Ah ! quand j'y pense,
Que la vengeance
Offre de plaisir !
Oui, cœur volage,
Ce mariage
Où l'on m'engage
Va te punir.

MADAME CHARLOTTE.
Douce espérance !
Ah ! quand j'y pense,
Que la vengeance
Offre de plaisir !
Oui, du courage !
Cette volage
Qui vous outrage,
Il faut la punir.

FRITZ.
Mais où trouver cette autre belle,
Si sage et surtout si fidèle ?

MADAME CHARLOTTE.
Oh ! c'est facile, en cherchant bien.

FRITZ.
Pour moi, je cherche et ne vois rien.

MADAME CHARLOTTE, *baissant les yeux.*
Il est mainte femme sensible
Qui peut-être, depuis longtemps,
Esclave d'un devoir pénible,
Cache ses secrets sentiments.

FRITZ.
Grand Dieu ! qu'ai-je entendu ?

MADAME CHARLOTTE.
Oui, son âme pudique et fière
Aime mieux souffrir et se taire.

FRITZ.
O comble de vertu !
Mais dans le doute, hélas ! encor je flotte,
Et je ne puis croire à tant de bonheur.
Vous m'aimeriez, vous, madame Charlotte ?

MADAME CHARLOTTE.
Ah ! j'ai trahi le secret de mon cœur !

FRITZ.
Eh bien ! tant mieux, l'occasion est belle,
C'est le moyen d'oublier l'infidèle.
Pour la punir, je prétends, devant elle,
Vous épouser, quand j'en devrais mourir,
Oui, oui, oui, quand j'en devrais mourir !

ENSEMBLE.

FRITZ.
Douce espérance !
Ah ! quand j'y pense,
Que la vengeance
Offre de plaisir !
Etc., etc.

MADAME CHARLOTTE.
Douce espérance !
Ah ! quand j'y pense,
Que la vengeance
Offre de plaisir !
Etc., etc.

SCENE II.

Les précédents, HENRIETTE, *pâle et les yeux baissés, entrant par la porte à droite.*

FRITZ. La voici !

MADAME CHARLOTTE. Comment ! Mademoiselle, après ce qui s'est passé, vous osez encore vous présenter dans une maison aussi respectable !

HENRIETTE, *relevant la tête avec dignité.* Je n'ai rien fait, Madame, qui puisse vous donner le droit de me traiter ainsi ; ce n'est pas vous qu'il m'importe de persuader, c'est monsieur Fritz.

FRITZ. Moi !

HENRIETTE. Je vous jure, Monsieur, par ce qu'il y a de plus saint au monde, que je ne vous ai pas trompé, que je n'ai point trahi mes devoirs.

FRITZ. Eh ! comment M. le comte de Lowenstein, que ce matin vous me peigniez si noble et si généreux, pourrait-il vous accuser lui-même ?

HENRIETTE. Je l'ai entendu, et je ne puis le croire encore.

MADAME CHARLOTTE. Quand il aurait gardé le silence, il est des faits qui parlent d'eux-mêmes ; car enfin cette chaîne d'or que M. Frédéric portait hier, n'est-ce pas lui qui vous l'a donnée ?

HENRIETTE. C'est vrai.

FRITZ. Et pourquoi l'avez-vous acceptée ? et pourquoi M. de Saldorf soutenait-il qu'elle venait de lui ? Vous vous entendiez donc tous pour me tromper, pour me trahir ! c'était un complot général !

HENRIETTE. Toutes les apparences sont contre moi, j'en conviens ; et Madame et tout le monde ont le droit de m'accuser. Mais vous, peut-être, vous ne le deviez pas.

FRITZ. Et pourquoi cela ?

HENRIETTE. Vous m'aimiez, disiez-vous ; vous vouliez mériter mon estime, mon amour. Eh bien ! tout m'accable, tout m'abandonne ; je suis sans protecteur, sans appui ; je n'ai pour moi que ma propre conscience, que le témoignage de mon cœur ; je n'ai point d'autres preuves à vous donner ; êtes-vous assez généreux pour y croire, pour me défendre seul contre l'opinion qui m'accuse ?

FRITZ. Mam'selle Henriette !

HENRIETTE. Vous n'aurez point à vous en repentir, je vous le jure ; c'est acquérir à ma reconnaissance des droits éternels, c'est m'enchaîner à vous par un bienfait, que ma vie entière pourrait à peine acquitter. Oui, Fritz, je ne vous ai point trompé, je suis digne de vous, je l'atteste devant Dieu qui m'entend. Me croyez-vous ?

FRITZ. Mais, écoutez donc.

MADAME CHARLOTTE, *bas, à Fritz.* Seriez-vous encore sa dupe ?

HENRIETTE. Répondez ; au fond du cœur, me croyez-vous ?

FRITZ, *hésitant et regardant madame Charlotte.* Eh bien ! eh bien, non !

HENRIETTE, *froidement.* Il suffit. Il ne m'importe plus maintenant de vous convaincre, et toute affection est éteinte en mon cœur.

FRITZ. Oui, perfide ! oui, vous l'avez voulu ; je reprends ma foi pour l'offrir à quelqu'un qui en fût plus digne que vous, à madame Charlotte, dont j'ai méconnu la tendresse ; c'est elle que j'aime, que j'épouse.

MADAME CHARLOTTE. Pour vous, Mademoiselle, je vous donne encore jusqu'à ce soir ; d'ici là vous pouvez chercher un autre asile, et je m'en vais écrire à votre père pour lui apprendre les motifs de votre départ.

HENRIETTE. Mon père ! (*Ils sortent.*)

SCENE III.

HENRIETTE, *seule.* Mon père ! a-t-elle dit.

RÉCITATIF.

De quels nouveaux malheurs vient-on m'épouvanter ?
Qu'ai-je fait pour les mériter ?

AIR.

Un ciel serein et sans nuage
Ne m'annonçait que d'heureux jours,
Et ma vie, exempte d'orage,
S'écoulait paisible en son cours.

Soudain éclate avec furie
L'orage que j'avais bravé :
L'honneur, le repos de ma vie,
Hélas ! ils m'ont tout enlevé.

Je n'ai plus d'amis sur la terre,
Chacun me fuit avec effroi,

LA FIANCÉE.

HENRIETTE. Ce ne sont point vos trésors qu'il me faut. — Acte 3, scène 4.

Et peut-être de mon vieux père
Les bras vont se fermer pour moi!
Dieu puissant que j'implore,
Toi qui lis dans mon cœur,
Toi seul me reste encore,
Deviens mon protecteur!

SCENE IV.
HENRIETTE, FRÉDÉRIC.

HENRIETTE, *l'apercevant et jetant un cri.* O ciel! (*Elle s'enfuit à l'autre bout du théâtre.*) Vous, Monsieur! vous l'auteur de tous mes maux! qui vous amène en ces lieux? que vous manque-t-il encore? est ce le spectacle de ma douleur et la vue de mes larmes?

FRÉDÉRIC, *les yeux baissés et parlant lentement et avec peine.* Henriette, je suis un malheureux que le remords accable, qui n'ose lever les yeux sur vous, qui n'ose même implorer à vos pieds une grâce qu'il est indigne d'obtenir. J'ai détruit votre bonheur, celui de Fritz.

HENRIETTE, *de même.* Il m'abandonne aussi! il en épouse une autre; je ne lui en veux pas. Puisqu'il a pu vous croire, il ne me méritait pas, et je ne puis aimer longtemps ceux que je n'estime plus!

FRÉDÉRIC. Ah! vous prononcez mon arrêt! mais vous ne pouvez savoir, vous ne saurez jamais ce que je souffre, ni les tourments que j'éprouve.

HENRIETTE. Et quels sont-ils? Pour vous rendre le bonheur, pour adoucir vos chagrins, j'aurais sacrifié ma vie; mais mon honneur, mais celui de mon père! pouvais-je vous les donner?

FRÉDÉRIC Ecoute. (*Regardant autour de lui et à voix basse.*) Telle est l'horreur de mon sort, que je ne puis réparer mon crime sans en commettre un nouveau, sans mériter aux yeux du monde et aux miens les reproches que tu m'adresses.

HENRIETTE. Que dites-vous?

FRÉDÉRIC. Que je suis seul coupable, et que c'est à moi de m'en punir. J'irai loin de vous, loin de ma patrie, chercher la mort que j'ai méritée.

HENRIETTE, *avec tendresse.* Frédéric!

FRÉDÉRIC. Mais ces lieux que je quitte, tu ne peux y rester après l'éclat d'aujourd'hui! Retourne vers ton vieux père, qui jadis a sauvé le mien, porte-lui cet écrit, cherchez tous deux dans un asile éloigné le repos et le bonheur; tu peux encore le retrouver, toi! (*A voix basse.*) tu n'as rien à te reprocher.

HENRIETTE. Cet écrit doit-il au moins me justifier à ses yeux?

FRÉDÉRIC. Cet acte est pour toi seule, il t'appartient. Décidé à mourir, je n'ai plus besoin de rien, et je t'abandonne dès ce moment tous mes biens, tout ce que je possède.

HENRIETTE, *le repoussant*. Et vous pouvez croire?.

FRÉDÉRIC, *d'un air suppliant*. Ah! ne m'accablez pas. Ne me refusez pas le seul moyen que le ciel m'offre encore de réparer mon crime.

HENRIETTE, *avec fierté et jetant l'écrit loin d'elle*. Ce ne sont point vos trésors qu'il me faut; c'est la vérité, la vérité tout entière, qui seule peut me justifier à tous les yeux! Refuserez-vous une pauvre fille qui vous demande à genoux de lui rendre l'honneur?

DUO.

HENRIETTE.
Au nom du Dieu tout-puissant,
Du Dieu qui nous entend,
Ici je vous implore!
FRÉDÉRIC.
Ah! rien n'égale mon tourment!
HENRIETTE.
Ce matin vous disiez encore :
(*Reprise du motif de la romance du second acte.*)
« Oui, toi qui fus ma sœur, ma compagne fidèle,
« De ma mère reçois ce souvenir chéri! »
FRÉDÉRIC, *troublé*.
O ciel!
HENRIETTE.
« Je jure ici devant Dieu, devant elle,
« D'être toujours ton frère, ton ami! »
FRÉDÉRIC, *cachant sa tête dans ses mains*.
Ah! malheureux!
HENRIETTE, *lui montrant la chaîne qui est à son cou*.
De votre mère
Ce souvenir, le voici.
FRÉDÉRIC, *hors de lui*.
Mon Dieu! que dois-je faire?
HENRIETTE.
Ah! rendez-moi mon frère,
Rendez-moi mon ami.

ENSEMBLE.

HENRIETTE.
Il balance, il hésite.
Que la voix de l'honneur
Arrive à votre cœur!
FRÉDÉRIC.
Ah! quel trouble m'agite!
Et l'amour et l'honneur
Se disputent mon cœur.
FRÉDÉRIC, *dans le dernier trouble*.
Je n'y résiste plus. O justice suprême!
S'il faut pour te sauver perdre tout ce que j'aime,
Et moi-même avec elle. Apprends donc, tu le veux,
Apprends donc mon secret.
HENRIETTE.
Achevez!
FRÉDÉRIC, *apercevant Saldorf qui entre*.
Ah! grands dieux!
Saldorf! qu'allais-je faire? (*Bas, à Henriette.*) Je ne puis, ce secret n'est pas le mien; mais je te sauverai, je le jure. Adieu, je reviens. (*Il sort.*)

SCÈNE V.

HENRIETTE, SALDORF, *qui est entré à la fin de la scène précédente*.

SALDORF. M. le comte! mon cher Frédéric! Eh bien! il disparaît sans me parler, sans vouloir m'entendre! il est fâché contre moi, et j'en suis désolé! Aussi je venais me justifier auprès de lui, et auprès de toi, ma chère Henriette.

HENRIETTE. Vous, Monsieur!

SALDORF. Eh! oui, j'avais juré au comte de Lowenstein de ne jamais parler de ce qu'il m'avait confié, et c'était bien mon dessein; mais ce hasard que je ne pouvais prévoir, ce jaloux de Fritz qui nous écoutait... et puis, j'en conviens, j'ai eu tort, j'ai peut-être forcé le comte de Lowestein à parler plus qu'il n'aurait voulu; mais c'est que je suis susceptible en diable sur le point d'honneur, et qu'il m'était venu un instant une idée... si absurde... (*Apercevant le papier qui est à terre.*) Eh! mais, qu'est-ce que je vois là? quel est ce papier? une donation en bonne forme, signée Frédéric de Lowestein! (*Lisant.*) Donner à cette petite fille une somme aussi énorme! décidément il en est fou, il en perd la tête. (*A Henriette.*) Tiens, mon enfant, voilà qui est à toi, qui est en ton nom.

HENRIETTE, *le repoussant de la main*. Je le sais, Monsieur, et je l'ai déjà refusé.

SALDORF. Et pourquoi?

HENRIETTE. C'est que l'accepter, serait avouer que je suis coupable, (*Prenant le papier des mains de Saldorf et le déchirant.*) et je vous le répète, Monsieur, je ne le suis pas.

SALDORF, *riant*. C'est très-bien! et je le concevrais, si ces demoiselles, ou si Fritz était là... (*Regardant autour de lui.*) à moins qu'il ne nous écoute encore! (*A demi-voix.*) Mais entre nous deux, à moi, qui suis au fait, tu peux bien avouer...

HENRIETTE. Et quoi donc?

SALDORF. Avouer ce qui en est. Car enfin, ne nous fâchons pas, j'étais là quand on l'a arrêté au moment où il descendait du balcon.

HENRIETTE, *étonnée*. Quel balcon?

SALDORF. Celui de mon hôtel, le balcon au premier, qui donne sur la chambre où tu as passé la nuit.

HENRIETTE. Mais je n'ai point passé la nuit à l'hôtel.

SALDORF. Que dis-tu?

HENRIETTE. Madame de Saldorf m'a renvoyée avant minuit. Elle a voulu rester seule : et moi, sans que personne me vît, je suis rentrée à la maison, d'où je ne suis sorti que ce matin.

SALDORF. O ciel! et pour qui donc alors Frédéric allait-il cette nuit dans mon hôtel?

HENRIETTE. Qu'entends-je?

SALDORF. Il n'y avait que ma femme, elle y était seule, elle avait voulu y rester seule! c'était pour le recevoir, elle l'attendait! plus de doute!

HENRIETTE, *à part*. Malheureuse! qu'ai-je fait? (*Allant à Saldorf.*) Monsieur!

SALDORF, *furieux*. Laisse-moi.

DUO.

SALDORF.
Que ce lâche, ce téméraire,
Redoute ma juste colère.
Rien ne peut calmer ma fureur;
Je punirai le séducteur.
HENRIETTE, *à part*.
Pour les sauver que puis-je faire?
Inspire-moi, Dieu tutélaire!
Comment, hélas! toucher son cœur?
Comment désarmer sa fureur?
HENRIETTE, *à part*.
Je connais donc enfin ce funeste mystère!
SALDORF, *qui s'est mis à la table et qui écrit*.
« Je sais tout, mon outrage et votre trahison;
« J'abandonne à jamais une épouse coupable;
« Je brise tous nos nœuds; mais d'un affront semblable
« Votre sang aujourd'hui doit me rendre raison.
« Je vous attends. »
(*Il ferme la lettre.*)
HENRIETTE, *à part*.
Ah! leur perte est jurée!
Ma bienfaitrice, hélas! déshonorée,

Frédéric expirant! O remords superflus!
Et c'est moi qui les ai perdus!
ENSEMBLE.
HENRIETTE.
Pour les sauver que puis-je faire!
Inspire-moi, Dieu tutélaire!
Comment leur rendre le bonheur?
(*Montrant Saldorf.*)
Et comment tromper sa fureur?
SALDORF.
Que ce lâche, ce téméraire,
Redoute ma juste colère.
Rien ne peut calmer ma fureur :
Je punirai le séducteur;
Courons punir le séducteur.
(*Il va pour sortir, et Henriette qui le retient le ramène au bord du théâtre.*)

SCÈNE VI.

Les précédents; MADAME CHARLOTTE, FRITZ, MINA, ET PLUSIEURS DEMOISELLES DU MAGASIN, *sortant de la porte à gauche et s'arrêtant au fond pour écouter.*

MADAME CHARLOTTE.
Eh! mais, quel bruit fait-on chez nous?
FRITZ.
C'est Henriette; taisez-vous.
HENRIETTE, *retenant Saldorf.*
Un seul instant écoutez-moi.
SALDORF.
Non, je cours le punir, l'honneur m'en fait la loi.
HENRIETTE.
Gardez-vous d'écouter l'erreur qui vous abuse.
SALDORF.
Une erreur, dites-vous? quand, d'après vos récits...
HENRIETTE.
Pour me justifier je cherchais une excuse;
Et vous tromper alors pouvait m'être permis.
Mais l'honneur me défend de souffrir qu'on accuse
Une autre d'un forfait que moi seule ai commis.
SALDORF, *avec joie.*
Quoi! ma femme?..
HENRIETTE, *à voix basse.*
N'est point coupable.
SALDORF.
Et Frédéric?
HENRIETTE, *de même.*
Il a ma foi.
SALDORF.
Ce rendez-vous?
HENRIETTE, *de même.*
Était pour moi.
SALDORF.
Et celle qui l'aime?..
HENRIETTE, *de même.*
C'est moi;
C'est moi seule, c'est moi;
Je le confie à votre foi.
FRITZ, MADAME CHARLOTTE ET LES JEUNES FILLES, *restées au fond du théâtre, s'avançant en ce moment.*
O trahison épouvantable!
Elle convient de son forfait!
HENRIETTE, *avec effroi.*
O ciel! on m'écoutait!
FRITZ.
Ah! c'est indigne! ah! c'est infâme,
Craignez le courroux qui m'enflamme!
Elle en convient! ah! quelle horreur!
Non, rien n'égale ma fureur!
MADAME CHARLOTTE ET LES JEUNES FILLES.
Ah! c'est indigne! ah! c'est infâme!
On peut aimer au fond de l'âme;
Mais en souvenir, quelle horreur!
Rien n'excuse une telle erreur.
SALDORF, *à part.*
Le calme rentre dans mon âme!
Ai-je pu soupçonner ma femme?
Je ris de ma propre fureur,
Et je reviens de mon erreur.

HENRIETTE, *dans le dernier accablement.*
Grand Dieu! toi qui lis dans mon âme!
C'est ton appui que je réclame;
Car je sens défaillir mon cœur,
Et je succombe à mon malheur!
FRITZ, *à madame Charlotte.*
Ah! je n'ai plus de doute en ma fureur jalouse!
Et c'est vous, à présent, oui, c'est vous que j'épouse.
MADAME CHARLOTTE.
Mais, après de pareils aveux,
Comment la garder en ces lieux?
ENSEMBLE.
SALDORF.
Ah! que je plains son sort affreux!
C'est un arrêt trop rigoureux.
MADAME CHARLOTTE.
Oui, je l'exige, je le veux;
Sortez à l'instant de ces lieux.
FRITZ ET LE CHŒUR.
Après de semblables aveux,
Sortez à l'instant de ces lieux.
HENRIETTE, *pâle et tremblante.*
Fuyons, fuyons loin de ces lieux;
Cachons ma honte à tous les yeux.

(*On lui ouvre un passage. Elle va pour sortir par la porte du fond, lorsque Frédéric paraît et la ramène par la main.*)

SCÈNE VII.

Les précédents, FRÉDÉRIC.

FRÉDÉRIC. La chasser! et pourquoi? Qui l'oserait, quand je prends sa défense?
FRITZ. Sa défense!.. Ah bien! oui, il n'est plus temps, elle a tout avoué.
FRÉDÉRIC, *étonné.* Que dites-vous?
SALDORF, *le prenant à part, et à voix basse.* Oui, mon cher, et ce que vous pouvez faire de mieux maintenant, c'est de vous taire; car la pauvre enfant est convenue de tout, fort heureusement pour moi qui, sur quelques mots mal interprétés, allais me brûler la cervelle avec vous.
FRÉDÉRIC, *cachant son trouble.* Se peut-il! (*S'approchant d'Henriette avec confusion et respect.*) Comment! Henriette, vous avez dit?..
HENRIETTE, *se levant du fauteuil où elle était tombée et se soutenant à peine.* Oui, Monsieur; qu'importe la perte d'une pauvre fille? Je devais trop à ma bienfaitrice pour la laisser soupçonner; dites-lui que je n'oublierai jamais ses bontés; mais maintenant (*A voix basse et avec une expression douloureuse.*) je crois que nous sommes quittes!
FRÉDÉRIC. Mais moi, Henriette, je ne le suis pas envers vous, et je dois témoignage à la vérité. (*A haute voix.*) Oui, je l'aimais, j'en conviens; mais j'atteste que, toujours vertueuse, Henriette n'a rien à se reprocher, et qu'elle n'a d'autre tort que mon amour qui l'a compromise. (*S'approchant d'elle.*) Ce matin, Henriette, ces richesses, ces trésors que je vous offrais pour réparer ma faute, vous les avez repoussés.
FRITZ ET MADAME CHARLOTTE. Serait-il vrai!
SALDORF. J'en ai été le témoin.
FRÉDÉRIC. Eh bien! je vous les offre encore. Les refuserez-vous de la main d'un époux?..

MORCEAU D'ENSEMBLE.

TOUS.
Grand Dieu! lui, son époux!
HENRIETTE, *éperdue et tombant dans le fauteuil qui est près d'elle.*
Vous, Frédéric! que dites-vous?
FRÉDÉRIC.
(*Reprise de la romance du deuxième acte.*)
O toi qui fus toujours ma sœur et mon amie,

J'avais juré de protéger ta vie.
Pour protecteur accepte ton époux!
HENRIETTE.
De respect, de reconnaissance,
C'est moi qui tombe à vos genoux.
FRITZ, *à madame Charlotte*.
Avais-je tort d'être jaloux?
MADAME CHARLOTTE.
Former une telle alliance!
Jamais un tel bonheur ne nous arriverait!
FRÉDÉRIC, *à Henriette*.
Ta bienfaitrice approuve mon projet
Que je venais de lui faire connaître.
Partons, elle nous attend.

SALDORF.

La noblesse crira peut-être;
Mais franchement, oui, franchement,
Il ne pouvait faire autrement.

CHŒUR DE JEUNES FILLES.

Elle est comtesse! ah! quel honneur!
Chantons, célébrons leur bonheur.

FIN
de
LA FIANCÉE.

LA NEIGE
OU
LE NOUVEL EGINARD

OPÉRA-COMIQUE EN QUATRE ACTES.

Représenté, pour la première fois, à Paris, sur le théâtre royal de l'Opéra-Comique, le 9 octobre 1823.

EN SOCIÉTÉ AVEC M. G. DELAVIGNE,

MUSIQUE DE M. AUBER.

Personnages.

LE GRAND-DUC DE SOUABE.
LOUISE DE SOUABE, sa fille.
LE PRINCE DE NEUBOURG, prince souverain d'Allemagne.
LE COMTE DE LINSBERG, officier au service du duc.
LE MARQUIS DE VALBORN, chambellan du grand-duc.
MADEMOISELLE DE WEDEL, fille d'honneur de la princesse.
LA COMTESSE DE DRAKENBACK, gouvernante des filles d'honneur.
WILHEM, jardinier du grand-duc.
UN VALET.
PLUSIEURS SEIGNEURS ET DAMES DE LA COUR.

La scène se passe en Souabe, dans un des palais de plaisance du grand-duc.

ACTE PREMIER.

Le théâtre représente un riche salon gothique ; porte à droite et à gauche, porte au fond. A gauche du spectateur, une table recouverte d'un tapis, sur laquelle est tout ce qu'il faut pour écrire.

SCÈNE PREMIÈRE.
M. DE LINSBERG, MADEMOISELLE DE WEDEL.

MADEMOISELLE DE WEDEL. Non, la princesse n'est pas visible, elle n'est pas encore remise de sa frayeur; mais, savez-vous que moi qui vous parle, j'ai manqué de mourir de joie et de surprise en vous apercevant? Comment, monsieur le comte, on vous croit à soixante lieues d'ici, occupé à vous battre, et tout à coup vous vous trouvez à nos côtés à cette partie de traîneaux, où sans vous...

M. DE LINSBERG. Rien n'est plus simple à vous expliquer. Arrivé hier à minuit, j'apprends que toute la cour devait se rendre ce matin sur le grand lac, et qu'il y aurait une course de traîneaux. J'étais curieux d'y assister ; mais, pour différents motifs, ne voulant pas qu'on fût instruit de mon retour, je m'étais glissé dans la foule, et j'étais placé au premier rang, lorsque j'aperçois le traîneau de la princesse qui était lancé de notre côté et qui se dirigeait vers un endroit où la glace était rompue ! Je n'eus que le temps de me précipiter au-devant de son altesse et de l'arrêter. Je sais trop ce qui s'est passé. Je crois seulement que la violence du coup m'a renversé, car j'ai entendu en tombant un cri d'effroi, et j'ai cru reconnaître la voix de la princesse et la vôtre, ma chère baronne.

MADEMOISELLE DE WEDEL. Je le crois bien! j'étais derrière; comme fille d'honneur de son altesse, je suis obligée de la suivre partout ; et voyez où le devoir de ma charge allait me conduire!.. Eh! mon Dieu! vous revenez de l'armée, et j'oubliais de vous demander des nouvelles. Vous avez battu l'ennemi, n'est-il pas vrai?

M. DE LINSBERG. Oui, certainement.

MADEMOISELLE DE WEDEL. Ah! que vous avez bien fait ! Nous nous intéressions tous à vos succès, jusqu'à la princesse elle-même, qui ne s'occupait jamais de géographie, et que j'ai surprise deux ou trois fois suivant sur la carte les mouvements de l'armée. Aussi, dès que j'apprenais quelques nouvelles favorables, je courais vite les lui répéter.

M. DE LINSBERG, *souriant*. Que vous êtes bonne! Ah! je savais bien que je pouvais compter sur l'amitié de mademoiselle de Wedel.

MADEMOISELLE DE WEDEL. N'est-ce pas bien naturel? Il n'y a que vous dans cette cour avec qui je puisse m'entendre. Vous, sans famille, moi, sans fortune ; exposés à toutes les attaques, à toutes les railleries, nous nous prêtions un mutuel secours ; aussi je vous attendais. Ah !

M. DE LINSBERG. Il y a donc du nouveau !

MADEMOISELLE DE WEDEL. Oh! beaucoup; je vais vous conter tout cela. D'abord un grand événement : la princesse, qui jusqu'ici paraissait insensible, aime enfin quelqu'un et va se marier.

M. DE LINSBERG, *à part*. Ce qu'on m'avait dit était donc vrai, et mes soupçons n'étaient que trop fondés. (*Haut.*) Quoi! son altesse...

MADEMOISELLE DE WEDEL. Oui, son altesse la princesse Louise de Souabe va épouser le prince de Neubourg.

M. DE LINSBERG. Le prince de Neubourg?

MADEMOISELLE DE WEDEL. Celui qui ce matin conduisait le traîneau de la princesse.

M. DE LINSBERG. Eh bien, je l'aurais parié.

MADEMOISELLE DE WEDEL. Et moi aussi.

M. DE LINSBERG, *étonné*. Quoi donc?

MADEMOISELLE DE WEDEL. Qu'il renverserait son altesse ! Le prince de Neubourg est le plus maladroit des hommes. Élevé dans les camps, n'ayant aucun usage de la société, brusque, bizarre, il ne fait rien comme tout le monde, et avec tout cela il est difficile d'être plus aimable.

M. DE LINSBERG. Vous voulez plaisanter ?

MADEMOISELLE DE WEDEL. Non, il a une franchise, une bonhomie, qui font tout pardonner. Nul ne convient plus gaiement que lui de ses maladresses et ne s'entend mieux à les réparer. Du reste, il est vivement protégé par le grand-duc, par la comtesse de Drakenback, notre gouvernante, et par le chambellan Valborn, qui s'est fait votre ennemi mortel, je ne sais pourquoi, apparemment pour être quelque chose. Il croit que cela lui donne de la consistance.

M. DE LINSBERG. Mon ennemi! il l'a toujours été, surtout depuis que j'ai obtenu cette place de capitaine des gardes, que madame de Drakenback sollicitait pour lui. Mais, dites-moi, la princesse...

MADEMOISELLE DE WEDEL. D'abord recevait le prince assez mal; mais depuis, grâce à mes soins...

M. DE LINSBERG. Vos soins, baronne?

MADEMOISELLE DE WEDEL. Oh! c'est charmant! c'est moi qui donne au prince de Neubourg des leçons de galanterie : c'est mon élève.

COUPLETS.

PREMIER COUPLET.

Je suis fière de ses progrès
Pour la grâce et la politesse;
A peine je le reconnais;
Mais il veut plaire à la princesse,
Et je crois qu'il a réussi.
(*Linsberg fait un mouvement.*)
Silence!.. C'est un grand mystère!
Mais vous êtes mon seul ami,
Et, de plus, vous savez vous taire.

ENSEMBLE.

LINSBERG.
Dieux! que viens-je d'apprendre!
Cachons-lui mon tourment.
MADEMOISELLE DE WEDEL.
Daignez encor m'entendre.
Ah! ce n'est rien, vraiment.

DEUXIÈME COUPLET.

MADEMOISELLE DE WEDEL.
Sur l'amour et sur son pouvoir,
Jusqu'ici j'ai peu de science,
A part moi pourtant j'ai cru voir
Qu'on lui donnait de l'espérance!
On aime à causer avec lui.
(*Même mouvement de Linsberg.*)
Silence!.. C'est un grand mystère!
Mais vous êtes mon seul ami,
Et, de plus, vous savez vous taire.

ENSEMBLE.

LINSBERG.
Dieux! que viens-je d'apprendre!
Cachons-lui mon tourment.
MADEMOISELLE DE WEDEL.
Oui, vous devez m'entendre.
N'en dites rien, vraiment.

M. DE LINSBERG. C'est bien, je vous remercie. Je vais présenter mes hommages à la princesse; il faut que je la voie.

MADEMOISELLE DE WEDEL, *l'arrêtant.* Eh mais, vous oubliez qu'elle n'est pas visible, et que le ministre vous attend en audience particulière.

M. DE LINSBERG, *d'un air préoccupé.* Oui... oui... j'oubliais... vous avez raison! j'y vais de ce pas! Adieu, baronne. Adieu, Mademoiselle. (*Il sort par le fond.*)

SCÈNE II.

MADEMOISELLE DE WEDEL, *seule.* Adieu, Mademoiselle!.. Qu'a-t-il donc? je ne le reconnais pas! sombre, inquiet. Le grand-duc avait bien besoin de l'envoyer à l'armée!

SCÈNE III.

MADEMOISELLE DE WEDEL, LA PRINCESSE, LA COMTESSE DRAKENBACK, *sortant de la porte à gauche du spectateur.*

LA PRINCESSE, *bas, à madame Drakenback.* Eh! de grâce, madame Drakenback, prenez moins d'inquiétude, je me trouve fort bien, et il me semble que je dois en savoir quelque chose. Mais comment vont ces dames?

LA COMTESSE. Elles sont à peine remises de leur frayeur; car, excepté mademoiselle de Wedel, qui a toujours été du plus beau sang-froid, nous avons eu toutes les nerfs dans un état affreux.

MADEMOISELLE DE WEDEL. C'était de rigueur, votre altesse venait de se trouver mal! Mais grâce au ciel, la voilà rétablie, et la santé va redevenir à l'ordre du jour.

LA PRINCESSE. Dites-moi, Mathilde, ma liste est-elle là?

MADEMOISELLE DE WEDEL, *la prenant sur une table.* Oui, Madame, voici le nom de toutes les personnes qui sont venues s'informer de la santé de votre altesse.

LA PRINCESSE, *prenant la liste et lisant.* Le baron de Waller, M. de Valborn, le comte de Linsberg... Quoi! tout ce monde-là a eu la bonté d'envoyer?

MADEMOISELLE DE WEDEL. Oh! M. de Linsberg est venu lui-même, car je l'ai vu.

LA PRINCESSE, *vivement.* Tu l'as vu, tu lui as parlé? n'avait-il rien? n'était-il pas blessé?

MADEMOISELLE DE WEDEL. Non, Madame, mais je m'attendais à le voir joyeux et satisfait, et je ne sais d'où vient qu'il avait un air triste et malheureux.

LA PRINCESSE, *avec intérêt.* Malheureux! et pourquoi donc? (*Froidement.*) N'a-t-il pas demandé à me voir?

MADEMOISELLE DE WEDEL. Oui, mais je lui ai dit que vous n'étiez pas visible.

LA PRINCESSE. Visible!.. non certainement... mais enfin... vous auriez dû penser...

SCÈNE IV.

LES PRÉCÉDENTS, UN DOMESTIQUE.

LE DOMESTIQUE, *annonçant.* M. le comte de Linsberg.

LA PRINCESSE, *faisant un mouvement de joie, et se reprenant sur-le-champ.* Que me veut-il? Dites-lui que je ne peux en ce moment. (*Rappelant le domestique.*) Henri!.. demandez-lui ce qu'il me veut... Non, qu'il entre.

MADAME DRAKENBACK, *à part.* Encore ce M. de Linsberg que je ne puis souffrir!

LA PRINCESSE, *à part.* Mon Ernest! mon époux! je vais donc te revoir. (*Entre le comte de Linsberg; il salue d'abord mademoiselle de Wedel, qui reste dans le fond; s'approchant très-près de la princesse, il la salue respectueusement.*)

LA PRINCESSE, *vivement et à voix basse.* Ah! mon cher comte!

M. DE LINSBERG, *froidement et à voix haute.* Votre altesse me permettra-t-elle de lui adresser mes hommages?

LA PRINCESSE, *à part.* Qu'a-t-il donc? (*Après avoir regardé si mademoiselle de Wedel ne peut l'apercevoir.*) Ernest, est-ce un époux! est-ce vous que j'entends?

LE DOMESTIQUE, *annonçant de nouveau.* Monseigneur le prince de Neubourg, et M. le chambellan de Valborn. (*La princesse s'éloigne précipitamment de Linsberg, et se rapproche de mademoiselle de Wedel. Quelques dames d'honneur entrent en ce moment, et se placent à côté de la princesse.*)

SCÈNE V.

LES PRÉCÉDENTS, LE PRINCE DE NEUBOURG, M. DE VALBORN, LA COMTESSE DE DRAKENBACK, ET QUELQUES SEIGNEURS ET DAMES DE LA COUR.

MORCEAU D'ENSEMBLE.

MADEMOISELLE DE WEDEL, *bas, au prince de Neubourg, qui salue la princesse.*
Un peu plus bas... c'est bien... très-bien comme cela.
M. DE LINSBERG, *à part.*
Le prince de Neubourg!.. que je le hais déjà!

LA PRINCESSE, *le présentant au prince de Neubourg.*
C'est monsieur de Linsberg.

LE PRINCE.
J'en ai l'âme charmée.
Je ne le connaissais que par sa renommée,
Car chacun vante ici, d'une commune voix,
Et son dernier combat, et ses derniers exploits!

AIR.

J'honore avant tout le courage :
A mon rang je ne tiendrais pas
S'il ne me donnait l'avantage
D'être le premier aux combats.

Oui, d'être soldat je fais gloire :
Quand pourrons-nous, aux champs de la victoire,
Et frères d'armes et rivaux,
Marcher sous les mêmes drapeaux ?
(*Détachant l'ordre de Neubourg.*)
Qu'en attendant ce noble signe
De votre valeur soit le prix :
Aucun plus que vous n'en est digne.
Tous les braves sont mes amis.

(*Il le lui présente, et Linsberg, après avoir hésité un instant, l'accepte en s'inclinant.*)

LE PRINCE DE NEUBOURG.

(*Reprise de l'air.*)
J'honore avant tout le courage :
A mon rang je ne tiendrais pas
S'il ne me donnait l'avantage
D'être le premier aux combats.

ENSEMBLE.

LA PRINCESSE.
Oh! pour moi quel bonheur extrême !
Voir honorer celui que j'aime !
Par ses exploits, par sa valeur,
Il mérite un pareil honneur.

MADEMOISELLE DE WEDEL.
Ah! pour moi quel bonheur extrême!
J'en suis plus fière que lui-même.
Par ses exploits, par sa valeur,
Il mérite un pareil honneur.

M. DE VALBORN ET MADAME DRAKENBACK.
Ah! pour moi quel dépit extrême!
Il séduit le prince lui-même.
Encor de nouvelles faveurs,
Sans cesse de nouveaux honneurs.

M. DE LINSBERG.
Hélas ! mon chagrin est extrême :
C'est en vain qu'il veut que je l'aime.
A celui qui fait mon malheur
Faut-il devoir un tel honneur !

LE PRINCE DE NEUBOURG.
Oui, par cette faveur extrême,
Ici je m'honore moi-même.
Par ses exploits, par sa valeur,
Il mérite un pareil honneur.

CHŒUR.

De ce guerrier que chacun aime
Célébrons le bonheur suprême,
Et le grand prince dont le cœur
Sait ainsi payer la valeur.

MADEMOISELLE DE WEDEL, *bas, au prince de Neubourg.*
A merveille!.. Tous les jours de nouveaux progrès; mais vous n'avez pas encore pensé à demander des nouvelles de son altesse.

LE PRINCE, *de même.* Étourdi que je suis! (*Haut, à la princesse.*) Votre altesse ne s'est pas ressentie de l'accident de ce matin?

LA PRINCESSE. Non; j'ai eu plus de peur que de mal. Mais comment tout cela s'est-il passé? et quel est donc mon libérateur?

LE PRINCE. Je voudrais pouvoir dire que c'est moi ; mais j'ai, au contraire, une peur horrible que cet accident-là ne soit de ma façon; et j'en suis d'autant plus désolé que j'avais promis à la baronne de Wedel de ne pas faire une seule gaucherie d'aujourd'hui. J'étais penché sur le traîneau de votre altesse que je conduisais ; et dans le moment vous m'avez dit : Prince de Neubourg, j'ai besoin de vous voir et de vous parler.

M. DE LINSBERG, *vivement.* Ah!.. son altesse vous disait..,

LE PRINCE. Ce sont ses propres paroles, et j'écoutais si attentivement que je n'ai plus pensé au traîneau, qui s'est dirigé tout seul; et, ma foi, sans monsieur de Linsberg... car c'est lui, vous ne vous en doutiez pas, c'est lui qui a encore remporté tout l'honneur de cette expédition navale ; ce qui est fort beau, surtout pour un général de cavalerie.

M. DE LINSBERG, *regardant la princesse.* Je suis fâché, Monseigneur, que cet accident ait interrompu votre conversation avec son altesse.

LA PRINCESSE. Un pareil entretien n'avait rien de bien intéressant.

LE PRINCE. N'est-ce pas? et puis cela se retrouvera ; vous me l'avez promis?

LA PRINCESSE, *embarrassée.* Oh! certainement. . il est fort indifférent que ce soit... Mais qu'avez-vous, monsieur de Linsberg? vous paraissez souffrir; peut-être est-ce de ce matin?

M. DE LINSBERG. Votre altesse est trop bonne de daigner s'en apercevoir; qu'importe?

LA PRINCESSE. On ouvre chez le grand-duc. (*A Linsberg, qui fait un mouvement pour sortir.*) Ne venez-vous pas lui faire votre cour?

M. DE LINSBERG. Oui, Madame. (*A part.*) Je veux tout examiner, ne pas les perdre de vue! Fut-il jamais une situation pareille à la mienne! être mari, être jaloux, et ne pouvoir se plaindre!

MADEMOISELLE DE WEDEL, *à qui le prince offre la main.* A quoi pensez-vous donc? La main à son altesse!

LE PRINCE. Dieu ! quelle faute !

MADEMOISELLE DE WEDEL. Et de deux! (*Le prince de Neubourg se précipite vers la princesse, et lui offre sa main ; en ce moment, Linsberg, qui présentait la sienne, la retire en s'inclinant respectueusement.*)

M. DE LINSBERG, *à part.* Jusqu'à l'étiquette qui conspire contre moi! (*Ils sortent tous par la porte a droite du spectateur.*)

SCÈNE VI.

MADEMOISELLE DE WEDEL, *seule, regardant sortir Linsberg.*

RÉCITATIF.

Des succès de Linsberg que mon âme est ravie!
Mais n'a-t-il pas déjà trop de place en mon cœur?
Non, non, je ne serai jamais que son amie :
Ce titre seul suffit à mon bonheur.

AIR.

Tendre amitié, ton flambeau tutélaire
Vaut mieux pour nous que celui des amours!
Sans nous tromper il nous éclaire,
Et brille encor, même après nos beaux jours.
Combien de fois Linsberg sécha mes larmes,
Dont personne n'avait pitié,
De mes plaisirs il augmentait les charmes,
De mes chagrins il prenait la moitié.
Tendre amitié, ton flambeau tutélaire
Vaut mieux pour nous que celui des amours :
Sans nous tromper il nous éclaire,
Et brille encor, même après nos beaux jours.
Mais quand j'y pense, cependant,
Si mon ami devenait un amant. .
Chassons cette vaine folie,
Reprenons ma gaîté chérie :

LE GRAND-DUC. De Linsberg est mon fils. — Acte 4, scène 11.

Sans lui plus d'un adorateur
Déjà se dispute mon cœur.
Coquette, légère et frivole,
Je veux que Linsberg soit puni ;
Tous les amants que je désole
Vont aujourd'hui payer pour lui.

SCÈNE VII.

MADEMOISELLE DE WEDEL; LINSBERG, *sortant de chez le grand-duc, d'un air agité.*

MADEMOISELLE DE WEDEL. Eh, mon Dieu ! qu'avez-vous donc ?..

M. DE LINSBERG. Rien. Je vous quitte ; je m'éloigne !

MADEMOISELLE DE WEDEL. Qu'est-il donc arrivé ?

M. DE LINSBERG. Je ne sais ; mais c'est un parti pris. Le prince de Neubourg ne quitte pas son altesse, il est sans cesse auprès d'elle. (*A part.*) Et ce M. de Valborn, qui semblait prendre plaisir à me le faire remarquer. (*Haut.*) Enfin, dans un moment où de nouveau la princesse lui présentait la main, je l'ai vu distinctement, il a osé la porter à ses lèvres !

MADEMOISELLE DE WEDEL. Au fait, c'est peu convenable ; mais on peut lui pardonner.

M. DE LINSBERG. Lui pardonner ! Je me suis élancé vers lui...

MADEMOISELLE DE WEDEL, *vivement.* Hé ! pourquoi donc, Monsieur ? Qu'est-ce que cela vous fait ?

M. DE LINSBERG. Qui ? moi ? je l'ignore. Mais enfin dans ce mouvement j'ai heurté par mégarde M. de Valborn qui sans doute s'en est formalisé : je ne sais ce que je lui ai répondu ; mais c'est sur lui qu'est retombé mon ressentiment. Je n'étais plus à moi.

MADEMOISELLE DE WEDEL. O ciel ! vous l'avez défié ?

M. DE LINSBERG. Je le crois...

MADEMOISELLE DE WEDEL. Devant des femmes ! devant la princesse !

M. DE LINSBERG. Devant le monde entier.

MADEMOISELLE DE WEDEL. Manquer à ce point de respect !

M. DE LINSBERG. Je me suis aperçu de ma faute à l'air sévère du grand-duc, aux murmures des courtisans ; mais il était trop tard, la princesse m'avait donné l'ordre de sortir de sa présence.

MADEMOISELLE DE WEDEL. Pouvait-elle faire autrement ?

M. de Linsberg, dans le traineau. — Acte 3, scène dernière.

M. DE LINSBERG. Je le sais. (*Regardant par le fond.*) C'est M. de Valborn.

MADEMOISELLE DE WEDEL. Grand Dieu!.. qu'allez-vous faire!..

M. DE LINSBERG. Rien, je vous le promets; m'informer seulement de ce qui s'est passé.

SCENE VIII.

LES PRÉCÉDNETS ; M. DE VALBORN.

M. DE VALBORN. Mademoiselle de Wedel, la princesse va se retirer dans son appartement et vous a fait demander.

MADEMOISELLE DE WEDEL. Je me rends auprès de son altesse. (*Fausse sortie... Elle entre dans l'appartement à gauche, et reparait de temps en temps.*)

M. DE VALBORN. Je suis désolé, monsieur le comte, d'avoir de mauvaises nouvelles à vous annoncer. Jamais, je crois, le grand-duc, dont vous étiez le favori, ne s'est montré aussi sévère. Mais sans doute la vue de sa fille...

M. DE LINSBERG. Quoi ! la princesse...

M. DE VALBORN. Elle était tellement indignée, que j'ai vu des larmes dans ses yeux. Aussi le grand-duc, qui l'adore, a partagé son ressentiment; et, sans les instances de vos amis, peut-être n'eût-il pas borné à six mois d'exil...

M. DE LINSBERG. Je vous entends ; mais je m'étonne que ce soit vous, Monsieur, qu'il ait chargé de me l'apprendre.

M. DE VALBORN. Je suis venu de moi-même, Monsieur ; nous avions à reprendre une conversation que la présence de son altesse a interrompue, et je suis maintenant aux ordres de monsieur de Linsberg.

M. DE LINSBERG. Je compte ce soir me promener dans le parc ; aurai-je l'honneur de vous y rencontrer?

M. DE VALBORN. Ce soir, non ; vous savez que c'est la fête de son altesse, et qu'il y a un grand bal. Mon devoir m'oblige d'y paraître, (*Avec intention.*) moi qui n'ai pas la même liberté que vous.

M. DE LINSBERG. Il suffit. A demain donc, le plus tôt possible.

M. DE VALBORN. A demain. (*Il sort.*)

SCÈNE IX.

M. DE LINSBERG, MADEMOISELLE DE WEDEL.

MADEMOISELLE DE WEDEL. Eh bien!..
M. DE LINSBERG. Quoi! vous étiez encore là?
MADEMOISELLE DE WEDEL. Oui, parlez; que vous a-t-il dit?
M. DE LINSBERG. Pendant six mois l'on m'exile de la cour.
MADEMOISELLE DE WEDEL. Ah! voilà ce que je craignais.
M. DE LINSBERG, *à part*. Elle pleurait; et c'est moi qui l'afflige, qui l'outrage! mais partir sans la voir, sans me justifier! (*Haut.*) Baronne, conduisez-moi vers elle; il faut que je la voie, que je lui parle.
MADEMOISELLE DE WEDEL. Y pensez-vous? ne vous a-t-on pas donné l'ordre de vous éloigner?
M. DE LINSBERG. Oui, sans doute; aussi je veux lui parler; mais à elle seule.
MADEMOISELLE DE WEDEL, *d'un air étonné*. Ernest, Ernest, vous n'y êtes plus. Un entretien particulier, quand elle a vous a banni de sa présence!
M. DE LINSBERG. Oui, oui, vous avez raison; je ne sais ce que je veux.

RÉCITATIF.

O ciel! après trois mois d'absence...
Sans pouvoir lui parler, m'éloigner de ces lieux!
Et dévorer encor mes chagrins en silence!
Ah! plaignez-moi! je suis bien malheureux!

DUO.

Il faut partir,
Partir encore
Hélas! j'ignore
Mon avenir.
    (*A part.*)
Mais auprès d'elle
Mon cœur fidèle
Reste en ce lieu.
Adieu! adieu!

MADEMOISELLE DE WEDEL.

Eh quoi! partir,
Partir encore!
Hélas! j'ignore
Notre avenir!
Mais un cœur tendre,
Pour vous défendre,
Reste en ce lieu.
Adieu! adieu!

M. DE LINSBERG.
Quoi! me bannir de sa présence!
MADEMOISELLE DE WEDEL.
Qu'avez-vous fait? quelle imprudence!
M. DE LINSBERG.
Hélas! mon crime est bien plus grand.
(*A part.*)
O Louise! ô ma noble épouse!
J'ai pu, dans ma fureur jalouse,
Te soupçonner un seul instant;
J'ai mérité mon châtiment.

ENSEMBLE.

M. DE LINSBERG.
Il faut partir,
Partir encore!
Hélas! j'ignore
Mon avenir!
Mais un cœur tendre,
Pour me défendre,
Reste en ce lieu,
Adieu! adieu!

MADEMOISELLE DE WEDEL.
Eh quoi! partir,
Partir encore!
Hélas! j'ignore
Notre avenir!
Mais un cœur tendre,
Pour vous défendre,
Reste en ce lieu.
Adieu! adieu!

(*Linsberg sort par le fond, et mademoiselle de Wedel par la gauche du spectateur.*)

ACTE DEUXIÈME.

Même décoration.

SCÈNE PREMIÈRE.

WILHEM, GARÇONS JARDINIERS, DOMESTIQUES, HOMMES ET FEMMES *du château, entrant par le fond.*

CHŒUR.

De fleurs et de festons
Décorons ces salons;
Pour cette auguste fête,
Amis, que tout s'apprête;
Et que tout vienne offrir
L'image du plaisir.

WILHEM.
Du bal déjà la salle est préparée;
D'arbustes et de fleurs mes soins l'ont décorée.
Que ces grands seigneurs sont heureux!
Tous les plaisirs sont faits pour eux :
C' matin un' cours' magnifique,
Maint'nant des dans's, d' la musique.

A voix basse.)
Mais écoutez-moi bien. Tantôt l'on a laissé
Des traîneaux sur le lac glacé,
Et nous pourrions, pendant la fête,
Nous donner en cachette
Un plaisir de grand seigneur.

TOUS.
Un plaisir de grand seigneur!
WILHEM, *à une des jeunes filles.*
De vous conduir' j'aurai l'honneur;
Ne craignez rien, jeune fillette,
Et comme dit la chansonnette...
TOUS.
Voyons, voyons, que dit la chansonnette?

COUPLETS.

WILHEM.

PREMIER COUPLET.

Lorsque l'hiver enchaîne les flots,
Jeunes beautés, avec audace,
Accourez à ces plaisirs nouveaux :
L'Amour peut guider vos traîneaux;
Nul danger ne vous menace.
Mais il est au printemps
Des périls bien plus grands!
Près de vous quand avec grâce
Un danseur vient soudain
Vous présenter la main.
Ma Suzon,
Ma Lison,
Pour danser,
Pour valser,
Ne va pas te presser.
Il est plus dangereux de glisser
Sur le gazon que sur la glace,
Il est trop dangereux de glisser;
Fillettes, craignez de danser.

DEUXIÈME COUPLET.

Quand, sur la glace, en traîneau brillant,
Gaîment on passe et l'on repasse,
Si parfois arrive un accident,
On se relève promptement!
Sans danger l'on se ramasse.

Mais sur l'herbe, en dansant,
Ah! c'est bien différent!
Du faux pas qui la menace,
Une fillette, hélas!
Ne se relève pas.
　Ma Suzon,
　Ma Lison, etc., etc.

TROISIÈME COUPLET.

Sans te troubler, laisse, vieux mari,
Ta femme courir sur la glace ;
L'Amour n'est là qu'un enfant transi;
Ailleurs il est plus dégourdi :
C'est au bois qu'il vous menace.
Qu'un tendron imprudent
Fasse un' chute en dansant,
Pour l'époux quelle disgrâce!
Car c'est lui, tout à coup,
Qui r'çoit le contre-coup.
　Ma Suzon,
　Ma Lison, etc., etc.
Mais taisons-nous, faisons silence.
C'est le grand-duc qui s'avance.

CHŒUR.

C'est lui-même! c'est Monseigneur!

WILHEM.

Vite à l'ouvrage, et tous avec ardeur...

REPRISE DU CHŒUR.

De fleurs et de festons
Décorons ces salons :
Pour cette auguste fête,
Amis, que tout s'apprête;
Et que tout vienne offrir
L'image du plaisir.

(*Sur la ritournelle ils saluent le grand-duc qui entre, et qui de la main leur fait signe de se retirer. Ils sortent.*)

SCENE II.

LE GRAND-DUC, LE PRINCE DE NEUBOURG, *qui sont entrés ensemble par la gauche du spectateur.*

LE GRAND-DUC. Je vous le répète, prince de Neubourg, c'est contre mon gré; mais puisque vous l'exigez...

LE PRINCE. Oui, sans doute, je me suis déjà brouillé avec la princesse, et je crois, Monseigneur, que j'aurais aussi le courage de vous fâcher avec votre altesse, si elle me refusait la grâce que je lui demande.

LE GRAND-DUC, *souriant*. Je vois qu'il est bon d'être de vos amis : Linsberg restera. Qu'il vienne aujourd'hui seulement, quand nous serons tous ici réunis, faire des excuses à ma fille, et que pendant huit ou dix jours il s'abstienne de paraître devant elle.

LE PRINCE. Je vous remercie, Monseigneur, je n'attendais pas moins de votre altesse; et la preuve, c'est que d'avance j'avais fait prévenir M. de Linsberg de se rendre auprès de moi.

LE GRAND-DUC, *souriant*. A la bonne heure! Ce qui m'inquiète maintenant, c'est votre réconciliation avec ma fille : je crois cependant que ce n'est pas impossible, et qu'un simple billet, quelques phrases de galanterie...

LE PRINCE. Des phrases de galanterie! Vous trouvez cela facile?

LE GRAND-DUC. Pour vous, sans doute, qui êtes toujours d'une recherche, d'une attention!.. Je n'en veux d'autres preuves que ce que je vois, (*Regardant autour de lui.*) des fleurs nouvelles dans le mois de janvier! voilà qui est admirable!

LE PRINCE. Vous trouvez... J'en suis enchanté! C'est une idée de mademoiselle de Wedel; car pour moi je ne me serais jamais avisé de dévaster toutes les serres des environs pour offrir à ces dames des roses au milieu de l'hiver. J'avoue que j'aurais eu la patience et la bonhomie d'attendre le printemps.

LE GRAND-DUC. Adieu, prince ; à tantôt. Vous viendrez me prendre pour la fête; je vous attendrai. (*Il sort par la droite.*)

SCENE III.

LE PRINCE, *seul, s'approchant de la table.* Allons donc, puisqu'il le faut, essayons une épître de réconciliation : j'aimerais autant avoir à faire un traité de paix : il n'y a qu'à signer.

SCENE IV.

LE PRINCE, M. DE LINSBERG.

M. DE LINSBERG, *à part dans le fond.* Quel peut être le motif du prince de Neubourg, en me priant de suspendre mon départ? aurait-il quelques soupçons? Eh bien! tant mieux. Je le connais assez brave pour ne s'en rapporter qu'à lui-même du soin de venger une offense; c'est tout ce que je demande.

LE PRINCE, *déchirant une feuille de papier.* Je crois vraiment que je n'en viendrai jamais à bout. (*Se levant et apercevant Linsberg.*) Ah! c'est vous, mon cher comte? venez donc? j'ai de bonnes nouvelles à vous apprendre.

M. DE LINSBERG. A moi, Monseigneur!

LE PRINCE. Vous ne quittez plus la cour... vous nous restez, on a obtenu votre grâce.

M. DE LINSBERG. Et qui a donc osé la demander?

LE PRINCE. Moi!

M. DE LINSBERG. Vous, mon prince!

LE PRINCE. Oh! ce n'est pas sans peine! J'ai eu une explication très-vive avec le grand-duc, et je suis sérieusement fâché avec la princesse.

M. DE LINSBERG, *avec joie.* Il se pourrait!..

LE PRINCE. C'est comme je vous le dis ; mais j'ai déclaré que vous étiez mon ami, mon meilleur ami; que si vous partiez, je vous suivrais; et ma foi, mon cher, c'est arrangé ; je reste, et vous aussi.

M. DE LINSBERG. Comment, mon prince, il serait vrai! (*A part.*) Allons, il n'y a pas moyen de chercher querelle à un homme comme celui-là !

LE PRINCE. On exige seulement que vous fassiez tantôt ici de légères excuses à son altesse, et que vous soyez huit ou dix jours sans vous présenter à la cour.

M. DE LINSBERG. Grand Dieu! huit ou dix jours!

LE PRINCE. Oui ; ce n'est pas là le plus terrible, parce qu'il paraît que vous êtes comme moi, et que la cour ne vous amuse pas autrement. Ainsi, c'est toujours ça de gagné. Nous irons à la chasse, nous passerons des revues, nous commanderons des manœuvres, enfin, vous ne me quitterez pas d'un moment; en revanche, mon cher ami, il faut que vous me rendiez un service. J'exige votre parole.

M. DE LINSBERG, *vivement.* Je vous la donne, Monseigneur. (*A part.*) Trop heureux de m'acquitter envers lui!

LE PRINCE. Eh bien! mon cher, grâce à vous, me voilà brouillé avec la princesse ; il faut qu'à votre tour vous nous raccommodiez.

M. DE LINSBERG. Moi, Monseigneur ?

LE PRINCE. Oui ; mes conseillers ont pensé pour moi à ce mariage, qui est en effet fort avantageux, puisqu'il réunirait en ma personne la maison de Souabe à celle de Neubourg ; mais, par malheur, on ne peut se marier sans faire sa cour... Moi, je n'y entends rien, et, sans la petite baronne de Wedel qui a bien voulu me donner des leçons...

M. DE LINSBERG. Ah! la baronne de Wedel...

LE PRINCE. Oui, elle me fait répéter; et, si vous voulez que je vous le dise, les répétitions m'amusent beaucoup plus que tout le reste! Mademoiselle de Wedel est peut-être la seule personne de la cour avec qui je sois à mon aise. J'arrive auprès d'elle triste, découragé; quand je la quitte, je suis toujours content de moi. Ses éloges m'enchantent, et j'ai même du plaisir à être grondé par elle... Ah! si c'était là la princesse, je ne serais pas embarrassé, et mon mariage serait déjà fait; mais l'aventure d'aujourd'hui va encore me reculer de quinze jours; et, si vous ne venez pas à mon secours, il n'y a pas de raison pour que cela finisse.

M. DE LINSBERG. En s'adressant à moi, votre altesse oublie que d'ici à dix jours je ne puis me présenter devant la princesse; qu'il m'est impossible de la voir, de lui parler.

LE PRINCE. Aussi n'est-ce pas là ce que je vous demande. Le grand-duc m'a conseillé d'écrire; mais c'est une chose terrible que cette lettre! Ecoutez; (*En confidence.*) vous êtes un homme d'esprit et un homme d'honneur; on peut se fier à vous, et si vous le voulez, nous allons la composer ensemble.

M. DE LINSBERG, *à part.* En vérité, voilà une amitié désespérante! (*Haut.*) Et d'ailleurs comment faire remettre ce billet à la princesse sans la compromettre?

LE PRINCE. Dès que le grand-duc le permet, vous sentez qu'il y a mille moyens.

M. DE LINSBERG, *inquiet.* Sans doute, par mademoiselle de Wedel?

LE PRINCE. Y pensez-vous? charger cette enfant d'un pareil message! Mettez-vous là et écrivez, c'est tout ce que je demande.

M. DE LINSBERG, *à part.* Comment le refuser? et que dira Louise, en voyant cette écriture qu'elle connaît si bien? (*Il se met à la table.*)

SCENE V.

LE PRINCE DE NEUBOURG, LINSBERG, *à la table, écrivant,* WILHEM, *entrant par une des portes du fond et tenant une corbeille de fleurs.*

LE PRINCE. Ah! c'est toi, Wilhem; attends-moi. (*Allant à Linsberg.*) Allez toujours, je suis à vous; surtout rien de langoureux, parce que ce n'est pas mon genre.

M. DE LINSBERG. J'aimerais mieux que votre altesse daignât me dicter.

LE PRINCE. Non : j'ai beaucoup plus de confiance dans vos talents que dans les miens. J'oubliais de vous dire que la princesse m'avait demandé ce matin un moment d'entretien.

M. DE LINSBERG. Oui, je le sais.

LE PRINCE. Vous pouvez lui rappeler cela. (*A Wilhem.*) Eh bien! mon garçon, mes ordres sont-ils exécutés?

WILHEM. Vous le voyez, Monseigneur; et certainement des bouquets comme ceux-là dans cette saison, il y a de quoi faire de l'honneur à un jardinier.

LE PRINCE. C'est toi qui es celui du château?

WILHEM. Non, Monseigneur, je ne suis encore que sous-jardinier, et je venons demander à votre altesse s'il n'y a pas moyen de supplanter sti-là qui est en chef et de me mettre à sa place.

LE PRINCE. Ah! tu as de l'ambition?

WILHEM. Oh! une ambition d'enragé! ça, je peux ben m'en vanter; j'en ai comme un chambellan; v'là pas plus de quinze jours que maître Pierre m'a fait entrer dans les potagers de son altesse, et je voudrais déjà me pousser dans les jardins d'agrément, les cascades, les labyrinthes, parce qu'il n'y a que cela pour arriver.

LE PRINCE. Oui, je vois que tu es pour les chemins tortueux; car il me semble que ce maître Pierre qui t'a fait entrer ici est celui que tu voudrais supplanter.

WILHEM. Comme de juste! v'là quinze ans qu'il y est, et moi j'arrivons, c'est à mon tour.

TRIO.

M. DE LINSBERG, *qui pendant ce temps a écrit, se lève et présente la lettre au prince.*

Voici ce que je viens d'écrire;
Monseigneur voudrait-il le lire?

LE PRINCE.

C'est bien; je m'en rapporte à vous :
Ces billets se ressemblent tous.

(*Il prend le papier, et au moment où il va y jeter les yeux, il aperçoit la corbeille de roses que tient Wilhem, et, comme frappé d'une idée soudaine, il dit à M. de Linsberg, en lui montrant les roses.*)

Eh mais!.. voici, pour porter un message,
Un confident et galant et discret!

M. DE LINSBERG.

Eh quoi! votre altesse voudrait...

LE PRINCE, *vivement.*

Ajoutez les phrases d'usage,
Et fermez vite ce billet.

M. DE LINSBERG, *s'approchant de la table, et tournant le dos au prince.*

Ah! grand Dieu! quel projet!

ENSEMBLE.

M. DE LINSBERG.

Cet heureux artifice
Peut réussir, je crois.
O fortune propice!
Protége-moi!

WILHEM, *au prince.*

Pour que je réussisse
Il m' faut d' l'appui, je crois.
Ah! soyez-moi propice,
Protégez-moi!

LE PRINCE.

Ce galant artifice
Lui plaira, je le crois.
Amour, sois-moi propice,
Protége-moi!

(*Après cet ensemble, M. de Linsberg déchire la lettre qu'il vient de faire, et écrit à la hâte quelques lignes sur une feuille de papier qu'il ploie, et à laquelle il met un pain à cacheter.*)

LE PRINCE, *à Wilhem.*

Eh bien! sans déplacer personne,
Je veux, Wilhem, te rendre heureux.

WILHEM.

Si c'est possibl'! j'ai l'âme bonne,
Et je ne demande pas mieux.
Aussi c'est sur vous que je compte;
Parlez, disposez d' mes talents.

(*M. de Linsberg s'approche, et remet la lettre au prince.*)

LE PRINCE.

C'est merveille. Mon cher comte,
Recevez mes remercîments.

ENSEMBLE.

M. DE LINSBERG, *avant de sortir et regardant toujours la lettre.*

Cet heureux artifice
Peut réussir, je crois.
O fortune propice!
Protége-moi!

WILHEM.

Pour que je réussisse
Il m' faut d' l'appui, je crois,
Ah! soyez-moi propice,
Protégez-moi!

LE PRINCE.
Ce galant artifice
Lui plaira, je le croi.
Amour, sois-moi propice,
Protége-moi!
(*Linsberg sort par le fond.*)

SCENE VI.

LE PRINCE, WILHEM.

LE PRINCE, *à Wilhem.* Écoute ce que je vais te dire : tu remettras à chacune des dames d'honneur de la princesse un de ces bouquets pour le bal de ce soir, et celui-ci, cette touffe de roses, (*Cachant la lettre entre les fleurs.*) sera pour la princesse : tu m'entends bien?
WILHEM. Oui, Monseigneur. Dirai-je de quelle part?
LE PRINCE. Eh non! (*Montrant la lettre en souriant.*) elle le verra bien. D'ailleurs, quel autre que moi oserait...
WILHEM. Et y aura-t-il une réponse?
LE PRINCE. Réponse? je n'en sais rien. Eh mais! je n'y avais pas pensé. Il faut savoir ce que je demande. (*Rouvrant la lettre.*) Voyons. Hum! hum! il me semblait d'abord qu'il y en avait plus long. (*Lisant.*) « Grâce, grâce, « Madame; si vous saviez combien je vous aime, et com-« bien je suis malheureux de vous avoir déplu! » *De vous avoir déplu!* Voilà de ces phrases que je craignais, et dont je lui parlais tout à l'heure; ça ne dit rien, et ça ne va pas au fait. (*Continuant.*) « Si je ne vous suis pas le « plus indifférent des hommes, si notre union ne vous « est pas odieuse, daignez m'accorder, après le bal, un « instant d'entretien. » (*Il s'arrête étonné.*) Hein! moi qui lui reprochais d'être trop respectueux! il me semble, au contraire, qu'il me fait aller un peu vite. (*Continuant.*) « Si vous accueillez ma demande, laissez tomber tantôt « votre bouquet devant moi, et je comprendrai que Louise « me pardonne. » Allons, allons, voilà qui est plus galant; parce qu'au fait, ce bouquet qui servira de réponse... C'est assez hardi, mais ce n'est pas mal, je suis content de mon secrétaire. Après tout, qu'est-ce que je risque? La princesse m'avait demandé un entretien; c'est celui-là que je lui indique; et si on me refuse, si, comme je le crois bien, le bouquet reste en place, nous serons aussi avancés qu'auparavant; nous en serons quittes pour continuer une guerre d'observation. (*Remettant la lettre dans le bouquet et le donnant à Wilhem.*) Le sort en est jeté. Tu attendras ici la princesse sur son passage, et tu lui remettras ce bouquet sans rien dire.
WILHEM. Oui, Monseigneur.
LE PRINCE. Et il n'y a pas de réponse.
WILHEM. Non, Monseigneur. Et tenez, je croyons que v'là son altesse qui venoit de ce côté.
LE PRINCE. Eh, mon Dieu! déjà! Et le grand-duc qui m'attend; courons le rejoindre. (*Il sort par la porte à droite des spectateurs.*)

SCENE VII.

WILHEM, *qui se tient à l'écart;* LA PRINCESSE, *en robe de bal et en grande parure;* LA COMTESSE DE DRAKENBACK, *qui entre derrière la princesse.*

LA PRINCESSE, *à part.* L'ingrat! oser me soupçonner! lorsque j'ai tout sacrifié pour lui; et le plus cruel encore, il me force, moi, à l'éloigner, à le bannir!
WILHEM, *s'avançant.* Je demandons bien des excuses à votre altesse si j'osons l'interrompre. Ce sont des fleurs que je venions lui offrir.

LA COMTESSE. En effet, Madame, des fleurs dans cette saison!
LA PRINCESSE. Oui, elles sont fort belles.
WILHEM. Oh! elles sont encore plus étonnantes que vous ne le croyez.
LA PRINCESSE. Que veut-il dire avec ses signes?
WILHEM. Et v'là un bouquet de roses dont votre altesse me dira des nouvelles.
LA PRINCESSE, *apercevant la lettre qui est dans les roses.* Qu'ai-je vu? (*A part.*) C'est de lui. (*Froidement, et prenant le bouquet.*) C'est bien, je l'accepte et je reconnaîtrai cette attention.
WILHEM. C'est que votre altesse ne se doute pas...
LA PRINCESSE, *l'interrompant.* C'est bon, c'est bon; pose là cette corbeille, et laisse-nous.
LA COMTESSE. Hé bien! n'as-tu pas entendu son altesse?
WILHEM. Il n'y a pas de doute; c'est au contraire son altesse qui ne m'entend pas. (*A part.*) Ça m'est égal; v'là toujours ma commission faite, arrivera ce qu'il pourra. (*Il sort.*)

SCENE VIII.

LA PRINCESSE, LA COMTESSE.

LA COMTESSE. Voilà un jardinier fort extraordinaire.
LA PRINCESSE. Il s'attendait à quelque récompense, que je lui enverrai plus tard.
LA COMTESSE. Est-ce que votre altesse ne se dispose pas à passer dans la salle du bal?
LA PRINCESSE. J'y vais. Avertissez mademoiselle de Wedel et ces dames.
LA COMTESSE. Elles y sont déjà.
LA PRINCESSE. Ah! c'est bien. Donnez-moi un autre éventail et des gants; ceux-là ne me conviennent pas.

SCENE IX.

LA PRINCESSE, *seule, prenant la lettre, l'ouvrant vivement, et la parcourant tout bas.* « ... Malheureux de vous avoir déplu... » Il est malheureux, et moi donc! (*Continuant à lire tout bas, et s'interrompant.*) Non, non, certainement, je ne lui accorderai pas; il n'en est pas digne. Mais quelle imprudence! oser confier un pareil secret à ce jardinier! ah! je ne le reconnais pas là. (*Elle cache la lettre dans son sein.*)

SCENE X.

LA PRINCESSE, LA COMTESSE, *rentrant avec des gants et un éventail qu'elle remet à la princesse.*

LA COMTESSE. Votre Altesse est-elle contente de sa toilette?
LA PRINCESSE, *mettant ses gants et arrangeant le bouquet à son côté.* Oui, oui; c'est fort bien.
LA COMTESSE. Votre altesse veut-elle que j'attache ce bouquet?
LA PRINCESSE. Non, c'est inutile. On vient.

SCÈNE XI.

Les précédents, LE GRAND-DUC, M. DE VALBORN, LE PRINCE DE NEUBOURG, MADEMOISELLE DE WEDEL, Seigneurs et Dames de la cour.

CHŒUR.

C'est par vous, aimable princesse,
Que le bonheur règne en ces lieux,
Vous devez à notre tendresse
Et ces hommages et ces vœux.
LE GRAND-DUC, *à la princesse.*
Oui, pour que la fête commence,
On n'attend plus que ta présence.
LA PRINCESSE.
Mon père, je suis vos pas.
(*Regardant autour d'elle avec inquiétude.*)
Non, je ne le vois pas.
(*Avec un mouvement de joie.*)
C'est lui...

SCENE XII.

Les précédents, M. DE LINSBERG.

M. DE VALBORN, *bas, à la comtesse.*
Quoi! dans ces lieux, aux regards de son maître,
Le comte ose reparaître!
LA COMTESSE, *de même.*
Monseigneur l'a voulu... nous allons, sans pitié,
Voir son orgueil humilié.

ENSEMBLE.

LE PRINCE.
Je tremble... j'espère.
Ce projet téméraire
M'enchante aujourd'hui.
M. DE LINSBERG.
Je tremble... j'espère.
Ce projet téméraire
Peut nous perdre aujourd'hui.
LE GRAND-DUC, *regardant le prince.*
Je tremble... j'espère.
A ma fille s'il peut plaire,
Mon plan a réussi.
VALBORN ET LA COMTESSE.
Qu'il tremble... j'espère,
Bientôt, par mon savoir-faire,
Perdre le favori.

M. DE LINSBERG, *sur un signe du grand-duc, s'avançant respectueusement près de la princesse.*
D'un insensé, d'un téméraire,
Daignez, princesse, accueillir la prière!
Excusez un instant d'oubli,
Dont son cœur est déjà puni.
(*La princesse reste immobile et sans le regarder.*)
Mais je vois, à votre silence,
Que vous ne sauriez pardonner;
Hélas! et de votre présence
Pour jamais il faut m'éloigner.
(*Il fait un pas pour se retirer... La princesse détache doucement son bouquet avec sa main gauche, et le laisse tomber en ce moment.*)
LE PRINCE, *qui a suivi tous ses mouvements.*
Quel bonheur! elle y consent!
A mes vœux on daigne se rendre
M. DE LINSBERG, *à part.*
Quel bonheur! elle y consent!
Cette nuit elle va m'entendre.
LA COMTESSE, *qui, au moment où le bouquet est tombé,*
s'est précipitée pour le ramasser, le rend à la princesse.
Je l'avais dit; mais votre altesse
N'a pas voulu qu'on l'attachât.
LE PRINCE.
Oui, de cette fête, princesse,
Vos attraits vont doubler l'éclat.

ENSEMBLE.

LE MARQUIS ET LA COMTESSE.
Ah! pour moi je suis d'une ivresse!
On éloigne le favori.
M. DE LINSBERG.
Ah! rien n'égale mon ivresse!
A me voir elle a consenti.
LE PRINCE.
Ah! rien n'égale mon ivresse!
Notre projet a réussi.
MADEMOISELLE DE WEDEL.
Je n'ai jamais vu la princesse
Aussi sévère qu'aujourd'hui.

M. DE LINSBERG, *à part.*
Cette nuit!
LE PRINCE, *de même.*
Cette nuit!
LA PRINCESSE, *de même.*
Cette nuit!
LE PRINCE ET M. DE LINSBERG.
Ah! c'est charmant!
LA PRINCESSE.
Ah! mon cœur tremble en y pensant!

ENSEMBLE.

MADEMOISELLE DE WEDEL.
Je tremble... j'espère.
Mais d'où vient la colère
Qu'elle a contre lui?
LE GRAND-DUC.
Je tremble... j'espère.
A ma fille il doit plaire.
Mon plan a réussi.
LA PRINCESSE.
Je tremble... j'espère.
Ce projet téméraire
Peut nous perdre aujourd'hui.
M. DE LINSBERG.
Je tremble... j'espère.
Ce projet téméraire
Peut nous perdre aujourd'hui.
LE PRINCE.
Je tremble... j'espère.
Ce projet téméraire
M'enchante aujourd'hui.
VALBORN ET LA COMTESSE.
Qu'il tremble... j'espère,
Bientôt, par mon savoir-faire,
Perdre le favori.

(*Le grand-duc donne la main à la princesse, le prince de Neubourg à mademoiselle de Wedel. Ils entrent tous par la porte à gauche, et M. de Linsberg sort par le fond.*)

ACTE TROISIÈME.

Le théâtre représente l'appartement de la princesse. Le décor est entièrement fermé. Tout le fond du théâtre est occupé par trois grandes croisées à vitraux gothiques. Au second plan, deux portes latérales; et à droite, sur le premier plan, une plus petite porte qui est censée celle d'un cabinet.

SCENE PREMIERE.

LA PRINCESSE, LA COMTESSE DE DRAKENBACK, PLUSIEURS FEMMES.

(*La princesse est devant sa toilette, entourée de ses dames d'honneur, qui s'occupent à la déshabiller. La robe de bal que la princesse vient de quitter est étendue sur un fauteuil.*)

LA PRINCESSE. Je vous remercie, Mesdames; que je ne vous retienne pas davantage. Il doit être tard, n'est-il pas vrai?..

LA COMTESSE. Mais non, Madame, minuit vient à peine de sonner.

LA PRINCESSE. Minuit! il n'est que minuit!

LA COMTESSE. Sans doute. A peine le grand-duc était-il rentré dans ses appartements, que votre altesse a quitté la salle du bal... Une fête qui n'était donnée que pour elle !..

LA PRINCESSE. Il suffit, comtesse, il suffit; je ne me sens pas très-bien, et vous me ferez plaisir de vous retirer.

LA COMTESSE. Votre altesse n'y pense pas : mon devoir est de ne point la quitter, et je passerai la nuit auprès d'elle.

LA PRINCESSE. Du tout; je ne le souffrirai pas; et, très-sérieusement, ce serait me contrarier.

LA COMTESSE. Puisque votre altesse l'exige, je rentre dans mon appartement; mais je ne me coucherai pas, et au moindre bruit...

LA PRINCESSE. Mais voilà qui est encore pis, pour vous fatiguer, vous rendre malade ; je vous défends de veiller, je veux que vous dormiez, entendez-vous, je le veux.

LA COMTESSE. Dès que votre altesse l'ordonne... (*Bas, aux autres dames.*) C'est égal, j'avertirai la baronne de Wedel, c'est elle qui doit être de service.

LA PRINCESSE. Bonsoir, Mesdames. (*La comtesse et les autres dames font la révérence, et sortent en emportant la robe de la princesse.*)

SCENE II.

LA PRINCESSE, *seule, près de la porte.* Bien, elles s'éloignent. J'entends ouvrir leurs appartements; car c'est un fait exprès, ils donnent tous sur le corridor. Allons, elles causent encore! leurs bonsoirs n'en finissent pas. Grâce au ciel, toutes les portes se referment. Ah! mon Dieu! qu'on a de peine à être seule!

ROMANCE.

Dans ce palais on m'entoure, on m'adore :
De tant de soins comment me délivrer?
Le cœur chagrin, il faut sourire encore :
Fille de roi n'a pas droit de pleurer.

O toi! l'objet d'une ardeur légitime,
Cache-leur bien que tu m'as su charmer :
De mon amour ils te feraient un crime,
Fille de roi n'a pas le droit d'aimer.

Il va venir! Mon ami! mon Ernest! je vais donc te voir ! mais à quel prix?.. Il m'a fallu trahir mon secret, le confier à quelqu'un, et ce n'était pas à mon père! Pauvre baronne de Wedel! lorsqu'elle a appris que le comte de Linsberg était mon époux, quelle a été sa surprise! Oh! je le vois maintenant, et j'aurais dû m'en douter, elle était bien près de l'aimer. Chère Mathilde! avec quel zèle elle a promis de me servir!.. mais pourra-t-elle rejoindre le comte de Linsberg? pourra-t-elle lui faire parvenir cette clé! et s'il était découvert? si on le voyait entrer et sortir de mon appartement? Quelle imprudence! exposer à la fois mon repos, mon honneur, mon existence!.. Oui, mais je vais le voir! Il me semble qu'on marche dans ce corridor. Écoutons. Ah! comme mon cœur bat!.. c'est lui! c'est Ernest! Courons lui ouvrir. (*Elle ouvre la porte et s'écrie avec expression.*) Ah! mon ami !.. Ciel! mon père!..

SCENE III.

LA PRINCESSE, LE GRAND-DUC.

LE GRAND-DUC. Je vois ta surprise, tu ne m'attendais pas à une heure semblable ; mais j'ai aperçu de la lumière dans ton appartement; et comme je voulais te parler demain matin d'une affaire importante qui nous intéresse tous les deux, je n'ai pas eu la patience d'attendre.

LA PRINCESSE, *à part*. Et lui qui va venir! Je suis perdue!..

LE GRAND-DUC. Prends ce fauteuil... Oui... Comme tu me regardes !... Prends ce fauteuil... et causons de bonne amitié. (*S'asseyant.*) Sais-tu que je suis enchanté de mon idée? c'est une bonne fortune de pouvoir te parler librement et sans témoin; aussi je suis décidé à en profiter, et nous allons avoir une longue conférence... Eh bien! qu'as-tu donc?

LA PRINCESSE, *assise et prêtant l'oreille du côté de la porte à droite.* Rien. J'avais cru entendre...

LE GRAND-DUC. Sois tranquille; qui veux-tu qui vienne ici à cette heure? Tu te doutes bien que je veux te parler du prince de Neubourg : il t'aime beaucoup, tu le sais. Ne serait-il pas convenable d'abréger le temps de son épreuve et de lui déclarer franchement tes sentiments?

LA PRINCESSE, *sans l'écouter, et regardant autour d'elle.* Oui... oui... Certainement je pense comme vous. (*A part.*) Ah! comme il souffre!

LE GRAND-DUC, *souriant.* Comment, il serait vrai! Eh bien ! je ne t'aurais pas crue aussi raisonnable, ni aussi disposée à m'obéir.

LA PRINCESSE, *se levant de son fauteuil.* Moi! ah! croyez que désormais rien n'égalera ma soumission, mon obéissance.

LE GRAND-DUC. Eh mais! je n'en ai jamais douté. (*Se levant aussi.*) Je craignais seulement que tu ne voulusses différer, demander du temps; mais puisque tu consens, demain je déclarerai publiquement ton mariage avec le prince de Neubourg.

LA PRINCESSE. O ciel! que dites-vous?

LE GRAND-DUC. Tu viens toi-même de m'y autoriser, et j'ai ta parole.

LA PRINCESSE. Qui? moi!, j'ai pu promettre?.. Ah! si votre fille vous est chère, je vous prie, je vous supplie...

MORCEAU D'ENSEMBLE.

(*Léger bruit indiqué par l'orchestre.*)

LA PRINCESSE, *écoutant*.
O ciel!

LE GRAND-DUC.
Quelle frayeur t'agite ?
Te voilà tremblante, interdite !
D'où vient le trouble où je te vois?

LA PRINCESSE, *écoutant toujours.*
C'en est fait... oui, oui, cette fois
Je ne me trompe pas, et tout mon sang se glace.
On vient!.. Ah! l'on vient! grâce!
Oui, mon père, quand vous saurez!

LE GRAND-DUC.
Par la terreur vos traits sont altérés,
Parlez!

LA PRINCESSE.
C'est moi, c'est moi, mon père,
Qui mérite votre colère;

LE GRAND-DUC.
Que dites-vous?
(*La porte à droite s'ouvre.*)

LA PRINCESSE.
(A part.)
Apprenez... Dieux,
Ce n'est pas lui !

SCENE IV.

LES PRÉCÉDENTS, MADEMOISELLE DE WEDEL.

MADEMOISELLE DE WEDEL.
Monseigneur en ces lieux !
ENSEMBLE.
LA PRINCESSE.
Quel destin tutélaire
L'envoie auprès de moi?
Ah ! cachons à mon père
Mon trouble et mon effroi.
MADEMOISELLE DE WEDEL.
Quel est donc ce mystère ?
(*A la princesse.*)
Ne craignez rien, c'est moi !
Cachez aux yeux d'un père
Ce trouble et cet effroi.
LE GRAND-DUC.
Quel est donc ce mystère ?
(*Regardant mademoiselle de Wedel.*)
Taisons-nous, je le doi ;
Mais je saurai, j'espère,
D'où venait cet effroi.

(*A mademoiselle de Wedel.*)
Vous, baronne, chez la princesse !
Qui vous amène, à cette heure en ces lieux ?
MADEMOISELLE DE WEDEL, *au grand-duc.*
Nous entendions du bruit chez son altesse.
Craignant pour ses jours précieux,
Notre gouvernante éperdue,
Voulait venir, et je l'ai prévenue ;
J'accourais...
LA PRINCESSE, *à mademoiselle de Wedel.*
Ah ! quelle reconnaissance !
MADEMOISELLE DE WEDEL.
Mais, par bonheur, je vois que ma présence
Est inutile, et je sors.
LE GRAND-DUC, *la retenant.*
Demeurez.
Adieu, ma fille, adieu, Louise.
Du trouble où je vous vois demain vous m'instruirez.
LA PRINCESSE.
Que voulez-vous que je vous dise?
LE GRAND-DUC.
Vous m'avez promis un aveu ;
Je compte sur votre franchise.
LA PRINCESSE.
Mon père !
LE GRAND-DUC.
Adieu, ma fille, adieu.
ENSEMBLE.
LE GRAND-DUC.
Quel est donc ce mystère !
Taisons-nous, je le doi.
Mais je saurai, j'espère,
D'où venait cet effroi.
LA PRINCESSE.
Un trouble involontaire
Vient s'emparer de moi.
Ah ! cachons à mon père
Mon trouble et mon effroi.
MADEMOISELLE DE WEDEL.
Quel est donc ce mystère ?
Comptez toujours sur moi ;
Cachez aux yeux d'un père
Ce trouble et cet effroi.
(*Le grand-duc sort.*)

SCENE V.

LA PRINCESSE, MADEMOISELLE DE WEDEL.

MADEMOISELLE DE WEDEL, *le regardant sortir, et allant fermer la porte.* Il s'éloigne.
LA PRINCESSE, *se jetant dans son fauteuil.* Ah! Mathilde, j'ai cru que j'en mourrais.
MADEMOISELLE DE WEDEL. Ce n'est rien, Madame : ce n'est rien. Rassurez-vous, l'orage est passé, et le beau temps va venir. Sans doute M. de Linsberg est ici.
LA PRINCESSE. Non vraiment.
MADEMOISELLE DE WEDEL. Comment, non ? Mais il devrait être arrivé depuis longtemps !
LA PRINCESSE. Je n'y conçois rien. Il faut que quelque heureux événement ait retenu ses pas, car sans cela il aurait rencontré mon père. Mais comment as-tu trouvé le moyen de lui faire parvenir cette clé !
MADEMOISELLE DE WEDEL. Allez, j'étais bien embarrassée ! Moi, d'abord, et contre mon habitude, je n'avais pas réfléchi. Je vous avais promis, en vous quittant, de le voir, de lui parler, de lui remettre cette clé maudite ! parce que dans ce moment-là je ne pensais à rien qu'à vous rendre service et à lui aussi. Mais comment faire ? il était près de minuit, j'étais en costume de bal ; le moyen de parvenir jusqu'à M. le comte de Linsberg, qui était sans doute retiré dans son appartement ! En conscience, je ne pouvais pas le faire prévenir par son valet de chambre que la première dame d'honneur de son altesse désirait lui parler... Aussi je me désespérais, lorsque j'aperçois sous le vestibule, et près de la porte, Wilhem, ce garçon jardinier, qui aujourd'hui, à ce que vous m'aviez dit, vous avait déjà remis un message. Ecoute, lui dis-je, en lui glissant ma bourse dans la main, il faut ici du zèle et de la discrétion ; remets cette clé à la personne qui tantôt t'a chargé de présenter un bouquet à la princesse. Je comprends, a-t-il dit, et il est parti.
LA PRINCESSE. En effet, c'était le meilleur moyen. Ernest maintenant doit l'avoir reçue.
MADEMOISELLE DE WEDEL. Aussi je pense que M. le comte ne doit pas tarder à venir.
LA PRINCESSE. Pourquoi ne dis-tu plus Linsberg, et ne l'appelles-tu que M. le comte ?
MADEMOISELLE DE WEDEL, *troublée.* Je ne sais. (*En souriant.*) C'est peut-être depuis que votre altesse ne l'appelle plus qu'Ernest. Mais je vous vois troublée, inquiète.
LA PRINCESSE. Oui. Il ne vient pas, et je crains que lui... que mon père... Ah ! Mathilde, je suis bien malheureuse !
MADEMOISELLE DE WEDEL, *avec sentiment.* Malheureuse ! pourquoi donc ? puisqu'il vous aime ? (*Avec gaieté.*) Allons, allons, ne pensons plus à cela, et ne soyons pas généreuse à demi. Je sais le moyen de calmer vos inquiétudes. (*Elle va pour sortir.*)
LA PRINCESSE. Où vas-tu donc ?
MADEMOISELLE DE WEDEL. Faire un ingrat, car je cours protéger son arrivée et l'amener à vos pieds. (*Elle sort par la porte à droite.*)

SCENE VI.

LA PRINCESSE, *seule, la regardant sortir.* Bonne Mathilde. (*Ecoutant vers le fond.*) Eh mais !.. j'ai cru entendre du bruit ; c'est vers ces croisées qui donnent sur le lac glacé. On frappe ; qu'est-ce que cela veut dire? (*Avec effroi.*) Et Mathilde qui est partie ! qui me laisse seule !
LINSBERG, *en dehors, à voix basse.* Louise ! Louise !
LA PRINCESSE. Dieu ! c'est sa voix ! (*Elle court ouvrir, et Linsbeg paraît enveloppé d'un manteau brun.*)

LA PRINCESSE. Oui, elles sont fort belles. — Acte 2, scène 7.

SCENE VII.

LA PRINCESSE, M. DE LINSBERG.

LA PRINCESSE. Quoi! c'est vous, mon ami! Comment arrivez-vous ainsi? On ne vous a pas remis la clé de ce pavillon?

M. DE LINSBERG. Quelle clé?

LA PRINCESSE. Celle que mademoiselle de Wedel vous a envoyée de ma part.

M. DE LINSBERG. Du tout : je n'ai rien reçu, et je ne savais comment parvenir jusqu'à vous, lorsque j'ai pensé que le froid excessif avait dû geler le lac qui s'étend jusque sous vos fenêtres : je me suis hasardé à le traverser, et je suis arrivé jusqu'ici sans accident, et sans que personne m'ait aperçu.

LA PRINCESSE. Voyez donc, mon ami, quelle imprudence! Si la glace avait fléchi sous vos pas, si vous aviez couru le même péril que celui auquel vous m'avez arrachée ce matin! Ernest, promettez-moi de ne plus vous exposer ainsi.

M. DE LINSBERG. Rassurez-vous, aucun danger; mais quand il y en aurait eu, que n'aurais-je pas bravé pour vous voir un seul instant, pour entendre de votre bouche mon pardon!

LA PRINCESSE. Mon ami, que tout cela soit oublié; j'ai tant de choses à vous dire!

M. DE LINSBERG. Oui, n'en parlons plus. Mais, convenez-en vous-même, Louise; ne m'avez-vous pas rendu bien malheureux?

LA PRINCESSE. Et vous, n'avez-vous pas été bien injuste? Abuser de ma situation, me forcer devant toute la cour à vous dire des choses cruelles!.. Oser me soupçonner, et bien plus, me le faire voir à moi qui ne peux me défendre, Ernest, est-ce généreux?

M. DE LINSBERG. Mais encore, pourquoi demander cette entrevue au prince de Neubourg?

LA PRINCESSE. Ne prévoyant aucun moyen d'échapper à cet hymen, je voulais me confier à sa générosité, je voulais tout lui avouer. C'était le seul moyen de nous en faire un protecteur, un ami.

M. DE LINSBERG. Quoi! c'était là votre motif?

LA PRINCESSE. Oui, mais maintenant il n'en est plus

temps : le grand-duc vient de m'annoncer que demain mon mariage serait déclaré publiquement à la cour.

M. DE LINSBERG. Demain! grand Dieu!

LA PRINCESSE. Oui, c'est demain. Quel parti prendre? Abandonner mon père, le priver de sa fille! jamais, Ernest, je ne pourrai m'y résoudre. Mais lui faire un aveu qui doit attirer sur nous sa colère...

M. DE LINSBERG. Ah! s'il n'exposait que moi!

LA PRINCESSE. Silence! Ernest!.. n'entends-tu pas marcher?

M. DE LINSBERG. Oui, j'entends dans le corridor les pas de plusieurs personnes.

SCÈNE VIII.

LES PRÉCÉDENTS, MADEMOISELLE DE WEDEL.

MADEMOISELLE DE WEDEL. Madame, Madame, voici M. de Linsberg. (*Apercevant Ernest*.) Dieu! c'est lui. J'ai cru qu'il me suivait.

M. DE LINSBERG. Que dites-vous?

MADEMOISELLE DE WEDEL, *lui faisant signe de la main.* Calmez-vous : c'est moi, moi seule, qui suis cause de tout! Empêchons du moins qu'on ne nous surprenne. Fermons cette porte. (*Elle va fermer la porte qui est à droite des spectateurs sur le second plan; et, en redescendant le théâtre, elle se trouve entre la princesse et M. de Linsberg.*) Au milieu de l'obscurité, j'avais cru vous reconnaître dans le premier vestibule. Vous paraissiez incertain sur le chemin qu'il fallait prendre, et je vous avais indiqué à voix basse les moyens d'arriver jusqu'ici.

LA PRINCESSE. Taisons-nous, on est près de la porte.

MADEMOISELLE DE WEDEL. Heureusement on n'entrera pas.

M. DE LINSBERG. Si vraiment; j'entends le bruit d'une clé; quel est le téméraire?

MADEMOISELLE DE WEDEL, *montrant à la princesse la porte à gauche.* Rentrez, Madame.

M. DE LINSBERG. Oui, je veillerai sur vous.

MADEMOISELLE DE WEDEL, *le poussant de l'autre côté.* Non pas vous, mais moi. Si son honneur vous est cher, ne vous montrez pas et laissez-moi faire. (*Linsberg entre dans le cabinet à droite, sur le premier plan.*) La porte s'ouvre... Allons, du courage.

SCÈNE IX.

MADEMOISELLE DE WEDEL, *se jetant dans le fauteuil et prenant un livre sur la toilette;* LE PRINCE DE NEUBOURG, *entrant avec précaution par la porte à droite qui est sur le second plan.*

LE PRINCE. Maudite serrure! J'ai cru qu'elle ne s'ouvrirait jamais.

MADEMOISELLE DE WEDEL. Que vois-je le prince de Neubourg!

LE PRINCE, *à part.* C'est une singulière chose qu'un rendez-vous! Il me semble presque que j'ai peur. Oui, parbleu, car je tremble! Allons, rassurons-nous et avançons. (*Apercevant mademoiselle de Wedel dans le fauteuil.*) C'est la princesse! cette lecture l'occupe tellement qu'elle ne m'a pas entendu. (*Toussant légèrement.*) Hem!

MADEMOISELLE DE WEDEL, *affectant la surprise, et laissant tomber son livre à terre.* Ah! mon Dieu! qui va là?

LE PRINCE, *étonné.* Mademoiselle de Wedel!

MADEMOISELLE DE WEDEL. Quoi! c'est vous, Monseigneur; comment vous trouvez-vous ici? chez moi, à une heure pareille!

LE PRINCE. Il se pourrait? je suis chez vous?

MADEMOISELLE DE WEDEL. Oui, sans doute; et je vous trouve bien hardi...

LE PRINCE. Ne vous fâchez pas, baronne, je vous en prie.

MADEMOISELLE DE WEDEL, *à part.* Il tremble, prenons courage. (*Haut.*) Enfin, je vous le répète, comment vous trouvez-vous dans mon appartement?

LE PRINCE. Tenez, baronne, si vous voulez que je vous le dise, je n'en sais rien. Mais tout ce qui m'arrive aujourd'hui est si extraordinaire que je me crois sous quelque maligne influence. Imaginez-vous qu'un jardinier du château m'apporte, il y a quelques heures, une clé de ce pavillon, de la part d'une dame d'honneur dont il ne peut me dire le nom.

MADEMOISELLE DE WEDEL, *à part.* Allons, Wilhem fait bien ses commissions.

LE PRINCE. Oh! ce n'est rien encore, et vous allez voir les malheurs qui me sont arrivés; d'abord je rencontre à la porte extérieure un factionnaire sur lequel je ne comptais pas, et il m'a fallu, par le froid qu'il fait, attendre pendant une heure qu'il voulût bien s'endormir. Enfin, il s'y est décidé.

MADEMOISELLE DE WEDEL, *à part.* Voyez un peu comme les dames d'honneur sont gardées!

LE PRINCE. Mais arrivé dans un vaste vestibule où je voyais à peine, deux galeries se présentent ; laquelle prendre? J'allais choisir au hasard, lorsque je crois entendre le bruit d'une robe, et une femme, légère comme une sylphide, passe rapidement à côté de moi en me disant à voix basse : « La galerie à gauche, la porte en face. » Et déjà elle était disparue devant moi comme pour m'indiquer le chemin. Mais le plus étonnant, il est vrai que dans ce moment, baronne, je pensais à vous, c'est qu'un instant j'ai cru reconnaître votre voix.

MADEMOISELLE DE WEDEL, *vivement.* A moi, Monseigneur!

LE PRINCE. Mon Dieu, apaisez-vous! je dis que j'ai cru reconnaître... Comment voulez-vous que j'aille supposer... D'ailleurs la personne était beaucoup plus grande. Je vois que vous riez de mon aventure, mais il n'en est pas moins vrai que c'est d'après les avis de cette dame mystérieuse que je suis arrivé jusqu'ici.

MADEMOISELLE DE WEDEL. A la bonne heure! Mais tout cela ne m'apprend pas quels étaient vos desseins, et chez qui vous croyiez être dans ce moment.

LE PRINCE. Chez qui? Ah! par exemple, baronne, vous qui souvent me donnez des leçons, vous me permettrez de vous dire que c'est une indiscrétion, à vous, de me faire une pareille demande. (*Prenant un fauteuil et faisant le geste de s'asseoir.*) Non pas que vous n'ayez toute ma confiance ; mais vous sentez qu'il est impossible...

MADEMOISELLE DE WEDEL. Eh bien! n'allez-vous pas vous asseoir, vous établir ici? J'espère, Monseigneur, que vous allez vous retirer, et vous devez vous estimer trop heureux que je ne parle pas à la princesse de vos promenades nocturnes.

LE PRINCE. Oh! vous le pouvez; je crois que cela ne lui fera rien.

MADEMOISELLE DE WEDEL, *regardant autour d'elle.* Oui, je le crois aussi.

LE PRINCE, *étonné.* Et pour quelles raisons?

MADEMOISELLE DE WEDEL, *à part.* Quelle idée! (*Haut, et d'un air négligent.*) Oh! pour des raisons qui vous fâcheraient peut-être si vous les connaissiez. Et puis ce serait trop long à vous expliquer.

LE PRINCE. Si ce n'est que cela, je ne suis pas pressé. (*S'asseyant tous deux.*) Parlez, je vous en prie; je me trouve si bien ici.

MADEMOISELLE DE WEDEL. Eh bien donc, depuis quelque temps j'ai fait une découverte fort importante; (*Le prince rapprochant un peu son fauteuil.*) et comme je vous ai promis de vous dire la vérité...

LE PRINCE. Oui, morbleu, et je vous montrerai que je suis digne de l'entendre.

MADEMOISELLE DE WEDEL. Eh bien! j'ai à peu près acquis la preuve (*Hésitant.*) que la princesse ne vous aime pas.
LE PRINCE. Vous croyez?
MADEMOISELLE DE WEDEL, *d'un air affirmatif*. A n'en pouvoir douter.
LE PRINCE. Eh bien! je l'aurais parié : je me le suis dit vingt fois ; mais enfin, mes soins, ma complaisance, l'affection que j'aurai pour elle lui tiendront peut-être lieu de l'amour qu'elle n'a pas pour moi ; et qu'importe, après tout, si je fais son bonheur?
MADEMOISELLE DE WEDEL. Son bonheur! non, car j'ai fait encore une autre observation : (*Le prince rapproche encore son fauteuil, et se trouve tout près d'elle.*) c'est que vous ne l'aimez pas non plus.
LE PRINCE. En êtes-vous bien sûre?
MADEMOISELLE DE WEDEL. Je puis vous le jurer! je vous vois galant auprès d'elle, mais jamais le désir de la voir ne vous a fait manquer une partie de chasse.
LE PRINCE. C'est vrai.
MADEMOISELLE DE WEDEL. Jamais son arrivée subite ne vous a troublé.
LE PRINCE. C'est encore vrai.
MADEMOISELLE DE WEDEL. Jamais les hommages qu'on lui rendait n'ont excité votre émotion.
LE PRINCE, *avec tendresse*. C'est bien étonnant ; tout ce que vous dites là, je le ressens auprès de vous!

RÉCITATIF.

MADEMOISELLE DE WEDEL.
O ciel! que dites-vous? ma surprise est extrême.

DUO.

LE PRINCE.
Oui! je le vois, oui, je vous aime ;
Depuis longtemps je m'en doutais,
Et cependant je n'ai jamais
Osé vous le dire à vous-même!
MADEMOISELLE DE WEDEL, *souriant*.
D'un tel amour comment avoir pitié
Quand tout à l'heure, et près d'une autre belle,
Ce rendez-vous...
LE PRINCE, *vivement et se frappant le front*.
Ce mot me le rappelle ;
(*Tendrement.*)
Auprès de vous je l'avais oublié.
MADEMOISELLE DE WEDEL.
Monseigneur veut rire, je gage.
LE PRINCE.
Quel sacrifice, quel hommage
Pourraient vous prouver mon amour?
MADEMOISELLE DE WEDEL.
Un seul me plairait en ce jour!

ENSEMBLE.

MADEMOISELLE DE WEDEL.
Mais, je vous en préviens d'avance,
Ah! Monseigneur, pensez-y bien :
Ne concevez nulle espérance,
Songez que je ne promets rien.
LE PRINCE.
Ah! parlez, j'y souscris d'avance.
Grand Dieu! quel bonheur est le mien!
J'obéirai sans récompense,
Et mon cœur ne demande rien.
MADEMOISELLE DE WEDEL.
Eh bien! si vous allez vous-même
Au prince déclarer demain
Que vous renoncez à la main
De sa fille...
LE PRINCE.
O bonheur suprême!
Et vous croirez alors que je vous aime?
MADEMOISELLE DE WEDEL.
Non, je vous l'ai dit ; songez bien
Que mon cœur ne promet rien.

LE PRINCE.
N'importe ; au moins par mon obéissance
Mes feux vous seront prouvés.
Vous le voulez ; je romps cette alliance,
Et puis vous m'aimerez après, si vous pouvez.
MADEMOISELLE DE WEDEL.
C'est bien.
LE PRINCE.
N'avez-vous pas d'autre ordre à me prescrire?
MADEMOISELLE DE WEDEL.
Un seul.
LE PRINCE.
Et c'est?
MADEMOISELLE DE WEDEL.
De partir à l'instant.
LE PRINCE.
Je vous entends ; je me retire.
Mais vous me promettez pourtant...

ENSEMBLE.

MADEMOISELLE DE WEDEL.
Non, je vous en préviens d'avance,
Ah! Monseigneur, pensez-y bien,
Ne concevez nulle espérance ;
Songez que je ne promets rien.
LE PRINCE.
Croyez à ma reconnaissance.
Grand Dieu! quel bonheur est le mien !
J'obéirai sans récompense,
Et mon cœur ne demande rien.

(*Il sort et on l'entend fermer la porte en dehors.*)

SCÈNE X.

MADEMOISELLE DE WEDEL, LA PRINCESSE, M. DE LINSBERG.

TRIO.

LA PRINCESSE ET M. DE LINSBERG, *allant à mademoiselle de Wedel*.
O toi! notre ange tutélaire,
Nous devons tout à tes bienfaits.
M. DE LINSBERG.
Tu me rends celle qui m'est chère.
LA PRINCESSE.
Tu romps un hymen que je hais.
MADEMOISELLE DE WEDEL.
Soyez heureux, je le suis à jamais.
LA PRINCESSE, *à Linsberg*.
Mais craignons, par une imprudence,
De détruire notre espérance.
M. DE LINSBERG.
Quoi!.. déjà s'éloigner?
LA PRINCESSE ET MADEMOISELLE DE WEDEL.
Oui, partez ; il le faut.
M. DE LINSBERG ET LA PRINCESSE.
A demain.
LA PRINCESSE ET MADEMOISELLE DE WEDEL.
Oui, nous nous verrons bientôt.

ENSEMBLE.

Que l'amour favorise
Notre entreprise ;
Qu'il soit avec nous de moitié!
Oui, prenons pour devise :
L'amour et l'amitié.

LA PRINCESSE, *va ouvrir la fenêtre du milieu, mademoiselle de Wedel ouvre en même temps la première fenêtre à gauche. L'on aperçoit les arbres qui sont chargés de neige et le lac qui s'étend à perte de vue.*
Grand Dieu! que le ciel nous protége!
Le jardin et le lac, tout est couvert de neige.

M. DE LINSBERG, *voulant partir.*
Qu'importe ?
LA PRINCESSE, *l'arrêtant.*
Eh ! vous n'y songez pas !
Mes femmes et moi seule habitons cette enceinte ;
Et si on voit demain la trace de vos pas,
Tout est perdu.
M. DE LINSBERG.
Je conçois votre crainte.
Mais que faire ? Essayons pourtant.
Je courrai si légèrement !..
MADEMOISELLE DE WEDEL, *mettant son pied à côté de celui de M. de Linsberg.*
Oui, voyez en effet comme on peut s'y méprendre.
(*Allant à la porte par laquelle le prince de Neubourg est sorti.*)
Peut-être ce soldat dort-il encore. O ciel !
Nous sommes enfermés !
TOUS TROIS.
O contre-temps cruel !
LA PRINCESSE.
Que résoudre et quel parti prendre ?
Amour, daigne nous seconder :
Toi seul ici peux nous guider.

ENSEMBLE.

Tendre amour, favorise
Notre entreprise ;
De nous le sort aura pitié,
Car nous avons pour devise :
L'amour et l'amitié.

MADEMOISELLE DE WEDEL, *qui a été ouvrir la dernière croisée.*
Que vois-je sous cette fenêtre ?
Un traîneau que l'on a laissé :
C'est un de ceux qui, ce matin peut-être,
Sillonnaient le lac glacé.
Quelle idée il m'inspire !
(*A la princesse.*)
Comme moi vous allez souscrire
A ce joli projet.
M. DE LINSBERG ET LA PRINCESSE.
Mais quel est-il ?
MADEMOISELLE DE WEDEL.
C'est mon secret ;
Mais à l'espoir mon cœur se livre.
Vite une écharpe.
M. DE LINSBERG, *fouillant dans sa poche, et en tirant un large ruban bleu.*
Non ; c'est l'ordre de Neubourg !
MADEMOISELLE DE WEDEL, *prenant une écharpe qui est sur la toilette de la princesse.*
Voilà qui me suffit. Bientôt, par son secours,
D'esclavage je vous délivre...
M. DE LINSBERG ET LA PRINCESSE.
Mais quels sont vos projets?
MADEMOISELLE DE WEDEL.
Vous le saurez après ;
(*Les entraînant.*)
Il faut d'abord me suivre.
Venez, venez !

ENSEMBLE.

Que l'amour favorise
Notre entreprise ;
Qu'il soit avec nous de moitié !
Marchons, marchons sous la devise
De l'amour et de l'amitié.

(*Pendant la ritournelle de ce morceau, ils descendent par la porte vitrée du fond, et un instant après, par cette porte et les deux croisées qui sont restées ouvertes, on aperçoit dans le lointain M. de Linsberg enveloppé de son manteau et assis dans un traîneau. Mademoiselle de Wedel est devant qui le traîne par l'écharpe qu'elle y a attachée. La princesse est derrière, appuyée sur le traîneau qu'elle semble pousser. Ils marchent avec précaution et d'un air craintif, pendant que l'orchestre reprend en sourdine le motif de l'air précédent. La toile tombe.*)

ACTE QUATRIÈME.

Même décoration qu'au premier acte.

SCENE PREMIÈRE.

M. DE LINSBERG, seul.

RÉCITATIF.

Enfin voici le jour ! Grâce à nos soins, j'espère,
Nul témoin indiscret ne m'aura vu sortir.
Mais chez moi, si matin, n'osant pas revenir,
J'errais depuis l'aurore en ce lieu solitaire,
Doucement occupé d'un tendre souvenir.

AIR.

Ce deuil de la nature,
Et ces tristes bosquets,
Ces arbres sans verdure,
Ont pour moi des attraits.
En vain soufflait la bise ;
Au milieu des frimas
Je pensais à Louise,
Et me disais tout bas :
  Le printemps,
  En tout temps,
  Aux amants
  A su plaire.
  Je préfère
  Les sombres autans.
Moi, l'hiver
M'est plus cher.
Oui, l'hiver,
Quand on aime,
Vaut lui-même
  Le temps
  Du printemps.
Cette blanche neige
Me dira toujours
Que le ciel protège
  Nos amours !
  Le printemps,
  En tout temps, etc.

SCENE II.

M. DE LINSBERG, WILHEM.

WILHEM, *à part.* Jarni ! si je pouvions trouver queleu'un à qui dégoiser ça ! (*Apercevant M. de Linsberg.*) M'est avis que voilà un de nos seigneurs, sti-là même qui est le favori du prince : je ne pouvions pas mieux tomber.
M. DE LINSBERG, *à part.* Eh mais ! c'est ce garçon jardinier, le messager du prince, et le mien sans qu'il s'en doute. (*Haut.*) Te voilà, Wilhem ? tu es bien matinal, presque autant qu'un amoureux.
WILHEM, *d'un air d'importance.* Dame ! quand on n'est encore que premier jardinier adjoint, faut se donner de la peine pour arriver.
M. DE LINSBERG. Ah ! tu es le premier jardinier ?
WILHEM. D'hier au soir. Il paraît que le prince de Neubourg, qui est un digne seigneur, en a touché deux mots à l'intendant des jardins ; car celui-ci m'a annoncé que je partagerions l'emploi en chef avec maître Pierre, qui se fait déjà vieux.
M. DE LINSBERG. De sorte que te voilà bien content ?

WILHEM. Au contraire ; depuis ce moment-là, ça me tracasse, parce qu'il n'est pas agréable d'être d'eux, et que je voudrions être seul pour avoir mes coudées franches.

M. DE LINSBERG, *à part*. Allons, c'est fini ! voilà un pauvre diable à qui l'ambition fera tourner la tête.

WILHEM. Et si vous vouliez tant seulement me faire parler à notre gracieux souverain, j'ai une nouvelle qui vaut son pesant d'or.

M. DE LINSBERG. Toi, maître Wilhem ?

WILHEM. Oui ; c'est une manigance que j'ai découverte, et qui me fait l'effet d'un complot.

M. DE LINSBERG. Un complot ! parle vite...

WILHEM. Non pas, parce que, si je vous l'apprenions, ce serait vot' nouvelle et non pas la mienne.

M. DE LINSBERG, *souriant*. C'est juste ; allons, je te ferai parler au prince.

WILHEM. Oui ; mais faudrait se dépêcher, parce que si un autre le découvrait avant moi, ou si le guignon voulait que ça n'eût plus lieu, tout serait perdu !

M. DE LINSBERG. Je comprends ; et en cas de réussite, quelles sont tes prétentions ?

WILHEM. Dame ! ce qu'on voudra ; moi, je ne demande qu'à aller, le plus haut s'ra le mieux, et pour ça il ne faut qu'une bonne occasion et du tact ; car enfin vous, que v'là grand seigneur, on dit que quand vous êtes venu à la cour, on ne savait pas qui vous étiez et d'où vous sortiez.

M. DE LINSBERG, *souriant*. Oui, mais pour parvenir, je tâchais d'éviter les maladresses, et il n'en faudrait qu'une comme celle que tu viens de faire pour ruiner la fortune la mieux établie.

WILHEM. Ah ! mon Dieu ! est-ce que j'aurais lâché quelque sottise ?

M. DE LINSBERG. A peu près ; et avec tout autre que moi...

WILHEM. Eh bien ! c'est sans le vouloir ; et je suis capable, sans m'en douter, d'en détacher de pareilles devant son altesse !.. Si vous vouliez être assez bon pour m'avertir, ou me faire seulement un signe, parce que, voyez-vous, je ne suis pas bête et je comprends à demi-mot.

M. DE LINSBERG. Eh bien ! par exemple ! (*A part*.) Au fait, pourquoi le rebuter ! Je suis si heureux aujourd'hui, il faut que tout le monde le soit. (*A Wilhem*.) Écoute bien ! en parlant au prince, tu auras toujours les yeux fixés sur moi, et dès que tu auras commencé une phrase ou un mot peu convenable, je porterai la main à ma collerette ; de cette manière-là, comprends-tu ?

WILHEM. Pardi ! dès que la collerette ira, je m'arrêterai, je prendrons par une autre route.

M. DE LINSBERG. C'est bien ; j'entends le prince, tiens-toi à l'écart, je t'appellerai quand il faudra paraître. (*Wilhem sort*.)

SCENE III.

M. DE LINSBERG, LE GRAND-DUC.

LE GRAND-DUC. C'est vous, mon cher Linsberg, je suis enchanté de vous voir.

M. DE LINSBERG. Il est donc vrai que votre altesse a daigné oublier...

LE GRAND-DUC. Sans doute, hier même j'ai peut-être été un peu trop sévère ; mais il s'agissait de ma fille, et porter atteinte au respect qu'on lui doit, c'est me blesser dans ce que j'ai de plus cher.

M. DE LINSBERG. Moi, Monseigneur, jamais.

LE GRAND-DUC. J'en suis certain.

M. DE LINSBERG. Votre altesse a-t-elle quelques ordres à me donner pour aujourd'hui ?

LE GRAND-DUC. Non, mon cher comte ; mais puisque nous sommes seuls, il faut que je vous consulte sur une aventure dont j'ai été le témoin et qui m'intrigue au dernier point. Cette nuit, je venais d'avoir avec ma fille une conversation qui m'avait un peu agité, et je ne pouvais dormir. Je me mis à ma fenêtre, et tout à coup, sur le grand lac, qui était entièrement couvert de neige, je crois apercevoir un homme en traîneau.

M. DE LINSBERG, *à part*. Grand Dieu !

LE GRAND-DUC. Conduit par deux femmes qu'il m'était impossible de reconnaître, mais dont je distinguais la taille élégante, les poses gracieuses et le vêtement blanc. Leur démarche était craintive, elles avançaient lentement et prêtaient l'oreille au moindre bruit. Arrivé à l'autre bord, le cavalier sort légèrement du traîneau, met un genou en terre, embrasse ses deux guides et disparaît.

M. DE LINSBERG. Et vous n'avez point reconnu !.. (*A part*.) Ah ! je respire !

LE GRAND-DUC. Mais, je vous le demande, mon cher comte, qu'en pensez-vous ?

M. DE LINSBERG. En vérité, Monseigneur, je suis fort embarrassé, et ce sera sans doute quelqu'un de vos pages. .

LE GRAND-DUC. C'est probable ; mais comment se fait-il que...

M. DE LINSBERG, *à part*. Changeons la conversation. (*Haut*.) Pendant que j'étais à attendre le lever de votre altesse, un de vos jardiniers m'a demandé la faveur d'être admis en sa présence, et j'ai osé lui promettre.

LE GRAND-DUC. Vous avez bien fait, et je l'écouterai avec plaisir.

M. DE LINSBERG, *à part*. Le voici.

SCENE IV.

LES PRÉCÉDENTS, WILHEM.

TRIO.

M. DE LINSBERG.
Entre, Wilhem ! parle sans peur.
(*Bas, au grand-duc*.)
D'un complot il veut vous instruire

LE GRAND-DUC, *à Wilhem*.
Eh bien donc ! que veux-tu me dire ?

WILHEM, *regardant de temps en temps M. de Linsberg et parlant au grand-duc*.
Je disais donc à Monseigneur,
Vrai comm' je suis son serviteur,
Qu' j'étais chez nous la nuit dernière
Sans pouvoir fermer la paupière,
Vu qu', par une faveur singulière,
Je n' dormons plus ni nuit, ni jour,
D'puis que j' suis jardinier d' la cour.
(*Regardant M. de Linsberg, qui reste immobile*.)
C'est bon, c'est bon ; g'nia rien encore.

LE GRAND-DUC.
Après, après ?

WILHEM, *de même*.
V'là que soudain,
A part moi je me remémore
Que votre altesse, hier matin,
M'ordonna d'attacher d' ma main
Les traîneaux qui restaient encore
Sur le lac et dans le jardin.

LE GRAND-DUC.
Des traîneaux !

WILHEM.
Oui, voilà le fait.
(*Apercevant M. de Linsberg qui fait un léger mouvement*.)
Vot' grâc', c'est-à-dir' vot' altesse,
N' m'en voudra pas si j' lui confesse
Que j' l'avais oublié tout net.
Allons, je m' dis, point de paresse,
Et, tout en soufflant dans mes doigts,
J'en avais déjà fixé trois,
Quand de l'autr' côté du lac je vois
S'ouvrir la f'nêtre d' la princesse.

M. DE LINSBERG, *portant rapidement la main à sa collerette.*
O ciel !
WILHEM, *l'apercevant et se troublant.*
Du tout ; c'est une erreur.
LE GRAND-DUC.
Sa fenêtre !
WILHEM.
Non, Monseigneur.
LE GRAND-DUC.
Mais tu disais...
WILHEM, *regardant M. de Linsberg, qui continue ses signes.*
Non pas, vraiment ;
Je me serai trompé, peut-être,
Et quand je dis une fenêtre,
C'était la porte apparemment.
ENSEMBLE.
M. DE LINSBERG.
Ah ! rien n'égale mon martyre !
C'est fait de nous, je le crains bien.
De mon secret il va l'instruire :
Comment rompre cet entretien ?
WILHEM.
Ah ! quel tourment ! ah ! quel martyre !
Qu'ai-je donc fait ? je n'en sais rien ;
Mais j'ai peur de ne pas bien dire :
Prenons garde, observons-nous bien.
LE GRAND-DUC.
Mais qu'a-t-il donc ? que veut-il dire ?
Il se trouble, je le vois bien.
Allons, achève de m'instruire ;
Allons, achève et ne crains rien.
WILHEM.
Je disais donc à Monseigneur
Que, sans me vanter, j'eus grand'peur.
J' veux d'abord crier : Au voleur !
Mais derrière un traineau je pense
Qu'il vaut mieux rester, par prudence,
Et j'aperçois distinctement...
J'aperçois d'abord une femme.
LE GRAND-DUC.
Une femme !
WILHEM, *voyant le geste de M. de Linsberg.*
Non, non, vraiment.
LE GRAND-DUC.
Une femme !
WILHEM.
Non, sur mon âme,
Souvent la peur peut nous troubler.
C'est une façon de parler,
Quand j' dis un' femme, c'était un homme.
LE GRAND-DUC.
Un homme qui sortait de cet appartement !
WILHEM, *voyant M. de Linsberg dont les signes redoublent.*
Permettez ; je n'en fais pas serment.
Pour la franchise on me renomme,
Et Monseigneur, certainement...
LE GRAND-DUC.
Enfin, réponds : c'était un homme ?
WILHEM.
Je n'ai pas dit que c'en fût un ;
Mais pour de vrai, c'était un manteau brun.
LE GRAND-DUC.
Réponds, ou bien crains ma fureur.
WILHEM.
Je disais donc à Monseigneur...
LE GRAND-DUC.
C'est un homme ?
WILHEM, *regardant toujours de Linsberg.*
Non, Monseigneur.
LE GRAND-DUC.
Une femme ?
WILHEM.
Non, Monseigneur.
LE GRAND-DUC.
Un manteau brun ?
WILHEM.
Non, Monseigneur,
Je n'ai rien vu, sur mon honneur ;
Mais vous sentez bien que mon zèle,
Et ma place de jardinier...
Enfin, v'là le récit fidèle
Que je voulais vous confier.
ENSEMBLE.
M. DE LINSBERG.
Ah ! rien n'égale mon martyre !
C'est fait de nous, je le crains bien,
De mon secret il va l'instruire,
Comment rompre cet entretien ?
WILHEM.
Ah ! quel tourment ! ah ! quel martyre !
Qu'ai-je donc fait ? je n'en sais rien :
Mais j'ai peur de ne pas bien dire :
Prenons garde, observons-nous bien.
LE GRAND-DUC.
Mais qu'a-t-il donc ? que veut-il dire ?
Il se trouble, je le vois bien.
Allons, achève de m'instruire ;
Allons, achève et ne crains rien.

WILHEM, *s'essuyant le front.* Ouf ! les gouttes d'eau ! (*Regardant M. de Linsberg.*) La collerette en est toute chiffonnée. Je n'aurais jamais cru que ce fût aussi fatigant de parler à un seigneur.

LE GRAND-DUC *regarde Wilhem pendant quelque temps, et s'adressant à M. de Linsberg.* Qu'en pensez-vous ? Cet homme-là a perdu la tête, ou il a voulu se jouer de moi : vous veillerez sur lui.

WILHEM, *à part.* Ah ! mon Dieu ! j'aurai lâché quelque sottise, et me v'là coffré. Chienne d'ambition ! J'avions bien besoin de nous lancer, nous qui avions déjà une si bonne place !

LE GRAND-DUC. Comte de Linsberg, avertissez l'officier de service de venir s'assurer de lui. Allez, et le plus profond silence sur tout ceci.

M. DE LINSBERG. Oui, Monseigneur. (*A part.*) Grand Dieu, protége-nous ! (*Il sort en faisant signe à Wilhem de garder le silence.*)

SCENE V.

WILHEM, LE GRAND-DUC.

WILHEM, *à part.* Nous v'là seuls. Mon Dieu ! mon Dieu ! qu'est-ce que ça va devenir ?

LE GRAND-DUC. Approche. La frayeur ou quelque autre considération que je ne puis deviner t'a empêché tout à l'heure de parler ; mets-toi dans la tête qu'avec moi l'on ne risque rien en disant la vérité, et tout en me trompant.

WILHEM, *tremblant.* Oui, Monseigneur.

LE GRAND-DUC. Réponds maintenant. Tu as vu cette nuit un homme en traineau, conduit par deux femmes, je le sais.

WILHEM. Alors, Monseigneur, si vous le saviez, faites bien attention que ce n'est pas moi qui le dis.

LE GRAND-DUC. Et tu es bien sûr que la fenêtre qui s'est ouverte est celle de l'appartement de ma fille ?

WILHEM. Ah ! ça, je le jure devant votre altesse !

LE GRAND-DUC. Et quelle a été ton idée ?

WILHEM. Que c'était, sauf vot' respect, quelques honnêtes voleurs qui s'entendaient avec quelques femmes de chambre, et qui s'introduisaient la nuit pour voler dans ces riches appartements.

LE GRAND-DUC. C'est aussi la vérité, et tu avais raison.

WILHEM. Comment, j'avions raison ! A la bonne heure ; au moins avec lui ça va tout seul.

LE GRAND-DUC. Et tu n'as rien entendu ?

WILHEM. Si fait !.. Au moment où l'on a passé près de moi, j'ons entendu des phrases que je n'ons pu comprendre.

LE GRAND-DUC. Mais encore ?..

WILHEM. L'une des femmes disait à voix basse : *Ah ! je ne crains que pour mon époux !*

LE GRAND-DUC, *à part.* Son époux!..
WILHEM. L'autre alors a dit : *Partout on peut nous voir ; de quel côté prendrons-nous?* Et la première a répondu : *Par celui-ci, il n'y a que mon père.*
LE GRAND-DUC, *à part.* Grand Dieu !
WILHEM, *continuant. Et il vaut mieux tomber entre les mains de mon père que dans celles des autres.*
LE GRAND-DUC, *avec émotion.* Elle a dit cela ?
WILHEM, *tirant de sa poche un ruban bleu.* Oui, Monseigneur; après je n'ai plus rien entendu. Au bout de quelques instants la croisée s'est refermée, et c'est en me relevant que j'ai aperçu sur la neige ce brimborion de ruban dont j'avais envie de ne pas parler, parce que cela ne faisait rien à la chose.
LE GRAND-DUC, *prenant le ruban et le regardant.* Une croix de diamant !.. l'ordre de Neubourg !.. serait-ce le prince ! Quelle idée !.. Cependant cet ordre dont il est ordinairement décoré, et que lui seul dans ma cour a le droit de porter...

SCÈNE VI.

LES PRÉCÉDENTS, MADEMOISELLE DE WEDEL.

LE GRAND-DUC. Ah! c'est vous, baronne. (*A Wilhem.*) Retire-toi, et sur ta tête ne parle à personne de ce que tu m'as dit.
WILHEM. Votre altesse peut être tranquille. (*A part.*) Si on m'y rattrape maintenant !.. Je verrais bien emporter le château que je ne dirions rien. (*Il sort.*)

SCÈNE VII.

LE GRAND-DUC, MADEMOISELLE DE WEDEL.

MADEMOISELLE DE WEDEL, *à part.* Linsberg m'a tout confié... Tâchons de savoir si l'on a des soupçons. (*Haut.*) Je venais de la part de la princesse demander des nouvelles de votre altesse.
LE GRAND-DUC. Je vous remercie, j'allais faire prier ma fille de passer chez moi; car j'ai à lui parler, et surtout à vous, baronne.
MADEMOISELLE DE WEDEL, *à part.* Grand Dieu ! quel ton sévère !
LE GRAND-DUC, *lentement.* Il est un mystère que je n'ai encore pu pénétrer.
MADEMOISELLE DE WEDEL, *à part, avec joie.* Il ne sait rien.
LE GRAND-DUC. Et j'attends de vous... Eh mais ! qui vient nous interrompre?

SCÈNE VIII.

LES PRÉCÉDENTS, LE PRINCE DE NEUBOURG.

LE PRINCE. C'est moi, Monseigneur, qui venais demander à votre altesse un moment d'audience. (*Bas, à mademoiselle de Wedel.*) Vous voyez que je tiens ma parole.
LE GRAND-DUC. Je suis prêt à vous entendre. (*Il fait signe à mademoiselle de Wedel de se retirer.*)
LE PRINCE, *la retenant.* Non; mademoiselle de Wedel peut rester.
LE GRAND-DUC. Je crois en effet que sa présence nous sera nécessaire. (*Au prince.*) D'abord je dois vous rendre cette croix de diamant que vous m'avez apportée, et qu'un de mes jardiniers a trouvée ce matin sur le lac glacé. Vous devez me comprendre?
LE PRINCE. Non, cette décoration ne m'appartient pas : c'est celle que j'ai donnée hier à M. de Linsberg.
LE GRAND-DUC, *vivement.* Comment? M. de Linsberg !
MADEMOISELLE DE WEDEL, *à part.* L'imprudent !

LE PRINCE. Et aujourd'hui de grand matin je lui en avais envoyé le brevet. Mais M. de Linsberg n'était pas chez lui, et ses gens ont même assuré qu'il n'y avait point passé la nuit.
LE GRAND-DUC, *à part.* Grand Dieu !
MADEMOISELLE DE WEDEL, *à part.* Tout est perdu.
LE PRINCE, *les regardant d'un air étonné.* Eh bien! qu'est-ce ? Qu'y a-t-il donc? ai-je eu tort d'honorer un brave et fidèle serviteur ?
LE GRAND-DUC. Vous avez raison ; le devoir d'un prince est de récompenser la fidélité, et de punir la trahison. Mais je vous en prie, plus tard nous reprendrons cet entretien. Dans ce moment j'ai besoin d'être seul.
MADEMOISELLE DE WEDEL, *prête à se retirer, regardant le grand-duc d'un air suppliant.* Ah ! Monseigneur !
LE GRAND-DUC. Laissez-moi, baronne, retirez-vous dans cet appartement, et n'en sortez point sans mes ordres.
MADEMOISELLE DE WEDEL. J'obéis. (*A voix basse, au prince.*) Ah ! qu'avez-vous fait ! (*Elle sort.*)
LE PRINCE, *la regardant avec surprise.* Je n'y conçois rien. Mais je vois que, suivant mon habitude... Allons, suivons mademoiselle de Wedel, et avant de connaître ma faute cherchons du moins les moyens de la réparer. (*Il salue le grand-duc et sort.*)

SCÈNE IX.

LE GRAND-DUC, *seul.* Plus de doute c'est Linsberg, marié secrètement ?.. Les ingrats ! c'est donc ainsi qu'ils reconnaissent mes bienfaits ! (*Avec colère.*) Je me vengerai ! (*S'arrêtant avec douleur.*) Mais de qui ? et comment ? le mal n'est-il pas irréparable ? N'importe, leur faute ne restera pas impunie ; ils trembleront du moins sur les suites que pouvait avoir leur coupable imprudence ! Oui, ma vengeance ne durera qu'un instant, mais elle sera terrible ; elle sera égale à leur crime ! (*Se retournant et apercevant la princesse.*) C'est ma fille ! (*Appelant.*) Holà ! quelqu'un ! (*Au domestique.*) Cherchez M. de Linsberg, et qu'il vienne me parler à l'instant.

SCÈNE X.

LE GRAND-DUC, LA PRINCESSE.

LA PRINCESSE. Je ne voyais pas revenir mademoiselle de Wedel ; et j'étais d'une inquiétude... Votre altesse a-t-elle bien reposé ?
LE GRAND-DUC, *sans lui répondre, la prend par la main, et l'amène lentement au bord du théâtre.* J'ai senti, d'après notre conversation d'hier, que j'avais des reproches à me faire.
LA PRINCESSE. Vous, des reproches !
LE GRAND-DUC. De très-grands. Cette nuit tu voulais en vain me le cacher. J'ai vu que, malgré ton obéissance, ton mariage avec le prince de Neubourg te rendrait malheureuse ; et tu sais si jamais j'ai voulu ton malheur.
LA PRINCESSE. Ah! mon père !
LE GRAND-DUC. Calme-toi, ce n'est pas de cela qu'il s'agit. Apprends donc que depuis longtemps je te cachais un secret important, un secret d'où dépend mon bonheur. Je vois ton étonnement ; c'était mal à moi, je le sens... A qui devais-je ma confiance, si ce n'était à ma fille, à mon amie ? (*Apercevant Linsberg qui entre.*) Ah ! vous voilà, Ernest ! Approchez, vous n'êtes pas étranger à notre conversation.

SCENE XI.

Les précédents, M. DE LINSBERG.

LA PRINCESSE. Grand Dieu! que va-t-il me dire?

TRIO.

LE GRAND-DUC, *prenant la main de la princesse.*
Je veux savoir si dans ton cœur
Ernest eut jamais quelque place?
LA PRINCESSE.
Que dites-vous?
M. DE LINSBERG.
Ah! Monseigneur, de grâce...
LE GRAND-DUC.
Réponds.
LA PRINCESSE.
J'ai toujours fait des vœux pour son bonheur.
LE GRAND-DUC, *à M. de Linsberg, lui prenant aussi la main.*
N'avez-vous pas, à votre tour,
Un peu d'amitié pour ma fille?
M. DE LINSBERG.
Ah! pour votre auguste famille
Vous connaissez mon respect, mon amour.
LE GRAND-DUC.
Que je rends grâce au sort prospère!
Tous deux apprenez un mystère
Que personne ne soupçonnait:
Écoutez-moi.
LA PRINCESSE.
Nous écoutons, mon père.

ENSEMBLE.

LE GRAND-DUC.
Ah! je vois leur trouble secret.
LA PRINCESSE ET M. DE LINSBERG.
Mais quel peut être son secret!
LE GRAND-DUC.
Ernest, je t'ai chéri de l'amour le plus tendre;
Je t'ai comblé de mes faveurs:
Tant de bienfaits et tant d'honneurs
A ton cœur n'ont-ils rien fait comprendre?
LA PRINCESSE ET M. DE LINSBERG.
Ah! grand Dieu! quel soupçon m'agite malgré moi!
D'où vient qu'en l'écoutant mon cœur frémit d'effroi?
LE GRAND-DUC.
Inconnu dans ma cour, sans parents, sans naissance,
Tous ces soins paternels donnés à ton enfance,
Tout ne vous dit-il pas?..
LA PRINCESSE.
Achevez.
M. DE LINSBERG.
Je frémis.
LE GRAND-DUC.
Que Linsberg m'appartient; que Linsberg est mon fils.
M. DE LINSBERG.
Votre fils!

(*La princesse pousse un cri et se jette aux genoux de son père, M. de Linsberg se cache la tête entre les mains. Le grand-duc les regarde un instant en silence, puis souriant avec bonté il leur prend la main et les relève lentement.*)

LE GRAND-DUC.
D'où vient l'effroi qui vous agite?
Louise, Ernest, mes enfants, levez-vous.

LA PRINCESSE.
Votre fils!
LE GRAND-DUC.
Et pourquoi cette frayeur subite?
Sans doute il est mon fils, puisqu'il est ton époux.
M. DE LINSBERG ET LA PRINCESSE.
O ciel! que dites-vous?
O céleste Providence!
Tu nous rends l'innocence
Ainsi que le bonheur!
LE GRAND-DUC.
Oui, calmez votre frayeur,
Je savais tout le mystère.
Ingrats, vous redoutiez un père
Qui se venge en vous unissant.

ENSEMBLE.

O clémence! ô bonté tutélaire!
Et que notre crime était grand!
Hélas! nous redoutions un père
Qui se venge en nous unissant.
LE GRAND-DUC.
On vient; silence!

SCENE XII.

Les précédents; LE MARQUIS DE VALBORN, MADEMOISELLE DE WEDEL, LA COMTESSE DE DRAKENBACK, TOUTE LA COUR.

LE GRAND-DUC. Mes amis, j'ai voulu que vous fussiez les premiers à offrir vos hommages à l'époux de ma fille.
LE MARQUIS. Ce sera pour nous un véritable bonheur. (*Bas, à la comtesse.*) Enfin, voilà le mariage déclaré.
LE GRAND-DUC, *prenant M. de Linsberg par la main.* Vous pouvez donc faire vos compliments à M. le comte de Linsberg, à mon gendre.
LE MARQUIS. O ciel! serait-il possible?
LA COMTESSE. Et que dira le prince de Neubourg?
LE PRINCE, *qui est entré pendant les derniers mots du grand-duc.* Très-bien, Monseigneur; très-bien. Instruit de la vérité par mademoiselle de Wedel, je venais vous rendre votre parole, et solliciter pour eux. La clémence de votre altesse a rendu ma démarche inutile.
MADEMOISELLE DE WEDEL, *bas, au prince.* C'est égal; je suis très-contente
LE PRINCE, *à M. de Linsberg, en lui tendant la main.* Prince, je vous offre mes félicitations et mon amitié; mais je ne vous prendrai plus pour mon secrétaire.
M. DE LINSBERG. Quoi! Monseigneur, vous saviez...
LE PRINCE. Vous ne pouviez pas faire autrement, c'est moi qui ai eu tort; aller justement m'adresser au mari! Vous ne m'en voulez pas, n'est-il pas vrai? et, pour me le prouver, vous daignerez travailler à mon mariage, et parler en ma faveur à mademoiselle de Wedel; à moins qu'en vous en priant je ne fasse encore une imprudence.
MADEMOISELLE DE WEDEL, *souriant.* Cela se pourrait bien.

CHŒUR FINAL.

Quel bonheur! quelle ivresse!
Désormais à la cour
Les plaisirs, la tendresse
Vont fixer leur séjour.

FIN DE LA NEIGE

VIALAT ET Cᴵᴱ, IMPRIMEURS ET ÉDITEURS.

ROGER, BAPTISTE. Dépêchons, — Travaillons, — Acte 2, scène 6.

LE MAÇON

OPÉRA-COMIQUE EN TROIS ACTES

Représenté, pour la première fois, à Paris, sur le théâtre royal de l'Opéra-Comique, le 3 mai 1825.

EN SOCIÉTÉ AVEC M. G. DELAVIGNE.

MUSIQUE DE M. AUBER.

Personnages.

LÉON DE MÉRINVILLE.
IRMA, jeune Grecque.
ROGER, maçon.
BAPTISTE, serrurier.
HENRIETTE, sœur de Baptiste et femme de Roger.
ZOBEIDE, compagne d'Irma.

MADAME BERTRAND leur voisine.
USBECK, { esclaves turcs de la suite de
RICA,   {   l'ambassadeur.
UN GARÇON DE NOCE.
ESCLAVES TURCS.
OUVRIERS ET HABITANTS DU FAUBOURG.

La scène se passe à Paris, dans le faubourg Saint-Antoine.

ACTE PREMIER.

Le théâtre représente les environs d'une barrière extérieure de Paris; à gauche, une guinguette; au fond la barrière.

SCENE PREMIERE.

BAPTISTE, ROGER, HENRIETTE, MADAME BERTRAND
sortant de la guinguette, à gauche du spectateur, et allant recevoir le chœur d'amis et de parents qui arrivent par la droite.

INTRODUCTION.

CHŒUR GÉNÉRAL.

Quel bonheur! quelle ivresse!
Il faut se divertir!
Nargue de la richesse!
Et vive le plaisir!

BAPTISTE.

Ce n'est pas comme chez les grands,
Où l'on se marie

En cérémoni‹.
Le vrai bonheur, les bons enfants,
Sont aux noces des pauvres gens.
ROGER, à *Henriette.*
Te voilà donc ma femme!
HENRIETTE.
Te voilà mon mari!
ROGER.
Que j'en ai d' joi' dans l'âme!
Enfin tout est fini.
MADAME BERTRAND, *à part.*
Faut-il donc qu'elle soit sa femme!
C' n'est pas ma faute, Dieu merci.

ENSEMBLE.

ROGER ET HENRIETTE.
Quel bonheur! quelle ivresse!
Et quel doux avenir!
Oui, pour nous la richesse
Ne vaut pas le plaisir!
MADAME BERTRAND.
En voyant leur tendresse,
Le dépit vient m' saisir.
Ah! pour eux quelle ivresse!
L'amour vient d' les unir.
BAPTISTE ET LE CHŒUR.
Quel bonheur! quelle ivresse!
Il faut se divertir!
Nargue de la richesse!
Et vive le plaisir!

BAPTISTE, *passant entre Roger et Henriette.*
Allons, enfants,
Assez d' caresses,
Assez d' promesses,
Vous v'là mariés, vous aurez l' temps.
Tandis qu'à table,
Les grands parents
Font là-dedans
Un bruit du diable,
Danseurs joyeux,
Viv' la cadence!
En avant deux!
MADAME BERTRAND.
Un' contredanse, c'est ennuyeux,
Un' ronde nous conviendrait mieux :
Et puis, ça plaît à tout le monde.
ROGER.
C'est bon; sans me faire prier,
Moi je vais vous chanter la ronde,
La ronde du bon ouvrier.

RONDE.

PREMIER COUPLET.
Bon ouvrier, voici l'aurore
Qui te rappelle à tes travaux;
Ce matin, travaillons encore,
Le soir sera pour le repos.
Tout seul on s'ennuie à l'ouvrage;
Pour l'abréger on le partage.
A ton aide chacun viendra.
Du courage,
Du courage,
Les amis sont toujours là.

DEUXIÈME COUPLET.
Bon ouvrier, voici l' dimanche :
Ce jour-là tout est oublié;
Quelle gaîté naïve et franche!
Trinquons ensemble à l'amitié!
M' laisser boir' seul est un outrage,
Mais pour partager mon ouvrage
Et la bouteille que voilà,
Du courage,
Du courage,
Les amis sont toujours là.

TROISIÈME COUPLET.
Bon ouvrier, de la tendresse
De l'hymen le fait une loi;
Lorsqu'à ta gentille maîtresse
Tu donnes ton cœur et ta foi,
Prends garde, ne sois point volage,
Si tu négliges ton ouvrage,
Un autre te remplacera;
Du courage,
En ménage,
Les amis sont toujours là.
(On danse.)

SCÈNE II.

LES PRÉCÉDENTS, UN GARÇON TRAITEUR, *sortant de la maison.*

LE GARÇON.
Messieurs, dans la salle on demande
La mariée.
ROGER.
Ah! qu'on attende!
HENRIETTE.
Non, Roger, j'y cours de ce pas.
ROGER.
Ma p'tit' femm', je ne te quitt' pas.
MADAME BERTRAND.
Ah! quel ennui! toujours ensemble!
De dépit ils me font mourir.
BAPTISTE.
Venez, vous autres; il me semble
Qu'après la danse faut s' rafraîchir.

ENSEMBLE.

Quel bonheur! quelle ivresse!
Et quel doux avenir!
Nargue de la richesse!
Et vive le plaisir!

(*Ils entrent tous dans l'auberge à gauche. Madame Bertrand et Baptiste restent seuls en scène.*)

SCÈNE III.

BAPTISTE, MADAME BERTRAND.

BAPTISTE. Eh bien! madame Bertrand, vous ne rentrez pas dans le grand salon?
MADAME BERTRAND. Oui, un grand salon de cent couverts, où, ce matin au déjeuner, nous ne pouvions pas tenir soixante! Ah! quelle réunion! quelle société! Un tapage à ne pas s'y reconnaître! Et puis M. Roger, votre beau-frère, qui est toujours à parler bas à sa femme ou qui cherche à l'embrasser : ah! fi! c'est commun! c'est bourgeois.
BAPTISTE. Vous voilà, madame Bertrand! parce que vous êtes la plus riche marchande de plâtre du quartier, et que vous ne voyez que la haute société du faubourg Saint-Antoine, ça vous rend fière et difficile; mais nous autres, nous sommes de simples artisans qui n'y faisons pas tant de façons; je suis un maître serrurier qui n'ai rien; je donne ma sœur Henriette à un brave et honnête maçon qui n'a pas grand'chose; voilà qui est convenable, il n'y a pas de mésalliance. Et puis, dites donc, madame Bertrand, un maçon et un serrurier... nous ferons à nous deux une bonne maison.
MADAME BERTRAND. Voilà encore vos plaisanteries?
BAPTISTE. Ah! dame! pour ce qui est des plaisanteries, on les fait comme on peut. Je n' sommes pas des académiciens ; je célèbre la noce de ma sœur hors barrière, parce que le vin coûte moins cher, et que c'est moi qui paie. Nous sommes un peu nombreux, on était serré à table : il n'y a pas de mal, c'est que nous avons des amis. Et quant à la tenue de Roger avec ma sœur, s'il est amoureux de sa femme, ne voulez-vous pas qu'il prenne quelqu'un pour le lui dire? Je ne sais pas comme ça se pratique dans les noces de grands seigneurs; mais nous autres artisans, nous faisons l'amour nous-mêmes, entendez-vous, madame Bertrand.
MADAME BERTRAND. Eh! mon Dieu! vous me dites cela d'un ton... Croyez-vous, monsieur Baptiste, qu'on soit jalouse du bonheur de votre sœur?
BAPTISTE. Eh mais! qu'y aurait-il d'étonnant? Roger

était votre premier garçon ; vous aviez un faible pour lui ; et sans l'amour qui le tenait pour Henriette, il serait à l'heure qu'il est propriétaire de votre main et de votre fortune ; du moins c'est ce qu'on dit dans le quartier.

MADAME BERTRAND. Voyez-vous les caquets et les mauvaises langues! On pourrait supposer que j'ai eu pour lui des préférences! D'abord, monsieur Baptiste, vous devez vous rappeler que je vous en ai toujours dit du mal.

BAPTISTE. C'est vrai, mais ça ne prouve rien ; parce que vous en dites de tout le monde, même de vos amis.

MADAME BERTRAND. Ah! j'en dis de tout le monde! je ne vous ai pourtant pas encore fait part de mes soupçons sur le beau mariage que vous venez de faire. N'avez-vous pas raconté à table, tout à l'heure, que Roger avait apporté en dot une cinquantaine de louis, et que c'était cela qui vous avait décidé à lui donner votre sœur?

BAPTISTE. C'est vrai.

MADAME BERTRAND. Eh bien! vous, monsieur Baptiste, qui êtes d'ordinaire si timide, si défiant, pour ne pas dire si poltron ; car, grâce au ciel, vous avez peur de tout, et la crainte de vous compromettre vous ferait faire toutes les sottises du monde.

BAPTISTE. Ah çà! qu'est-ce qu'elle a donc à me dénoncer et à m'attaquer? est-ce que je suis le marié?

MADAME BERTRAND. Savez-vous seulement comment ces cinquante louis sont arrivés à Roger? où les a-t-il acquis? où les a-t-il gagnés? ce n'est pas chez moi ; car il y a huit jours, quand il est sorti, il n'avait rien.

BAPTISTE. Au fait, c'est étonnant.

MADAME BERTRAND. Et ça ne vous a pas donné d'inquiétudes?

BAPTISTE. Pas, du moins jusqu'à présent ; mais voilà que ça me prend. Ces cinquante louis qui lui sont arrivés tout à coup, sans qu'on sache comment... Et si cette aventure-là vient aux oreilles du prévôt des marchands, ou de M. le lieutenant civil, je puis être compromis, non pas certainement que Roger ne soit un brave garçon, et moi aussi ; mais je vous le demande, qu'est-ce que ça signifie de venir me donner ces idées-là, aujourd'hui qu'il est mon beau-frère?

MADAME BERTRAND, *avec volubilité*. Écoutez donc, c'était dans votre intérêt ; mais si ça vous contrarie, mettez que je n'ai rien dit, et parlons d'autre chose. Vous n'avez pas oublié que demain, mon voisin, vous venez dîner chez moi, et je vous promets un beau spectacle. Vous savez que ma maison touche à l'hôtel de cet ambassadeur étranger, ce vilain Turc qui, quand il sort, fait courir après sa voiture tous les petits garçons du faubourg ; eh bien! on dit que demain il doit partir avec ses mamamouchis. Le cortége sera superbe ; et on m'avait déjà proposé de louer mes fenêtres ; mais, Dieu merci, je suis au-dessus de cela ; et nous jouirons du coup d'œil, moi et ma société.

BAPTISTE, *à part*. Est-elle bavarde! (*Ils continuent à parler bas.*)

SCÈNE IV.

Les précédents; LÉON, *sortant par la gauche, et suivi d'un domestique*.

LÉON. C'est bien, je n'irai pas plus loin.

LE DOMESTIQUE. Monsieur, faudra-t-il que la voiture vous attende?

LÉON. Non ; rentrez sans moi dans Paris. Je donne congé à mes gens pour toute la soirée. (*Regardant sa montre.*) Je suis parti de la campagne à six heures. Dans mon impatience, j'ai pressé mes chevaux, croyant que je n'arriverais jamais, et me voilà une heure au moins en avance.

MADAME BERTRAND, *à Baptiste, regardant dans la coulisse*. Regardez donc cette belle voiture qui s'éloigne.

BAPTISTE. Et quel est ce jeune seigneur qui vient à nous?

MADAME BERTRAND. Je ne le connais pas.

BAPTISTE. Ni moi non plus. Comme il nous regarde! Si c'était quelque observateur, quelque agent de M. Lenoir! Depuis ce que vous m'avez dit, je me défie de tout le monde.

LÉON. Mes amis, quelle est cette barrière?

MADAME BERTRAND. C'est celle de Charenton.

LÉON, *montrant la droite*. Et voilà le chemin le plus court, pour me rendre à la porte Saint-Antoine?

BAPTISTE. Oui, Monsieur ; tout droit jusqu'à une grande maison en pierre avec des colonnes. C'est celle de ce seigneur turc dont on parle tant dans le quartier, un méchant homme, à ce que l'on dit.

MADAME BERTRAND. Un mécréant qui n'a ni foi ni loi, et qui dernièrement a fait tuer un de ses esclaves, parce qu'il avait cassé une tasse de porcelaine.

LÉON. Ah! ah! c'est par là qu'est son hôtel?

BAPTISTE. Oui, Monsieur ; là vous tournerez à main droite, et vous vous trouverez dans la grande rue qui conduit à la Bastille.

LÉON. Je vous remercie, mes amis, et vous demande pardon de vous avoir dérangés.

SCÈNE V.

Les précédents, ROGER.

ROGER, *sortant de la guinguette*. Eh bien! madame Bertrand, eh bien! mon beau-frère! que faites-vous donc là? on se partage la jarretière de la mariée.

LÉON, *regardant Roger*. Eh mais!... que vois-je?

MORCEAU D'ENSEMBLE.

ROGER.
Quoi! Monsieur, est-ce vous que je rencontre ici?
LÉON, *courant à Roger et l'embrassant*.
Je ne me trompe pas! c'est lui-même ; c'est lui !
BAPTISTE.
Ils s'embrassent tous deux!
MADAME BERTRAND.
    Quel est donc ce mystère?

ENSEMBLE.

ROGER, LÉON.
O hasard tutélaire !
Quel moment pour mon cœur!
Le ciel qui m'est prospère
Me rend mon bienfaiteur.
MADAME BERTRAND.
Quel est donc ce mystère?
Il connaît ce seigneur,
Tout lui devient prospère,
Tout lui porte bonheur.
BAPTISTE.
Quel est donc ce mystère?
Quoi! ce jeune seigneur
Embrasse mon beau-frère!
Ah! pour nous quel bonheur!

BAPTISTE.
Mais comment donc se peut-il faire,
Que vous vous connaissiez tous deux?
ROGER, *bas*.
Taisez-vous donc, mon cher beau-frère,
Vous le saurez.
LÉON.
    Non pas, je veux
Devant vous proclamer moi-même
Ce que je dois à son secours.
ROGER.
Que dites-vous?
BAPTISTE.
    Bonheur extrême!
LÉON.
Oui, c'est lui qui sauva mes jours.

AIR.

Occupé d'une image chère,
Et bercé par un doux espoir,
Non loin de ce lieu solitaire,
En secret j'errais l'autre soir,
Lorsqu'à mes yeux, dans la nuit sombre,
Des meurtriers s'offrent soudain.
Surpris, accablé par le nombre,
Je voulais résister en vain.
Le sort trahissait ma vaillance,
Quand tout à coup, dans le lointain,
Pour ranimer mon espérance,
Je crois entendre ce refrain :
    Du courage,
    Du courage,

Les amis sont toujours là.
C'était lui ! le voilà !
ROGER.
Je revenais de l'ouvrage,
Et mes armes sur le dos,
Je revenais de l'ouvrage
Pour goûter un doux repos.
Pensant à mon mariage,
Et pour abréger mon voyage,
Je marchais en chantant,
Gaîment,
Tra, la, la, la...
Quand je crois entendre des cris,
Et je vois ce brave jeune homme
Qui se défendait, Dieu sait comme,
Quoiqu'il fût tout seul contre six.
LÉON.
Près de moi soudain il s'élance.
ROGER.
Son exemple me donn' du cœur.
LÉON.
Déconcerté par sa présence,
ROGER.
Intimidé par sa valeur,
LÉON.
L'ennemi s'enfuit en silence.
ROGER.
Nous restons maîtr's du champ d'honneur.
LÉON.
Mais croirez-vous qu'avec mystère;
Mon sauveur s'obstine à me taire
Son nom, son adresse ? oui, vraiment !
A peine puis-je, en l'embrassant,
Lui glisser, et sans qu'il s'en doute,
Le peu d'or que j'avais sur moi.
Il s'éloigne, je l'aperçois
Qui gaîment s'était mis en route;
Et seulement dans le lointain
J'entendais encor ce refrain :
Du courage,
Du courage,
Les amis sont toujours là.
BAPTISTE, à madame Bertrand.
Pour la famill' quel avantage,
D'avoir un frèr' comm' celui-là !

ENSEMBLE.

ROGER ET LÉON.
O hasard tutélaire !
Quel moment pour mon cœur !
Le ciel qui m'est prospère
Me rend mon bienfaiteur !
MADAME BERTRAND ET BAPTISTE.
Voilà donc ce mystère !
Tout lui porte bonheur;
Par un destin prospère
Il trouve un protecteur !

MADAME BERTRAND, à Léon qui a eu l'air de l'interroger pendant la ritournelle du morceau. Oui, Monsieur : Roger, un maçon, faubourg Saint-Antoine. (Léon tire un calepin de sa poche et écrit. Pendant ce temps madame Bertrand passe de l'autre côté du théâtre, à la droite de Baptiste.)

BAPTISTE. C'est donc ainsi qu'il s'est trouvé propriétaire de cinquante louis?

ROGER. Oui, sans doute; et c'est à Monsieur que je dois mon mariage; car jusque-là, malgré notre amitié, tu me refusais ta sœur. Mais à la vue de ma nouvelle opulence...

BAPTISTE. Écoute donc, mon ami, c'est tout naturel : tu as changé de fortune, et j'ai changé d'idée; ça arrive ous les jours comme cela. (Bas, à madame Bertrand.) Vous voyez bien, madame Bertrand, avec vos conjectures !

MADAME BERTRAND. J'avais peut-être tort : à coup sûr, il y avait quelque chose; et même maintenant encore ça n'est pas clair. Car qu'est-ce que ce monsieur allait faire la nuit le long des boulevards neufs?.. (On entend un bruit dans l'intérieur de l'auberge.) A la santé des mariés !

BAPTISTE. Entendez-vous? moi qui suis le beau-frère, il n'est pas convenable que l'on boive sans moi. Venez-vous, madame Bertrand ?

MADAME BERTRAND. Ou, sans doute, d'autant plus que ces messieurs ont probablement des secrets à se communiquer. Je suis pour ce que j'en ai dit : il y a là-dessous quelque mystère, et ça n'est pas naturel. (Elle entre dans l'auberge avec Baptiste.)

SCENE VI.

LÉON, ROGER.

LÉON. Je connais donc maintenant quel est mon bienfaiteur ! Grâce au ciel, tu ne peux plus m'échapper; et demain, mon cher Roger, tu auras de mes nouvelles.

ROGER. Je dois tout à vos bontés; Je vous dois ma femme, celle que j'aime; je ne veux rien de plus

LÉON. Non pas, je suis encore ton débiteur; quoique grand seigneur, je tiens à payer mes dettes, et nous nous reverrons.

ROGER. Quoi ! vous nous quittez déjà ! Si j'osais vous demander une grâce !

LÉON. Qu'est-ce? parle vite.

ROGER. Je sais que vous êtes bien au-dessus de pauvres artisans tels que nous; mais si j'en crois mon cœur, le vôtre doit être bon et généreux : c'est à vous que je dois mon mariage ; et si j'osais vous prier de vouloir bien rester ce soir à la noce; c'est la seule faveur que je vous demande, je n'en veux pas d'autres.

LÉON. Que dis-tu ?

ROGER. Ça nous portera bonheur à moi et à ma femme; vous verrez comme elle est jolie, et combien je l'aime. Et peut-être vous-même, Monseigneur, trouverez-vous quelque plaisir à voir les heureux que vous avez faits.

LÉON. Tu as raison; une telle soirée m'eût charmé. Mais, mon pauvre garçon, pour la première chose que tu me demandes; je suis obligé de te refuser.

ROGER, avec douleur. Je vous demande pardon de mon indiscrétion.

LÉON. Crois-tu que ce soit par fierté? non, mon ami; tu me connais mal. Mais celle que tu vas épouser, tu l'aimais, tu en étais amoureux; alors tu me comprendras sans peine. Apprends donc que, ce soir, dans quelques moments, on m'attend; et pour un tel rendez-vous je sacrifierais ma fortune et ma vie.

ROGER. Que dites-vous ! quelque danger menace-t-il vos jours?

LÉON. Non, je ne le pense pas; mais il est des idées, des pressentiments dont on ne peut se rendre compte.

ROGER. O ciel ! je devine maintenant ; et quand, l'autre semaine, je vous ai rencontré, vous veniez d'un pareil rendez-vous.

LÉON. Peut-être bien.

ROGER. Ces meurtriers étaient des gens de la maison, apostés pour vous attendre.

LÉON, souriant. Oui, d'excellents domestiques, qui, quand on leur commande, ne raisonnent jamais; et si tu les connaissais comme moi, tu verrais que ces pauvres diables ne pouvaient faire autrement.

ROGER. Et vous vous exposez encore à un péril semblable?

LÉON. Qu'importe? (A part, montrant une lettre ployée.) Abdalla est parti, Irma va m'attendre, et je pourrais hésiter !

SCÈNE VII.

LES PRÉCÉDENTS, HENRIETTE.

HENRIETTE. Eh bien, Monsieur, qu'est-ce que vous faites donc? de tous les côtés on demande le marié, on ne sait ce qu'il est devenu, et Monsieur est là à causer bien tranquillement, pendant que j'étais d'une inquiétude...

LÉON. Je devine, c'est là ta femme.

HENRIETTE. Oui, Monsieur, et ce n'est pas bien à vous de venir ainsi déranger mon mari; vous êtes cause que j'ai brouillé deux contredanses, parce que je regardais toujours par la fenêtre si c'était bien avec un monsieur qu'il causait; et quand il faut danser là-bas, et être ici, ça ne va pas du tout.

ROGER. C'est qu' voyez-vous, par caractère, ma femme est un peu jalouse.

HENRIETTE. Oui, Monsieur; je ne m'en défends pas.
LÉON. C'est moi seul qui suis coupable; pardon, Mademoiselle.
HENRIETTE, *d'un air fâché.* Tiens, Mademoiselle!
LÉON, *souriant.* J'ai tort, je devais dire Madame.
HENRIETTE. A la bonne heure! ça n'est pas par fierté, mais ce mot-là me fait tant de plaisir à entendre! il y a si longtemps que je l'attendais! j'avais tant d'envie d'être appelée madame Roger! Madame Roger, c'est un beau nom; n'est-ce pas, Monsieur?
ROGER. Cette chère Henriette!
LÉON. Ah! que vous êtes heureux! toi du moins, rien ne s'oppose à ton union; tu peux épouser celle que tu aimes... tu avais raison tout à l'heure; il n'est pas en mon pouvoir de rien ajouter à ton bonheur, mais je veux du moins, avant de vous quitter, faire mon cadeau à la mariée. (*Otant une bague de son doigt.*) Tenez, ma belle enfant.
HENRIETTE, *retirant sa main gauche qu'il veut prendre.* Oh! non, Monsieur, pas à cette main-là, c'est l'anneau que Roger m'a donné. En vous remerciant bien. (*A Roger.*) Vois comme il est brillant; mais c'est égal, j'aime mieux l'autre. (*Regardant son autre main.*) Mais rentrons dans la salle du bal, où l'on doit danser longtemps encore, car il n'est que neuf heures.
LÉON, *vivement.* Neuf heures! vous en êtes bien sûre?
ROGER, *soupirant et regardant Henriette.* Oh! oui, Monsieur: il n'est que cela.
LÉON. Adieu, mes amis; adieu, comptez sur moi. (*Revenant et leur prenant la main.*) Et si jamais nous étions séparés, si je ne devais plus vous revoir... Mais non, ne pensons pas à cela. Je vous reverrai. Adieu, Henriette; adieu, Roger: bonne nuit. (*Il sort par la droite.*)

SCENE VIII.
ROGER, HENRIETTE.

HENRIETTE. Il est gentil, ce seigneur-là!
ROGER. Vous êtes donc raccommodée avec lui?
HENRIETTE. Sans doute; il a l'air d'avoir de l'amitié pour vous, ça fait que j'en ai pour lui. Mais où va-t-il donc comme cela?
ROGER. C'est un secret.
HENRIETTE. Ah! c'est un secret, c'est différent. Adieu, Monsieur. (*Elle fait quelques pas pour rentrer dans l'auberge. Roger la retient.*)

DUO.

HENRIETTE.
Je m'en vas!
On nous attend là-bas.
ROGER, *la retenant.*
Tu t'en vas,
Tu ne m'écoutes pas?
HENRIETTE, *restant.*
Que vouliez-vous me dire?
ROGER.
Que pour toi je soupire,
Et que ce nom d'époux
A mon cœur est bien doux!
Oui, pour toujours je t'aime;
Mais dis-le-moi de même.
HENRIETTE.
Laissez-moi! Je m'en vas,
N'arrêtez pas mes pas.
ROGER.
Mais songe que peut-être
J'aurais le droit ici
De te parler en maître,
Car je suis ton mari.
HENRIETTE, *faisant la révérence.*
Aussi je vous honore!
ROGER.
Si de me fuir encore
Tu m'oses menacer,
Je m'en vais t'embrasser.

ENSEMBLE.
HENRIETTE.
Je m'en vas!
On nous attend là-bas.

ROGER, *l'embrassant.*
Tu t'en vas,
Tu ne m'écoutes pas.
ROGER, *à voix basse, montrant le salon de l'auberge.*
Ils vont à cette danse
Rester jusqu'à demain;
De ce bal qui commence
Attendrons-nous la fin?
HENRIETTE.
Monsieur, que dites-vous?
ROGER.
Mais, je dis qu'un époux,
Sans redouter le blâme,
Peut enlever sa femme.
HENRIETTE.
Au salon on m'attend,
Et j'y dois reparaître.
ROGER.
Soit, mais pour un instant;
Et puis discrètement
Tu peux bien disparaître.
HENRIETTE.
O ciel! y pensez-vous?
Vous voulez que je sorte...
ROGER.
Là-bas, par l'autre porte,
Loin des regards jaloux,
Ici je vais t'attendre;
Daigne à mes vœux te rendre.
J'attendrai, n'est-ce pas?
HENRIETTE, *baissant les yeux.*
Je m'en vas!
ROGER, *la retenant.*
Pour m'attendre là-bas...
HENRIETTE.
Je m'en vas!
Ne me retenez pas?

ENSEMBLE.
ROGER.
A sa promesse
J'ajoute foi
Ah! quelle ivresse!
Elle est à moi!
HENRIETTE.
Point de promesse,
Non, laisse-moi,
Non, laisse-moi;
Je meurs d'effroi!
HENRIETTE.
Taisez-vous donc, car on vient, j'imagine.

SCENE IX.

LES PRÉCÉDENTS; DEUX ÉTRANGERS, *enveloppés de manteaux, et sortant de la coulisse à droite.*

ROGER.
Eh oui! deux étrangers d'assez mauvaise mine.
HENRIETTE.
Leur aspect me fait peur!
ROGER.
As-tu peur avec moi?
Ne somm's-nous pas, comme eux, sur le pavé du roi?
PREMIER INCONNU.
Abdalla le commande: obéissons au maître.
DEUXIÈME INCONNU.
Si nous l'interrogions,
Il nous dirait peut-être...
PREMIER INCONNU.
Ce n'est pas ce que nous cherchons.
(*Ils sortent par la coulisse à gauche.*)
HENRIETTE, *se serrant contre Roger.*
Ils s'éloignent... Mais de leur vue
Je suis encore tout émue.
ROGER.
Tant mieux; car la frayeur te rapproche de moi.
Profitons du moment qui te livre à ma foi.

(*Madame Bertrand sort en ce moment de l'auberge, et reste au fond à les écouter.*)
N' rentre pas au salon ; restons seuls à nous-mêmes.
HENRIETTE.
Quoi! vous voulez...
ROGER.
Oui, si tu m'aimes.
HENRIETTE.
Ce n'est pas bien de fuir ainsi,
Mais j'obéis à mon mari.
(*Madame Bertrand rentre dans l'auberge pour prévenir les gens de la noce.*)
ENSEMBLE.
Tout nous sourit :
Partons sans bruit,
A l'ombre de la nuit.
(*Roger prend le bras d'Henriette, et il veut sortir par le fond, lorsqu'ils sont arrêtés par les gens de la noce qui sont sortis de l'auberge pendant l'ensemble précédent.*)

SCENE X.

ROGER, HENRIETTE, BAPTISTE, MADAME BERTRAND *et toute la noce sortent de l'auberge.*

CHŒUR, *gaiement.*
Arrêtez! arrêtez!.. il enlève sa femme!
BAPTISTE.
Au voleur! au voleur! il enlève sa femme!
MADAME BERTRAND.
Sans moi, Monsieur partait avec Madame ;
Mais du complot on s'est douté.
ROGER, *à madame Bertrand, avec humeur.*
Ah! vous avez trop de bonté.
ENSEMBLE.
LE CHŒUR, BAPTISTE, MADAME BERTRAND.
Il s'enfuyait avec Madame :
Que par nous il soit arrêté ;
Un époux enlever sa femme!
C'est un scandale, en vérité.
ROGER.
Quoi! je ne puis avec Madame
Me retirer en liberté?
Séparer un époux d' sa femme!
Ah! c'est terrible, en vérité.
HENRIETTE.
Ne peut-on, quand on est Madame
Suivre un époux en liberté?
Séparer un mari d' sa femme,
Ah! c'est terrible, en vérité.

MADAME BERTRAND.
Madam' semble contrariée.
HENRIETTE, *à part.*
De quoi se mêle-t-elle ici?
MADAME BERTRAND.
Il faut, c'est l'usage établi,
Que les parents mèn'nt la mariée.
BAPTISTE.
Et puis après vient le mari.
ROGER.
En attendant que veux-tu que je fasse!
BAPTISTE, *qui a déjà pris la main de sa sœur.*
Tiens, va chez le traiteur pour régler à ma place :
Nous compterons demain.
ROGER.
J'y cours, et je vous suis.
(*Il entre chez le traiteur.*)
BAPTISTE, *aux gens de la noce.*
Des époux gagnons le logis,
Et pour finir gaîment la fête,
Allons, les violons en tête,
En avant, marche, mes amis!
CHŒUR.
Quelle belle journée!
Que votre sort est doux!
Chantons la destinée
De ces heureux époux!
(*Les violons ouvrent la marche, Baptiste donne la main à sa sœur, le premier garçon de la noce à madame Bertrand. Dans ce moment, on voit paraître les deux inconnus, qui se tiennent dans le fond, et suivent des yeux la noce, qui défile et rentre dans Paris.*)

SCENE XI.

ROGER ; LES DEUX INCONNUS, *l'arrêtant.*

(*Il sort de chez le traiteur, et noue les cordons de sa bourse de cuir. Après la sortie de Roger, le traiteur ferme sa porte et ses volets.*)
ROGER, *à la cantonade.*
C'est bon, c'est bon !
Gardez pour le garçon.
Courons, rejoignons-les sur l'heure.
PREMIER INCONNU, *se mettant devant lui et l'arrêtant.*
Camarade, un seul mot, rien de plus.
ROGER, *serrant sa bourse dans sa poche.*
Encor ces inconnus !
PREMIER INCONNU.
Enseignez-nous le nom et la demeure
D'un habile maçon et d'un bon serrurier.
(*En ce moment, deux autres hommes, enveloppés de larges manteaux, paraissent dans le fond, et se tiennent à portée d'entendre.*)
ROGER.
Un maçon! je le suis, connu dans le quartier.
LES DEUX INCONNUS, *à part.*
Pour nous, ô hasard favorable !
PREMIER INCONNU.
Veux-tu gagner beaucoup?
ROGER.
C'est toujours agréable.
DEUXIÈME INCONNU.
Eh bien! tu vas nous seconder.
(*Lui donnant une bourse.*)
Tiens, voilà de l'argent!
ROGER, *à part, prenant la bourse.*
C'est drôle... à leur figure
Moi j'aurais cru qu'ils allaient m'en d'mander !
(*Haut.*)
Que faut-il faire?
PREMIER INCONNU.
Viens !
ROGER.
A présent?
DEUXIÈME INCONNU.
Sans tarder.
ROGER, *lui rendant la bourse.*
Pour aujourd'hui! non parbleu, je vous jure :
C'est le jour de ma noce, et ma femme m'attend.
Reprenez vos écus ; pour un million comptant,
Je n'irais pas dans ce moment!
PREMIER INCONNU.
Au contraire, tu vas nous suivre.
ROGER.
Croyez-vous me faire la loi?
DEUXIÈME INCONNU.
A l'instant même il faut nous suivre.
ROGER, *riant.*
Oh! vous vous trompez, je le voi.
PREMIER INCONNU.
Tu viendras! si tu tiens à vivre!
ROGER.
Je n'irai pas!
DEUXIÈME INCONNU.
Tu nous suivras.
TOUS LES DEUX, *lui prenant la main, et lui montrant un poignard.*
A l'instant même suis nos pas,
Ou bien redoute le trépas!
ENSEMBLE.
ROGER.
O ciel! je suis sans défense!
Rien n'est égal à ma fureur!

Faut-il céder sans résistance,
Quand je m'battrais de si bon cœur!
LES DEUX INCONNUS.
Allons, suis-nous sans résistance,
Et ne redoute aucun malheur;
Du silence, de la prudence,
Et calme une vaine fureur.

(*Les deux inconnus entraînent Roger au fond du théâtre, où ils sont rejoints par leurs deux autres camarades. Ils disparaissent tous par la coulisse à gauche.*)

ACTE DEUXIÈME.

Le théâtre représente une grotte élégamment décorée et éclairée par plusieurs candélabres; une entrée au fond; à droite du spectateur, sur le premier plan, un banc de gazon; du même côté, sur le second plan, une ouverture fermée par une grande pierre mobile; à gauche, sur le premier plan, une table couverte de fleurs et de fruits, près d'un pilier en pierre ou en bois qui soutient la grotte.

SCÈNE PREMIÈRE.

IRMA, ZOBÉIDE, *habillées à l'orientale.*

(*Au lever du rideau, elles sont assises près de la table; derrière elles, plusieurs de leurs compagnes tiennent des harpes ou forment des danses.*)

CHŒUR.

Un instant, mes sœurs,
Oublions nos peines;
Pour cacher nos chaînes,
Couvrons-les de fleurs.
ZOBÉIDE.
Beau ciel de la France!
Ta douce influence
Fait que l'espérance
Renaît dans nos cœurs.

ENSEMBLE.

Un instant, mes sœurs,
Oublions nos peines, etc.
ZOBÉIDE, *se levant.*
Oui, le repas du soir est pour nous terminé;
Mais l'heure du repos n'a pas encor sonné :
Irma, redis-nous, je t'en prie,
Cet hymne si touchant et ces accents d'amours.
De la Grèce, notre patrie,
Il nous rappelle les beaux jours.
IRMA, *se levant.*

CHANT GREC.

RÉCITATIF.

A sa jeune captive
Un musulman offrait son cœur;
Et Zelmire plaintive
Répondait au vainqueur.
PREMIER COUPLET
« Je suis en ta puissance,
Mais mon cœur est à moi;
Garde ton opulence,
Je garderai ma foi.
Ton or est inutile;
Nadir m'a su charmer!
Mourir m'est plus facile
Que vivre sans l'aimer! »
DEUXIÈME COUPLET
Dans son fougueux délire,
Le farouche sultan
Vient de frapper Zelmire,
Qui tombe en répétant :
« Toi que mon cœur adore,
Toi qui m'as su charmer,

Mourir vaut mieux encore
Que vivre sans t'aimer! »
ZOBÉIDE.
Mais voici l'heure; il faut se retirer sans bruit;
Demain, notre maître l'a dit,
Demain nous quitterons la France.
TOUTES.
Retirons-nous en silence;
Bonsoir, à demain, bonne nuit.

(*Elles sortent par le fond.*)

SCENE II.

IRMA, ZOBÉIDE.

ZOBÉIDE. Eh quoi! Irma, tu ne suis point nos compagnes?
IRMA. Non, tu es ma meilleure amie; et avant de te quitter pour jamais, j'ai voulu te faire mes adieux.
ZOBÉIDE. Y penses-tu? lorsque demain au contraire nous allons partir avec l'ambassadeur. Tu ne sais donc pas qu'aujourd'hui même il est allé à Versailles recevoir du roi son audience de congé?
IRMA. Si vraiment, demain vous partirez; vous irez le rejoindre, mais sans moi.
ZOBÉIDE. O ciel!
IRMA. As-tu donc oublié qu'à notre retour l'hymen devait m'unir à Abdalla? Depuis le jour qu'il m'eut annoncé cette funeste nouvelle, un horrible désespoir s'empara de moi; et bientôt le mal qui me consumait m'eût conduite au tombeau; mais, alarmé de l'état où il me voyait, et ne pouvant quitter Paris, Abdalla me fit partir pour une campagne éloignée. Près de là, Zobéide, et dans un superbe château, habitait un jeune seigneur, un Français...

CANTABILE.

AIR.

A chaque instant sur mon passage
Il se trouvait;
Et dans l'absence, son image
Me poursuivait.
En écoutant ce doux hommage,
Je soupirais;
Et sans connaître son langage,
Je l'entendais.

CAVATINE.

Si tu savais
Combien il m'aime,
Ah! tu dirais,
Comme moi-même :
Amour pour jamais!
Je perdais, en quittant la France,
Et son amour et l'espérance;
Mais brisant des fers odieux,
Il vient cette nuit en ces lieux.
Si par le sort je suis trahie,
Je sais qu'il y va de ma vie.
Mais...
Si tu savais
Combien il m'aime.
Ah! tu dirais,
Comme moi-même :
Amour pour jamais!

ZOBÉIDE. O ciel! et c'est cette nuit qu'il doit se rendre ici?..
IRMA. Oui, dans une heure : Ibrahim, mon esclave fidèle, l'attendra à la porte du jardin; Rica, un de nos compatriotes, est aussi dans nos intérêts. (*On entend un air de marche.*)
ZOBÉIDE. Écoute : ce sont nos gardiens qui font leur ronde.
IRMA. Et bientôt après, ils iront se livrer au sommeil. Viens, Zobéide; et puissent mes prières et mon amitié te décider à me suivre! (*Elles sortent par le fond.*)

SCENE III.

USBECK, RICA, *habillés comme au premier acte;* CINQ OU SIX ESCLAVES, *habillés à la turque.*

(*Ils entrent par la droite.*)

USBECK. C'est bien. Tout est tranquille dans l'hôtel. En l'absence du maître, c'est à moi que vous devez obéir. Voici le firman qui vous transmet sa volonté.

RICA. C'est donc par ses ordres que nous avons pris aujourd'hui ces vêtements étrangers?

USBECK. Sans doute, pour n'être pas reconnus. (*Aux autres esclaves.*) Vous, allez revêtir les costumes que j'ai fait préparer; et que mes ordres soient fidèlement exécutés, car Abdalla récompense la fidélité et punit la trahison! Le sort d'Ibrahim doit vous l'apprendre. (*Les esclaves sortent par le fond.*)

SCENE IV.

USBECK, RICA.

RICA. Que dis-tu? Ibrahim, cet esclave grec?
USBECK. Il n'est plus.
RICA. O ciel, quel était donc son crime?
USBECK. Le maître l'avait condamné.
RICA. Et moi, Usbeck; moi, ton ami, s'il t'ordonnait ma mort?..
USBECK. J'obéirais.
RICA. Et si quelque jour il te demande ta tête?
USBECK. J'obéirais encore.
RICA. Dans le pays où nous sommes, Usbeck, on aurait peine à comprendre une pareille soumission.
USBECK. Ce sont des infidèles qu'il faut plaindre, car ils ne sont point éclairés par les lumières du koran; ils ne connaissent point la voix du prophète.
RICA. J'en conviens; mais ils écoutent quelquefois celle de l'amitié.
USBECK. Crois-tu donc que j'y sois insensible? apprends que j'avais aussi des ordres pour toi.
RICA. Grand Dieu! que dis-tu?
USBECK. Irma avait gagné l'esclave Ibrahim; elle l'avait chargé de porter ce matin une lettre à un Français, un jeune seigneur de ce pays; et quand elle lui a remis ce billet, tu étais là, tu l'as vue.
RICA. Moi!
USBECK. Et tu n'en as rien dit!
RICA. Etais-je donc obligé de les trahir, de les dénoncer?..
USBECK. N'était-ce pas ton devoir? n'est-ce pas celui d'un esclave? L'arrêt allait être prononcé; grâce à mes prières il a été suspendu; et c'est d'après la manière dont tu te conduiras aujourd'hui que notre maître te fera éprouver sa justice ou sa clémence.
RICA, *tremblant.* Usbeck, que faut-il faire?
USBECK. Dans quelques instants, et d'après le billet qu'un a laissé parvenir, ce jeune Français va se présenter à la porte du jardin.
RICA. Eh bien!
USBECK. Eh bien! tu le feras entrer, tu fermeras la porte sur lui, et alors...
RICA. O ciel! faudrait-il le frapper?
USBECK. Non, mais on vient : j'ai mes instructions, et je te donnerai les tiennes.

SCENE V.

LES PRÉCÉDENTS, ROGER, ET PLUSIEURS ESCLAVES *en chapeaux à large bord et en manteaux.*

(*Ils entrent par le fond.*)

ROGER, *entrant et tenant un bandeau à la main.* Parlez, où me conduisez-vous?... (*Rica et les esclaves qui viennent d'amener Roger, ressortent par le fond.*)
USBECK. Peu m'importe, pourvu qu'il ne t'arrive rien de fâcheux. Jusqu'à présent ne t'ai-je pas tenu parole?
ROGER. C'est vrai! pendant deux heures, nous avons roulé dans une bonne berline bien suspendue; mais c'est égal, j'aime mieux aller à pied à ma guise que d'aller en voiture malgré moi.
USBECK. Sois tranquille; dans quelques heures on te reconduira de même jusqu'à ta porte.
ROGER. Je l'espère bien; car ma pauvre femme va être d'une inquiétude et d'une surprise... Je vous le demande, qui m'aurait dit ce matin que je passerais la nuit ici, lorsqu'au contraire, et selon toutes les probabilités?.. Enfin, voyons, dépêchons; et que ça finisse le plus tôt possible : qu'est-ce que vous voulez de moi?
USBECK. Tu vas d'abord (*Lui montrant l'ouverture du fond.*) murer l'entrée de cette grotte.
ROGER. Et à quoi bon!..
USBECK. Ça ne te regarde pas.
ROGER. Comme vous voudrez; mais il me faut des matériaux et des outils.
USBECK, *lui montrant le fond.* Tu trouveras là ce qui est nécessaire. Eh bien! que fais-tu là?
ROGER. Des réflexions : est-ce que cela n'est pas permis?
USBECK. Et quelles sont-elles?
ROGER. Que je suis dans un endroit suspect.
USBECK. Mets-toi à l'ouvrage et ne réplique pas.
ROGER. À la bonne heure! s'il y a là-dessous quelque machination, quelque construction diabolique, je suis le maçon, c'est vrai; mais vous êtes l'architecte, et vous répondez de tout. (*On entend en dehors.*) Messieurs, permettez...

SCENE VI.

LES PRÉCÉDENTS; BAPTISTE, *que* DEUX ESCLAVES *amènent les yeux bandés.*

ROGER. Quelle est cette voix que je crois reconnaître?
BAPTISTE, *à qui on ôte son bandeau.* On m'a promis de ne pas me faire de mal.
ROGER, *à part.* O ciel! Baptiste, mon beau-frère!
USBECK. Rassure-toi, et ne tremble pas ainsi. Tu es serrurier?
BAPTISTE. Oui, sans doute, serrurier de mon état, et timide par caractère.
ROGER, *à part.* Et lui aussi! que veulent-ils faire d'un serrurier?
BAPTISTE. Je vous avoue que je n'ai pas l'habitude d'aller en journée à cette heure-ci. (*Il aperçoit Roger, qui est à l'autre bout du théâtre.*) Ah! mon Dieu! (*Roger lui fait signe de se taire.*)
USBECK. Qu'est-ce donc? d'où vient ce trouble?
BAPTISTE. Qui? moi! je suis dans mon état ordinaire, j'ai peur; et voilà tout.
USBECK, *lui montrant l'ouverture à droite du spectateur.* Tout à l'heure, tu vas préparer, là, en dehors, ce qu'il faut pour sceller cette pierre; tu as là du fer et des outils; mais auparavant (*Montrant le pilier à gauche.*) tu vas river ces chaînes.
BAPTISTE. Oui, Monsieur; ce ne sera pas long; il paraît que c'est une commande qui est pressée?
USBECK. Pas de réflexion.
BAPTISTE. Moi, d'abord, j'ai toujours eu à cœur de contenter mes pratiques, et dès que vous m'honorez de votre confiance...
USBECK. Il suffit : taisez-vous, et travaillez. (*Les esclaves qui avaient amené Baptiste sortent sur un geste d'Usbeck.*)

DUO.

(*Usbeck se promène au fond du théâtre, et de temps en temps reparaît à la porte du milieu. Roger a été prendre une pierre qu'il roule avec peine jusque vers le milieu du théâtre : il se met à la tailler, tandis que, de l'autre côté à gauche, Baptiste est occupé à river les chaînes qui sont déjà attachées au pilier.*)

ENSEMBLE.
ROGER ET BAPTISTE.

Dépêchons,
Travaillons;
De l'ardeur
Et du cœur.
Ouvrier diligent,
Gagnons bien notre argent.

HENRIETTE. Je m'en vas, — Ne me retenez pas. — Acte 1, scène 8.

Dépêchons,
Travaillons.
(*Usbeck disparaît un instant par la porte à droite. Ils se rapprochent et parlent à demi-voix.*)
BAPTISTE.
C'est toi que je retrouve !
ROGER.
Je te vois en ces lieux !
BAPTISTE.
Mais l'effroi que j'éprouve...
ROGER.
Peut nous perdre tous deux.
BAPTISTE.
Que crains-tu ?
ROGER.
Rien encore.
BAPTISTE.
Moi, j'ai peur !
ROGER.
Je l' vois bien.
BAPTISTE, *montrant le fond.*
Qui sont-ils ?
ROGER.
Je l'ignore.

BAPTISTE.
Où sommes-nous ?
ROGER.
J' n'en sais rien.
(*Usbeck reparaît à la porte à droite. Ils se quittent et retournent chacun à leur ouvrage, en reprenant vivement.*)
ENSEMBLE.
Dépêchons,
Travaillons ;
De l'ardeur
Et du cœur.
Ouvrier diligent,
Gagnons bien notre argent.
Dépêchons,
Travaillons.
(*Usbeck s'éloigne. Ils se rapprochent et se parlent à voix basse, rapidement et presque ensemble.*)
ROGER.
J'étais seul dans la rue.
BAPTISTE.
Je r'venais au logis.
ROGER.
Quand soudain à ma vue...

BAPTISTE.
S' sont offerts deux bandits.
ROGER.
Ils m' demandent l'adresse...
BAPTISTE.
D'un habile ouvrier.
ROGER.
Me faisant la promesse...
BAPTISTE.
De richement m' payer.
ROGER.
Ils m'amènent...
BAPTISTE.
En ces lieux,
ROGER.
Un bandeau...
BAPTISTE.
Sur les yeux,
ROGER.
C'est comm' moi!
BAPTISTE.
C'est comme moi!
ROGER.
Quoi! vraiment...
BAPTISTE, *apercevant Usbeck.*
Mais tais-toi.

ENSEMBLE.
Dépêchons,
Travaillons;
De l'ardeur
Et du cœur.
Ouvrier diligent,
Gagnons bien notre argent.
BAPTISTE, *regardant Usbeck qui s'éloigne.*
Quelle sombre figure!
ROGER.
Observe et ne dis mot;
Car maint'nant, je le jure,
Je crains quelque complot!
BAPTISTE.
Dans ce moment funeste,
Comment agir, morbleu?
ROGER.
En honnête homme, et l' reste,
A la grâce de Dieu.
USBECK, *rentrant en parlant.* Eh bien! avançons-nous?
BAPTISTE ET ROGER.
Dépêchons,
Travaillons, etc.

——

SCÈNE VII.

LES PRÉCÉDENTS, DEUX ESCLAVES, RICA.

RICA, *rentrant, bas, à Usbeck.* Voici ce jeune Français; je lui ai ouvert la porte du parc; mais il suit mes pas; car il prétend qu'Irma lui a donné rendez-vous dans la grotte du jardin.
USBECK, *à Roger et à Baptiste.* Sortez...
ROGER. Il se pourrait! on va nous ramener chez nous?
USBECK. Non! mais dans un instant, vous achèverez votre ouvrage.
ROGER. Comment! morbleu!... encore attendre?
USBECK, *aux esclaves montrant Roger.* Reconduisez-le dans la salle basse. (*Les deux esclaves et Rica emmènent Roger par le fond et tournent à gauche, en dehors.* — *Usbeck montrant Baptiste.*) Quant à celui-ci, qui a l'air si docile, je m'en charge. (*A part.*) Je vais lui donner pour prison le pavillon isolé qui donne sur la rue.
BAPTISTE. Je vous ferai observer que je suis un homme établi, et que, si je découche, ça peut me compromettre.
USBECK. N'importe.
BAPTISTE. Me compromettre de toutes les manières; car enfin, de laisser ma maison seule, et ma femme aussi...
USBECK. Obéissez! (*Usbeck et Baptiste sortent par la porte à droite.*)

——

SCÈNE VIII.

RICA, *puis* LÉON, *entrant par le fond.*

RICA. Entrez, entrez, seigneur Français, personne ne peut vous voir.
LÉON, *entrant par le fond, mais venant de la droite.* Merci, mon ami. Tiens, prends cette bourse. Eh quoi! tu me refuses?
RICA, *troublé.* Oui, oui, seigneur, je ne l'ai pas mérité. Vous n'êtes pas encore hors de danger.
LÉON, *le forçant d'accepter.* Si ce n'est que cela, ne crains rien. Il ne reste ici, dit-on, que deux ou trois esclaves, et je suis armé... D'ailleurs, tu serais là, tu me défendrais.
RICA, *avec émotion.* Moi!
LÉON. Oui. Tu m'as l'air d'un honnête homme, et tu ne voudrais pas me trahir. Va prévenir ta maîtresse.
RICA, *troublé.* Oui, oui; j'y vais... (*A voix basse.*) Mais ne restez pas en ces lieux et fuyez au plus vite.

SCÈNE IX.

LÉON, *seul.*

ROMANCE.

Elle va venir!
J'en conçois la douce espérance.
Ce trouble qui vient me saisir,
Et mon cœur qui bat de plaisir,
Tout dans ces lieux me dit d'avance :
Elle va venir!

DEUXIÈME COUPLET.

Elle va venir!
Et si le sort l'avait trahie...
Mais que dis-je, et pourquoi frémir?
Pourquoi voir un sombre avenir ?
Peines, dangers, que tout s'oublie :
Elle va venir!

SCÈNE X.

LÉON, *puis* IRMA, *habillée à la française.*

LÉON, *courant à elle.* Irma, je te revois!
IRMA. J'ai cru que tu ne viendrais jamais.
LÉON. Depuis longtemps j'étais au rendez-vous, lorsqu'un esclave est venu m'ouvrir. Irma, es-tu bien sûre de cet esclave? ne crains-tu pas de lui quelque trahison?
IRMA. Pourquoi?
LÉON. Il avait l'air troublé, embarrassé. Il voulait et n'osait me parler.
IRMA. Ne crains rien. C'est Rica, un de mes compatriotes, un Grec comme moi; il nous est dévoué. Mais tu le vois, d'après tes ordres, et pour n'être pas remarqués dans notre fuite, je me suis mise à la française; je suis mieux ainsi, n'est-ce pas vrai?
LÉON. Tous les jours tu me sembles plus jolie; mais viens, partons.

DUO.

LÉON.
Loin de ce lieu terrible
Je guiderai tes pas.
O ciel, est-il possible?
Tu ne me réponds pas?
Quand mon bras te délivre,
D'où vient cette terreur?
Crains-tu donc de me suivre?
IRMA.
Non, si j'en crois mon cœur;
Mais ce cœur qui t'adore
Ne connaît pas vos lois;
Et peut, en écoutant ta voix,
Blesser des devoirs qu'il ignore.
LÉON, *lui prenant la main.*
Par le ciel que j'implore
Et qui veille sur nous,
Je te le jure encore,
Je serai ton époux.

IRMA.
Par le ciel que j'implore,
Par le Dieu des chrétiens,
C'est toi seul que j'implore,
A toi seul j'appartiens.

ENSEMBLE.
LÉON.
O toi, Dieu redoutable,
Qui punis le coupable !
Du ciel où tu m'entends,
Viens bénir nos serments.
IRMA.
O toi, Dieu redoutable,
Qui punis le coupable !
Du ciel où tu m'entends,
Viens bénir nos serments
IRMA.
C'est à celui que j'aime
Que j'engage ma foi :
Je me donne moi-même :
(*S'inclinant devant lui.*)
Ton esclave est à toi !

ENSEMBLE.
LÉON.
Dieu tout-puissant !
IRMA.
Dieu des chrétiens !
O toi, Dieu redoutable,
Qui punis le coupable !
Du ciel où tu m'entends,
Viens bénir nos serments.
LÉON.
Partons, partons, je guiderai tes pas !
(*I. court pour sortir par la porte du fond ; Rica, pâle et tremblant, se présente devant eux.*)

SCENE XI.

LES PRÉCÉDENTS, RICA.

RICA.
Malheureux ! arrêtez ! vous courez au trépas !
IRMA.
O ciel !
LÉON.
Il se pourrait !
RICA.
Silence ! parlez bas !
Il y va de mes jours, mais la pitié l'emporte :
Abdalla savait tout ; on vous aura trahis ;
Tantôt votre billet en ses mains fut remis,
Et du piège fatal où vous fûtes conduits,
Vous ne sortirez plus.
(*Montrant la porte du fond.*)
Là, près de cette porte,
Vingt esclaves au moins vous attendent.
LÉON.
N'importe !
Je suis armé, marchons !
RICA, *l'arrêtant*.
Vous nous perdez tous trois ;
Mais un autre moyen peut vous sauver, je crois.
(*Montrant la porte à droite.*)
Dans ce jardin, en suivant cette issue,
Est un pavillon isolé ;
La porte en donne sur la rue ;
Partez vite, en voici la clé.
LÉON ET IRMA.
O toi, notre sauveur, que ma reconnaissance...
RICA.
Vous n'avez qu'un instant pour tromper sa vengeance ;
Partez, fuyez ces lieux.
(*Ils sortent.*)
O Mahomet ! pardonne :
Je brave, je le sais, les ordres qu'on me donne ;
Mais peut-on offenser les dieux
En secourant des malheureux !

SCENE XII.

RICA, *à gauche, sur le devant du théâtre* ; USBECK, *plusieurs* ESCLAVES ET ROGER *entrent par le fond*.

USBECK, *regardant autour de lui*.
Où sont-ils ?
RICA, *parlant*. Chez Irma.
USBECK, *à Roger*.
Maintenant achève ton ouvrage.
ROGER.
Dépêchons-nous, c'est le plus sage...
J'espère au moins, qu'après cela,
Au logis on me renverra.
(*Il travaille au fond, mais il est caché par le groupe des esclaves.*)
USBECK, *rassemblant autour de lui les esclaves et leur parlant à voix basse sur le devant du théâtre*.
Vous, d'un maître irrité pour servir la colère,
Emparez-vous du téméraire
(*Montrant à gauche l'appartement d'Irma*)
Que vous trouverez près d'Irma.
(*Ils font un mouvement pour sortir, et Usbeck les retient.*)
Mais observant toujours les lois qu'on nous dicta,

ENSEMBLE.
USBECK.
Soyez inexorables,
Faites votre devoir ;
Punissons les coupables :
Oui, pour eux plus d'espoir.

CHŒUR.
Soyons inexorables,
Faisons notre devoir, etc.
USBECK, *aux esclaves*.
Allez ! amenez-les... Mais d'où provient ce bruit ?

SCENE XIII.

LES PRÉCÉDENTS, BAPTISTE, *accourant tout effaré par la porte à droite*.

BAPTISTE.
Au secours ! au secours !.. Dieux ! où m'a-t-on conduit ?
USBECK, *à Baptiste*.
Malheureux ! veux-tu bien te taire !
BAPTISTE.
C'est fait de moi !
Je meurs d'effroi !
USBECK.
Réponds, ou bien crains ma colère.
BAPTISTE.
J'étais tout triste et désolé,
Dans ce pavillon isolé
Où vous m'enfermâtes sous clé,
Lorsque j'entends avec fracas
S'ouvrir la porte... et puis, hélas !
Paraît un grand fantôme blanc.
Hors de moi-même et tout tremblant,
A Dieu recommandant mes jours,
Je crie au secours ! au secours !
Soudain, ô mortelles alarmes !
On accourt ; j'entends l'bruit des armes !
RICA, *à part*.
Malheureux ! il les a perdus !
BAPTISTE.
Entendez-vous ces cris confus ?
USBECK.
Oui, l'on accourt...
RICA, *à part*.
Il n'est plus d'espérance !

SCENE XIV.

LES PRÉCÉDENTS ; LÉON, *que poursuivent plusieurs esclaves, et qui tient dans ses bras Irma évanouie*.

LÉON.
Laissez-moi ! laissez-moi !

(Ils entrent par la porte à droite; et Léon, en entrant, jette une poignée d'épée brisée.)

LÉON, *à ceux qui le poursuivent.*
Mon glaive, en se brisant, a trahi ma vaillance,
Deux de vos compagnons sont tombés sous mes coups.
Frappez! pourquoi m'épargnez-vous?

(Épuisé d'efforts et de fatigue, il tombe dans les bras des esclaves qui l'entraînent. Pendant ce temps, une partie des esclaves prépare, à gauche, les chaînes qui vont attacher Léon au pilier; et les autres entourent, à droite, Irma évanouie sur le banc de gazon, et lui mettent des chaînes.)

LÉON, *au milieu du théâtre, et soutenu par deux esclaves.*
C'en est fait! pour nous plus d'espoir!

ROGER, *travaillant dans le fond, et l'apercevant.*
Ciel! que viens-je de voir!
(Chantant à haute voix.)
Du courage!
Du courage!
Les amis sont toujours là!

(Aux premières mesures de ce refrain, Léon qui, presque anéanti, était tombé un genou en terre, se ranime, se relève et aperçoit Roger qu'il reconnaît.)

USBECK, *allant à Roger.*
Silence! ou bien mon bras te punira!
(Il fait signe aux esclaves, qui entraînent Léon vers le pilier où on l'attache.)

ROGER, *à Usbeck.*
Arrangez-vous, c'est mon usage,
Je ne travaille qu'en chantant.
Du courage!
Du courage!

USBECK, *allant près de Rica.*
Pour toi, tu sais le destin qui t'attend.
(Rica pousse un cri d'effroi, et est entraînée par les esclaves.)

USBECK, *aux autres esclaves.*
Sortez! sortez à l'instant!

LÉON.
Barbares! arrêtez! le ciel nous vengera!

(Usbeck fait sortir tout le monde par la porte à droite, qui est à l'instant fermée par la grande pierre qu'on entend sceller en dehors. Quant au mur du fond, il est presque achevé : Roger vient de placer la dernière pierre. Une obscurité totale couvre la scène. Irma pousse un cri et tombe de nouveau évanouie, et l'on entend en dehors.)

ROGER, *qui chante encore*
Les amis sont toujours là!

ACTE TROISIÈME.

Le théâtre représente une cour et un jardin de la maison de Roger; au fond, la rue, et à gauche du spectateur, la porte de la maison.

SCÈNE PREMIÈRE.

HENRIETTE, *en habit de la semaine.* Il est grand jour! neuf heures viennent de sonner à Saint-Paul, et Roger n'est pas encore rentré! Hier, ils sont venus en grande pompe me conduire jusqu'ici, en me disant que le marié allait arriver. Aussi j'étais inquiète et tremblante; au moindre bruit, je craignais que ce fût lui... Ah! bien oui! d'abord j'avais peur; et puis après, je ne sais comment cela s'est fait, à force de s'effrayer pour rien, on s'impatiente; et j'étais d'une humeur, d'une colère... Je l'ai ainsi attendu depuis hier soir, et sans oser fermer l'œil; la belle nuit que j'ai passée!

AIR.
(Pleurant de temps en temps.)
Sur notre hymen.. ah! ah!
Moi je tremble d'avance!
Hélas! qui me dira
Comment ça finira?
Puisque déjà... ah! ah!
Voilà... ah! ah!
Comment cela commence.

Hier il me disait : j' t'adore,
Et puis il ajoutait aussi :
Va, ce sera bien mieux encore
Lorsque je serai ton mari!
Brûlant d'une flamme nouvelle,
Je te serai toujours fidèle.
Mais...
(Pleurant.)
Sur ses serments, ah! ah!
Moi je tremble d'avance!
Hélas! qui me dira
Comment ça finira?
Puisque déjà... Ah! ah!
Voilà... ah! ah!
Comment cela commence.

Hier il me disait encore :
Il est, par un heureux destin,
Bien des chos's que ton cœur ignore,
Et que tu connaîtras demain.
Ce s'cret dont il faisait merveille
Est un mensonge, car enfin,
Je suis, hélas! au lendemain,
Et j' n'en sais pas plus que la veille.
Pour ce secret, ah! ah!
Moi je tremble d'avance!
Hélas! qui me dira, etc.

Ah! mon Dieu! qui vient là? ce sont toutes nos voisines, les commères du quartier, qui viennent me féliciter, il n'y a pas de quoi.

SCÈNE II.

HENRIETTE, *puis* MADAME BERTRAND, *qui n'entre que la dernière*, CHŒUR DE VOISINES.

CHŒUR.
Au lever d' la mariée
Nous venons de grand matin.
Pour qu' la fêt' soit égayée,
Faut encore un lendemain.

PREMIÈRE VOISINE.
Nous v'nons, à l'amitié fidèles.

HENRIETTE.
Vous êtes bien bonnes, vraiment.

SECONDE VOISINE.
Eh bien! ma chèr', quelles nouvelles?

TOUTES.
Recevez notre compliment.

HENRIETTE, *apercevant madame Bertrand.*
Allons, encor madam' Bertrand.
Que j' la déteste! ah! quel tourment!

CHŒUR.
Au lever d' la mariée
Nous venons de grand matin
Pour qu' la fêt' soit égayée,
Faut encore un lendemain.

DUO.
MADAME BERTRAND.
Peut-on vous d'mander, ma voisine,
Comment se port' votre mari?

HENRIETTE.
Mon mari!
Mais pour affaire, j'imagine,
Dès le matin il est sorti.

MADAME BERTRAND.
Il est sorti?
Voyez pourtant la médisance :
Des personnes m'ont assuré
Qu'hier il n'était pas rentré.

HENRIETTE.
Que dites-vous?

MADAME BERTRAND.
Quelle imprudence!
Pardon, car je crois voir
Que j'offens' Madam' sans le vouloir :
Me taire alors est un devoir.

Pardon, car je le voi,
J'offense Madam' malgré moi;
C'est indiscret à moi.
    HENRIETTE.
Du tout, car on peut voir
Que Madam' se fait un devoir
D'obliger du matin au soir.
Qui? moi m' fâcher, pourquoi?
C' que dit Madame est, je le voi,
Par intérêt pour moi.
    ENSEMBLE.
    MADAME BERTRAND.
Voyez c' que c'est qu' d'obliger les gens;
Comme on répond à mes soins obligeants!
    HENRIETTE.
Ell' ne se plait qu'à désoler les gens.
    MADAME BERTRAND.
C'est donc, ma chère, une querelle?
Cela se voit souvent, ma belle.
    HENRIETTE.
Ça n'est pas chez nous, Dieu merci!
    MADAME BERTRAND.
Je l' crois bien, du moins jusqu'ici.
    HENRIETTE.
Dieu! que j'ai peine à me contraindre!
    MADAME BERTRAND.
On n' peut pas souvent, c'est à craindre,
Trouver un mari de son goût.
    HENRIETTE.
Je sais des gens bien plus à plaindre
Qui n'en peuv'nt pas trouver du tout.
    MADAME BERTRAND.
Que dites-vous? quelle insolence!
    HENRIETTE ET MADAME BERTRAND.
Pardon, car je crois voir, etc.
    LES VOISINES.
Eh! Mesdames, que faites-vous?
    HENRIETTE.
Grand merci, mes chères amies;
Vous ét's trop bonnes, trop polies,
Mais, de grâce, retirez-vous.
    CHŒUR.
S'il est ainsi, rentrons chez nous.
Au lever d' la mariée, etc.
(*Les voisines sortent toutes par la porte qui donne sur la rue.*)

SCENE III.
HENRIETTE, MADAME BERTRAND.

HENRIETTE. Dieu merci! elles me laissent seule!.. (*Se retournant et apercevant madame Bertrand.*) Comment, Madame, vous voilà encore!
MADAME BERTRAND. Oui, sans doute; nous venons de nous fâcher pour rien, nous avions tort, car les femmes doivent s'entendre entre elles, et se prêter secours et protection contre l'ennemi commun, c'est-à-dire contre les maris, et j'en ai appris sur le vôtre.
HENRIETTE. Il se pourrait!
MADAME BERTRAND. Oui, ma chère voisine. J'attendais qu'elles fussent sorties pour vous parler, parce que vous s vez bien qu'elles sont si bavardes, qu'il n'y a pas moyen d vant elles de leur rien confier : avec elles, un secret fait l'effet d'une proclamation; on aurait du profit à le fa re tambouriner.
HENRIETTE. Quoi! vous croyez que mon mari...
MADAME BERTRAND. C'est une horreur, ma chère! et ça n'est pas pardonnable! Après quelques années de mariage, je ne dis pas, on peut avoir des sujets de plaintes. Le chapitre des consolations ou celui des représailles, c'est possible! Mais le jour même de ses noces, c'est une indignité!
HENRIETTE. N'est-ce pas, Madame? Ah çà, vous savez donc...
MADAME BERTRAND. Est-ce que je ne sais pas tout? Mais j'entends du bruit, peut-être encore quelque commère qui vient nous déranger. Venez chez moi nous serons plus en sûreté pour causer, et je vous conterai tout. N'être pas rentré à une pareille heure! un lendemain de noces!.. ah! quelle horreur d'homme! Venez, ma chère, passons par la petite ruelle, nous serons plus tôt chez moi. En vérité, voilà une pauvre petite femme qui est bien à plaindre. (*Elle entre avec Henriette dans la maison, à gauche du spectateur.*)

SCENE IV.

ROGER, *seul, entrant par la porte qui donne sur la rue.*

(*Il est plongé dans ses réflexions, il entre en marchant rapidement, s'arrête au bord du théâtre et se promène lentement.*)

Je m'y perds; je me suis retrouvé ce matin près de la barrière, à la place où l'on m'avait pris hier soir. (*Regardant autour de lui et reconnaissant sa maison.*) Ah! et Henriette! ma pauvre femme! quelle doit être son inquiétude! (*Allant à la porte à gauche et frappant plusieurs fois.*) Henriette! Henriette! Allons, elle est déjà sortie. Je suis seul, tout m'abandonne. Comment les délivrer! comment parvenir jusqu'à eux? J'ai couru chez Baptiste, qui à l'instant venait d'arriver. Mêmes soins, mêmes précautions avaient été employés pour le ramener chez lui. Je l'ai envoyé chez les magistrats faire sa déposition, et j'ai été faire la mienne au lieutenant civil, qui m'a dit de rentrer chez moi et d'y attendre ses ordres. Mais quand il m'interrogera, que lui apprendre? quels indices lui donner? J'ai beau chercher et rappeler mes souvenirs. Ah! Baptiste, te voilà?

SCENE V.

ROGER, BAPTISTE.

BAPTISTE, *encore pâle et défait.* Oui, beau-frère; et c'est pour toi que je sors; car je ne me sens pas bien.
ROGER. Qu'as-tu donc?
BAPTISTE. J'ai, depuis hier, un frisson et des tremblements.
ROGER. C'est la peur qui t'a donné la fièvre.
BAPTISTE. C'est peut-être ça; mais, depuis hier, cette fièvre-là ne m'a pas quitté.
ROGER. Tu viens de chez le lieutenant de police? que t'a-t-il dit?
BAPTISTE. Rien, je ne l'ai pas vu.
ROGER. Il se pourrait! N'étions-nous pas convenus que tu courrais chez lui?
BAPTISTE. Oui, sans doute. Aussi j'ai été jusque dans la rue; mais là il m'est arrivé...
ROGER. Quelques événements? quelques nouvelles?
BAPTISTE. Non, des réflexions, des réflexions que j'ai faites. . Vois-tu, Roger; ces superbes voitures qui nous ont conduits, ces deux bourses pleines d'or qu'on nous a données, ces nombreux domestiques qui nous entouraient et qui étaient si insolents, tout cela prouve...
ROGER. Eh bien?
BAPTISTE. Tout cela prouve qu'ils appartiennent à quelque grand seigneur; nous autres gens du peuple nous n'avons pas besoin de nous mêler de tout cela.
ROGER. Y penses-tu?
BAPTISTE. Oui, sans doute. Il vaut mieux rester chez soi et ne pas se compromettre pour les autres. Raisonne un peu, et tu verras qu'un homme riche a toujours raison.
ROGER. Et pourquoi? morbleu!..
BAPTISTE. Pourquoi! pourquoi! D'abord il a raison d'être riche... et toi, c'est un tort que tu as de n'être qu'un imbécile! qui veux te mêler de ce qui ne le regarde pas.
ROGER. Tu veux donc que j'abandonne ce malheureux jeune homme?
BAPTISTE. Sois donc tranquille; je ne suis pas inquiet sur son compte. Autant que j'ai pu voir, c'est quelqu'un de **dis**tingué. Nous autres, quand nous sommes dans le danger, nous y restons; mais les gens comme il faut s'en tirent toujours.
ROGER. Et comment veux-tu qu'il se tire de là?
BAPTISTE. Bah! avec des protections... Et puis, apprends que ce matin, avant que j'ôtasse mon bandeau, l'un d'eux

m'a dit à l'oreille : « Garde le silence, ou nous te retrouverons. »

ROGER. Et à moi aussi on m'en a dit autant, et ça m'est égal.

BAPTISTE. Mais écoute donc. Tout à l'heure, au moment où j'allais entrer chez M. le lieutenant de police, j'ai cru, dans la rue, en reconnaître un qui me suivait.

ROGER. Et tu ne lui as pas sauté au collet! tu ne l'as pas arrêté!

BAPTISTE. Au contraire, c'est ce qui m'a fait sauver.

ROGER. Dieu! si j'avais été là! Vois-tu, Baptiste, je ne peux pas vivre comme ça. Arrivera ce qu'il pourra, à moi ou aux miens, mais je le sauverai.

BAPTISTE. Est-il possible d'être égoïste à ce point-là?

ROGER. Je ne te compromettrai pas, je te le jure : mais cherche dans ta mémoire, cherche bien. N'aurais-tu pas vu ou entendu quelque chose qui pourrait nous mettre sur la voie?

BAPTISTE. Dans le trajet, j'avais comme toi les yeux bandés, et dans cette grotte, lorsque ce diable d'homme nous parlait, j'avais tellement peur que je ne l'entendais pas; mais cependant si j'étais bien sûr de ta discrétion, je pourrais te communiquer une découverte.

ROGER, *lui sautant au cou*. Ah! mon ami! mon sauveur! parle vite.

BAPTISTE. En dehors de cette grotte, où c'était deux fois plus obscur depuis que nous avions muré toutes les portes, j'ai manqué de me laisser choir; et en me relevant à tâtons, j'ai senti sous ma main une espèce de poignard qui appartenait sans doute aux gens de la maison.

ROGER. Aux gens de la maison!

BAPTISTE. Je l'ai glissé sous ma veste, (*A voix basse.*) et je l'ai là.

ROGER. Donne vite. (*Regardant.*) C'est la poignée d'une épée. A quoi peut servir un pareil indice? Que vois-je! un écusson! des armoiries! Je respire. Voici donc une lueur d'espérance.

BAPTISTE. Est-ce que tu sais quelque chose?

ROGER, *sortant*. Pas encore, mais je vais sur-le-champ...

BAPTISTE, *l'arrêtant*. Et M. le lieutenant civil, dont tu dois ici attendre les ordres?

ROGER. C'est vrai. Eh bien! va toi-même, va vite chez un de nos voisins, un graveur qui demeure au coin du faubourg; il saura peut-être à quelle famille, à quel seigneur ces armoiries peuvent appartenir; et en se rendant chez lui, en le faisant arrêter sur-le-champ...

BAPTISTE. Le faire arrêter! y penses-tu?

ROGER. Je m'en charge. Rends-toi seulement chez le graveur, c'est tout ce que je te demande; ça ne peut pas te compromettre.

BAPTISTE Jusqu'à un certain point; aussi je ne lui dirai pas mon nom.

ROGER, *le poussant*. Fais comme tu voudras, mais va vite et reviens. (*Baptiste sort par la porte du fond.*)

SCÈNE VI.

ROGER, *seul*.

RÉCITATIF.

Oui, ma tête est brûlante et ma raison s'égare!
Tout me dit qu'ici près ils gémissent tous deux!
   Mais quelle enceinte ou quel mur nous sépare?
      Comment parvenir auprès d'eux?
         AIR.
    Dieu de bonté! Dieu tutélaire!
Dévoile à mes regards ce secret plein d'horreur!
      Si je t'adresse ma prière,
C'est pour des malheureux! c'est pour mon bienfaiteur!
      En moi seul est son espérance!
      Hélas! il m'invoque, il m'attend!
     Chaque minute, chaque instant
     Peut terminer son existence...
Demain! ce soir! ô comble de tourments!
Ce soir peut-être, il ne sera plus temps!
    Dieu de bonté! Dieu tutélaire!
Dévoile à mes regards ce secret plein d'horreur!
      Si je t'adresse ma prière,
C'est pour des malheureux! c'est pour mon bienfaiteur!

SCÈNE VII.

ROGER, MADAME BERTRAND.

MADAME BERTRAND, *sortant de la porte de la maison à gauche*. Pauvre petite femme! sa situation et sa conduite seront appréciées par toutes les âmes sensibles. Je l'ai laissée chez moi, et je venais... (*Apercevant Roger qui est plongé dans ses réflexions.*) Ah! vous voilà, mon voisin! vous rentrez, à ce qu'il paraît!

ROGER. Oui, à l'instant. Qui vous amène de si bonne heure?

MADAME BERTRAND. De si bonne heure! c'est selon comme on l'entend; car, pour rentrer chez soi, il y a des gens qui trouvent que c'est un peu tard; et si je n'avais pas fait entendre raison à votre femme...

ROGER, *vivement*. Ma femme!

MADAME BERTRAND. Elle ne voulait plus vous voir ni rentrer chez vous; mais je me suis chargée de vous réconcilier.

ROGER. Quoi! c'est vous qui vous êtes mêlée... c'est fini, nous voilà brouillés! Et où est-elle en ce moment?

MADAME BERTRAND. Chez moi, où je m'efforçais de la consoler.

ROGER. Chez vous? Courons vite. (*Il va pour sortir par la porte du fond et rencontre Baptiste.*)

SCÈNE VIII.

LES PRÉCÉDENTS; BAPTISTE, *accourant tout essoufflé*.

ROGER. Eh bien! quelles nouvelles!

BAPTISTE. De fameuses; et cette fois, je n'ai pas couru pour rien.

ROGER. Dieu soit loué!.. Parle.

MADAME BERTRAND. Eh oui, sans doute, expliquez-nous vite.

BAPTISTE. J'ai été chez le graveur.

MADAME BERTRAND. Le graveur!

BAPTISTE. Oui, au coin du faubourg; un homme de talent qui demeure au cinquième, un savant distingué qui connaît les armoiries de tous les nobles anciens et nouveaux, attendu qu'il en fait tous les jours; et il m'a dit que les nôtres, celles en question, appartenaient à la famille de Mérinville, dont l'hôtel est près de l'Arsenal.

MADAME BERTRAND. Un hôtel magnifique, des gens immensément riches.

ROGER. C'est cela même; il faut y courir.

BAPTISTE. C'est ce que j'ai fait, mais avec prudence et sans danger; car il y avait tant de monde dans la cour, qu'on n'a pas fait attention à moi. Tous les gens de l'hôtel allaient et venaient; ils parlaient tous de M. le duc Léon de Mérinville, un jeune colonel, riche, généreux, bienfaisant, enfin un maître comme on n'en voit pas, car ses domestiques mêmes en disaient du bien; et tout le monde était dans la désolation, attendu que depuis hier il n'a pas reparu à l'hôtel, et qu'on ne sait pas ce qu'il est devenu.

ROGER. Grands dieux! c'était lui!..

BAPTISTE. C'est ce que je me suis dit. J'ai pensé que l'objet dont il s'agit appartenait à la personne en question; et sans en parler à qui que ce soit, je suis venu te faire part de cette découverte.

ROGER. Malheureux! la belle avance! nous connaissons le nom de la victime; mais celui de son ennemi, mais les lieux où il est retenu, tout est encore un mystère. Cependant, en combinant tous ces renseignements...

MADAME BERTRAND. Oui, sans doute; et si vous me disiez..

ROGER, *se promenant à grands pas*. Laissez-moi, laissez-moi; il s'agit bien de cela!

MADAME BERTRAND. Mais vous, du moins, monsieur Baptiste, expliquez-moi un peu...

BAPTISTE. Comment, est-ce que vous n'êtes pas au fait? Je croyais que vous saviez...

MADAME BERTRAND. Eh non, sans doute.

BAPTISTE. Eh bien! s'il n'y a que moi qui vous l'apprends... Dis-moi donc, Roger...

ROGER. Laisse-moi, te dis-je! Partez tous deux.

MADAME BERTRAND. Mais, monsieur Baptiste, mais, mon voisin, qu'avez-vous donc?

ROGER. Rien!.. rien!.. mais allez-vous-en. Laissez-moi seul!..

MADAME BERTRAND. Ils ont tous deux perdu la tête; mais je vais chez madame Baptiste, chez sa femme : je la connais; et pour peu qu'elle sache quelque chose, je devinerai le reste. (*Elle sort avec Baptiste.*)

SCÈNE IX.

ROGER, *seul, marchant à grands pas.* Que faire? que devenir?.. Qui vient là encore? c'est Henriette! c'est ma femme!

SCÈNE X.

ROGER, HENRIETTE, *sortant par la porte de la maison à gauche.*

HENRIETTE, *froidement.* Vous voilà, Monsieur! Je me doutais bien que la honte, le remords, vous empêcheraient de vous présenter devant moi! Aussi, vous le voyez, je viens vous trouver.

ROGER. Que dis-tu?

HENRIETTE. Vous vous attendez peut-être à des plaintes, à des reproches; je ne vous en ferai aucuns. On n'est jaloux que des gens que l'on aime; et je viens seulement vous prévenir d'une découverte que j'ai faite : c'est que je ne vous aime plus.

ROGER. Et pour quelle raison?

HENRIETTE. Pour quelle raison! vous osez me le demander? (*En pleurant.*) Rappelez-vous seulement ce que vous avez fait cette nuit.

ROGER. Henriette, je peux t'assurer...

HENRIETTE. Oui, vous allez mentir, mais c'est inutile, car on m'a tout raconté. Apprenez, Monsieur, que le petit Félix, le garçon du traiteur, vous a vu passer hier soir avec deux autres messieurs; et où alliez-vous comme cela, s'il vous plaît, avec un air de mystère?

ROGER. Où j'allais! apprends que je n'en sais rien.

HENRIETTE. Oh! vous n'en savez rien! Eh bien, moi, Monsieur, je le sais!

ROGER, *avec joie.* Il serait possible!

HENRIETTE. Oui, certainement; madame Bertrand m'a tout raconté. C'est une femme bien estimable, qui me plaint, qui m'aime; car si vous ne m'aimez pas, il ne faut pas croire que tout le monde soit comme vous. Le petit Félix, qui est venu retrouver la noce, lui a raconté qu'il avait vu, et que vous alliez sans doute à quelque rendez-vous, à quelque aventure mystérieuse; et cette pauvre femme en rentrant chez elle, en était tellement occupée qu'elle ne pouvait pas dormir, lorsque près d'une heure après, elle entendit dans la rue le roulement d'une voiture, et alors... (*Fondant en larmes.*) Mais c'est plus fort que moi, et je ne pourrai jamais achever.

ROGER. O ciel! Henriette, je t'en prie, je t'en supplie, continue : il y va de mes jours, il y va de mon bonheur.

HENRIETTE. De votre bonheur!.. Eh bien! perfide, puisque vous m'y forcez, c'est vous-même qui êtes descendu de cette voiture; vous étiez avec les mêmes personnes, et vous êtes entré dans ce grand et superbe hôtel, qui est habité par des étrangers.

ROGER. Qu'entends-je?

HENRIETTE. L'hôtel de ce seigneur turc.

ROGER, *se jetant à genoux.* O mon Dieu! je te bénis.

HENRIETTE. Oui, Monsieur, demandez-moi pardon, vous avez raison.

ROGER, *se relevant.* Ma femme, ma chère amie, si tu savais quel bonheur!.. Mais je n'ai pas le temps... Je t'aime, je t'adore; je m'en vas. (*Rencontrant madame Bertrand, qui entre par le fond.*) Ma voisine, vous voilà; restez avec ma femme, consolez-la, pariez-lui; je reviens dans l'instant. (*Il sort par le fond en courant.*)

SCÈNE XI.

HENRIETTE, MADAME BERTRAND, *qui est entrée sur les derniers mots de la scène précédente.*

MADAME BERTRAND. A qui en a-t-il donc? et qu'est-ce que cela veut dire?

HENRIETTE, *pleurant.* Ah! ma pauvre madame Bertrand, je suis bien malheureuse! Mon mari a perdu la tête. Voilà sa raison qui a déménagé.

MADAME BERTRAND. Ecoutez donc, ma chère, c'est peut-être votre faute; cela exigeait des ménagements, et vous lui aurez reproché avec trop de dureté... lui qui est nouvellement en ménage et qui n'a pas encore l'habitude des scènes.

HENRIETTE. Moi, lui faire une scène! au contraire, j'ai été trop bonne : aussi j'en aurai justice. Je m'en vais chez mon frère; je vais tout lui raconter.

MADAME BERTRAND. Votre frère! Ah bien oui! c'est bien pire encore; et celui-là en a fait bien d'autres!

HENRIETTE. Que dites-vous?

MADAME BERTRAND. Je me doutais bien qu'il y avait quelque chose, et que ce n'était pas naturel. Je viens de chez lui, et sa femme est dans la désolation. Apprenez que M. Baptiste, votre frère, a passé la nuit hors de sa maison.

HENRIETTE. Comment! et lui aussi!

MADAME BERTRAND. Et lui aussi! les deux beaux-frères! Quelle famille! et quel exemple pour le faubourg! Car enfin, jusqu'ici les maris étaient sédentaires, du moins la nuit...

HENRIETTE. Je vais parler à mon frère.

MADAME BERTRAND. Vous avez raison, il faut vous plaindre à lui, à toute la famille; je vous soutiendrai. C'est une affaire qui nous regarde toutes.

HENRIETTE. Mais puisque vous êtes veuve!

MADAME BERTRAND. C'est égal : on ne sait pas ce qui peut arriver. (*Montrant la rue.*) Mais regardez donc; où va tout ce monde qui court ainsi dans le faubourg?

FINAL.

(*On aperçoit dans la rue qui est au fond tout le peuple qui traverse le théâtre en courant.*)

SCÈNE XII.

LES PRÉCÉDENTS; BAPTISTE, *pâle et défait.*

BAPTISTE.
Dans le quartier quelle rumeur!
HENRIETTE ET MADAME BERTRAND. Qu'est-ce donc?
BAPTISTE.
Je n'ai rien vu, mais je tremble de peur.
Chez toi j' viens me cacher, ma sœur.
MADAME BERTRAND, *regardant à gauche.*
La maison est fermée!
HENRIETTE.
La peur commence à me saisir!
BAPTISTE.
Aucun moyen de fuir!
Dieu! quelle destinée!
Nous allons tous périr!

(*Tous les trois se cachent la tête dans leurs mains. On entend de grands cris. Le peuple se précipite dans la rue. On voit paraître Léon et Irma que précède Roger, la pioche à la main. Ils entrent dans le jardin de Roger, et une partie du peuple entre après eux; d'autres montent sur la balustrade en dehors et agitent leurs chapeaux.*)

SCÈNE XIII.

LES PRÉCÉDENTS; LÉON, IRMA, ROGER, FOULE DE PEUPLE, OUVRIERS, *tenant des pioches à la main.*

ENSEMBLE.

CHŒUR.
Les voilà, les voilà, ce sont eux!

Le ciel comble notre espérance;
Ils sont rendus à l'existence;
Ah! quel jour à jamais heureux!
LÉON ET IRMA, *à Roger.*
Oui, c'est à tes soins généreux
Que je dois notre délivrance;
Par toi notre bonheur commence,
Tu nous rends à jamais heureux.
ROGER.
Oui, le ciel a comblé mes vœux.
BAPTISTE.
Moi qui croyais déjà qu'on venait de la sorte
L'arrêter!
LÉON, *montrant Roger.*
L'arrêter! lui, mon libérateur!
ROGER.
Il était temps. Suivis d'une nombreuse escorte,
Nous pénétrons dans ces lieux pleins d'horreur,
L'hôtel était désert; ce matin, en silence,
Tous les gens de l'ambassadeur
Sont sortis de Paris, et bientôt de la France.
LÉON, *à Irma.*
Ainsi donc d'Abdalla nous bravons la fureur.
Tandis qu'il croit jouir de sa vengeance,
Jouissons de notre bonheur.

IRMA.
Mais qui donc a pu vous instruire?
ROGER, *montrant Henriette.*
C'est ma femme.
HENRIETTE.
Non, pas du tout;
C'est ma voisin' qu'est venu m' dire...
MADAME BERTRAND.
C'est vrai! c'est pourtant moi qui suis cause de tout!
ROGER, *à Henriette.*
C'te nuit, de mon absenc' tu m'en voulais beaucoup,
Pour faire leur bonheur j'ai négligé le nôtre.
LÉON.
C'est à nous maintenant à nous charger du vôtre.
IRMA.
Tu vivras près de nous.
LÉON.
Ma main t'enrichira.
LÉON, IRMA, HENRIETTE, ROGER.
Ainsi de l'amitié notre sort est l'ouvrage.
ROGER.
Et désormais mon cœur croira
A ce refrain d'heureux présage :
Du courage! du courage!
Les amis sont toujours là.

FIN
de
LE MAÇON.

FIORELLA.

ZERBINE, amenant Piétro. Venez, vous pouvez entrer. — Acte, 1, scène 4.

FIORELLA

OPÉRA-COMIQUE EN TROIS ACTES

Représenté, pour la première fois, à Paris, sur le théâtre royal de l'Opéra-Comique, le 28 novembre 1826.

MUSIQUE DE M. AUBER.

Personnages.

FIORELLA.
RODOLPHE, jeune officier français.
ALBERT, jeune seigneur napolitain.

ZERBINE, camériste de Fiorella.
PIÉTRO, lazzarone.
ARPAYA, majordome de l'hospice de San-Lorenzo.

La scène se passe dans les environs de Rome.

ACTE PREMIER.

Le théâtre représente un riche salon. Au fond l'on aperçoit des jardins. Au lever du rideau, Fiorella est assise à table; Albert est à sa gauche; à droite et plus loin, d'autres convives; à gauche, sur le second plan, est un orchestre; des jeunes filles dansent autour de la table, en tenant des guirlandes de fleurs. Tous les convives tiennent à la main des verres remplis de vin de Champagne.

SCENE PREMIÈRE.

FIORELLA, ALBERT, Chœur.

INTRODUCTION.

CHŒUR.

Plaisir des dieux, douce ambroisie,
Enivre mon âme ravie !
En ces lieux célébrons tour à tour
La beauté, le champagne et l'amour.

UN CONVIVE.
Fiorella, je bois à la plus belle !
ALBERT, *de même.*
Moi, je bois à la plus cruelle !
FIORELLA, *souriant.*
Vraiment, seigneur, c'est par trop généreux.
ALBERT, *montrant son verre de vin de Champagne.*
Puisse ce vin de France
De ce pays lui donner l'inconstance,
Et combler enfin tous nos vœux !

CHŒUR.
Plaisir des dieux ! douce ambroisie, etc.

FIORELLA.
Messieurs.., Messieurs, silence.
J'aime à voir par des chants le festin s'égayer,
Chacun à son tour... Albert chantera le premier.

ALBERT.

PREMIER COUPLET.

Heureux climat ! beau ciel de l'Italie !
Séjour des arts et de la volupté,
Ton seul aspect séduit l'œil enchanté
Et semble dire à notre âme attendrie ;
Au plaisir, à l'amour
Ne soyons plus rebelles ;
Le plaisir a des ailes,
Et l'amour n'a qu'un jour !

DEUXIÈME COUPLET.

Peut-être ici, sur la lyre sonore,
Tibulle, Horace, ont chanté leurs amours;
Imitons-les, et répétons toujours
Ce doux refrain que l'écho dit encore :
Au plaisir, à l'amour
Ne soyons plus rebelles ;
Le plaisir a des ailes,
Et l'amour n'a qu'un jour !

FIORELLA.

TROISIÈME COUPLET.

Jeunes beautés, aimables et coquettes,
Gardez-vous bien de vous laisser charmer !
Contentez-vous de plaire sans aimer,
Si vous voulez conserver vos conquêtes...
Ils fuiront sans retour
Ces amants infidèles ;
Le plaisir a des ailes,
Et l'amour n'a qu'un jour !

(*Un domestique entre par la droite du spectateur.*)

SCENE II.

Les précédents, UN DOMESTIQUE.

FIORELLA.
Eh bien ! que nous veut-on ?
LE DOMESTIQUE.
Aux portes du palais,
Un malheureux, comme faveur suprême,
Demande à vous parler.
FIORELLA, *se levant de table.*
Qu'il entre à l'instant même,
Que toujours en ces lieux le malheur trouve accès.

SCENE III.

Les précédents, ZERBINE, *entrant par la gauche.*

FIORELLA, *l'aperçoit, se lève de table vivement, et à voix basse.*
C'est toi, Zerbine, te voilà !
Quelles nouvelles ?
ZERBINE, *de même.*
Signora,
Discrètement j'ai rempli mon message ;
Je l'ai vu !
FIORELLA, *très-émue.*
Tu l'as vu, mon cœur tremble et frémit !
ZERBINE, *toujours à voix basse.*
Il doit au bal masqué se trouver cette nuit.
De sa parole j'ai le gage !
Et l'on apporte dans l'instant
Votre habit.
FIORELLA.
Est-il bien ?
ZERBINE.
Rien n'est plus séduisant.
FIORELLA, *vivement.*
Ah ! courons vite admirer ma toilette.
ALBERT, *se levant et l'arrêtant.*
Et le pauvre qui vous attend ?
FIORELLA, *à Albert.*
Il a raison. Pour acquitter ma dette,
Daignez ici... le recevoir...
(*Aux autres convives.*)
Messieurs, Messieurs, à ce soir !
Sur vous je compte pour ma fête.
(*Tous se lèvent et sortent de table.*)
ALBERT.
A de tels rendez-vous jamais on n'a manqué !
FIORELLA.
(*Regardant Zerbine.*)
Et puis nous irons tous après .. au bal masqué.

CHŒUR.

(*Reprise du premier chœur.*)

Plaisir des dieux ! amour, tendresse,
Sur ses pas nous guident sans cesse.
En ces lieux célébrons tour à tour
La beauté, le plaisir et l'amour.

(*Pendant le chœur précédent, les domestiques ont enlevé les chaises et la table. Fiorella entre dans l'appartement à gauche. Tous les convives sortent par les jardins. Albert reste seul en scène.*)

SCENE IV.

ALBERT, puis PIÉTRO et ZERBINE.

ZERBINE, *amenant Piétro.* Venez, vous pouvez entrer.
ALBERT. Voilà une singulière tournure ! Qui es-tu ?
PIÉTRO. On me nomme Piétro, et je suis Napolitain, autrefois lazzarone et maintenant honnête homme.
ALBERT. Je vois que tu donnes dans les extrêmes ; et gagnes-tu beaucoup dans ton dernier métier, celui d'honnête homme ?
PIÉTRO. Pas grand'chose, quoique cependant il y ait peu de concurrence : aussi je viens demander ici les moyens de continuer mon nouvel état, sans quoi je serai obligé de revenir à l'autre comme plus lucratif.
ZERBINE. Voilà un coquin original.
PIÉTRO. Coquin ! non pas, signora. J'ai déjà dit à Monseigneur que j'avais donné ma démission, et ma démarche va le lui prouver. Voici dont il s'agit : hier soir, à trois milles avant d'arriver à Rome, je me suis arrêté à l'hospice San-Lorenzo, où l'on accueille les pèlerins, et j'y ai rencontré un nommé Gennaio, un ancien camarade, un ex-confrère.
ALBERT. J'entends, un lazzarone comme toi.
PIÉTRO. Excepté qu'il exerce encore, mais pas pour longtemps, car il est bien malade. Or, vous saurez que Gennaio et moi avons eu autrefois des relations d'affaires, et par suite de ces relations, il a entre les mains des papiers qui peuvent compromettre le duc de Farnèse dans ses biens

et dans sa réputation ; mais loin de vouloir faire du tort à une famille honorable, j'ai décidé mon camarade à un arrangement pour lequel j'ai ses pleins pouvoirs. Alors je suis arrivé ce matin au palais Farnèse ; et me voilà. Vous comprenez maintenant ?
ALBERT. Parfaitement! Mais à qui crois-tu parler ?
PIÉTRO. Au fils ou à quelque parent du duc de Farnèse.
ALBERT. Du tout, je suis Albert de Sorrente, Napolitain comme toi.
PIÉTRO. Pardon, Monseigneur, je vous prierai alors de me faire parler au duc de Farnèse.
ALBERT. J'aurais de la peine, attendu que depuis un an le duc n'existe plus.
PIÉTRO. Il serait vrai?
ALBERT. Cela dérange tes projets et ceux de Gennaio ton associé ; mais le duc de Farnèse est mort à soixante ans, sans héritiers, laissant son immense fortune à une maîtresse qu'il adorait, la signora Fiorella.
PIÉTRO. Fiorella? je ne la connais pas, mais si elle est héritière de tous ses biens, cela doit la concerner, et nous pouvons faire affaire.
ALBERT. Non pas avec elle, mais avec moi. Combien veux-tu de ces papiers ?
PIÉTRO. Deux mille ducats.
ALBERT. Je te les donne, à condition que tu remettras ces papiers pour rien à la signora Fiorella, et sans lui parler de moi.
PIÉTRO. Je comprends, c'est une galanterie de Monseigneur.
ALBERT. Enfin, acceptes-tu?
PIÉTRO. C'est dit. Vous êtes de Naples, je suis de Naples : entre compatriotes on doit s'entendre. Ce soir je retourne à l'hospice San-Lorenzo, je décide Gennaio, et demain j'apporte ces papiers à la signora.
ALBERT, *lui offrant une bourse*. Tiens, veux-tu d'avance?
PIÉTRO, *prenant la bourse*. Du tout, entre honnêtes gens la parole suffit. Je dis honnêtes, quoique ma probité soit encore d'une origine récente, mais la date n'y fait rien. Adieu, excellence. (*A Zerbine.*) Adieu, signora.

SCENE V.

ALBERT, ZERBINE.

ZERBINE. Que vous êtes bon et généreux ! Quoi ! monsieur Albert, vous ne voulez pas que ma maîtresse sache ce que vous faites là pour elle?
ALBERT. Oui, oui, et j'ai du mérite à agir ainsi ; car, Zerbine, je suis furieux contre Fiorella.
ZERBINE. Et que vous a-t-elle fait?
ALBERT. Ce qu'elle m'a fait? pourquoi ne veut-elle pas m'aimer?
ZERBINE. Je l'ignore, et je le saurais que peut-être je ne vous le dirais pas. Quoi ! vraiment, monsieur Albert, vous en êtes amoureux?
ALBERT. Le moyen de faire autrement ! la beauté la plus séduisante et la plus coquette ! tous les talents, toutes les grâces réunies ; aujourd'hui douce, aimable et sensible ; demain vive, légère, capricieuse. Enfin je venais ici à Rome pour un mariage superbe, Célina Manfredi, une riche héritière, une jeune personne dont je suis aimé ; hé bien ! j'ai vu Fiorella, je l'ai vue pour mon malheur, et depuis ce temps ni les conseils de mon père, ni la colère des deux familles, ni les larmes de ma prétendue, rien n'a pu m'arrêter ; je suis comme un insensé à solliciter un regard qu'elle ne m'accorde pas, qu'elle n'accorde à personne ; car des princes régnants ne sont pas mieux traités, et j'ai vu dans son palais des altesses faire antichambre. Mais cela du moins, tu peux me l'avouer : pourquoi depuis quelques jours ne vient-elle plus à Rome, et reste-t-elle renfermée dans cette campagne? Pourquoi est-elle triste, rêveuse, préoccupée? elle a quelques chagrins, et la preuve, c'est qu'elle multiplie autour d'elle les plaisirs et les fêtes qu'autrefois elle semblait éviter. Elle cherche, non à s'amuser, mais à s'étourdir, Zerbine, j'en suis certain, j'ai un rival.
ZERBINE. Vous pourriez penser?..
ALBERT. Si je le savais ! Écoute, je suis la douceur et la modération en personne, mais je suis Napolitain, c'est-à-dire jaloux de naissance. Ce n'est pas ma faute, c'est dans le sang ! j'ai fait tout au monde pour changer mon caractère : j'ai voyagé en France, j'ai vu des ménages parisiens, des maris philosophes ; ça m'a bien fait, ça m'a été utile, car il n'y a vraiment que ce pays-là où l'on puisse se former. Hé bien ! malgré mon éducation française, le caractère napolitain reprend de temps en temps, et quand j'apprends une infidélité, mon premier mouvement est de porter la main à mon poignard, le second est d'en rire, mais de mauvaise grâce ; il faudra que je fasse un second voyage.
ZERBINE. Vous avez bien raison.

DUO.

Pourquoi des belles
Être jaloux?
Changer comme elles
Est bien plus doux.
ALBERT.
C'est ma devise,
Et désormais
Je veux qu'on dise :
C'est un Français.
ZERBINE.
C'est sa devise, etc.
ALBERT.
Tu peux donc parler sans mystère.
ZERBINE.
Moi? je n'ai point de secrets.
ALBERT.
N'importe, dis-moi tout, ma chère.
ZERBINE.
Monsieur, l'on prétend qu'un Français
En pareil cas, n'interroge jamais.
ALBERT.
Oui, je comprends, la chose est claire,
Il est un rival qu'on préfère?
ZERBINE, *souriant*.
Un rival !
ALBERT.
Quel est-il? réponds, crains ma colère.
ZERBINE.
Que dites-vous, seigneur Français?
ALBERT.
Non, non, ne crains rien,
Car tu le sais bien :
Pourquoi des belles
Être jaloux? etc.
Ainsi donc, je puis tout entendre ;
Dis-moi, dis-moi si l'on m'a su trahir.
ZERBINE.
Ça vous fera-t-il bien plaisir?
ALBERT.
Mais, oui, je te promets d'apprendre
Gaîment mon sort infortuné.
Tu souris, tu souris.
ZERBINE.
Je n'ai pu m'en défendre.
ALBERT.
S'il est vrai, si l'on me trahit...
ZERBINE.
Y pensez-vous?
ALBERT.
Non, car je te l'ai dit :
Pourquoi des belles
Être jaloux, etc.

(*Zerbine sort.*)

SCENE VI.

ALBERT, RODOLPHE, *vêtu très-simplement.*

RODOLPHE, *se disputant à la porte*. Je ne demande point la signora Fiorella, mais le seigneur Albert de Sorrente, qui doit être ici.
ALBERT. En croirai-je mes yeux? Un Français, le comte Rodolphe dans ce pays et sous un pareil costume!
RODOLPHE. Albert, je vous retrouve enfin ! Vous ne m'avez donc point oublié?
ALBERT. Vous oublier ! moi qui pendant trois mois fus votre prisonnier, et qui sais par quels procédés généreux...

RODOLPHE. Allons donc, ne rappelons pas le temps où nous étions ennemis. Le hasard m'a appris hier que vous étiez à Rome. J'ai couru à votre hôtel; mais impossible de vous rencontrer; et l'on m'a assuré que je vous trouverais à quelques lieues de Rome, à la villa Farnèse, chez la signora Fiorella. Voilà pourquoi je suis accouru. Mais quelle est cette Fiorella?

ALBERT. Quoi! vous ne la connaissez pas? La femme la plus célèbre de l'Italie, une enchanteresse que j'adore. C'est le vieux duc de Farnèse, riche seigneur et grand amateur du beau sexe, qui l'enleva, dit-on, à l'âge de quinze ans, qui prodigua ses trésors pour l'embellir, pour lui donner tous les talents, et qui, il y a un an, à sa mort, lui laissa tous ses biens.

RODOLPHE. Et depuis on ne lui connaît pas?..

ALBERT. D'autres faiblesses? Hélas! non; elle hésite encore à faire un nouveau choix, car vous sentez bien qu'ayant deux ou trois cent mille ducats de rente, ce n'est point tout à fait la fortune qui la déterminera; ce sont les grâces, l'esprit, l'amabilité, ce qui fait que je ne désespère pas, et que je reste toujours sur les rangs. Mais je vois que vous riez de mon extravagance, et que vous allez me faire de la morale; vous me parlerez raison, je vous parlerai amour, et nous ne nous entendrons plus; causons plutôt de vous et de vos aventures. Comment êtes-vous ici dans les Etats-Romains, quand la guerre continue toujours entre l'Italie et la France? Savez-vous que vous êtes bien imprudent ou bien hardi?

RODOLPHE. Ni l'un ni l'autre; je suis le jouet des événements et je leur obéis. Depuis huit jours j'étais à Rome, ne connaissant personne et cherchant un protecteur. J'ai appris que vous étiez ici, et me voilà tranquille sur mon sort.

ALBERT. Du moins, tout ce que je possède est à vous; en quoi puis-je vous être utile? Parlez, je veux tout savoir.

RODOLPHE. Oh! très-volontiers. Vous vous rappelez que dans le commencement de cette guerre nos troupes restèrent longtemps en garnison à quelques lieues de Naples. Or, que voulez-vous que des Français fassent en garnison?

ALBERT. Je devine; vous devîntes amoureux; c'est de rigueur.

RODOLPHE. A mes yeux du moins, tout justifiait mon choix. Camille avait quatorze ans; c'était la vertu, l'innocence la plus pure; et quant à sa beauté, je ne vous en parle pas; mais votre Fiorella, quels que soient ses attraits, n'approchera jamais de ma jolie villageoise de Portici, lorsqu'avec sa résille et son corset bariolés, elle allait à la ville portant sur sa tête sa corbeille de fruits. Alors la révolte de Naples vint à éclater; laissé pour mort sur le champ de bataille, je fus recueilli, fait prisonnier par les lazzaroni, et pendant trois années enseveli vivant dans un cachot du Château-Neuf; ma foi, préférant la mort à une pareille captivité, je risquai mes jours pour m'échapper, j'y parvins, je courus à Portici, mais je ne retrouvai ni Camille ni son père: les campagnes avaient été ravagées, leur maison incendiée; ils étaient morts sans doute! je ne pensai plus qu'à m'éloigner de ces lieux, je traversai le royaume de Naples à pied, sous ce costume, n'ayant pour toute ressource qu'une guitare, qui me fit vivre tout le long de la route. C'est dans cet état que j'arrivai à Rome il y a huit jours, et c'est ainsi que je fis mon entrée dans l'ancienne capitale du monde.

ALBERT. Sans ressource, sans ami?

RODOLPHE. Il faut cependant que j'en aie d'inconnus, car dès le lendemain de mon arrivée, je me promenais sur les bords du Tibre, lorsque du fond d'une voiture élégante qui passait près de moi j'entends partir un cri de surprise; je m'élance, mais on avait baissé les stores, et la voiture avait disparu; je continuai ma promenade, et, en rentrant dans la misérable auberge que me servait de réduit, je trouve un inconnu qui dépose devant moi un sac d'argent en me disant: « Voici pour vous trois mille ducats. — De quelle part? — Je ne puis le dire. — Et moi, je ne puis accepter... »

ALBERT. Et vous n'avez pas le moindre soupçon?

RODOLPHE. J'ai bien en France un oncle grand seigneur, à qui j'ai écrit aussitôt ma sortie de prison, en le priant de m'envoyer des fonds à Rome ou à Milan; mais je doute qu'il ait reçu ma lettre.

ALBERT. D'ailleurs, un oncle n'y met pas de mystère; il paie, c'est de droit; (Déclamant.) un oncle est un caissier donné par la nature.

RODOLPHE. Oh! ce n'est rien encore; ce matin, une soubrette, enveloppée d'une mante, m'apporte pour ce soir une invitation à un bal masqué.

ALBERT. Et irez-vous?

RODOLPHE. Je le voulais d'abord par curiosité; mais d'après divers renseignements que j'ai recueillis, je dois pour ma sûreté personnelle quitter Rome au plus vite.

ALBERT. Vous avez raison, un Français qui y serait reconnu courrait les plus grands dangers; il faut partir.

RODOLPHE. Pour cela je compte sur vous; car, dans ce moment, comment traverser l'Italie entière sans un sauf-conduit?

ALBERT. C'est juste, vous seriez arrêté avant deux lieues; je vais vous conduire devant le gouverneur de Rome, le baron de Walhen, le commandant autrichien, et quoiqu'il soit sévère comme un diable, nous le lui demanderons.

RODOLPHE. Y pensez-vous? réclamer un sauf-conduit, moi, un Français, prisonnier de guerre depuis trois ans, et qui viens de m'échapper de la citadelle de Naples!

ALBERT. C'est vrai; il faudrait, pour bien faire, que notre rigide commandant signât un laissez-passer en blanc et sans savoir pour qui il est destiné.

RODOLPHE. Quand vous obtiendrez cela du baron de Walhen?

ALBERT. Attendez, je sais quelqu'un qui aura ce crédit.

RODOLPHE. Et qui donc?

ALBERT. Fiorella. Ses attraits ont triomphé du gouverneur lui-même et de la gravité allemande; la Germanie s'est laissé subjuguer, et apprenez que, si elle le voulait bien, elle n'aurait qu'un mot à dire.

RODOLPHE. Je ne doute point du crédit de Fiorella. Mais comment reconnaître un pareil service?

ALBERT. En venant ce soir la remercier.

RODOLPHE. Y pensez-vous!

ALBERT. Je comprends; c'est votre costume qui vous arrête; j'ai ici mes gens, ma voiture. Holà! quelqu'un! On va vous reconduire à Rome, à mon hôtel. Vous choisirez ce qui pourra vous convenir. Point de refus. Autrefois, il vous en souvient, j'acceptai de vous et sans façon. Dans une heure vous serez de retour, je vous présente à Fiorella, et vous serez bien accueilli; car si je n'obtiens rien de son amour, je peux du moins attendre tout de son amitié.

RODOLPHE. Vous le voulez? je cède, et je m'abandonne à vos soins. (Il sort avec le domestique.)

SCÈNE VII.

ALBERT, seul. Allons, je suis content de moi, cela s'annonce bien: un bal, une fête, le bonheur de voir Fiorella, et de plus, le plaisir d'obliger un ami. Voilà une bonne journée; mais on vient, c'est notre Armide. Elle me semble aujourd'hui plus séduisante que jamais! C'est fini, pas un ce soir n'en échappera!

SCÈNE VIII.

ALBERT, FIORELLA, en robe de bal.

FIORELLA, parlant à un domestique en livrée. Eh! non vraiment, qu'il ne s'en avise pas! que ferais-je de lui?

ALBERT. A qui en avez-vous donc?

FIORELLA. C'est le baron de Walhen, dont la campagne est voisine de la mienne, et qui me fait demander la permission d'assister à notre soirée.

ALBERT. Vous la lui accordez?

FIORELLA. Non, sans doute; si j'avais voulu qu'il vînt, je l'aurais invité.

ALBERT. Y pensez-vous? le gouverneur militaire!

FIORELLA. Cela peut être fort utile ailleurs que dans un bal; c'est un homme d'une amabilité tranquille, qui dans son genre a de la grâce, de la légèreté... pour un Allemand, mais pas assez pour un danseur.

ALBERT. Oui, mais, je vous en prie, faites-lui politesse; car j'ai grand besoin de lui.

FIORELLA. C'est différent. Que ne parliez-vous? Je l'inviterai. S'il faut même, je le trouverai aimable. Que voulez-vous de plus?

ALBERT. Que vous vous mettiez ici à cette table, et vous lui demandiez un sauf-conduit en blanc.

FIORELLA, *écrivant.* Pour vous? Est-ce que vous nous quittez?
ALBERT. Non, ce n'est pas pour moi.
FIORELLA. Et s'il demande quelle est la personne?
ALBERT. Comme je ne veux pas qu'il la connaisse, vous chercherez quelque bonne raison.
FIORELLA. C'est bien, je lui dirai que je le veux!
ALBERT. A merveille, il n'y a rien à répondre.
FIORELLA, *elle sonne.* J'y joins une invitation de bal. (*A un domestique qui entre.*) Faites porter cela au baron, et réponse sur-le-champ. (*Se levant.*) Mais moi, du moins, puis-je connaître la personne que j'oblige?
ALBERT. C'est un ami intime que je vous demanderai la permission de vous présenter, car il doit ce soir venir vous remercier.
FIORELLA. A la bonne heure. Mais avant qu'on ne vienne, Albert, j'ai à vous parler d'un objet plus important pour vous.
ALBERT. Il s'agit donc de vous et de mon amour!
FIORELLA. Non ; mais d'une personne qui m'accuse, et dont, sans le savoir, je causai le malheur ; enfin de Célina.
ALBERT. Grand Dieu!
FIORELLA. Celle qui vous était destinée. Pour vous détacher de moi, pour vous ramener à elle, savez-vous à qui elle s'adresse, à qui elle a recours?
ALBERT. A qui donc?
FIORELLA. A moi, Monsieur, à moi-même. Elle a daigné m'écrire, et je me montrerai digne de sa confiance en plaidant sa cause.

DUO.

Céline est d'illustre origine.
 ALBERT.
L'amour consulte-t-il le rang?
 FIORELLA.
On vante sa grâce divine.
 ALBERT.
Moi, je l'oublie en vous voyant
 FIORELLA.
Elle a sur moi cependant un avantage extrême
Qui devrait doubler ses appas.
 ALBERT.
Quel est-il?
 FIORELLA.
C'est qu'elle vous aime!..
 ALBERT.
Eh bien?
 FIORELLA.
Et moi, je ne vous aime pas.
 ALBERT.
Cruelle! cruelle!
Je ne peux vous fléchir;
L'amour le plus fidèle
Ne peut vous attendrir.
 FIORELLA.
Oui, je suis cruelle,
Et tel est mon plaisir :
L'amant le plus fidèle
Ne saurait m'attendrir.
 ALBERT.
Jamais votre cœur inflexible
D'aimer n'a connu le malheur!
 FIORELLA.
Qui vous l'a dit?
 ALBERT.
Quoi! vous seriez sensible!
 FIORELLA.
Vous dois-je compte de mon cœur
 ALBERT.
Si vous partagiez ma tendresse,
Si vous daigniez sourire à mes projets,
Qu'avec ivresse à vos pieds je mettrais
Mon rang, mes honneurs, ma richesse!..
 FIORELLA.
Non... les trésors ont pour moi peu d'attraits;
Et tous les miens, je vous les donnerais,
Si... si je vous aimais.
 ALBERT.
Cruelle! cruelle!
Rien ne peut vous fléchir!

L'amour le plus fidèle
Ne peut vous attendrir.
 FIORELLA.
Oui, je suis cruelle,
Et tel est mon plaisir ;
L'amant le plus fidèle
Ne saurait m'attendrir.
Mais Zerbine revient... modérez ce transport.

SCENE IX

LES PRÉCÉDENTS ; ZERBINE.

ZERBINE, *tenant à la main une lettre et un papier plié.*
Le baron de Walhen, en esclave fidèle,
S'estime trop heureux de vous prouver son zèle.
 FIORELLA.
C'est bien ! ce respect me plaît fort!
(*A Albert, lui donnant le paquet.*)
Tenez, lisez.
 ALBERT, *lisant.*
« Beauté séduisante et cruelle... »
 FIORELLA.
Vous l'entendez, c'est le même refrain.
Voyons pourtant jusqu'à la fin.
 ALBERT, *continuant à lire.*
« Beauté séduisante et cruelle,
« Qui des plus tendres feux avez su m'embraser
« Je n'ai, vous le savez, rien à vous refuser ;
« Sur ce point seulement prenez-moi pour modèle. »
 FIORELLA.
C'est très-bien ! c'est charmant!
Rien ne manque à ma gloire!
Je rends tendre et galant
Un baron allemand!
(*A Albert, lui montrant le papier.*)
Ainsi, j'aime à le croire,
Votre ami sera content.
 ALBERT.
Mais moi...
 FIORELLA.
Pour vous, silence!
Voici la fête qui commence.
 ALBERT.
Cruelle! cruelle!
Rien ne peut vous fléchir!
L'amant le plus fidèle
Ne peut vous attendrir.
 FIORELLA, *riant.*
Cruelle! cruelle!
Oui, tel est mon plaisir :
L'amant le plus fidèle
Ne saurait m'attendrir.
 ZERBINE.
Être belle et cruelle,
C'est vraiment un plaisir :
L'amour le plus fidèle
Ne saurait l'attendrir.

SCENE X.

LES PRÉCÉDENTS ; TOUTES LES PERSONNES INVITÉES POUR LE BAL.

CHŒUR.

Des plaisirs la troupe légère
Nous appelle dans ce séjour :
Nous accourons sous la bannière
De la folie et de l'amour.
 ALBERT.
Pour animer leur danse et leurs concerts,
De notre heureux pays dites-nous quelques airs.
 FIORELLA.
Zerbine, allons, ma compagne fidèle,
Des chansons du pays, des airs napolitains.
 ALBERT.
Cette barcarolle nouvelle;
Nous en redirons les refrains.
Tout le monde s'est assis en cercle.)

FIORELLA, *en s'adressant à Albert, chante et Zerbino l'accompagne sur la mandoline.*

BARCAROLLE.

PREMIER COUPLET.

Pauvre Napolitain,
  La mer est belle;
Cherche au pays lointain
  Meilleur destin.

ZERBINE

Au bord américain
  L'or étincelle,
Et promet au marin
  Riche butin.

ENSEMBLE.

Voilà ma nacelle;
  Partons soudain.

ALBERT ET LE CHOEUR.

Moi, quitter l'Italie
Pour un climat nouveau?
Le ciel de la patrie
Est toujours le plus beau!

DEUXIÈME COUPLET.

FIORELLA.

Le Vésuve en son sein
  Souvent recèle,
Même en un jour serein
  Trépas certain.

ZERBINE.

Si ton regard malin
  Lorgne une belle,
Crains le fer inhumain
  D'un spadassin.

ENSEMBLE.

Voilà ma nacelle.
  Partons soudain.

ALBERT ET LE CHOEUR.

Moi, quitter l'Italie
Pour un climat nouveau?
Le ciel de la patrie
Est toujours le plus beau!

TROISIÈME COUPLET.

FIORELLA.

Intrépide marin,
  Beauté nouvelle
Va t'offrir en chemin
  Attrait divin!

ZERBINE.

Vers ce pays charmant
  Qui te rappelle,
Tu reviendras gaîment,
  Riche et content.

ENSEMBLE.

Voilà ma nacelle.
  Partons gaîment.

ALBERT ET LE CHOEUR.

Moi, quitter l'Italie
Pour un climat nouveau?
Le ciel de la patrie
Est toujours le plus beau!

TOUS.

Brava! brava!
  Signora!

FIORELLA.

Maintenant du bal
Nous pouvons donner le signal.

(*Les portes du fond se sont ouvertes, des lustres sont descendus du plafond; les contredanses se forment; tout présente l'image d'un bal animé. Fiorella parcourt les différents quadrilles et parle à tout le monde; pendant ce temps, et toujours sur le même air de danse, entre Rodolphe, richement habillé; Albert l'aperçoit, va à lui, et l'amène sur le devant du théâtre.*)

ALBERT, *à Rodolphe, à demi-voix.*

Ah! te voilà; tu te fais bien attendre!

Arrive donc, tu vas être enchanté:
  (*En confidence.*)
C'est obtenu!

RODOLPHE.

Que viens-tu de m'apprendre?
Je n'y puis croire, en vérité!

ALBERT.

Moi, du succès je n'ai jamais douté!
Les destins sont toujours propices,
Lorsque l'on a pour protectrices
Et les grâces et la beauté.

RODOLPHE.

Ah! de cette femme charmante
Mon cœur se souviendra toujours.

ALBERT.

Viens alors, que je te présente
A la reine des amours!

(*Apercevant Fiorella qui quitte le fond et qui s'avance vers eux.*)

C'est elle! comme elle est belle!

(*S'adressant à Fiorella, et se mettant devant Rodolphe.*)

A vos genoux, Madame, en chevalier fidèle,
Je vous amène ici votre heureux protégé!

FIORELLA.

Heureux... ah! je le suis de l'avoir obligé!

(*Passant près de Rodolphe et lui remettant un papier.*)

Oui, Monsieur, retournez aux rives de la France.

RODOLPHE.

Ah! Madame, comment, dans ma reconnaissance...

(*Levant les yeux et la regardant.*)

O ciel! il se pourrait!

FIORELLA.

Dieu! qu'est-ce que je vois?

RODOLPHE, *à part.*

C'est Camille! c'est elle!

FIORELLA, *cachant sa tête dans ses mains.*

A ses yeux cachez-moi!

ENSEMBLE.

ALBERT, *à Rodolphe.*

O surprise! ô mystère!
Qu'as-tu donc? réponds-moi.
D'où provient ta colère?
  (*Montrant Fiorella.*)
Et d'où vient son effroi?

RODOLPHE.

O surprise! ô mystère!
Je ne puis, je le vois,
Réprimer la colère
Qui s'empare de moi.

FIORELLA.

O surprise! ô mystère
Qui me glace d'effroi!
O Dieu tutélaire,
Prenez pitié de moi.

ZERBINE ET LE CHOEUR.

O surprise! ô mystère!
Qui cause un tel émoi?
  (*Montrant Rodolphe.*)
D'où vient donc sa colère?
  (*Montrant Fiorella.*)
Et d'où vient son effroi?

ZERBINE, *à Fiorella.*

Qu'avez-vous? je vous vois interdite... éperdue...

FIORELLA.

Mon châtiment n'est que trop mérité!
Sa voix m'accable, et son aspect me tue!

RODOLPHE, *regardant autour de lui.*

O comble d'indignité!
Ce luxe... cet éclat... cet or qui l'environne...
Sortons, car, je le sens, la raison m'abandonne.
Mais avant de fuir pour jamais,

(*Voulant donner le sauf-conduit à Fiorella qui refuse de le prendre.*)

Qu'elle reprenne ses bienfaits!

ALBERT.

Rodolphe, y penses-tu? quelle est donc ta folie?

RODOLPHE, *déchirant le papier.*

Plutôt mourir que lui devoir la vie!

ENSEMBLE.

ALBERT.
O surprise! ô mystère!
Qu'as-tu donc? réponds-moi.
D'où vient ta colère?
Et d'où vient son effroi?

FIORELLA.
O surprise; ô mystère
Qui me glace d'effroi!
(*A Zerbine.*)
Éloignons-nous, ma chère;
A ses yeux cache-moi!

RODOLPHE.
O surprise! ô mystère!
Je ne puis, je le voi,
Réprimer la colère
Qui s'empare de moi.

ZERBINE ET LE CHŒUR.
O surprise! ô mystère!
Qui cause cet émoi?
D'où vient donc sa colère?
Et d'où vient son effroi?

(*Le bal est interrompu. — Zerbine entraîne Fiorella. — Albert s'attache à Rodolphe et ne le quitte pas. — Tout le monde sort en désordre. — La toile tombe.*)

ACTE DEUXIÈME.

Le théâtre représente une chambre de l'hospice de San-Lorenzo; à gauche, une large cheminée; à droite, une table; au fond, une porte. Au lever du rideau, plusieurs pèlerins sont près de la cheminée; d'autres, rangés autour de la table, boivent ou se reposent; d'autres sont debout.

SCÈNE PREMIÈRE.

PIÉTRO, PLUSIEURS PÈLERINS.

CHŒUR DE PÈLERINS.

Dans cet asile solitaire
Nous trouvons un toit protecteur!
Bénissons la main tutélaire
Qui prend soin du voyageur.

RONDE.

PIÉTRO.

PREMIER COUPLET.

Après la richesse,
Joyeux pèlerin,
Moi, je cours sans cesse,
Et je cours en vain.
Quoique la coquette
M'échappe souvent,
Gaîment je répète
En la poursuivant :
 Espérance,
 Confiance,
 C'est le refrain
 Du pèlerin.

DEUXIÈME COUPLET.

En route on s'ennuie,
Il faut être deux!
Que fille jolie
Paraisse à mes yeux;
Quoique l' mariage
Ait maint accident,
J' tente le voyage,
En disant gaîment :
 Espérance, etc.

TROISIÈME COUPLET.

Je crois que ma belle,
M'aimant constamment,

Me sera fidèle;
Et, chemin faisant,
Si de bons apôtres
En sont amoureux,
J' dirai comm' tant d'autres,
En fermant les yeux :
 Espérance, etc.

CHŒUR.

Mais du silence! attention!
Car c'est monsieur le majordome,
Celui qui de cette maison
Est le concierge et l'économe.

SCÈNE II.

LES PRÉCÉDENTS; ARPAYA, *tenant une lampe à la main.*

(*Le théâtre qui jusque-là a été dans l'obscurité, s'éclaire en ce moment.*)

ARPAYA.
Messieurs, Messieurs, dix heures ont sonné;
Suivant la règle et l'ordonnance,
Il est temps que chacun se retire en silence
Dans le réduit qui lui fut assigné.

CHŒUR.

Partons, partons en silence.

ARPAYA.
Allez, et bénissez toujours comme aujourd'hui
San Lorenzo, puis moi, qui vous logeons ici.

CHŒUR.

Dans cet asile solitaire, etc.

SCÈNE III.

PIÉTRO, ARPAYA.

PIÉTRO. Et moi, seigneur Arpaya, où comptez-vous me loger? car je viens d'arriver.
ARPAYA. Ah! ah! n'est-ce pas toi qui tout à l'heure t'es avisé de sonner par une pluie battante?
PIÉTRO. Où est le mal?
ARPAYA. Le mal est que j'ai été obligé d'aller t'ouvrir et de traverser une cour immense par un temps affreux. Tu ne pouvais peut-être pas attendre, pour sonner que l'orage fût apaisé?
PIÉTRO. C'est ça, gagner une fluxion de poitrine pour le bon plaisir de Monsieur! L'hospice est fondé pour recevoir, héberger et coucher chaque nuit des pèlerins. Je suis pèlerin. Je suis en règle. Vous, votre devoir est de m'accueillir, quelque temps qu'il fasse, et de me faire bonne mine. Or, dans ce moment, vous êtes en contravention; et je me plaindrai au supérieur!
ARPAYA. Par exemple, voilà un gaillard bien hardi. (*Le regardant.*) Eh! mais, si je ne me trompe, tu es déjà venu loger ici hier soir. Tu es donc toujours sur la route de Rome?
PIÉTRO. Puisque je suis un pèlerin! Si tout le monde restait chez soi, vous n'auriez point de pèlerins.
ARPAYA, *entre ses dents.* Ce ne serait pas un mal. Des fainéants! des vagabonds! Enfin, voici une chambre vacante; restes-y, et grand bien te fasse!
PIÉTRO. Non, elle ne me convient pas.
ARPAYA. Comment? elle ne te convient pas?
PIÉTRO. Je préfère celle où j'étais hier, et qui est occupée par un pauvre diable, Gennaio, qui, si j'ai bonne mémoire, doit être une ancienne connaissance à vous.
ARPAYA. Une connaissance? c'est-à-dire quand j'étais intendant du duc de Farnèse. Du temps de mes erreurs, ce Gennaio venait souvent dans la maison, et Dieu sait ce que lui et M. le duc ont souvent manigancé ensemble; car, moi, je n'y étais pour rien.
PIÉTRO. Que pour l'exécution.
ARPAYA. J'obéissais à mon maître par devoir et pour mes appointements; mais je le blâmais intérieurement pour ma conscience.
PIÉTRO. Il ne fallait donc pas rester à son service.

ARPAYA. Il en aurait pris un autre. Autant valait que ce fût quelqu'un qui eût de la moralité ! d'ailleurs, qu'est-ce que tu viens me parler du passé ? Le ciel m'a fait la grâce d'oublier tout cela, et je n'y pense plus. Va retrouver Gennaio, et dépêche-toi, car aussi bien il paraît qu'il ne passera pas la nuit.

PIÉTRO. Vous croyez ?

ARPAYA. C'est l'infirmier qui me l'a dit; moi je n'ai pas été le voir, ça me fait mal !

PIÉTRO. Vous êtes si charitable ! Adieu, seigneur Arpaya ; et nous aurons peut-être quelques comptes à régler ensemble.

SCÈNE IV.

ARPAYA, *seul*. Qu'est-ce qu'il a donc avec son air en dessous ? Certainement je suis charitable ; je suis payé pour cela. J'espère bien, par exemple, qu'il ne viendra plus personne ; car, au lieu de s'apaiser, l'orage redouble, et j'ai chez moi, dans ma chambre, auprès de mon feu, un bon souper qui m'attend, des ravioles et un macaroni au parmesan ; *che gusto !*

PREMIER COUPLET.

J'entends et la grêle et la pluie
Qui viennent battre mes vitraux,
Et l'orage, dans sa furie,
Au loin dévaste les hameaux.
Mais sous ce toit qui me protége,
J'ai bon lit et repas choisi ;
Qu'ailleurs il pleuve ou bien qu'il neige,
Moi, je suis à l'abri :
Que le ciel soit béni !

DEUXIÈME COUPLET.

Moi, je ne suis pas égoïste,
Et quand les gens sont en danger,
Très-volontiers je les assiste,
S'il ne faut pas me déranger.
Mais, hélas ! lorsque l'éclair brille,
Lorsque la foudre a retenti,
Je dis, près d'un feu qui pétille :
On est si bien ici !
Que le ciel soit béni !

(*A la fin du couplet, on entend sonner une cloche.*)

Là ! si ce n'est pas comme un fait exprès ! un pèlerin qui arrive. Dieu ! qu'il en coûte pour être charitable ! voyons cependant s'il est encore dans le délai fixé ; hélas ! oui ; il n'est pas encore minuit ; sans cela, je jure par san Lorenzo hospitalier qu'il serait resté à la porte. (*Regardant par la fenêtre.*) Quel bonheur ! Géronimo, mon filleul, a été ouvrir, il m'a sauvé là un rhume dont je lui tiendrai compte. Mais que vois-je ! deux voyageurs : trop heureux encore qu'ils se soient entendus pour arriver ensemble.

SCÈNE V.

ARPAYA, ALBERT, RODOLPHE, *vêtu très-simplement, une guitare derrière le dos, et enveloppé dans un manteau.*

ALBERT, *secouant son manteau*. N'est-ce pas vous qui êtes le majordome ?

ARPAYA. Oui, Monsieur ; à qui ai-je l'honneur de parler ?

ALBERT. Il me semble que vous n'avez pas besoin de savoir qui nous sommes pour nous donner l'hospitalité ; en tout cas, je suis le comte Albert de Sorrente.

ARPAYA. Quoi ! monsieur le comte nous ferait l'honneur !.. combien je suis flatté de l'occasion...

ALBERT. Il n'y a pas de quoi ; car il fait un temps affreux, et nous sommes trempés ; tenez, faites sécher nos manteaux ; vous avez encore des chambres vacantes ?

ARPAYA. Il n'en reste plus que deux : celle où nous sommes, et une autre un peu plus élégante.

RODOLPHE. Celle-ci me suffit.

ARPAYA, *à part, regardant son costume*. Je m'en doute bien, et je vais faire préparer l'autre pour monsieur le comte. Je tâcherai, Messieurs, que vous soyez seuls chez vous, s'il est possible.

RODOLPHE. C'est bien

ARPAYA Je dis : s'il est possible ; car si d'ici à minuit il survenait encore quelques voyageurs, comme il y en a déjà deux dans toutes les chambres, il faudrait bien... parce que mon devoir, et la consigne...

ALBERT. C'est trop juste.

ARPAYA. Mais ça n'est pas probable ; car onze heures et demie viennent de sonner ; en tous cas, on sait les égards et les procédés qu'on doit à monsieur le comte de Sorrente, et l'on agirait en conséquence ; je vais préparer la chambre de monsieur le comte, et je reviens. (*Il sort en emportant le manteau d'Albert et celui de Rodolphe.*)

SCÈNE VI.

ALBERT, RODOLPHE.

ALBERT. Vous voyez, mon cher Rodolphe, que votre voyage commence mal, et un ancien Romain aurait trouvé cela de mauvais augure ; mais vous, rien n'a pu vous arrêter.

RODOLPHE. Il me tardait de m'éloigner !

ALBERT. Puisque vous étiez retourné à Rome, à mon hôtel, il fallait au moins y passer la nuit, et attendre jusqu'à demain !

RODOLPHE. Attendre ! pas une minute.

ALBERT. Aussi quand j'ai appris que vous étiez parti, je suis monté à cheval pour courir après vous ; et ma foi, vous alliez bon train, car je ne vous ai rejoint qu'à quelque distance de l'hospice, où ce n'est pas sans peine que je vous ai forcé à demander un asile. Voyons, Rodolphe, expliquons-nous un peu ; car, en honneur, je ne puis rien comprendre à votre conduite.

RODOLPHE. Albert, je n'oublierai jamais ce que je dois à votre amitié ; mais ne parlons plus de ce qui vient de se passer.

ALBERT. N'en plus parler ? cela me serait impossible ; demandez-moi toute autre chose, car vous me connaissez mal ; ce n'est point par amitié que j'ai suivi vos traces, apprenez que... j'étais curieux... au fait, entre amis, il n'est pas besoin de se gêner, et autant appeler les choses par leur nom... hé bien !.. oui... je suis jaloux.

RODOLPHE. De moi ?

ALBERT, *avec fureur*. De vous, de tout le monde ; et si je n'avais écouté que mon premier mouvement... (*Se reprenant.*) Mais je suis un insensé, un extravagant. Après tout, de quoi s'agit-il ? d'une maîtresse, et je voulais seulement... vous demander quelles relations existaient entre vous et Fiorella, que vous disiez n'avoir jamais vue, et d'où provenait cette reconnaissance pathétique ; car vous étiez tous deux admirables, et vous m'amusiez beaucoup !

RODOLPHE. Non, je ne pense pas, et maintenant encore...

ALBERT. C'est vrai, c'est plus fort que moi, je suis au supplice.

RODOLPHE. Hé bien ! rassurez-vous ! car si je suis parti ainsi, c'est pour l'éviter, c'est pour la fuir à jamais. Sachez donc que cette Fiorella est cette jeune Napolitaine, dont ce matin encore je vous parlais avec tant d'amour !

ALBERT. Il se pourrait ! c'est Camille !

RODOLPHE. Ce n'est plus Camille, c'est la maîtresse du duc de Farnèse. Ce mot seul doit vous suffire, et vous apprendre que je la déteste maintenant autant que je l'aimais ; et vous-même, Albert, si vous réfléchissiez à votre folle passion...

ALBERT. Vous avez raison, je pense comme vous, c'est indigne ; mais c'est égal, je l'aime toujours, et pour mon repos, pour mon bonheur, je vous demande une seule grâce, que je croirai trop peu payer au prix de mon sang. Donnez-moi votre parole que jamais vous ne l'épouserez.

RODOLPHE, *avec indignation*. Albert, y pensez-vous ! une pareille supposition...

ALBERT. M'est peut-être permise à moi qui l'aime ; car après votre départ, si vous aviez vu cette beauté naguère si fière, si orgueilleuse, pâle, dans les larmes, près d'expirer de douleur... tout ce que j'ai pu savoir, c'est qu'elle a renvoyé tout le monde, s'est renfermée dans son appartement, et j'ignore quel dessein elle médite ; mais elle vous aime encore, et c'est pour cela que j'ai besoin d'apprendre que vous la fuyez pour jamais.

RODOLPHE. Calmez un injuste courroux. — Acte 2, scène 11.

RODOLPHE. N'est-ce que cela? je le jure, et si je manque à mon serment, si jamais je la revois, je vous permets, Albert, de me plonger votre poignard dans le cœur.

ALBERT. Voilà qui est parler, et maintenant je suis tranquille ; mais vous ne continuerez pas ainsi votre voyage, et de moi, du moins, vous pouvez accepter...

RODOLPHE. Ni de vous, ni de personne. Après ce qui m'est arrivé, on pourrait supposer encore que c'est d'une autre main que de la vôtre que me vient un pareil service, je ne veux rien devoir qu'à moi-même : je suis venu de Naples à Rome à pied, avec cette guitare ; grâce à elle, je retournerai dans mon pays.

ALBERT. Y pensez-vous?

RODOLPHE. C'est ma seule ressource ; mais je peux du moins l'employer sans rougir, et si elle me manque, si je dois succomber en route, je dirai comme nous disons nous autres Français : adieu tout, hors l'honneur.

ALBERT. Et moi je ne souffrirai pas...

RODOLPHE. Silence, car on vient.

—

SCÈNE VII.

LES PRÉCÉDENTS; ARPAYA, rapportant les manteaux.

ARPAYA. La chambre de monsieur le comte est prête.

ALBERT. C'est bien, je vous suis.

ARPAYA. Si ces messieurs veulent à souper, je les prierai de le dire ; car ici on ne doit que le logement.

RODOLPHE. Je n'ai besoin de rien ; d'ailleurs, s'il le faut, j'appellerai.

ARPAYA. Il ne serait plus temps, car la règle de l'hospice veut qu'à minuit précis tous les voyageurs soient renfermés dans leurs chambres, jusqu'au point du jour.

ALBERT. Et pourquoi?

ARPAYA. La sûreté de la maison l'exige : on n'a pas toujours aussi bonne compagnie qu'aujourd'hui, et l'on reçoit souvent, sans le savoir, des bandits de la Romagne, lazzaroni, etc.

RODOLPHE. Cela suffit, je ne veux rien ; enfermez-moi dès à présent si vous voulez.

ARPAYA. Non, Monsieur, à minuit seulement, c'est la règle ; et la règle avant tout.

RODOLPHE, à Albert. Adieu, à demain!

ALBERT. Au point du jour je viendrai vous réveiller.

(*Arpaya prend la lampe qui est sur la table, la donne à Albert en le reconduisant jusqu'à la porte. Le théâtre se trouve de nouveau dans l'obscurité.*)

SCÈNE VIII.

RODOLPHE, ARPAYA.

RODOLPHE. Oui, quand un rival m'offrait une main secourable, j'ai dû le repousser. — Je l'ai dû pour moi-même. (*Montrant sa guitare qui est sur la table.*) Et maintenant voilà mon seul espoir, ma seule ressource.

ARPAYA, *qui a conduit Albert jusqu'à la porte, revient, regarde autour de lui, et dit* : Maintenant que tout est dans l'ordre, je puis, je crois, retourner chez moi et aller retrouver mon souper qui m'attend. (*On sonne.*) Allons, encore du monde qui vient m'interrompre. Il n'y a pas moyen de vivre comme cela! Il semble qu'aujourd'hui ils se soient donné le mot. (*Allant près de la porte qui est restée ouverte.*) Par ici, par ici; Géronimo, fais monter par ici.

RODOLPHE, *qui jusque-là est resté assis et plongé dans ses réflexions*. Qu'est-ce donc?

ARPAYA. Encore un voyageur, à qui je suis obligé de donner la moitié de cette chambre!

RODOLPHE. Tant pis, j'aimais à être seul.

ARPAYA. Je le crois; mais vous sentez bien que je vous dois la préférence, parce que de déranger M. le comte de Sorrente..

RODOLPHE, *se rasseyant*. Fais comme tu voudras, mais laisse-moi.

ARPAYA. Entrez, seigneur pèlerin. (*Entre un jeune homme habillé en pèlerin.*) Vous avez bien fait d'arriver, car un quart d'heure plus tard, toutes les portes auraient été fermées. (*A part.*) C'est décidé, dès demain je prends une mesure dans l'intérêt général, je ferai avancer l'horloge de l'hospice! (*Il sort.*)

SCÈNE IX.

L'INCONNU, RODOLPHE.

(*L'inconnu s'est approché de la cheminée qui est à droite, tournant le dos à Rodolphe, qui est à gauche, près de la porte.*)

DUO.

RODOLPHE, *assis*.
En vain, j'invoque le repos :
Sommeil, viens fermer ma paupière;
Puisse ton pouvoir tutélaire
M'apporter l'oubli de mes maux!
FIORELLA, *assise de l'autre côté*.
Plus de bonheur, plus de repos;
Toi, qui fuis mes yeux pleins de larmes,
O doux sommeil, viens par tes charmes
M'apporter l'oubli de mes maux.
RODOLPHE, *écoutant à droite*.
C'est quelque malheureux! il se plaint, il me semble.
FIORELLA, *écoutant*.
Auprès de moi n'entends-je pas gémir?
(*Se levant.*)
Puisqu'en ces lieux le malheur nous rassemble...
RODOLPHE.
Dieux! quels accents!
FIORELLA.
Puis-je vous secourir?
RODOLPHE, *se levant de son fauteuil*.
Plus de doute! ô surprise extrême!
FIORELLA.
C'est lui! de terreur je frémis!
RODOLPHE, *prenant son manteau pour partir*.
Oui, c'est elle! c'est elle-même.
FIORELLA.
O Dieu vengeur! tu me poursuis!
(*Allant à Rodolphe.*)
Par pitié, je vous en conjure...
RODOLPHE.
Point de pitié pour la parjure!
FIORELLA.
Écoutez-moi.
RODOLPHE.
Non ; plutôt le trépas.
FIORELLA.
Où fuyez-vous?
RODOLPHE.
Partout où vous ne serez pas!
(*Il s'approche de la porte.*)
Fuyons, fuyons ces lieux.
(*En ce moment on entend sonner minuit, et l'on ferme en dehors la porte aux verrous.*)

ENSEMBLE.

FIORELLA.
O contre-temps funeste!
Rien ne peut le fléchir :
C'est lui qui me déteste
Et qui voulait me fuir.
RODOLPHE.
O contre-temps funeste!
Hélas! que devenir!
Il faut qu'ici je reste :
Je ne peux plus la fuir.

Daignez croire, Monsieur, du moins je vous l'atteste,
Qu'en ces lieux le hasard seul a conduit mes pas!
RODOLPHE.
Il suffit, je vous crois, oui, je n'en doute pas.
Mais puisqu'il faut ici que malgré moi je reste,
(*Montrant la gauche.*) (*Lui montrant la droite.*)
Ce côté m'appartient; vous, demeurez là-bas.
FIORELLA.
J'obéis : loin de vous, Monsieur je me retire...
Mais, du moins, je voulais vous dire...
RODOLPHE, *avec plus de douceur*.
Non, je ne puis; non, ne me parlez pas!
FIORELLA, *se retirant à droite*.
Taisons-nous; obéissons, hélas!

ENSEMBLE.

RODOLPHE.
Oui, craignons de l'entendre,
Et sachons nous défendre :
Car, malgré ma fureur,
Cette voix que j'adore
Pourrait trouver encore
Le secret de mon cœur.
FIORELLA.
Il ne veut plus m'entendre.
Rien ne peut me défendre,
Et j'ai perdu son cœur!
Daigne, ô Dieu que j'implore,
De celui que j'adore
Adoucir la rigueur.

FIORELLA, *se laissant tomber sur son fauteuil près de la cheminée*. Hélas!
RODOLPHE. Vous souffrez. Qu'avez-vous?
FIORELLA Rien; j'ai froid.
RODOLPHE. Grand Dieu! (*Allant à elle.*) En effet, ce manteau traversé par l'orage... (*Il l'aide à se débarrasser de son manteau de pèlerin, et Fiorella paraît en robe blanche.*) Ses doigts sont glacés! (*Il lui prend la main pour la réchauffer dans les siennes, et la quitte vivement et avec crainte.*) Si du moins je pouvais ranimer ce feu près de s'éteindre! (*Il va près de la cheminée attiser le feu duquel s'élève une flamme légère. Depuis ce moment on commence peu à peu à éclairer le théâtre.*)
FIORELLA, *qui s'est mise à genoux près de la cheminée pour se réchauffer*. Quoi! Monsieur, vous daignez avoir pitié de moi!
RODOLPHE, *lui offrant son manteau en détournant la tête*. Tenez, prenez encore ce manteau.
FIORELLA. Je vous remercie. Ce feu, quelque faible qu'il soit, a ranimé mes forces. Seule, à pied, une si longue route : j'ai cru que j'en mourrais.
RODOLPHE. Je le crois; vous surtout qui n'avez pas l'habitude de souffrir.
FIORELLA. Rassurez-vous, d'aujourd'hui je commence.

RODOLPHE. Pourquoi, je vous le demande, partir ainsi la nuit et par un temps pareil?
FIORELLA. Je vous le dirai, Monsieur, si vous le voulez.
RODOLPHE. Oui, sans doute, parlez.
FIORELLA. Mais, pour vous expliquer les motifs qui m'ont déterminée à prendre ce parti, il faudrait commencer mon récit de plus loin. Ce serait presque chercher à me justifier à vos yeux, et vous ne voulez point que je me justifie.
RODOLPHE. Moi?
FIORELLA. Oui, puisque vous refusez de m'entendre.
RODOLPHE. Je le devrais peut-être, mais, vous le voyez, je vous écoute.
FIORELLA. Il y a bien longtemps, vous m'aimiez alors, et j'étais digne de vous! lorsque j'appris le combat fatal où vous aviez succombé; je fus bien malheureuse, moins qu'aujourd'hui cependant; car j'avais perdu l'objet de mon amour, mais je n'avais point perdu son estime. Plusieurs mois s'écoulèrent dans les larmes, dans le chagrin, dans la misère. La guerre nous avait tout enlevé. Je voyais mon père expirant de vieillesse et de besoin, lorsqu'un grand seigneur qui voyageait alors, le duc de Farnèse... (*Voyant un geste que fait Rodolphe.*) Que ce nom n'excite point votre colère!
RODOLPHE. Lui? cet indigne ravisseur?
FIORELLA. Monsieur, vous m'aviez promis de m'entendre!
RODOLPHE. Eh bien! continuez.
FIORELLA. Voyant que ses offres étaient repoussées, que son nom, ses trésors étaient inutiles, il m'offrit de m'épouser.
RODOLPHE. O ciel!
FIOLELLA. Pouvais-je ne pas accepter? Non pour lui, non pour moi, mais pour mon père dont je sauvais les jours. Mon cœur était toujours à vous, ma main restait. Je la lui donnai. Oui, je le jure ici, c'est en invoquant le ciel, c'est en présence d'un de ses ministres, que nous fûmes unis; et lorsqu'après la mort de mon père nous quittâmes l'Italie, lorsque je vins en France, c'était comme duchesse de Farnèse, du moins je le croyais. Les arts, le luxe et l'opulence m'environnaient de leur prestige; un monde nouveau s'ouvrait devant moi. Jeune, sans expérience, j'étais entraînée, éblouie, lorsqu'un jour celui que je croyais mon époux m'apprend enfin la vérité. C'était un faux mariage, de faux témoins; je n'étais point sa femme. Saisie d'indignation, mon premier mouvement fut de briser ces indignes chaînes, de fuir celui qui m'avait trompée, et de m'éloigner à jamais. Mais où aller?.. J'avais perdu mon père : j'étais inconnue, sans asile, dans un pays étranger. Ah! si une main protectrice eût soutenu ma faiblesse, si la voix d'un ami eût ranimé mon courage, je pouvais tout alors; mais sans appui, sans espoir! il fallait seule à pied traverser la France, l'Italie entière. Je n'avais plus l'habitude du malheur, et l'aspect de la misère me glaçait d'effroi. Que vous dirai-je enfin? Ces plaisirs de l'opulence, ces brillants équipages, ces riches parures auxquelles j'étais accoutumée, tout cela peut-être était devenu nécessaire pour moi. Je restai, j'acceptai ma honte. Voilà mon crime, voilà mon crime que rien ne peut justifier, le seul qui mérite votre colère.
RODOLPHE. Grand Dieu!
FIORELLA. Je quittai le nom de Camille, c'était celui sous lequel vous m'aviez aimée, et je n'étais plus digne de le porter. Mais hier surtout l'horreur que vous inspirait ma présence a fait tomber le voile de mes yeux, j'ai regardé autour de moi avec terreur, et j'ai vu qui j'étais. A l'instant mon dessein a été pris. Certaine que demain on s'opposerait à ma fuite, je suis partie cette nuit sans avertir personne, sans prévenir mes gens; j'espérais demain avant le jour arriver à un saint asile où, ignorée du monde, j'aurais désormais caché mon existence à tous les yeux. Mais ma punition n'eût pas été assez grande, et le ciel a voulu que je vous rencontrasse pour recevoir de vos mépris un nouveau châtiment.
RODOLPHE. Quoi! vous pouvez penser?..
FIORELLA. Maintenant je vous ai tout dit, et ne croyez pas que j'aie l'espérance de vous fléchir. Cet amour que j'ai gardé pour vous, que rien n'a pu détruire, vous ne pouvez plus l'éprouver pour moi, je le sais, et ce n'est point votre tendresse, mais votre pitié que j'implore. Prête à vous quitter pour jamais, je ne vous demande qu'un mot, Rodolphe, dites-moi que vous me pardonnez. Je suis bien coupable sans doute; mais enfin, je suis femme, je pleure, et je suis à vos pieds.

RODOLPHE, *la relevant.* Camille, que faites-vous?
FIORELLA. Camille, avez-vous dit? Vous n'avez donc point oublié ce nom?

SCÈNE X.

LES PRÉCÉDENTS, ALBERT, *en dehors.*

ALBERT, *frappant à la porte.*
Rodolphe, allons, que l'on s'éveille,
Voici déjà venir le jour!
FIORELLA.
Quelle voix frappe mon oreille?
RODOLPHE.
Ah! grand Dieu! c'est Albert! il est en ce séjour!
(*On tire en dehors les verrous, et Albert entre en scène.*)
ALBERT.
Oui, déjà l'aurore vermeille
Dore le sommet de la tour :
Il faut partir, voici le jour.
(*Apercevant Fiorella, qui lui tourne le dos.*)
Mais qu'ai-je vu? gentille pèlerine,
Pardon! pardon! moi, j'étais moins heureux!
Et voilà pourquoi, j'imagine,
Monsieur n'est pas pressé de sortir de ces lieux.
RODOLPHE.
Le hasard le plus grand en est cause...
ALBERT.
Je devine!
Ce sont de ces hasards que l'on arrange exprès;
Mais voyons donc de plus près
Ses attraits!
(*S'avançant et apercevant Fiorella.*)
O ciel!

ENSEMBLE.

ALBERT.
O trahison! ô perfidie!
Redoutez mes transports jaloux,
L'amitié par vous fut trahie,
Je n'écoute que mon courroux.
RODOLPHE.
Ecoutez-moi, je vous en prie,
Réprimez vos transports jaloux.
Notre amitié n'est point trahie :
Calmez un injuste courroux.
FIORELLA.
O ciel! quelle sombre furie
Eclate en ses regards jaloux!
Ecoutez-moi, je vous en prie,
Et modérez votre courroux.
RODOLPHE.
Je n'ai point trompé votre espoir;
Ma promesse fut sacrée!
ALBERT.
Vous ne deviez plus le revoir,
J'en atteste la foi jurée;
Et je vous trouve dans ces lieux
En tête-à-tête tous les deux!

ENSEMBLE.

ALBERT.
O trahison! ô perfidie!
Redoutez mes transports jaloux,
L'amitié par vous fut trahie,
Je n'écoute que mon courroux.
RODOLPHE.
Ecoutez-moi, je vous en prie,
Réprimez vos transports jaloux.
Notre amitié n'est point trahie :
Calmez un injuste courroux.
FIORELLA.
O ciel! quelle sombre furie
Eclate en ses regards jaloux!
Ecoutez-moi, je vous en prie,
Calmez un injuste courroux.

SCENE XI.

Les précédents, ARPAYA, Chœur de Pèlerins.

CHŒUR.

Mais quel bruit, quel tapage
Retentit dans le voisinage?

ARPAYA.

Que vois-je? une femme en ces lieux!
C'est un scandale
Que rien n'égale!
San Lorenzo, fermez les yeux!

ALBERT, *s'approchant de Rodolphe et à voix basse.*

« Si je pouvais manquer à ma promesse,
« Me disiez-vous, que ta main vengeresse
« Enfonce un poignard dans mon sein. »
Eh bien! j'ai ce droit sur ta vie :
Je veux punir ta perfidie ;
Mais ce sera les armes à la main.
Sortons.

RODOLPHE.

Ah! c'en est trop.

ALBERT.

N'hésite plus; sortons.

RODOLPHE.

Je ne sais point souffrir de tels affronts!

FIORELLA.

Que faites-vous?

RODOLPHE, *à Albert.*

Suis-moi, tu l'as voulu; sortons.

ENSEMBLE.

ALBERT.

O trahison! ô perfidie!
Redoutez mes transports jaloux.
L'amitié par lui fut trahie ;
Je n'écoute que mon courroux.

FIORELLA.

O ciel! quelle sombre furie
Eclate en ses regards jaloux!
Hélas! je tremble pour sa vie!
Dieu tout-puissant, protége-nous!

RODOLPHE.

Il faut contenter ton envie ;
Je crains peu tes transports jaloux.
Oui, songe à défendre ta vie :
Redoute mon juste courroux.

ARPAYA ET LE CHŒUR.

O ciel! quelle sombre furie
Eclate en leurs regards jaloux!
Messieurs, Messieurs, je vous en prie!
San-Lorenzo, protége-nous.

(*Albert et Rodolphe sortent ensemble ; tout le monde les suit en désordre.*)

ACTE TROISIÈME.

Le théâtre représente un boudoir de Fiorella.

SCENE PREMIERE.

PIÉTRO, ZERBINE.

PIÉTRO. La signora votre maîtresse est-elle visible!
ZERBINE. Non, elle est dans son appartement, où elle a défendu de laisser entrer personne.
PIÉTRO. Elle repose sans doute?
ZERBINE. Je ne sais, et je n'y puis rien comprendre. Madame est rentrée ce matin pâle, tremblante, égarée, et ni moi, ni aucun de ses gens, ne savions qu'elle était sortie.
PIÉTRO. C'est bien cela. Une jeune et jolie femme, vêtue de blanc, que j'ai vue traverser ce matin les corridors de l'hospice de San-Lorenzo, et l'on m'a dit: Tenez, la voilà, c'est Fiorella!
ZERBINE. Que dites-vous! ma maîtresse à San-Lorenzo! et par quel événement?
PIÉTRO. Cela ne nous regarde pas, je ne me mêle jamais des affaires des autres; j'ai bien assez des miennes. Je voulais voir la signora pour lui remettre ces papiers qu'hier le duc de Sorrente m'a payés d'avance.
ZERBINE. Je sais! ces papiers qui pouvaient nuire à la mémoire du vieux duc. J'en ai déjà parlé hier à ma maîtresse, qui ne veut pas que votre zèle soit sans récompense, et outre ce que vous avez reçu du seigneur Albert, elle doit ce matin vous donner trois mille ducats.
PIÉTRO. Il se pourrait! C'est bien là ce qu'on m'a dit de la signora : la bonté, la générosité même! avec de pareilles gens, il y a du plaisir à être honnête; car ce qui décourage souvent la vertu, c'est le manque de gratification ; c'est ce que me disait encore hier ce pauvre Gennaio, en me donnant une poignée de main, et celle-là ç'a été la dernière!
ZERBINE. Il n'est plus!
PIÉTRO. Oui, il a fait son temps ; n'en parlons plus, parce que, voyez-vous, ça fait quelque chose de voir un camarade qui part comme ça. Dites-moi à quelle heure je pourrais revenir pour voir la signora, car j'y tiens beaucoup.
ZERBINE. A cause de la gratification!
PIÉTRO. Non, et pour un rien, j'y renoncerais volontiers.
ZERBINE. Ce n'est pas possible.
PIÉTRO. Je vous ai dit que je voulais me retirer des affaires, et depuis que j'ai vu Gennaio, j'y suis tout à fait décidé. Franchement, le camarade a eu peu d'agrément, et j'ai idée qu'il doit y en avoir davantage à mourir en honnête homme. Si votre maîtresse, dont on vante partout la bonté et la générosité, voulait me prendre à son service, moi et mes nouveaux principes, vrai! elle n'en serait pas fâchée.
ZERBINE. J'entends, monsieur Piétro veut devenir mon camarade?
PIÉTRO. Sans doute.
ZERBINE. Et peut-être me faire la cour?
PIÉTRO. Probablement.

RÉCITATIF.

Vous plaire, je l'avoue, est ma seule espérance.

ZERBINE.

N'y pensez plus, et pour bonne raison :
Car, je vous en préviens d'avance,
A mes amants, moi, je dis toujours non!

PIÉTRO.

Toujours non!

ZERBINE.

C'est là mon système.

PIÉTRO.

Et jamais l'amour lui-même
Ne vous a trouvée en défaut?

ZERBINE.

Non, je ne connais pas d'autre mot!

DUO.

PIÉTRO.

Puis-je au moins, et par politique,
Croire à votre protection?

ZERBINE.

Non!

PIÉTRO.

Comment, non?

ZERBINE.

Non.

PIÉTRO.

C'est unique.
Près de la signora du moins
Vous me serez favorable?
Et je puis compter sur vos soins?

ZERBINE.

Non!

PIÉTRO.

Comment, non?

ZERBINE.

Non.

PIÉTRO.

C'est aimable!
Vous ne voulez donc pas que dans cette maison
Auprès de vous je reste?

ZERBINE.

Non!

PIÉTRO.
Comment, non, non, encor!
Vouloir me chasser, c'est trop fort!..
Songez donc quel destin pénible...
Il faudra, loin de ce séjour,
Et loin de vous, mourir d'amour.
Allons, allons, c'est impossible.
Vous ne serez pas insensible?
ZERBINE.
Non.
PIÉTRO.
Non? à la bonne heure au moins.
(A part.)
Voilà parler, grâce à mes soins.
Je commence enfin à comprendre :
Il ne s'agit que de s'entendre!
(Haut.)
Vous ne refusez plus mes vœux?
ZERBINE.
Non.
PIÉTRO.
Loin de me mettre à la porte,
Vous ne voulez plus que je sorte!
ZERBINE.
Non,

ENSEMBLE.
PIÉTRO.
Ah! c'est charmant, c'est admirable!
Un pareil non veut dire oui.
Beauté cruelle, inexorable,
Refusez-moi toujours ainsi.
ZERBINE.
Qu'il est galant! qu'il est aimable!
Il veut me faire dire : oui;
Mais je dois être inexorable,
Car la vertu le veut ainsi.
PIÉTRO.
O doux espoir! ô charme extrême!
Mais on vous mettrait en courroux
Si l'on vous disait qu'on vous aime?
ZERBINE.
Non.
PIÉTRO.
Non?
ZERBINE.
Non.
PIÉTRO.
Que ce mot est doux!
Et si j'en réclamais un gage,
Si j'osais prendre cette main?
Oh! vous vous fâcheriez, je gage?
ZERBINE.
Non.
PIÉTRO.
Vraiment?
ZERBINE.
Non!
PIÉTRO.
Ah! c'est divin!
Mais vous ne pouvez pas, je pense,
D'un baiser vous formaliser?
Un seul! Ah! c'est en conscience!
Vous ne pouvez me refuser?
ZERBINE.
Non.
PIÉTRO.
Non?
ZERBINE.
Non.

ENSEMBLE.
PIÉTRO.
Ah! c'est charmant, etc.
ZERBINE.
Qu'il est galant! etc.

ZERBINE. En attendant votre nouvelle dignité, vous pouvez partir, car je vous répète que dans ce moment ma maîtresse ne recevra personne.
PIÉTRO. N'est-ce que cela? maintenant que je suis de la maison, j'attendrai tant qu'on voudra, deux, trois heures, s'il le faut. (Lui donnant un paquet cacheté.) Remettez-lui seulement ces papiers, c'est tout ce que je vous demande, parce que, dès qu'elle les aura lus, elle me fera appeler. Je vais me promener au jardin. Sans adieu, signora.

SCÈNE II.

ZERBINE, seule. A-t-on jamais vu un pareil original! Ah! mon Dieu! c'est ma maîtresse; dans quel trouble je la vois!

SCÈNE III.

ZERBINE, FIORELLA.

FIORELLA. Je ne puis résister à mon impatience; le malheur même est moins terrible que l'incertitude. Zerbine, il n'est pas venu?
ZERBINE. Qui, Madame?
FIORELLA. Lui! Rodolphe.
ZERBINE. Non, vraiment!
FIORELLA. Il n'a pas envoyé?
ZERBINE. Non, Madame.
FIORELLA. Il aura été blessé; peut-être même... c'est moi qui serai la cause de sa mort; et point de lettres, point de nouvelles; si j'ai suspendu mes projets, si je suis revenue ici chez moi, c'est que je ne pouvais m'éloigner sans savoir l'issue de ce combat, sans connaître au moins... (A Zerbine.) Et Albert n'a-t-il point paru?
ZERBINE. Non, Madame.
FIORELLA, à part. Tant mieux, je respire!
ZERBINE. Depuis que Madame est rentrée ce matin, il n'est venu ici...
FIORELLA, vivement. Qui donc?
ZERBINE. Que Piétro, ce Napolitain dont je vous ai parlé, et qui m'a remis pour Madame (Les montrant sur la table.) ces papiers importants.
FIORELLA. Tais-toi; j'entends une voiture; oui, je ne me trompe pas; elle s'arrête à la porte de l'hôtel.
ZERBINE, regardant par la fenêtre. Madame, Madame, réjouissez-vous.
FIORELLA, avec joie. Il se pourrait!
ZERBINE. C'est M. Albert lui-même.
FIORELLA, tombant sur un fauteuil. Albert! c'est fait de moi! Rodolphe n'est plus!
ZERBINE. Eh bien! Madame, qu'avez-vous donc?
FIORELLA. Rien! laissez-moi. (Zerbine sort.)

SCÈNE IV.

ALBERT, FIORELLA.

ALBERT. Je vois à votre trouble que ce n'est pas moi que vous attendiez. (Gaiement.) Eh quoi! Madame, est-ce là l'accueil que vous faites à un preux chevalier qui vient de combattre pour vous?
FIORELLA. Monsieur, par pitié..
ALBERT, souriant. Que vous réserviez votre colère pour le vainqueur, rien de mieux ; mais on doit des consolations aux vaincus, et je les attendais de votre générosité.
FIORELLA, vivement et avec joie. Quoi! Monsieur, il serait vrai?
ALBERT. Ce mot seul nous a raccommodés, et vous ne m'en voulez plus, n'est-il pas vrai? Oui, Madame, j'étais trop en colère pour remporter la victoire : pour bien se battre, il faut être de bonne humeur, et Rodolphe avait un sang-froid qui lui donnait l'avantage, c'était une véritable trahison; aussi après m'avoir désarmé : Maintenant, me dit-il, expliquons-nous; et il m'a raconté toute votre entrevue de la nuit dernière. Ce malheureux-là vous aime autant que moi, mais d'une autre manière; car certainement moi, à sa place, je n'aurais pas été si héroïque. Enfin, nous nous sommes séparés, lui pour continuer sa route, et moi pour accourir près de vous! Tel est, Madame, quoi qu'il en puisse coûter à mon amour-propre, le récit fidèle de notre campagne.

FIORELLA. Quoi! il est parti?
ALBERT. Oui, Madame; du moins je le crois...
FIORELLA, *douloureusement*. Sans me voir! Adieu, Albert, adieu.
ALBERT. Que dites-vous! Ce projet dont il m'a parlé serait-il réel? songeriez-vous encore à l'exécuter?
FIORELLA. Plus que jamais. Je ne serai ni à lui, ni à vous, et si j'ai une dernière grâce à vous demander...
ALBERT. Parlez.
FIORELLA. Réparez vos torts et les miens; retournez près de Célina, près de celle qui vous aime, et que vous avez abandonnée. Ah! je sens là qu'elle doit être bien malheureuse!
ALBERT. Qu'exigez-vous de moi? Je ne serai donc plus rien pour vous?
FIORELLA. Vous serez mon ami, et je vais vous en donner une preuve. Ces biens, ces richesses auxquelles je renonce, c'est à vous que je les confie, c'est vous que je chargerai d'en disposer. De plus, voici des papiers qui compromettaient, dit-on, l'honneur de mon plus cruel ennemi, de celui à qui je dois tous mes maux.
ALBERT. Je sais, c'est un lazzarone qui vous les a remis.
FIORELLA. Gardez-les, examinez-les, ou plutôt, tenez, soyons généreux même pour sa mémoire, et brûlez-les sur-le-champ.
ALBERT. Je vous le promets; aussi bien, et d'après ce qu'on m'a dit, il est une autre personne (*Regardant Fiorella.*) à qui ils pourraient nuire. Dans un instant ils n'existeront plus, mais Rodolphe..
FIORELLA. Pour mon bonheur, pour mon repos, je ne désire plus le revoir, je vous le jure; et quand même je le voudrais, vous savez bien qu'il est parti, qu'il s'est éloigné; car vous êtes bien sûr qu'il est parti?
ALBERT. Je lui ai vu prendre la route de France.
FIORELLA. Tant mieux; car il reviendrait maintenant, que j'aurais la force de ne plus le recevoir.

SCENE V.

Les précédents, ZERBINE.

ZERBINE. Madame, il y a là quelqu'un qui vous demande.
FIORELLA. Laissez-moi, je n'y suis pas, je ne suis pas visible...
ZERBINE. Mais, Madame, c'est lui.
FIORELLA. O ciel!
ALBERT, *avec force*. Lui! je comprends. (*Se reprenant.*) Allons! qu'allais-je faire? (*Haut.*) Je ne serai point généreux à demi, (*Montrant les papiers.*) je vais remplir mes serments, et je ne vous forcerai point à tenir les vôtres. Adieu, adieu, je me retire. (*Il sort par le fond.*)
FIORELLA. Va, Zerbine, va vite, fais-le entrer.

SCENE VI.

FIORELLA, RODOLPHE.

(*Zerbine l'amène et sort.*)

FIORELLA. Quoi! Monsieur, vous n'avez point voulu partir sans me dire un dernier adieu?
RODOLPHE. Je l'ai voulu, je l'ai essayé du moins; c'est impossible, je suis revenu sur mes pas; car, malgré ma colère, je sens là que j'ai été envers vous injuste et cruel.
FIORELLA. Vous voilà! tout est oublié.
RODOLPHE, *sans l'écouter et avec égarement*. Oui, vous oublier, c'est ce que j'avais dit, je l'avais juré, mais je ne sais plus tenir mes serments. (*Regardant autour de lui pour voir si on ne peut l'entendre.*) Ecoute, Camille, veux-tu renoncer à tes trésors, à ton opulence?
FIORELLA. Je l'ai déjà fait, j'ai remis ma fortune entre les mains d'Albert; moi je ne veux plus rien, et je pars.
RODOLPHE. Oui, tu partiras, il le faut, mais avec moi.
FIORELLA. Que dites-vous? il se pourrait?

RODOLPHE. J'ai lutté en vain, je ne le puis, c'est au-dessus de mes forces, ma raison même y succomberait. Dérobons-nous à tous les regards, renonçons à ma famille, à mes amis; qu'ils oublient qui nous avons été; tâchons surtout de l'oublier nous-mêmes; et loin de notre patrie, loin de l'Europe, cherchons quelque endroit écarté où nous puissions cacher notre amour. (*A voix basse et avec force.*) Viens, je t'épouserai!
FIORELLA, *portant la main à son cœur*. Dieu! (*Avec ivresse.*) Moi, Rodolphe, moi votre femme! et c'est vous qui me le proposez! Ah! je ne croyais pas qu'un si grand bonheur me fût réservé. Oui, mon cœur est heureux et fier d'un pareil sacrifice, mais il n'en serait plus digne s'il pouvait accepter.
RODOLPHE. Qu'osez-vous dire?
FIORELLA. Que mon bonheur, que mon amour même, ne peuvent me faire oublier le soin de votre honneur! Moi vous priver de vos amis, de votre famille, de votre patrie! Non, d'autres destins vous attendent, votre pays vous réclame, la carrière des armes vous est ouverte. C'est là Rodolphe, c'est au champ d'honneur que vous devez m'oublier.

DUO.

Partez, la gloire vous appelle!
Oubliez d'indignes amours!
L'honneur qui vous sera fidèle
Prendra soin d'embellir vos jours.

RODOLPHE.

Ce refus qui me désespère
Vous rendra plus digne de ma foi!

FIORELLA.

Dans ma retraite solitaire
Votre nom viendra jusqu'à moi!
De vos succès je serai fière,
Heureuse de votre bonheur.

RODOLPHE.

Non, non, dans la nature entière,
Plus d'espérance pour mon cœur!
Toi seule m'attaches à la vie.
Et si je ne peux te fléchir,
A tes pieds mes maux vont finir.

FIORELLA.

Ce n'est point à mes pieds, c'est pour votre patrie
Qu'il vous est permis de mourir!

ENSEMBLE.

FIORELLA.

Partez, la gloire vous appelle!
Oubliez d'indignes amours :
L'honneur qui vous sera fidèle
Prendra soin d'embellir vos jours.

RODOLPHE.

Vainement la gloire m'appelle,
Camille est mes seules amours.
Tu le veux... tu le veux, cruelle?
Oui, je m'éloigne et pour toujours.

(*Rodolphe va sortir, lorsqu'on entend en dehors la voix de Piétro, qui se dispute avec Zerbine.*)

SCENE VII.

Les précédents, PIÉTRO, ZERBINE.

PIÉTRO. Oui, morbleu! j'entrerai malgré la consigne.
RODOLPHE, *s'arrêtant*. Que veut cet homme?
FIORELLA. Et quel est-il?
PIÉTRO, *saluant*. Piétro, un Napolitain, qui désire humblement être admis devant vous. (*Levant les yeux.*) Quoi! signora, vous ne me remettez pas! Hé bien! ce n'est pas un mal, car, franchement, il n'y avait pas dans ce temps-là de quoi se vanter de ma connaissance. Maintenant, c'est

différent. Mais alors, et quand vous portiez le nom de Camille Paluzzi, j'étais un lazzarone, un mauvais sujet prêt à vendre mes services à celui qui avait dix ducats pour les payer; et comme le duc de Farnèse avait beaucoup de ducats...

FIORELLA. Quel souvenir! J'y suis maintenant; lors de ce faux mariage, tu étais un de nos témoins?

RODOLPHE. Il se pourrait!

PIETRO. J'avais cet honneur, moi et Gennaio.

RODOLPHE. Et tu oses te présenter en ces lieux? Tu ne crains pas de recevoir le juste châtiment?..

PIETRO. C'est ça, me faire pendre! comme vous y allez? chacun ses affaires, ne vous mêlez pas des miennes. C'est la signora envers laquelle je suis coupable, c'est elle qui seule doit disposer de mon sort.

FIORELLA. Pars, éloigne-toi de mes yeux.

RODOLPHE. Quoi! vous seriez assez bonne...

FIORELLA. Celui que j'avais le plus offensé a daigné me pardonner. J'imiterai son exemple. Va, tâche de vivre en honnête homme, et pour t'y aider, Zerbine va te donner ce que je t'ai promis.

PIETRO. Quoi! c'est là votre vengeance? C'est bien, signora, c'est très-bien. Vous ne vous repentirez point de votre générosité. Et quant à ce gentilhomme qui parle si légèrement de pendre les gens, il en aurait été plus fâché que moi, s'il est possible.

RODOLPHE. Que veux-tu dire?

PIETRO. Que j'étais ce matin à San-Lorenzo lors de votre aventure, de votre combat; que j'ai appris que vous aimiez Madame, que vous ne pouviez l'épouser. Hé bien! rassurez-vous, il n'y a maintenant qu'une personne au monde qui puisse rendre ce mariage possible, et cette personne-là, c'est moi.

FIORELLA ET RODOLPHE. Il se pourrait?

PIETRO. Vous saurez que le feu duc de Farnèse se mariait souvent, car Madame n'est pas la seule qu'il ait épousée; et dans ces prétendus mariages, Arpaya, son intendant, Gennaio et moi, servîmes plus d'une fois de témoins. Un jour (mais je suis loin de m'en vanter, car j'ai fait là une bonne action, j'en suis innocent, et mon seul motif était de tenir le duc lui-même dans notre dépendance), un jour qu'un de ces mariages devait avoir lieu, on m'avait chargé de tout disposer. Je le fis en conscience. J'amenai un véritable prêtre. C'est par lui, c'est en sa présence que cette union fut consacrée, et l'acte de célébration signé de lui resta entre les mains de Gennaio, pour que nous puissions un jour en faire usage si notre protecteur devenait un ingrat. Ainsi donc, et sans qu'il s'en doutât, le duc de Farnèse était réellement marié; les preuves en sont dans les papiers que Zerbine vous a remis ce matin.

FIORELLA. O ciel!

PIETRO. Et sa légitime épouse, la duchesse de Farnèse, est là devant vous.

FINAL.

RODOLPHE ET ZERBINE.
O bonheur!
FIORELLA.
O terreur!
RODOLPHE, ZERBINE ET PIETRO.
Mon Dieu, je te remercie!
FIORELLA.
D'effroi mon âme est saisie!
RODOLPHE, ZERBINE ET PIETRO.
Qu'avez-vous donc, je vous prie?
FIORELLA.
Je ne méritais point un semblable bonheur.
RODOLPHE.
Achevez, je vous en supplie!
FIORELLA.
Ces papiers, disait-on, compromettaient l'honneur
De ce duc de Farnèse?
PIETRO.
Il est vrai!
FIORELLA.
Sans les lire,
Entre les mains d'Albert je les ai tous remis,
Le suppliant de les détruire.

O ciel!

TOUS.
FIORELLA.
Et maintenant ils sont anéantis!
RODOLPHE.
Qu'avez-vous fait? courons, je puis encor peut-être...
FIORELLA.
Restez, c'est lui! Je n'ose, en le voyant paraître,
L'interroger.

SCENE VIII.

Les précédents, ALBERT.

ALBERT, gaiement, à Fiorella.
Par moi, votre esclave soumis,
Vos ordres souverains viennent d'être suivis!
TOUS.
Grand Dieu!
FIORELLA.
Quoi! ces papiers que je vous ai remis!..
ALBERT.
Le vent a dispersé leur cendre.
(La regardant.)
Mais d'où vient cet effroi dont vous semblez saisis?
Répondez-moi.
FIORELLA, avec désespoir.
Comment, ils sont détruits?
ALBERT, lentement.
Oui, tous! hormis un seul!
FIORELLA ET RODOLPHE, vivement.
Dieu! que viens-je d'entendre?
ALBERT.
Qu'avez-vous donc? il ne vous touche en rien;
Il concerne une pauvre fille
Dont hier encore, si je m'en souviens bien,
Rodolphe me parlait, et qu'on nommait Camille!
RODOLPHE ET FIORELLA.
Achevez; à mon trouble, hélas! rien n'est égal!
ALBERT.
En voyant cet écrit dont le secret fatal
Assurait à jamais le bonheur d'un rival,
J'en conviens, j'ai senti renaître dans mon âme
Le naturel napolitain,
Et deux fois ma tremblante main
Approcha malgré moi cet écrit de la flamme.
FIORELLA.
O ciel!
ALBERT.
Mais de l'honneur n'écoutant que la voix,
Le naturel français a repris tous ses droits!
Oui, me suis-je écrié, qu'ici l'amour se taise,
Et de peur d'un regret j'accours auprès de vous.
(Leur donnant le papier.)
Tenez, soyez heureux!
(A Fiorella.)
Duchesse de Farnèse,
Vous pouvez à présent l'accepter pour époux!

ENSEMBLE.

RODOLPHE ET FIORELLA.
Ah! quelle reconnaissance
Paira jamais
Tant de bienfaits?
Jouissez pour récompense
Des heureux que vous avez faits!
ALBERT.
Ah! votre reconnaissance
Surpasse encore mes bienfaits;
Et je trouve ma récompense
Dans les heureux que je fais!

ALBERT, *voyant entrer les personnages du premier acte.*
Mais voici venir vos amis,
Qui de votre bonheur par moi furent instruits !
(*Bas, à Fiorella et à Rodolphe.*)
Pour moi, rassurez-vous, j'épouserai Céline.
RODOLPHE.
Et le bonheur que l'hymen vous destine
D'un autre amour vous dédommagera !
FIORELLA.
Notre amitié toujours vous restera.

ALBERT
Son amitié me restera !
Faute de mieux ! allons, c'est toujours ça !

CHŒUR.

Heureux amants, goûtez sans cesse
Un bonheur si bien mérité,
Car les honneurs et la richesse
Couronnent ici la beauté.

FIN
de
FIORELLA.

CÉCILY. Ah! vous croyez. — Acte 1, scène 2.

LEICESTER
OU
LE CHATEAU DE KENILWORTH
OPÉRA-COMIQUE EN TROIS ACTES.

Représenté, pour la première fois, à Paris, sur le théâtre royal de l'Opéra-Comique, le 25 janvier 1823.

EN SOCIÉTÉ AVEC M. MÉLESVILLE.

MUSIQUE DE M. AUBER.

Personnages.

ÉLISABETH, reine d'Angleterre.
LE COMTE DE LEICESTER, son favori.
SIR WALTER RALEIGH, jeune seigneur et ami de Leicester.
HUGUES ROBSART, vieux gentilhomme.
AMY ROBSART, sa fille, épouse de Leicester.
CICILY, suivante d'Amy Robsart.

LORD SHREWSBURY,
LORD HUDSON, } Seigneurs de la cour d'Elisabeth.
LORD STANLEY,
DAMES DE LA REINE.
DOBOOBIE, intendant de Leicester.
OFFICIERS, HOMMES D'ARMES.
PAGES, SUITE DE VASSAUX.

Au premier acte, la scène se passe à l'abbaye de Cumnor, et à Kenilworth pendant les deux derniers actes.

ACTE PREMIER.

Le théâtre représente une galerie gothique avec de larges croisées dans le fond. A droite, une porte très-riche qui conduit aux appartements d'Amy Robsart. A gauche, deux autres portes, dont une très-petite se rapproche du fond. Les meubles qui garnissent l'appartement doivent être de la plus grande magnificence.

SCENE PREMIERE.

CICILY, *seule, occupée à travailler.* Dieu! que cette pièce est grande! quand on y est toute seule. Onze heures viennent de sonner à la grande horloge de l'abbaye, et ma maîtresse ne songe pas à se coucher; je gagerais qu'il y a quelqu'un que je ne connais pas qui doit venir ici, ce soir. A la bonne heure! mais moi qui n'attends personne, je m'endormirais là sur le vingt-deuxième couplet de ma ballade.

BALLADE.

« Voyez-vous, dit alors la reine,
« Auprès de nous ce bel enfant,
« Aux cheveux plus noirs que l'ebène,
« Au manteau bleu broché d'argent.
« Quel est-il! sa grâce ingénue
« N'a pas encor frappé ma vue.
« — C'est Edouard de Balmonté,
« Page de Votre Majesté. »

Des lampes les clartés pâlissent;
Le bal brillant vient de finir.
Tous les courtisans applaudissent,
En bâillant encor de plaisir,
Et dans cette royale enceinte
Notre page, heureux et sans crainte,
Dort comme on n'a jamais, je crois,
Dormi dans un palais de roi.

Tout à coup auprès de sa couche
Apparaît un fantôme blanc.
Il veut crier, et sur sa bouche
Vient se poser un doigt charmant.
Contraint à garder le silence,
Le beau page prit patience :
Car ce fantôme singulier
Ne défendait que... de crier.

Voilà une histoire qui me fait toujours peur quand je la chante... il me semble que je ne me trompe pas, j'entends marcher de ce côté; ah! mon Dieu!..

SCENE II.

CICILY, RALEIGH.

RALEIGH. Enfin voilà de la lumière, une jeune fille, ce n'est pas dangereux.

CICILY. Il me semble que je connais ce seigneur-là; c'est sir Walter Raleigh.

RALEIGH. Eh! mais, ces jolis yeux noirs, cette physionomie piquante; je ne m'attendais pas, en m'engageant dans cette entreprise périlleuse, à me trouver aussitôt en pays de connaissance; tu habites ce vieux manoir?

CICILY. Oui, Milord, depuis cinq jours.

RALEIGH. A merveille! l'année dernière, lorsque je t'ai rencontrée à Dunbilikes, tu étais déjà fort aimable. Tu vas m'apprendre quelle est cette belle inconnue dont on parle dans le canton? Pourquoi la dérobe-t-on à tous les regards? Pourquoi a-t-on changé cette vieille abbaye en une forteresse au dehors, et en un palais au dedans? pourquoi enfin... réponds-moi, réponds vite, je sais d'abord que tu causes avec grâce et surtout avec facilité.

CICILY. Ah! vous croyez.

DUO.

Ce secret-là
Se gardera,
(Montrant son cœur.)
Il est là.

RALEIGH.
Ce secret-là
Se trahira,
(Même geste.)
S'il est là.
Dis-le-moi donc, de grâce!

CICILY.
Je ne dis jamais rien.

RALEIGH.
Si tu te tais, j'embrasse.

CICILY.
De me faire parler, ce n'est pas le moyen.

RALEIGH.
Ta mine est si jolie!
Ton œil est si fripon!

CICILY.
Oui, de la flatterie
Pour troubler ma raison,
Non, non.

RALEIGH.
Moi troubler ta raison,
Non, non.

ENSEMBLE.
CICILY.
Ce secret-là
Se gardera;
(Montrant son cœur.)
Il est là.

RALEIGH.
Ce secret-là
Se trahira,
(De même.)
S'il est là.

CICILY.
Mais repondez vous-même.

RALEIGH.
Je ne parle jamais.

CICILY.
Par quelle audace extrême...

RALEIGH.
Comme toi je me tais.

CICILY.
Vous pouvez me le dire;
Dans ce sombre réduit
Pourquoi vous introduire
Au milieu de la nuit?

RALEIGH.
Il faut donc te le dire?

CICILY.
Ah! oui, daignez m'instruire;
De moi ne craignez rien.

RALEIGH.
Eh bien!

CICILY.
Eh bien!

RALEIGH.
Ce secret-là
Se gardera,
(Montrant son front.)
Il est là.

CICILY.
Ce secret-là
Se trahira.
(Même geste que lui.)
Il est là.

RALEIGH. Allons, puisqu'il faut que ma confidence précède la tienne, imagine-toi, ma toute belle, car il est inconcevable dans mes aventures, qu'il y a trois mois je devins amoureux fou!

CICILY. Comment! trois mois?

RALEIGH. Oui, c'était depuis toi; une jeune personne charmante, toutes les perfections réunies; je peux même te dire son nom, c'était la jeune Amy Robsart.

CICILY. Amy Robsart!

RALEIGH. Oui, la fille de sir Hugues Robsart, un marin qui, pendant qu'il courait les mers, avait laissé sa fille dans le comté de Devonshire, à la garde d'une tante. Moi je me présentai dans la maison et j'y allai souvent, car on me trouvait fort aimable.

CICILY. Cela ne m'étonne pas.

RALEIGH. Sans doute, ce n'est pas là l'étonnant; mais le

voici : c'est qu'un matin Amy Robsart disparut, et impossible de savoir ce qu'elle est devenue.

CICILY. Fi! l'horreur! vous l'avez enlevée!

RALEIGH. Non, je te jure que ce n'est pas moi, je te le dirais; mais toute sa famille en est persuadée, et son frère, car elle a un frère qui est dans les gardes de la reine, voulait absolument que je lui déclarasse où était sa sœur, ou que je me battisse avec lui.

CICILY. Eh bien?

RALEIGH. Eh bien! il n'y avait pas à hésiter, vu que l'un m'était beaucoup plus facile que l'autre; je me suis battu et l'ai blessé : ce qui ne lui a pas appris où était sa sœur et ce qui m'a mis sur le compte une mauvaise affaire de plus; les Burleigh, les Sussex qui protégent la famille Robsart, m'ont dénoncé à la chambre étoilée comme un ravisseur, comme meurtrier, et j'allais être arrêté, si le noble comte de Leicester, mon ami, mon protecteur, n'eût embrassé ma défense.

CICILY. Oh! si le comte de Leicester est de vos amis... ne dit-on pas qu'il est roi d'Angleterre?

RALEIGH, souriant. A peu près; aussi je suis tranquille; cependant on m'a conseillé de m'éloigner jusqu'à ce que fût arrangé.

CICILY. Ce qui est très-désagréable.

RALEIGH. Sans doute! s'éloigner de la cour, même pour un jour, c'est tout perdre; les rivaux sont là sur la même ligne, qui vous pressent, vous coudoient. Fait-on un pas en arrière, on serre les rangs, et la place est prise. Aussi, désolé de mon exil et courtisan en vacances, je voyageais à petites journées, lorsqu'à une lieue d'ici, à l'auberge de l'Ours Noir, où j'étais descendu, j'entends parler d'une dame inconnue, d'une beauté admirable, qu'un geôlier terrible tient renfermée dans un vieux donjon, et mille autres choses plus merveilleuses; ma tête se monte, je laisse à l'auberge mon cheval et mon domestique, j'arrive ici à la nuit pleine, j'escalade un mur délabré, je me trouve dans un parc immense, et vis-à-vis une abbaye gothique, qui semble inhabitée, car tout est exactement fermé, si ce n'est une fenêtre basse qui me livre passage. Je m'avance avec précaution; partout le plus grand silence, une obscurité complète; et d'appartements en appartements, je suis arrivé jusqu'à celui-ci, sans rencontrer personne, et fort curieux de connaître le propriétaire et les habitants de ce mystérieux séjour.

CICILY. Eh bien! Milord, si vous voulez que ma franchise égale la vôtre, je vous avouerai maintenant qu'on m'a proposé cinquante guinées pour entrer au service d'une jeune dame qui habite la campagne, à la seule condition de ne pas la quitter et de ne jamais sortir; au lieu de cinquante guinées on m'en a compté cent; nous n'avons voyagé que de nuit, nous sommes arrivés ici la nuit, et depuis cinq jours que j'habite ce château, vous êtes la première personne à qui j'aie pu demander des renseignements.

RALEIGH. Par saint George! tu t'adresses bien; et tu ne connais pas le maître de cette vieille abbaye?

CICILY. Je ne l'ai jamais vu.

RALEIGH. Mais au moins, ta maîtresse?

CICILY. Je ne sais pas son nom.

RALEIGH. D'accord, mais sa personne?

CICILY. La plus jolie et la plus gracieuse que l'on puisse voir! seize à dix-sept ans, si je ne me trompe, et je ne pense pas que, parmi toutes les ladys de la cour d'Élisabeth, il y en ait une seule qu'on puisse lui comparer.

RALEIGH, avec joie. Admirable! et la pauvre petite est bien triste, bien affligée?

CICILY. C'est la plus heureuse des femmes, elle est dans une ivresse continuelle, depuis ce matin, surtout; dans ce moment, elle est devant une glace à admirer ses points de Venise et ses diamants!

RALEIGH. Diable! voilà qui confond toutes mes idées, moi qui me figurais et comptais sur une victime; je donnerais tout au monde pour l'entrevoir!

CICILY, regardant à gauche. Tenez, tenez, Milord, la voilà qui traverse la grande galerie; et par cette fenêtre, vous pourrez, sans être vu... ne vous montrez pas surtout.

RALEIGH. Mais, en effet... (Ils regardent tous les deux par la fenêtre.)

DUO.

CICILY.
La voyez-vous?

RALEIGH.
Taille charmante!

CICILY.
Parlez plus bas.

RALEIGH.
Grâce touchante!

CICILY.
Et cette main?

RALEIGH.
Quelle blancheur!

CICILY.
Dans tous ses traits...

RALEIGH.
Que de fraîcheur!

ENSEMBLE.

Chut! chut! elle s'avance.
Chut! chut! faisons silence.

RALEIGH.
Je la vois mieux. Quel doux regard!
(A part.)
Mais, grand Dieu! quelle ressemblance!
C'est elle... c'est Amy Robsart.
(Il redescend le théâtre très-agité.)

ENSEMBLE.

RALEIGH, à part.
Quelle surprise extrême!
En croirai-je mes yeux?
Ah! pour celui qui l'aime
Quel spectacle fâcheux!

CICILY, à part.
Pourquoi ce trouble extrême
Qui se peint dans ses yeux?
Je vois déjà qu'il aime
Cet objet merveilleux.

RALEIGH, à part.
M'être battu pour elle,
Tandis que la cruelle...
Ah! le trait est piquant!..
Mais quel est cet amant?
Tant de magnificence
Et ce mystère... et ce silence...
(Haut, à Cicily.)
Apprends-moi tout, je suis discret.

CICILY.
Hélas! que puis-je vous apprendre?

RALEIGH.
Près de la maîtresse en secret
Chaque jour quelqu'un doit se rendre?

CICILY.
Oui, tous les jours quelques courriers,
Sur de magnifiques coursiers...
Viennent pour lui remettre
Des présents, une lettre.

RALEIGH, vivement.
Et leur livrée?

CICILY.
Ils n'en ont pas.

RALEIGH.
Tout redouble mon embarras!
D'où viennent-ils?

CICILY.
Mais, je l'ignore.

RALEIGH.
Que disent-ils?

CICILY.
Pas un seul mot.

RALEIGH.
Ils arrivent?..

CICILY.
Avant l'aurore.

RALEIGH.
Et repartent?..

CICILY.
Tout aussitôt.

ENSEMBLE.

(A part.)
Je n'y puis rien comprendre!
O mystère maudit...

Mais je veux tout apprendre,
Ou j'en perdrai l'esprit.
RALEIGH.
Allons, allons, ma chère,
Ne sais-tu rien de plus?
CICILY.
Je ne saurais me taire...
Un de ces inconnus
A ma belle maîtresse
Apporta ce matin
Ce coffret, cet écrin.
(*Elle le montre sur un guéridon.*)
Voyez quelle richesse!
Il contenait
Certain billet
Qu'elle lisait
Avec ivresse.
RALEIGH, *sautant sur le coffret.*
Ah! voyons vite...
(*Il l'ouvre.*)
Des brillants!
CICILY.
Des bagues et des diamants!
RALEIGH.
Une couronne de comtesse!
CICILY.
Et des perles!.. quelle richesse!
RALEIGH, *tirant un papier.*
Ce papier... lisons... *A ce soir!*
C'est laconique... à ce soir!
CICILY.
Voilà tout... *A ce soir!*
RALEIGH.
Morbleu! je ne puis rien savoir...
Eh! mais, pourtant cette écriture...
Elle ressemble... je le jure...
Oui... ces armes sur ce coffret,
Et ce chiffre sur le cachet,
Juste ciel! c'est lui... c'est lui-même.
CICILY.
Vous connaissez celui qu'elle aime?
RALEIGH, *troublé.*
Non, non...
CICILY.
Eh quoi!
RALEIGH, *refermant tout.*
Tais-toi... tais-toi!
CICILY.
Eh! mais, Milord...
RALEIGH.
Silence!
(*A part.*)
Compromettre son nom,
Son rang et sa puissance!
CICILY.
Mais, dites-moi...
RALEIGH, *de même.*
Non, non.
Je ne sais rien... il faut te taire,
Redouble de soins, de mystère,
Ne laisse entrer personne ici.
CICILY.
Allons! lui qui s'en mêle aussi.
RALEIGH.
Je sors, adieu... songe à te taire.
ENSEMBLE.
RALEIGH, *à part.*
O funeste mystère!
Quels coups inattendus!
(*A Cicily.*)
Adieu, songe à te taire,
Ou nous sommes perdus.
CICILY, *à part.*
Oh! le maudit mystère!
Je n'y résiste plus;
Comment! il faut me taire,
Ou nous sommes perdus?
(*Raleigh sort vivement par la droite.*)

SCÈNE III.

CICILY, *seule.* Me taire! me taire! sans doute, je me tairai; mais je voudrais au moins avoir quelque mérite à cela; voyez un peu l'ingratitude, c'est moi qui lui ai tout appris, et je ne sais rien; mais cela ne peut pas durer ainsi, et quoique ma condition soit excellente, il faut que je parle à ma maîtresse, j'aime mieux qu'on me diminue mes appointements et qu'on me mette au fait; vrai, ça influe sur ma santé... Ah! mon Dieu! cette porte que je ne connaissais pas et qui vient de s'ouvrir...

SCÈNE IV.

CICILY, LEICESTER, ROBSART.

LEICESTER *est enveloppé d'un grand manteau.* Entrez, Monsieur, et ne craignez rien. (*A Cicily.*) Vous êtes Cicily, cette nouvelle femme de chambre arrivée depuis cinq jours?
CICILY. Oui, Monsieur. (*A part.*) Encore un qui sait tout.
LEICESTER. Prévenez Milady.
CICILY. Comment, Milady...
LEICESTER, *montrant la chambre où est Amy.* Oui, préviens-la de mon arrivée, et dis-lui que je vais me rendre près d'elle; vous ferez aussi préparer un appartement pour Monsieur, dans l'autre corps de bâtiment.
CICILY. Oui, Milord. (*A part.*) C'est égal, c'est un milord! je sais toujours cela!

SCÈNE V.

LEICESTER, ROBSART.

ROBSART. Me sera-t-il permis de connaître enfin mon libérateur, et celui à qui je dois une aussi généreuse hospitalité?
LEICESTER. Qu'importe qui je sois, Monsieur, si j'ai été assez heureux pour vous rendre service... d'ailleurs vous me devez moins de reconnaissance que vous ne croyez; le domestique qui m'accompagnait n'a pas peu contribué à mettre en fuite les misérables qui en voulaient à votre bourse, et ce château où je vous reçois ne m'appartient pas, il est à un de mes amis qui, j'en suis certain, ne me désavouera pas. La seule grâce que je vous demande, c'est que vous ne cherchiez point à connaître quels peuvent être les habitants de ce château, et que vous ne parliez même pas de l'hospitalité que vous y avez reçue.
ROBSART, *l'observant.* Je vous le jure, foi de gentilhomme! et je vous demande mille pardons de mon indiscrétion; quel que soit le motif qui rassemble en ces lieux tant de nobles seigneurs, je ne peux que former des vœux pour la réussite de leurs projets.
LEICESTER. Qu'osez-vous dire?
ROBSART. Me serais-je trompé? n'importe, il n'est pas un Anglais qui ne pense comme moi; et si je vous nommais tous les ennemis de Leicester...
LEICESTER. Ne les nommez pas, Monsieur, vous les exposeriez peut-être beaucoup.
ROBSART. Vous avez raison; il vaut mieux se taire et attendre, et tel que vous me voyez, j'attends?
LEICESTER, *souriant.* Vous n'avez point à vous louer des faveurs de Leicester?
ROBSART. Non, Milord, quelque aisé qu'il soit d'en obtenir; mais par malheur je demande de lui justice, et c'est plus difficile.
LEICESTER, *regardant la porte de la chambre d'Amy.* Oui, je conçois.
ROBSART. J'ai soixante ans, et presque autant de blessures; et, pendant que je servais Élisabeth, pendant que je soutenais sur toutes les mers la gloire du pavillon anglais, on m'a fait le plus sensible outrage. Enfin, Milord, moi, vieux soldat, qui n'avais pour tout bien que l'honneur de ma famille.. Mais pardon de vous entretenir ainsi de mes affaires. J'allais à Londres réclamer l'appui des lois; le désir que j'avais d'arriver me faisait voyager la nuit, et sans vous, peut-être...
LEICESTER. Oui, c'était fort imprudent, de s'exposer ainsi

à une pareille heure et par un temps affreux... Mais l'émotion, la fatigue... vous devez avoir besoin de repos, et moi-même je vous demanderai la permission d'en user librement.

DOBSART. Comment donc? c'est trop juste; je pars dans quelques heures, et n'aurai probablement pas le plaisir de vous voir; mais je n'oublierai jamais ce que je vous dois, vous m'entendez ; je suis marin, je ne suis point courtisan, et je pense ce que je dis. Je vous souhaite le bonsoir. (*Il sort par la porte du fond.*)

SCÈNE VI.
LEICESTER, AMY.

LEICESTER. Grâce au ciel! me voilà seul...

AMY, *sortant de la chambre à droite, et se précipitant dans les bras du comte*. Enfin, je te revois! Vous ne veniez pas, et me voilà; il m'a été impossible d'attendre plus longtemps.

LEICESTER. Ah! mon impatience égalait la tienne.

AMY, *avec joie*. Mais comment se fait-il que vous soyez là près de moi, depuis quinze jours que le bonheur ne m'était arrivé? Est-ce que vous venez de Londres?

LEICESTER. Non; de douze milles d'ici; de Lemington, où la cour est dans ce moment.

AMY. Serait-il possible?

LEICESTER. Oui, la reine est en voyage et s'arrête chaque soir dans une ville différente. Etre si près de toi, et ne pas te voir! J'ai assisté au cercle de la reine; je me suis retiré dans mon appartement; et lorsque chacun me croyait endormi, j'étais déjà sur la route de Cumnor, suivi d'un seul domestique qui m'est dévoué, et demain matin je serai de retour avant que personne ait pu s'apercevoir de mon absence.

AMY. Douze milles tout d'un trait? ah! mon Dieu! (*Elle s'approche de lui et veut lui ôter son manteau.*)

LEICESTER. Eh bien! Amy, y penses-tu? je ne souffrirai pas...

AMY. Laisse-moi; celle que le noble comte de Leicester a élevée au rang de son épouse n'a point oublié qu'elle n'était que la pauvre Amy Robsart, et elle est trop heureuse de te servir. (*Elle lui ôte le manteau qu'elle place sur un meuble, et en se retournant fait un geste d'étonnement, en voyant le comte en habit de cour très-élégant.*)

LEICESTER. Eh bien! qu'as-tu donc? viens.

AMY. Je ne sais pourquoi; mais je n'ose pas. Ces brillants habits que je ne t'avais pas encore vus... Il me semble que je suis au cercle de la reine.

LEICESTER, *souriant*. Oui, dans mon impatience, je n'ai pas pensé à changer de costume.

AMY. Tant mieux, je n'avais encore vu que mon ami, mon époux, je reçois aujourd'hui le comte de Leicester. Voilà donc comme tu es, lorsque cette cour t'environne de ses hommages, quand tu reçois les hommages et les adorations de cette cour brillante!

LEICESTER. Amy, quel enfantillage! et que penserait-on si l'on vous écoutait?

AMY. Oui, mais l'on n'écoute pas. (*Avec admiration.*) Que ne puis-je à mon tour te rendre ta visite dans un de tes beaux palais, à Kenilworth, par exemple, ce beau château, que l'on dit le plus beau de toute l'Angleterre, et dont j'aperçois d'ici les superbes jardins.

LEICESTER, *doucement*. Amy! y penses-tu?

AMY. Ah! ce serait le bonheur de ma vie! oui, je voudrais briller d'un éclat qui ne vînt que de toi seul, de ton nom!

ROMANCE.

Ces présents, ces biens de la terre
M'ornent d'un éclat imposteur...
Aux yeux de tous je serais fière
D'être l'épouse de ton cœur.
Alors je pourrais, sans murmure,
Renoncer à la vanité..
Ton amour ferait ma parure,
Mon bonheur ferait ma beauté.

ENSEMBLE.
LEICESTER.
Quel doux regard!.. que d'innocence!
Ah! les vains honneurs de la cour
N'ont rien d'égal à la puissance
De sa candeur, de son amour.
AMY.
Au gré de ma reconnaissance,
Que ne puis-je, loin de la cour,
Te faire oublier ta puissance
Par ton bonheur et mon amour!

DEUXIÈME COUPLET.
AMY.
Près d'un époux, près de mon père,
Qui me maudit peut-être, hélas!
Tous les trésors de l'Angleterre,
Dudley, ne me séduiraient pas.
Entre nous deux, plus de murmure!
J'aimerai la simplicité...
Votre amour fera ma parure,
Mon bonheur fera ma beauté.

ENSEMBLE.
LEICESTER.
Quel doux regard! que d'innocence! etc.
AMY.
Au gré de ma reconnaissance, etc.

LEICESTER, *ému*. Amy, ce jour viendra; mais dans ce moment cela est impossible.

AMY. Et pourquoi? la reine dit-on, ne voit que par vos yeux, n'agit que par vos conseils; eh bien! conseillez-lui de consentir à notre mariage.

LEICESTER. O ciel! que dites-vous?

AMY. Ce que je lui dirais à elle-même; qu'y a-t-il donc de si étonnant? et pourquoi la reine empêcherait-elle ses sujets de se marier?

LEICESTER. Amy, vous parlez de ce que vous ne pouvez comprendre! qu'il vous suffise de savoir que, dans ce moment, déclarer mon mariage serait travailler à ma ruine, et tout serait perdu si l'on pouvait seulement soupçonner...

SCENE VII.
LEICESTER, AMY, RALEIGH, *paraissant dans le fond*.

AMY. Quelqu'un vient vers nous.

LEICESTER, *mettant la main sur son épée*. Qui ose nous surprendre?

AMY. Que vois-je! Walter Raleigh.

LEICESTER, *à part, avec colère*. Raleigh! (*Se retournant froidement.*) Ma présence en ces lieux doit étonner s'r Raleigh ne s'attendait pas sans doute à m'y trouver.

RALEIGH. Au contraire, Milord, je venais vous y chercher.

LEICESTER. C'est être fort habile que d'avoir deviné que la nuit et le mauvais temps me forceraient de demander ici un asile.

RALEIGH. Non, Milord, vous n'êtes point homme à vous arrêter en chemin pour si peu de chose; je ne sais, dont moi seul ai connaissance, m'avait fait soupçonner que votre seigneurie devait être ici; (*Regardant Amy.*) et, quelque pénible que fût pour moi une certaine rencontre, en rival dédaigné, mais généreux, j'ai fait taire mon amour-propre pour ne songer qu'à vos intérêts et aux dangers qui vous menacent; dans quelques heures la reine sera dans ces lieux.

LEICESTER. Elisabeth!

RALEIGH. Elle-même! elle doit demain se rendre avec toute sa cour à Kenilworth, ce superbe château qu'elle a donné au comte de Leicester; mais c'est peu de faire un tel honneur à son favori, elle a voulu y joindre le plaisir de la surprise; l'auberge que j'habitais est déjà remplie des officiers de sa maison ; un de ces messieurs, qui a daigné me reconnaître, m'a mis au fait de l'itinéraire royal. Comme on a beaucoup parlé à Sa Majesté les ruines et les environs de la vieille abbaye de Cumnor, elle doit demain matin s'y arrêter pour déjeuner.

AMY. Il serait vrai! la reine vient déjeuner ici!..

LEICESTER, *l'interrompant*. C'est bien, c'est bien; je

vous remercie de l'avis important que vous venez de me donner, et j'en profiterai. Amy, je vous rejoins à l'instant, dès que j'aurai causé avec Raleigh sur le parti qu'il faut prendre.

AMY. Quoi! vous voulez lui confier?..

LEICESTER. Il en sait trop pour lui rien cacher ; d'ailleurs, de tous mes partisans, Raleigh m'est le plus dévoué, et quoiqu'il me doive tout, je crois qu'au jour de la disgrâce je pourrais compter sur lui.

SCÈNE VIII.
LEICESTER, RALEIGH.

LEICESTER. Quoi! Elisabeth se rend demain à Kenilworth, et aussi publiquement, avec toute sa cour et sans m'en avoir parlé? quel peut être son dessein?

RALEIGH. Je l'ignore; mais vous ne craignez point de fournir des armes à vos ennemis, d'exciter les soupçons d'une reine inquiète et défiante, et pour qui? pour Amy Robsart, pour la fille d'un vieux gentilhomme inconnu. Je sais que vous allez me vanter sa grâce, ses attraits; à Dieu ne plaise que je nie le pouvoir de ses charmes ; je l'ai trop bien éprouvé. Je l'aimais, je l'adorais avant vous, Milord ; mais quand j'aurais dû être amant aussi heureux que j'en ai été maltraité, jamais l'amour ne m'eût fait dévier de la route que je me suis tracée ; de ce sentier que mille obstacles environnent, mais au delà duquel sont la gloire et les honneurs; c'est là que tendent mes vœux et j'y parviendrai avec vous ou sans vous...

LEICESTER. Raleigh!

RALEIGH. Oui, Milord, il faut choisir entre vos amis et une maîtresse : entre Amy Robsart et la couronne d'Angleterre.

LEICESTER. Renoncer! jamais. Amy Robsart a reçu ma foi ! elle est comtesse de Leicester.

RALEIGH. O ciel! qu'avez-vous fait? et quelles seront les suites de cette fatale résolution!

LEICESTER. Ma disgrâce et mon bonheur peut-être. (*Montrant les ordres et les chaînes d'or qui sont sur sa poitrine.*) Si vous saviez à quel point ces chaînes me semblent pesantes, et combien de fois j'ai juré de les briser...

RALEIGH. Le bonheur, le repos... vous vous trompez, Milord, il n'en est point pour un courtisan disgracié. Je suppose que votre mariage soit déclaré ; je ne vous parle pas du triomphe de vos adversaires, des sarcasmes des courtisans, mais croyez-vous qu'on vous laisse goûter en paix les charmes de cette glorieuse retraite, croyez-vous que le ressentiment d'Elisabeth... elle est fille d'Henri VIII et ne sait point oublier un outrage.

LEICESTER. Eh bien ! Raleigh, que feriez-vous à ma place?

RALEIGH. Pourquoi déclarer ce mariage? le secret en a été gardé et peut l'être encore.

LEICESTER. Mais l'arrivée de la reine..

RALEIGH. Eh bien ! il faut éloigner la comtesse.

LEICESTER. Sans doute, il faut qu'elle parte ; mais à qui la confier, qui l'accompagnera dans sa fuite?

RALEIGH. Votre seigneurie connaît mon dévouement, et si j'osais me proposer pour être le chevalier de la comtesse...

LEICESTER. Vous, Raleigh? certainement je vous suis obligé; mais je ne sais pourquoi j'aimerais mieux voir ma femme en d'autres mains que les vôtres.

RALEIGH. Milord, vous me faites injure.

LEICESTER. Il me semble, au contraire, que je vous fais honneur, car c'en est un que de vous craindre.

ROBSART, *en dehors*. Puisqu'il n'est pas parti, je veux le voir.

RALEIGH. Quelle est cette voix?

LEICESTER, *vivement*. Celle d'un vieillard, d'un ancien militaire, à qui j'ai donné cette nuit l'hospitalité.... Le voici! silence.

SCÈNE IX.
LES PRÉCÉDENTS, ROBSART.

ROBSART. Daignez, Milord, recevoir mes adieux. (*Montrant Raleigh.*) Ce noble seigneur n'est-il pas le maître du château?

LEICESTER. Lui-même

ROBSART. Je n'ai point voulu me mettre en route, sans vous faire mes remerciments, et plaise au ciel que je sois bientôt à même de vous pouvoir prouver ma reconnaissance.

LEICESTER, *à Raleigh*. Eh! mais, attendez... Un vieillard plein d'honneur, et qui s'est dévoué... s'il voulait escorter la comtesse?

RALEIGH, *bas*. Vous croyez?

LEICESTER, *bas*. Je ne pouvais mieux choisir ; proposez-lui, et en votre nom.

RALEIGH, *haut*. Quel est, Monsieur, le but de votre voyage?

ROBSART. Je me rendais à Londres pour une maudite affaire ; mais ce n'est pas le moment de vous en parler.

RALEIGH, *bas, à Leicester*. Londres? cela vous convient-il?

LEICESTER, *bas*. Très-bien.

RALEIGH, *haut*. Ah! vous allez à Londres? c'est une rencontre fort heureuse, et j'accepterai avec plaisir les offres de service que vous faisiez tout à l'heure. Une jeune dame de... (*Bas, à Leicester.*) Quelle qualité?

LEICESTER, *de même*. De vos parentes.

RALEIGH. Une jeune dame de mes parentes était sur le point d'entreprendre ce voyage avec sa femme de chambre ; mais vous sentez que deux femmes seules en voiture, tandis que vous qui êtes à cheval, si vous daigniez les escorter...

ROBSART. Disposez de moi : trop heureux de pouvoir m'acquitter envers vous.

RALEIGH. Je vous remercie. (*Bas, à Leicester.*) Il accepte.

LEICESTER, *de même*. A merveille. (*Tirant des tablettes de sa poche.*) Un mot va prévenir Amy de mes intentions.

RALEIGH, *à Robsart pendant que Leicester écrit*. Je vous demande mille pardons ; ce sont quelques affaires que nous terminons.

ROBSART, *souriant*. A votre aise, ne vous gênez pas.

LEICESTER, *bas, à Raleigh, en écrivant toujours*. J'aurai ensuite besoin de vous à Kenilworth.

RALEIGH. Y pensez-vous? la cour y sera, et je n'oserai m'y présenter.

LEICESTER. Vous le pouvez. Sussex a entendu raison, et votre affaire est arrangée ; la reine n'en a même pas eu connaissance (*Lui montrant le billet qu'il vient d'écrire.*) Je n'ose voir la comtesse ; car elle voudrait me retenir sans doute, et il faut que je parte à l'instant pour Lemington, où je crains d'arriver trop tard. Holà ! quelqu'un ! Cicily !

SCÈNE X.
LES PRÉCÉDENTS, CICILY.

LEICESTER, *à Cicily*. Ce billet pour votre maîtresse. Conduisez Monsieur.

CICILY, *se retournant*. Comment! encore ici?

RALEIGH, *bas*. Silence !

LEICESTER, *de même*. Silence !

RALEIGH, *à Cicily*. Vous lui remettrez d'abord ce billet, vous l'aiderez à faire les préparatifs de son départ.

CICILY, *étonnée*. De son départ?

RALEIGH. Monsieur voudra bien attendre quelques instants que Milady soit prête. (*Robsart fait un signe d'adhésion. Cicily lui montre le chemin. Elle rencontre un regard de Raleigh.*)

CICILY, *à part*. Allons, et lui qui me commande aussi. (*Leicester serre la main de Raleigh, et sort d'un autre côté.*)

SCÈNE XI.

RALEIGH, *seul, regardant sortir Leicester*.

Je sauve Leicester, et grâce à son crédit,
    La fortune enfin me sourit.
Fortune, ô ma seule pensée,
Fortune, objet de tous mes vœux,
Quoique femme, je t'ai fixée,
Sois-moi fidèle si tu peux !

D'un favori puissant
Je deviens confident!

CAVATINE.

Destin, je te défie
De me tromper encor;
Au gré de mon envie
Je vais prendre l'essor;
La suprême puissance
Me sourit à mon tour,
Et m'enivre d'avance
Et de gloire et d'amour
Je ne crains plus d'orage, de tempête,
Rien ne peut plus arrêter mon bonheur.
Car la fortune a fixé sur ma tête
Et son éclat et sa faveur.
Destin, je te défie
De me tromper encor, etc., etc.
(*Mouvement très-agité.*)

SCENE XII.

RALEIGH, CICILY.

CICILY, *accourant tout effrayée.*
Dieux! Milord, quelle nouvelle!..
RALEIGH.
Qu'est-ce donc qui t'agite ainsi?
CICILY.
Ah! ce vieillard...
RALEIGH.
Eh bien?
CICILY.
Auprès de Milady,
A peine est-il entré qu'elle pousse un grand cri;
Et lui, courant vers elle,
Quoi! ma fille, a-t-il dit, ma fille dans ces lieux!
RALEIGH, *à part.*
C'est Robsart, justes dieux!
CICILY.
En vain elle implore son père:
Non... nomme-moi ton séducteur.
Viens, viens, ou ma colère,
Sur lui vengera mon honneur!...
RALEIGH, *troublé, à part.*
L'enlever!.. malheureux... que faire?
Et Leicester... comment le prévenir?
Et la reine qui va venir!
(*On entend les trompettes, les acclamations et une marche dans le lointain.*)

RALEIGH, *très-agité.* Comment maintenant la délivrer, et quand j'y parviendrais, pour regagner la route de Londres, il faut absolument traverser les jardins de Kenilworth; en sortant d'ici la reine va s'y rendre; et si nous n'y arrivons pas avant elle?..

CICILY, *courant à une fenêtre du fond.*
Ecoutez... oui, la reine va venir.

CHŒUR *lointain, et derrière le théâtre.*

Ah! quel honneur pour notre maître!
Pour nos hameaux quel jour heureux!
La reine en ces lieux va paraître,
Et combler enfin tous nos vœux.
CICILY, *avec joie.*
La reine va paraître!
RALEIGH, *préoccupé.*
Oui, oui, la reine va paraître.
(*Pendant que la marche continue.*)
RALEIGH, *à part.*
Et ce Robsart, dans sa colère,
S'il allait révéler...
Rien ne pourra le faire taire,
Rien ne peut le faire trembler!
(*Avec résolution.*)
Ah! c'est en vain que je balance.
Oui, les moments sont précieux,
Un seul moyen... en ma puissance...
Il est terrible, dangereux..
A Cicily.)
N'importe, viens.
CICILY.
Que faut-il faire?
RALEIGH.
Me suivre, obéir et te taire.
CICILY.
Toujours me taire, oh! c'est fini,
Je ne veux plus rester ici.
(*Le bruit se rapproche.*)
CHŒUR, *derrière le théâtre.*
Ah! quel honneur pour notre maître,
Pour nos hameaux quel jour heureux!
La reine en ces lieux va paraître
Et combler enfin tous nos vœux.
CICILY, *à part.*
Que ne suis-je loin de ces lieux!
RALEIGH, *bas.*
Suis-moi, suis-moi loin de ces lieux.
(*Ils sortent.*)

ACTE DEUXIÈME.

Le théâtre représente une partie des jardins du parc de Kenilworth; on aperçoit la façade du château à travers les arbres du fond. Le jardin est orné de vases et de groupes de marbre. A droite, et sur le devant de la scène, l'entrée d'une galerie de marbre, qui est censée conduire à une autre partie des bâtiments. Au lever du rideau, Doboobie est entouré de jeunes filles, de villageois qu'il fait répéter. Les uns exécutent des danses, tandis que d'autres tressent des guirlandes, préparent des fleurs et étudient le compliment qu'ils doivent réciter à la reine.

SCENE PREMIÈRE.

DOBOOBIE, VILLAGEOIS, JEUNES FILLES.

CHŒUR.

Ah! quel honneur pour notre maître!
Pour nos hameaux quel jour heureux!
La reine en ces lieux va paraître,
Et combler enfin tous nos vœux.
DOBOOBIE, *les plaçant.*
Sachons mériter tant de gloire...
(*Aux jeunes filles.*)
Eh bien! comment va la mémoire?
CHŒUR.
Très-bien, très-bien.
DOBOOBIE, *aux danseurs.*
Et vos danses?
CHŒUR.
Très-bien, très-bien.
DOBOOBIE.
Surtout, surtout, n'oubliez rien.
(*A lui-même.*)
Quelle page pour mon histoire!
(*Au chœur.*)
Voyons si tout cela va bien.
CHŒUR, *pendant les danses.*
Des habitants du village
Ne méprisez pas l'hommage...
CHŒUR DE DANSEURS.
Par nos danses et nos chants
Célébrons ces doux instants.
DOBOOBIE, *soufflant.*
Vos attraits.. (*Aux danseurs.*) Quelle tournure!
CHŒUR.
Vos attraits, quelle tournure!
DOBOOBIE, *frappant du pied.*
Taisez-vous donc! (*Aux danseurs.*) Doucement!

(*Soufflant.*)
Vos vertus... (*Aux danseurs.*) Légèrement!
Mais suivez donc la mesure.
CHŒUR, *avec impatience.*
Nous savons parfaitement.
(*Ecoutant.*)
Mais quel bruit se fait entendre?
C'est la reine assurément.
Auprès d'elle il faut nous rendre.
DOBOOBIE, *voulant les retenir.*
Mais écoutez... un moment...
CHŒUR, *très-vif.*
Oui, c'est elle, oui, c'est la reine,
Comme chacun est agité !
De notre noble souveraine
Courons admirer la beauté.
(*Ils sortent tous en désordre, et entraînent Doboobie avec eux. Raleigh paraît aussitôt du côté opposé ; il fait signe à Amy d'approcher sans crainte.*)

SCENE II.

RALEIGH, AMY.

(*Raleigh est vêtu magnifiquement ; Amy est en habit de voyage.*)

RALEIGH. Hâtons-nous de traverser cet endroit dangereux, que nous ne pouvions éviter, c'est le seul qui nous conduise directement à la grande route, où des chevaux nous attendent.
AMY. Non, je n'irai pas plus loin ; je reste ici.
RALEIGH. Y songez-vous! à Kenilworth, quand nous devrions être déjà sur le chemin de Londres.
AMY. Mais mon père, qu'est-il devenu?
RALEIGH. Vous le saurez, Milady ; mais je vous en conjure, éloignez-vous.
AMY. Non, sir Raleigh, vous m'expliquerez ce mystère. J'ai revu mon père ; j'ai supporté, sans trahir le secret de Milord, ses reproches et son indignation ; mais je ne puis résister aux inquiétudes mortelles que votre silence m'inspire. Qu'est devenu mon père?
RALEIGH. Calmez-vous, il ne court aucun danger ; mais il allait vous enlever, vous cacher pour jamais dans le fond du Devonshire, et je répondais de vous au comte sur ma tête. Vous conviendrez que ma position était très-délicate ; je n'avais qu'un moyen, violent, à la vérité, mais je n'ai point balancé ; j'ai fait arrêter ses pas au nom de Leicester, et par ses hommes d'armes.
AMY. Au nom de Leicester! et je pourrais souffrir... Je cours m'adresser à Milord, pour que mon père soit mis en liberté, et pour qu'il lui soit permis de retourner chez lui, dans son château du Devonshire.
RALEIGH. C'est justement là que je l'ai fait conduire ; il y restera libre, tranquille, jusqu'à ce que votre mariage soit reconnu ; mais je tremble que la reine... elle est déjà aux portes du château. Venez.
AMY. Je ne sortirai pas d'ici que je n'aie vu le comte.
RALEIGH. Trop de dangers vous y environnent.
AMY. Quoi! la comtesse de Leicester ne trouverait pas d'asile, même dans le château de son époux! que je le voie seulement, et je pars.
RALEIGH. Eh bien! puisque vous l'exigez, attendez un instant dans ce pavillon écarté, et je cours prendre ses ordres ; mais il vient sans doute ; entendez-vous ce bruit dans les cours du château?

DUO.

Eloignez-vous, quittez ces lieux!
AMY.
Un moment, un moment encore :
De ce spectacle que j'ignore,
Laissez-moi contenter mes yeux!
RALEIGH.
Non, non, il faut quitter ces lieux!
Y rester plus longtemps encore,
Pour nous serait trop dangereux!

AMY, *regardant à sa droite.*
Quelle est cette troupe guerrière
Qui semble marcher au combat?
RALEIGH.
De Leicester c'est la bannière !
AMY.
Quelle richesse ! quel éclat!
Et ces pages ? ces hommes d'armes?
RALEIGH, *voulant l'entraîner.*
Ce sont les siens, éloignons-nous !
AMY.
Ah ! que ce spectacle a de charmes!
Quoi! ces pages, ces hommes d'armes,
Tout appartient à mon époux !
RALEIGH.
Ah ! vous redoublez mes alarmes,
Eloignons-nous, quittons ces lieux!
AMY.
Un moment, un moment encore, etc.
RALEIGH.
Entendez-vous ces fanfares brillantes?
Ce cri joyeux, mille fois répété?
Voyez dans l'air ces enseignes flottantes!
La reine vient de ce côté!
AMY.
Quoi ! c'est la reine, ô jour d'ivresse!
Parmi la foule qui s'empresse,
Ne puis-je donc, cachée à tous les yeux...
RALEIGH, *effrayé.*
Y pensez-vous?
AMY.
Quel sort heureux !
Mêlant ma voix à leurs chants d'allégresse,
Je m'écrierais d'un air content et fier :
« Vive la reine et vive Leicester! »
RALEIGH, *vivement.*
Voulez-vous le perdre, Madame!
AMY.
Le perdre! ô ciel! lui, mon époux!
A ce mot seul je sens glacer mon âme.
(*Reprise.*)
AMY.
Ah ! je pars, je quitte ces lieux,
Et puisqu'un seul moment encore
Peut perdre l'époux que j'adore,
D'Amy recevez les adieux.
RALEIGH.
Oui, pour lui, pour vous plus encore,
Cachez-vous bien à tous les yeux.
(*Amy sort par le pavillon à gauche.*)

SCENE III.

RALEIGH, *seul.*

(*La marche triomphale continue toujours dans le lointain, et va toujours en augmentant pendant le monologue suivant.*)

Je respire. Ce n'est pas sans peine que j'ai pu la décider, et le comte qui n'est pas prévenu, qui ne sait pas que, sans moi, la comtesse lui était ravie. Que l'on die encore qu'il n'y a pas de véritables amis à la cour. Moi, qui me sacrifie pour Leicester, qui m'expose à tout pour sauver du naufrage sa barque, (*Souriant.*) allons, et peut-être la mienne! C'est unique! comme on se fait illusion ; j'aurais juré, tout à l'heure, que j'agissais sans intérêt... Chut! le voici avec la reine. (*Fanfares.*)

SCENE IV.

ÉLISABETH, LEICESTER, RALEIGH, DOBOOBIE, SUSSEX, DAMES ET OFFICIERS, SUITE.

CHŒUR.

De notre auguste souveraine
La présence comble nos vœux.

La reine Élisabeth.

Vive à jamais le règne glorieux
D'Élisabeth, de notre reine!

ELISABETH.
AIR.

Ah! de ces transports éclatants,
J'en conviens, mon âme est charmée.
De mes sujets reconnaissants
Ils prouvent que je suis aimée!
(À Leicester.)
Oui, Milord, c'est en ce séjour
Où vous étiez loin de m'attendre,
Que j'ai voulu vous surprendre
Avec toute ma cour!

Au seigneur de ce domaine,
Dont je connais la loyauté,
Élisabeth, votre reine,
Demande l'hospitalité.

CHŒUR.

Au seigneur de ce domaine,
Notre auguste souveraine
Demande l'hospitalité.
Vive Sa Majesté!

ÉLISABETH.
(Reprise de l'air.)

Ah! de ces transports éclatants,
J'en conviens, mon âme est charmée.
De mes sujets reconnaissants
Ils prouvent que je suis aimée.

RONDEAU.

Aux soins de notre empire
Dérobons un seul jour,
Et qu'ici tout respire
Le bonheur et l'amour.

Je bannis de cette retraite
Les lois de l'étiquette,
Voulant qu'on ne puisse obéir
Qu'à celles du plaisir!

Aux soins de notre empire
Dérobons un seul jour,
Et qu'ici tout respire
Le bonheur et l'amour.

C'est fort bien, Milord, recevez mes remercîments pour une réception si gracieuse. (À un officier en montrant *les vassaux*) Lord Hunsdon, chargez-vous de témoigner ma satisfaction à ces braves gens. (*A un autre.*) Milord, vous me présenterez ce soir toutes les pétitions que j'ai reçues sur mon passage. (*A Doboobie.*) Eh bien ! monsieur l'intendant, pourquoi cet air confus? vos danses et vos chants étaient très-bien ordonnés, et votre compliment, quoique vous n'ayez pas pu l'achever, m'a paru fort beau.

DOBOOBIE. Certainement ; le trouble, la précipitation ; si Votre Majesté me permettait de le recommencer?..

ÉLISABETH, *souriant.* Plus tard, je l'entendrai avec plaisir. (*Apercevant Raleigh.*) Ah! sir Walter Raleigh, je vous en veux beaucoup; comment donc, un mois sans paraître à la cour, dont vous faisiez les délices; c'est très-mal : ces dames se plaignent hautement de votre désertion, et je ne sais plus que faire pour les consoler de votre absence.

RALEIGH, *s'inclinant.* Je suis touché, Madame, d'un reproche si obligeant; mais quand Votre Majesté saura que des affaires sérieuses...

ÉLISABETH, *gaiement.* Vous, Raleigh! des affaires sérieuses, c'est impossible, et nous ne recevons pas vos excuses. Pour prévenir, au surplus, le retour d'un pareil abus, et vous forcer à résidence, nous vous prévenons que ce matin, et sur la proposition de M. le comte de Leicester, nous vous avons nommé chambellan du palais.

RALEIGH, *avec joie.* Quoi! Madame, vous avez daigné...

ÉLISABETH. Ne fût-ce que pour satisfaire au vœu de ces dames. Mais laissons cela ; dites-moi, Milord, quel est ce prisonnier que j'ai rencontré tout à l'heure, entouré de gens à vos armes ?

LEICESTER, *étonné.* Un prisonnier !..

ÉLISABETH. L'officier, que j'ai interrogé, n'a pu m'apprendre ni son nom, ni son crime; il venait de l'arrêter par votre ordre, et le conduisait dans le Devonshire.

LEICESTER, *plus étonné.* Par mon ordre, dans le Devonshire ?

RALEIGH, *à part.* Malédiction! C'est Hugues Robsart, Comment instruire le comte ? (*Il lui fait des signes que Leicester n'aperçoit pas.*)

ÉLISABETH. Sans connaître vos motifs, Milord, sans vouloir même porter atteinte aux droits que vous donnent ma confiance et le pouvoir dont vous êtes revêtu, j'avoue que je verrais avec peine mon voyage marqué par des actes de sévérité. J'ai fait reconduire ce prisonnier à Kenilworth, et je désire savoir de vous la cause de son arrestation.

RALEIGH, *à part.* Comment détourner l'orage..

LEICESTER, *très-étonné.* Un prisonnier par mon ordre! je n'y comprends rien, Madame, je vous jure...

ÉLISABETH. Eh quoi! vous ignoriez...

LEICESTER Je n'ai donné aucun ordre, je l'atteste, et je rends grâce à l'heureux pressentiment de Votre Majesté qui a suspendu l'effet d'une injustice aussi étrange, et sauvé mon nom des reproches dont on l'aurait accablé. Ordonnez, je vous supplie, que ce prisonnier paraisse à l'instant; c'est devant Votre Majesté que je veux me justifier.

ÉLISABETH, *à un officier.* Qu'on le fasse venir. (*L'officier sort.*)

RALEIGH, *à part.* Ah! grand Dieu! on dirait qu'un malin démon le pousse à se perdre lui-même !

LEICESTER, *vivement, à la reine.* Je n'en saurais douter, Madame, on se sera servi de mon nom pour satisfaire une haine personnelle ; nous allons connaître la vérité, et c'est moi qui supplie Votre Majesté de m'accorder justice du téméraire qui me livre ainsi au ressentiment des Anglais.

ÉLISABETH. Calmez-vous, Leicester, votre parole suffit pour vous mettre à l'abri de tout soupçon ; mais voici ce prisonnier !..

RALEIGH, *à part.* C'est fait de nous! (*Il se met de côté, de manière qu'il est caché par plusieurs courtisans.*)

SCENE V.

LES PRÉCÉDENTS, HUGUES ROBSART, OFFICIERS, *qui le conduisent.*

MORCEAU D'ENSEMBLE.

LEICESTER, *à part, reconnaissant Robsart.*
Que vois-je ! ô ciel ! quoi, ce vieillard!

RALEIGH, *bas, à Leicester.*
Silence! sachez vous contraindre!

ÉLISABETH.
Approchez, parlez sans rien craindre;
Votre nom?

ROBSART.
Hugues Robsart.

LEICESTER, *à part.*
Robsart!

ÉLISABETH.
Robsart, l'un de mes défenseurs fidèles,
Celui qui triompha si souvent des rebelles,
Dont le courage et la noble fierté...

ROBSART, *amèrement.*
Oui, oui, voilà la récompense
Qu'on réservait à ma fidélité!
De Leicester quelle est donc la puissance ?

ÉLISABETH, *montrant Leicester.*
N'accusez point sa loyauté ;
Loin d'attenter à votre liberté,
Il vous défend...

ROBSART, *étonné.*
Eh quoi ! Madame.
Quoi! c'est là Leicester ? (*A part.*) O ciel!
Quel soupçon pénètre en mon âme ?
(*Haut, à Leicester.*)
J'oublie un affront si cruel !
Un devoir plus pressant m'entraîne.
Milord, c'est devant votre reine,
C'est à vous qu'un père offensé
Demande compte de sa fille!

TOUS.
Sa fille !

LEICESTER, *à part.*
Tout mon sang s'est glacé.

ÉLISABETH, *vivement.*
Que dites-vous ? Quoi! votre fille...

ROBSART.
On l'a ravie à sa famille!

ÉLISABETH.
Le ravisseur?

ROBSART, *montrant Leicester.*
C'est à Milord
A le nommer !

ÉLISABETH, *troublée.*
Milord!

ROBSART, *avec force.*
Hier il était à Cumnor,
Hier, il s'offrit à ma vue,
Dans la retraite où m'ême encor
Ma fille est retenue !

ÉLISABETH, *regardant Leicester.*
Qu'entends-je ?

ENSEMBLE.

ÉLISABETH, *à part.*
Une crainte inconnue
Fait palpiter mon cœur ;
De mon âme éperdue
Je sens fuir le bonheur.

LEICESTER, *à part.*
Ah ! comment à sa vue
Dérober ma terreur ?
De mon âme éperdue
Je sens fuir le bonheur.

RALEIGH, *bas, à Leicester.*
Dans votre âme éperdue
Cachez votre terreur ;
N'allez pas, à sa vue,
Dévoiler votre ardeur.

ROBSART.
Pour mon âme éperdue
Il n'est plus de bonheur ;
Je veux à votre vue
Punir le séducteur.

CHŒUR, *regardant la reine.*
Elle paraît émue,
Pourquoi cette terreur?
Une crainte inconnue
Fait palpiter mon cœur.

ÉLISABETH, *observant Leicester.*
Eh quoi ! de sa fille chérie

Vous connaissez la retraite, Milord!
Elle était chez vous, à Cumnor?
Vous connaissez celui qui l'a ravie :
Nommez-le-moi, nommez le séducteur!
ROBSART, *portant la main sur son épée.*
Oui, nommez-le, ce lâche suborneur!
LEICESTER, *vivement.*
Un lâche suborneur!
Qui vous a dit que votre fille
Eût déshonoré sa famille
Par un choix indigne de vous?
Non, vous pouvez m'en croire,
Amy Robsart est encor la gloire
De son père, de son époux!
ROBSART ET ÉLISABETH.
Son époux!
LEICESTER, *avec feu.*
Oui, par les nœuds de l'hyménée,
Amy Robsart est enchaînée.
Seul, je connais son choix, et ne saurais souffrir
Qu'en ma présence on ose l'avilir!
ROBSART.
Serait-il vrai?
ÉLISABETH *avec défiance, et regardant Leicester.*
Par l'hyménée
Amy Robsart est enchaînée?
(*Avec force.*)
Qui donc? qui donc est son époux?
LEICESTER, *s'avançant.*
C'est... (*Il s'arrête.*) ô ciel!
ÉLISABETH.
Eh bien?
(*Leicester ne peut répondre, Raleigh, qui était parmi les courtisans se présente hardiment.*)
RALEIGH.
C'est moi!
ÉLISABETH.
Vous!

ENSEMBLE.

ÉLISABETH.
Quel est donc ce mystère,
Et qui dois-je accuser?
Malheur au téméraire
Qui voudrait m'abuser!
CHŒUR.
Quel est donc ce mystère?
Qui doit-elle accuser?
Malheur au téméraire
Qui voudrait l'abuser!
LEICESTER.
Grand Dieu! dois-je me taire?
Ou faut-il m'accuser?
Hélas! à sa colère
Je n'ose m'exposer.
ROBSART.
Quel est donc ce mystère,
Et qui dois-je accuser?
Malheur au téméraire
Qui voudrait m'abuser!
RALEIGH.
Ah! puisse-t-il se taire;
Je dois seul m'exposer.
Je crains peu sa colère,
Je saurai l'apaiser.

ÉLISABETH. Vous, Raleigh! l'époux d'Amy Robsart?
RALEIGH, *serrant la main de Leicester.* Oui, Madame : c'est assez, Milord, je ne souffrirai pas que votre amitié vous compromette davantage; quel que soit le destin qui m'attende, je serais coupable si je laissais plus longtemps votre grâce en butte à des soupçons qui peuvent flétrir son honneur!
ROBSART. Walter Raleigh, l'époux de ma fille! vous que j'ai vu hier dans l'abbaye de Cumnor!
RALEIGH. Vous le voyez, Madame, ce mot explique tout le mystère; c'est moi qui, pour échapper aux recherches de celui que vous avez offensé, suis venu, sous un nom emprunté, demander un asile au comte de Leicester; mon amour pour l'aimable Amy Robsart n'est point un secret : tout le Devonshire sait que j'ai longtemps brûlé pour elle;

lord Leicester avait seul mon secret, je lui rends grâce de l'avoir gardé avec tant de fidélité; mais du moment qu'il pouvait l'exposer, j'ai dû parler, j'ai dû déclarer toute la vérité... (*S'inclinant.*) Si votre colère veut frapper, je vous livre le coupable!
LEICESTER, *à part.* Juste ciel! et je n'ai pas la force de le démentir!
ÉLISABETH. Mais vous, comte, comment vous trouviez-vous hier soir à Cumnor?
LEICESTER, *encore troublé.* J'ai eu tort sans doute, puisque Votre Majesté me désapprouve; je savais, Madame, que vous deviez honorer Kenilworth de votre visite; au lieu de m'arrêter à Lemington et de me livrer au sommeil, j'ai cru qu'il était de mon devoir d'assurer votre route, de donner des ordres nécessaires...
ÉLISABETH, *bas, à Raleigh.* Un seul mot, Raleigh, et, sur votre honneur, gardez-vous de me tromper; le comte connaissait-il votre femme? l'avait-il déjà vue?
RALEIGH, *à demi-voix.* Sur mon honneur, Madame, j'atteste que Milord n'a jamais vu ma femme.
ÉLISABETH. Pas même hier?
RALEIGH. Non, Madame, il ne m'a pas demandé à lui être présenté; depuis quelque temps, le noble comte n'est plus reconnaissable; il est pour toutes les beautés de la cour d'une indifférence que ses amis ne peuvent s'expliquer, et qui même...
ÉLISABETH, *souriant.* Fort bien, sir Raleigh, je ne mettrai pas longtemps votre discrétion à l'épreuve. (*A Leicester, avec bonté.*) Venez, Leicester, je vous dois des excuses; je me reprocherai toujours d'avoir pu soupçonner le noble lord Dudley, le plus fidèle de mes serviteurs, capable d'une trahison... (*Elle lui tend la main.*)
LEICESTER, *la baisant.* Ah! Madame, vous me rendez la vie!
ÉLISABETH, *à Robsart.* Allons, sir Robsart, nous vous donnons l'exemple de l'indulgence, imitez-nous; Raleigh fut bien coupable sans doute, mais enfin, il est l'époux de votre fille, il est aimé, pardonnez-lui.
ROBSART. Je ne pardonnerai qu'après avoir vu ma fille, qu'après avoir appris d'elle si c'est librement et de son choix...
ÉLISABETH. C'est une satisfaction que Raleigh ne peut vous refuser; qu'on fasse venir Amy Robsart.
LEICESTER, *à part.* Grands dieux!
RALEIGH. Je suis désolé de ne pouvoir obéir dans ce moment à Votre Majesté; craignant que sir Robsart ne vînt pour m'enlever ma femme, je l'avais fait arrêter lui-même; car c'est encor moi qui suis coupable des ordres donnés au nom du comte de Leicester.
ÉLISABETH. Eh! mais, voilà qui est plus sérieux; faire arrêter votre beau-père! nous ne connaissions pas encore ce moyen d'arranger les affaires de famille.
RALEIGH. Pendant ce temps, je faisais partir ma femme le plus secrètement possible pour la terre de Ludge-Hall, que je possède dans le comté de Berks.
ROBSART, *l'examinant.* Dans le comté de Berks, la terre de Ludge-Hall?
RALEIGH. Oui.
ROBSART. Il n'y a que deux jours de distance?
RALEIGH. Il est vrai.
ROBSART. J'y vais moi-même pour m'assurer de la vérité; Sa Majesté pardonnera bien cet excès de défiance à la sollicitude d'un père?
ÉLISABETH. Allez, sir Robsart, j'y consens, je veux même que Raleigh vous accompagne; il n'est pas juste qu'un nouveau marié soit si longtemps séparé de sa femme!
RALEIGH, *s'inclinant.* Votre Majesté est trop bonne.
LEICESTER, *à part.* Allons, il ne manquait plus que cela.
RALEIGH, *bas, à Leicester.* De grâce, contraignez-vous.
LEICESTER, *de même.* Non, c'en est trop, et je ne souffrirai pas. (*Haut, à Élisabeth.*) Madame, je demanderai à Votre Majesté un moment d'audience.
ÉLISABETH. Nous vous l'accorderons volontiers, Milord, car nous avons à vous consulter sur une dépêche importante; mais je vois votre intendant qui meurt d'envie de me montrer le plan de la fête.
DOUGLAS. Oui, Madame, c'est, je crois, une idée assez ingénieuse, que je serais trop heureux de soumettre à Votre Majesté. (*Pendant que la reine regarde, Raleigh s'approche vivement de Leicester et lui dit à voix basse :*)
RALEIGH. Que prétendez-vous faire?

LEICESTER. Tout avouer, ma position est trop pénible...
RALEIGH. Y pensez-vous?
LEICESTER. Un aveu peut seul détourner la tempête.
RALEIGH. C'est nous perdre.
LEICESTER. Moi, peut-être! mais ne craignez rien pour vous, je saurai vous mettre à l'abri du ressentiment de la reine! Rendez-moi le dernier service de faire tout disposer pour mon départ, et revenez ici m'avertir; j'aurai tout déclaré à Elisabeth, et lui aurai dit un éternel adieu.
ÉLISABETH, *fermant le papier*. C'est à merveille, et nous ne doutons point que l'exécution n'y réponde. (*Raleigh sort.*) A tantôt, Milord. Nous nous reverrons (*A Doboobie et aux paysans.*) Laissez-nous.

SCENE VI.
ÉLISABETH, LEICESTER.

LEICESTER. Nous voilà seuls; quel supplice est le mien! et comment risquer un tel aveu?
ÉLISABETH, *remarquant son trouble*. Qu'avez-vous, Leicester? vous semblez souffrir.
LEICESTER, *troublé*. Il est vrai, Madame, j'attendais avec impatience le moment de vous parler; j'ai une grâce à réclamer de Votre Majesté...
ÉLISABETH. Pouvez-vous craindre que votre reine vous refuse! vous, Dudley... vous me direz tout à l'heure ce que vous désirez; écoutez-moi d'abord. Vous savez quel fut toujours mon éloignement pour un lien que mon peuple brûle de me voir former. Fière d'avoir seule ramené la paix dans mes Etats et raffermi le trône chancelant de Henri VIII, j'avais juré de fuir l'hymen et de ne partager avec personne le trône que jusqu'ici j'ai su défendre! mais le duc d'Anjou et Philippe II prétendent me contraindre par la force des armes à prononcer entre eux...
LEICESTER. Un pareil motif pourrait-il influer sur vos résolutions? le peuple anglais défendrait la liberté de sa souveraine comme il a défendu la sienne. Laissez Philippe II rassembler ses vaisseaux, vous menacer de cette flotte formidable, qui viendra se briser sur nos côtes; je guiderai moi-même vos soldats, toute l'Angleterre à la défense du trône, trop heureux de mourir en faisant respecter vos ordres souverains et l'indépendance d'Elisabeth!
ÉLISABETH. *l'observant*. Ainsi donc, Leicester vous me conseillez de refuser ces deux princes, et de ne pas me donner un maître! j'apprécie la noblesse du sentiment qui vous anime, mais je ne suivrai qu'une partie de votre conseil.
LEICESTER. Comment, Madame..
ÉLISABETH. Il est temps de calmer les craintes du royaume, de fixer les destins de l'Etat; mais, en choisissant un époux, je ne céderai point aux vœux ambitieux des puissances de l'Europe; je ne donnerai pas à mes fidèles sujets l'humiliation d'obéir à un prince étranger; si je leur donne un roi, c'est dans leur sein que je veux le choisir, parmi ces nobles soutiens de ma gloire, parmi ces braves gentilshommes qui n'ont pas craint d'unir leur fortune à la mienne, qui ont tout souffert, tout bravé pour assurer le triomphe de mes droits. Voilà le seul époux digne d'Elisabeth, celui dont elle pourra s'enorgueillir, celui que l'Angleterre appelle sur le trône; et cet époux, Milord, c'est vous.
LEICESTER, *éperdu*. Moi! grand Dieu!.

DUO.

ÉLISABETH.
Oui, Leicester, oui, c'est vous-même,
Vous, à qui je dois mes succès,
Qui méritez le diadème
Et les hommages des Anglais.
LEICESTER, *troublé*.
Moi! partager le rang suprême?
ÉLISABETH.
Dès ce soir, aux yeux de ma cour,
Et ma main et le diadème
Récompenseront votre amour.
LEICESTER, *à part*.
Ah! malheureux! et la comtesse!
ÉLISABETH.
Déjà, par mon ordre avertis,
Les princes, les pairs, ma noblesse,
Dans ce château sont réunis;
Devant eux nous serons unis,
Et demain, dans ma capitale,
Moi-même je veux ordonner
  La pompe triomphale
  Qui doit vous couronner.
ENSEMBLE.
ÉLISABETH, *à part*.
Quel désordre extrême
De plaisir agite son cœur!
Je lis dans ce désordre même,
Et son amour et son bonheur.
LEICESTER, *à part*.
Hélas! je ne sais plus moi-même
Ce qui se passe dans mon cœur!
Il me faut fuir le rang suprême,
Il faut renoncer au bonheur!
ÉLISABETH, *souriant*.
Je suis encore votre reine;
Mais jusqu'à cet instant si doux
Où vous deviendrez mon époux...
Parlez, de votre souveraine
  Quelle grâce attendez-vous
LEICESTER, *troublé*.
Quelle faveur?
ÉLISABETH.
  Pouvez-vous craindre
Que je refuse mon époux?
LEICESTER, *à part*.
Juste ciel! comment me contraindre?
ÉLISABETH.
Parlez, parlez, qu'exigez-vous?
Cette grâce...
LEICESTER, *hors de lui*.
  Moi! moi. Madame,
J'ai demandé?.. pardon... pardon...
Le trouble de mon âme...
Je ne saurais retrouver ma raison.
(*Se jetant à ses pieds.*)
Mon cœur, séduit de tant de gloire,
Ce choix auquel je n'ose croire...
Dans mes sens, un désordre affreux...
Ah! je voudrais expirer à vos yeux!
ENSEMBLE.
ÉLISABETH.
Quel désordre! quel trouble extrême! etc., etc.
LEICESTER.
Hélas! je ne sais plus moi-même, etc., etc.

ÉLISABETH, *émue*. Ce trouble ne peut me déplaire; mais on vient; levez-vous, Milord, et ne confiez à personne un secret que je me réserve d'apprendre à ma cour, quand il en sera temps.
LEICESTER, *à part*. Où me cacher?

SCENE VII.

LES PRÉCÉDENTS; RALEIGH, DOBOOBIE, SEIGNEURS, DAMES, *et successivement toute la cour.*

DOBOOBIE, *s'inclinant devant la reine à plusieurs reprises*. S'il plaît à Sa Majesté, les tables sont dressées dans la salle du banquet. (*Elisabeth fait un signe, et parle bas à ses dames; pendant ce temps, Raleigh s'approche de Leicester, qui est resté abîmé dans ses réflexions.*)
RALEIGH, *bas*. Tout est prêt pour votre départ, Milord, la comtesse vous attend.
LEICESTER, *sans l'entendre*. Roi d'Angleterre!..
RALEIGH, *bas*. M'entendez-vous, Milord.
LEICESTER, *sortant de sa rêverie*. Ah! c'est vous, Raleigh?..
RALEIGH, *bas*. Vos ordres ont été exécutés; venez, les chevaux nous attendent, et la comtesse...
LEICESTER, *bas, et vivement*. Silence! silence. Je ne pars plus, je ne puis partir en ce moment.
RALEIGH, *avec étonnement*. Comment! il a déjà changé. J'aurais dû m'en douter. Mais qu'est-il donc arrivé? Ce désordre dans vos traits..

LEICESTER, *bas.* Pas un mot de plus, la reine nous observe.
RALEIGH, *à part.* Dieux! sir Robsart! qui peut le ramener?

SCENE VIII.

Les précédents, HUGUES ROBSART.

FINAL.

ROBSART, *regardant Raleigh.*
Pardon, Madame, si j'implore
De nouveau Votre Majesté ;
Je viens, sur un fait qu'elle ignore,
Lui découvrir la vérité.
LEICESTER.
Grands dieux! que va-t-il dire encore!
RALEIGH.
Quoi! toujours ce maudit vieillard!
ELISABETH.
Parlez sans crainte, sir Robsart;
Ici qui vous force à paraître?
ROBSART.
Le soin de démasquer un traître!
Sir Raleigh, est-il bien certain
Que ma fille Amy soit partie?
RALEIGH.
Pourquoi ce doute, je vous prie?
ROBSART.
Vous l'avez juré ce matin,
Et devant votre souveraine ;
Mais on vient de nous assurer
Que vous aviez trompé la reine?
ELISABETH, *sévèrement, à Raleigh.*
Est-il vrai?...
RALEIGH.
Je puis vous jurer...
ROBSART.
Épargnez-vous cette peine,
Ma fille est encor dans ces lieux,
C'est ici qu'elle est retenue.
RALEIGH.
Quel est l'imposteur...
ROBSART, *froidement.*
Je l'ai vue!
LEICESTER ET RALEIGH.
Grands dieux !
ROBSART.
A mes yeux
Elle n'a fait qu'apparaître,
Mais mon cœur paternel n'a pu la méconnaître.

ENSEMBLE.

LEICESTER.
O sort affreux! ô trouble extrême!
Oui, c'est fait de nous aujourd'hui,
Et je tombe du rang suprême
Et dans la honte et dans l'oubli.
ROBSART.
O doute affreux! ô doute extrême!
Pour ma fille j'en ai frémi ;
Répondez-nous à l'instant même :
Comment est-elle encore ici?
RALEIGH.
O sort affreux! ô trouble extrême!
Je ne sais que répondre ici ;
Adieu pour nous le rang suprême,
Ah ! c'est fait de nous aujourd'hui !
ELISABETH.
D'où vous vient cette audace extrême ?
Votre femme est encore ici?
Répondez-nous à l'instant même :
Pourquoi donc nous tromper ainsi?
RALEIGH.
Eh bien! s'il était vrai, Madame,
Et si, par des motifs secrets,
J'avais voulu cacher ma femme
A tous les regards indiscrets,
De son sort ne suis-je pas maître?

Peut-on me contester mes droits?
ELISABETH, *l'observant.*
Eh ! mais, le trouble où je vous vois,
Le feu que vous faites paraître...
(*En riant.*)
Mais, vraiment, seriez-vous jaloux?
Je veux, pour vous punir, que dans quelques instans
Vous me présentiez votre femme.
LEICESTER.
Plus d'espoir !
RALEIGH.
Quoi! vous voulez, Madame...
ELISABETH.
Oui, c'est ainsi que je l'entends,
Et je l'attache à ma personne.
Vous, veillez, Leicester, aux ordres que je donne.
(*Le prenant à part, et à voix basse.*)
Oui, dans l'instant de mon bonheur,
Je veux être ce soir par elle accompagnée,
Et qu'elle soit, aux autels d'hyménée,
Ma première dame d'honneur.
LEICESTER.
Ah! rien n'égale mon malheur!

REPRISE DE L'ENSEMBLE.

LEICESTER.
O sort affreux! ô trouble extrême, etc., etc.
ROBSART
O doute affreux! ô trouble extrême! etc., etc.
ELISABETH.
O sort heureux! ô joie extrême! etc., etc.
(*La reine donne la main à un seigneur qui est près d'elle : toute la cour la suit.*)

ACTE TROISIÈME.

Le théâtre représente une riche galerie. Le fond est ouvert, et donne sur les jardins. A droite, un trône brillant, entouré de gradins et de fauteuils.

SCÈNE PREMIÈRE.

AMY, *seule, entrant avec précipitation.* Je ne vois personne dans cette galerie, mais j'ignore où elle conduit. De quel côté, maintenant, tourner mes pas? comment regagner ce pavillon, que sir Raleigh m'avait assigné pour asile, et qu'il m'avait suppliée de ne pas quitter? C'est une imprudence que j'ai faite, mais comment résister à mon impatience ? Depuis deux heures j'attendais, et pas un mot de lui, pas la moindre nouvelle! Ne pouvait-il s'échapper un instant, et venir me rassurer ? Il me semblait qu'en sortant de ce pavillon, je ne pouvais manquer de l'apercevoir, lui, ou sir Raleigh : mais à peine avais-je mis le pied dans le parc, qu'il m'a été impossible de m'y reconnaître ; ces immenses allées, ces massifs, ces labyrinthes, c'est à n'en pas finir. Ah! mon Dieu, que tout cela est grand ; et je vous demande à quoi servent des jardins comme ceux-là? Ne vaudrait-il pas mieux en avoir un où l'on fût toujours sûr de se rencontrer? A chaque instant je voyais passer près de moi des pages qui tenaient de riches bannières, des seigneurs en habit de cour, des valets en livrée qui portaient des vases de fleurs, ou des tapis magnifiques ; quelquefois je me hasardais, d'une voix tremblante, à leur adresser la parole ; eh bien oui, ils étaient si empressés, si affairés, ils ne m'entendaient pas ; et dans ces lieux, où peut-être aurais-je le droit de commander, personne ne daignait me répondre, ou faire attention à moi ; personne, excepté ces deux hommes d'armes ; j'en tremble encore! oser m'arrêter par la main, moi, la comtesse de Leicester!

AIR.

Mais on vient... ô bonheur ! c'est lui, je l'aperçois.
  Courons... Mais non, il n'est pas seul, je crois.
Et quelle est cette femme aussi noble que belle?
  ..... Ses yeux se sont tournés vers elle...
Leicester !.. Ah! grands dieux ! il s'éloigne soudain !
Mais sa bouche infidèle a pressé cette main...
  D'où vient donc ce soupçon qui m'étonne,
  Et se glisse en mon cœur éperdu ?

Malgré moi, la force m'abandonne ;
C'en est fait... c'était lui... je l'ai vu !
(*Se levant.*)
Non, je ne puis le croire oncore ;
Quoi ! mon époux me trahirait !
C'est faire injure à celui que j'adore,
Et quelque erreur, sans doute, m'abusait.
D'où vient donc cet effroi qui m'étonne,
Et se glisse en mon cœur éperdu ?
Malgré moi, la force m'abandonne ;
C'en est fait... c'était lui.. je l'ai vu !
(*Elle tombe accablée sur un fauteuil.*)

SCENE II.

AMY, ÉLISABETH, *entrant d'un air rêveur.*

AMY, *se levant et allant droit à la reine.* Qui êtes-vous ?
ÉLISABETH *s'arrête et regarde Amy d'un air étonné.* Que veut cette jeune fille ? et d'où vient son trouble ?
AMY. Madame... (*A part.*) Je ne sais pourquoi, malgré mon ressentiment, son regard m'impose une sorte de crainte et de respect.
ÉLISABETH. Approche, ma fille, et ne crains rien ; qu'as-tu à me demander ? parle.
AMY, *timidement.* Tout à l'heure, Leicester... quel motif si puissant aviez-vous de lui parler ?
ÉLISABETH. Qu'entends-je, et d'où vous vient tant d'audace que d'oser épier les actions de votre souveraine ?
AMY, *à part.* Grand Dieu ! c'est Elisabeth ! qu'ai-je fait, malheureuse !.. (*Haut.*) Daignez, Madame, pardonner à une jeune fille sans expérience, qui n'ayant jamais eu le bonheur de voir Votre Majesté...
ÉLISABETH. En effet, des traits tels que les vôtres ne peuvent s'oublier, et je ne me rappelle pas que vous ayez jamais été présentée à la cour ; comment et en quelle qualité vous trouvez-vous donc à Kenilworth ? est-ce parmi les dames de ma suite ?
AMY. Non, Madame.
ÉLISABETH. Vous y êtes venue sans doute avec un père, un mari ?
AMY. Non, Madame.
ÉLISABETH, *d'un air de mépris.* J'entends. Qui donc a pu vous donner l'audace d'aborder Élisabeth, et de lui adresser la parole ?
AMY. Mes aïeux ont donné un asile à ceux de Votre Majesté ; la reine Marie ne l'avait point oublié, et, si elle régnait encore, jamais la fille de sir Hugues Robsart n'eût été chassée de la cour et de la présence de sa souveraine.
ÉLISABETH. Qu'entends-je ! fille de sir Hugues ? vous êtes Amy Robsart ! vous êtes mariée ?
AMY. Quoi ! Madame...
ÉLISABETH. Oui, c'est pour vous que votre père demandait justice, vous, qu'un séducteur avait enlevée de ses bras... Mais répondez, sir Raleigh, votre mari, est-il instruit ?
AMY. Sir Raleigh... mon mari...

DUO.

ÉLISABETH.
D'où vient ce trouble ? qu'avez-vous ?
Oui, de Raleigh la conduite m'éclaire.
Je conçois ses soupçons jaloux ;
Celle qui peut tromper son père
Peut bien trahir son époux.
AMY.
Moi, de Raleigh être la femme !
Jamais... On vous trompe, Madame.
ÉLISABETH, *avec ironie.*
On me trompe... lorsqu'en ces lieux,
Raleigh et Leicester l'ont attesté tous deux.
AMY, *stupéfaite.*
Leicester ! Non, quelqu'un le calomnie ;
Jamais il n'eût souffert une telle infamie.
ÉLISABETH.
Quoi ! votre cœur à présent le défend !
Mais enfin cet amant,
Cet époux, quel qu'il puisse être,
Je veux ici le connaître.
Parlez.

AMY.
Je ne le puis, hélas !
ÉLISABETH.
Vous ne pouvez le dire ?
AMY.
Non ; souffrez que je me retire.
ÉLISABETH, *la retenant.*
Non, vous ne sortirez pas.

ENSEMBLE.

ÉLISABETH.
Malheur au téméraire
Qui voudrait me tromper !
A ma juste colère
Il ne peut échapper.
AMY.
Que répondre et que faire ?
Rien ne peut la toucher.
Aux traits de sa colère
Qui viendra m'arracher ?

SCENE III.

LES PRÉCÉDENTS ; LEICESTER, *paraissant dans le fond.*

ÉLISABETH, *allant au-devant de lui.*
Ah ! c'est vous, Leicester.
AMY, *à part.*
Il vient me secourir.
ÉLISABETH.
Faites arrêter cette femme
Qui m'ose désobéir.
LEICESTER, *apercevant Amy.*
Qu'ai-je vu ?
ÉLISABETH.
Vous semblez frémir !
LEICESTER.
Qui, moi ? je suis surpris, Madame,
Que cette jeune fille ait pu vous offenser.
Quel est son crime ?
ÉLISABETH.
Il doit vous courroucer,
Car, si je l'en croyais, vous m'auriez donc trahic,
Moi, votre reine et votre amie.
Si vous saviez, en mes esprits troublés,
Quels noirs soupçons elle vient de répandre !
Leicester, mon ami, parlez ;
J'ai besoin de vous entendre.
LEICESTER.
Quoi ! vous pouvez supposer ?...
ÉLISABETH.
Non,
Car ma vengeance eût été trop terrible ;
L'auteur de cette trahison
Eût payé de sa vie !..
AMY, *effrayé.*
O ciel ! est-il possible ?
Je l'exposerais à son courroux !
(*A Elisabeth.*)
Ah ! j'embrasse vos genoux ;
Croyez que d'un crime semblable
Le noble comte est innocent ;
C'est moi seule qui suis coupable.
ÉLISABETH.
Vous l'accusiez pourtant
De trahison, de perfidie,
Et d'une telle calomnie
Je connaîtrai les motifs, répondez !
Raleigh est donc votre époux ?
AMY, *troublée, et montrant Leicester.*
Demandez
A Milord, qu'il prononce,
Et je souscris d'avance à sa réponse.
ÉLISABETH.
M'abuser de nouveau !
AMY ET LEICESTER.
Que résoudre et que faire ?
Si j'ose la tromper,
A sa juste colère
Je ne puis échapper.

ÉLISABETH.
Frémis! à ma colère
Tu ne peux échapper.
A ma juste colère
Tu ne peux échapper.
(*A Leicester, montrant Amy.*)
Oui, de mon courroux qu'elle affronte,
Servez les transports furieux,
Et qu'on la fasse, avec honte,
Arracher de ces lieux.

LEICESTER. La chasser! c'en est trop, et je rougis enfin de l'avilissement où je suis tombé; (*Montrant Amy.*) d'un côté, tant de générosité et de noblesse, (*Se montrant lui-même.*) et de l'autre, tant de bassesse! Dût la foudre éclater sur ma tête, je ne trahirai pas plus longtemps l'honneur et la vérité. (*Traversant le théâtre, et prenant Amy par la main.*) Viens, toi qui n'a pas craint de te dévouer pour moi; toi, dont l'héroïque constance méritait un autre cœur que celui d'un ambitieux; viens, je suis ton protecteur et ton défenseur. (*A Élisabeth.*) Oui, Madame, Amy Robsart est ici chez elle; elle est ma femme!

ÉLISABETH. Sa femme!

AMY, *transportée de joie*. L'ai-je bien entendu! (*A Élisabeth.*) Ah! Madame, épargnez-le, et que je meure maintenant.

ÉLISABETH, *tremblant de colère*. Sa femme! elle, Amy Robsart! un outrage aussi sanglant! une aussi lâche trahison! Tremble, perfide, et rappelle-toi que ton père a porté sa tête sur un échafaud pour un crime moins grand que le tien.

LEICESTER. Je suis Anglais et citoyen; c'est devant mes pairs que je me défendrai; je cours me jeter aux pieds de sir Hugues Robsart. Venez, comtesse de Leicester. (*Il sort avec Amy.*)

SCÈNE IV.

ÉLISABETH, *seule*.

RÉCITATIF.

Et j'ai pu supporter une telle arrogance
D'un sujet qui me doit ses honneurs, son crédit,
Comblé de mes bienfaits, partageant ma puissance!
Sur qui puis-je compter? Leicester me trahit!
Et seule sur ce trône où je suis exilée,
Quel autre ami me reste? et dans mon abandon,
A qui dire les maux dont je suis accablée,
Et raconter sa trahison?

AIR.

Dans l'exil et les fers
J'ai passé mon jeune âge,
Et j'ai, par mon courage,
Bravé tous les revers;
Mais les soucis du trône,
Les soins de ma couronne,
Ne m'ont point causé de tourments
Pareils à ceux que je ressens.
Il ne m'a donc jamais aimée?
Et quand je lui donnais mon cœur,
De mon pouvoir, de ma grandeur,
Son âme seule était charmée.
Dans l'exil et les fers, etc.
Du moins, qu'il me redoute,
Lui qui put m'outrager:
Des larmes qu'il me coûte
Je saurai me venger.

Comtesse de Leicester! et j'ai pu souffrir une telle arrogance d'un de mes sujets! lui que j'ai comblé de mes bienfaits, lui que je voulais élever jusqu'à moi. Il ne m'a donc jamais aimée, et ce trône où mon amour l'appelait était le seul objet de ses vœux! (*S'essuyant les yeux.*) Allons, que ces pleurs du moins soient ma dernière faiblesse! Holà! quelqu'un! Comte de Shrewsbury.

SCÈNE V.

ÉLISABETH, SHREWSBURY, RALEIGH, PLUSIEURS SEIGNEURS DE LA COUR.

ÉLISABETH, *apercevant Raleigh*. C'est vous, Raleigh? vous êtes bien hardi de vous présenter devant moi.

RALEIGH. J'ignore en quoi j'ai pu déplaire à Votre Majesté.

ÉLISABETH. Restez, je veux vous parler. Seigneur de Shrewsbury, vous êtes maréchal d'Angleterre. Je vous charge d'attaquer Robert Dudley, comte de Leicester, comme coupable de trahison.

SHREWSBURY. O ciel! serait-il possible?

RALEIGH. Si c'est de dont je me doute, ce doit être de haute trahison.

ÉLISABETH, *se mettant à la table et écrivant*. Je vais vous donner l'ordre de l'arrêter; allez rassembler tous nos gentilshommes, que mon ordre s'exécute, et qu'on le saisisse sans délai. Quant à sir Walter, celui-ci est aussi votre prisonnier; et vous m'en répondez sur votre tête.

SHREWSBURY, *à Raleigh, pendant que la reine écrit*. Quoi! Milord, seriez-vous complice?

RALEIGH. Il le paraîtrait. Voici mon épée; mais si vous m'en croyez, mon cousin, vous ne vous hâterez point d'exécuter l'ordre de la reine: il y aurait peut-être du danger à arrêter Leicester, et demain on pourrait vous envoyer à la Tour de Londres, pour vous être trop pressé.

SHREWSBURY. Je vous remercie, Milord, je profiterai de vos avis.

RALEIGH. Pour moi, il n'y a pas d'inconvénient, et je suis prêt à vous suivre.

ÉLISABETH, *qui a écrit, se lève, tenant le papier à la main*. Non, Monsieur, je veux auparavant vous parler, et voir comment vous justifierez votre conduite (*Donnant le papier à Shrewsbury.*) Allez et amenez le comte devant moi, dès que ma cour sera rassemblée. (*Shrewsbury sort.*)

SCÈNE VI.

ÉLISABETH, RALEIGH.

RALEIGH, *à part*. Par saint George! je voudrais être loin d'ici.

ÉLISABETH. Avez-vous exécuté, Monsieur, les ordres que je vous avais donnés? Où est votre femme?

RALEIGH, *embarrassé*. Ma femme?

ÉLISABETH. Oui, Amy Robsart, votre femme. Pourquoi ne me l'avez-vous pas présentée?

RALEIGH. J'avouerai à Votre Majesté ce que déjà elle sait, sans doute; je ne suis pas marié; j'ai mérité toute sa colère.

ÉLISABETH. Et en quoi, s'il vous plaît, voulez-vous que cette nouvelle excite ma colère. Depuis quand l'union de sir Walter Raleigh est-elle devenue une affaire d'État? et que me fait après tout, que vous ou Robert Dudley, ayez épousé Amy Robsart?

RALEIGH. Je sais, Madame, que tout cela importe fort peu à Votre Majesté. (*A part.*) Je suis sauvé.

ÉLISABETH. Ce qui m'importe, Monsieur, c'est que les lois soient exécutées. De nouveaux renseignements me sont parvenus sur l'affaire de ce matin, et je vous trouve bien hardi d'avoir fait arrêter sir Hugues Robsart, d'avoir osé, sans un ordre de moi ou d'un ministre, attenter à la liberté d'un de mes sujets: voilà le seul crime qui excite ma colère, et pour lequel j'ai ordonné qu'on vous mit en accusation.

RALEIGH, *à part*. J'entends; je suis perdu! mais je n'aurais jamais cru que mon crime me viendrait de là. (*Haut.*) Je ne prétends pas nier ma faute; mais il me semblait que ce matin Votre Majesté avait daigné m'excuser.

ÉLISABETH. Vous aviez eu soin d'en cacher les détails, et c'est de vous que je veux les connaître. Je veux savoir comment tout cela se trouve mêlé au mariage de Robert Dudley. Comment a-t-il connu Amy Robsart? Comment l'a-t-il aimée? car il l'aimait, sans doute, et depuis longtemps? Eh bien! parlerez vous?

RALEIGH. Je suis bien malheureux, Madame, de ne pouvoir donner cette satisfaction à Votre Majesté; je ne connais aucune circonstance de ce mariage; c'est aujourd'hui que je l'ai appris pour la première fois; et vous jugerez combien cette découverte me fut pénible, quand vous saurez, Madame, que j'adorais Amy Robsart, et que je me voyais trahi par elle. L'amitié que je portais au comte de Leicester, la reconnaissance que je lui devais, ont pu seules me décider à seconder son stratagème.

ÉLISABETH. Quoi! vous aimiez?..

RALEIGH. Je l'aime encore, Madame; et pour vous dire à quel point je suis malheureux, j'ai vu sans effroi la colère de Votre Majesté. Ah! si vous saviez quel chagrin profond, quels regrets déchirants, de voir l'objet que l'on aimait indigne de notre amour!

ÉLISABETH. Ah! que vous devez souffrir! vous aimiez, et vous fûtes trahi! et pour qui, pour Leicester! rassurez-vous, Raleigh, vous serez vengé, et bientôt votre indigne rival, perdant à la fois et l'honneur et la vie...

RALEIGH. O ciel! que dites-vous? je ne puis le croire encore, et ce n'est pas là l'intention de Votre Majesté?

ÉLISABETH. Raleigh!

RALEIGH. Je suis indigne du pardon, je le sais, j'ai déjà mérité votre ressentiment; eh bien! j'oserai encore porter plus loin l'audace, j'oserai donner un conseil à Votre Majesté; oui, Madame, vous ordonnerez de mon sort, mais daignez auparavant écouter la voix d'un sujet fidèle qui ne veut que votre gloire et votre bonheur. Que prouverait le châtiment de Leicester? qu'il était aimé. Ah! ne souffrez pas, Madame, qu'il emporte avec lui un si grand honneur.

ROMANCE.

PREMIER COUPLET.

Un seul instant, ô ma noble maîtresse,
De ton sujet daigne écouter la voix.
L'Europe entière admirant ta sagesse,
Déjà te place au-dessus de ses rois.
Ah! sois par ta clémence
Digne de ce haut rang.
Un grand roi qu'on offense
Se venge en pardonnant.

ENSEMBLE.

ÉLISABETH.
J'hésite, je balance!
Quel trouble agite ma raison!

RALEIGH.
La plus douce vengeance
Est moins douce que le pardon.

RALEIGH.

DEUXIÈME COUPLET.

Ton sceptre seul n'est pas ce qu'on adore;
Et si le ciel t'enlevait tes Etats,
Par ta beauté tu régnerais encore.
Qui l'oublia ne te méritait pas.
Que ton indifférence
Soit son seul châtiment;
L'amour que l'on offense
Se venge en pardonnant.

ENSEMBLE.

ÉLISABETH.
J'hésite et je balance;
Quel trouble agite ma raison!

RALEIGH.
La plus douce vengeance
Ne vaut pas un pardon.

ÉLISABETH. Il suffit Raleigh, restez près de nous. On vient; que l'entretien que nous venons d'avoir demeure à jamais secret.

RALEIGH. Votre Majesté sera obéie.

SCÈNE VII.

LES PRÉCÉDENTS, SHREWSBURY, LEICESTER, *sans épée*, SIR HUGUES, AMY, DAMES DE LA COUR.

ÉLISABETH, *sans sévérité*. Je vois, milord Shrewsbury, que mes ordres ne sont point encore exécutés.

SHREWSBURY. Le comte de Leicester a demandé lui-même à être conduit devant Votre Majesté, et j'ai pensé, Madame, qu'il était convenable...

ÉLISABETH, *d'un air gracieux*. Vous avez très-bien fait, nous n'avons rien à refuser au comte de Leicester; il y a longtemps que son dévouement, sa loyauté, sa franchise, ont mérité notre royale protection, et c'est devant toute notre cour rassemblée, devant tout ce que l'Angleterre a de plus illustre, que nous voulons lui en donner une nouvelle preuve.

LEICESTER, *à part*. Grand Dieu! quel est son dessein?

ÉLISABETH. Des raisons de politique et de convenance nous avaient obligée jusqu'ici, à tenir secrète une alliance que rien, maintenant, ne nous empêche de faire connaître; nous sommes donc venue avec notre cour à Kenilworth, pour unir nous-même le comte de Leicester à la fille de sir Hugues Robsart.

LEICESTER. Qu'entends-je!

ROBSART. Est-il possible!

AMY. Quoi! Madame, Votre Majesté daignerait...

ÉLISABETH. Relevez-vous, ma fille, relevez-vous, comtesse de Leicester. Eh bien! Milord, tout est-il prêt, et pouvons-nous passer dans la salle du bal?

SHREWSBURY. On n'attend que les ordres de votre Majesté.

ÉLISABETH. Raleigh, vous me donnerez la main. (*Au moment où il la lui présente.*) Eh bien! mon conseiller, êtes-vous content?

RALEIGH. Notre souveraine est encore la sage Elisabeth, ses sujets ne peuvent plus qu'admirer.

ÉLISABETH. Je crois que vous aviez raison; le trouble, l'embarras où je les vois tous, me causent une satisfaction qui fait oublier ma colère; et vous, Raleigh?

RALEIGH. Je ne suis pas aussi généreux que Votre Majesté, (*Froidement.*) je suis toujours furieux.

ÉLISABETH. Vraiment! vous verrez que c'est moi qui, à mon tour, serai obligée de vous donner des conseils; en conscience, je vous les dois, et je vous les promets.

SHREWSBURY, *à Leicester*. Allons, voilà Raleigh en faveur, et il est homme à en profiter.

LEICESTER. Je le pense comme vous, et je l'en félicite.

ÉLISABETH. Allons, Messieurs, partons, et hâtons-nous de profiter des réjouissances de Kenilworth; demain matin, nous retournerons à Londres. Je n'exige point que vous me suiviez, Leicester, il est juste d'accorder quelque chose à un nouveau marié, et nous vous permettons de rester à Kenilworth. Vous, Raleigh, je ne vous y laisserai point; (*Regardant Amy.*) l'air qu'on y respire ne vous vaudrait rien; vous nous servirez à nous et à ces dames. (*Raleigh s'incline, et offre sa main à la reine qui l'accepte et qui sort, ainsi que toute sa suite.*)

AMY. Ah! mon ami, que je suis heureuse! et que de plaisir je me promets à ce bal! venez. Eh bien! qu'avez-vous donc? vous ne m'entendez pas?

LEICESTER, *qui jusque-là était resté dans une rêverie profonde, revenu à lui-même, présente la main à sa femme. A part, et comme faisant une réflexion*. Roi d'Angleterre!.. (*Il donne la main à Amy et toute la cour sort par la galerie du fond, pendant le chœur suivant.*)

CHŒUR.

D'Élisabeth chantons la gloire;
Et nous, ses heureux sujets,
Consorvons toujours la mémoire
De ses vertus, de ses bienfaits.

FIN DE LEICESTER.

VIALAT ET Cⁱᵉ, IPMRIMEURS ET ÉDITEURS.

SUNDERLAND. Vous en êtes bien sûre, ma sœur. — Scène 1.

LA FAVORITE

COMÉDIE-VAUDEVILLE EN UN ACTE

Représentée, pour la première fois, à Paris, sur le théâtre du Gymnase dramatique, le 16 mai 1831.

Personnages.

LORD SUNDERLAND.
MISS RÉGINALD, sa sœur.
COVERLY, ancien marin.
SIR ROBERT, propriétaire puritain.
ARTHUR, neveu de Sunderland.

MISS CLARENCE, pupille de sir Robert.
KETTLY, femme de chambre de Clarence.
GENS DU CHATEAU.
DOMESTIQUES.

La scène se passe dans le Cumberland, au château de Sunderland.

Le théâtre représente une salle gothique du château de lord Sunderland. Porte au fond, deux portes latérales. Sur le premier plan, à droite de l'acteur, une grande croisée. Du côté opposé, une table avec écritoire, papier, plumes, etc.

SCÈNE PREMIÈRE.

LORD SUNDERLAND, MISS RÉGINALD, ET COVERLY sont autour d'une petite table ronde ; miss Réginald lit une gazette ; lord Sunderland et Coverly fument, et boivent de temps en temps un verre de punch.

COVERLY. Et toute la cour, qui voyage, est à Carlisle.

SUNDERLAND, à miss Réginald. A deux lieues de mon château... Vous en êtes bien sûre, ma sœur.
MISS RÉGINALD. C'est la gazette qui le dit.

PREMIER COUPLET.
AIR : *C'est des bétis's d'aimer comm' ça* (de M. L'HUIL-LIER.)

« Hier, la nouvelle est constante,
« On prétend que Sa Majesté

« Donnait une fête charmante,
« Où chacun lui fut présenté. »
Par le journal c'est attesté.
« On a dansé la nuit entière
« Des menuets, des petits pas. »
COVERLY.
Des menuets, des petits pas!
SUNDERLAND.
S'est-on bien amusé, ma chère?
MISS RÉGINALD.
La gazette n'en parle pas.

DEUXIÈME COUPLET.

SUNDERLAND, *prenant la gazette et lisant.*
« Miss Arabelle était absente,
« Au bal elle n'a point paru ;
« Et notre reine était brillante
« D'attraits, de grâce et de vertu.
« Attentif et galant près d'elle,
« Le prince admirait ses appas. »
COVERLY.
Le prince admirait ses appas!
MISS RÉGINALD.
Mais leur est-il toujours fidèle?
SUNDERLAND.
La gazette n'en parle pas.
Non... elle n'en parle pas.

Mais ce que je vois de certain, c'est qu'ils s'amusent à la cour... ils s'amusent sans nous!
COVERLY. Le roi Jacques si près de ce château! Par saint George! si son mauvais génie pouvait l'y amener!..
MISS RÉGINALD. Il n'aura garde... Quelle différence d'avec feu son auguste frère, S. M. Charles II, qui ne faisait pas un voyage dans le Cumberland sans s'arrêter dans ce château!.. Mais aussi, quelle galanterie! que d'exploits brillants!.. on lui a connu au moins deux cents maîtresses. (*Baissant les yeux.*) Sans compter celles qu'on ne connaissait pas.
SUNDERLAND. Et sous son règne, quels bals! quelles fêtes! quels banquets! c'était là un souverain!.. un cœur... et un estomac vraiment royal!.. Mais sous ce nouveau règne, on ne sait pas vivre.
MISS RÉGINALD. On supprime toutes les places de la cour.
COVERLY. On renvoie tous les gens de tête et de mérite.
SUNDERLAND. On nous destitue, on nous exile dans nos terres; moi, ancien maître des cérémonies!
COVERLY. Moi, ancien soldat parlementaire!
MISS RÉGINALD. Moi, ancienne demoiselle d'honneur!
SUNDERLAND. Cela ne peut pas aller ainsi.
COVERLY. Cela ne peut pas durer.
MISS RÉGINALD. Il nous faut un autre roi. (*Ils se lèvent. Lord Sunderland enlève la table, et la place sur le côté à gauche.*)
COVERLY. A quoi bon? celui-là ou un autre, ce sera toujours la même chose, il y aura toujours des gens plus riches que moi; car je n'ai pas un schelling! Parlez-moi du lord Protecteur, de feu Cromwell...

Air du vaudeville de *l'Ecu de six francs.*

Il n'était pas très-monarchique ;
Mais quel honnête homme!
MISS RÉGINALD.
Allez-vous
Nous vanter ce temps anarchique?
COVERLY.
C'était là le bon temps pour nous,
Oui, c'était le bon temps pour nous!
Car les plus riches à la ronde
Étaient ceux qu'on voyait sans bien...

On ne pouvait leur prendre rien,
Ils pouvaient prendre à tout le monde.

Avec ma bonne épée, j'étais reçu et choyé partout; votre beau château de Sunderland m'aurait convenu, je m'y installais, et vous aviez la bonté de vous en aller en criant : *Vive Cromwell!..* et chapeau bas, encore; sinon, je faisais sauter le chapeau, et souvent la tête avec. On était heureux alors! on était libre!
MISS RÉGINALD, *à part.* Dieu! que ces gens-là ont mauvais ton!
COVERLY. Maintenant, des shériffs, des constables, des lois, tout l'attirail de la tyrannie. Pauvre Angleterre! où en es-tu réduite!
MISS RÉGINALD, *mystérieusement.* Cela changera peut-être bientôt.
COVERLY. Vous croyez?
MISS RÉGINALD. Je l'espère; et comme on peut se confier à vous, comme vous êtes un homme de cœur...
SUNDERLAND. Dont nous avons peut-être besoin, je vous ai invité à venir prendre le punch, ce soir, avec nous.
COVERLY. Comme vous voudrez, mon voisin; je ne refuse jamais. Vous êtes riches, vous autres, et nous ne le sommes pas, c'est notre part que vous avez; alors les dîners que vous me donnez souvent, l'argent que vous me prêtez quelquefois, j'accepte sans façon, parce que cela tend à rétablir l'équilibre... (*Lui tendant la main.*) Et l'égalité avant tout : voilà comme je suis.
SUNDERLAND. Vous êtes bien honnête.
COVERLY. Eh bien! vous disiez donc...
SUNDERLAND. Que nous passons ici, entre amis, notre temps à conspirer.
COVERLY. Ça ne peut pas nuire.
MISS RÉGINALD. Et cela occupe. (*On frappe en dehors, à la porte du fond.*)
SUNDERLAND. Ah! mon Dieu! qui peut frapper ainsi?
MISS RÉGINALD. Je suis toute tremblante.
SUNDERLAND. Si c'étaient des émissaires du roi? (*On frappe de nouveau.*)
ROBERT, *en dehors.* Ouvrez-moi donc!
MISS RÉGINALD, *allant ouvrir.* C'est sir Robert, un des nôtres.
COVERLY. Le seigneur du château voisin; ce vieil avare puritain que je ne puis souffrir.
SUNDERLAND. Ni moi non plus!.. nous ne sommes jamais d'accord; mais quand on conspire, ça ne fait rien. (*Pendant ce temps, miss Réginald a été ouvrir la porte du fond, et est entré sir Robert, qui l'a saluée.*)

SCÈNE II.

LES PRÉCÉDENTS, SIR ROBERT.

ROBERT. Qu'aviez-vous donc à me faire ainsi attendre?.. savez-vous que ça commençait à me faire peur!
SUNDERLAND. Parbleu! vous nous l'avez bien rendu. Qui vous amène à cette heure?
ROBERT. D'importantes nouvelles, et je venais... (*Apercevant Coverly.*) Que vois-je? le capitaine Coverly! (*Bas.*) Que faites-vous ici de ce vieux soldat de Cromwell?
SUNDERLAND, *bas.* Il est à notre solde, et peut nous servir. (*Haut.*) Et vous pouvez hardiment parler devant lui, c'est un brave.
ROBERT. A la bonne heure. Vous saurez que miss Clarence, ma nièce, était liée autrefois avec mademoi-

selle Hyde, avant qu'elle ne devînt duchesse d'York, et par suite reine d'Angleterre. C'est par elle que j'ai fait adresser mes demandes. (*Coverly est allé s'asseoir auprès de la petite table à gauche.*)
MISS RÉGINALD. A la reine?
ROBERT. A la reine elle-même, qui, par égard pour son amie d'enfance, a daigné y prendre le plus vif intérêt et a parlé de nous au roi.
SUNDERLAND. Quel bonheur!
COVERLY, *de sa place.* Qu'est-ce que cela signifie? (*Il boit et fume.*)
SUNDERLAND. On vous le dira, mon cher ami, vous ne pourriez pas comprendre. (*A sir Robert.*) Eh bien! achevez...
ROBERT. Eh bien!.. le roi avait compris que des mécontents tels que vous pouvaient devenir redoutables, et loin de repousser nos prétentions, il était prêt à rendre à votre sœur sa place de dame d'atours, à vous donner à vous une des charges de sa maison et il allait signer ma nomination de trésorier de sa cassette, lorsque est venue se jeter à la traverse miss Arabelle Churchill.
SUNDERLAND. Miss Arabelle!.. qu'est-ce que c'est?
ROBERT. Vous ne la connaissez pas?
SUNDERLAND ET MISS RÉGINALD. Nullement.
ROBERT. La personne qui, dans ce moment, a le plus de crédit à la cour, la femme la plus jolie, la plus adroite, la plus séduisante, et dont les charmes ont fasciné les yeux du roi, la favorite, en un mot.
MISS RÉGINALD. Il aurait une maîtresse!
ROBERT. Il en a une.
MISS RÉGINALD ET SUNDERLAND. Quelle indignité!
MISS RÉGINALD. Et c'est elle qui l'emporte sur nous!
SUNDERLAND. Et sur la reine!
ROBERT. Sur tout le monde. Vous ne vous imaginez pas jusqu'où va son pouvoir; elle dispose à son gré des honneurs, des titres, des emplois; jusqu'à son frère, le petit Churchill, un simple officier, elle en prétend faire nommer duc de Marlborough, et elle en viendra à bout, si elle veut. C'est elle qui a persuadé au roi que nous étions des ambitieux finis, usés, des gens nuls, dont on n'avait rien à craindre.
SUNDERLAND. C'est ce que nous verrons.
ROBERT. Et tant qu'elle sera la maîtresse du roi, tant qu'elle occupera cette place, nous ne pourrons point ravoir les nôtres.
MISS RÉGINALD. Il faut la renverser.
SUNDERLAND. Il le faut; guerre à mort!
TOUS TROIS. Nous le jurons!
SUNDERLAND, *à Coverly.* Et vous, capitaine?
COVERLY, *se levant et prenant place à la gauche de Sunderland.* Je ne comprends pas; mais c'est égal, dès qu'il faut renverser, je suis là, renversons tout.
SUNDERLAND. A la bonne heure. Il s'agit maintenant de savoir comment s'y prendre.
MISS RÉGINALD. Il faudrait de l'adresse.
ROBERT. De l'esprit.
COVERLY. Cela ne me regarde plus.
ROBERT. Nous avons laissé passer le bon moment pour lui nuire; car depuis une semaine elle était en voyage: elle est allée à Keswick visiter ses environs pittoresques et la cataracte de Lowdore.
SUNDERLAND. Vous avez raison; on aurait pu profiter de cette absence.
MISS RÉGINALD. Et quand revient-elle?
ROBERT. Ce soir même, elle est attendue à Carlisle, où elle doit rejoindre le roi.
SUNDERLAND, *réfléchissant.* Venant de Keswick, elle doit passer par ici.

MISS RÉGINALD. Qu'importe?
SUNDERLAND. Si on savait à quelle heure?
ROBERT. A sept heures précises, à ce que m'a dit William, le maître de poste, chez qui les relais sont commandés.
SUNDERLAND, *vivement.* Attendez!
TOUS. Qu'est-ce donc?
SUNDERLAND, *passant entre sir Robert et miss Réginald.* Un projet, un nouveau projet, qui est d'une force de conception... et si ce n'était la crainte de se compromettre...
MISS RÉGINALD ET ROBERT. Parlez.
SUNDERLAND. Non, décidément, ça me fait peur; c'est trop hardi.
COVERLY, *brusquement.* C'est ce qu'il faut; voilà les expéditions que j'aime.
SUNDERLAND. Il est de fait que nous avons là le capitaine, et que ce n'est pas nous, c'est lui qui se met en avant.
COVERLY. C'est le poste que je préfère. Eh bien! voyons, par saint Cromwell, achevez.
TOUS. Écoutons.
SUNDERLAND, *après avoir regardé autour de lui et fait signe à sir Robert et à miss Réginald d'aller fermer les portes.* Lady Arabelle est notre ennemie... mortelle... déclarée... Il faut donc l'éloigner de la cour... l'en éloigner à jamais.
TOUS. C'est dit.
SUNDERLAND. Elle passera ce soir, à sept heures, en voiture de poste, au pied du château; à sept heures, dans cette saison, la nuit est complète.
TOUS. Eh bien?
SUNDERLAND. Caché par les roches qui bordent la grande route, le capitaine ira l'attendre.
COVERLY. C'est dit: et, fussent-ils une douzaine, je vous réponds que ma bonne épée...
SUNDERLAND, *allant à Coverly.* Lui ôter la vie!
COVERLY, *tranquillement.* Eh bien! est-ce que ce n'est pas vous qui disiez...
SUNDERLAND, *avec effroi.* Eh! non, sans doute, il ne s'agit que de l'enlever.
COVERLY, *froidement.* Comme vous voudrez; comme ça, ou autrement, ça m'est égal.
MISS RÉGINALD, *à demi-voix.* En vérité, cet homme-là me fait peur.
ROBERT, *de même.* Et à moi aussi. (*Haut.*) L'enlever, c'est déjà bien assez; et encore, je me demande: à quoi cela servira-t-il?
MISS RÉGINALD. Oui, mon frère, à quoi?
SUNDERLAND. Vous me le demandez, et vous vous mêlez de conspirer! Vous ne comprenez pas, esprits inférieurs et conjurés subalternes, qu'en la retenant prisonnière ici, dans ce château, sans qu'on sache ce qu'elle est devenue, sans qu'elle sache elle-même quels sont ses geôliers, nous profitons de son absence à la cour, pour nous avancer et pour lui nuire!
MISS RÉGINALD. Mais que dira le roi de sa disparition?
SUNDERLAND. C'est là le coup de maître; est-il si difficile de faire courir le bruit qu'un noble inconnu, un beau jeune homme l'a enlevée, de son consentement, et que tous les deux sont passés en France ou ailleurs?
MISS RÉGINALD. Il a raison.

SUNDERLAND.

AIR: *Ces postillons sont d'une maladresse.*

Il faut partout en semer la nouvelle;
Et lorsqu'au roi chacun répétera
Que sa maîtresse est perfide, infidèle,

A le croire il commencera,
Et tout le monde aussitôt le croira.
Car à la cour, où chacun se redoute,
En politique aussi bien qu'en amours,
La trahison, en cas de doute,
Se présume toujours.

MISS RÉGINALD. Il a raison.

SUNDERLAND. Et d'ici à quinze jours, ou trois semaines, que d'événements peuvent arriver ! Le roi ne peut-il pas l'oublier... ou choisir une autre maîtresse qui nous sera plus favorable ?

MISS RÉGINALD. Quand nous devrions la lui donner nous-mêmes.

ROBERT. A merveille, voilà que cela marche.

SUNDERLAND. Ma sœur et moi, nous attendrons ici la prisonnière et disposerons tout pour la recevoir; vous, sir Robert, vous irez, pendant ce temps, avec le capitaine...

ROBERT. Impossible, il faut que je me rende ce soir à Carlisle, pour mon mariage; car je me marie demain.

SUNDERLAND. Est-il possible !.. et avec qui ?

ROBERT. Avec une personne dont je vous parlais tout à l'heure, miss Clarence, ma pupille, que j'ai fait revenir récemment de Londres ; car le testament de son père me nomme son époux.

SUNDERLAND. C'est bien le moment de se marier !

ROBERT. C'est toujours le moment de faire une bonne affaire. Trente mille livres sterling de revenu. Il y a là-dedans de quoi payer bien des conspirations.

COVERLY. Maintenant surtout qu'elles sont pour rien.

ROBERT. Et puis ce voyage ne vous sera pas inutile ; j'examinerai, j'interrogerai ; je saurai ce qui se passe, ce qu'on aura dit à Carlisle de la disparition de la favorite ; et dans la nuit, à mon retour, je vous apporterai des nouvelles.

SUNDERLAND. A la bonne heure.

ROBERT, *à part*. Je ne suis pas fâché de m'en aller, parce qu'au moins, si cela ne réussit pas, je n'y suis pour rien, je n'y ai pas assisté. (*Haut.*) Mais vous, capitaine, que je ne vous retienne pas.

COVERLY. C'est dit ; deux sons de cor vous apprendront la réussite de l'expédition. Quant au billet de cinquante livres sterling que je vous ai souscrit, nous en allumerons ma pipe.

SUNDERLAND. Comment! cinquante livres sterling...

COVERLY. Et de plus, cinquante autres pour mes peines.

SUNDERLAND. Il lui faut toujours de l'argent.

COVERLY. Comment ! est-ce que vous trouvez...

SUNDERLAND. Eh bien ! nous verrons, mon cher, nous verrons. (*Aux autres.*) Mais quoi qu'il arrive, mes amis...

MISS RÉGINALD. Fidélité à nos serments.

SUNDERLAND. Ne séparons jamais nos intérêts.

ROBERT. Point d'alliance avec la favorite.

TOUS. Jamais.

MISS RÉGINALD. En la renversant, c'est au prince lui-même que nous rendons service.

ROBERT. Et nos places, que nous retrouvons.

COVERLY. Et les intérêts du pays, corbleu! le pays, Messieurs.

SUNDERLAND. Le pays avant tout.

QUATUOR.

(AIR: *Amour sacré de la patrie* (de LA MUETTE.)

ENSEMBLE.

Amour sacré de la patrie,
Viens m'inspirer en ce moment.
Rends-nous l'audace et l'énergie,
Mes places et mon traitement.
(*On entend une cloche en dehors.*)

MISS RÉGINALD.
Mais qui peut venir à cette heure?

ROBERT, *courant à la fenêtre.*
Un officier du roi.

SUNDERLAND.
Chez moi... dans ma demeure ?
C'est fait de nous.

MISS RÉGINALD, *à la fenêtre.*
Que vois-je! Arthur, notre neveu !

SUNDERLAND.
(*Aux autres.*)
Qui l'amène? Gardez qu'il vous voie en ce lieu.
Partez, que le ciel vous conduise ;
Du succès de notre entreprise
Dépend le salut général.

ROBERT.
Voilà notre fortune faite,
Je reviens au trésor royal.

SUNDERLAND.
Moi, je règle encor l'étiquette.

COVERLY.
Et moi, je suis grand amiral.

ENSEMBLE.

Amour sacré de la patrie,
Inspire-nous en ce moment.
Rends-nous l'ardeur et l'énergie,
Mes places et mon traitement.

(*Ils sortent tous par le fond, excepté Sunderland ; et au même instant entre, par la droite, Arthur, introduit par un domestique auquel il donne son manteau.*)

SCÈNE III.

SUNDERLAND, ARTHUR.

ARTHUR. Eh ! bonjour, mon cher oncle.

SUNDERLAND. Arriver à une pareille heure dans mon château, et sans m'en prévenir !

ARTHUR. Est-ce qu'on sait jamais le matin ce qu'on fera le soir? surtout quand on est soldat... état libre et indépendant, où l'on est maître... d'obéir à tout le monde... et notre régiment va prendre garnison à Carlisle.

SUNDERLAND. A Carlisle !..

ARTHUR. Oui, on parle de quelques bruits, de quelques agitations que voudraient faire naître des mécontents. (*Voyant un geste de son oncle.*) N'ayez pas peur, je suis là, et je vous réponds de ces gens s'ils bougent... Aussi, passant près de votre château, je me suis dit : Je vais aller rassurer mon oncle, lui demander à souper et à coucher.

SUNDERLAND, *à part.* Quel contre-temps !

ARTHUR. Je ne vous ai pas amené plusieurs de mes amis qui voulaient m'accompagner.

SUNDERLAND, *à part*. Il ne manquait plus que cela. (*Haut.*) Vous avez très-bien fait... comment les recevoir?

ARTHUR. Comment? c'est vous que cela regarde : si un ancien maître des cérémonies ne s'entendait pas en réception !.. Je leur avais vanté les antiquités de ce château ; ma tante Réginald, qui régnait sous l'autre règne... et vous surtout, mon cher oncle, philosophe en retraite, qui supportez votre disgrâce avec un courage héroïque, ce qui, du reste, ne m'étonne pas; car vous me disiez toujours autrefois que vous ne teniez pas aux places, aux dignités.

SUNDERLAND. Oui, Monsieur, cela peut être vrai, tant qu'on les occupe, mais dès qu'on ne les a plus, c'est bien différent. Après cela, si je gémis de mon inaction, c'est moins pour moi, dont la fortune est faite, que pour le prince et pour l'État. Ce n'est pas en un jour qu'on fait un maître des cérémonies. Savez-vous par combien de travaux j'avais acheté mon expérience et mes talents? Savez-vous à combien de cortéges je me suis trouvé? à combien de grands dîners j'ai assisté, de ma personne?.. Sans compter les travaux de la composition... Cette superbe cantate qu'on a chantée lors du couronnement... de qui était-elle? de moi, paroles et musique. (*Il chante.*)

« D'où partent ces cris d'allégresse?
« Où court ce peuple qui s'empresse? »

ARTHUR. Oui, mais des gens qui ont de la mémoire ont cru remarquer que cette cantate avait déjà servi pour le dernier roi, et même auparavant pour le lord Protecteur.

SUNDERLAND. Est-ce ma faute si je fais des vers qui restent?.. et puis de tout temps il y aura toujours *des cris d'allégresse, et du peuple qui s'empresse.* Et vous, mon neveu, vous devriez être indigné, comme moi, d'une disgrâce qui m'empêche de vous pousser et de vous être utile.

ARTHUR. De ce côté-là, mon cher oncle, je vous rends justice.

AIR du vaudeville de *Jadis et Aujourd'hui.*

Lorsque la fortune fidèle
Jadis vous plaçait près du roi,
Jamais, mon cœur me le rappelle,
Mon oncle ne fit rien pour moi.
Mais depuis qu'il n'est plus en place,
Il est, mon cœur l'a bien jugé,
Toujours le même... et la disgrâce
Au moins ne vous a pas changé.

SUNDERLAND. Monsieur...

ARTHUR. Je ne vous en fais pas de reproche; je ne vous demande rien qu'à souper, et il semble même que vous ayez bien de la peine à vous y décider.

SUNDERLAND, *troublé.* Moi, du tout... (*A part.*) S'il allait se douter de quelque chose! (*Haut.*) Je ne pourrai peut-être pas te tenir compagnie, mais on te servira, dans ta chambre, un chevreuil excellent et du vin de *Porto*, de plus un bon lit où tu feras bien de te coucher de bonne heure : car tu dois être fatigué et avoir besoin de dormir.

ARTHUR. Du tout, mon oncle, je ne dors plus.

SUNDERLAND, *à part.* Ah! mon Dieu! il nous entendra. (*Haut, à Arthur.*) Et pourquoi ne dormez-vous pas?

ARTHUR. Pourquoi... pourquoi?.. c'est mon secret... c'est qu'il y a quelque chose qui me tourmente, qui m'agite et qui fait que je ne puis demeurer en place, ni rester un instant où je suis.

SUNDERLAND, *à part.* Quel bonheur! s'il pouvait s'en aller. (*Haut.*) C'est tout naturel, à votre âge, le besoin de changer de lieu, le désir de voyager...

ARTHUR, *vivement.* Justement! voyager, mais pour cela, il me faudrait ce que je n'ai pas, parce que la bourse d'un lieutenant...

SUNDERLAND. Quoi! n'est-ce que cela? combien te faut-il?

ARTHUR. Laissez donc... vous voulez rire.

SUNDERLAND. Non vraiment! combien te faut-il?

ARTHUR. Vous m'effrayez, vous êtes indisposé.

SUNDERLAND. Quelle idée! je veux, puisque cela t'est nécessaire, que tu puisses partir dès demain.

ARTHUR. Dès ce soir, après souper.

SUNDERLAND. Et pour cela tu me demandes...

ARTHUR. Cent guinées.

SUNDERLAND, *lui donnant une bourse.* Les voici, et même quelques-unes de plus.

ARTHUR, *comme s'il rêvait.* Est-il possible!.. ah çà, mon oncle, qu'est-ce qu'il vous prend donc? (*Ouvrant la bourse.*) Laissez-moi voir, je vous prie. (*Regardant les pièces d'or.*) Oui, vraiment, c'est de l'or.

AIR : *Je vous comprendrai toujours bien* (DE L'OPÉRA-COMIQUE).

Premier or qu'un oncle chéri
M'ait donné depuis mon enfance,
Combien mon gousset est ravi
De faire votre connaissance!
(*A Sunderland.*)
Que le soin du remboursement
Ne fasse naître aucun nuage;
Car, je vous en fais le serment,
Je vous le rendrai (*bis*) sur votre héritage.

Et après une telle générosité, je serais bien ingrat d'avoir des secrets pour vous. Apprenez donc que je suis amoureux, amoureux à en perdre la tête. Vous me demanderez comment?

SUNDERLAND. Non, mon ami...

ARTHUR. C'est égal, il faut que je vous le dise; j'ai besoin d'en parler, l'amour est bavard, et la joie aussi... Imaginez-vous qu'il y a quelques mois, je me trouvais à Brighton, et me promenais par hasard au bord de la mer. Je crus apercevoir de loin des jeunes filles du pays, qui, bien exactement enveloppées de leurs larges manteaux de laine, prenaient entre elles le plaisir du bain. Discrètement je m'éloignais, non sans avoir envie de retourner quelquefois la tête, lorsque j'entends plusieurs cris... La mer montait alors, et un vent léger qui l'agitait avait sans doute effrayé les jeunes baigneuses; car toutes s'enfuyaient, excepté une seule, qui, tremblante à l'aspect des vagues, restait immobile et courait risque d'être engloutie.

SUNDERLAND. Je devine! le dénoûment de rigueur... tu voles à son secours, tu la ramènes à bord.

ARTHUR. En héros désintéressé; car, seulement alors, je jetai les yeux sur ma jeune Néréide, qui était évanouie dans mes bras... Imaginez-vous, mon oncle, une figure de roman, de ces visages qu'on peut lire quelquefois, mais qu'on ne voit jamais; et quand je l'eus transportée à l'auberge voisine, avec quelle voix enchanteresse elle demanda le nom de son libérateur! J'avais à peine répondu : « Arthur Seymour, « enseigne dans les gardes du roi, » que ses compagnes arrivèrent; il fallut me retirer, et le soir seulement, il me fut permis de m'informer de ses nouvelles, de passer auprès d'elle toute une soirée; mais soit caprice de sa part, soit que le service que j'avais eu le bonheur de lui rendre, la fit rougir de reconnaissance, elle voulut rester inconnue, et elle partit, sans que j'aie pu soupçonner qui elle était.

SUNDERLAND. La belle avance!

ARTHUR. Vous jugez que, de ce moment, je ne pensais plus qu'à elle, et quelques semaines après, j'allais à Oxford rejoindre mon régiment, seul, à pied, sur la grande route... quand je dis seul, toujours avec elle, avec son image, qui ne me quittait pas... quand voici des nuages de poussière, des piqueurs, des jockeys, gare! gare! Je me retourne avec cet air de mauvaise humeur que prennent volontiers les piétons qu'on écrase. C'étaient plusieurs voitures de la cour, et dans l'une d'elles, carrosse à six chevaux, j'aperçois ma jeune dame, qui m'adresse de la main et du regard un salut enchanteur.

SUNDERLAND. Ah! mon Dieu! c'était la reine.

ARTHUR. J'en ai eu peur... heureusement le portrait de Sa Majesté, que j'ai vu depuis, est venu me rassurer; mais le plus singulier, c'est que, depuis ce moment, tout m'a réussi; je me suis distingué, je suis monté en grade; j'ai été nommé lieutenant; vous m'avez prêté de l'argent!.. enfin, une foule d'événements plus extraordinaires les uns que les autres!.. Mais plus de nouvelles de ma belle inconnue, et maintenant que, grâce à vous, me voilà en fonds, je vais parcourir l'Angleterre, l'Ecosse et l'Irlande, jusqu'à ce que je la retrouve.

AIR du vaudeville de *l'Homme vert*.

Déjà le sort qui me seconde
Deux fois m'offrit ses traits si doux
Sur la terre ainsi que sur l'onde...
Et le troisième rendez-vous
Encor plus incompréhensible,
Peut avoir lieu l'un de ces jours.

SUNDERLAND.
Dans le ciel même..

ARTHUR.
C'est possible,
Les amoureux y sont toujours.

Et dès demain je vais à Carlisle demander un congé au colonel, ou au général, au roi lui-même, s'il le faut.

SUNDERLAND, *avec intention*. Ou, ce qui vaut encore mieux, à miss Arabelle Churchill, à laquelle on ne peut rien refuser.

ARTHUR. Oui, c'est ce qu'on m'a dit; mais plutôt mourir que de rien devoir à de pareils moyens, et s'il n'y a que moi qui lui demande...

SUNDERLAND. La connaissez-vous, Arthur?.. et est-elle réellement aussi bien qu'on le dit?

ARTHUR. Je l'ignore; je suis toujours en garnison, je ne l'ai jamais rencontrée; mais l'empire qu'elle exerce sur notre souverain atteste assez le pouvoir de ses charmes. Il ne pardonne pas la moindre offense contre celle qu'il aime.

SUNDERLAND, *à part*. Ah! mon Dieu!

ARTHUR. Malheur à qui oserait s'attaquer à elle! le ressentiment du roi serait terrible. On me l'a dit, du moins. Du reste, si vous tenez à avoir des détails, vous en aurez demain, par mes amis, qui la connaissent.

SUNDERLAND. Et qui donc?

ARTHUR. Ces jeunes officiers dont je vous parlais... Ne les amenant pas ce soir, je les ai invités pour demain à déjeuner... j'ai pensé que cela vous arrangerait mieux, et puis ils ne sont qu'une douzaine.

SUNDERLAND. Une douzaine!... c'est fait de moi.

ARTHUR. Qu'est-ce donc?

SUNDERLAND. Rien... (*A part*.) Maudit projet que j'ai eu là... chienne d'expédition!.... si elle pouvait manquer!.. (*On entend en dehors deux sons de cor*.) C'est fait de moi!.. je n'ai pas une goutte de sang dans les veines.

SCÈNE IV.

SUNDERLAND, MISS RÉGINALD, ARTHUR.

MISS RÉGINALD, *entrant vivement, et s'approchant de Sunderland, lui dit à demi-voix*. C'est fini, il n'y a plus à reculer.

SUNDERLAND, *à part*. C'est bien ce qui m'effraie.

ARTHUR. Bonsoir, ma chère tante.

MISS RÉGINALD. C'est bon, c'est bon, je suis à vous tout à l'heure. J'ai besoin de m'entendre avec mon frère.

ARTHUR. Si c'est pour mon souper, vous me ferez plaisir; et je vous laisse là-dessus toute liberté. (*Il va regarder les portraits qui décorent l'appartement.*)

MISS RÉGINALD, *pendant ce temps, à demi-voix et vivement à Sunderland*. Tout s'est passé le mieux du monde. Les chevaux étaient conduits par un seul postillon, un jockey qui, tout effrayé, a mis pied à terre, s'est enfui à travers champs, et a laissé la voiture à la disposition du capitaine, qui a tourné bride, et vient d'entrer avec sa capture dans la grande cour, dont les portes se sont refermées.

SUNDERLAND. Bonté de Dieu! qu'allons-nous devenir?

MISS RÉGINALD. D'où vient cet effroi?.. est-ce qu'Arthur la connaîtrait?

SUNDERLAND. En aucune façon; mais une douzaine d'officiers de ses amis, qui arrivent demain, et qui ne connaissent qu'elle. Je ne veux pas la garder un instant de plus.

MISS RÉGINALD. Il fallait penser à cela d'abord.

SUNDERLAND. Je ne pense qu'après.

ARTHUR, *venant à la droite de Sunderland*. Eh bien! eh bien! est-ce que vous vous disputez là, en famille?

SUNDERLAND. Non, du tout. (*A part*.) Et être obligé de se contraindre!.. ne pas oser avoir peur tout à son aise!.. (*Haut*.) Ah! mon neveu, mon cher neveu! (*Bas, à miss Réginald*.) Une autre idée qui me vient. (*Un domestique entre, et range l'appartement*.)

MISS RÉGINALD, *à voix basse*. Prenez garde... pensez d'abord.

SUNDERLAND, *de même*. Je n'en ai pas le temps. (*Haut, à Arthur*.) Es-tu homme à me rendre un service, un éminent service?

ARTHUR. Après votre conduite généreuse, je me ferais tuer pour vous... (*Vivement*.) Mais après souper, parce qu'à jeun, voyez-vous, je ne vaux pas grand'chose.

SUNDERLAND, *au domestique qui est dans l'appartement*. Qu'on serve sur-le-champ.

LE DOMESTIQUE. Oui, Milord. (*Il sort*.)

SUNDERLAND, *à Arthur*. Tu souperas, mon ami, tu souperas pour deux, car moi, cela me serait impossible.

ARTHUR. Je tâcherai, mon cher oncle. Et pendant que l'on sert, dites-moi toujours ce dont il s'agit.

SUNDERLAND. Tu veux voyager dès demain, dès ce soir : tu me l'as promis.

ARTHUR. Certainement.

SUNDERLAND. Et tu n'as pas d'itinéraire arrêté?

ARTHUR. Aucun... peu importe par où je le commencerai.

SUNDERLAND. A merveille. Maintenant, une autre question... mais réponds-moi franchement. Aimes-tu les jolies femmes?

ARTHUR, *étonné*. Cette question...

MISS RÉGINALD, *bas, à Sunderland*. Y pensez-vous?

SUNDERLAND, *bas*. Ça ne vous regarde pas. (*Haut, à Arthur*.) Tu les aimes, je le vois; j'en suis sûr.

ARTHUR, *avec impatience*. Eh! oui, mon oncle, mais comme je vous le disais, pas à jeun.

SUNDERLAND. Ne t'impatiente pas, on va servir... Et si, par exemple, comme tu n'as pas de compagnon de voyage, je te donnais à conduire une personne charmante dont tu serais le chevalier...

ARTHUR. Moi!

SUNDERLAND. Oui, pendant deux ou trois cents lieues... qu'est-ce que tu en dis?

ARTHUR. Je dis que probablement je lui ferais la cour, et cela ne vous conviendrait peut-être pas.

SUNDERLAND. Du tout, cela me serait égal.
ARTHUR. Vraiment. (*Entre le domestique, qui annonce qu'on a servi.*)
SUNDERLAND. Tu es servi... viens... l'on va tout t'expliquer.. (*Bas, à miss Réginald.*) Vous voyez que, par ce moyen, elle ne reste pas ici, au château, sous notre responsabilité, qu'elle part réellement avec un jeune homme, un beau jeune homme. (*On entend encore le son du cor.*)

SUNDERLAND ET MISS RÉGINALD.
AIR : *Berce, berce, bonne grand'mère.*
Écoutons... c'est la prisonnière
Que { mon / son } ordre amène en ces lieux.
Laissons-la ; prudence et mystère ;
Ne nous montrons pas à ses yeux.
ARTHUR, *à Sunderland.*
Dépêchons-nous, la faim me le commande...
SUNDERLAND.
Viens, tu seras mon héritier.
ARTHUR.
C'est bien ;
Mais je me meurs, et pour peu que j'attende,
C'est vous bientôt qui deviendrez le mien.

ENSEMBLE.
SUNDERLAND ET MISS RÉGINALD.
Hâtons-nous... c'est la prisonnière
Que { mon / son } ordre amène en ces lieux.
Laissons-la ; prudence et mystère !
Ne nous montrons pas à ses yeux.
ARTHUR.
Hâtons-nous... ô destin prospère !
Ce repas sourit à mes yeux ;
Qu'il paraisse, et gaîment, j'espère,
Je m'en vais m'en donner pour deux.

(*Sunderland, Arthur et miss Réginald sortent par la porte à droite, et sur la ritournelle de ce morceau, entrent par le fond, Coverly, deux hommes armés, puis miss Clarence et Kettly.*)

SCÈNE V.

COVERLY, MISS CLARENCE, KETTLY, DEUX HOMMES ARMÉS, *qui restent aux deux côtés de la porte.*

COVERLY, *brusquement.* Allons ! entrez, et rassurez-vous.
MISS CLARENCE. Où nous conduisez-vous ?.. et de quel droit ?
COVERLY. Vous le saurez ; asseyez-vous. (*Voyant qu'elle reste debout.*) Eh bien ! est-ce que je vous fais peur ?
MISS CLARENCE, *cherchant à se rassurer.* Oh ! non, certainement, je n'ai pas peur...
KETTLY. Mais si on y était sujette, ce serait une belle occasion ; vu la vue de Monsieur... ou la figure de ses compagnons...
COVERLY, *durement.* Silence. (*Aux deux hommes.*) Et vous, sortez, et veillez en dehors.
MISS CLARENCE, *à Kettly.* Tais-toi donc !
COVERLY. Le conseil supérieur a prononcé, et vous connaîtrez tout à l'heure sa déclaration... En attendant, je dois vous séparer de votre compagne.
MISS CLARENCE. M'ôter Kettly, et pour quelle raison ?
COVERLY, *avec colère.* Corbleu !.. Milady...
MISS CLARENCE. C'est différent, Milord ; je ne savais pas cela, mais que va-t-il nous arriver !.. de quoi suis-je coupable ?

COVERLY. Vous le saurez. Il ne sera fait aucun mal à votre fille de chambre.
MISS CLARENCE. Ah ! que je vous remercie.
COVERLY. Quant à vous, c'est différent... la position où vous êtes réclame des précautions, dont la rigueur ne doit pas vous étonner.
MISS CLARENCE. Au moins, Monsieur,... et par pitié...
COVERLY, *montrant la porte.* Cela ne me regarde pas.
KETTLY, *courant à miss Clarence.* Ah ! ma pauvre maîtresse !
MISS CLARENCE, *la rassurant.* Allons, allons, du courage ; tu vois bien qu'il en faut.
COVERLY, *lui montrant la porte.* Eh bien ! qu'est-ce que j'ai dit ?
KETTLY. Voilà, Monsieur, voilà... je me rends à votre invitation. (*Kettly sort la première, Coverly après. On entend fermer les portes du fond, et tirer les verrous.*)

SCÈNE VI.

MISS CLARENCE, *seule.* C'est une caverne de brigands ! Je ne dis rien : mais je commence à avoir peur. Il est certain que quelque grand danger me menace, qu'on en veut à mes jours !.. mais pourquoi ?.. Voyons, raisonnons, et ne nous laissons pas intimider sans motifs. En quelles mains suis-je tombée ?.. qui pourrait m'en vouloir, à moi, pauvre fille, qui n'ai jamais offensé personne, excepté sir Robert, mon tuteur, que je n'aime pas, que je ne peux pas aimer ? Et, malgré le testament de mon père, qui le nomme mon mari, malgré ses droits, il m'a semblé que j'avais celui d'être libre, de disposer de mon cœur et de ma main... et quand la reine, mon amie, ma compagne d'enfance, est à Carlisle, à cinq lieues de nous, est-ce un crime d'aller réclamer près d'elle asile et protection ? (*Joignant les mains et ayant l'air de prier.*) Peut-être aussi, mon Dieu, je dois l'avouer, est-il au fond de mon cœur quelque autre sentiment que, malgré moi... (*S'interrompant.*) Je ne dis pas non ; c'est possible... mais ce n'est pas une raison pour me tuer. (*Écoutant.*) O ciel ! on a parlé dans la chambre à côté... et par cette porte, qui est restée ouverte, si je pouvais... (*Elle s'approche avec précaution de la porte à droite, regarde et s'écrie avec joie.*) Qu'ai-je vu !.. est-il possible !.. non, non, je ne me trompe pas ; c'est bien lui... sir Arthur, ce jeune homme, qui déjà m'a sauvé la vie... Ah ! je respire... je n'ai plus rien à craindre, il est là.

AIR : *Paris et le village.*
En le sachant dans ce château
Où le hasard seul nous rassemble,
J'éprouve un trouble tout nouveau ;
Et de ce moment il me semble
Qu'à mes périls loin de songer,
Je suis... et ne peux le comprendre,
Heureuse, hélas ! d'être en danger,
Afin qu'il puisse me défendre...
Je suis heureuse d'un danger
Qui lui permet de me défendre.

Le voilà... C'est singulier, je n'ai plus peur, et je tremble. (*S'asseyant auprès de la table.*) Allons, allons, remettons-nous pour jouir de sa surprise et de sa joie.

SCÈNE VII.

MISS CLARENCE, *assise auprès de la table,* ARTHUR, *sortant de la porte à droite.*

ARTHUR, *à part et riant.* Voilà par exemple une singulière commission... mais avant de promettre, je veux toujours voir, cela n'engage à rien. *(Au fond et pendant que miss Clarence lui tourne le dos.)* C'est donc là cette favorite toute-puissante, cette beauté redoutable qui fait tourner la tête à notre pauvre souverain. Sans être roi, je serai plus brave que lui; et je défie miss Arabelle et ses charmes de faire sur moi la moindre impression... *(La regardant.)* Grand Dieu!

MISS CLARENCE, *à part, avec joie.* Il m'a reconnue...

ARTHUR. Quoi! Madame, c'est vous!

MISS CLARENCE, *se levant.* Oui, Monsieur. Je ne puis m'expliquer pourquoi on m'a arrêtée la nuit, sur la grande route, lorsque je me rendais tranquillement à Carlisle... j'ignore pourquoi l'on m'a conduite en ces lieux, et quels périls m'environnent... mais je vous vois; votre vue me rassure... et vous ne me refuserez pas votre protection.

ARTHUR. Madame... *(A part.)* C'en est fait de mes illusions.

MISS CLARENCE. D'où vient votre embarras? ai-je en tort de compter sur votre secours?

ARTHUR, *avec embarras.* Non certainement; mais il ne dépend pas de moi, je ne suis pas maître en ces lieux.

MISS CLARENCE. Qu'entends-je!

ARTHUR, *avec dépit.* D'ailleurs, que serait ma protection auprès de celle qui vous est acquise? vous trouverez toujours des chevaliers, des courtisans prêts à vous défendre : il n'y a ni mérite ni courage à cela; il y en aurait, au contraire, à braver votre pouvoir, à se ranger au nombre de vos ennemis.

MISS CLARENCE. Et vous aussi; vous, monsieur Arthur! Que vous ai-je fait? pourquoi m'en voulez-vous?

ARTHUR. Je vous en veux de mes rêves de bonheur que vous avez dissipés; je vous en veux de ces charmes que j'admire, et qui excitent ma colère, et qui me rendraient furieux contre moi, contre vous, contre une autre personne encore que je dois respecter, mais que je hais maintenant, que je hais du fond de mon cœur.

MISS CLARENCE. En vérité, vous m'effrayez; et je ne vous comprends pas.

ARTHUR. Oui, une telle franchise doit vous étonner; pardon, Madame, pardon d'avoir osé vous parler ainsi; je reviens à moi-même, à la raison, et dois vous apprendre qu'il est dans ce château des personnes qui vous en veulent, ou qui du moins pensent en avoir le droit.

MISS CLARENCE. Et pourquoi? et quelles sont-elles?

ARTHUR. Je ne puis vous les dénoncer, je leur dois le secret; mais elles voulaient m'associer à leur ressentiment. Je n'ai pas besoin de vous dire que, maintenant plus que jamais, je m'y refuse; et c'est pour y rester tout à fait étranger que je m'éloigne; je pars.

MISS CLARENCE, *à part, avec indignation.* M'abandonner ainsi!.. quelle indignité! *(Haut, à Arthur qui s'éloignait.)* Un mot encore, Monsieur, et je ne vous retiens plus. J'avais compté sur votre générosité, je vous en demande pardon; et dans la crainte de vous compromettre...

ARTHUR, *revenant et vivement.* Oh! si ce n'est que cela...

MISS CLARENCE. Je ne vous demande rien pour moi; mais pour une jeune fille qui m'accompagnait, et dont on m'a séparée : puis-je espérer que par votre protection elle me sera rendue?

ARTHUR. Vous allez la revoir, je vous le promets. Adieu, Madame. *(Il sort par la droite.)*

SCÈNE VIII.

MISS CLARENCE, *seule.* Je n'en puis revenir encore!.. et je ne sais si je veille! Il me fuit, il m'abandonne lâchement; lui que tantôt j'implorais tout bas, et qu'au moment du danger j'appelais à mon secours! lui!.. oh! non, ce n'est pas lui, celui que j'avais rêvé si brave, si généreux; c'en est un autre; qu'il parte, qu'il s'éloigne, je ne l'aime plus, et maintenant, quoi qu'il arrive, je n'ai plus rien à craindre. *(Avec dépit.)* Que je retombe entre les mains de sir Robert!.. qu'on me force à mourir ou à l'épouser, tant mieux, ce sera bien fait, c'est comme on voudra, et tout m'est égal. *(La porte du fond s'ouvre.)* C'est Kettly; allons, il faut lui rendre justice, dès qu'il ne s'agit pas de moi, il tient ses promesses.

SCÈNE IX.

MISS CLARENCE, KETTLY.

MISS CLARENCE. Te voilà! je te revois! viens à mon aide, je suis bien malheureuse.

KETTLY. Pas tant que vous croyez; d'abord un beau jeune homme, un militaire, a donné ordre à vos gardiens de me laisser passer. Je puis aller et venir en liberté dans tout le château, et j'en profite pour vous apporter des nouvelles, oh! mais des nouvelles incroyables, il n'y a que celles-là de bonnes.

MISS CLARENCE. Dis-les vite.

KETTLY. J'attendais dans la salle d'armes, où j'allais être interrogée par le seigneur châtelain, et puis sa sœur, une grosse châtelaine, lorsque est arrivé le capitaine Coverly, ce gentilhomme de grand chemin, qui a arrêté notre voiture. Et on n'était pas du même avis, et on s'est disputé, et il leur demandait...

MISS CLARENCE. Quoi donc?

KETTLY. De l'argent, beaucoup d'argent, il paraît qu'il y tient. Ils disaient tout cela, à cause de moi, non pas en bon anglais, mais en patois irlandais; et moi, qui justement suis du canton de Donnegal, je n'en ai pas perdu un mot. Il y a donc une grande dame, une dame de la cour, qui est leur ennemie mortelle, et ils vous ont arrêtée à sa place.

MISS CLARENCE. Est-il possible!

KETTLY. Miss Arabelle...

MISS CLARENCE. La favorite, la maîtresse du roi!

KETTLY.
AIR de *Oui et non.*

Est-il possible! et dans ces lieux
Ils osent vous prendre pour elle!
Mais c'est terrible... c'est affreux
Pour une honnête demoiselle.
Et je n' voudrais pas, quant à moi,
Souffrant de telles injustices,
Prendre les charges d'un emploi
Dont une autre a les bénéfices.

(Pendant ce couplet, miss Clarence est allée au fond du théâtre, et a examiné l'appartement avec atten-

Miss Réginald.

tion; elle redescend, et se trouve à la fin du couplet à la gauche de Kettly.)

Et vous devez être indignée.

MISS CLARENCE, *avec joie et vivement.* Au contraire; attends, attends; sir Arthur partageait sans doute leur erreur.

KETTLY. Qui, sir Arthur?

MISS CLARENCE, *avec impatience.* Ce jeune homme, ce militaire qui m'a traitée si froidement, qui refusait de me secourir, et presque de m'entendre.

KETTLY. C'est bien mal.

MISS CLARENCE. Non, non; c'est très-bien, et je comprends son dépit, sa colère; il aurait dû me traiter encore plus mal; mais c'était déjà bien ainsi, et je l'en remercie, et je l'en aime davantage.

KETTLY. Qu'avez-vous donc?

MISS CLARENCE. Rien... je suis contente, je le retrouve. Pauvre jeune homme!.. c'est si aimable à lui!.. Imagine-toi qu'il est furieux, et c'est ce qui me rend si heureuse. Mais il ne faut pas que ce bonheur-là dure trop longtemps, et je vais le désabuser, lui dire qui je suis...

KETTLY. Gardez-vous-en bien; car je ne vous ai point tout appris. Nous sommes ici dans le château de lord Sunderland.

MISS CLARENCE. Lord Sunderland, l'ami de sir Robert, mon tuteur!

KETTLY. Celui dont il nous parle sans cesse, et qu'il vient visiter tous les jours. Il paraît même qu'aujourd'hui, et avant de se rendre à Carlisle, sir Robert s'est arrêté ici, et qu'il doit y revenir dans deux heures; on l'attend.

MISS CLARENCE. C'est fait de moi! Nous sommes venues nous livrer entre ses mains, et juste au moment où cet hymen, où cet esclavage me paraît plus horrible que jamais.

KETTLY. Et en quoi donc?

MISS CLARENCE. Et pour retomber au pouvoir de sir Robert!.. Non certainement, je ne dirai pas qui je suis : je m'en garderai bien.

KETTLY. Ils vont alors continuer à vous prendre pour la favorite.

MISS CLARENCE. M'en préserve le ciel!

KETTLY. Il faut cependant choisir; être à leurs yeux miss Arabelle ou miss Clarence. Voyez ce que vous voulez.

MISS CLARENCE, *avec impatience.* Je voudrais... je voudrais n'être ni l'une ni l'autre. Quel embarras! quel tourment! Qu'est-ce que tu me conseilles?

KETTLY. Dame! Mademoiselle, je n'ose pas. L'essentiel, c'est que nous nous remettions en route.

MISS CLARENCE. Plût au ciel! (*Elle s'assied auprès de la table.*)

KETTLY. Et il me semble que, pour commander et vous faire obéir, le nom de la favorite aura toujours plus de crédit que le vôtre.

MISS CLARENCE. Tu crois!

KETTLY. Quand vous devriez leur faire à tous de belles promesses, qu'est-ce que cela coûte? Les tiendra qui pourra. Mais vous ne saurez jamais mentir.

MISS CLARENCE. Mieux que tu ne crois; j'ai été trois mois à la cour.

KETTLY. Ah! c'est vrai.

MISS CLARENCE. Et lorsque j'étais demoiselle d'honneur de la reine, je me rappelle que lord Sunderland et miss Réginald, sa sœur, étaient ce qu'on appelait des mécontents, des amis du bien public, qui demandaient toujours quelque chose pour eux.

KETTLY. Vous voyez bien.

AIR : *De sommeiller encor, ma chère.*

Allons, reprenez confiance.
MISS CLARENCE.
Tu le veux, je suis ton conseil.
Mais c'est bien hardi, quand j'y pense,
D'usurper un poste pareil.
(*Elle écrit.*)
KETTLY.
Rassurez-vous sur ce chapitre.
Comm' tant de gens qu'on voit placer,
De l'emploi vous n'avez que l' titre,
Vous n'êt's pas forcé d'exercer.

MISS CLARENCE, *se levant et allant à Kettly.* Tiens, puisque, grâce à M. Arthur, tu as la liberté de te promener dans le château, voici d'abord ces deux lignes (*Elle lui donne un papier.*) qu'il faut remettre en secret à miss Réginald... et puis le capitaine Coverly. Je ne connais pas... mais d'après ce que tu m'as dit, on peut toujours... (*Elle tire de son portefeuille un papier qu'elle met dans une lettre.*) Voici pour lui.

KETTLY, *regardant vers le fond, à droite.* C'est lord Sunderland.

MISS CLARENCE. Tu en es sûre? Le plus redoutable de tous. (*A part, et cherchant à se donner du courage.*) Allons, allons; qu'est-ce que c'est donc que de trembler ainsi? Il ne peut rien m'arriver de pire; prenons courage, et un air de dignité: rappelons-nous comment faisait la reine, cela ressemblera peut-être à celle qui la remplace.

SCÈNE X.

LES PRÉCÉDENTS; SUNDERLAND, *entrant par la porte à droite.*

SUNDERLAND, *à Kettly.* Jeune fille, laissez-nous. (*Kettly s'approche de miss Clarence, et lui parle bas.*) Laissez-nous. (*Kettly sort. Sunderland s'approche de miss Clarence, qu'il salue plusieurs fois avec respect.*)

MISS CLARENCE, *cherchant à prendre de l'assurance.* De quel droit, Monsieur, s'est-on permis de m'amener en ce château? Et qui êtes-vous?

SUNDERLAND. Il n'est pas nécessaire que vous le sachiez. Tout ce que je puis vous apprendre, belle lady, c'est que vous n'êtes pas ici parmi vos meilleurs amis.

AIR du *Baiser au porteur.*

Loin de la cour, où chacun nous réclame,
Inaperçus nous vivons, grâce à vous;
Le roi ne voit que par vos yeux, Madame;
Vos yeux se détournent de nous,
Oui, vos beaux yeux se détournent de nous.
Ils étaient, si j'en crois mon zèle,
Trop dangereux... et sans rien ménager,
De mon prince, en sujet fidèle,
Je dois éloigner le danger.

Aussi le parti en est pris, on vous conduira cette nuit, sous bonne escorte, au port de Whitehaven, de là vous passerez sur le continent, et de là... Mais dans ce moment il est inutile de vous en dire davantage.

MISS CLARENCE. Ah! mon Dieu!

SUNDERLAND. C'était un parent à moi, un jeune homme, qui devait vous conduire; il refuse.

MISS CLARENCE, *à part.* Le maladroit!

SUNDERLAND. Et j'ai choisi pour chef de l'entreprise un homme incorruptible et sévère que vous essaieriez en vain de séduire.

MISS CLARENCE, *hésitant.* Le capitaine Coverly?

SUNDERLAND, *étonné.* Qui vous l'a dit, et comment savez-vous?

MISS CLARENCE. L'habitude que j'ai de deviner. Croyez-vous franchement que j'ignore où je suis, et que je ne connaisse pas mes ennemis, (*Le regardant fixement.*) à commencer par milord Sunderland?

SUNDERLAND. O ciel! c'est fait de moi.

MISS CLARENCE, *à part, l'observant.* Il tremble, cela me rassure.

SUNDERLAND. Eh bien! oui, Madame; puisque les qualités sont connues, je n'ai plus rien à ménager, et vous savez mieux que personne si, moi, ancien maître des cérémonies, actuellement en retraite, je dois vous en vouloir.

MISS CLARENCE. Et en quoi, s'il vous plaît?

SUNDERLAND. J'ai usé mes jours et mes nuits au service de l'Etat, j'ai passé quarante ans de ma vie au milieu des bals, des concerts, des fêtes de toute espèce; et après une carrière aussi agitée, on me prie de me reposer. C'est indigne!

MISS CLARENCE. Sans doute; mais est-ce une raison pour vous perdre à jamais?

SUNDERLAND. Milady...

MISS CLARENCE. Ecoutez-moi, Milord, les instants sont précieux. Je suis en votre pouvoir, c'est vrai; mais notre jockey, notre postillon, qui vous est échappé, est déjà arrivé au village voisin, où il aura donné l'alarme. Dans ce moment peut-être on est en marche.

SUNDERLAND. O ciel!

MISS CLARENCE. Et vous aurez travaillé, non pour vous, mais pour ceux qui auront l'esprit de me secourir et de me délivrer. Pourquoi voulez-vous leur laisser cet honneur, et leur donner à la reconnaissance du roi des titres qu'il vous est facile d'acquérir vous-même?

SUNDERLAND. Que dites-vous?

MISS CLARENCE. Que je vous parle dans votre intérêt, et dans le mien. Je ne veux pas feindre ; j'y mettrai de la franchise. Eh bien ! oui, j'ai le plus grand intérêt à arriver ce soir à Carlisle ; me retenir, ne servira en rien vos projets, qui finiront toujours par être découverts; et à moi, une heure de retard peut renverser toutes mes espérances.

SUNDERLAND. Qu'entends-je !

MISS CLARENCE. Je vous dis mon secret, j'ai confiance en vous; et si, à l'insu de vos compagnons, vous voulez me permettre de repartir à l'instant-même.....

SUNDERLAND. Après notre serment, une telle idée...

MISS CLARENCE. Est moins dangereuse qu'une conspiration, et vous rapportera davantage : c'est vous qui serez mon chevalier; vous me conduirez, vous ne me quitterez pas, nous arriverons ensemble à Carlisle, au palais ; je vous présente à la reine... non, je veux dire au roi, et je lui dis : « Voilà mon défenseur, mon « libérateur, celui qui, cette nuit, a bravé tous les « dangers pour me soustraire aux complots de mes « ennemis. »

SUNDERLAND. Je comprends bien qu'un pareil service... et certainement, si ce n'était...

MISS CLARENCE. Votre serment ?

SUNDERLAND. Du tout, ce n'est pas cela; mais...

AIR : *Le beau Lycas aimait Thémire.*

PREMIER COUPLET.

Encor faut-il des garanties !...
Si, par vous, je redevenais
Grand-maître des cérémonies...

MISS CLARENCE.

J'en parlerai... je le promets.

SUNDERLAND.

Un traitement en conséquence,
Un peu plus fort qu'il ne l'était,
Le double de ce qu'il était...

MISS CLARENCE.

Comptez-y... l'on vous le promet.
(*A part.*)
Ce n'est pas cela, je le pense,
Qui peut augmenter le budget.

DEUXIÈME COUPLET.

SUNDERLAND.

Pour être sûr qu'on me pardonne,
Je voudrais bien, outre cela,
L'ordre du Bain.

MISS CLARENCE.

Je vous le donne.
Je donne tout ce qu'il voudra...

SUNDERLAND.

De plus... en signe d'alliance,
Et si Milady le permet...
(*Il lui prend la main.*)

MISS CLARENCE, *la retirant d'abord.*
Que faites-vous ?
(*A part, et se laissant baiser la main.*)
Mais en effet,
Ce n'est pas cela, je le pense,
Qui peut augmenter le budget.

(*Haut et vivement.*) Mais partons, de grâce ; faites qu'on me rende ma voiture, mes chevaux, ma fille de chambre, et qu'avant une demi-heure, nous soyons tous en route.

SUNDERLAND. C'est tout ce que je demande; mais comment tromper la surveillance des autres personnes qui habitent ce château ? et ils ne sont pas les seuls; nous pouvons rencontrer dans notre fuite sir Robert, qui revient ce soir de Carlisle.

MISS CLARENCE, *effrayée.* Sir Robert !

SUNDERLAND. Un de nos voisins, homme dangereux, animé des plus mauvaises intentions, non-seulement contre vous, mais contre le roi lui-même.

MISS CLARENCE. En êtes-vous bien sûr ?

SUNDERLAND. Je n'étais pour rien là-dedans; je vous le prouverai par des lettres mêmes qu'il m'écrivait pour me gagner. Silence ! c'est miss Réginald, ma sœur; rentrez là, dans cet appartement. (*Lui indiquant la chambre à gauche.*)

MISS CLARENCE. Oui, Monsieur, oui.

SUNDERLAND. Fidélité à toute épreuve ; et dès qu'il en sera temps, j'irai vous chercher pour vous conduire moi-même ; moi-même, entendez-vous ?

MISS CLARENCE, *à part.* Lui-même. Allons, il me semble que ce n'est pas mal, et que la véritable n'aurait pas fait mieux. (*Haut.*) Adieu ! (*Elle entre dans la chambre à gauche, en faisant un signe d'intelligence à Sunderland, qui met la main droite sur son cœur, et étend l'autre en guise de serment.*)

SCÈNE XI.

MISS RÉGINALD, *entrant par la porte à droite, en rêvant et tenant un papier, qu'elle cache aussitôt* ; SUNDERLAND.

MISS RÉGINALD. Rien que deux lignes, mais elles sont claires et positives : « La place de première dame d'a« tours, si, d'ici à une heure, et à l'insu de tout « le monde, je suis délivrée par vous. » (*Réfléchissant.*) C'est une femme d'esprit et de tête, qui a calculé sa position, ses adversaires, et qui ne voit, dans ce château, que moi de femme avec qui elle puisse s'entendre. Mais comment ?.. (*Apercevant Sunderland.*) Dieu ! c'est mon frère !

SUNDERLAND, *à part.* Qu'elle a l'air sombre et rêveur ! (*Haut.*) Eh bien ! ma sœur, toujours dans vos idées de vengeance ?

MISS RÉGINALD. Certainement.

SUNDERLAND, *à part.* Caractère inflexible !.. J'en étais sûr ; rien à faire de ce côté, et il faut aviser à d'autres moyens. (*Miss Réginald est à droite du théâtre, Sunderland au milieu, et ils réfléchissent tous les deux séparément et sans se parler.*)

SCÈNE XII.

LES PRÉCÉDENTS; COVERLY, *entrant par le fond, à gauche.*

COVERLY, *réfléchissant aussi.* Une place de capitaine, une gratification ; et pour commencer, un billet de cent livres sterling ; je l'ai vu, il est là. Je ne tiens pas plus à celle-là qu'à une autre, mais les autres promettent, et celle-là paie d'avance ; principes qui cadrent avec les miens, et quand on s'entend sur un principe, c'est tout.

SUNDERLAND, *à part.* C'est cet infâme Coverly !

MISS RÉGINALD, *à part.* Cet enragé patriote !

COVERLY. Eh bien ! mes voisins, me voici prêt à partir avec notre prisonnière, comme nous en sommes convenus. Où est-elle ?

SUNDERLAND ET MISS RÉGINALD. O ciel !

COVERLY. Mais dépêchons; car je suis pressé, et je n'ai pas de temps à perdre.

MISS RÉGINALD, *bas, à son frère.* Ne la laissez pas partir avec cet homme féroce.

SUNDERLAND. C'est bien mon intention.

COVERLY. Eh bien ! corbleu ! qu'avez-vous à vous

consulter? est-ce que vous hésitez? est-ce que vous reculeriez, par hasard? si je le savais!..

SUNDERLAND. Au contraire, je suis décidé! et plus que jamais invariable dans mon opinion; seulement j'ai changé d'idée.

COVERLY ET MISS RÉGINALD. Comment cela?

SUNDERLAND. C'est une entreprise trop périlleuse et trop importante pour que je ne m'en charge pas moi-même. Je conduirai miss Arabelle, et je supporterai seul les dangers.

COVERLY. C'est-à-dire qu'on se défie de moi!.. du capitaine Coverly!.. J'en suis fâché, corbleu!.. mais c'était une affaire convenue, décidée; et quand je devrais être pendu, je me suis arrangé pour cela, j'y compte; et par ma bonne épée! c'est moi qui emmène la prisonnière.

SUNDERLAND. Du tout, c'est moi.

COVERLY. C'est ce que nous verrons.

SUNDERLAND. C'est moi qui suis le maître.

MISS RÉGINALD, *passant entre eux deux*. Eh! Messieurs, pour vous mettre d'accord, n'est-il pas plus convenable que ce soit moi, une femme, qu parte avec elle? Un domestique armé nous suivra; deux femmes qui voyagent excitent moins de soupçons; et puis les mœurs, la décence...

COVERLY. Est-ce que j'y tiens?

MISS RÉGINALD. Il n'y tient pas!

SUNDERLAND. Eh! ma sœur, il s'agit bien de mœurs dans une conspiration! Il s'agit que c'est à moi de commander, car c'est moi qui paye.

Air de *Cendrillon*.

Oui du complot je suis le chef réel,
Par mon argent; sinon je le retire.
COVERLY.
Ça m'est égal... moi, gratis je conspire.
MISS RÉGINALD.
Ne prendre rien, ce n'est pas naturel.
SUNDERLAND.
Lui qui vendait ses services si cher!
COVERLY.
Pour conspirer rien ne m'effraie.
Pour conspirer j'irais jusqu'en enfer.
SUNDERLAND, *à part*.
Il faut donc que l'enfer le paie!
ENSEMBLE.
C'est moi, c'est moi, j'en atteste le ciel,
Qui dois ici l'enlever pour mon compte;
Je l'ai juré, je le veux, et j'y compte,
Ou pour moi c'est un affront personnel.

SUNDERLAND. Silence! c'est mon neveu! qu'il ne puisse soupçonner que le désordre est dans nos rangs.

—

SCÈNE XIII.

LES PRÉCÉDENTS, ARTHUR.

ARTHUR, *vivement*. Mon oncle, j'ai à vous parler.

SUNDERLAND. Parle tout haut, nous n'avons rien de caché les uns pour les autres; la franchise avant tout.

ARTHUR. Eh bien! j'ai refusé d'abord la proposition que vous m'avez faite d'enlever miss Arabelle; mais depuis, j'ai réfléchi, et ne fût-ce que pour me venger d'elle, je suis du complot, je partage votre ressentiment, et je suis prêt à partir à l'instant même. Disposez de moi, me voilà.

SUNDERLAND ET MISS RÉGINALD. Et lui aussi!

COVERLY. C'est comme un fait exprès.

SUNDERLAND. Tout le monde veut l'enlever.

ARTHUR. Vous pouvez vous en rapporter à moi du soin de la surveiller. Je ne la quitte plus, ni le jour, ni la... et l'on m'ôtera plutôt la vie, que de l'arracher de mes mains.

SUNDERLAND, *à part*. Est-ce que mon neveu se douterait de quelque chose, et qu'il voudrait aussi faire son chemin? (*Haut, à Arthur.*) Il suffit, Monsieur, il suffit. (*A part.*) Les jeunes gens sont d'une ambition! (*Haut.*) On n'a pas besoin de votre aide.

MISS RÉGINALD. Ni de vos conseils.

ARTHUR. Que voulez-vous dire?

SUNDERLAND. Que nous avons sur notre prisonnière d'autres idées.

MISS RÉGINALD. Plus certaines.

COVERLY. Plus expéditives; et c'est moi qui me charge de les mettre à exécution.

SUNDERLAND, *lui imposant silence*. Capitaine!

ARTHUR. O ciel! vous voulez attenter à ses jours?

TOUS TROIS. Nous!

ARTHUR, *à Sunderland et à miss Réginald*. Oui, je devine vos intentions, vos projets; mais je vous déclare, moi, quoique je sois celui de tous qui ait le plus à me plaindre d'elle, que je ne souffrirai pas qu'il lui soit fait le moindre mal, le moindre outrage. Vous m'entendez, capitaine?

COVERLY. Eh! qui vous parle de cela?

SUNDERLAND. De quoi vous inquiétez-vous?

ARTHUR. Eh bien! s'il faut vous le dire...

Air de *Turenne*.

Eh bien! je l'aime, je l'adore,
Et sans espoir...
SUNDERLAND.
C'est une fausseté,
Car vous avez d'autres projets encore.
ARTHUR.
Que dites-vous?
SUNDERLAND.
La vérité.
(*Passant auprès de miss Réginald.*)
Sans respect pour la royauté,
Pour se pousser, pour se produire,
Il est capable...
ARTHUR.
Etes-vous fou?
SUNDERLAND.
Oui, j'en suis sûr... Voyez jusqu'où
L'ambition peut vous conduire!

Mais, par bonheur, j'ai une idée.

MISS RÉGINALD. J'en ai une.

COVERLY. Moi aussi.

SUNDERLAND. Trois idées qui, en les combinant, pourraient bien n'en faire qu'une. (*A demi-voix aux deux autres, montrant la porte à gauche.*) Miss Arabelle est là.

MISS RÉGINALD ET COVERLY. Elle est là.

SUNDERLAND. Attendez-moi. (*A part, et s'avançant sur le bord du théâtre.*) Mieux vaut partager l'honneur que de le laisser tout entier à un jeune homme, à un étourdi. (*Haut, à Arthur, avec dignité.*) Restez ici, Monsieur, restez, je vous l'ordonne, par toute l'autorité d'un oncle et d'un propriétaire qui veut être maître chez lui. C'est à nous de décider du sort de notre captive... c'est ce que nous allons faire : et après cela, vous recevrez nos ordres. (*Pendant cette dernière phrase, Coverly d'abord, ensuite miss Réginald, sont entrés dans l'appartement à gauche; Sunderland continue à part en regardant Arthur.*) Ah! tu as de l'ambition!.. ah! tu veux te pousser même aux dépens de ton oncle et de ton souverain légitime... Eh bien! je te pousserai... et de façon à te faire tomber... (Haut.) Attends mes ordres, ce ne sera pas long. (Il entre aussi dans l'appartement à gauche.)

SCENE XIV.

ARTHUR, seul. Ses ordres!.. peu m'importe... je n'en recevrai que de moi et de ma conscience... non que je soupçonne mon oncle... il n'est que faible, mais sa faiblesse même le met dans la dépendance de ce Coverly qui est capable de tout. Par bonheur, je suis là, et s'il tente d'exécuter son projet, s'il menace seulement miss Arabelle... une femme sans défense... une femme que j'aime!.. Non, non, je ne veux plus l'aimer, et elle est bien heureuse d'être en danger, sans cela!.. Mais je dois avant tout la défendre, la protéger, la rendre à la liberté... et puis, après cela, je la détesterai à mon aise, et sans crainte ; car dans ce moment je tremble pour elle. On parle dans cet appartement... (Désignant celui où miss Clarence est entrée.) j'ai cru distinguer sa voix ; oui, je la connais trop bien pour m'y tromper. Courons à son secours. (La porte s'ouvre, miss Clarence paraît.) Dieu ! c'est elle !

SCÈNE XV.

ARTHUR, MISS CLARENCE.

MISS CLARENCE, sortant de l'appartement à gauche. Je respire, nous sommes tous d'accord, la paix est signée... (Montrant une lettre qu'elle tient.) un peu aux dépens de sir Robert, mon tuteur. Malheur aux absents! Et de tout le château, il n'y a plus maintenant que sir Arthur à gagner... (Elle aperçoit Arthur qui va regarder au fond, et ferme la porte à gauche.) et je ne crois pas que ce soit bien difficile.

ARTHUR, revenant près d'elle, et à voix basse. Ce matin, Madame, quand j'ai refusé de vous servir, j'ignorais les dangers qui vous menaçaient. Je les connais, ils sont très-grands.

MISS CLARENCE, souriant. Vous croyez?

ARTHUR. On a juré votre perte, mais vous avez des défenseurs... vous en aurez, du moins, tant que j'existerai... Venez...

Air : *Restez, restez, troupe jolie.*
Votre aspect double mon courage.
Je réponds de votre destin ;
Je saurai m'ouvrir un passage,
Fût-ce les armes à la main.
MISS CLARENCE.
Quoi ! braver un péril certain !
ARTHUR.
Qu'importe, si je vous délivre !..
Oui, désormais je dois vous fuir ;
Et si pour vous je ne peux vivre,
Pour vous du moins je peux mourir.

MISS CLARENCE. Le ciel m'est témoin que je ne vous en demande pas tant... et vous pouvez compter sur ma reconnaissance, si vous consentez seulement à me ramener à Carlisle.

ARTHUR. Moi ! vous y laisser retourner !.. ne l'espérez pas.

MISS CLARENCE. Et pourquoi donc ?

ARTHUR. N'est-ce pas là qu'est la cour?.. n'est-ce pas là qu'un rival vous attend ?.. Jamais, jamais... vous n'irez pas, je m'y oppose.

MISS CLARENCE. Il est le seul maintenant !.. (Avec joie, et prête à s'oublier.) Monsieur Arthur... (Se reprenant.) Monsieur, vous êtes un bon et honnête jeune homme. Vous n'êtes pas avide, ambitieux, comme tant d'autres, et c'est rare, je vous en estime davantage ; mais je ne perds pas l'espérance de vous ranger de mon parti.

ARTHUR. Je vous le répète, je repousse toutes vos offres.

MISS CLARENCE, souriant. Quoi ! toutes ?

ARTHUR. Oui, Madame.

MISS CLARENCE. J'ai bien envie d'essayer. Et si je vous disais : « Je suis jeune, je suis riche, j'espère bientôt être libre et maîtresse de ma main, la voulez-vous ? »

ARTHUR. O ciel !

MISS CLARENCE, riant. C'est une supposition ; mais si je parlais ainsi, que répondriez-vous ?

ARTHUR. Ne me le demandez pas.

MISS CLARENCE. Vous hésitez ?

ARTHUR. Non, je n'hésiterais pas un instant... j'en mourrais peut-être, mais je refuserais.

MISS CLARENCE, avec joie. Ah ! que je vous remercie !

ARTHUR, étonné. Que voulez-vous dire ?

MISS CLARENCE. Que je ne vous en aurais jamais cru capable... et c'est une action qui me touche, qui m'émeut jusqu'aux larmes. Vous en serez récompensé, je vous le promets, et pour commencer, je veux vous donner un bon conseil. Ne vous mêlez jamais d'aucun complot, surtout avec de vieux courtisans, qui ont conspiré sous tous les régimes.

ARTHUR. Et pourquoi ?

MISS CLARENEC. Vous seriez toujours dupe de votre franchise, de votre générosité ; et ces dangers que vous aurez cru partager avec eux... ils sauront s'en retirer, en vous y laissant exposé.

ARTHUR, avec impatience. Eh ! Madame... (On entend un bruit de musique en dehors.) Ecoutez... entendez-vous ces pas... ce bruit confus ?.. Ils viennent... pour vous immoler peut-être.

MISS CLARENCE, souriant. Je ne crois pas.

ARTHUR. Vous avez négligé mes avis, mais je saurai du moins mourir en vous défendant... Venez... venez... (Il la prend par la main, tire son épée et se met devant elle.)

SCÈNE XVI.

LES PRÉCÉDENTS. *Les trois portes du fond s'ouvrent à la fois, et l'on aperçoit la galerie extérieure richement illuminée. En même temps* SUNDERLAND *entre par la porte du milieu, suivi d'une partie des gens du château,* MISS REGINALD ET KETTLY, *par la droite, suivies de toutes les femmes, et* COVERLY, *par la gauche, avec d'autres hommes. Ils tiennent tous des bouquets à la main.*

CHŒUR.

Air du *Dieu et la Bayadère.*
Rendons hommage à la plus belle,
Et, soumis à sa loi,
Amis, célébrons celle
Qu'adore notre roi.

(A un signal donné par Sunderland, on élève une couronne de fleurs sur la tête de miss Clarence. Miss Réginald, à sa gauche, et une jeune fille, à sa droite, lui présentent une corbeille de fleurs, tandis que *toutes les jeunes filles s'avancent pour lui offrir leurs bouquets.*)

MISS CLARENCE, *remerciant tout le monde.* C'est bien, c'est bien... (*A part.*) Mais n'oublions pas le danger qui nous menace, et avant le retour de mon tuteur, hâtons-nous de partir.

SUNDERLAND. Je ne doute pas, belle milady, que le bruit de votre disparition ne soit déjà parvenu jusqu'à la cour; mais quand on saura que nous avons arrêté votre voiture, et dételé vos chevaux... pourquoi?... pour vous conduire en ce château, où une petite fête impromptue vous était préparée, je ne doute pas que le roi lui-même ne rende justice à l'imagination de son premier maître des cérémonies...

MISS CLARENCE, *voulant partir.* Certainement... mais...

SUNDERLAND, *la retenant.* Et si, avant le repas que nous avons fait préparer, Milady voulait entendre une cantate nouvelle que je viens de composer en son honneur...

MISS CLARENCE, *effrayée.* Ah! mon Dieu!

SUNDERLAND, *prenant un cahier de musique, et chantant.*

« D'où partent ces cris d'allégresse?..
« Où court ce peuple qui s'empresse?.. »

ARTHUR, *à part.* Encore celle-là... Il n'en sait donc qu'une?

SUNDERLAND, *continuant.*

« Où court ce peuple qui s'empresse?.. »

MISS CLARENCE, *l'interrompant.* Pardon de vous interrompre; mais quelque plaisir que me promette la fête que vous avez bien voulu improviser en mon honneur, il faut que je parte à l'instant.

MISS RÉGINALD ET COVERLY. Quoi! Madame...

MISS CLARENCE. Je vous l'ai dit... Il faut que je sois aujourd'hui même à Carlisle... Les plus grands intérêts m'y appellent.

SUNDERLAND. C'est inutile. J'ai voulu prévenir vos vœux.

MISS CLARENCE. Que dit-il?

SUNDERLAND. Vous vouliez aller retrouver le roi, et c'est lui-même qui viendra.

MISS CLARENCE, KETTLY ET ARTHUR. Grand Dieu!

SUNDERLAND. Un homme à cheval, expédié par moi... doit avoir annoncé à Sa Majesté que la beauté qu'il aime a daigné accepter l'hospitalité dans mon domaine, et je ne doute point que demain, de grand matin, ou peut-être même cette nuit... Et quel honneur pour mon château, si...

MISS CLARENCE, *à Kettly.* C'est fait de nous!

ARTHUR, *passant auprès de Sunderland.* Et vous croyez que je souffrirai...

SUNDERLAND, *à Arthur et à mi-voix.* Taisez-vous, Monsieur, taisez-vous, et craignez la colère du roi... Oser aimer sa maîtresse!

AIR : *N'en demandez pas davantage.*

Oser attaquer un rival
Qui porte, par droit d'héritage,
Et couronne et bandeau royal!..
Apprenez, Monsieur, c'est l'usage,
Qu'un front qui déjà
Porte tout cela
N'en veut pas avoir davantage,
N'en demande pas davantage.

ARTHUR. Qu'il le veuille ou non, cela m'est bien égal. Je mettrai plutôt le feu au château.

MISS CLARENCE, *vivement, à Arthur.* Rassurez-vous, je pars. (*A Sunderland.*) Oui, Monsieur, partons à l'instant. Je l'exige, je le veux.

SUNDERLAND. C'est différent. (*A part.*) Mais c'est absurde. Ils vont se croiser en route. Tandis que, comme je l'avais arrangé, ils étaient sûrs de se rencontrer. (*Prenant la main de miss Clarence.*) Partons, belle dame, partons. (*Ils vont pour sortir; sir Robert paraît à la porte du fond.*)

MISS CLARENCE, *avec effroi.* Sir Robert, mon tuteur! Il est trop tard. (*Elle revient sur le devant du théâtre.*)

—

SCÈNE XVII.

LES PRÉCÉDENTS, SIR ROBERT.

ROBERT. Me voici, me voici, mes amis... J'arrive de Carlisle, où j'ai terminé toutes les affaires relatives à mon mariage... Et de plus, je vous apporte des nouvelles, de bonnes nouvelles.

SUNDERLAND. Nous en avons, je crois, de meilleures encore.

ROBERT. J'en doute, car je viens d'apprendre d'une source certaine que notre ennemie mortelle... que la favorite...

TOUS. Eh bien!

ROBERT, *avec joie.* Est décidément disgraciée...

MISS RÉGINALD, COVERLY ET SUNDERLAND, *avec effroi.* O ciel!

ARTHUR, *regardant miss Clarence, qui reste immobile.* C'est étonnant, cela ne lui fait rien.

ROBERT, *continuant avec joie.* C'est la reine, notre auguste reine qui l'emporte... Et miss Arabelle doit avoir en ce moment reçu l'ordre d'exil, qui l'éloigne à jamais de la cour.

MISS RÉGINALD. Quelle indignité!

COVERLY. Quelle injustice!

SUNDERLAND. Quel pouvoir arbitraire! disgracier une femme pareille, une femme charmante!

COVERLY. Toutes les qualités.

MISS RÉGINALD. Toutes les vertus.

SUNDERLAND. Mais la partie n'est pas perdue, nous le jurons.

COVERLY ET MISS RÉGINALD. Nous le jurons tous.

ROBERT. Sont-ils étonnants!.. Et à qui donc?

SUNDERLAND. A miss Arabelle... à la favorite... (*Se reprenant.*) à l'ex-favorite, qui est dans ce château... et que voici là devant vos yeux. (*Lui montrant miss Clarence.*)

ROBERT, *la regardant.* Miss Clarence, ma pupille!

TOUS, *avec étonnement.* Sa pupille!

ARTHUR, *hors de lui.* Serait-il vrai!.. (*A Robert.*) En êtes-vous bien sûr?

ROBERT. Si j'en suis sûr! Qu'est-ce qu'il a donc, ce jeune homme?.. (*A miss Clarence.*) Et vous, Mademoiselle, que je croyais renfermée dans mon château, où alliez-vous ainsi, à une heure pareille?

MISS CLARENCE, *passant auprès de sir Robert.* Me jeter aux pieds de la reine, mon ancienne compagne, mon amie... et réclamer sa protection contre une tyrannie que je redoutais et que je ne crains plus maintenant : car je suis au fait de la conspiration, j'en étais... et vous aviez, vous particulièrement, mon cher tuteur, des projets que la cour n'approuverait guère, et dont lord Sunderland m'a fourni les preuves.

ROBERT, *à Sunderland.* Vous, mon voisin!

MISS CLARENCE. Rassurez-vous, je ne les garderai pas. (*Les donnant à Arthur.*) Tenez, Arthur, je vous les confie. Et, en échange, demandez à sir Robert, mon oncle et mon tuteur, ce que vous voudrez... ce qui vous conviendra.

ARTHUR. Quoi! vous daigneriez m'offrir...

MISS CLARENCE. Je n'offre rien, vous me refuseriez... Mais je ne vous empêche pas de demander.

ROBERT, *brusquement*. Est-ce que j'ai jamais eu l'idée de la contraindre? Qu'elle retourne à la cour, près de la reine, sa protectrice. Et puisque maintenant, dit-on, c'est elle qui est toute-puissante... (*Il passe à la gauche de Coverly.*)

SUNDERLAND, *passant entre sir Robert et miss Clarence*. Qu'elle continue auprès de sa souveraine le brillant emploi que nous lui supposions auprès du souverain; cela reviendra exactement au même, si miss Clarence se souvient de ses promesses et n'oublie pas ses amis.

MISS CLARENCE. Je n'oublierai pas que je vous aurai dû ma liberté, mon bonheur... et pour que vous ne conspiriez plus, s'il ne tient qu'à moi, je vous le jure, vous serez nommés, dès demain, (*A Coverly.*) vous, capitaine; (*A miss Réginald.*) vous, dame d'atours; (*A Sunderland.*) vous, grand maître des cérémonies... (*Se retournant vers Arthur.*) Et vous, Monsieur, que vous donnerai-je?

ARTHUR. Ah! je n'ose rien demander.

MISS CLARENCE. Vous êtes le seul, et, comme je vous l'ai dit, cela mérite récompense. (*Lui tendant la main.*) La voulez-vous! (*Arthur, sans lui répondre, tombe à ses genoux, et saisit sa main qu'il presse contre ses lèvres.*)

AIR du *Hussard de Felsheim*.

CHŒUR.

Rendons hommage à la plus belle,
Et que l'hymen, charmant leurs jours,
De ce couple heureux et fidèle
Couronne à la fin les amours.

SUNDERLAND.

D'où partent ces cris d'allégresse
Qui font retentir ce séjour?
Où court ce peuple qui s'empresse?
Il chante l'hymen et l'amour.

MISS CLARENCE, *au public*.

AIR : *Ainsi que vous, je veux, Mademoiselle*.

Dans ce séjour que d'aujourd'hui j'habite,
Une étrangère a besoin de soutien ;
S'il ne fallait, pour être favorite,
Former qu'un vœu, je dirais bien le mien.
De ce public, notre suprême arbitre,
Je voudrais l'être, et soumise à ses lois,
Lorsque aujourd'hui je n'en ai que le titre,
Puissé-je un jour en acquérir les droits...
Vous seuls, Messieurs, vous seuls pouvez donner ces droits.

FIN de LA FAVORITE.

GUIMBALDINI. Ah ! c'en est trop .. arrêtez, mon prince. — Scène 17.

LE SOPRANO

COMÉDIE-VAUDEVILLE EN UN ACTE

Représentée, pour la première fois, à Paris, sur le théâtre du Gymnase dramatique, le 30 novembre 1831

EN SOCIÉTÉ AVEC M. MÉLESVILLE.

Personnages.

LE CARDINAL DE TRIVOGLIO.	GIANINO.
LE PRINCE DE FORLI, son neveu.	GUIMBARDINI.
GERTRUDE.	UN DOMESTIQUE.
	DOMESTIQUES.

La scène se passe à Rome, dans le palais du cardinal.

Le théâtre représente un superbe appartement orné de peintures, de vases, statues, etc. Sur le devant de la scène, à gauche de l'acteur, une table couverte d'un tapis.

SCÈNE PREMIÈRE.

GUIMBARDINI, *seul, tirant sa montre.* Le cardinal ne paraît pas, ni personne de sa maison ! c'est que je lui prouverais bien qu'un artiste n'est pas fait pour attendre, si ce n'étaient les deux heures un quart d'antichambre que j'ai déjà faites, et qui seraient tout à fait en pure perte. J'ai déjà regardé tous les tableaux,

LE CARDINAL. Ma foi, je n'y ai pas tenu, je lui ai sauté au cou. — Scène 18.

toutes les gravures, et je vais être obligé de recommencer. Quel beau palais!.. quels beaux meubles!.. c'est ici qu'habite la richesse; et moi, qui depuis si longtemps cours après elle, moi, Guimbardini, musicien distingué, à qui la scélérate tient toujours la dragée si haute, qu'il n'y a pas de gamme ascendante qui y puisse arriver.

Air de *Rien de trop*
Ut, ré, mi, fa, sol, la, si, ut...
A chaque air, à chaque sonate,
Je crois enfin toucher au but :
Mais la fortune est une ingrate!
J'ai beau la poursuivre en chantant,
A m'éviter elle s'applique,
Et je crois que décidément
Elle n'aime pas la musique.

Et de toutes mes avances il ne me reste que ma fierté, apanage du véritable artiste qui n'en a pas d'autre. (*Regardant vers la droite.*) Qu'est-ce que je vois là ? une femme! (*Saluant plusieurs fois.*) c'est par elles qu'on parvient.

SCÈNE II.
GERTRUDE, GUIMBARDINI.

GERTRUDE. Quel est cet original-là ?
GUIMBARDINI. Je vois que Madame est de la maison.
GERTRUDE. Femme de charge de son éminence, rien que cela.
GUIMBARDINI. On disait bien que le cardinal était un homme de goût, et cela me rassure ; qui aime la beauté doit aimer les arts, tout cela se touche, tout cela est de la même famille ; c'est à ce titre que je réclamerai la protection de la signora.
GERTRUDE. Que voulez-vous ?
GUIMBARDINI. Une audience que je lui ai demandée déjà plusieurs fois par écrit, et je venais moi-même chercher une réponse.
GERTRUDE. Que vous attendez ?..
GUIMBARDINI. Depuis deux heures vingt minutes ; et quoique, par état, j'aie l'habitude de compter les pauses, je trouve la tenue un peu longue.
GERTRUDE. Monsieur est, à ce que je vois...

GUIMBARDINI. Guimbardini, artiste, organiste, et célèbre compositeur, élève de Pergolèse.

GERTRUDE. Vraiment!

GUIMBARDINI. J'ai été élevé, nourri dans sa maison, fils de sa cuisinière, la servante maîtresse, *serva padrona*; j'avais quatre ans quand il est mort, ce grand homme, et chez lui, je tournais déjà la broche en mesure, la mesure à quatre temps. Le sentiment de la musique, tout le monde l'avait dans la maison. Puissant génie! toi qui fus mon maître, d'autres disent davantage, c'est possible! je n'en ai jamais été plus fier, ni ma mère non plus; mais cela expliquerait ce sang musical qui coule dans mes veines, et cette fièvre qui ne me quitte pas, voyez plutôt... (*Il lui prend la main.*)

GERTRUDE, *retirant la sienne*. Monsieur!..

GUIMBARDINI. N'ayez pas peur, cela ne se gagne pas; bien plus, ça ne fait rien gagner, car voilà où j'en suis, musicien jusqu'au bout des doigts, des chants heureux, un orchestre superbe, vingt partitions dans la tête, et pas un sou dans la poche.

GERTRUDE. Et comment cela se fait-il?

GUIMBARDINI. La fatalité! J'ai dix opéras, autant de messes, *Te Deum*, *de Profundis*, et cætera, je n'ai jamais pu en faire entendre une seule note, jamais!

GERTRUDE. Est-il possible!

GUIMBARDINI, *tristement*. Ils n'ont pas voulu. J'ai mis les opéras en messes, les messes en opéras, et il ne s'est pas rencontré un seul directeur de spectacle assez hardi pour les recevoir et pour les jouer.

Air du vaudeville du *Baiser au porteur*.

Et cependant quel orchestre magique!
Bassons, clairons, tamtam... et dans les chœurs,
Quel tintamarre! Enfin à ma musique
Rien ne manquait, rien que des auditeurs.
Il ne manquait rien que des auditeurs!
Monde ignorant! insensible aux merveilles!
Je n'ai donc pu, c'est à se dépiter,
Dans ce grand siècle, où l'on voit tant d'oreilles,
En trouver deux pour m'écouter.

GERTRUDE. Est-ce malheureux!

GUIMBARDINI. Pour mon siècle! oui, signora; aussi, emportant ma gloire en portefeuille, et sachant que Monseigneur venait de renvoyer l'organiste attaché à sa maison, j'ose me mettre sur les rangs, en demandant seulement la faveur de vous faire entendre une fugue que j'ai là et que je compte vous dédier.

GERTRUDE. A moi?

GUIMBARDINI. Oui, signora.

GERTRUDE. Au fait, moi qui voulais apprendre le piano, sans que cela me coûtât rien, voilà une occasion.

GUIMBARDINI. Admirable! et si, par votre protection, je puis être admis dans le palais de Monseigneur, comptez que mon zèle, mon dévouement... toujours à vos ordres, toujours prêt à vous accompagner... au piano, comme ailleurs.

GERTRUDE. Je ne dis pas non, nous verrons. J'avais autrefois du pouvoir sur Monseigneur, il ne faisait rien sans me consulter; mais depuis que son neveu, le prince de Forli, est venu s'établir dans ce palais, il ne voit que lui, n'aime que lui: les neveux font toujours du tort aux gouvernantes.

GUIMBARDINI. Surtout dans le clergé.

Air de *Julie*.

Raison de plus: près de son éminence,
Un homme à vous ferait très-bien;
C'est bon d'avoir, en toute circonstance,
Un allié... fût-ce un musicien!..
Oui, vous verriez, par mes soins bénévoles,
Tous vos discours sont-ils, approuvés...
La musique, vous le savez,
Fait souvent passer les paroles.

GERTRUDE. C'est possible; et si j'étais sûre que vos bonnes mœurs... votre probité...

GUIMBARDINI. Droit comme une gamme naturelle.

GERTRUDE. Où étiez-vous dernièrement?

GUIMBARDINI. A Velletri, organiste de la paroisse; dans la semaine, j'enseignais la musique aux jeunes filles et aux enfants de chœur, et je touchais l'orgue le dimanche.

GERTRUDE. Et pourquoi avez-vous quitté cette ville?

GUIMBARDINI. Pour un motif, un motif musical. Il y avait à Velletri un grand jeune homme, beau brun, un serpent de la paroisse, qui était amoureux d'une de mes élèves, une petite femme charmante que je venais d'épouser!.. Je n'ai jamais aimé les serpents.

GERTRUDE. Comment! vous êtes marié? Vous ne savez donc pas qu'on ne reçoit point de femme au palais-cardinal?

GUIMBARDINI. Rassurez-vous, je l'ai perdue.

GERTRUDE. A la bonne heure.

GUIMBARDINI. Je puis le dire; car je ne sais ce qu'elle est devenue. (*Il chante.*)

« J'ai perdu mon Eurydice,
« Rien n'égale ma douleur.

Mais, si aucune femme n'est admise, comment se fait-il que vous, signora?..

GERTRUDE. Je dis aucune femme, à moins qu'elle ne soit d'un âge... quarante ans pour le moins.

GUIMBARDINI. A ce compte, signora, vous qui me parliez de probité, vous avez trompé son éminence.

GERTRUDE, *souriant*. Vraiment?

GUIMBARDINI. Je m'y connais à la minute, et à l'heure; et vous avancez de dix bonnes années au moins.

GERTRUDE. Il est charmant monsieur l'organiste.

Air: *Quelle aimable et douce folie*.

Mais partez. . car je crois entendre
La voix de Monseigneur... c'est lui!
Dans ces lieux revenez m'attendre,
Je promets d'être votre appui.

GUIMBARDINI, *à part*.
L'ouverture n'est pas mauvaise...
Et pourvu, *caro maestro*,
Que l'introduction leur plaise,
Mon succès ira *crescendo*.

ENSEMBLE.

GERTRUDE.
Mais partez... car je crois entendre
La voix de Monseigneur... c'est lui!
Dans ces lieux revenez m'attendre,
Je promets d'être votre appui.

GUIMBARDINI.
Bientôt ici je vais me rendre,
Vous me présenterez à lui...
(*A part, montrant Gertrude.*)
A quoi ne puis-je pas m'attendre
Avec un si solide appui?
(*Il sort par le fond.*)

SCÈNE III.

LE CARDINAL, GERTRUDE.

LE CARDINAL, *entrant par la droite*. C'est inimaginable, et je ne sais pas comment je vais sortir de là. (*A son domestique, qui le suit.*) Qu'on mette mes chevaux. (*Le domestique sort.*)

GERTRUDE. Il a l'air agité.
LE CARDINAL. Ah! c'est vous, ma chère madame Gertrude?
GERTRUDE. Est-ce que votre éminence va sortir?
LE CARDINAL. Je vais au Vatican.
GERTRUDE. De si bonne heure!
LE CARDINAL. Il le faut bien, les affaires, j'en suis accablé; et puis, cela va mal, je n'ai pas d'appétit.
GERTRUDE. Monseigneur a si bien dîné hier!
LE CARDINAL. Je n'ai pas d'appétit ce matin; et le mouvement, le grand air, me disposeront peut-être à déjeuner. On servira à mon retour.
GERTRUDE. Oui, Monseigneur. Mais votre éminence est dans un état de préoccupation qui m'inquiète.
LE CARDINAL. Oui, oui, c'est vrai; je rêve, je pense; je ne suis pas dans mon état naturel; et moi qui aime à digérer tranquillement, et sans que rien me tourmente, je me trouve, grâce au prince de Forli, mon neveu, dans un embarras dont je ne sais comment me tirer.
GERTRUDE. Et comment cela!
LE CARDINAL. Imaginez-vous... car je vous dis tout, ma bonne madame Gertrude, surtout quand ça va mal... imaginez-vous que j'avais médité pour lui, depuis longtemps, un mariage magnifique, la nièce du cardinal Cagliari, qui est si influent au sacré collége; car moi je ne pense qu'à mon neveu, et à son bonheur. Le cardinal me faisait nommer secrétaire d'Etat, et au prochain conclave, en réunissant nos votes, que Dieu prolonge les jours de notre souverain actuel!.. mais il est bien vieux, bien cassé; on a parlé d'un catarrhe, et même de deux médecins appelés hier près de Sa Sainteté!.. enfin, il y a des espérances.
GERTRUDE, avec joie et explosion. Est-il possible!
LE CARDINAL, la modérant. Taisez-vous, taisez-vous, mon enfant; il ne faut pas avoir de mauvaises pensées, cela porte malheur. Et pour en revenir à ce mariage, mon neveu m'avait dit : « Faites comme pour vous, « mon oncle, cela m'est égal. » Alors j'avais été en avant, tout avait été conclu hier entre nous; le cardinal, sa nièce, et jusqu'à Sa Sainteté qui a donné son agrément; il ne manque qu'un consentement, un seul, celui de mon neveu, et ce matin il refuse, il ne veut plus entendre parler de mariage.
GERTRUDE. Et qu'est-ce qu'il objecte?
LE CARDINAL. Que la prétendue est laide! c'est possible; je ne demande pas de l'adore, mais qu'il l'épouse.
GERTRUDE. C'est juste, et dès que cela vous rend service... mais ne pourrait-on pas le gagner par la persuasion et la douceur?
LE CARDINAL. Est-ce que je ne fais pas tout pour lui? est-ce que je lui refuse rien? Il a voulu une meute, des chevaux anglais, il n'a eu qu'à parler; il a désiré une *villa*, une maison de campagne, une galerie de tableaux, je les lui ai données : et tout cela, sur les revenus de l'Eglise.
GERTRUDE. Quelle bonté! quelle générosité!
LE CARDINAL. Hier encore, il paraît qu'on a entendu au Vatican, devant le pape, un soprano magnifique, une voix admirable, dont il est revenu ravi, enthousiasmé! Selon lui, il n'y a jamais eu rien de pareil; et dans son amour pour les arts, il m'a persuadé, moi, que je devais les encourager, les protéger, et offrir à ce jeune artiste un logement ici, dans mon propre palais.
GERTRUDE. Et vous y avez consenti?
LE CARDINAL. Il l'a bien fallu. Je fais tout ce qu'il veut, pour être le maître, car je donnerais tout au monde à celui qui le déciderait à ce mariage; mais tout a été inutile, et je ne sais maintenant quel moyen employer.

SCÈNE IV.

LES PRÉCÉDENTS, UN DOMESTIQUE.

LE DOMESTIQUE. Un jeune homme qui a reçu une invitation de Monseigneur demande à lui parler, il signor Gianino.
LE CARDINAL. C'est notre soprano. J'ai bien le temps de le recevoir, moi qui vais au Vatican; chargez-vous de ce soin, ma chère madame Gertrude.
GERTRUDE. Moi, Monseigneur? Je ne peux pas souffrir ces gens-là.
LE CARDINAL. D'où vient?
GERTRUDE. Je ne sais... je ne peux pas expliquer à Monseigneur.
LE CARDINAL. Si, si... je vous comprends; mais priez-le seulement de déjeuner ici, avec moi et mon neveu.
GERTRUDE. Si votre éminence l'exige?
LE CARDINAL. Sans doute. (*Au domestique.*) Les chevaux sont mis?
LE DOMESTIQUE. Oui, Monseigneur.
LE CARDINAL. Mes gants violets! (*Le domestique les donne à Gertrude, qui les présente au cardinal.*) Je reviendrai bientôt; un déjeuner léger. (*Il fait un pas pour sortir et revient.*) Ah! je n'y pensais plus, car mon neveu me fait tout oublier : on servira cette truite dont je n'ai mangé hier que la moitié; elle était excellente.
GERTRUDE. Oui, Monseigneur.
LE CARDINAL. Une truite du lac de Genève. Quel dommage que ce soit un canton protestant! De si bon poisson! Adieu, adieu! Ah! ma pauvre Gertrude, je suis bien tourmenté! (*Il va pour sortir. Revenant.*) Sauce genevoise, entendez-vous? (*Il sort par le fond; le domestique le suit.*)

SCÈNE V.

GERTRUDE, seule. Faire les honneurs du palais au signor Gianino! Encore un qui vient s'établir chez nous, encore un qui voudra s'emparer de l'esprit de Monseigneur, et le gouverner aussi : c'était déjà bien assez de moi et de son majordome. Celui-là est un si honnête homme, qui s'enrichit de son côté, moi du mien; et nous aurions déjà fait une fin, si ce n'était Monseigneur qui ne veut pas qu'on se marie chez lui : il tient tant aux mœurs! Ah! voilà notre nouveau commensal, ce beau chérubin.

SCÈNE VI.

GERTRUDE, GIANINO.

GIANINO, *timidement*. On m'a dit, Madame, que monseigneur le cardinal de Trivoglio était sorti.
GERTRUDE, *brusquement*. Oui, signor; il vous prie de l'attendre, et de déjeuner ici avec son neveu. Voilà ma commission faite. Adieu. (*Elle va pour sortir.*)
GIANINO, *timidement*. Un mot, de grâce, signora.
GERTRUDE. Quelle voix douce! Que ces gens-là ont un air câlin!
GIANINO. Je suis si heureux de rencontrer ici une personne telle que vous, une femme!

GERTRUDE. Qu'est-ce que cela lui fait, je vous le demande?

GIANINO, *de même*. Une personne, enfin, de qui je puisse recevoir des renseignements et des conseils.

GERTRUDE, *avec aigreur*. Des conseils! vous n'en avez pas besoin. Protégé par le prince, reçu par son oncle, vous voilà déjà de la maison.

GIANINO. C'est que justement je voudrais ne pas en être.

GERTRUDE. Est-il possible!

GIANINO. Et je ne sais comment refuser.

GERTRUDE, *avec affection*. Parlez, mon enfant, parlez sans crainte : car il est vraiment gentil, ce petit signor; et malgré soi on s'intéresse à lui. Vous disiez donc, mon bel enfant...

GIANINO. Que seul, sans amis, sans protection dans cette ville, je suis trop heureux d'avoir celle du cardinal de Trivoglio, qui m'arrive je ne sais comment, et que je tiendrais beaucoup à conserver. Mais, d'un autre côté, il m'offre dès aujourd'hui un appartement ici, près de lui, dans son palais; et il m'est impossible d'accepter.

GERTRUDE. Et pourquoi donc?

GIANINO. Faut-il tout vous dire?

GERTRUDE. Certainement.

GIANINO. Et vous ne me trahirez pas?.. Ce serait bien mal.

GERTRUDE. Je n'ai jamais trahi personne, je vous prie de le croire.

GIANINO. C'est qu'il y va de mon sort, de mon repos.

GERTRUDE. Soyez tranquille. Eh bien?

GIANINO. Eh bien! signora... c'est que je suis une femme.

GERTRUDE. Bonté de Dieu!

GIANETTA, *à mi-voix*. Silence, je vous prie.

GERTRUDE. Et que signifie un pareil mystère?

GIANETTA. Oh! je vais tout vous raconter. Pauvre villageoise, orpheline, je n'avais de ressource qu'une assez belle voix, à ce que tout le monde disait. Un musicien qui m'avait donné des leçons me proposa de m'épouser; et le matin même de notre mariage, nous quittâmes le pays, et nous partîmes ensemble dans un petit voiturin qu'il avait loué. Nous traversions les campagnes de Naples, le jour tombait; et nous approchions de l'endroit où nous devions coucher; mon mari et le conducteur montaient une côte à pied, et s'entretenaient d'histoires de brigands, lorsque près de nous partent deux coups de fusil : le conducteur se précipite à travers champs; mon mari en fait autant, sans réfléchir, sans penser à moi, qui étais restée dans la voiture!.. et le cheval, effrayé par le bruit et surtout par mes cris, m'emporte au grand galop, et sans s'arrêter, à plus d'une demi-lieue.

GERTRUDE. Dieu! que j'aurais eu peur!

GIANETTA. Pas plus que moi. Et ce qui redoublait encore mon effroi, c'est que j'entendais derrière la voiture les pas de plusieurs personnes qui me poursuivaient, et qui saisirent enfin la bride du cheval; ils étaient deux, à pied, et armés de fusils.

GERTRUDE. Ah! les infâmes brigands!

GIANETTA. Du tout, c'étaient des jeunes gens... de très-jolies figures... des manières très-distinguées; ils furent rejoints un instant après par une meute et par des piqueurs, car c'étaient en chassant dans la montagne qu'ils avaient tiré ces deux coups de fusil qui avaient fait prendre le mors aux dents à mon cheval.

GERTRUDE. Et à votre mari.

GIANETTA. Précisément! Et jugez de leur surprise, en me voyant la nuit, seule dans cette voiture, et en habit de mariée. A ma prière, on alluma des flambeaux, on parcourut la montagne, on battit les bois dans tous les sens, point de nouvelles de mon mari! impossible de le retrouver; et l'un de ces jeunes gens qu'on appelait monseigneur, et qui avait l'air de commander aux autres, m'offrit de me conduire jusqu'à la prochaine *villa*. Il était minuit, et dans ce bois j'avais froid, j'avais peur, et j'acceptai; nous arrivâmes à une maison de campagne délicieuse, c'était la sienne!

GERTRUDE. Ah! ah!..

GIANETTA. On me donna l'appartement de sa sœur; des tentures, des tableaux magnifiques!.. Moi qui sortais de mon village, je n'avais jamais rien vu de si beau; des femmes s'empressèrent de me servir, de prévenir tous mes vœux; et puis le prince, c'était un prince italien, était pour moi si soumis, si respectueux, que je ne pensais plus à avoir peur, je ne pensais plus à rien.

GERTRUDE. Qu'à votre mari.

GIANETTA. Oh! toujours!.. Mais le prince devenait si aimable, si galant, que je voulus absolument partir; il ne le voulait pas, et il avait un air si malheureux... il me suppliait avec tant d'instance de rester encore un jour, que cela me faisait de la peine; un pauvre jeune homme qui est à vos pieds, et qui pleure!.. si vous saviez comme c'est terrible.

GERTRUDE. Je le sais, signora. (*Se reprenant.*) Je l'ai su, du moins.

GIANETTA. Et ne sachant comment faire pour lui résister, craignant de ne pas en avoir le courage, je m'échappai la nuit, et sans l'en prévenir, par une petite porte du parc dont j'avais pris la clé. Mais, en arrivant à Rome, j'avais épuisé ma dernière pièce de monnaie, et je me trouvai seule, sans ressource, et ne connaissant personne.

GERTRUDE. Pauvre jeune fille!

GIANETTA. L'hôtesse chez laquelle j'étais entrée, sans savoir comment je la paierais, me demanda ce que je comptais faire. Je lui répondis que j'avais une belle voix, que j'étais musicienne, et qu'en m'adressant au maître de chapelle de Sa Sainteté, peut-être m'admettrait-il dans la musique particulière; mais jugez de mon désespoir! elle m'apprit qu'aucune cantatrice ne pouvait se faire entendre devant le pape et les cardinaux.

GERTRUDE. C'est vrai.

GIANETTA. Ce fut alors, et voyant ma misère, qu'il vint une idée à mon hôtesse : elle me conseilla de prendre des habits d'homme, et de me présenter comme soprano. Moi je ne savais pas ce que c'était; et je craignais de ne pas réussir.

GERTRUDE. Rien de plus facile; il n'y a rien à faire qu'à chanter.

GIANETTA. C'est ce qu'elle me dit; et je l'ai bien vu, car hier soir, où j'ai été admise pour la première fois à me faire entendre au Vatican, devant la plus brillante société de Rome, j'ai eu un succès fou, des applaudissements, des transports, un enthousiasme... et j'étais tellement émue, que, voulant les remercier, j'ai manqué faire la révérence.

GERTRUDE. Quelle imprudence!

GIANETTA. Et les directeurs de Rome et de Naples qui m'offraient chacun dix mille écus; enfin, le cardinal de Trivoglio qui se déclare mon patron, mon protecteur, et qui veut, qui exige absolument que j'accepte un appartement dans son palais. Voilà où j'en suis; et maintenant que vous savez tout, qu'est-ce qu'il faut faire?

GERTRUDE. Ce qu'il faut faire? Avant tout, ma chère enfant, gardez avec soin un secret d'où dépend votre fortune, et acceptez d'abord la protection et le déjeuner de Monseigneur : cela n'engage en rien.
GIANETTA. Vous croyez?
GERTRUDE. Pour le reste, cela me regarde ; je vais en causer avec le majordome de Monseigneur, le signor Scaramella, qui m'est dévoué.
GIANETTA. Vous êtes bien sûre de lui?
GERTRUDE. Comme de moi-même ; et quand tous les deux nous voulons quelque chose, Monseigneur le veut aussi. Nous le ferons renoncer à cette idée de vous loger au palais, d'autant qu'elle ne vient pas de lui. Mais du silence! car s'il y avait le moindre éclat, tout serait perdu, et l'on ne pourrait plus... Voici son éminence et le prince son neveu.

SCÈNE VII.

GIANETTA, GERTRUDE, LE CARDINAL, LE PRINCE DE FORLI.

(*Le cardinal et le prince entrent en causant à gauche du théâtre.*)

AIR : *Mais pour qu'enfin l'hymen couronne* (du PHILTRE).

LE CARDINAL, *au prince.*
Pour repousser cette alliance,
Quels sont donc tes motifs secrets?
Dis-m'en un seul.
LE PRINCE, *à son oncle.*
Eh mais!
Ma répugnance.
GIANETTA, *de l'autre côté, apercevant le prince.*
Que vois-je, ô ciel !
GERTRUDE, *bas.*
Quoi donc ?
GIANETTA, *de même.*
C'est lui.
GERTRUDE, *bas.*
Comment ! le prince de Forli?
GIANETTA, *bas.*
Oui, ce jeune inconnu qui me reçut chez lui.
GERTRUDE, *bas.*
Et qui vous adorait?
GIANETTA.
Sans doute.
GERTRUDE.
Taisez-vous.
Un mot nous perdrait tous.
(*Haut, et s'adressant au cardinal, qui a toujours causé bas avec son neveu.*)
Monseigneur, vous voyez ce jeune soprano
Que vous attendiez.
LE PRINCE, *se retournant vivement.*
Gianino !
C'est lui qu'hier... oui vraiment... c'est bien lui.
A son aspect mon cœur a tressailli.

ENSEMBLE.

GIANETTA, *à part.*
Ah ! malgré moi combien sa vue
Vient agiter mon âme émue !
Je sens, hélas ! battre mon cœur
D'étonnement et de frayeur.
GERTRUDE, *bas, à Gianetta.*
Je sens combien, à cette vue,
Votre âme, hélas ! doit être émue ;
Mais avec soin, dans votre cœur,
Renfermez bien cette frayeur.
LE PRINCE, *à part.*
Ah ! malgré moi, combien sa vue
Vient agiter mon âme émue !
Je sens déjà battre mon cœur
D'étonnement et de bonheur.
LE CARDINAL, *à part.*
Mais de son trouble, à cette vue,
Vraiment mon âme est confondue ;
Je n'entends rien, sur mon honneur,
A sa surprise, à son bonheur.
LE CARDINAL, *à son neveu.*
Eh bien! eh bien!
Qu'as-tu donc?
LE PRINCE, *regardant toujours Gianetta.*
Rien.
GERTRUDE, *bas, à Gianetta.*
Tenez-vous bien.
GIANETTA, *à part.*
Cachons-nous bien.
LE PRINCE, *avec émotion, et regardant toujours Gianetta.*
Je suis ému de souvenir,
Car à l'entendre hier, j'éprouvais un plaisir...

ENSEMBLE.

GIANETTA.
Je sens, hélas ! battre mon cœur
D'étonnement et de frayeur.
GERTRUDE.
Mais avec soin, dans votre cœur,
Renfermez bien cette frayeur.
LE PRINCE.
Je sens déjà battre mon cœur
D'étonnement et de bonheur.
LE CARDINAL.
Je n'entends rien, sur mon honneur
A sa surprise, à son bonheur.
(*Pendant la fin de cet ensemble, deux domestiques ont apporté une table servie qu'ils ont placée à droite du théâtre.*)

GIANETTA, *au prince.* Quoi! Monseigneur était hier à mon début?
LE PRINCE, *à part.* Et la voix aussi !.. c'est inconcevable, ou plutôt je cherche moi-même à m'abuser, car je la vois partout. (*Haut, et passant auprès de Gianetta.*) Oui, Gianino, oui, j'étais à votre début, et ce cri involontaire que je n'ai pu retenir à votre première apparition...
GIANETTA. C'était vous?
LE CARDINAL. Avant même qu'il n'eût chanté... Voilà le vrai dilettante!
LE PRINCE. Et si vous saviez, mon oncle, quel talent! quelle expression ! quelle voix suave et légère ! Il a été sublime. Je n'en ai pas dormi de la nuit. Gianino, votre main... Vous avez en moi un admirateur, un ami, je vous le jure. Eh mais! vous tremblez!
GIANETTA. Non, mon prince.
LE PRINCE. Quand vous me connaîtrez mieux, vous ne serez pas étonné de l'intérêt que je vous porte... J'aime les arts, comme tout ce que j'aime... et avec ardeur, avec passion... Vous logerez dans ce palais, chez mon oncle...
GIANETTA. Permettez...
LE PRINCE. C'est convenu, vous ne sortirez pas d'ici ; et en échange de notre amitié, tout ce que nous vous demandons, c'est une cavatine par jour. Moi, d'abord, je parle de vous à tout le monde, et j'ai déjà arrangé un concert par souscription : dix piastres par tête!.. et on s'arrachera les billets, je m'en charge. Et puis n'oubliez pas qu'aujourd'hui à midi, vous avez répétition du *Stabat*. J'irai, je veux vous entendre.
LE CARDINAL, *à Gertrude.* La musique lui fera perdre la tête, c'est sûr.
GERTRUDE, *à mi-voix.* Laissez-le faire. C'est par le seul Gianino que nous pourrons obtenir son consentement à cette alliance.
LE CARDINAL, *à mi-voix.* Vous croyez? c'est tout ce que je désire. Çà et le déjeuner...

GERTRUDE, *montrant la table qu'on a apportée.* On vient de le servir... (*Un domestique place à gauche une petite table, sur laquelle sont des bouteilles, dans des vases à rafraîchir.*)

LE CARDINAL. Qu'on ne s'occupe plus de rien. Mon neveu, mon neveu, mettons-nous à table. Mon neveu à ma droite ; notre jeune virtuose, ici, près de moi.

GERTRUDE. Monseigneur n'a pas sa chancelière ?

LE CARDINAL. C'est vrai.

GERTRUDE, *derrière lui et lui plaçant un oreiller sur son fauteuil.* Et Monseigneur est mieux quand il est appuyé.

LE CARDINAL. C'est bien, c'est bien. Cette bonne madame Gertrude pense à tout.

GERTRUDE. Oh ! mon Dieu ! non, car j'oubliais que j'avais une grâce à vous demander.

LE CARDINAL. Est-elle adroite ! elle sait bien qu'il y a des moments où je ne peux rien refuser.

GERTRUDE. C'est un pauvre diable qui demande au palais-cardinal la place d'organiste vacante, et qui, avant tout, prie Monseigneur de vouloir bien l'entendre.

LE CARDINAL. A la bonne heure, cela n'empêche pas de déjeuner. Et puis, en présence du signor et de mon neveu, il sera jugé par des connaisseurs... Fais-le entrer.

GERTRUDE. Oui, éminence... (*Allant auprès du cardinal.*) Je prie seulement Monseigneur de manger lentement, cela lui vaut mieux. (*Elle sort.*)

LE CARDINAL, *à son neveu.* Qu'est-ce qu'il fait celui-là, les yeux et la fourchette en l'air ?.. est-ce que c'est là la place d'une fourchette ?

LE PRINCE, *regardant toujours Gianetta.* Je n'en reviens pas, Gianino ; je ne vous avais vu qu'hier, et de loin, mais maintenant, plus je vous regarde, plus il me semble...

GIANETTA, *à part.* Ah ! mon Dieu !.. Veillons sur moi, et que rien ne puisse lui faire soupçonner...

SCÈNE VIII.

LES PRÉCÉDENTS, GUIMBARDINI, *amené par* GERTRUDE.

(*Le cardinal est au milieu de la table. Gianetta à sa gauche, et tournant le dos à Guimbardini qui entre.*)

GERTRUDE, *à Guimbardini.* Approchez... Monseigneur est bien disposé... et cela durera tant qu'il sera à table.

GUIMBARDINI. Alors j'ai le temps.

GERTRUDE, *bas, à Gianetta.* Redoublez de prudence, je vais parler à Scaramella et je reviens... (*S'approchant du cardinal et lui présentant Guimbardini.*) Monseigneur, voilà... (*Elle fait signe à Guimbardini de s'approcher, et sort.*)

LE CARDINAL, *à Guimbardini.* Asseyez-vous, signor... là... (*Lui montrant un fauteuil du côté opposé à la table.*) Nous sommes à vous tout à l'heure.

GUIMBARDINI, *s'incline, et va s'asseoir, pendant que les trois autres continuent à manger.* (*A part.*) J'ai cru qu'il allait m'inviter. (*Le regardant.*) Sont-ils heureux, ces gens-là ! se voir dans un bon fauteuil près d'une bonne table, toutes les douceurs de la vie ; il n'est pas difficile comme cela d'avoir du génie... (*Montrant une bouteille qui est sur la petite table à gauche.*) Je suis sûr qu'il y en a dans cette bouteille de *lacryma-christi !* J'y puiserais deux ou trois cavatines, et autant de *Requiem*... (*Regardant l'autre table.*) Et dans cet immense pâté... que de choses j'y trouverais ! Mais le génie qui est à jeun est bientôt à sec. Dieu ! comme ils mangent !.. Je crois qu'ils m'ont oublié.

LE CARDINAL, *tendant son verre.* A boire.

GUIMBARDINI, *prenant vivement une bouteille qui est près de lui, va, et verse à boire au cardinal.* Voici.

LE CARDINAL. Quoi ! vous-même, maestro !.. c'est trop de bonté. Quel est votre nom ?

GUIMBARDINI. Signor Guimbardini. (*Il va remettre la bouteille sur la table.*)

GIANETTA, *à part.* Mon mari ! et devant le prince... devant le cardinal... Comment faire ?

LE PRINCE. Qu'avez-vous donc ?

GIANETTA. Rien... (*A part.*) Attendons, et tâchons de ne pas nous trahir.

LE CARDINAL. Guimbardini... j'ai quelque idée... attendez donc, n'est-ce pas vous qui m'avez présenté plusieurs pétitions ?

GUIMBARDINI, *s'inclinant.* Deux par jour, régulièrement, depuis une semaine, éminence.

LE CARDINAL. Belle écriture, une main remarquable.

GUIMBARDINI. Le doigté est assez agréable.

LE CARDINAL. Vous êtes, dites-vous, pianiste, organiste ?

LE PRINCE. Et vous avez du talent ?

GUIMBARDINI. Du talent, Monseigneur, du talent !.. j'en ai, j'ose le dire, plein mes poches... (*Tirant plusieurs rouleaux de papier.*) car j'ai là des messes, des opéras, qui parlent... qui crient pour moi, et qui ne peuvent pas se faire entendre... le siècle est sourd.

LE PRINCE. Et vous avez quelque antécédent, quelque recommandation ?

GUIMBARDINI. Élève de Pergolèse, et je puis dire que Cimarosa m'a dû ses plus beaux ouvrages.

LE PRINCE. Comment cela ?

GUIMBARDINI. J'étais son accordeur de piano.

LE CARDINAL. Voilà des titres.

GUIMBARDINI. J'arrivais chez ce grand maître et je lui disais : « Eh bien ! mon cher ; » car nous nous traitions sans façon... la familiarité du talent, « Eh bien, mon « cher, comment cela va-t-il ? — Cela ne va pas... je « n'ai pas de chant... pas d'inspiration. Voilà un air « *del Matrimonio* que je ne peux pas achever... » Je regardais le clavecin... je crois bien... trois cordes cassées... je retroussais mes manches, (*Faisant le geste d'accorder un clavecin.*) la, la, la, — allez, maintenant ; il s'y remettait, et trouvait son air... Il en a dix comme cela, qu'il a composés à nous deux, mais j'en ai d'autres à moi tout seul... et si Monseigneur voulait seulement en entendre un petit... un *piccolo.*

LE CARDINAL. Volontiers.

GUIMBARDINI, *tout neuf.* Est-il possible ! c'est la première fois... (*Cherchant dans ses papiers.*) On va donc enfin me connaître et écouter un de mes airs jusqu'au bout... moi qui n'ai jamais pu en achever un.

LE PRINCE, *tirant sa montre.* Qu'il ne soit pas long, car à midi nous avons une répétition... Du reste, donnez-nous ce que vous avez de mieux.

GUIMBARDINI. Tout ce que j'ai est ce qu'il y a de mieux... Mais j'aurais entre autres un morceau qui, malheureusement, est à deux voix, basse-taille et haute-contre ; sans cela... je vous garantis que c'est un morceau délirant !.. c'est à en perdre la tête. Rien que la ritournelle vous met dans un état...

LE PRINCE. N'est-ce que cela ?.. Voici un artiste distingué, la plus belle voix d'Italie, notre premier soprano.

GUIMBARDINI. Un soprano ! c'est différent. Quel honneur pour moi et pour ma musique!.. c'est un duo de mon opéra d'*Abufar!*

LE PRINCE, *se levant.* Abufar!

GUIMBARDINI. Abufar épris de sa sœur... C'est moi qui fais Abufar...

LE CARDINAL, *mangeant.* Abufar, je connais...

GUIMBARDINI. Et voici la partie du seigneur soprano.

LE PRINCE. Donnez... donnez.

GUIMBARDINI, *chantant la ritournelle.*
La, la, la, la, la, la,
(*Pendant la ritournelle, le cardinal et le prince vont s'asseoir sur le devant du théâtre, tandis que les domestiques enlèvent la table.*)
Ah! quelle douce ivresse!
Quel trouble pour mon cœur!
Objet de ma tendresse,
C'est elle! c'est ma sœur!
(*Levant les yeux sur Gianetta.*)
Que vois-je! ô ciel! est-ce une erreur?

LE PRINCE.
Que dit-il donc?

GUIMBARDINI.
Moi, rien, si fait... c'est-à-dire... pardon...
Ses yeux... sa voix... ses traits... Oh! non!..
C'est ma sœur... c'est ma femme!..
Je ne saurais m'y retrouver!
Encore un morceau, sur mon âme,
Que je ne saurais achever.

ENSEMBLE.
LE CARDINAL ET LE PRINCE.
Ah! c'est insupportable!
Cette musique est détestable...
Vraiment, vraiment,
Cet homme n'est qu'un ignorant.

GIANETTA, *à part.*
Ah! quel effroi m'accable!
Quelle colère épouvantable!
Vraiment, vraiment,
Rien n'est égal à mon tourment.

GUIMBARDINI, *à part.*
Ah! c'est épouvantable!
Ce doute n'est pas supportable!
Vraiment, vraiment,
Rien n'est égal à mon tourment.

GUIMBARDINI. Pardon, Monseigneur, ça me prend à la gorge... je ne puis continuer, à cause de mes moyens, qui sont absents.

LE PRINCE. Nous n'avons pas envie d'attendre qu'ils reviennent; car il faut nous rendre à la répétition, voici l'heure.

GIANETTA, *troublée, et regardant Guimbardini.* Oui; mais je voudrais auparavant... (*A part.*) Impossible de lui expliquer...

LE PRINCE. Allons, allons, ma voiture est en bas... il faut de l'exactitude... le maestro se fâcherait...

GUIMBARDINI, *étourdi.* Le maestro... la répétition... est-ce que, sans le savoir, j'aurais épousé un soprano?.. c'est impossible .. il y a là-dessous quelque machination diabolique... (*Haut, et s'approchant du cardinal.*) Je demande à Monseigneur un instant d'audience particulière... (*A mi-voix.*) pour lui révéler un mystère... un ténébreux mystère.

GIANETTA, *à part.* O ciel!.. tout est perdu!

LE CARDINAL, *à Guimbardini.* Je suis à vous.

LE PRINCE. Eh bien, nous vous laissons... Venez, mon cher Gianino, j'ai besoin d'entendre de bonne musique, pour me dédommager de Monsieur.

GUIMBARDINI, *à part.* Merci.

GIANETTA, *qui a fait inutilement des signes à Guimbardini.* Il ne me comprend pas. Courons vite à cette répétition, et revenons tout lui avouer. (*Elle sort avec le prince, en faisant toujours des signes à Guimbardini.*)

SCÈNE IX.

LE CARDINAL, GUIMBARDINI.

GUIMBARDINI, *à part.* Il me fait des signes... décidément, c'est bien elle. Arrivera ce qu'il pourra! je ne puis digérer un pareil affront. Mari d'un soprano! c'est déshonorant! je vais déclarer que c'est ma femme.

LE CARDINAL. Eh bien! signor, que me voulez-vous?

GUIMBARDINI, *avec mystère.* Pardon, éminence... Nous sommes seuls?

LE CARDINAL. Vous le voyez.

GUIMBARDINI, *regardant la porte.* Personne ne peut nous entendre?

LE CARDINAL. Eh! bon Dieu! que de précautions!

GUIMBARDINI. C'est qu'effectivement on ne peut en trop prendre pour une chose aussi délicate. (*Baissant la voix.*) Vous connaissez parfaitement ce jeune soprano?

LE CARDINAL. C'est-à-dire je le connais... je sais qu'il s'est fait entendre hier avec un grand succès, et qu'il doit avoir du talent, car on lui offre un traitement de dix mille écus.

GUIMBARDINI. Hein! . dix mille écus!.. comme soprano!..

LE CARDINAL. Comme soprano... Je crois qu'il doit signer aujourd'hui.

GUIMBARDINI, *à part. Santa Maria!..* quelle fortune pour le ménage!.. nous n'aurons jamais été si riches... quelle bêtise j'allais faire!

LE CARDINAL. Eh bien! qu'aviez-vous à me dire?

GUIMBARDINI. Moi, Monseigneur?.. rien...

LE CARDINAL. Comment?

GUIMBARDINI. Rien absolument... si ce n'est qu'on vous a dit l'exacte vérité sur ce jeune virtuose... personne plus que lui ne mérite la protection et les bienfaits de votre éminence... c'est un grand et magnifique soprano.

LE CARDINAL. Vrai?

GUIMBARDINI. C'est-à-dire que c'est le premier soprano de l'Italie... je dirai même le plus extraordinaire.

LE CARDINAL. Vous l'avez donc entendu?

GUIMBARDINI. Plus de cent fois. A Velletri, on ne parlait que d'elle.

LE CARDINAL. D'elle!

GUIMBARDINI, *se reprenant.* De sa voix... oui, Monseigneur... et je puis vous certifier...

LE CARDINAL. C'est bien. Mais ce n'est pas cela que vous vouliez m'apprendre...

GUIMBARDINI, *embarrassé.* Ah! je m'en vais vous dire... et ça vous expliquera son trouble et le mien, car vous avez dû vous apercevoir qu'en nous reconnaissant, nous avons eu un moment de... Voilà ce que c'est, Monseigneur... il devait jouer dans un opéra de moi, *il Matrimonio interrotto*, le Mariage interrompu... un ouvrage sur lequel je comptais... et il s'en est allé... Il est parti le jour de la première représentation.

LE CARDINAL. C'était désagréable pour vous.

GUIMBARDINI. Très-désagréable. Alors il croit peut-être que je lui en veux; il se trompe, mon Dieu!.. entre artistes, il faut se passer tant de choses...

LE CARDINAL, *impatienté.* Tout cela est fort bien; mais ça ne m'apprend pas ce que vous me vouliez.

GUIMBARDINI. Ce que je voulais à Monseigneur... si fait... c'est tout simple, c'est que votre éminence daigne nous raccommoder, qu'elle daigne lui dire que tout ce qu'il a fait est bien fait, que ça me convient, que ça m'arrange; que je ne suis pas fâché... au contraire, je suis content que ce jeune homme ait un traitement de dix mille écus, et que tout ce que je demande, c'est que désormais nous vivions en bonne intelligence.

LE CARDINAL, *souriant.* Et qu'il reprenne votre opéra.

GUIMBARDINI. Le Mariage interrompu!.. Mais je compte bien qu'il y aura une reprise, surtout si Monseigneur daigne m'attacher à sa maison.

LE CARDINAL. Oh! cela c'est différent! d'après l'échantillon que vous nous avez donné... Vous n'avez pas pu seulement achever ce morceau...

GUIMBARDINI. Cela tient à la fatalité qui ne me permet jamais de rien achever... mais je m'en rapporte au soprano lui-même.

LE CARDINAL, *avec bonhomie.* Nous verrons: si effectivement il répond de vous, et que cela convienne à mon neveu et à madame Gertrude...

GUIMBARDINI. Vivat! me voilà en pied.

LE PRINCE, *en dehors.* Eh non, non ce sera très-bien.

GUIMBARDINI. Chut! c'est le prince, cet aimable protecteur des arts.

—

SCÈNE X.

LES PRÉCÉDENTS, LE PRINCE.

LE PRINCE, *à la cantonade.* Eh non! vous dis-je, ce sera très-bien ainsi.

LE CARDINAL. A qui en as-tu donc, mon neveu?

LE PRINCE. A madame Gertrude, qui se fait des monstres de tout. Je ne sais comment elle s'est arrangée; mais l'appartement que vous destiniez à Gianino n'est pas même prêt, et si le hasard ne m'avait fait quitter la répétition, on parlait déjà de renvoyer le pauvre garçon à sa mauvaise petite auberge.

LE CARDINAL. Mais dame! si on ne peut pas le loger.

GUIMBARDINI, *d'un air dégagé.* Ça doit être facile dans un palais aussi vaste.

LE PRINCE. C'est déjà fait, j'ai donné ordre à mon valet de chambre de le mettre à côté de moi, dans mon appartement.

GUIMBARDINI, *à part.* Hein!.. qu'est-ce que c'est!.. dans son appartement?

LE CARDINAL. Mais ça te gênera.

LE PRINCE. C'est ce que madame Gertrude prétendait; car elle trouve des difficultés à tout. Enfin, j'ai été obligé de lui dire que je le voulais.

GUIMBARDINI, *à part.* Oui, mais je ne le veux pas, moi! Ma femme près d'un jeune homme aussi vif, aussi impétueux... Cet aimable protecteur des arts n'aurait qu'à avoir quelque soupçon.

LE PRINCE. C'est charmant! nous ferons de la musique dès le matin; et il sera tout porté pour me donner ma leçon de chant.

GUIMBARDINI, *à part.* Par exemple!

LE CARDINAL, *impatienté.* Eh bon Dieu! quelle rage de musique! et surtout quel engouement, quel enthousiasme pour ce cher Gianino!.. (*A Guimbardini.*) Imaginez-vous qu'il ne peut pas en être séparé un instant.

GUIMBARDINI, *inquiet.* Vraiment!

LE PRINCE. Vous êtes étonné?.. Vous le seriez bien plus encore, si vous saviez que ce n'est pas pour lui que je l'aime.

GUIMBARDINI. Pour son talent?

LE PRINCE. Du tout... Vous allez me trouver romanesque, bizarre, ridicule... mais apprenez que mon amitié pour Gianino vient d'une ressemblance si extraordinaire...

TOUS DEUX. Une ressemblance!..

LE PRINCE. Oui, ce sont les mêmes traits, la même physionomie que celle d'une petite femme charmante que je rencontrai seule, un soir, dans la forêt près de ma villa.

LE CARDINAL. Seule!

LE PRINCE. Une nouvelle mariée qui venait de perdre son mari.

GUIMBARDINI, *à part.* Ah! mon Dieu!

LE CARDINAL. Une veuve?

LE PRINCE. A peu près.

GUIMBARDINI, *à part.* C'était ma femme.

LE PRINCE. Elle pleurait, elle était sans guide, sans appui, et avec cela, si jolie...

AIR de *Partie et Revanche.*

Fleur ravissante, enchanteresse,
Il me semble que je la vois;
Malheur au voyageur qui laisse
Une rose au milieu des bois!
Ah! c'est une imprudence extrême!
Et la sauvant d'un funeste destin,
Aujourd'hui cueillons-la nous-même,
D'autres la cueilleront demain.

GUIMBARDINI, *à part.* C'est comme à Velletri... Encore un serpent... (*Au prince.*) Quoi! vous auriez osé?..

LE PRINCE. Lui offrir un asile! Je la conduisis chez moi... elle y resta trois jours.

GUIMBARDINI, *à part.* Trois jours!.. je suis perdu.

LE PRINCE. Je n'ai pas besoin de vous dire que je la respectai comme ma sœur.

GUIMBARDINI, *involontairement.* Ça n'est pas vrai.

LE PRINCE. Hein?

GUIMBARDINI, *d'un air agréable et contraint.* Je dis, Monseigneur, que vous faites le modeste, parce qu'il est impossible qu'un prince aussi aimable...

LE PRINCE. Non, vrai... je te le dirais. Entre nous, seulement le troisième jour...

GUIMBARDINI. Voyez-vous?

LE PRINCE. Emporté par une passion... je ne dis pas...

GUIMBARDINI. Ouf!

LE CARDINAL, *avec pudeur.* Mon neveu, je vous prie de gazer.

LE PRINCE. Oh! ne craignez rien, mon oncle; elle s'était échappée, et, malgré toutes mes recherches, je n'ai pu la revoir.

GUIMBARDINI, *à part.* Je respire!.. (*Levant les yeux au ciel.*) Digne émule de Lucrèce, va, dernier reste des vertus antiques, et de la pudeur romaine!

LE PRINCE. Mais, jugez de mon bonheur, de mon émotion, en retrouvant dans les traits de Gianino ceux de mon inconnue.

LE CARDINAL. Vraiment!

LE PRINCE. Oh mais! c'est à un point... sa voix surtout, sa voix me la rappelle... Aussi je le ferai chanter toute la journée.

LE CARDINAL. Et c'est pour un pareil roman que tu refuses des avantages réels.

GUIMBARDINI, *au prince.* Oh! oui, vous aviez bien tort de refuser des avantages...

LE CARDINAL. Une femme qu'il ne reverra jamais.

LE PRINCE, *vivement.* Si, mon oncle, je la retrouverai, mon cœur me le dit, et rien ne pourra plus m'en séparer.

LE CARDINAL, *étourdi*. A-t-on jamais vu...
GUIMBARDINI, *s'excitant*. Permettez, il peut y avoir des empêchements.
LE CARDINAL. C'est vrai, il peut y avoir des empêchements.
LE PRINCE. Aucun.
GUIMBARDINI. Vous avez parlé d'un mari.
LE PRINCE. Oh! il est mort.
GUIMBARDINI. Peut-être que non.
LE PRINCE. Alors, c'est tout comme... car, si je le rencontre, je le tue. Elle sera veuve, et je l'épouse.
GUIMBARDINI, *à part*. Je ne peux pas rester dans cette maison.
LE CARDINAL. L'épouser! et tu crois que je souffrirais...
LE PRINCE. Oui, mon oncle; je vous déclare que je n'en veux pas d'autre. Et tenez, en entrant, je viens de voir, dans le premier salon, le notaire du cardinal Cagliari qui vous attendait, un contrat à la main.
LE CARDINAL, *à part*. Ah! mon Dieu! c'est vrai, pour arrêter les articles.. (*Haut.*) Est-ce que tu lui aurais dit?..
LE PRINCE. Rien, car cela ne me regarde pas, c'est votre affaire. Mais je vous préviens que je n'ai pas changé d'avis.

Air du *Valet de Chambre*.

LE CARDINAL.
Allons, allons, point de colère,
Et calme ces transports bouillants;
Je vais parler à ce notaire,
(*A part.*)
Et tâcher de gagner du temps.

LE PRINCE.
Et moi de ce pas je surveille
Le logement de notre ami :
Je veux qu'il s'y trouve à merveille,
Et qu'il ne sorte pas d'ici.

GUIMBARDINI.
Comment prévenir la tempête?
Des deux côtés s'offre un affront;
Et je ne puis sauver ma tête,
Hélas! qu'aux dépens de mon front.

ENSEMBLE.
LE CARDINAL, *à part*.
Je crois que j'en perdrai la tête,
Comment finira tout ceci?

LE PRINCE.
D'honneur, je me fais une fête
D'être toujours auprès de lui.

GUIMBARDINI.
Je crois que j'en perdrai la tête.
Comment finira tout ceci?

(*Le cardinal sort d'un côté et le prince de l'autre.*)

SCÈNE XI.

GUIMBARDINI, *seul*. Et moi je ne sais plus ce que j'ai à faire. Mes idées se brouillent! ma tête est en feu. J'étais à cent lieues de me douter... D'après ce que j'ai entendu, je crois que je puis être tranquille pour le passé. (*S'essuyant le front.*) Mais l'avenir est gros de catastrophes. Pauvre femme! Aussi, je me disais : Ce n'est pas naturel qu'un prince aime la musique à ce point-là... Et l'on croit que je resterai les bras croisés!.. Un élève de Pergolèse... Du tout; je tiens à la fortune; mais l'honneur avant tout, si ça se peut. Je crierai, je ferai du bruit. Je ne suis pas musicien pour rien.

Air : *Un homme pour faire un tableau.*
La jalousie, en sa fureur,
Forme un crescendo dans mon âme;

Et si notre prince amateur
Se mêle d'enlever ma femme...
D'autres s'en mêleront, hélas!
Et l'hymen, à ce qu'il me semble,
Est un duo qui ne doit pas
Finir par un morceau d'ensemble.

(*Avec colère.*)
Aussi nous verrons... (*Se radoucissant.*) C'est-à-dire, nous verrons... allons doucement, et mettons des sourdines. Le neveu a une tête romaine, un vrai César. Il vaut mieux avertir le cardinal. C'est cela... un acte de courage... un billet anonyme... (*Il va à la table à gauche, et écrit très-vite, sans s'asseoir.*) « Prenez garde, Monseigneur, le soprano est une femme, on vous le prouvera. » (*Pliant le papier.*) Comme cela, je le défie de la garder ici, et le prince ne la voyant plus... Mais comment faire parvenir...
GERTRUDE, *en dehors*. Le bréviaire de Monseigneur? Son bréviaire? il doit être au salon.
GUIMBARDINI. Son bréviaire! O idée lumineuse! (*Il glisse le papier dans le bréviaire qui est sur la table.*) Il le lit donc quelquefois!

SCENE XII.

GUIMBARDINI, GERTRUDE, UN VALET.

GERTRUDE, *au valet*. Je vous dis que je l'ai vu. Eh! tenez, sur cette table. (*Elle prend le bréviaire et le donne au valet.*) Portez-le vite. (*Le valet sort avec le bréviaire.*)
GUIMBARDINI, *à part*. Le voilà parti... ce n'est pas maladroit. (*Haut.*) Eh mais! madame Gertrude, comme vous paraissez agitée.
GERTRUDE. Ah! ce n'est pas sans raison, monsieur l'organiste. Ce pauvre Gianino...
GUIMBARDINI. Que lui est-il arrivé? Est-ce qu'on aurait découvert la vérité?
GERTRUDE. Comment, vous savez donc?
GUIMBARDINI. Il m'a tout avoué, c'est une femme.
GERTRUDE, *effrayée*. Silence!.. Bonté divine!.. que Monseigneur, que personne au monde ne puisse soupçonner un pareil secret.
GUIMBARDINI, *intrigué*. Pourquoi donc?
GERTRUDE. Au fait, puisque vous avez sa confiance... Imaginez-vous, je quitte le signor Scaramella, le majordome de Monseigneur, que je voulais consulter là-dessus, parce que je le consulte sur tout. « Sur votre « tête, m'a-t-il dit, dame Gertrude, ne vous mêlez « pas de ça; pareille affaire est arrivée, il y a quelques « années. Une cantatrice avait paru devant le saint-« père et les cardinaux, sous des habits d'homme; « on le sut. Elle et son mari, qui avait été son com-« plice, furent jetés dans le château Saint-Ange, « (*Baissant la voix.*) et on n'est pas sûr qu'ils en soient « jamais sortis. »
GUIMBARDINI, *tremblant*. Au... au château Saint-Ange... et le... mari aussi?
GERTRUDE. Oh! lui... il était plus coupable d'avoir encouragé...
GUIMBARDINI, *à part*. Miséricorde! me voilà bien!.. Et moi qui ai attesté au cardinal que c'était... Heureusement qu'on ne sait pas que je suis le mari, et que rien ne peut me découvrir.

SCÈNE XIII.

Les précédents, GIANETTA.

GIANETTA, *avec empressement.* Ah! mon ami, je vous revois! Vous avez dû comprendre ma position; je ne pouvais, devant le cardinal et son neveu, vous expliquer...

GUIMBARDINI, *lui faisant signe de se taire.* Hum! brrrr...

GIANETTA. Mais enfin, je suis libre... et puisque le hasard vous rend à ma tendresse...

GERTRUDE, *étonnée.* Comment?

GIANETTA. Eh! sans doute... c'est lui... c'est mon mari.

GUIMBARDINI, *à part.* Voilà le coup d'archet parti! diables de femmes!

GERTRUDE. Votre mari?

GUIMBARDINI, *d'un air froid.* Qu'est-ce que c'est? Permettez, mon cher monsieur, c'est-à-dire signora, vous me prenez pour un autre, je ne vous connais pas.

GIANETTA. Comment?

GUIMBARDINI, *bas, à sa femme.* Ne dites rien, vous saurez pourquoi, chère amie.

GERTRUDE. Vous ne le connaissez pas, et vous venez de m'assurer...

GUIMBARDINI, *embarrassé.* Oui, que l'on m'avait confié, c'est vrai; mais personnellement, je n'y suis pour rien.

GIANETTA, *émue.* Comment! Monsieur, vous n'êtes pas mon mari?

GUIMBARDINI. Je ne l'ai jamais été, je puis le jurer... (*Bas, à Gianetta et passant à sa droite.*) Calme-toi; je suis forcé devant le monde... Femme adorée, je t'aime plus que jamais.

Air des *Amazones.*

(*A part.*)

C'est fait de moi! quel embarras j'éprouve!
Beauté fatale, et source de mes pleurs...
Que je la perde ou que je la retrouve,
L'hymen pour moi n'offre que des malheurs;
J'ai débuté d'abord par des voleurs...
Je la revois... encor nouvel orage!
De la prison me voilà menacé...
Comment doit donc finir ce mariage? } (*bis.*)
Moi qui n'ai pas encore commencé. }
Je n'ai pas, je n'ai pas commencé. (*bis*)

Aussi, il n'y a qu'un moyen de sortir de là... Je m'en vas... (*Il fait quelques pas vers la porte.*)

GIANETTA, *les larmes aux yeux.* Quelle indignité! m'abandonner une seconde fois quand j'ai tant besoin de conseil... quand le prince... encore tout à l'heure...

GUIMBARDINI, *qui s'éloignait, revient promptement, et se place entre Gianetta et Gertrude.* Hein! le prince!.. Qu'est-ce qu'il y a?

GIANETTA, *avec dépit.* C'est inutile, puisque vous n'êtes pas mon mari!

GUIMBARDINI. Si fait... je veux savoir...

GERTRUDE. Vous voulez?.. Mais alors, vous avez donc des droits?

GUIMBARDINI. Aucun, c'est-à-dire que dans son intérêt... (*Bas, à Gianetta.*) Chère amie, de la mesure, de la mesure, je t'en supplie. (*Haut.*) Parce que moi d'abord... c'est tout simple... une jeune femme... l'humanité... la sensibilité... le château Saint-Ange... (*A part.*) Je ne sais plus ce que je dis.

GERTRUDE. C'est Monseigneur.

SCÈNE XIV.

GIANETTA, LE CARDINAL, GERTRUDE, GUIMBARDINI.

LE CARDINAL. Par le Vatican! il faut qu'il y ait des gens bien pervers et bien audacieux.

GERTRUDE. Qu'est-ce donc, Monseigneur?

LE CARDINAL. Une infamie dont je suis révolté... un billet anonyme.

GUIMBARDINI, *à part.* Imbécile! c'est le mien.. heureusement qu'on ne peut deviner...

LE CARDINAL, *lisant.* « Prenez garde, Monseigneur, le soprano est une femme, on vous le prouvera. »

GERTRUDE. O ciel!

GIANETTA, *à part.* Je suis perdue...

LE CARDINAL. Soyez tranquille, je n'en crois pas un mot. J'ai des yeux, Dieu merci, et il faut que l'on compte étrangement sur ma crédulité. Mais je saurai quel motif a eu l'insolent...

GERTRUDE. Vous savez qui c'est?

LE CARDINAL, *jetant un regard sur Guimbardini.* Oui, je le connais...

GUIMBARDINI, *à part.* Oimé!

LE CARDINAL. Et voyez l'ingratitude!.. c'est un homme qu'à votre considération seule, je venais d'accueillir, de placer... Par bonheur j'avais reçu de lui plusieurs pétitions. J'en avais encore une sur moi, et en comparant l'écriture...

GUIMBARDINI, *à part.* Oh! maladroit!

LE CARDINAL, *le montrant.* En un mot, c'est Monsieur.

LES DEUX FEMMES. Lui?

GIANETTA. Quoi! c'est lui qui m'accuse?

GERTRUDE. L'organiste!.. il est donc ici pour brouiller tout le monde...

LE CARDINAL, *passant auprès de Guimbardini.* Répondez, malheureux.

GUIMBARDINI. Monseigneur...

LE CARDINAL. Répondez... Comment avez-vous écrit ces deux lignes?

GUIMBARDINI, *troublé.* Je ne sais, Monseigneur... Machinalement... pour essayer une plume que je venais de tailler.

TOUS, *se récriant.* Ah!

LE CARDINAL. Il faut cependant qu'il y ait eu un motif.

GUIMBARDINI. Aucun.

LE CARDINAL. Alors, vous êtes un calomniateur.

GUIMBARDINI. Du tout.

LE CARDINAL. Alors, prouvez ce que vous avancez.

GUIMBARDINI, *effrayé.* Comment?

LE CARDINAL. Sinon, je vous fais appréhender au corps.

LES DEUX FEMMES. Monseigneur...

LE CARDINAL. La dignité de ma maison l'exige... En prison, s'il ne parle pas.

GUIMBARDINI, *à part.* Et au château Saint-Ange, si je parle!.. Il est impossible de se trouver dans une plus fausse position!

SCÈNE XV.

LES PRÉCÉDENTS, UN VALET.

LE VALET, *tenant un papier.* Monseigneur, le notaire du cardinal Cagliari vous rapporte le contrat. Il dit qu'on a passé par tout ce que vous vouliez, et qu'il n'y manque plus que votre signature et celle du prince.

LE CARDINAL, *prenant le contrat qu'il froisse avec co-*

lère. Voilà pour m'achever... Moi qui espérais que cela traînerait en longueur... et l'autre qui ne veut pas : tout se réunit contre moi.

GERTRUDE. Monseigneur en fera une maladie.

LE CARDINAL. Ça m'est égal... je le déshériterai. Mais en attendant, je me vengerai sur quelqu'un. (*Montrant Guimbardini.*) Celui-là sera pendu. Qu'on avertisse le barigel.

GIANETTA, *passant auprès du cardinal.* Arrêtez, Monseigneur... Vous ne savez pas tout encore.

LE CARDINAL. Quelque nouveau méfait dont il s'est rendu coupable?

GIANETTA. Justement.

GUIMBARDINI, *à part.* O vengeance d'une femme!

LE CARDINAL. Parle vite.

GIANETTA. Je le voudrais aussi... mais je ne puis vous en faire l'aveu, que si vous m'accordez une grâce.

LE CARDINAL, *avec colère.* La sienne, peut-être?

GIANETTA. Du tout... celle d'un autre.

LE CARDINAL. Celle de personne. Je suis trop en colère... on n'obtiendra rien de moi.

GIANETTA. Pas même si je décidais votre neveu à vous obéir, à signer ce contrat?

LE CARDINAL. Ce contrat! ah! si tu y parvenais, Gianino... tout ce que tu voudras... tout ce que tu exigeras, je te l'accorde d'avance.

GIANETTA. Donnez-moi ce papier.

LE CARDINAL, *lui donnant le contrat.* Comment t'y prendras-tu?

GIANETTA. Cela me regarde.

GUIMBARDINI, *à part.* Ah! mon Dieu! j'ai bien peur que cela ne me regarde aussi.

GIANETTA.

AIR : *Enfin c'est à mon tour* (du PHILTRE).

Reposez-vous sur moi,
Car j'entends le prince qui s'avance;
Il va céder... oui, je le croi,
Mais qu'on le laisse seul avec moi.

GUIMBARDINI.

Seuls! ah! je me meurs d'effroi.

GERTRUDE, *bas, à Gianetta.*

Se peut-il?

GIANETTA, *bas.*

Comptez sur ma prudence.

LE CARDINAL.

Laissons-les... venez, suivez-moi.

GUIMBARDINI, *tout troublé.*

Mais un moment, ah! quel supplice!
Pauvre Orphée! où te pendre, hélas?
Comment sauver ton Eurydice?
Ma chère, ne plaisantons pas.

LE CARDINAL, *à son neveu qui paraît, et lui montrant Gianetta.*

Ingrat, puisque ton cœur hésite,
Je te laisse, reste avec lui,
Suis ses conseils, suis-les bien vite,
Ou ne reparais plus ici.

ENSEMBLE.

LE PRINCE, *étonné.*

Mais quel trouble en leurs yeux!
Qu'ont-ils donc, et quel est ce mystère?
Puisqu'il le faut, seuls dans ces lieux,
J'y consens, demeurons tous les deux.
(*Regardant son oncle.*)
Mais je lis dans ses yeux;
C'est en vain qu'en ce jour il espère
De mon cœur apaiser les feux.

GIANETTA, *à part.*

Cachons à tous les yeux
Mon projet, et ce que j'en espère;
Oui, d'un époux très-soupçonneux
Je saurai punir les torts affreux.

Cachons à tous les yeux
Mon projet, et ce que j'en espère;
(*Regardant le prince avec un soupir.*)
Que lui, du moins, il soit heureux!

GUIMBARDINI, *hors de lui.*

Laissez-moi donc... fatal mystère!
Vous espérez que sous mes yeux...
Morbleu! j'étouffe de colère,
Et ne veux plus quitter ces lieux.

LE CARDINAL ET GERTRUDE, *à part.*

Je n'entends rien à ce mystère;
Mais un espoir brille à mes yeux..,
Ne disons rien, laissons- { je / la } faire,
Et sur-le-champ quittons ces lieux.

(*Le cardinal et Gertrude sortent, et entraînent Guimbardini, qui résiste.*)

—

SCÈNE XVI.

LE PRINCE, GIANETTA.

LE PRINCE, *après un moment de silence.* Eh! bon Dieu! qu'est-ce que cela signifie, et de quoi dois-tu donc me parler?

GIANETTA, *timidement.* Ne le devinez-vous pas, Monseigneur? Ce mariage auquel vous avez consenti hier, et que vous refusez aujourd'hui.

LE PRINCE. C'est vrai, hier, cela m'était égal... mais, je te l'ai dit ce matin, depuis que ta vue a rappelé en moi des souvenirs...

GIANETTA. Une femme que vous avez à peine vue, que vous ne reverrez jamais.

LE PRINCE. Et c'est ce qui me désole. Sans cela, je ne dis pas. Mais, en attendant, j'aime à retrouver ces pensées, ces illusions qui m'occupaient près d'elle. J'aime surtout à me rappeler ce jour où pressant sur mes lèvres sa main qu'elle m'avait abandonnée...

GIANETTA, *vivement.* Que vous aviez prise, Monseigneur.

LE PRINCE, *étonné.* O ciel! qui vous a dit?.. je n'ai pourtant confié à personne...

GIANETTA, *embarrassée.* Eh mais! qui voulez-vous qui m'en ait instruit, si ce n'est elle-même?

LE PRINCE. Elle! vous l'avez donc vue?.. vous la connaissez donc?

GIANETTA, *hésitant.* Puisqu'il n'est plus possible de vous cacher la vérité, puisqu'il faut avouer... eh bien! Monseigneur, cette ressemblance qui vous a tant frappé, ne vous a-t-elle pas appris?..

LE PRINCE, *vivement.* Quoi donc?

GIANETTA. Que c'était ma sœur.

LE PRINCE. Ta sœur!.. il serait vrai!.. oui, oui, j'aurais dû le deviner, et je m'étonne maintenant d'avoir attribué au hasard... (*Avec joie.*) Ta sœur!.. ah! Gianino! que je suis heureux de pouvoir enfin parler d'elle? Dis-moi quel est son sort? quand la verrai-je? qu'est-elle devenue?.. sait-elle que, depuis notre séparation, je n'ai pas cessé de penser à elle, que je ne puis l'oublier?

GIANETTA. Il le faut, cependant.

LE PRINCE. L'oublier!.. moi?..

GIANETTA. C'est elle qui vous en supplie, pour son repos, pour sa tranquillité. Quel espoir pouvez-vous encore conserver?.. songez qu'elle est mariée à un homme qu'elle aime, qu'elle chérit.

LE PRINCE. Oh! pour cela, c'est ce qui te trompe, elle ne l'aime pas; je l'ai vu aisément dans le peu d'instants que j'ai passés près d'elle.

GIANETTA, *vivement.* Si Monsieur, son mari mérite son estime, son affection.

LE PRINCE, *d'un ton de reproche.* Ah! Gianino! c'est mal; tu es plus pour ton beau-frère que pour moi.

GIANETTA, *involontairement.* Oh! non, je vous jure.

LE PRINCE, *à demi-voix.* Eh bien! alors, dis-moi où elle est.

GIANETTA. Je ne le puis, elle me l'a défendu.

LE PRINCE, *très-pressant.* Je t'en conjure, je te le demande à genoux; si tu as quelque affection pour moi. Je ne veux rien qui puisse l'affliger, lui déplaire; mais quand elle saura combien je l'aime, combien j'ai souffert loin d'elle, il est impossible qu'elle me refuse quelque pitié.

GIANETTA. Monseigneur...

LE PRINCE. S'il faut renoncer à elle, si elle me l'ordonne, eh bien! j'y souscrirai; mais au moins, que je l'entende, que je la voie...

GIANETTA. Eh quoi! pour la revoir un seul instant?..

LE PRINCE. Je donnerais ma fortune, ma vie...

GIANETTA. Nous n'en demandons pas tant. Consentez à ce que votre oncle souhaite, signez ce contrat, et je vous promets que vous la reverrez.

LE PRINCE. Je la reverrai? tu me le promets.

GIANETTA. Je vous le jure.

LE PRINCE. Et bientôt.

GIANETTA. Dès demain.

LE PRINCE, *vivement.* Donne-moi ce contrat. (*Il le prend et court vivement à la table.*)

GIANETTA. Il serait vrai?

LE PRINCE.

AIR du *Matelot* (de MADAME DUCHAMBGE).

Oui, ce mot seul m'a donné du courage,
Et tu le vois, je signe aveuglément;
En d'autres nœuds pour jamais je m'engage,
Mais songe bien à tenir ton serment.
Que je la voie, et pour moi tout s'oublie,
Que je la voie!.. et dis bien à ta sœur,
Que mon espoir, ma liberté, ma vie,
J'ai tout donné pour un jour de bonheur!

GIANETTA, *essuyant une larme.* Elle le saura, Monseigneur.

LE PRINCE, *la voyant essuyer une larme.* Eh mais! comme tu es ému!.. qu'as-tu donc!

GIANETTA, *se remettant.* Rien, je pensais à ma sœur! oui, vous méritez son amitié, la mienne; elle doit être touchée d'un amour si noble, si généreux; et vous en serez récompensé. (*Lui tendant la main.*) Vous la verrez dès aujourd'hui.

LE PRINCE, *transporté.* Aujourd'hui!.. (*Lui sautant au cou et l'embrassant.*) Ah! mon ami, mon cher ami!

GIANETTA, *se débattant.* Eh bien! Monseigneur...

GUIMBARDINI, *au fond.* Oh! quelle dissonance!

LE PRINCE, *enchanté.* Je n'ai plus rien à désirer. (*Gianetta sort.*)

SCÈNE XVII.

GUIMBARDINI, LE PRINCE.

GUIMBARDINI, *au fond.* Je n'ai plus rien à désirer... je crois que c'est assez clair.

LE PRINCE, *voulant suivre Gianetta.* Mais pourquoi t'échapper?

GUIMBARDINI, *s'élançant pour l'arrêter.* Ah! c'en est trop, arrêtez, mon prince.

LE PRINCE, *voulant s'en débarrasser.* De quoi se mêle-t-il, celui-là? Veux-tu bien me laisser?

GUIMBARDINI, *hors de lui.* Du tout, je m'attache à vos pas, dût-on m'emprisonner, me torturer... dût-on ne jamais représenter un opéra de moi, je ne souffrirai pas que vous suiviez ma femme.

LE PRINCE. Ta femme?

GUIMBARDINI. Ou le soprano, comme vous voudrez.

LE PRINCE. Que dis-tu?.. quoi! Gianino...

GUIMBARDINI. Est une femme.

LE PRINCE, *frappé.* Une femme!..

GUIMBARDINI. C'est ça, faites donc l'étonné! comme si vous ne le saviez pas.

LE PRINCE. Non, je te jure. Comment! malheureux, tu ne pouvais pas me le dire plus tôt.

GUIMBARDINI. Est-ce que je le savais? est-ce que j'en suis sûr encore? est-ce que je sais moi-même qui je suis? musicien et mari sans pouvoir être ni l'un ni l'autre, ayant à la fois deux états sans en exercer aucun, épris de la gloire, amant de ma femme; et en hymen comme en musique, forcé de garder l'anonyme.

LE PRINCE. Maladroit que tu es! pourquoi d'abord ne pas te faire connaître à moi, à moi seul!

GUIMBARDINI. A vous, qui menaciez de tuer le mari de Gianetta, s'il se présentait à vos yeux.

LE PRINCE. Quelle folie! et à quoi bon? maintenant surtout que je suis lié, enchaîné à jamais... Apprends que Gianetta, par ruse, par adresse, ou plutôt par vertu, vient de me marier à une autre.

GUIMBARDINI, *avec joie.* Marié! vous, mon prince! vous êtes des nôtres... que je sois le premier à vous féliciter... à féliciter un confrère... un illustre confrère!..

LE PRINCE. Il ne manquait plus que cela. Il va me faire des compliments.

SCÈNE XVIII.

LES PRÉCÉDENTS, LE CARDINAL.

LE CARDINAL, *avec joie.* Mon neveu, mon cher neveu, que je t'embrasse! je ne me sens pas de joie, je viens de recevoir le contrat, signé de toi. Le cardinal Cagliari était justement dans mon cabinet, il l'a emporté... tout est fini; et ce soir je vous donnerai moi-même la bénédiction nuptiale.

LE PRINCE. Et Gianino?

LE CARDINAL, *attendri.* Ah! le pauvre enfant! quel bon naturel! Il était si touché de mon bonheur, qu'il en avait les larmes aux yeux... ma foi! je n'y ai pas tenu, je lui ai sauté au cou.

GUIMBARDINI. Comment! lui aussi!

LE CARDINAL. Je lui devais bien ça.

GUIMBARDINI. Je vous dis que quand l'étoile s'en mêle...

LE PRINCE. Mais où est-il? qu'est-il devenu?

LE CARDINAL. Il m'a laissé pour s'acquitter envers toi, pour tenir, m'a-t-il dit, une promesse qu'il t'a faite. Je croyais le trouver ici.

SCÈNE XIX.

LES PRÉCÉDENTS; GIANETTA, *en femme, précédée de* GERTRUDE.

LE CARDINAL. Que vois-je? une femme!

LE PRINCE, *vivement.* C'est elle, c'est mon inconnue.

GIANETTA, *montrant Guimbardini.* Ou plutôt la femme de Monsieur.

GUIMBARDINI, *regardant le cardinal.* C'est-à-dire... c'est selon... je ne suis plus complice.
GIANETTA, *souriant.* Ne craignez rien, il n'y a plus de danger, car nous partons à l'instant pour Naples.
LE PRINCE. Pour Naples?
GIANETTA. Où j'ai un engagement encore plus beau que celui que l'on m'offrait ici.
GUIMBARDINI. Encore plus beau! Femme adorée, je te retrouve enfin, ce n'est pas sans peine et sans peur!
LE CARDINAL, *un peu confus.* C'était une femme!.. et moi, qui dans ma joie... (*Les yeux au ciel.*) Ce que c'est que de nous!
GIANETTA, *s'approchant timidement du cardinal.* Monseigneur, j'ai causé bien du trouble dans cette maison; mais si j'ai été assez heureuse pour seconder vos desseins, pour toute grâce, je vous demande votre protection. Si mon secret était découvert, daignez étouffer les poursuites.
LE CARDINAL. J'y suis trop intéressé moi-même. Vous entendez, Gertrude, le plus grand silence.
GERTRUDE. Est-ce que je parle jamais, Monseigneur?
GIANETTA, *émue, et regardant le prince à la dérobée.* Du reste, je n'oublierai jamais le temps que j'ai passé chez Monseigneur, et l'amitié qu'on m'a témoignée.
GUIMBARDINI. Certainement, nous n'oublierons jamais ses bontés, moi particulièrement.
LE PRINCE, *regardant Gianetta.* Comment donc, un homme de talent! car il paraît décidément qu'il en a beaucoup, et qu'on ne lui rend pas justice... Oubliez ce que je vous ai dit, mon cher ami, je n'y pense plus.
GUIMBARDINI. A la bonne heure.
LE PRINCE. Ne voyez en moi qu'un patron, un protecteur; on aura soin de vous, on vous poussera, on vous fera faire des opéras, on les fera représenter.
GUIMBARDINI, *avec joie.* Je serai donc joué!.. Au moins, il sait réparer ses torts.

LE PRINCE. Quant à moi, cher oncle, vous m'avez promis que, dès que je vous aurais obéi, je pourrais entreprendre mes voyages.
LE CARDINAL. C'est juste, mon ami, te voilà marié, tu es parfaitement libre.
LE PRINCE. C'est bien, je pars demain, et je commence par Naples.
GERTRUDE. Par Naples?
LE PRINCE. Je veux assister aux débuts de Gianetta, aux triomphes de son mari.
GUIMBARDINI. Quelle bonté!
LE PRINCE. Les arts consolent de tout, et font tout oublier... Je ne suis plus qu'artiste.
GUIMBARDINI, *montrant sa femme.* Nous aussi... nous serons deux.
LE PRINCE, *lui tendant la main.* Nous serons trois.
GUIMBARDINI, *la lui serrant.* Quel bonheur!

AIR : *Accourez tous, venez m'entendre* (du PHILTRE).

GUIMBARDINI.
Vous viendrez tous, ma réussite
De vous seuls, Messieurs, dépendra;
Accourez tous, je vous invite
A ma noce, à mon opéra.
Vous m'entendrez; mon orchestre en vaut mille;
Flûtes, bassons, clairons, tambours, serpents,
J'ai de tout;
(*Au public.*)
Il est inutile
(*Faisant le geste du sifflet.*)
D'apporter d'autres instruments.
Accourez tous; ma réussite
De vous seuls, Messieurs, dépendra;
Accourez tous, je vous invite
A ma noce, à mon opéra.

TOUS.
Ah! quel honneur! il nous invite
A sa noce, à son opéra.

FIN
de
LE SOPRANO.

LE CHAPERON

COMÉDIE-VAUDEVILLE EN UN ACTE

Représentée, pour la première fois, à Paris, sur le théâtre du Gymnase dramatique, le 6 février 1832.

EN SOCIÉTÉ AVEC M. PAUL DUPORT.

Personnages.

DE PRESLE, colonel.
ANTÉNOR JOUSSE.
MADAME DE TRENEUIL, jeune veuve.

DELPHINE, sa sœur.
UN DOMESTIQUE.

La scène se passe à Paris, chez madame de Treneuil.

Le théâtre représente un salon. Deux portes latérales. La porte à droite de l'acteur est celle de l'intérieur, la porte à gauche celle de l'appartement de madame de Treneuil; une table auprès de cette porte.

SCÈNE PREMIÈRE.

MADAME DE TRENEUIL, puis DELPHINE.

MADAME DE TRENEUIL, *devant la table, et écrivant.* Oui, je l'ai juré, oui, je l'ai signé, cette lettre partira aujourd'hui; ensuite, et aussitôt après le mariage de ma sœur...

DELPHINE, *entrant, à la cantonade.* Courez, dépêchez-vous... d'autres fleurs... on arrivera déjà, que je n'aurai pas achevé ma toilette...

MADAME DE TRENEUIL, *se levant.* Quoi donc, Delphine?

DELPHINE. Ah! ma sœur, une contrariété affreuse : j'en ai presque pleuré. Si l'on savait ce que parfois le plaisir nous coûte de peine! Figure-toi les fleurs de ma coiffure qui n'allaient pas avec les bouquets de ma robe... aussi c'est ta faute, quand tu m'abandonnes à moi-même, je ne fais que des étourderies... Ah çà!.. mais toi aussi, en voilà une. (*Regardant madame de Treneuil, qui est en demi-deuil.*)

Air du vaudeville de *la Robe et les Bottes*.

Pourquoi donc être ainsi parée?
Ce costume ne convient plus,
Lorsque chez toi ce bal, cette journée,
Rassemble tous mes prétendus;
Quand mon choix, par cette alliance,
Va couronner tous leurs désirs,
Te mettre ainsi, c'est paraître d'avance
Porter le deuil de mes plaisirs.

MADAME DE TRENEUIL. Non vraiment; mais tous ces jeunes gens qui te font la cour se croiraient peut-être obligés à inviter la maîtresse de la maison; au lieu que mon costume les en dispense; c'est comme si je portais écrit : « Messieurs, ne faites pas attention à moi; allez tout droit à ma sœur. »

DELPHINE. Que je te plains d'être si raisonnable! se priver d'une contredanse... une contredanse!.. Oh! pour moi, je n'imagine pas de bonheur plus parfait, c'est si vif, si animé! la pensée va deux fois plus vite : légère comme nos pas, et c'est si amusant! surtout quand on est, comme moi, une demoiselle à marier... n'y eût-il que cette réflexion qui se présente involontairement, la main qui presse la mienne avec tant de douceur est celle peut-être qui doit me conduire à l'autel; ce cavalier si aimable, si attentif, toujours penché vers mon oreille, pour m'adresser de jolis riens, voilà, peut-être, celui que j'aimerai!.. et dire cela à chaque fois qu'on change de danseur, vois-tu, ça produit une variété d'émotions dont on ne pourrait jamais se lasser.

MADAME DE TRENEUIL. Qu'entends-je? et que signifient de pareilles idées? vous, de la coquetterie, Delphine?

DELPHINE. Comment! ce serait là de la coquetterie? alors voilà deux mois que je suis coquette sans le savoir, et à présent que j'en ai pris l'habitude, comment donc faire?

MADAME DE TRENEUIL. Se hâter de faire un choix : car moi qui suis ta sœur aînée, ta tutrice; moi qui ai promis à mon père de te servir de mère et de te marier, je suis obligée de te conduire dans des bals, dans des assemblées qui m'ennuient à la mort, et toujours auprès de toi, obligée d'écouter tous les hommages, compliments et déclarations qui te sont adressés.

DELPHINE. C'est tout naturel, vous êtes mon chaperon.

MADAME DE TRENEUIL, *souriant.* Oui, l'on appelle ainsi dans le monde celles qui, comme moi, ont une jeune fille sous leur garde.

DELPHINE. Un drôle de nom qui me fait toujours penser au Petit Chaperon Rouge.

MADAME DE TRENEUIL.

Air du vaudeville du *Baiser au Porteur*.

Oui, de la ruse et de la médisance
Du méchant, du loup ravisseur,
Savoir préserver l'innocence,
D'un chaperon c'est l'emploi protecteur;
Tel est le mien... je veille sur ma sœur.
Garder autrui! dangereux privilége!
Souvent moi-même, en dépit de ce nom,
J'aurais besoin, je te le protége,
Qu'on protégeât le chaperon.

DELPHINE. Oh! je sais pourquoi tu dis cela.
MADAME DE TRENEUIL. Comment?
DELPHINE. Mon Dieu! oui, l'autre jour, au bal, chez M. Dorvilé, ce jeune homme qui te poursuivait si vivement, et qui s'est emparé, malgré toi, de ton bouquet, que tu avais laissé tomber, qu'il a bien fallu lui laisser.

MADAME DE TRENEUIL. Sans doute, et sous peine de faire scandale, car tous les yeux étaient fixés sur nous; et avec un fat, un présomptueux comme celui-là, il n'en faudrait pas davantage pour faire croire... Tiens, tu ne peux pas t'imaginer ce que ma position a de faux et de pénible, et il me tarde que tu sois décidée, pour quitter Paris et rentrer dans la retraite.

DELPHINE. Eh bien! ma sœur, je ne voulais pas en

convenir, mais voilà peut-être encore un des motifs qui retarderont mon choix, parce que je me dis : Une fois mariée, établie dans le monde, je n'y aurai plus besoin de chaperon, et ma sœur le quittera. Oh! tu ne te trompais pas, c'est mon plaisir que j'y cherche, et voilà pourquoi je t'y retiens.

MADAME DE TRENEUIL, *avec amitié.* Voilà de tes mots quand je veux te faire des reproches. Mais voyons, parlons raison, car c'est elle, et non pas moi, qui te fait un devoir de te prononcer ; il me semblait que parmi tous tes adorateurs tu avais distingué M. Anténor.

DELPHINE. Oh! je les distingue tous ; mais celui-là a l'air de m'aimer davantage.

MADAME DE TRENEUIL. Et tu l'aimes aussi, je l'ai vu, j'en suis sûre... sage, modeste, d'un excellent naturel.

DELPHINE. N'est-ce pas ? avec lui, une femme serait maîtresse absolue.

MADAME DE TRENEUIL. Il a peu de fortune, mais des espérances... attaché à une des premières maisons de banque de Paris, héritier d'un oncle très-riche, un des hauts dignitaires du clergé ; et puisqu'il t'aime beaucoup, et que tu l'aimes un peu...

DELPHINE. Mon Dieu ! ce n'est pas une raison, parce qu'enfin je n'aurais qu'à le prendre aujourd'hui, et qu'il s'en présentât demain un plus aimable, vois où j'en serais.

MADAME DE TRENEUIL. Delphine, y penses-tu ?

DELPHINE. Mais, toi qui parles... toi, qui n'as que vingt ans, et qui es veuve...

Air du *Piège.*

Toi, si jolie, et qu'entre nous,
Avec amour en tous lieux on contemple,
Pourquoi ne pas choisir un autre époux
Et me donner le bon exemple ?
Puisqu'en effet, si je t'en crois,
Se marier est si bien dans le monde,
Ce qui fut bien une première fois,
Ne peut être mal la seconde.

MADAME DE TRENEUIL. Ne parlons pas de cela. (*Montrant la table.*) Je m'occupais là d'un autre projet, qui doit assurer mon repos et mon bonheur.

DELPHINE. Comme tu me dis cela ! est-ce que tu ne serais pas heureuse ? Ah! ne parle pas ainsi, car cette idée-là va me faire pleurer, et j'aurais toute la soirée les yeux rouges ; juge pour un bal !.. tous mes prétendus me trouveraient laide, et ça n'avancerait pas mon mariage : car, vois-tu, à cause de toi, et pour me punir, je veux me marier tout de suite ; pas plus tard que ce soir, mon choix sera fait ; je vais le p ser mûrement pendant les contredanses ! et je te promets d'être invariablement fixée, quand on commencera la galope.

SCÈNE II.

LES PRÉCÉDENTS, UN DOMESTIQUE.

LE DOMESTIQUE, *à Delphine.* Les fleurs que Mademoiselle a envoyé prendre chez Batton sont dans sa chambre.

DELPHINE. J'y cours bien vite.

LE DOMESTIQUE, *à madame de Treneuil.* Il y a en bas quelqu'un qui demande si Madame peut le recevoir : M. de Presle.

MADAME DE TRENEUIL. M. de Presle, celui à qui ma famille a eu tant d'obligations ! (*Au domestique.*) Faites monter. (*Le domestique sort. Madame de Treneuil passe à droite.*)

DELPHINE. Ce nom-là !.. ah ! j'y suis, un jeune homme qui, avant-hier, s'était assis près de moi, chez madame Dorvilé ; tu sais, cette soirée où est arrivée l'histoire du bouquet.

MADAME DE TRENEUIL. C'est vrai ; il en a été témoin.

DELPHINE. Et puis il a disparu tout d'un coup, et on ne l'a plus revu de la soirée ; j'en ai été fâchée.

MADAME DE TRENEUIL. Est-ce que tu avais des vues sur lui ?

DELPHINE. Pour la concurrence, c'était un de plus, et d'après tout le bien que j'ai entendu dire de lui : un officier brave, spirituel, riche, qui a refusé la fille d'un pair de France avant *la loi.* Toutes ces demoiselles disaient tout haut qu'il a une passion dans le cœur ; et chacune m'a dit ensuite tout bas que c'était pour elle. Comme il t'a parlé longtemps, et avec un air d'intérêt !

MADAME DE TRENEUIL. Oui, nous nous étions vus souvent avant mon mariage, et il y a tant de charme dans ces souvenirs de la première jeunesse...

DELPHINE. Oh! je ne te questionne pas ; est-ce que tu devines ce qui l'amène ?

MADAME DE TRENEUIL. Moi ? non.

DELPHINE. Enfin, on l saura, puisqu'il vient de lui-même, il te dira pourquoi ; il ne partira pas sans s'expliquer.

SCÈNE III.

LES PRÉCÉDENTS, DE PRESLE, LE DOMESTIQUE.

LE DOMESTIQUE, *annonçant.* Monsieur de Presle. (*Il entre dans l'appartement à gauche.*)

DE PRESLE. Pardon, Madame, je crains bien d'être doublement indiscret ; car vous n'êtes pas seule.

MADAME DE TRENEUIL. C'est ma sœur.

DE PRESLE. Ah ! oui, je me rappelle... c'est Mademoiselle que vous m'avez montrée avant-hier, à cette soirée, et qui éclipsait par sa grâce toutes ces jeunes compagnes.

DELPHINE, *à part.* Il m'a remarquée ; j'en étais sûre.

MADAME DE TRENEUIL. Sans votre disparition subite, Monsieur, j'aurais satisfait à votre demande, en lui présentant le fils d'un ancien ami de notre famille.

DE PRESLE. Une circonstance imprévue que j'ai vivement regrettée... Trop heureux s'il m'est permis de réparer ma perte.

DELPHINE, *à part.* Nous y voilà.

LE DOMESTIQUE, *rentrant, à Delphine.* Le commis de Batton a dit qu'il était pressé, et si Mademoiselle veut choisir les fleurs pour ce soir...

DELPHINE. Oui, je vais y aller... (*A part.*) Quel ennui! je serais peut-être mieux en cheveux ; mais non... de jolies fleurs ; et puis, il vient de me voir ainsi ; cela me changera. (*Lui faisant la révérence.*) Monsieur... (*A part.*) Il est fâché que je parte. (*Elle sort.*)

DE PRESLE, *à part.* Je suis enchanté que la petite sœur nous laisse.

MADAME DE TRENEUIL, *au domestique.* Dès qu'on arrivera, faites entrer dans le grand salon, et avertissez-moi ; allez. (*Le domestique sort.*)

Delphine.

SCÈNE IV.

MADAME DE TRENEUIL, DE PRESLE.

DE PRESLE. J'ai mal pris mon temps, Madame; à ces ordres, à ces apprêts, je vois que vous attendez du monde.

MADAME DE TRENEUIL. Quelques amis, une réunion bien modeste : une soirée de veuve, on dansera au piano; et si vous n'êtes pas effrayé...

DE PRESLE. De rester auprès de vous? j'accepte avec empressement, et néanmoins avec un peu de regret, Madame.

MADAME DE TRENEUIL. Comment?

DE PRESLE. Me voilà forcé d'ajourner ce que j'avais à vous dire; car il s'agit d'un sujet trop important pour en parler au milieu d'un bal.

MADAME DE TRENEUIL. Savez-vous que vous excitez mon intérêt? et puisqu'on n'arrive pas encore, voyons, deux mots seulement; eh bien, Monsieur?

DE PRESLE. Eh! quoi! Madame, à mon embarras, vous n'avez pas deviné que je viens mettre entre vos mains le sort de ma vie entière.

MADAME DE TRENEUIL, *à part.* Encore un parti pour ma sœur; elle s'en doutait, la coquette; écoutons; c'est mon état; eh bien?

DE PRESLE. Avant d'entrer ici, tout me semblait facile, et maintenant tout m'alarme; comment réussir à vous intéresser en ma faveur?.. Les paroles, les phrases d'usage, expriment si mal un sentiment vrai; du moins vous me saurez gré, je l'espère, de n'avoir recouru à aucune médiation... Madame Dorvilé, d'autres amies, ne m'auraient pas refusé la leur; eh bien! je n'en ai pas voulu, Madame, c'est à vous seule que je m'adresse; ma cause ne sera plaidée que devant vous, et que par moi; si je m'y prends mal, n'importe... dans ma gaucherie même, vous verrez l'émotion d'un cœur bien épris, et vous en serez peut-être attendrie.

MADAME DE TRENEUIL, *avec un sourire bienveillant.* Le fait est que, depuis deux mois, voilà bien des déclarations que j'entends.

MADAME DE TRENEUIL. Ah ! gardez-le ! — Scène 17.

DE PRESLE. Ciel !
MADAME DE TRENEUIL. Mais il y a dans la vôtre un naturel, un abandon qui persuadent.
DE PRESLE. Ah ! vous me rendez le courage ; et quand je pense que même avant votre mariage... que depuis trois ans, sans avoir osé vous le dire, je vous aimais...
MADAME DE TRENEUIL. Moi, Monsieur ! comment ! c'est à moi que vous vous adressiez ?

DE PRESLE.
Air du *Matelot* (de MADAME DUCHAMBGE).
Eh quoi ! cet aveu vous étonne ?
MADAME DE TRENEUIL.
De l'attendre j'étais si loin...
Vous ne m'aviez nommé personne.
DE PRESLE.
J'ai cru n'en avoir pas besoin.
Me parlant sans cesse à moi-même
D'un sentiment et si vif et si doux,
Il me semblait que dire : *J'aime*,
Suffisait pour dire : C'est vous.

MADAME DE TRENEUIL. J'ai cru qu'il s'agissait de ma sœur.

DE PRESLE. Et vous m'approuviez ?
MADAME DE TRENEUIL. J'étais flattée pour Delphine d'une recherche aussi honorable, d'un parti aussi brillant.
DE PRESLE. Et ces vœux ne vous semblent plus ni honorables, ni désirables, depuis que vous savez que c'est à vous qu'ils s'adressent ?
MADAME DE TRENEUIL. Je ne dis pas cela.
DE PRESLE. Vous le pensez, du moins ; d'autres hommages ont prévenu le mien : je suis puni du respect que m'inspiraient vos vertus, de ce respect qui, pendant que vous étiez liée à un autre, m'a condamné au silence, m'a forcé à fuir votre vue. Mais enfin, et bien loin d'ici, du fond de l'Allemagne, j'apprends que vous êtes libre ; j'accours, et j'hésitais encore à me déclarer ; mais, par bonheur, on prétend que des revers, des malheurs, ont presque anéanti la fortune de M. de Treneuil et la vôtre : j'ai été plus brave alors ; et je venais vous offrir des richesses que, pour la première fois, je me sentais heureux de posséder, et votre refus renverse tous mes projets, toutes mes espérances.

Madame de Treneuil. Calmez-vous, de grâce...
de Presle. Non, Madame; non, je vois que vous en aimez un autre... Son nom, de grâce, dites-moi son nom.

MADAME DE TRENEUIL.

Air : *Restez, restez, troupe jolie.*

Personne !.. je n'aime personne,
Je l'atteste, je le promets!
DE PRESLE.
Ah! grand Dieu! que vous êtes bonne!
Insensé!.. je vous accusais,
Déjà je me désespérais.
Mais non ; j'avais tort de me plaindre ;
De qui pourrais-je être jaloux,
Si pour rivaux je ne dois craindre
Que ceux qui sont dignes de vous?

Madame de Treneuil. Nul autre, Monsieur, ne le serait sans doute que vous, sans la résolution que j'ai prise de ne point me remarier... résolution que rien ne peut changer.
de Presle. Et moi j'espère que le temps, que mes soins, que mon amour...
Madame de Treneuil, *froidement.* Ne le croyez pas, Monsieur : vous êtes trop galant homme, vous avez trop de droits à mon estime, pour que je veuille vous abuser; et à vous seul, et sous le sceau du secret, je veux bien confier ma situation... Pendant trois ans qu'a duré mon mariage, j'ai été la plus malheureuse des femmes, non pas que M. de Treneuil ne m'aimât beaucoup; mais une jalousie aveugle, effrénée, dont lui-même gémissait, a empoisonné tous les instants de sa vie; elle lui a fait négliger le soin de ses affaires et de sa fortune; elle a hâté ses derniers moments, et lui a même survécu.
de Presle. Que dites-vous ?
Madame de Treneuil. Prêt à mourir, il m'a fait jurer qu'après lui je ne serais jamais à un autre; et il est mort en emportant ce serment.
de Presle. Quelle horreur !
Madame de Treneuil. Eh! pourquoi donc?.. si cette dernière marque d'amour lui a prouvé la sincérité de ma tendresse, l'injustice de ses soupçons, si elle a adouci ses derniers moments, je n'ai fait que mon devoir, et je m'en félicite.
de Presle. Abuser de la foi du serment, pour enchaîner votre avenir !
Madame de Treneuil. Enchaîner!.. il le serait sans cela : car j'aime peu le monde, où je n'ai trouvé que des chagrins; et je suis décidée à le quitter.
de Presle. Est-il possible!
Madame de Treneuil. Le repos et la solitude conviennent seuls à mes goûts, à mon caractère, à mes serments; et aussitôt après le mariage de ma sœur, je compte me retirer à l'abbaye de Miremont.
de Presle. Vous n'exécuterez pas un semblable projet.
Madame de Treneuil. C'est déjà fait à moitié, car voici la lettre que j'écrivais ce matin à la supérieure, en lui annonçant ma prochaine arrivée.
de Presle. Il n'est pas possible, vous réfléchirez ; vous déchirerez cette lettre.
Madame de Treneuil. Vous ne me connaissez pas, Monsieur. (*Appelant.*) André.
de Presle. Que voulez-vous faire?
Madame de Treneuil. Vous prouver que quand j'ai pris une résolution que je crois sage et raisonnable, rien ne m'empêche de l'exécuter. (*Au domestique qui entre.*) Portez cette lettre à l'instant même à la poste.
(*Le domestique sort.*)

de Presle, *avec colère.* Madame, voilà qui est affreux !
Madame de Treneuil, *offensée.* Monsieur !
de Presle. Oui, sans doute, et puisque vous me réduisez au désespoir, je dois vous sauver d'une résolution que vous regretteriez plus tard ; je m'attache à vous, je ne vous quitte pas .. à défaut d'autre mérite, j'aurai du moins celui de la persévérance. Vous verrez sans cesse celui que vous rendez si malheureux ; il sera là, devant vos yeux, comme un reproche continuel.
Madame de Treneuil. Monsieur !..
de Presle. Et si cet amour dont je vous poursuis vous déplaît, vous gêne, vous contrarie... Eh bien! tant mieux, je ne serai pas le seul à souffrir, vous serez comme moi, vous ne pourrez vous en défaire, vous y serez condamnée.
Madame de Treneuil. C'en est trop...
de Presle. Eh quoi ! Madame...
Madame de Treneuil. Oui, Monsieur ; et puisque la voix de l'amitié, puisque celle de la raison ne peuvent rien sur vous, il faut se résoudre à se séparer, à ne plus se voir, à se priver même de vos visites.
de Presle. O ciel ! vous me renvoyez, vous me chassez.
Madame de Treneuil. Non, sans doute ; mais c'est vous qui m'obligez à ne plus vous recevoir. Adieu, Monsieur. (*Elle lui fait la révérence, et entre dans son appartement.*)

SCÈNE V.

DE PRESLE, *seul.* Oui, sans doute, je partirai, je m'éloignerai, à l'instant même, pour me venger, pour la forcer à me céder ; mon honneur y est engagé. Mais comment y parvenir ? ce qu'elle m'a appris est terrible, car je la connais ; et avec ses principes, un tel serment est un obstacle invincible. C'est-à-dire, invincible, tout peut se vaincre, tout peut s'oublier, quand on aime, mais c'est qu'elle ne m'aime pas encore : il faut donc, avant tout, se faire aimer, à force de soins et de tendresse, d'assiduité. (*Avec dépit.*) De l'assiduité!.. je ne peux plus même la voir, elle ne me recevra plus; sa porte m'est défendue! C'est une gaucherie que j'ai faite là... Quitter la partie, c'est la perdre; et à quelque prix que ce soit, il faut trouver moyen de m'introduire de nouveau chez elle, d'y être admis, de m'y installer... oui, sans doute... mais si je sais comment m'y prendre...

SCÈNE VI.

ANTÉNOR, DE PRESLE.

Anténor, *à la cantonade.* Non, non, ne dérangez pas ces dames, j'attendrai... c'est une des prérogatives de mon état de prétendu... Eh mais ! n'est-ce pas M. le comte de Presle?
de Presle. Anténor Jousse! mon ancien camarade de collège, que depuis quatre ans je n'avais rencontré une seule fois dans le monde.
Anténor. C'est que pendant ce temps, mon cher ami, j'en ai été tout à fait retranché et séquestré : j'étais entré au grand séminaire.
de Presle. C'est donc vrai? je croyais qu'on le disait pour se moquer de toi.
Anténor. Non vraiment; moi, je n'ai jamais eu d'ambition; mais ma mère en avait, et comme c'était alors le seul moyen de parvenir...

Air : *Du partage de la richesse.*

Sous l'empire, où régnait la gloire,
Dans les dragons je dus être englobé;
Quand régna la soutane noire,
Elle voulut de moi faire un abbé.

DE PRESLE.
Et maintenant, où quiconque pérore,
Monte sans peine aux grandeurs de l'Etat,
Si ta mère vivait encore,
Infortuné, tu serais avocat,
Mon pauvre ami, tu serais avocat.

ANTÉNOR. C'est probable : je n'aurais pas pu échapper les robes noires; mais alors, mon oncle, qui est évêque, devait me pousser et me protéger; j'aurais fait mon chemin, c'est-à-dire, non, parce que je n'avais pas de vocation : dans mes rêves, et même tout éveillé, je pensais toujours à un bon ménage, à une femme, à des enfants; c'était mal! cela m'aurait perdu... et à la mort de ma pauvre mère, j'ai quitté la soutane et je suis entré chez un agent de change pour faire mon salut.

DE PRESLE. Est-il possible!

ANTÉNOR. Oui, mon ami; il vaut mieux être un bon négociant qu'un mauvais...

DE PRESLE. Tu as raison; quelque état que l'on choisisse, l'essentiel est de l'exercer en honnête homme...

ANTÉNOR. Mon patron m'a pris en affection; il voulait même me donner un intérêt dans sa charge, et alors ma fortune serait faite; mais pour cela il faudrait cent mille écus, et tout mon patrimoine réuni fait à peine le tiers de cette somme.

DE PRESLE. N'as-tu pas des amis qui seront trop heureux de venir à ton secours?

ANTÉNOR. Est-il possible!

DE PRESLE. Moi, tout le premier : j'ai plus d'argent qu'il ne m'en faut, et si cela peut t'obliger, je te prête les deux cent mille francs qui te manquent.

ANTÉNOR. Ah! mon ami! mon cher ami! c'est étonnant, on nous enseignait là-bas que la société était perfide, le monde corrompu... Moi, depuis que j'y suis, je ne trouve que loyauté, générosité, désintéressement, parmi les hommes.

DE PRESLE. Fasse le ciel que tes illusions continuent! Tu acceptes donc?

ANTÉNOR. C'est-à-dire, je ne refuse pas; mais, vois-tu, j'ai écrit à mon oncle l'évêque, qui est fort riche, comme tu sais, pour le prier de m'avancer cette somme; je n'ai pas encore reçu sa réponse, qui, j'en suis sûr, sera favorable; et il aurait droit de se fâcher, ce bon oncle, si d'ici là je m'adressais à d'autres qu'à lui.

DE PRESLE. C'est juste.

ANTÉNOR. Mais je t'en garde la même reconnaissance; et je proclamerai partout ton amitié, ta générosité.

DE PRESLE. Du tout : tu me feras le plaisir de n'en rien dire ; où nous nous fâcherons. Mais tu aurais un autre moyen de me rendre service.

ANTÉNOR. Lequel, mon ami!

DE PRESLE. Apprends-moi comment tu es reçu dans cette maison, et sur quel pied tu y viens?

ANTÉNOR. J'y viens dans un but légitime; mes idées de mariage me tiennent toujours, surtout depuis que j'ai vu mademoiselle Delphine, la sœur de madame de Treneuil, une jeune personne charmante.

DE PRESLE. C'est possible, je n'ai pas remarqué.

ANTÉNOR. Ne me dis pas cela, cela me ferait de la peine pour toi; moi, je n'en dors pas, j'ai des vertiges, des extases, j'en perds la tête, je m'embrouille dans mes *reports* et dans mes *fin courant*; et je ne conçois au monde de félicité que par elle.

DE PRESLE. Pauvre garçon! et tes vœux sont-ils bien accueillis? te voit-elle avec plaisir?

ANTÉNOR. Je n'en sais rien, mais elle rit quand elle me voit, c'est toujours cela... elle est si bonne!

Air d'*Aristippe*.

Je suis toujours des traits de sa folie
Dédommagé par son bon cœur ;
A la moindre plaisanterie
Toujours succède une faveur ;
Un mot piquant me vaut une douceur.
Chacun me plaint d'un bonheur qu'on ignore...
Je laisse dire,... et de moi, Dieu merci !
Pour peu qu'elle se moque encore,
Je suis sûr d'être son mari.

DE PRESLE. Je comprends.

ANTÉNOR. C'est pour elle que j'ai appris la musique, pour elle que j'ai appris la valse et la galope ; et depuis ce temps-là elle m'a donné de l'espoir.

DE PRESLE. Je t'en fais compliment.

ANTÉNOR. Oui, mais nous sommes tant de danseurs, c'est-à-dire tant de concurrents...

DE PRESLE. Comment cela?

ANTÉNOR. Madame de Treneuil, pour laisser à sa sœur toute liberté dans son choix, s'est fait une loi et un devoir de recevoir chez elle tous ceux qui s'annoncent comme prétendants.

DE PRESLE. Est-il possible?

ANTÉNOR. Oui, mon ami ; d'ici à ce que sa sœur se décide, tous sont admis ; il y a de quoi faire une contredanse à seize.

DE PRESLE, *vivement*. Dieu ! que c'est heureux !

DE PRESLE. Et pourquoi ?

DE PRESLE. Parce que plus il y aura de concurrents, et plus tu auras de gloire à l'emporter.

ANTÉNOR. Je ne tiens pas à la gloire.

DE PRESLE. Tu as tort ; et je ne sais comment te remercier de l'idée... non, de la nouvelle que tu viens de me donner. Tu es un brave et honnête garçon qui en tout temps, peux compter sur moi.

ANTÉNOR, *le serrant dans ses bras*. J'y compte, mon ami, j'y compte ; et, entre nous, c'est à la vie et à la mort.

DE PRESLE. Tais-toi donc, voilà ces dames.

ANTÉNOR. C'est vrai.

DE PRESLE. Présente-moi à elles, je t'en prie.

ANTÉNOR. De tout mon cœur.

—

SCÈNE VII.

DE PRESLE, ANTÉNOR ; DELPHINE, *en parure de bal* ; MADAME DE TRENEUIL.

MADAME DE TRENEUIL, *à part, apercevant de Presle*. Comment ! encore ici, après un congé aussi formel ! je ne le reconnais pas là. (*Anténor et de Presle s'inclinent.*)

ANTÉNOR, *prenant de Presle par la main*. Mesdames, j'ai l'honneur de vous présenter M. le comte de Presle, mon ancien camarade, un militaire des plus distingués.

DE PRESLE, *passant entre Anténor et Delphine*. Mon ami Anténor est trop bon : il ne fallait pas moins que son patronage et sa recommandation pour oser vous adresser une demande qui me semble, à moi, toute naturelle, et que vous trouverez peut-être bien téméraire.

DELPHINE. Et laquelle, Monsieur ?

DE PRESLE. Je sais que de nombreux prétendants aspirent à la main de Mademoiselle; et, sans aucun droit, je dirai même plus, sans aucun espoir, je viens cependant me mettre sur les rangs.

DELPHINE ET MADAME DE TRENEUIL. Est-il possible!

ANTÉNOR, *s'éloignant de de Presle.* Quelle trahison!

DELPHINE. Et c'est M. Anténor qui nous le présente! voilà, par exemple, une confiance...

ANTÉNOR. Du tout, Mademoiselle.

DE PRESLE. Je m'attendais bien à l'accueil peu favorable que je reçois.

DELPHINE. Vous auriez tort, Monsieur, d'interpréter en mauvaise part la surprise que me cause votre recherche, trop honorable, du reste, pour qu'on puisse s'en formaliser.

ANTÉNOR. Encore un qu'on admet! et être trompé ainsi par un ami de collége!

DE PRESLE. Ecoute donc, on est rivaux en amour... et cela n'empêche pas l'amitié. (*Il lui tend la main.*)

ANTÉNOR. Laissez-moi, je ne veux plus rien de vous, et je ne croirai plus désormais à l'amitié des hommes. (*Regardant madame de Treneuil.*) Je ne croirai qu'à celle des femmes. (*Il remonte vers le haut du théâtre.*)

MADAME DE TRENEUIL, *passant entre Delphine et de Presle.* Si quelqu'un ici a le droit de s'étonner d'une pareille démarche, il me semble, Monsieur, que c'est moi.

DE PRESLE. Du tout, Madame, car c'est vous qui en êtes cause : ce sont vos avis, vos conseils, qui m'y ont déterminé.

ANTÉNOR, *venant entre madame de Treneuil et Delphine. A madame de Treneuil.* Et vous aussi, Madame, vous qui sembliez me porter quelque intérêt!

DE PRESLE, *à madame de Treneuil.* J'ai écouté la voix de la raison, la vôtre, Madame.

ANTÉNOR, *à Delphine.* Et c'est par raison qu'il vous aime?

DE PRESLE. Oui, mon ami, une raison impérieuse.

MADAME DE TRENEUIL. La seconde fois que vous voyez ma sœur.

DE PRESLE, *galamment.* Eh mais! une seule aurait suffi.

MADAME DE TRENEUIL. Mais songez donc, Monsieur...

DE PRESLE. Que vous laissez, m'a-t-on dit, la concurrence libre à tout le monde, et que j'aurais lieu, Madame, de vous supposer (*En appuyant.*) des raisons toutes personnelles, si vous m'accordiez le privilége de l'exclusion.

MADAME DE TRENEUIL, *à part.* C'est-à-dire qu'il va me croire jalouse. (*Haut.*) Je ne dis plus rien, Monsieur; que ma sœur prononce, mais qu'elle prononce sur-le-champ.

DE PRESLE. Ce n'est ni juste ni raisonnable; je n'ai pas, (*Regardant Anténor.*) comme bien des gens, un mérite évident, et qui saute aux yeux; le mien, si toutefois j'en ai, est difficile à découvrir; il lui faut le temps de se faire connaître, et il faut au moins que Mademoiselle me permette comme aux autres de lui faire ma cour.

DELPHINE, *passant auprès de sa sœur.* Il me semble, ma sœur, qu'on ne peut pas empêcher...

ANTÉNOR. Eh bien! qu'il se dépêche, et que cela finisse.

DE PRESLE, *froidement.* Je commencerai dès que mon rival ne sera plus là; on ne peut pas exiger que je fasse ma déclaration devant témoin.

DELPHINE. C'est juste.

MADAME DE TRENEUIL. C'est-à-dire que nous sommes de trop.

DE PRESLE, *la retenant.* Non, Madame, je connais trop les convenances; votre présence est de droit et de rigueur : vous êtes la tutrice, le chaperon de Mademoiselle; et, à ce titre, vous ne pouvez pas faire autrement que d'écouter ma déclaration d'amour.

ANTÉNOR, *à madame de Treneuil, qui fait un geste d'impatience.* Oui, Madame, j'aime mieux que vous soyez là... Je serai plus tranquille, et puisqu'il faut que je m'en aille...

DE PRESLE. Sans rancune, mon ami Anténor.

ANTÉNOR. Si, Monsieur: car moi je ne suis pas comme vous, je ne vous prends pas en traître; et je vous déclare que si je peux trouver quelque bon moyen de vous nuire...

DE PRESLE. C'est toujours comme cela entre amis.

ANTÉNOR, *hésitant à s'en aller.* Sans adieu, Madame; et vous, Mademoiselle, je me recommande à vous, il va vous parler mieux que moi.

AIR : *Ses yeux disaient tout le contraire.*

Je sais qu'il est plus éloquent,
Il sait mieux plaire et mieux séduire;
Il a plus d'esprit, de talent.
   DE PRESLE, *à part, et riant.*
Si c'est ainsi qu'il croit me nuire...
   ANTÉNOR.
Il va, comme futur mari,
Vanter son amour, sa constance;
Mais tout ce qu'il va dire ici,
Songez de c'est moi qui le pense.

(*A de Presle, avec fierté, en sortant.*)
Adieu, Monsieur. (*Il entre chez madame de Treneuil.*)

—

SCÈNE VIII.

DE PRESLE, MADAME DE TRENEUIL, DELPHINE.

DELPHINE. Ce pauvre Anténor! il me fait de la peine, mais ce n'est pas un mal qu'il ait quelque inquiétude : sans cela, il serait trop tranquille et trop sûr de son fait.

MADAME DE TRENEUIL. Maintenant, Monsieur, vous êtes satisfait; j'espère qu'au moins vous ne me retiendrez pas plus longtemps.

DE PRESLE. Je tâcherai, Madame, sans toutefois en répondre; car vous sentez que l'exposé d'une passion, ça demande toujours quelques développements. Je sais bien que ces sortes de choses ne sont guère amusantes, quand on ne les écoute pas pour son compte; mais lorsque c'est par état, et qu'il y a nécessité...

MADAME DE TRENEUIL. Oh! peu m'importe, je n'ai pas besoin d'entendre, et j'ai là mon ouvrage. (*Elle va s'asseoir auprès de la table.*)

DE PRESLE. Votre ouvrage! à merveille, Madame, je n'y pensais pas; mais cela me mettra tout à fait à mon aise.

DELPHINE, *à part, pendant que madame de Treneuil s'assied.* Je suis curieuse de voir comment il va me faire la cour; un militaire dont on vante l'esprit, ça doit être amusant. (*Elle s'assied à côté de sa sœur, et les yeux baissés.*)

DE PRESLE, *s'assied auprès de Delphine, et après quelques instants de silence.* Mademoiselle, ce que j'ai à vous dire est bien simple : je désire être admis au nombre de vos prétendants.

DELPHINE, *après un silence.* (*A part.*) Comment! voilà tout... les autres qui me faisaient de si jolies phrases. (*Haut.*) Monsieur, est-ce là le seul motif?

DE PRESLE. Une telle question prouve la candeur et l'ingénuité de votre âme; car de la manière dont je me présente, ma réponse ne peut pas être douteuse. Je suis amoureux, Mademoiselle : dans ma position, c'est de rigueur.
DELPHINE. Amoureux?
DE PRESLE, *avec expression*. Ah! oui, l'on peut m'en croire ; et je ne serais pas ici, je le jure, si je n'y avais été entraîné par un penchant irrésistible.
DELPHINE, *à part*. Allons, c'est un peu mieux. (*Haut.*) Mais ce penchant a été bien prompt, car vous me connaissez à peine; et si j'étais sûre que vous fussiez sincère...
DE PRESLE. Je m'y engage.
DELPHINE. Je vous demanderais à quelle circonstance je dois attribuer votre amour pour moi.
MADAME DE TRENEUIL, *bas*. Delphine...
DELPHINE, *bas*. Mais dame, ma sœur, il faut bien prendre des informations: c'est un soin qui vous regardait. Je fais là votre ouvrage.
DE PRESLE. Un autre, Mademoiselle, vous parlerait de ces coups soudains de la sympathie, si familiers dans les romans et au théâtre; mais ce sont là des moyens tellement prodigués, qu'on n'y croit plus guère aujourd'hui. Moi, c'est différent : cet amour que je vous témoigne, Mademoiselle, l'idée m'en est venue en pensant à madame votre sœur.
DELPHINE. A ma sœur...
MADAME DE TRENEUIL, *se levant*. Monsieur, que voulez-vous dire? oubliez-vous?..
DE PRESLE, *se levant*. Pardon, Madame. N'oubliez pas vous-même, de grâce, que vous n'êtes ici qu'un témoin impartial et désintéressé. Comme chaperon, vous regardez, vous écoutez; mais voilà tout. Je suis seul juge des moyens que j'emploie pour faire la cour à Mademoiselle; et celui-là n'est peut-être pas le moins naturel et le moins persuasif. (*Il se rassied.*) Oui, Mademoiselle, je me suis dit : Une jeune personne élevée sous l'influence d'un pareil exemple, formée à l'école de tant de vertus et de qualités, recevant à chaque instant du jour ces impressions dont il est impossible de se défendre... mais ce doit être un modèle de raison, d'amabilité, de grâce; ce doit être la perfection même! je ne me suis pas trompé, Mademoiselle; et vous concevez maintenant que j'ai d'excellentes raisons pour me dire amoureux de vous.
DELPHINE, *bas, à madame de Treneuil*. Ma sœur, remerciez-le donc, il me semble que ça vous regarde plus que moi.
DE PRESLE, *regardant avec passion madame de Treneuil qui baisse les yeux*. Oui, Mademoiselle, car jamais je n'ai aimé comme aujourd'hui.
DELPHINE. Comment! Monsieur, vous avez aimé déjà?
DE PRESLE. Oui, Mademoiselle.
DELPHINE. Par exemple.
MADAME DE TRENEUIL, *se levant*. Monsieur, une telle confidence, à ma sœur?
DE PRESLE. Et pourquoi non, Madame? Oui, Mademoiselle, c'est par ma franchise que je veux vous intéresser à moi, et en ce moment surtout, j'en ai besoin plus que vous ne pouvez le croire; écoutez-moi d'abord, vous jugerez après. Une jeune personne : je ne vous dirai rien de ses qualités, de ses grâces, vous l'auriez trop vite nommée...
DELPHINE. Je la connais donc?
DE PRESLE. Vous devez la connaître.
DELPHINE, *à part*. Ah! voyons si je devinerai.

DE PRESLE. Depuis longtemps je l'adorais, et c'était pour la mériter que j'étais parti pour l'armée; nous étions à la veille d'un combat décisif, et je me disais : « Demain, je serai mort, ou digne d'elle. » Comprenez mon désespoir : une lettre fatale m'informe de son prochain mariage! Éperdu, hors de moi, je voulais partir, déserter mon poste. Ce sang que je devais à mes frères d'armes, c'est pour elle, c'est pour la disputer à un rival, que j'aurais voulu le verser; mais l'honneur, le devoir! hélas!.. Quelques jours après, j'avais revu mon pays, je volais auprès d'elle; il était trop tard.
DELPHINE. Trop tard! elle était mariée... et vous l'aimiez?
DE PRESLE. Oui, Mademoiselle, autant que possible; je le croyais du moins. Eh bien! je vous dirai avec la même franchise, et vous devez me croire, que l'amour que j'éprouvais alors n'était rien... (*Regardant madame de Treneuil.*) auprès de celui que j'éprouve aujourd'hui.
DELPHINE. Est-il possible!
DE PRESLE. Quelle différence! il fallait rougir autrefois de ma passion, il fallait la cacher à tous les yeux; mais maintenant celle que j'aime est libre; je puis avouer un amour dont je suis fier; et quels que soient les moyens que j'emploie pour l'obtenir, ils ont un but trop pur et trop légitime pour qu'elle puisse m'en vouloir.
DELPHINE. Non certainement, Monsieur, je ne vous en veux point de chercher à me faire la cour... (*On se lève.*) et tout ce que vous me dites là... est tout à fait bien, pour les paroles. (*A part.*) Il n'y a que les gestes et les regards. C'est singulier, il n'a pas l'air de tourner les yeux vers moi.
DE PRESLE. Eh bien! Mademoiselle?
DELPHINE. Tenez, Monsieur, il y a dans vos discours quelque chose qui a l'air d'être vrai, et qui intéresse ; qui fait qu'on voudrait vous savoir heureux, qu'on se reprocherait de vous laisser dans l'incertitude, et voilà pourquoi, quoique cela me fasse de la peine, je vous avouerai tout de suite... que quant à moi...
DE PRESLE. Ah! Mademoiselle, si c'est un refus que vous me réservez, daignez le suspendre encore. Je sais bien qu'on ne peut pas aimer en un jour, et à la première vue. Ainsi, je ne vous presse pas, prenez du temps, tout le temps qu'il faudra.

AIR : *Traitant l'amour sans pitié.*

Je ne veux que soupirer,
Et longtemps, amant sensible...
Oh! le plus longtemps possible,
Permettez-moi d'espérer.
C'est par le temps, la constance,
Les épreuves, la souffrance,
Qu'on peut, du moins je le pense,
Mériter le nom d'époux!..
Laissez-moi donc, je vous prie,
Vous aimer toute la vie,
Pour être digne de vous.

DELPHINE. Toute la vie... c'est un peu long.
DE PRESLE. Ça m'est égal... la seule faveur que je réclame, c'est la liberté de revenir, de vous voir quelquefois, tous les jours, le matin, le soir, à votre convenance et de ne vous parler que devant votre sœur, toujours devant elle.
MADAME DE TRENEUIL. Monsieur...
DE PRESLE, *à genoux, à Delphine*. Accordez-moi cette permission ; et en revanche, je m'engage à ne rien vous demander de plus.

DELPHINE. Mais relevez-vous, Monsieur, relevez-vous.
DE PRESLE. Vous consentez?.. Ah! que je suis heureux!

SCÈNE IX.
Les précédents, ANTÉNOR.

ANTÉNOR. Dieu! que vois-je! et qu'entends-je!
DE PRESLE. On me permet d'espérer... voilà tout. C'est là ce qui te fâche?
ANTÉNOR. D'abord, Monsieur, je vous prierai de supprimer ces familiarités-là, parce qu'enfin comme je ne vous tutoie plus...
DE PRESLE. C'est juste.
ANTÉNOR. Et en outre, je vous préviens que je vais parler contre vous, et pour faire connaître à Mademoiselle la personne à qui elle permet d'espérer, je ne dirai qu'une seule chose, mais horrible, mais épouvantable... que je viens d'apprendre à l'instant.
MADAME DE TRENEUIL, *avec émotion.* Qu'entends-je!
DE PRESLE. J'allais partir... mais je reste... je ne serai pas fâché d'avoir quelques renseignements sur mon compte.
ANTÉNOR. Comme ce n'est pas pour vous que je les ai pris, je ne suis pas obligé de vous les donner.
DE PRESLE. Il me semble cependant que quand on accuse, ce doit être en face.
DELPHINE. C'est juste!
DE PRESLE. Quant à moi, je m'engage envers mon adversaire à ne pas l'interrompre; qu'il lance contre moi son réquisitoire, je m'assieds là, muet, immobile, et fort de mon innocence. (*Il s'assied dans un fauteuil.*)
DELPHINE, *à part.* Par exemple, voilà qui excite ma curiosité. (*Haut, à Anténor.*) Allons, parlez donc.
MADAME DE TRENEUIL. Parlez, Anténor.
ANTÉNOR. A cet empressement, je vois bien qu'on est maintenant pour lui : vous aussi, madame de Treneuil! Il vous a séduite, mais cela ne durera pas, quand je vous dirai que lui, qui recherche Mademoiselle en mariage, il aime une autre femme.
DELPHINE. Est-il possible!
ANTÉNOR. Et qu'il s'est battu pour elle, la semaine dernière, à la suite d'un bal; on vient de le dire dans le salon ; et s'il ose le nier, j'ai un moyen de le confondre, en vous montrant la blessure qu'il a reçue.
MADAME DE TRENEUIL, *avec émotion.* O ciel! une blessure!
ANTÉNOR. Vous voilà, comme moi, Madame, effrayée d'abord, parce qu'on a beau haïr ses amis, le premier mouvement est pour eux; mais rassurez-vous, presque rien, une égratignure à la main droite : c'est une permission du ciel, tout juste ce qu'il fallait pour rendre témoignage à la vérité.
DELPHINE. Moi, qui m'étais attendrie, qui le croyais la franchise même. (*Anténor et Delphine remontent jusqu'au haut du théâtre.*)
MADAME DE TRENEUIL, *à de Presle.* Vous avez entendu, Monsieur?
DE PRESLE, *se levant avec le plus grand sang-froid.* Parfaitement, Madame.
MADAME DE TRENEUIL. Quant à moi, tout cela me serait bien indifférent; mais, comme tutrice de ma sœur, comme obligée de veiller à son avenir, je ne puis me dispenser de vous interroger; qu'avez-vous à répondre?
DE PRESLE. Que dans le récit d'Anténor, de M. Anténor, il entre beaucoup d'exagération; des faits mal présentés, plus mal interprétés encore ; et qu'après tout, j'espère être jugé sur ma conduite ultérieure, et non pas sur les rapports toujours suspects d'un rival, qui ne cherche à me perdre dans votre esprit que pour diminuer la concurrence. (*Il se rassied.*)
ANTÉNOR. Voilà ce qui vous trompe, Monsieur. Je n'ai agi que pour le bonheur de mademoiselle Delphine, son bonheur à venir ; car moi je n'ai plus de prétentions, je me retire.
MADAME DE TRENEUIL. Que dites-vous?
ANTÉNOR. Qu'en me mettant sur les rangs pour épouser Mademoiselle, qui a cent mille écus de dot, j'espérais lui apporter une fortune égale à la sienne ; mais je comptais pour cela sur mon bon oncle l'évêque, à qui j'avais demandé deux cent mille francs ; et je reçois de lui, à l'instant...
MADAME DE TRENEUIL. Cette somme?
ANTÉNOR. Non, une lettre, où il refuse de m'envoyer cet argent.
MADAME DE TRENEUIL. Est-il possible!
ANTÉNOR. Du reste, il m'envoie sa bénédiction; mais vous sentez que cela ne suffit pas pour épouser celle qu'on aime.

AIR : *J'en guette un petit de mon âge.*

Ainsi, je pars, Mademoiselle ;
Recevez mes derniers adieux ;
Puisqu'un autre hymen vous appelle,
Puissiez-vous faire un choix heureux !
Par les grands airs craignez d'être éblouie,
Cherchez surtout candeur et bonne foi ;
Enfin, prenez un mari comme moi,
Afin d'être toujours chérie.

DELPHINE, *le retenant.* Monsieur Anténor, vous qui êtes si bon, vous seriez malheureux! Oh! non, j'ai pu être légère, frivole ; maintenant je me le reprocherais ; et quoique vous soyez presque sans fortune, si ma sœur y consent, il me semble que c'est vous que je préfère.
ANTÉNOR, *hors de lui.* Est-il possible !
DE PRESLE, *passant entre Delphine et Anténor.* Permettez, permettez ; vous n'en êtes pas encore sûre.
ANTÉNOR. Comment cela?
DE PRESLE. Mademoiselle a dit : *il me semble...* expression pleine de tact, de prudence et de raison.
ANTÉNOR. Il ne s'agit pas de raison, puisqu'elle me préfère...
DE PRESLE. Pour le moment!.. premier moment d'enthousiasme et de sensibilité, qui ne prouve rien ; il faut attendre le temps et la réflexion.
MADAME DE TRENEUIL. Mais il me semble, à moi, que ma sœur vous a dit assez nettement...
DELPHINE. Oui, Monsieur.
DE PRESLE. Non, Mademoiselle.
DELPHINE, *avec impatience.* Et je vous répète encore...
DE PRESLE. Vous n'en savez rien vous-même.
ANTÉNOR. Est-il obstiné!
DELPHINE. Il ne me croira pas.
DE PRESLE. Non, sans doute, tant que votre sœur sera là. (*A madame de Treneuil.*) Oui, Madame, vous exercez sur votre sœur une influence à laquelle Mademoiselle cède sans le savoir; votre présence lui dicte ce qu'il faut dire.
ANTÉNOR. Je vous dis que non.
DE PRESLE. Je vous dis que si.

SCÈNE X.

Les précédents, UN DOMESTIQUE.

LE DOMESTIQUE. Voici des dames qui arrivent au salon.
MADAME DE TRENEUIL. Je vais les recevoir. Anténor, Delphine, vous me suivrez. (*Elle sort.*)
DE PRESLE, *continuant toujours.* Et je suis bien sûr que si je restais seulement cinq minutes avec Mademoiselle, je la ferais changer d'idée.
DELPHINE. Est-il possible !
ANTÉNOR, *vivement, à Delphine.* Mademoiselle veut-elle me permettre de lui offrir la main ?
DELPHINE. Vous avez peur ?
ANTÉNOR. Moi ! après ce que je vous ai dit de lui, après ce que vous avez fait pour moi... oh ! non, plus de défiance.
DE PRESLE. Eh bien ! alors...
ANTÉNOR. Eh bien !..
DE PRESLE, *lui faisant signe de partir.* Eh bien !..
ANTÉNOR. Eh bien ! oui, et pour humilier son amour-propre, pour qu'il soit bien persuadé de votre indifférence, j'accorde les cinq minutes, ne fût-ce que pour lui prouver qu'on ne le craint pas ; et puis je serai là, et les portes du salon seront ouvertes.
DELPHINE. Puisque vous le voulez, et pour vous faire plaisir, j'accepte. (*A part.*) Que peut-il avoir à me dire ? (*Haut, à Anténor.*) Mais vous n'oublierez pas que nous ouvrons le bal ensemble.

ANTÉNOR.
Air du *Premier Prix.*
Oh ! je reviendrai tout de suite,
Au premier coup d'archet.
DELPHINE.
C'est bien.
ANTÉNOR, *à de Presle.*
Vous le voyez, moi je vous quitte.
DELPHINE.
Mais allez donc...
ANTÉNOR.
Je ne crains rien !
Oui, quoiqu'à mon apprentissage,
Je veux me montrer désormais
Digne d'entrer en mariage ;
Et pour le prouver je m'en vais.

SCÈNE XI.

DELPHINE, DE PRESLE.

DE PRESLE, *regardant autour de lui si personne ne peut l'entendre.* Personne...
DELPHINE. Non, Monsieur, et maintenant que ma sœur n'est plus là, et que je ne suis plus, comme vous le disiez, sous son influence, je vous répète de moi-même...
DE PRESLE, *gaiement.* Que vous ne m'aimez pas.
DELPHINE. Oui, Monsieur ; qu'avez-vous à dire à cela ?
DE PRESLE. Que je le savais, et que j'en suis enchanté.
DELPHINE. Eh bien ! par exemple...
DE PRESLE. Et maintenant que je n'ai plus d'espoir, je déclare à vous, mais à vous seule, qu'Anténor peut disposer de ma fortune ; moi qui ne suis pas son oncle, mais qui suis son ami, je l'établirai, je lui prêterai tout ce qu'il faut.
DELPHINE. Et tout cela en ma faveur : c'est de l'héroïsme. Pauvre jeune homme ! vous êtes donc bien amoureux de moi ?
DE PRESLE. Pas du tout...
DELPHINE. Qu'entends-je !

DE PRESLE. Eh quoi ! à travers l'ambiguïté obligée de mes paroles, était-il donc si difficile de voir à qui elles s'adressaient ?
DELPHINE. A ma sœur. Eh bien ! vrai, je m'en suis doutée un moment ; et si vous l'épousiez, que je serais heureuse !
DE PRESLE. Il y a tant d'obstacles.
DELPHINE. Je le sais bien.
DE PRESLE. Vous seule pouvez m'aider à les vaincre.
DELPHINE. Parlez, disposez de moi ; je serai si contente de faire votre bonheur, celui de ma sœur !
DE PRESLE. Et celui d'Anténor...
DELPHINE. Les deux noces à la fois !.. Que faut-il faire ?
DE PRESLE. Déclarer tout haut, et sans hésitation, que vous m'aimez, que vous m'acceptez pour mari.
DELPHINE. A la bonne heure... Je préviendrai Anténor.
DE PRESLE. Du tout, je m'y oppose.
DELPHINE. Mais songez donc... Le tourmenter encore...
DE PRESLE. Tant mieux. J'ai besoin de sa rage et de ses fureurs ; ça entre dans mon plan d'attaque.
DELPHINE. Je lui dirai de gémir... de s'emporter.
DE PRESLE. Il n'a pas assez de sang-froid pour cela ; et à la gaucherie de sa colère, votre sœur devinerait... Enfin je ne veux que vous pour auxiliaire.
DELPHINE. Pauvre Anténor ! je ne pourrai jamais lui faire un pareil chagrin.
DE PRESLE. Alors, c'est que vous ne l'aimez pas, puisque c'est le seul moyen d'assurer son mariage et sa fortune.
DELPHINE. J'entends bien. Au moins, sera-ce long ?
DE PRESLE. Le moins que je pourrai ; et si vous me secondez bien...
DELPHINE, *avec effort.* Me voilà prête.
DE PRESLE. Bien vrai, ma jolie belle-sœur ?
DELPHINE. Oui.
DE PRESLE. Point de faiblesse !
DELPHINE. Non.

Air de *Renaud de Montauban.*
DE PRESLE.
Commençons donc ; je les entends.
DELPHINE.
Je tremble !..
DE PRESLE.
Quel enfantillage !
DELPHINE.
Vous le voulez ?
DE PRESLE.
Il le faut.
DELPHINE.
J'y consens.
De le tromper ayons donc le courage !
Et puis, au fait, c'est pour son bien.
DE PRESLE.
C'est trop juste, et combien de belles
A leurs amants sont infidèles,
Sans que ça leur rapporte rien,
Sans que cela rapporte rien.

SCÈNE XII.

ANTÉNOR, DELPHINE, DE PRESLE, MADAME DE TRENEUIL.

ANTÉNOR, *à Delphine, allant auprès d'elle.* Mademoiselle, voici bientôt la première contredanse, je venais vous en avertir.
MADAME DE TRENEUIL, *à Delphine.* Et moi, je viens te chercher ; on te demande de tous côtés, et je ne m'attendais pas à te trouver seule ici avec Monsieur.

ANTÉNOR. Ne la grondez pas, de grâce, c'est moi qui en suis cause.

MADAME DE TRENEUIL. Vous, Anténor?

DE PRESLE. Oui, Madame; et je dois remercier ce cher ami du service qu'il vient de me rendre : il m'a permis d'éclairer Mademoiselle sur ses véritables sentiments.

ANTÉNOR. Que dit-il?

DE PRESLE. J'étais bien sûr qu'un mouvement de sensibilité spontanée avait seul dicté son premier choix; mais la réflexion devait m'être favorable.

ANTÉNOR. Qu'est-ce que j'apprends là?.. Mais non, ce n'est pas possible!

MADAME DE TRENEUIL. Delphine, serait-il vrai?

DELPHINE, *baissant les yeux et hésitant.* Ma sœur...

DE PRESLE, *bas.* Songez à votre promesse.

MADAME DE TRENEUIL. Eh bien?

DE PRESLE, *poussant Delphine.* Allons donc...

DELPHINE. Eh bien! je croyais que d'abord... J'en conviens... Mais ce que Monsieur vient de me dire m'a décidée en sa faveur.

ANTÉNOR ET MADAME DE TRENEUIL. Ciel!

DE PRESLE, *à madame de Treneuil.* Vous voyez, je ne lui fais pas dire.

ANTÉNOR, *allant à de Presle.* Monsieur, cela ne se passera pas ainsi, et nous verrons.

LES DAMES. Monsieur Anténor...

ANTÉNOR. Non, non, il ne faut pas croire qu'à cause de mon ancien état...

DE PRESLE. Plaire à coups de pistolet, joli système.

ANTÉNOR. Il a raison!.. et moi qui les ai laissés ensemble cinq minutes! cinq minutes, pas davantage. (*Regardant alternativement Delphine et de Presle qui se font des signes.*) Et des signes d'intelligence... Je suis anéanti... et c'est d'autant plus mal à vous, Mademoiselle, que si vous m'aviez dit cela seulement il y a un quart d'heure, je ne m'étais pas encore arrangé pour être heureux, il n'y aurait pas eu de contre-coup, et peut-être plus tard, l'absence, la résignation, et de bonnes lectures... Mais à présent!.. Ah! j'en mourrai.

DELPHINE, *à part.* Là! juste ce que j'avais prévu!

MADAME DE TRENEUIL. Anténor, mon ami. (*De Presle passe à la droite de Delphine.*)

ANTÉNOR. Non, Madame, pourquoi vous attendrir sur mes infortunes? Ne prenez pas cette peine-là; je commence à m'y faire : dans la même journée, un ami d'abord; ensuite une oncle, et puis une amante. Il n'y a que vous, Madame, vous seule qui ne changiez pas, qui ne changerez jamais, et que rien ne pourra séduire. Aussi, dorénavant, amitié, parenté, amour, je ne croirai plus à rien, qu'à votre bonté, qu'à votre générosité. Je vais chercher mon chapeau.

DELPHINE, *à part.* Dieu!... (*Haut et vivement.*) Anténor!...

DE PRESLE, *bas.* Imprudente!

ANTÉNOR, *se retournant.* Vous me rappelez, Mademoiselle?

DELPHINE. Moi? non. (*Prélude dans la coulisse par la porte qui est restée ouverte.*) Ah! si fait, le prélude de la contredanse... (*Bas, à Presle, d'une voix suppliante.*) Rien que cela. (*Il lui fait un léger signe de consentement, et lui rappelle ensuite qu'elle doit se taire, par un geste rapide, auquel elle répond par un clin d'œil.*)

ANTÉNOR. Quoi! vous exigez encore?...

DELPHINE.
Air de la *Galope.*
Oui, si je ne m'abuse,
Voici le premier air;
Allons, s'il me refuse,
Il me le paîra cher.

ANTÉNOR.
A souffrir cet outrage
Je saurai m'efforcer :
Oui, j'aurai du courage,
Et je m'en vais danser.

ENSEMBLE.
DELPHINE.
Oui, de la contredanse
Voici le gai refrain;
Et je crois que la danse
Bannira son chagrin.

MADAME DE TRENEUIL.
Il me brave, il m'offense;
Je l'éloignais en vain;
Croit-il par sa présence,
Détruire mon dessein?

DE PRESLE.
Son cœur, de résistance,
Contre moi s'arme en vain,
Et ma persévérance
Changera son dessein.

ANTÉNOR.
Pour moi, plus d'espérance,
Mon malheur est certain;
Et cette contredanse
Est un nouveau chagrin.

(*Anténor donne la main à Delphine, et sort avec elle; la porte se referme, et on cesse d'entendre la musique.*)

SCÈNE XIII.

MADAME DE TRENEUIL, DE PRESLE.

(*De Presle a suivi Anténor et Delphine, et au moment d'entrer dans le salon, il s'arrête, et, s'inclinant, il dit à madame de Treneuil :*)

DE PRESLE. Vous me permettrez, Madame, de les suivre... dans mon intérêt...

MADAME DE TRENEUIL. Un mot, de grâce, Monsieur.

DE PRESLE, *à part et revenant.* On ne me renvoie plus, on me retient.

MADAME DE TRENEUIL. J'ai une explication à vous demander sur votre conduite, qui, d'un bout à l'autre, me paraît une énigme inexplicable.

DE PRESLE, *froidement.* Rien de plus simple, Madame. Repoussé par vous, je me suis adressé à votre sœur. Je lui ai fait la cour, et je suis décidé à l'épouser.

MADAME DE TRENEUIL. A l'épouser! Et si je l'instruis des aveux que vous m'avez faits aujourd'hui même?

DE PRESLE. Vous le pouvez, Madame; cette menace m'alarme peu. Si j'ai su prendre quelque ascendant sur elle, vous ne le détruirez pas par là. On se fie à ceux qu'on aime; on n'a pas de peine à s'en croire véritablement aimé, et alors (*Avec expression.*) on ne leur oppose plus une longue résistance.

MADAME DE TRENEUIL. Eh quoi! tirer avantage de la crédulité d'une jeune fille!

DE PRESLE. Et à qui la faute, si ce n'est à vous qui m'y forcez?

MADAME DE TRENEUIL. Ah! vous en convenez. Vous l'avez trompée.

DE PRESLE. Madame...

MADAME DE TRENEUIL. Et puis-je savoir par quelle magie, quel pouvoir merveilleux vous avez acquis ce prompt ascendant dont vous êtes si fier?

DE PRESLE. Une magie toute simple, l'accent de la vérité.

MADAME DE TRENEUIL. Adieu, Monsieur. — Scène 4.

MADAME DE TRENEUIL. De la vérité?
DE PRESLE. Oui, Madame, en suppliant votre sœur. Comme votre image est toujours présente à ma pensée, je me suis involontairement figuré que c'était à vous que je m'adressais ; et, une fois que j'ai eu fait ce premier effort d'imagination, le reste m'a été facile. J'ai mis tant de feu dans l'expression de mes sentiments, je lui ai peint avec des couleurs si vives le désespoir qui m'attendait, s'il fallait vivre loin de vous... je veux dire loin d'elle... que cette jeune personne n'a pas pu s'empêcher d'être attendrie, en se voyant aimée à ce point-là.
MADAME DE TRENEUIL. Aimée! à merveille, Monsieur, par ce récit vous essayez encore de me faire croire à une passion impérieuse, irrésistible : cela est bon pour ma sœur... mais, pour moi, je n'ignore pas que cette prétendue passion vous laisse quelques intervalles de loisir. Car j'hésitais à vous en reparler, attendu que, quant à moi, je vous le répète, rien ne m'est plus indifférent. Mais enfin, une intrigue amoureuse, un duel l'autre semaine... (*De Presle, sans lui répondre, tire un bouquet fané de son sein, et l'y replace aussitôt.*) Que vois-je? Ah! de Presle! (*Elle se cache la tête dans les mains. Il l'observe. Un silence. Elle reprend avec beaucoup d'émotion :*) Quoi! c'est pour ravoir ce bouquet, dont un fat s'était emparé, que vous avez exposé vos jours?

AIR : *Simple soldat.*

Quelle folie! ô ciel! si j'avais su...
Mais j'en vois une encor bien plus à craindre
Dans le projet que vous avez conçu,
Par un dépit que le temps peut éteindre...
Vous de ma sœur vouloir être l'époux!
C'est aux regrets vouer votre existence ;
Et maintenant ce n'est plus par courroux
Que je persiste à parler contre vous,
   Monsieur, c'est par reconnaissance.

DE PRESLE. Vous êtes bien bonne, Madame, de vous intéresser à mon sort : ce n'est pas votre habitude.
MADAME DE TRENEUIL. Eh! Monsieur, si ce n'est pour vous, c'est pour le bonheur de Delphine, auquel vous ne pensez pas.

DE PRESLE. Eh mais! je vous ferai le même reproche, et avec plus juste raison; car c'est vous que cela regarde plus que moi. Comme sa tutrice, vous êtes responsable; et son malheur, puisqu'il est un de m'appartenir, vous ne devez l'attribuer qu'à vous seule, à vous qui, d'un mot, pouviez l'empêcher.

MADAME DE TRENEUIL. Moi! et comment?...

DE PRESLE. En vous dévouant pour elle.

MADAME DE TRENEUIL. Monsieur!...

DE PRESLE. Je sais ce qu'un tel parti a de pénible pour vous; mais sans cela, où serait le mérite? où serait le sacrifice?... Je vous l'ai dit, Madame : ou votre mari, ou votre beau-frère; ou le malheur de votre sœur, ou le vôtre; choisissez.

MADAME DE TRENEUIL. Ni l'un, ni l'autre; car ma sœur ne peut se marier sans mon consentement, et je le refuse.

DE PRESLE. Contraindre son penchant!

MADAME DE TRENEUIL. J'aime mieux sa douleur aujourd'hui que ses reproches plus tard. Et comme sœur, comme tutrice, je l'obligerai bien à m'obéir.

DE PRESLE. De la tyrannie!... Cela porte malheur, Madame; et dès que vous sortez de l'ordre légal, dès que vous tombez dans le despotisme, je sais les moyens qui me restent, et j'y aurai recours. (*Il salue et sort.*)

SCÈNE XIV.
MADAME DE TRENEUIL, seule.

Peut-on pousser plus loin l'audace! me braver à ce point! Il s'en repentira! Il ne sait pas le service qu'il vient de me rendre. Oui, ce n'est plus par un scrupule exagéré peut-être, c'est pour lui... pour lui seul que je refuse... et cela vaut mieux. Je pourrais me croire dégagée d'un serment arraché à la faiblesse ou à la crainte, je pourrais oublier toutes mes résolutions, je serais prête à me remarier, que tout autre aurait sur lui la préférence... Je le dis sans dépit, sans colère, car je n'en ai plus; je suis tranquille; et si ce n'étaient les craintes que m'inspire l'avenir de ma sœur... Est-ce qu'en réalité elle l'aimerait à ce point-là? Au fait, c'est possible : une jeune personne à qui on répète qu'on l'aime éperdument, ne peut s'empêcher d'être émue. Moi-même, tout à l'heure, je ne sais ce que j'éprouvais; et s'il faut qu'il ait produit le même effet sur Delphine, comment m'y prendrai-je pour la détacher de lui? Voilà surtout ce qui est affreux de sa part! c'est ce calcul de qui est affreux de réduire au rôle d'esclave avec lui, ou de tyran avec ma sœur! Cela est indigne! cela révolte! Et il y a des moments où l'on pleurerait d'être isolée, sans défense, où l'on voudrait à tout prix avoir un appui, un vengeur. Ah! il était le mien auparavant; au lieu de m'outrager, il me protégeait. Et cette blessure, ce duel, ce bouquet!... Allons, allons, ne pensons plus à cela; car je dois le haïr, et peut-être n'en aurai-je plus le courage...

SCÈNE XV.
MADAME DE TRENEUIL, ANTÉNOR.

ANTÉNOR. Ah! Madame, si vous saviez, quel complot! quel tissu d'horreurs!

MADAME DE TRENEUIL. Qu'avez-vous donc?

ANTÉNOR. Je viens de les voir tous les deux... Ils dansaient.

MADAME DE TRENEUIL. N'est-ce que cela?

ANTÉNOR. Oh! vous n'y êtes pas. Je me suis glissé doucement derrière eux. J'ai cru d'abord que M. de Presle m'avait vu; mais non, grâce au ciel! et la preuve, c'est qu'il continuait à lui parler avec feu; il lui disait : « Oui, votre sœur s'oppose formellement à « notre union. »

MADAME DE TRENEUIL. C'est vrai.

ANTÉNOR. Ah! je vous remercie! Non, au contraire, c'est cela qui sera cause de tout, car M. de Presle ajoutait : « Il ne nous reste plus d'autre moyen qu'un « enlèvement, et ce soir, après le bal... »

MADAME DE TRENEUIL. Et qu'a répondu Delphine?

ANTÉNOR. Elle a répondu... je ne puis le croire encore, elle a répondu : « J'allais vous le proposer. » En ce moment, elle se retournait pour balancer, elle m'a aperçu; elle a achevé tranquillement sa figure; et moi, ne sachant plus celle que j'avais à faire, j'accours, me voilà ! je ne sais où donner de la tête; je ferai quelque malheur, c'est sûr, car je ne laisserai pas enlever mademoiselle Delphine.

MADAME DE TRENEUIL. Elle vient de ce côté, c'est elle.

ANTÉNOR. Ah! mon Dieu! Madame, soutenez-moi. Voilà la fièvre qui me prend. J'ai froid.

MADAME DE TRENEUIL. Laissez-moi l'interroger par degrés, avec ménagement. Vous, surtout, pas un mot.

ANTÉNOR. Ah! je voudrais parler, que je ne pourrais pas. (*Il va s'asseoir auprès du guéridon.*)

SCÈNE XVI.
LES PRÉCÉDENTS, DELPHINE.

DELPHINE, *à part*. Les voilà... à présent, je suis au fait de mon rôle, et bien aguerrie contre ses reproches et sa colère.

MADAME DE TRENEUIL. Tu viens de danser, Delphine?

DELPHINE. Oui, ma sœur.

MADAME DE TRENEUIL. Et avec qui, ma chère enfant?

DELPHINE. Mais...

MADAME DE TRENEUIL. Tu hésites... tu te caches de moi, ta meilleure amie.

DELPHINE, *à part*. Ah! si elle y met cette douceur-là.

MADAME DE TRENEUIL. Eh bien! réponds.

ANTÉNOR. Ah! mon Dieu! Mademoiselle, pourquoi ne pas le nommer? on sait bien que c'est lui, M. de Presle; il ne vous quitte plus, il est toujours là.

MADAME DE TRENEUIL. Anténor!..

ANTÉNOR, *se levant*. Oui, Madame, oui, je vous ai promis de me taire; aussi je ne dirai rien, ça ne me regarde pas : qu'il propose à Mademoiselle de l'enlever, qu'elle y consente, ça m'est bien égal; quand on n'aime plus les personnes...

MADAME DE TRENEUIL. Il se pourrait! tu aurais eu la faiblesse?..

DELPHINE. Eh bien! oui, c'est vrai, j'ai tort; mais tant qu'il me parlera, qu'il me pressera, je ne pourrai pas lui résister : c'est plus fort que moi, tous les raisonnements n'y pourraient rien. (*Affectant de pleurer.*) Ça ne servirait qu'à me faire pleurer davantage. (*Elle cherche des yeux son mouchoir, qu'elle a laissé sur le guéridon; Anténor le saisit avec empressement et le lui présente.*)

ANTÉNOR. Le voilà, Mademoiselle. (*A part.*) J'en aurais plus besoin qu'elle.

MADAME DE TRENEUIL. Malheureuse enfant! mais comment a-t-il pris cet empire sur toi?

DELPHINE, *avec intention.* Eh! le moyen de ne pas être sensible à son hommage : n'est-il pas brave, aimable, spirituel? (*En ce moment Anténor passe à la droite de madame de Treneuil.*)
MADAME DE TRENEUIL. Je ne dis pas non; mais..
DELPHINE. Je ne vous parle pas de son rang et de sa fortune; mais n'a-t-il pas un mérite éclatant, l'estime et les suffrages de tout le monde?
MADAME DE TRENEUIL. Je ne dis pas non; mais...
ANTÉNOR, *bas, à madame de Treneuil.* Mais pourquoi en convenir?
DELPHINE. Vous avouez donc, avec moi, que jamais personne n'a été plus digne d'être aimé, n'est-ce pas, ma sœur?

AIR : *Que d'embellissements nouveaux.*
Et voir un amant sans défaut,
Qui devant vous pleure, soupire,
Et ne demande qu'un seul mot
Afin d'apaiser son martyre...
Dites-moi donc par quel moyen
Refuser sans être inhumaine...
Ce mot qui fera tant de bien,
Et qui coûte si peu de peine?

Dame! il m'aime tant!
MADAME DE TRENEUIL. Eh! c'est là que je t'arrête; s'il t'avait trompée?
DELPHINE. Oh! non, ma sœur.
MADAME DE TRENEUIL. S'il ne t'épousait que par dépit?.. s'il en aimait une autre?..
DELPHINE. Lui! je ne le croirai jamais.
ANTÉNOR. Quel aveuglement!
MADAME DE TRENEUIL. Si on te le prouvait?
DELPHINE. Ce n'est pas possible.
MADAME DE TRENEUIL. Si, moi qui te parle, je n'avais qu'un mot à dire pour le détacher de toi, pour l'amener à mes pieds?
DELPHINE. Vous, ma sœur! Ah! je voudrais bien voir cela.
MADAME DE TRENEUIL. Eh bien! tu le verras, pour un moment seulement, et pour te préserver du danger que tu cours.
ANTÉNOR. Oui, Madame, c'est un devoir...
DELPHINE. Oh! je ne crains rien, et je vous en défie...
MADAME DE TRENEUIL. Ah! tu m'en défies... c'est bien malgré moi que j'aurai recours à la ruse, à la tromperie; mais ton intérêt le veut... Le voici... Je suis d'une colère... vous allez voir, Mademoiselle.
ANTÉNOR. Oui, Mademoiselle, vous allez voir.
DELPHINE, *à part.* Je ne puis pas le prévenir; mais n'importe, une fois qu'il l'aura prise au mot...

SCÈNE XVII.
LES PRÉCÉDENTS, DE PRÉSLE.

MADAME DE TRENEUIL. Venez, venez, Monsieur, nous connaissons vos projets.
ANTÉNOR. On les connaît.
DE PRESLE. Ce n'est pas difficile, Madame; je ne les cache à personne.
MADAME DE TRENEUIL. Ne cherchez pas de détours. Vous l'emportez, Monsieur, je dois m'avouer vaincue; j'avais promis à mon père d'assurer l'avenir de sa seconde fille, de tout sacrifier pour elle, jusqu'aux promesses qui m'étaient les plus chères, jusqu'à mon propre bonheur; grâce à vous, il ne me reste plus que ce moyen-là de tenir ma parole! eh bien! puisqu'on m'y force; puisque pour l'arracher à la séduction, je dois m'immoler moi-même, je me rappelle ce que vous m'avez dit tout à l'heure : voilà ma main. (*Elle la lui présente.*)
DE PRESLE. Je ne l'accepte pas, Madame.
MADAME DE TRENEUIL. Comment?
ANTÉNOR. Encore cela?
DELPHINE, *à part.* Ah! mon Dieu! à force de feindre de l'amour pour moi, est-ce que ça serait devenu vrai? Pauvre Anténor!
MADAME DE TRENEUIL, *se remettant à peine de son trouble.* Quoi! Monsieur... (*Avec dépit.*) un refus! après tant d'instances? Ainsi, vous m'avez trompée, moi... nous tous!.. et dans quel but?
ANTÉNOR. Le plaisir de faire de la peine... Il n'en a pas d'autre.
MADAME DE TRENEUIL. Répondez donc, Monsieur.
DE PRESLE. Et que vous dirai-je, quand je me vois si mal jugé par vous? Pouviez-vous croire que je voudrais d'une main que le cœur ne suivrait pas... que je me contenterais de ne lire dans vos yeux que la haine en échange de ma tendresse; d'enchaîner à mon sort une victime au lieu d'une amie; de savoir enfin que je vous ai vouée pour jamais au malheur?.. (*Vivement.*) Oh! vous venez de le dire, et par là vous avez presque fait en un moment ce que n'avaient pu faire ni le temps, ni la séparation, ni la perte de toute espérance. Ah! si je vous avais obtenue de vous-même, si mon amour pour vous avait triomphé d'un vain scrupule, d'un serment nul aux yeux de Dieu et des hommes; si un seul mot échappé du cœur, un geste, un regard, m'avait appris que je ne vous suis pas indifférent; ah! Julie! c'est alors qu'à l'ivresse, au délire de ma joie, vous auriez connu tout votre empire. Tantôt même, en venant à vous à quelles illusions je me livrais! Ce bouquet, ce gage que j'ai payé de mon sang... Je me disais : Qu'elle ne le voie pas, qu'elle ignore tout; et si mes vœux sont exaucés, le jour de notre union, comme je jouirai de sa surprise, en lui offrant cette preuve de mon dévouement, cet emblème plus beau, plus digne d'elle que tous les bouquets de mariée. Ce jour-là, elle le portera pour moi, et ensuite il ne me quittera plus. Vain espoir! maintenant je vous le rends; reprenez-le, il ne peut plus rester sur mon sein : car, pour l'y placer encore, il faudrait l'avoir reçu des mains de l'amour; tenez, Madame... (*Il le lui présente.*)
MADAME DE TRENEUIL, *après avoir hésité un instant.* Ah! gardez-le!
DE PRESLE, *tombant à ses pieds.* Qu'entends-je?
DELPHINE. Ma sœur!
ANTÉNOR, *passant auprès de Delphine et à sa gauche.* Ah! c'est bien fait, Mademoiselle, vous aussi, on vous trahit!.. ça vous apprendra.
DELPHINE, *sautant de joie.* Que je suis contente!.. mon petit Anténor, vous voilà agent de change; voilà votre fortune faite. Remerciez votre beau-frère; car il l'est... ce n'est pas sans peine...
ANTÉNOR. Plaît-il? Qu'est-ce qu'il lui prend? Oh! mon Dieu! il l'a tant séduite, que de désespoir elle en perd la raison.
DELPHINE. Du tout, ni la raison, ni mon amitié pour vous, car je n'ai pas changé un seul instant.
ANTÉNOR. Qu'entends-je? quoi! de Presle!.. Ah! je devine, et à présent je crois aux amis, aux femmes, à tout.
MADAME DE TRENEUIL, *à Delphine.* Tu étais donc du complot?

DELPHINE. Dame! vous deviez faire mon mariage; eh bien! c'est moi qui fais le vôtre. (On entend la musique.)
DELPHINE, à Anténor. La musique; vite, vite, Anténor, et vos gants!

MADAME DE TRENEUIL.

Air de la Galope.

D'un premier mariage
Oubliant les tourments,
De nouveau je m'engage,
Malgré tous mes serments;
J'attends votre suffrage;

Ah! qu'au gré de mes vœux,
Mon second mariage,
Grâce à vous, soit heureux!

ENSEMBLE.

MADAME DE TRENEUIL.
J'attends votre suffrage :
Ah! qu'au gré de mes vœux,
Mon second mariage,
Grâce à vous, soit heureux!

DELPHINE ET LES AUTRES.
Ah! par votre suffrage,
Puisse, au gré de ses vœux,
Son second mariage
Avoir un sort heureux!

FIN DE LE CHAPERON.

LA FAMILLE RIQUEBOURG

OU

LE MARIAGE MAL ASSORTI

COMÉDIE-VAUDEVILLE EN UN ACTE

Représentée, pour la première fois, à Paris, sur le théâtre du Gymnase dramatique, le 4 janvier 1831.

Personnages.

M. RIQUEBOURG, négociant.
MADAME RIQUEBOURG (Hortense), sa femme.
GEORGE, son neveu.

ELISE, sa nièce.
LE VICOMTE D'HEREMBERG.
LAPIERRE, domestique de Riquebourg.

La scène se passe à Paris, dans l'hôtel de Riquebourg.

Le théâtre représente un salon; porte au fond, portes latérales. La porte à droite de l'acteur est celle de l'appartement de madame Riquebourg; l'autre, celle des bureaux de M. Riquebourg. Une table auprès de la porte à droite.

SCÈNE PREMIÈRE.

ÉLISE, *auprès de la table*; RIQUEBOURG, *debout, donnant des billets de banque à un domestique.*

RIQUEBOURG. Cent, et deux cents, en bons sur le trésor... (*A Lapierre.*) Porte ces deux cent mille francs-là à Dampierre, mon caissier : ce sont les premiers fonds pour son voyage. (*Lapierre sort.*)
ÉLISE. Il part donc toujours? un jeune marié!
RIQUEBOURG. Oui, mam'selle ma nièce, avec votre permission, aujourd'hui même, à quatre heures, en route pour Nantes; et de là à la Havane : roule cocher. Eh! eh! c'te diligence-là ne te plairait guère, à ce que je vois?
ÉLISE. Non, vraiment.
RIQUEBOURG. Qu'est-ce que tu fais là?
ÉLISE. J'étudie, mon oncle, ma leçon d'histoire et d'italien.
RIQUEBOURG. D' l'italien, quelle bêtise? du français, je ne dis pas; ça peut servir en France, et encore, moi qui te parle, la moitié du temps, je m'en passe. (*Elise quitte la table et vient auprès de son oncle.*) Ça ne m'a pas empêché de faire fortune; au contraire.

Air du vaudeville de *l'Intérieur d'une Etude*.

On dit qu'autrefois d' la noblesse
C'était l'usage, et de ma main,
Comm' négociant, j'écris sans cesse :
Quartier d'Antin, ou Saint-Germain.
Dans les deux faubourgs m'on m'estime,
Et chacun d'eux m'y voit en beau :
Mon style est de l'ancien régime,
Et ma fortune est du nouveau.

ÉLISE. Une fortune si extraordinaire! et dire qu'autrefois vous n'aviez rien!
RIQUEBOURG. C'était là le bon temps! je me vois encore quand j'étais garçon de magasin à Marseille, sous ce beau ciel du Midi : il y faisait chaud, je m'en vante, et tellement chaud, que dans ce temps-là il ne fallait pas grand'chose pour m'échauffer les oreilles.
ÉLISE. Oh! vous avez toujours été mauvaise tête.
RIQUEBOURG. C'est vrai, bon enfant, mais lâchant le coup de poing avec facilité. C'est tout ce qui m'est resté de mes anciennes habitudes : et encore, faute d'occasions, je finirai par me rouiller entièrement; car maintenant tout me cède, tout m'obéit. « M. Riquebourg par-ci, M. Riquebourg par-là. » C'est tout naturel. A force de vendre des marchandises pour les autres, j'en ai vendu pour mon compte; et je me suis tellement lancé dans les vins et les eaux-de-vie, que j'ai fini, comme on dit, par faire ma pelotte. Roule ta bosse, mon garçon, et j'ai si bien fait rouler la mienne, que du port de Marseille je me suis trouvé dans un bel hôtel de la rue Caumartin.

Air du vaudeville de *Turenne*.

Avec quelqu's millions dans mes poches;
Et je m' suis dit, les voyant s'amasser :
J' les ai gagnés, grâce au ciel, sans reproche;
Tâchons d' même d' les dépenser.

ÉLISE.
Qui mieux que vous, sut jamais les placer?
Tous ces trésors, fruits de vos soins prospères,
Vous les donnez à tous ceux qui n'ont rien.

RIQUEBOURG.
C'est assez juste, et l'on doit bien
Quelqu' chose à ses anciens confrères.

ÉLISE. Et toute votre famille que vous avez prise avec vous !

RIQUEBOURG. Par malheur il n'en reste guère, les braves gens ne vivent pas longtemps ; je n'avais plus d'autres parents que toi et ton cousin George, nous ne pouvions pas manger ça à nous trois ; et tout le monde me disait : « Marie-toi, Riquebourg, tu n'as encore que quarante-cinq ans : n'écoule pas tes années dans l'indifférence et le célibat. » Et ces idées me trottaient dans la tête, quand un jour j'aperçois une jeune personne ; ah ! dame, celle-là, je me dis sur-le-champ : « Voilà ! c'est là le numéro qu'il me faut ; je n'en veux pas d'autre. » Mais, par malheur, c'était une comtesse ! une famille qui n'en finissait plus ; ce qu'il y avait de plus huppé et de plus fier dans le grand faubourg.

ÉLISE. C'était désolant.

RIQUEBOURG. Je crois bien ; mais bientôt d'autres informations m'arrivèrent ; j'appris qu'ils avaient été ruinés à la révolution ! à la première... et ça me rendit courage ; je me dis : Les millions en avant. (Souriant.) Ils ne furent point repoussés par la famille ; au contraire, car, quoi qu'on en dise, les millions et les titres, ça va bien ensemble, et dès ce jour seulement je commençai à être fier de la fortune que j'avais gagnée. Je rentrai chez moi, j'ouvris ma caisse, et regardant avec orgueil mon or et mes billets de banque, je me dis : « Il y a donc du mérite là-dedans, puisque je leur dois mon bonheur, puisqu'ils me donnent pour femme la plus jolie et la plus aimable fille de Paris.

ÉLISE. C'est bien vrai.

RIQUEBOURG. N'est-ce pas ? que de vertus ! que d'esprit ! et elle a la bonté de m'aimer, moi qui ne suis qu'une bête auprès d'elle, moi qui, comme je le disais tout à l'heure, n'a d'autre mérite que ma fortune. Aussi, je m'en console en mettant tout mon mérite à sa disposition. Par exemple, il n'y a qu'une chose qui m'ait coûté pour lui plaire, c'est de ne plus faire ce qu'ils appellent des cuirs. A-t-il fallu du temps et de l'habitude ! c'est la seule tyrannie que ma femme ait exercée sur moi. M'empêcher de placer des t et des s à ma volonté, c'était si absurde ! car enfin, c'est moi qui parle : je les mets où je veux, je suis chez moi d'ailleurs ; et cependant, même dans mon salon, je voyais tous ces beaux messieurs qui riaient aussi, sarpebleu !..

ÉLISE. Mon oncle !

RIQUEBOURG. N'aie donc pas peur, ma femme n'est pas là ! et quand je jurerais un peu le matin, à moi tout seul, je n'ai que ce moment-là. Aussi, j'ai pris en haine tous ces gens comme il faut, barons, ducs et marquis.

ÉLISE. Il y en a cependant qui sont si bien, et si aimables.

RIQUEBOURG. Tu en connais ?

ÉLISE. Oui, mon oncle.

RIQUEBOURG. C'est possible : tu as, comme je le disais tout à l'heure, des connaissances que je n'ai pas ; mais sois tranquille, si je te marie jamais, ce ne sera pas de ce coté-là.

ÉLISE. Que dites-vous ?

SCÈNE II.

LES PRÉCÉDENTS ; LAPIERRE, sortant de l'appartement de madame Riquebourg.

LAPIERRE. Madame fait dire à Mademoiselle de passer chez elle.

ÉLISE. Et moi, qui m'amuse là à causer.

RIQUEBOURG. Qu'est-ce que ça fait ! reste encore.

ÉLISE. Je le voudrais ; mais ma tante qui m'attend pour ma leçon de géographie et d'histoire, car c'est elle qui s'est chargée de mon éducation ; il y a deux ans, quand vous m'avez fait venir du pays, tout le monde se moquait de moi : j'étais si gauche, ne sachant pas dire un mot sans faire une faute !

RIQUEBOURG. Voilà comme je t'aimais ! nous pouvions causer ensemble.

ÉLISE. Oui ; mais tant que j'étais ainsi, qui m'aurait épousée ? Ma tante me disait toujours que mon avenir en dépendait ; qu'il n'y avait pas en ménage de bonheur possible quand un des deux avait à rougir de l'autre, et comme maintenant, dans la société, tout le monde avait des connaissances et de l'instruction...

RIQUEBOURG. Laisse-moi donc tranquille ; tu crois peut-être que c'est avec de la géographie ou de l'histoire que tu trouveras un mari !

AIR : *De sommeiller encor, ma chère.*
A quoi bon app'ler à ton aide
Et la science et son fatras ?
Avec de l'or, et j'en possède,
Avec un' dot, et tu l'auras,
Tu n' manqu'ras pas, tu peux m'en croire,
D'épouseurs... et ça, mon enfant,
Ce n'est pas un cont', c'est de l'histoire,
L'histoire de Franc' d'à présent.

Du reste, chacun est libre, fais comme tu voudras. (*Elise va s'asseoir devant la table.*) Mais je suis altéré d'avoir parlé. Lapierre, donne-moi un petit verre.

LAPIERRE. Comment, Monsieur ?

RIQUEBOURG. Rhum ou eau-de-vie, comme tu voudras, pourvu que ce soit du sec. (*Sur un signe d'Elise, Lapierre hésite.*) Eh bien ! est-ce que tu ne m'entends pas ? (*Lapierre sort.*)

ÉLISE, *qui pendant ce temps a pris ses livres et ses cahiers, passe à la gauche de Riquebourg.* Y pensez-vous mon oncle ? Le docteur qui vous a défendu de prendre la moindre liqueur.

RIQUEBOURG. Bah ! Est-ce que je crois à tout cela !

ÉLISE. Il a pourtant bien dit...

RIQUEBOURG. Oui, oui, ils disent tous que j'ai la même maladie que mon père ; ce n'est pas vrai. Et si c'était, raison de plus... le pauvre cher homme était la sobriété même, ainsi que mon grand-père ; ça ne les a pas empêchés tous deux de mourir à cinquante ans.

AIR du *Baiser au Porteur.*
Tu vois donc bien qu' c'est une duperie,
Pendant qu' j'y suis, je veux vivre avant tout.
(*Lapierre rentre avec un porte-liqueurs qu'il pose sur la table.*)
Moi, je chéris le rhum et l'eau-de-vie
Par reconnaissance et par goût.
Dans les liqueurs j'ai, négociant honnête,
Fait ma fortune, et je peux te l' jurer,
Sans que les un's m'aient fait tourner la tête,
Et sans qu' jamais l'autre ait pu m'enivrer.
(*On entend sonner au dehors.*)

Tiens, voilà que l'on sonne chez ta tante.

ÉLISE. J'y vais. (*Elle va pour entrer dans la chambre à droite.*)

RIQUEBOURG, *à Elise qui est sur le seuil de la porte.* Et surtout ne lui parle pas de ces bêtises du docteur ; elle n'en sait rien, et l'effraierait.

ÉLISE. Oui, mon oncle. (*Elle entre dans la chambre à droite.*)

RIQUEBOURG. Et puis ça me ferait mettre de l'eau dans mon vin, ce que je ne veux pas, parce qu'il faut jouir. (A Lapierre.) Verse tout plein, attendu que la vie passe (L'avalant.) comme un petit verre.

LAPIERRE. C'est là de la philosophie.

RIQUEBOURG. De la philosophie au rhum! Voilà comme je l'aime. Verse encore. Qu'est-ce que tu dis de cela? (Lui montrant son verre.)

LAPIERRE, passant sa langue sur ses lèvres. Que ça ne doit pas être mauvais.

RIQUEBOURG. Eh bien! imbécile, prends-en un, et trinque avec moi.

LAPIERRE, honteux. Ah! notre maître!

RIQUEBOURG. Allons donc! je n'aime pas qu'on me réplique... (Lapierre prend un verre et l'emplit.) A ta santé.

LAPIERRE. A la vôtre. (A part.) V'là-t-il un bon maître! Il n'est pas fier, celui-là!

SCENE III.

LES PRÉCÉDENTS, LE VICOMTE D'HEREMBERG, puis GEORGE.

LE VICOMTE, parlant au fond. Eh bien! viens donc, et monte plus vite, puisque c'est toi qui me présentes.

RIQUEBOURG, achevant son verre. Qu'est-ce que c'est?

LE VICOMTE, à Riquebourg. Votre maîtresse est-elle visible?

RIQUEBOURG. Ma maîtresse!

LE VICOMTE. Oui, madame de Riquebourg; veuillez m'annoncer.

RIQUEBOURG, furieux. Vous annoncer!

GEORGE, entrant. Bonjour, mon cher oncle.

LE VICOMTE, à part, avec étonnement. Son oncle! qu'est-ce que j'ai fait là!

GEORGE, présentant son oncle au vicomte. Monsieur Riquebourg. (A son oncle.) Monsieur le vicomte d'Heremberg.

RIQUEBOURG. Un vicomte, j'aurais dû m'en douter.

GEORGE. Il s'est trouvé, la saison dernière, avec ma tante et ma cousine aux eaux d'Aix.

LE VICOMTE. Où j'ai eu le bonheur de rendre quelques services à ces dames.

RIQUEBOURG. C'est vrai, ma femme me l'a écrit.

LE VICOMTE. Et j'ai trouvé ici, à mon retour, une invitation dont je venais la remercier.

RIQUEBOURG. Dès que cela plaît à ma femme. (A George.) Dis-moi, George, où diable as tu fait cette connaissance-là?

GEORGE. C'est un ancien ami, un camarade d'études: nous étions ensemble à l'Ecole polytechnique.

RIQUEBOURG. Vraiment! c'est dommage que ce soit un vicomte. N'importe; il ne faut pas avoir de préjugés, (Il passe entre George et le vicomte.) et dès que vous êtes l'ami de mon neveu, soyez le bienvenu, et si vous voulez prendre quelque chose, un petit verre.

LE VICOMTE, à part, riant. Le petit verre est admirable.

GEORGE, bas, à Riquebourg. Mon oncle, ça ne se fait pas.

RIQUEBOURG, bas, à George. Tu crois, c'est possible: car ce monsieur a un air... (Haut, à Lapierre.) Ote-moi tout ça. (Lapierre sort avec le porte-liqueurs. Au vicomte.) Pardon, Monsieur, de mon honnêteté. Je vous laisse avec mon neveu. Vous êtes ici chez lui, car George est le fils de la maison; c'est notre enfant.

GEORGE. Mon cher oncle!

RIQUEBOURG. C'est moi qui l'ai élevé, et j'en suis fier, et à tous ceux qui ont l'air de se moquer de moi, je leur dis : « Si je suis un ignorant, mon neveu ne l'est pas. » Comme ce monsieur qui, l'autre jour, avait l'air de me plaisanter, parce que je n'entendais pas une phrase de latin qu'il m'avait lâchée. Si tu avais été là, tu vous l'aurais rembarré, n'est-ce pas? Tu lui aurais parlé grec, tu sais le grec?

GEORGE. Oui, mon oncle.

RIQUEBOURG. A la bonne heure, aussi quand je t'ai là auprès de moi, je ne crains rien, je défie tout le monde; et pour bien faire, tu ne devrais jamais me quitter. Mais depuis quelque temps, tu nous négliges, ça nous fait de la peine à tous.

GEORGE. Vraiment!

RIQUEBOURG. Et puis, je te trouve triste et changé.

GEORGE, s'efforçant de rire. Non, mon oncle.

RIQUEBOURG. C'te bêtise, je ne le vois peut-être pas!

LE VICOMTE. Monsieur a raison, et hier, à l'Opéra, tu avais un air malheureux et si abattu, que je t'ai cru malade; qu'est-ce que cela veut dire? et qu'est-ce qui te tourmente?

GEORGE. J'avais beaucoup travaillé.

RIQUEBOURG. Voilà le mal, il se tuera avec ses mathématiques. Il est trop sage, je lui voudrais quelque bon défaut, ça occupe. (A George.) Veux-tu des chevaux, des jockeys? Si tu n'as pas d'argent, il ne faut pas que ça t'arrête : je suis là.

GEORGE. La pension que vous me faites n'est que trop considérable.

RIQUEBOURG, secouant la tête. Peut-être aussi qu'il y a autre chose. Tu étais hier à l'Opéra, triste et rêveur; est-ce que par hasard de ce côté-là?.. Hein? dame! mon garçon, c'est cher, mais c'est égal, je serai censé n'en rien voir.

GEORGE.

Air des *Frères de lait*.

Un tel soupçon et m'outrage et me blesse.
RIQUEBOURG.
Comm' tu voudras; on n'en convient jamais.
Je sais c' que c'est que les foli's d' jeunesse;
Tout comme un autre autrefois j' m'en donnais :
J' n'en peux plus faire, et ce sont mes regrets.
Mais, les payant pour un neveu que j'aime,
D'un doux souv'nir peut-être encore ému,
Je m' persuad'rai que j' les ai fait's moi-même,
Et qu' mon bon temps est revenu.

GEORGE. Ah! mon oncle!

RIQUEBOURG. Enfin, ça te regarde. Je vais avertir ma femme qu'il y a un vicomte qui la demande. Il se peut, malgré ça, qu'elle ne soit pas visible, car, depuis quelque temps, elle est souffrante. Mais nous sommes gens de revue. Votre serviteur de tout mon cœur. (Il entre dans la chambre de madame Riquebourg.)

SCENE IV.

GEORGE, LE VICOMTE.

LE VICOMTE. Comment, mon ami, c'est là M. Riquebourg, ce négociant si riche, si considéré, et dont sa femme me faisait un si grand éloge?

GEORGE. Oui, certes, c'est un brave et honnête homme, à qui je dois tout, et pour qui je donnerais mon sang.

LE VICOMTE. Je le sais, car je me rappelle l'affaire que tu as eue pour lui avec ce monsieur qui riait à ses dépens, et qui ne s'en avisera plus. Mais quand je pense à sa femme, dont le bon ton et les manières distinguées...

GEORGE. Ce sont là ses moindres qualités, et il est impossible de voir plus de vertu unie à plus de raison! Mariée par l'ordre de ses parents, dont cette union assurait la fortune, à un homme dont les habitudes et les manières ne pouvaient sympathiser avec les siennes, elle ne s'est point dissimulé les difficultés de sa position. Elle a su en triompher; et, où d'autres n'auraient vu que le devoir, elle a su trouver le bonheur.

LE VICOMTE. Vraiment!

GEORGE. Tout en souffrant, peut-être, du ton et des manières de son mari, elle n'a point le tort d'en rougir. Elle le couvre de toute sa dignité, l'ennoblit à tous les yeux, et elle a pour lui tant d'estime, qu'elle force les autres à en avoir.

Air du *Piége*.

Dans le monde il en est ainsi :
Quelques honneurs, quelque rang qu'il cumule,
C'est par sa femme qu'un mari
Est honorable ou ridicule.
Le public juste et circonspect,
Qui dans leurs rapports les contemple,
A pour le mari le respect
Dont sa femme donne l'exemple.

LE VICOMTE. Elle l'aime donc?

GEORGE. Oui, sans doute; car elle aime, avant tout, son devoir.

LE VICOMTE. Et tu crois qu'elle est heureuse?

GEORGE. Dieu seul le sait. Mais elle semble l'être, et elle l'est en effet. Je sais bien que mon oncle est, parfois, brusque et colère, s'emportant aisément, s'apaisant de même. En un mot, c'est tout à fait l'homme du peuple, avec ses élans généreux et ses défauts habituels. Mais il est si bon pour sa femme; il a tant d'amour pour elle! Oui, oui, c'est à coup sûr un bon ménage. Et puis, il y a en elle un charme indéfinissable qui rend heureux tout ce qui l'entoure.

LE VICOMTE. A qui le dis-tu? J'ai passé, l'été dernier, trois mois auprès d'elle, et je l'avoue qu'à la première vue, la tête m'en a tourné.

GEORGE. Il serait possible!

LE VICOMTE. Eh bien! qu'est-ce qui te prend? Ne veux-tu pas empêcher qu'on adore ta tante? Tu aurais du mal: car je n'étais pas le seul. Tout ce qu'il y avait aux eaux d'aimable et de brillant n'a pas cessé de lui faire une cour assidue. Quant à moi, plus sage qu'eux tous, j'ai vu, dès les premiers jours, que je perdrais mon temps, qu'il n'y avait rien à faire, et prudemment je me suis retiré.

GEORGE, *lui prenant la main*. Ce cher Léon.

LE VICOMTE, *riant*. Tu as l'air de m'en remercier, et je n'y ai pas de mérite. D'abord elle m'eu a su gré : j'ai gagné quelque chose dans son estime, ce qui était déjà me payer, et au delà, et puis ensuite, au lieu d'une passion insensée qui m'aurait rendu coupable ou malheureux, j'ai trouvé près d'une autre cet amour pur et véritable que nul remords ne trouble, que nulle crainte n'empoisonne, et qui, désormais, fera le charme et le bonheur de ma vie; en un mot, je veux me marier.

GEORGE. Toi, mon ami? je t'en fais compliment, et plus encore à celle que tu as choisie.

LE VICOMTE. Eh mais! tu la connais.

GEORGE. Moi?

LE VICOMTE. Oui, et peut-être n'est-ce pas sans intérêt personnel que je te raconte tout ceci. Il y a deux ans, j'avais rencontré dans quelques salons une jeune personne charmante, mais sans éducation, sans tournure, tout à fait étrangère aux manières du monde, où, s'il faut le dire, elle était même un objet ridicule; car j'étais le seul qui, plusieurs fois, eût pris sa défense; et depuis, j'ignorais ce qu'elle était devenue, lorsque, cette année, aux eaux d'Aix, je la retrouve; et imagine-toi, mon ami, de la grâce, de l'aisance, une tenue parfaite, et, sans avoir rien perdu de sa naïveté première, l'esprit le plus fin et le plus délicat. Deux années de soins et d'études avaient opéré cette métamorphose; et ce qui m'a touché jusqu'au fond du cœur, c'est qu'il m'a été facile de voir que le désir de me plaire avait été la cause d'un tel changement.

GEORGE. Il serait vrai?

LE VICOMTE. Oui; cela et l'exemple, l'amitié et les soins de ta tante.

GEORGE. Comment! ce serait Elise, ma cousine?

LE VICOMTE. Oui, mon ami, c'est elle.

GEORGE. Et tu songerais à l'épouser! toi, jeune, riche, et d'une illustre naissance?

LE VICOMTE. Et pourquoi pas?

GEORGE. Ah! c'est mille fois trop d'honneur pour nous! et jamais je n'aurais osé rêver pour ma cousine, pour ma sœur, une alliance pareille. Mais il faut que tu saches que mon oncle, que le travail, l'industrie, ont conduit à une immense fortune, mon oncle, qui est maintenant un des premiers négociants de Paris, a été autrefois, à Marseille, simple commis, simple garçon de magasin.

LE VICOMTE. Je ne le savais pas, et je me reproche d'avoir ri tout à l'heure à ses dépens : partir de si bas pour arriver si haut, il faut du mérite pour ça. Pardon, mon ami, je le respecterai maintenant.

Air : *Au temps heureux de la chevalerie*.

Gloire à celui qui doit tout à lui-même,
Et qui se fait et son sort et sa part;
Pour bien juger les gens, c'est un système,
On pense au but, moi je pense au départ.
Du grand Condé j'admire le courage;
Mais il était né prince et général...
Vaut-il celui qui, quittant son village,
S'en va soldat et revient maréchal?
Vaut-il celui qui, loin de son village,
S'en va soldat et revient maréchal?

GEORGE. Quoi! cela ne te fait pas changer de sentiment?

LE VICOMTE. Plaisantes-tu? Ne sommes-nous pas camarades? n'avons-nous pas étudié ensemble?

GEORGE. Mais ta famille?...

LE VICOMTE. Ma famille pense comme moi. A présent, mon ami, il n'y a plus de mésalliance : le commerce, l'industrie, la noblesse, égaux en lumières, en force, en courage, se tiennent et se donnent la main. Qui gouvernera? qui commandera demain? Toi, moi, si nos talents nous en rendent dignes; car les talents, l'instruction, fixent seuls les rangs; et maintenant il n'y a que deux classes dans la société : ceux qui ont reçu de l'éducation et ceux qui n'en ont pas. C'est seulement qu'il y a mésalliance, c'est là qu'il y a malheur. Mais, grâce aux nouveaux charmes dont brille ta cousine, nous n'en sommes plus là; et j'arrive avec ma demande en mariage, que j'avais faite par écrit, c'est plus sûr.

GEORGE. Ah! mon ami, que de reconnaissance!

LE VICOMTE. J'espère que mon exemple t'encouragera, que tu chasseras ces idées sombres qui t'ab-

RIQUEBOURG. A la santé !
LAPIERRE. A la vôtre. — Scène 3.

sorbent et t'attristent, et que, comme moi, tu feras un bon choix et un bon mariage.

GEORGE, *soupirant.* Moi, c'est bien différent, ce n'est pas possible; il n'y a pas de bonheur pour moi.

LE VICOMTE. Et pourquoi donc?

GEORGE. Ah! si tu savais, si je pouvais t'avouer!.. Tais-toi. (*Regardant du côté de l'appartement de madame Riquebourg.*) Voilà ma famille; je te laisse avec elle.

SCÈNE V.
RIQUEBOURG, HORTENSE, LE VICOMTE, GEORGE.

HORTENSE. Mille pardons, monsieur le vicomte, de vous avoir fait attendre; je n'espérais pas votre visite de si bonne heure.

LE VICOMTE. En effet, c'est agir avec bien peu de cérémonie, et je vous dois des excuses.

HORTENSE. Moi, je vous dois des remercîments; c'est nous traiter en amis.

AIR : *Amis, voici la riante semaine.*
J'approuve fort un semblable système,
Et mon mari qui pense comme nous,
Me le disait tout à l'heure à moi-même.
　　　LE VICOMTE, *à Riquebourg.*
Serait-il vrai?.. que c'est aimable à vous!
　　　RIQUEBOURG, *avec embarras.*
Vous ét's bien bon...
　　(*A part, montrant sa femme.*)
　　　　En vérité, j' l'admire;
Car, pour mon compte, elle a soin de placer
De jolis mots, que j'ai l' plaisir de dire
Sans avoir eu la peine d' les penser.

HORTENSE, *apercevant George, qui a pris son chapeau, mais qui n'est pas encore parti.* Bonjour, George; nous vous avons attendu hier à dîner, vous n'êtes pas venu; cela nous a inquiétés.

GEORGE. Ah! ma tante!

RIQUEBOURG, *à George.* Quand je te disais : tu lui as fait de la peine; et puis, on ne conçoit plus rien à ta bizarrerie. Je comptais sur toi, le soir, pour la conduire au bal en tête-à-tête.

GEORGES. Mouillé de nos larmes, il ne me quittera plus. — Scène 17.

GEORGE. Je n'ai pas pu.

RIQUEBOURG. Laisse-moi donc; au moment où je donnais la main à ma femme, qui était superbe, j'ai aperçu Monsieur, debout dans la rue, qui regardait monter en voiture, par une pluie battante. Et pourquoi? pour aller avec Monsieur (*Montrant le vicomte.*) soupirer à l'Opéra.

GEORGE. Ne le croyez pas.

HORTENSE, *s'efforçant de sourire.* Et quand ce serait vrai, où est le mal? Vous me croyez donc bien sévère! Ecoutez, George, quand vous serez heureux, je ne vous demanderai rien, (*Montrant le vicomte.*) cela regarde Monsieur; mais dès que vous avez des peines, du chagrin, je les réclame; c'est moi qui dois être votre confidente; c'est le privilége des tantes : elles ne sont bonnes qu'à cela.

GEORGE. Ah! Madame.

RIQUEBOURG. Voilà parler; et puisque enfin tu es notre fils, notre enfant, attendu que je n'en ai pas eu de ma femme... ce n'est pas ma faute...

HORTENSE. Monsieur...

RIQUEBOURG. Je dis ça, parce qu'on pourrait croire...

HORTENSE, *s'empressant de l'interrompre, et se retournant vers le vicomte.* Monsieur le vicomte nous fait-il le plaisir de dîner avec nous?

LE VICOMTE. Trop heureux d'accepter.

RIQUEBOURG. Nous irons au spectacle en famille. George, tu donneras le bras à ta tante.

HORTENSE. Pourquoi le gêner? Il aimerait peut-être mieux aller à l'Opéra.

GEORGE. Ah! vous ne le pensez pas.

LE VICOMTE. C'est le jour des *Bouffes*, et si ma loge peut être agréable à ces dames...

RIQUEBOURG. Non pas à moi.

Air de *Calpigi.*

Dès que j'arrive, il faut qu' j'y dorme;
J' n'y vais qu' pour vous et pour la forme;
(*A Hortense.*)
Mais j' veux m'amuser aujourd'hui,
Et nous irons chez Franconi;
C'est mon spectacle favori;

Le seul où j'entends à merveille...
Le seul où jamais je n' sommeille.
LE VICOMTE.
A cause du mérite?
RIQUEBOURG.
Non...
A cause des coups de canon.

HORTENSE. Soit, comme vous voudrez, Monsieur; ce qui vous amusera sera ce qui me plaira le plus. George, voulez-vous dire qu'on nous envoie chercher une loge?
GEORGE. J'irai moi-même, si vous le voulez.
LE VICOMTE. J'ai ma voiture en bas, et je peux te conduire.
GEORGE, bas, au vicomte. Et tu demandes?
LE VICOMTE, de même. Je n'ose pas, tant que ton oncle est là.
GEORGE, de même. Allons donc.
LE VICOMTE, à Hortense. N'osant espérer que vous seriez visible d'aussi bonne heure, j'avais pris, Madame, la liberté de vous écrire.
RIQUEBOURG. Comment?
LE VICOMTE. Ainsi qu'à vous, Monsieur, pour vous adresser une demande qui m'intéresse beaucoup.
RIQUEBOURG. Une demande, à moi?
LE VICOMTE. Et comme je veux vous laisser la liberté d'y réfléchir, (Lui donnant la lettre.) je la remets entre vos mains, et tantôt, en me rendant à votre invitation, je viendrai savoir la réponse. (A George.) Partons, mon ami.

AIR du Siége de Corinthe.
Ce jour doit m'être favorable,
Pour moi tout semble réuni :
Tous les plaisirs, banquet aimable,
Et puis spectacle à Franconi.
HORTENSE.
Oh! du spectacle, ici, je vous délivre,
N'ayez pas peur ; car, en hôtes civils,
Nous vous laissons libre.
LE VICOMTE.
Je veux vous suivre
Et partager ce soir tous vos périls.
LE VICOMTE ET GEORGE, en sortant.
Ce jour doit { m'être / l'être } favorable,
Pour { moi / toi } tout semble réuni,
Tous les plaisirs, banquet aimable,
Et puis spectacle à Franconi.

—

SCENE VI.
HORTENSE, RIQUEBOURG.

HORTENSE, regardant la lettre. Qu'est-ce que cela veut dire?
RIQUEBOURG, la lui donnant. C'est à toi qu'elle est adressée, et je ne lis jamais les lettres de ma femme, parce qu'on dit que ça porte malheur.
HORTENSE, avec joie. O ciel! qui se serait douté?.. c'est notre nièce Elise qu'il demande en mariage.
RIQUEBOURG, avec humeur. Eh bien! par exemple...
HORTENSE, étonnée. Eh quoi! n'êtes-vous pas enchanté, comme moi, d'une alliance aussi honorable?
RIQUEBOURG. Du tout.
HORTENSE. Et pourquoi?
RIQUEBOURG. Je ne te dirai pas que, par goût et par affection ; je n'aime pas les seigneurs, ça serait une bêtise; parce qu'enfin un homme en vaut un autre : il y a de braves gens partout, et celui-là, ce n'est pas sa faute s'il est vicomte ; mais je te dirai que ma nièce aura cinq cent mille francs de dot, que depuis longtemps j'ai mis de côté ; et je ne me serais pas donné tant de mal pour enrichir un étranger.
HORTENSE. Le vicomte est riche.
RIQUEBOURG. Lui ou tout autre, qu'importe? Ce n'est pas un des miens, et je veux que ce que j'ai gagné à la sueur de mon front ne sorte pas de la famille, c'est à eux, ça leur appartient, ils l'auront, et je ne connais qu'un mari qui convienne à Elise, c'est George, c'est mon neveu.
HORTENSE. Que dites-vous?
RIQUEBOURG. Y a-t-il au monde un plus honnête homme, un plus brave garçon? Si tu l'avais vu comme moi, sous le feu du canon!
HORTENSE. Comme vous! et quand donc?
RIQUEBOURG. Pardon, je ne voulais pas te le dire, mais, en ton absence, lors de ces derniers événements, quand on mitraillait le peuple, je me suis dit : « Le peuple! j'en suis, ça me regarde. » J'ai fermé ma maison, mes magasins ; et avec mes ouvriers et mes commis je me lançais, sans ordre, au hasard, où il y avait des coups de fusil, car je ne suis pas fort sur la tactique, lorsque je vois arriver au galop un petit jeune homme en habit bleu, qui se met à notre tête, donne des ordres; je regarde, c'était George, que je croyais renfermé à l'Ecole. C'était mon neveu qui criait : En avant! marche!.. Ce gaillard-là faisait marcher son oncle. Corbleu! je l'ai suivi ; il nous a bien menés! et on ne veut pas que je donne ma nièce à mon neveu, à mon général!
HORTENSE. Si, mon ami, si, je trouve cela tout naturel. Ce pauvre George! mais cependant...
RIQUEBOURG. Cependant... cependant.. il n'y a pas d'objection qui tienne, ça a toujours été mon idée, et si je ne t'en ai pas parlé plus tôt, c'est que, depuis longtemps, j'ai remarqué une chose qui m'a chagriné.
HORTENSE. Et qu'est-ce que c'est donc?
RIQUEBOURG. Tu sais combien j'aime George ; c'est mon soutien, mon appui, c'est, après toi, ce que j'ai de plus cher au monde. Et comme tu es une bonne femme, tu l'aimes parce que je l'aime, pour me faire plaisir ; mais cela n'est pas de toi-même, ce n'est pas comme je voudrais
HORTENSE. Que dites-vous?
RIQUEBOURG. Oui, tu te retiens, et il ne faudrait pas, il faudrait être comme moi ; tu as peur de lui faire une caresse, de lui faire amitié. Des fois tu le traites avec cérémonie, et d'autres fois tu ne le traites pas bien du tout.
HORTENSE. Moi!
RIQUEBOURG. Je t'en donnerai des preuves. Par exemple : restant à Paris, pour mes affaires, je désirais qu'il t'accompagnât dans ton voyage, tu as mieux aimé partir seule avec ta nièce et une femme de chambre. Je ne t'ai pas contrariée, parce qu'avant tout tu es la maîtresse ; mais cela m'a fait de la peine et à lui aussi.
HORTENSE. Vous croyez?..
RIQUEBOURG. Ah dame! il n'est pas démonstratif, il ne fait pas de phrases, celui-là ; il ne dit rien ; mais il agit ; et je sais au fond du cœur combien il nous aime tous deux. Pendant le temps que j'ai été malade, il s'est mis à la tête de ma maison ; et, quoique ce ne fût pas son état, il s'y est entendu aussi bien que moi, ça allait mieux que si j'y avais été ; car il a ce que je n'ai plus, de la jeunesse et de l'activité, et surtout un zèle pour mes intérêts... Et pour toi, est-il possible d'être plus aimable, plus attentif? Toujours

à tes ordres ; il se ferait tuer pour t'avoir une loge d'Opéra, ou une invitation de bal ! Voilà ce qu'il nous faut pour être tout à fait heureux chez nous. Cela vaut mieux, j'espère, qu'un inconnu, qu'un étranger, et, dès aujourd'hui, pour commencer, il faut que tu en parles à George.

HORTENSE, *troublée*. Moi !

RIQUEBOURG. Sans doute ; il est toujours de ton avis, il fait toujours ce que tu désires, il te sera facile de le décider.

HORTENSE, *de même*. Je l'essaierai du moins.

RIQUEBOURG. Il le faut, ou je croirai que tu as quelque arrière-pensée en faveur de ce vicomte que tu protéges.

HORTENSE. Vous pourriez croire?..

RIQUEBOURG. Oui. Tu as toujours eu un petit penchant pour les gens de qualité, c'est tout naturel, tu en es ; moi je n'en suis pas.

HORTENSE. Mon ami !

SCÈNE VII.

LES PRÉCÉDENTS ; GEORGE, *qui entre tout rêveur et reste au fond.*

RIQUEBOURG. Tiens ! le voilà, toujours sombre et rêveur ! Qu'a-t-il donc ? (*L'appelant.*) George !..

GEORGE, *sortant de sa rêverie*. Ah ! mon oncle !

RIQUEBOURG. Arrive, mon garçon, ta tante a à te parler.

GEORGE, *vivement*. Il serait vrai ! Me voici.

RIQUEBOURG, *souriant*. Ah ! ça l'a réveillé ! J'ai des ordres à donner à Dampierre, mon commis, qui part ce soir.

GEORGE. Je le sais. Pour cet établissement que vous voulez former à la Havane.

RIQUEBOURG. Oui, mon garçon.

GEORGE. Une belle entreprise, qui, bien menée, doit réussir.

RIQUEBOURG. Je l'espère. Mais j'en ai une autre qui me tient encore plus à cœur. Nous venons de nous occuper, avec ma femme, de ton avenir, de ton bonheur. Elle te dira cela. Cause avec ta tante, entends-tu, cause avec elle. (*Il rentre dans ses bureaux*.)

SCÈNE VIII.

HORTENSE, GEORGE.

GEORGE, *étonné, et regardant sortir son oncle*. Qu'est-ce qu'il a donc, mon oncle ?

HORTENSE. Ce qu'il a, George ? il veut vous marier.

GEORGE. Ah ! c'est là ce qu'il appelle mon bonheur ! J'espère du moins qu'il ne me rendra pas heureux malgré moi ; et comme je n'y consens pas...

HORTENSE. Quoi ! sans connaître celle qu'on vous destine ?

GEORGE, *avec amertume*. Je ne doute pas qu'elle ne soit riche, jeune, aimable, parfaite, en un mot : c'est vous qui avez daigné la choisir ; mais quelle qu'elle soit, je la refuse, je n'en veux pas. Point d'amour, point de mariage, jamais. Je veux rester comme je suis.

HORTENSE. Vous êtes donc bien heureux ?

GEORGE. Moi !.. Je suis le plus malheureux des hommes.

HORTENSE, *vivement*. Et pourquoi ?

GEORGE. Je ne sais ; une fièvre lente me consume et me tue. Sans espoir, sans avenir, cette vie que je commence à peine, me semble déjà finie.

HORTENSE. Et quelle carrière, cependant, promet d'être plus brillante ? Aimé, estimé de tous, les honneurs vous attendent, la gloire vous appelle, et le désir de servir votre pays n'excite-t-il pas votre ambition ?

GEORGE. De l'ambition ! je n'en ai plus. A quoi bon acquérir de la gloire, des honneurs ? Pour qui ? A qui les offrir ? Qui s'intéresse à moi ?

HORTENSE. Et nous, Monsieur, nous, vos amis et vos parents ?

GEORGE. Oui, je le sais, vous m'aimez bien.

HORTENSE. Alors, et si vous le croyez, pourquoi parler ainsi ? Il m'appartient peu, je le sais, de vous adresser des conseils ; mais si mon âge m'interdit ce droit, mon amitié, peut-être, me le donne. Voyons, confiez-moi tout ; je suis votre tante et votre amie.

GEORGE. Eh bien ! oui, votre confiance attire la mienne, vous seule connaîtrez le fardeau qui me pèse ; j'aime, sans espoir d'être aimé ! bien mieux, sans vouloir jamais l'être ; car si je l'étais, je fuirais au bout du monde.

HORTENSE. Insensé ! Vous avez pu livrer votre cœur à une passion coupable !

GEORGE. Coupable ! qui vous l'a dit ?

HORTENSE. Les tourments que vous souffrez ; car un attachement pur et légitime ne donne que du bonheur. Mais faites un instant un retour sur vous-même : où un pareil amour peut-il vous conduire ?

GEORGE. Ah ! vous n'avez jamais aimé, vous qui me faites une pareille demande ; où il peut me conduire ? à aimer, à souffrir ; et ces tourments-là sont le bonheur de ma vie. Loin de m'y soustraire, je les cherche, je les désire, et dernièrement, ce que mon oncle ne sait pas, on m'avait nommé à une place superbe, que j'ai refusée... Il fallait m'éloigner d'elle, il fallait quitter Paris.

HORTENSE, *avec émotion*. Ah ! c'est là qu'elle habite ?

GEORGE. Oui, Madame, bien loin d'ici.

HORTENSE. Et vous n'avez jamais songé à son repos, que vous pouviez troubler ; à sa vie, que vous pouviez rendre misérable ?

GEORGE.
Air : *Le choix que fait tout le village.*
Ah ! si jamais je le croyais, Madame,
Si cet amour si cruel et si doux
Pouvait troubler le repos de son âme...
C'est impossible .. ainsi rassurez-vous.
Pour que sur moi descende sa pensée,
Pour abaisser jusque sur moi ses yeux,
Par ses vertus elle est trop haut placée,
Et, grâce au ciel, je suis seul malheureux.

HORTENSE. Si vous l'êtes, c'est que vous le voulez, c'est que vous vous livrez sans cesse au danger, au lieu de le fuir ou de le braver. Je ne suis qu'une femme, et bien faible, sans doute ! mais si jamais, pour mon malheur, j'avais à combattre des sentiments pareils aux vôtres, loin d'y céder lâchement, j'en mourrais peut-être, mais j'en triompherais. Auriez-vous moins de courage ? et faut-il que ce soit moi qui vous donne des leçons de force et d'énergie ? Allons, George, allons, mon ami, croyez-moi, il n'est point de chagrin si profond que la raison ne puisse adoucir, point d'infortune si grande que notre cœur ne puisse supporter et vaincre ! Je vous offre mon aide, mon secours ; et si vous êtes ce que je crois, si vous êtes digne de mon estime, vous suivrez mes conseils.

GEORGE. Parlez.

HORTENSE. Votre oncle voulait vous faire épouser Elise

GEORGE. Elise! ma cousine? c'est impossible, un autre en est épris, le vicomte d'Herembert, mon ami.

HORTENSE.
Air de *Téniers*.
C'est ce qu'il faut d'abord faire connaître
A votre oncle.
GEORGE.
Je lui dirai.
HORTENSE.
Et puis, il est d'autres partis peut-être...
GEORGE.
Pour moi, jamais... je l'ai juré.
N'espérant rien de celle que j'adore,
Je veux toujours, en mes soins assidus,
Lui conserver un amour qu'elle ignore,
Et des serments qu'elle n'a pas reçus.

HORTENSE. Eh bien! il est un autre parti plus facile, qui assurera votre tranquillité, et la sienne peut-être. Cette place qu'on vous offrait, et qui vous éloigne de Paris, il faut l'accepter.

GEORGE. Me priver de sa présence, de mon bonheur! et que vous ai-je fait pour me donner un pareil conseil?

HORTENSE. Il faut pourtant le suivre; mon amitié est à ce prix, choisissez... Eh bien!

GEORGE. Y renoncer; jamais!

HORTENSE. Je vous croyais digne de m'entendre, je vous laisse à vous-même, et n'ai rien à vous dire. (*George s'éloigne; mais au moment de sortir, il jette un coup d'œil sur Hortense, qui ne le regarde plus. Il soupire et sort.*) Ah! que c'est mal à lui!

SCÈNE IX.

HORTENSE, *seule*.

Air : *O mon ange! veille sur moi*.
D'où vient que son départ me trouble, m'inquiète?
Fuyons son souvenir... je le veux... je ne puis...
(*Elle s'assied près de la table.*)
Présent, je le redoute; absent, je le regrette;
Je rougis à sa vue, à son nom je rougis...
Il ne m'a jamais dit quelle est celle qu'il aime;
Je devrais l'ignorer, et cependant je crois,
Je la connais trop bien... Hélas! contre moi-même,
O moi-même! protége-moi.

(*Elle reste près de la table, la tête appuyée dans ses mains et plongée dans ses réflexions.*)

SCÈNE X.

HORTENSE, RIQUEBOURG.

RIQUEBOURG, *sortant de la chambre à gauche, à la cantonade*. Allons donc, qu'est-ce que c'est qu'un pareil enfantillage?

HORTENSE, *l'entendant*. Mon mari.

RIQUEBOURG, *se parlant à lui-même*. Est-ce qu'un homme doit être ainsi?

HORTENSE. Qu'y a-t-il?

RIQUEBOURG. C'est ce Dampierre qui, pendant que je lui parle de vins de France, de sucre et de café, s'avise d'avoir la larme à l'œil.

HORTENSE. Et pourquoi?

RIQUEBOURG. Il ne m'écoutait pas, il pensait à sa femme et à son enfant qu'il va quitter. Que diable! il faut être à ce qu'on fait; il y a temps pour tout. Je n'empêche pas qu'on soit sensible, le soir, après le bureau! Aussi, maintenant, me voilà tout à toi. Eh bien! tu as vu George : à quand la noce? Est-il décidé?

HORTENSE, *troublée*. Pas encore tout à fait... mais plus tard, j'espère...

RIQUEBOURG, *gaiement*. A la bonne heure, pourvu que ça vienne; d'autant qu'à présent je suis moins pressé, grâce à une idée qui m'est venue.

HORTENSE. Comment?

RIQUEBOURG. Le départ de Dampierre me laisse trop d'ouvrage, et j'ai imaginé de prendre avec moi mon neveu, qui, à son âge, ne fait rien.

HORTENSE, *à part*. O ciel!

RIQUEBOURG. Comme mon associé, il habitera ici, chez nous, auprès de sa cousine, de sa future; il ne nous quittera plus.

HORTENSE, *à part*. C'est fait de moi! (*Haut.*) Et vous croyez qu'il acceptera?

RIQUEBOURG. J'en suis sûr; car c'est me rendre service. Il m'aidera au bureau, dans mes travaux, dans mes affaires. Et ici, dans notre intérieur, ce sera pour nous une société de tous les instants; en mon absence au moins, tu ne seras plus seule; ça te dissipera, ça t'égaiera, maintenant surtout, que tu es souvent souffrante.

HORTENSE. J'en conviens; et je crois que je le serais moins, si vous aviez daigné m'accorder ce que déjà je vous ai plusieurs fois demandé.

RIQUEBOURG, *étonné*. Comment, ce dont tu me parlais encore l'autre jour?

HORTENSE. Eh bien! oui; permettez-moi de quitter Paris, et d'aller passer quelques mois dans votre terre de Plinville, que nous n'avons pas vue depuis longtemps.

RIQUEBOURG. Quelle diable d'idée! Mais quand une fois les femmes en ont une en tête! Depuis le commencement de l'hiver, il lui a pris un amour de campagne... Voilà trois ou quatre fois qu'elle me presse de partir, par un temps affreux, au mois de décembre.

HORTENSE. Que m'importe? Je n'y tiens pas.

RIQUEBOURG. Et moi, j'y tiens; est-ce que je peux ainsi, toute l'année, me séparer de toi? Déjà, cet été, quand tu as été aux eaux, que nous étions ici, mon neveu et moi, que tu nous avais laissés veufs, nous ne savions que devenir; cette maison est si grande, quand tu n'y es pas! il n'y a plus de plaisir, plus de bonheur; il me semble que tu nous tout emporté.

HORTENSE, *avec tendresse*. Eh bien! venez avec moi.

RIQUEBOURG. Avec toi! certainement que j'irais, si ça se pouvait; mais mon commerce, mais mes affaires me retiennent ici, je ne peux pas quitter; et quand j'ai bien travaillé toute la journée, il faut que le soir je te retrouve là, près de moi. Ça me console de tout, ça me réjouit, ça me... Enfin, j'ai besoin de toi, je ne peux vivre sans ça, ça m'est impossible.

HORTENSE. Cependant, si je vous suis chère, vous m'accorderez la grâce que je vous demande. Je souffre ici.

RIQUEBOURG. Si c'était pour ta santé, je n'hésiterais pas; mais les docteurs s'y opposent, ils disent que ça te tuera.

HORTENSE. N'importe, laissez-moi partir.

RIQUEBOURG. Et qu'est-ce qui te presse? qu'est-ce qui t'y oblige?

HORTENSE. Il le faut.

RIQUEBOURG. Et pourquoi?

HORTENSE. N'avez-vous pas assez de confiance en votre femme pour vous en rapporter à elle du soin de ce qui est convenable ou nécessaire?

RIQUEBOURG. Si vraiment.

HORTENSE. Eh bien! alors, ne me demandez rien; fiez-vous à moi et laissez-moi m'éloigner.

RIQUEBOURG. Non, morbleu! Je ne conçois pas une insistance pareille; et il faut qu'il y ait quelque chose là-dessous. J'en connaîtrai le motif; je le veux, je l'exige.

HORTENSE. Je ne puis le dire.

RIQUEBOURG. Eh bien! je n'accorde rien; tu ne me quitteras pas, tu resteras.

HORTENSE, *dans le plus grand trouble*. O mon Dieu! il n'est donc pas d'autre moyen; je n'en connais pas du moins.

RIQUEBOURG. Que dites-vous?

HORTENSE. Qu'attachée à vous, à mes devoirs, j'ai cru longtemps que rien de ce qui leur était étranger ne pouvait jamais faire impression sur moi; je m'étais trompée. Il est des affections qui ne dépendent ni de notre cœur, ni de votre volonté, qu'on ne peut empêcher de naître, et contre lesquelles on n'est point en garde; car lorsqu'on commence à les craindre... elles existent déjà.

RIQUEBOURG. Comment!

HORTENSE. Non que vous deviez vous alarmer, et que ce cœur ait cessé de vous appartenir; il est à vous par le devoir, par l'estime, par la reconnaissance; et grâce au ciel, je suis digne de vous; je n'ai aucun reproche à me faire, mais peut-être n'en serait-il pas toujours ainsi. Vous êtes mon meilleur ami, mon guide, mon protecteur; venez à mon aide, permettez-moi de m'éloigner, de céder à des craintes chimériques peut-être! mais que font naître le sentiment de mes devoirs et l'affection que je vous porte.

RIQUEBOURG. Que viens-je d'entendre! Il est quelqu'un que vous aimeriez?

HORTENSE, *baissant les yeux*. Non, mais je le crains peut-être! (*Vivement.*) Il ne le sait pas, il ne le saura jamais, et c'est pour en être plus sûre que je veux fuir.

RIQUEBOURG. Ce quelqu'un, quel est-il?

HORTENSE. Que vous importe?

RIQUEBOURG. Et pourquoi l'aimez-vous?

HORTENSE. Je n'ai pas dit cela.

RIQUEBOURG, *hors de lui*. Et moi, j'en suis sûr; il fallait l'empêcher, il ne fallait pas le souffrir; on se commande, on est toujours maître de soi.

HORTENSE. L'êtes-vous dans ce moment?

RIQUEBOURG. C'est différent; ce n'est pas de l'amour que j'ai, c'est de la rage!.. contre vous, contre tout le monde.

HORTENSE. Que pouvais-je faire cependant, sinon de tout avouer? J'ai donc eu tort d'avoir confiance en vous, de vous prendre pour conseil et pour ami, d'implorer votre protection?

RIQUEBOURG. Non, non; vous avez bien fait, c'est moi qui perds la raison; et quoique jamais peut-être on n'ait fait un pareil aveu à un mari, je crois en vous; vous êtes une honnête femme, que j'estime, que je respecte... c'est à lui seul que j'en veux. Quel est son nom? quel est-il? nommez-le-moi, je suis sûr que je le connais, que je l'abhorre, que je l'ai toujours détesté, et si je le rencontre jamais...

SCÈNE XI.

LES PRÉCÉDENTS, LAPIERRE.

LAPIERRE, *annonçant*. Monsieur le vicomte d'Heremberg.

HORTENSE. Le vicomte! Ah! mon Dieu! il vient pour cette réponse.

RIQUEBOURG. Je suis bien en train de la faire; qu'il s'en aille!

HORTENSE. Une pareille impolitesse! c'est impossible; mais le recevoir, lui expliquer votre refus... Je ne puis en ce moment. (*A Lapierre.*) Priez-le de m'attendre au salon! où tout à l'heure j'irai le rejoindre... dites-lui que des occupations... que ma toilette...

LAPIERRE. Oui, Madame. (*Il sort.*)

RIQUEBOURG. Voilà bien des façons, pour un vicomte! (*A part.*) Ah! mon Dieu! si c'était... Oui, c'est lui... j'en suis sûr, maintenant.

HORTENSE. Qu'avez-vous?

RIQUEBOURG. Rien... je n'ai rien... laissez-moi... Rentrez. (*Hortense va pour sortir par la porte du fond. Riquebourg lui montrant celle de son appartement à droite.*) Là, dans votre appartement.

HORTENSE. Qu'est-ce que cela signifie?

RIQUEBOURG, *modérant sa colère*. Je veux que vous me laissiez, je le veux.

HORTENSE. Ah! vous m'effrayez; j'obéis, Monsieur, j'obéis. (*Elle entre dans son appartement.*)

SCÈNE XII.

RIQUEBOURG, *seul*. Oui, oui, c'est lui; ce doit être lui... je le saurai, je lui ferai un affront devant tout le monde entier, s'il le faut, je lui demanderai pourquoi il aime ma femme; pourquoi il en est aimé; Oh! je ne crains pas le bruit, ça m'est égal; et si ça ne lui convient pas, eh bien, je le tuerai! ou bien il me tuera. Et dans ce moment-ci, il n'y aura pas grand mal; il est là, au salon, il attend ma femme! ce n'est pas elle qu'il verra, c'est moi; allons. (*Il fait un pas pour sortir; en ce moment entre George.*)

SCÈNE XIII.

GEORGE, RIQUEBOURG.

RIQUEBOURG. Ah! George, te voilà!

GEORGE. Qu'avez-vous donc?

RIQUEBOURG. Je suis heureux de te voir, de t'embrasser. Adieu, mon ami.

GEORGE. Et où allez-vous donc?

RIQUEBOURG. Me venger.

GEORGE. Et de qui? au nom du ciel, modérez-vous, pas de bruit, pas d'éclat. Qui vous a offensé? parlez.

RIQUEBOURG. Je le voudrais; mais je ne le puis, je ne l'ose; et pourtant, morbleu! à qui demander conseil? à qui confier mes chagrins, si ce n'est à mon seul ami?

GEORGE. Des chagrins! Et qui peut les causer!

RIQUEBOURG. Celle que j'aime le plus au monde, ma femme! Tu sais si j'en suis épris! Eh bien! au sein même de notre ménage, dans l'intimité, jamais je n'ai eu un moment de vrai bonheur, jamais je n'ai pu la regarder comme mon égale; je ne sais quelle supériorité me tenait à distance, et m'imposait, je n'osais l'aimer; et pour comble de maux, malgré ses soins à me plaire, je sentais qu'ici elle n'était pas heureuse; que, dans le monde, elle rougissait de moi.

GEORGE. Qu'osez-vous dire?

RIQUEBOURG. Oui, mon plus grand désespoir est de m'avouer que je suis au-dessous d'elle, que je ne la mérite pas. Pourquoi l'ont-ils sacrifiée? Pourquoi, en échange de ma fortune, me l'ont-ils donnée? J'aurais pris pour compagne une femme élevée comme moi, qui, mon égale en tout, ne m'aurait pas méprisé.

GEORGE. Ah! quelle idée!

RIQUEBOURG. Elle eût eu pour moi de l'estime, du respect, de l'amour peut-être.

GEORGE. Et qu'avez-vous à désirer dans celle que vous avez choisie? Pouvez-vous douter de son affection?

RIQUEBOURG. Eh bien, oui! aujourd'hui j'en doute; et maintenant j'y pense, comment en serait-il autrement? Je me regarde et me rends justice. Dans ce monde dont elle est entourée, n'ont-ils pas tous de l'éducation, de l'esprit, des talents? Ne sont-ils pas tous plus jeunes, plus aimables que moi?

GEORGE. Et vous supposeriez qu'Hortense, que la vertu même, voudrait vous tromper?

RIQUEBOURG. Me tromper! Non, ce n'est pas cela que je veux dire; au contraire, je ne me plains que de sa franchise. Pourquoi a-t-elle eu en moi tant de confiance? ou pourquoi ne l'a-t-elle pas eue tout entière? (*A demi-voix.*) Car c'est elle, c'est elle-même qui m'a avoué qu'elle préférait, qu'elle aimait quelqu'un.

GEORGE, *avec colère, et hors de lui.* Qu'entends-je, ô ciel! Et vous l'avez souffert! et vous le souffrez encore!

RIQUEBOURG. Eh bien! tu vois, toi qui, tout à l'heure, me recommandais la modération.

GEORGE. C'est que ce n'est pas à vous, c'est à moi de punir un pareil outrage.

RIQUEBOURG, *le retenant.* George, mon ami!

GEORGE. Laissez-moi, je suis furieux!

RIQUEBOURG. Vous resterez ici, je l'exige, je le veux.

GEORGE. Vous me retenez en vain; son nom, dites-moi son nom.

RIQUEBOURG. Eh bien! voilà justement ce que je ne sais pas, ce qu'elle refuse de m'avouer. Mais il y a apparence que c'est ce vicomte d'Heremberg.

GEORGE. Lui!

RIQUEBOURG. Et c'est pour en être plus sûr que j'allais le lui demander.

GEORGE. Y pensez-vous? compromettre ainsi votre femme? Et puis, vous êtes dans l'erreur; le vicomte a d'autres idées, d'autres vues... je le crois du moins. Et du côté d'Hortense, qui peut vous faire soupçonner?..

RIQUEBOURG. Ecoute; c'est quelqu'un qu'elle craint, qu'elle veut fuir. Une ou deux fois, déjà, elle m'avait parlé de s'éloigner, mais vaguement, faiblement. Aujourd'hui, c'est avec instance, avec prière, à l'instant même! Il faut donc qu'aujourd'hui, ce matin, dans l'instant, il y ait quelqu'un dont la vue ou la présence ait appelé ces sentiments dans son cœur, et l'ait décidée à me faire un pareil aveu.

GEORGE. O ciel!

RIQUEBOURG. Est-ce que tu saurais?..

GEORGE. Non, non.

RIQUEBOURG. Eh bien! moi, je le saurai. Il faudra bien qu'elle me dise son nom, ou tant malheur à elle! Elle ne sait pas de quoi je suis capable.

GEORGE. De grâce, calmez-vous.

RIQUEBOURG. Oui, tu as raison; c'est le moyen de tout gâter, et je sens que je m'y prendrais mal. Mais toi, qui es notre ami à tous deux, tu auras plus de pouvoir ou plus d'esprit que moi. Il faut que tu lui parles.

GEORGE. Moi!

RIQUEBOURG. Dans son intérêt à elle-même, conseille-lui de me le dire. Si elle y consent, il n'est rien que je ne fasse pour elle; mais si elle refuse, fais-lui comprendre que la paix de notre ménage, que notre avenir, que tout notre bonheur en dépend. Enfin, mon garçon, je me fie à toi; arrange ça pour le mieux. Tu me le promets? J'y compte. Adieu! (*Il rentre dans l'appartement à gauche.*)

SCÈNE XIV.

GEORGE, *seul.* Je ne puis me rendre compte de ce que j'éprouve! Mais, malgré moi, et pendant qu'il me parlait, une idée s'est glissée en mon cœur; une idée qui, de tous les hommes, me rendrait le plus heureux, ou le plus malheureux, peut-être!.. Non, non, ce n'est pas possible! Je ne veux, je ne dois pas m'y arrêter.

Air d'*Aristippe*.

Envers un oncle, un ami véritable,
Quel crime, hélas! serait le mien!
Et pourquoi donc?.. en quoi suis-je coupable?
Je ne veux rien, je n'attends rien.
Tous mes devoirs, je les connais trop bien.
Et d'être aimé si j'avais l'espérance,
Si cet amour n'était point une erreur...
J'aurais bientôt expié cette offense,
Et, je le sens, j'en mourrais de bonheur.

(*Il va pour sortir, et, au moment où il est près de la porte du fond, il voit Hortense qui sort de son appartement.*)
C'est elle!

SCÈNE XV.

HORTENSE, GEORGE.

HORTENSE. Je meurs d'inquiétude... Mon mari... Il faut que je le voie... O ciel! c'est George! (*Tombant sur un fauteuil près de la table.*) Mon Dieu! que devenir!

GEORGE, *courant à elle.* Ma tante! qu'avez-vous?

HORTENSE. Rien, Monsieur; je ne demande rien, qu'à être seule.

GEORGE. Puis-je vous laisser dans l'état où je vous vois?

HORTENSE, *s'efforçant de sourire.* Rassurez-vous, je ne souffre pas. Je venais d'avoir avec votre oncle une explication, où moi seule j'avais tort, sans doute.

GEORGE. Je ne pense pas.

HORTENSE, *étonnée.* Et qui vous l'a dit?

GEORGE. Lui-même, qui me confiait tout à l'heure le sujet de ses peines.

HORTENSE. A vous?.. O mon Dieu! (*Se reprenant, et cherchant à cacher son trouble.*) J'espère, George, que, connaissant comme moi le caractère de votre oncle, que sa vivacité emporte souvent loin des justes bornes, vous n'ajouterez pas foi à des idées dont lui-même reconnaîtra bientôt la fausseté.

GEORGE. Je ne crois rien, sinon que vous méritez les respects du monde entier, et que vous êtes ce que la vertu a créé de plus noble et de plus parfait.

HORTENSE. Je ne mérite point de tels éloges.

GEORGE. Et mille fois plus encore.

HORTENSE. Et d'où le savez-vous?

GEORGE. Tout le dit, tout me le prouve; et, bien différent de ce que j'étais ce matin, je tenterai désormais, non de vous égaler, c'est impossible, mais du moins de vous suivre et de vous imiter.

HORTENSE. Que dites-vous?

GEORGE. Que je puis mourir maintenant. J'ai épuisé en un instant tout le bonheur que je pouvais éprouver sur terre. Je n'ai plus rien à envier, rien à désirer. Dites-moi seulement que mon cœur a deviné le vôtre.

HORTENSE, *effrayée, se levant*. Ah! je me serai trahie!

GEORGE. Non, votre secret est à vous; il vous appartient; vous n'avez rien dit, je ne sais rien, et j'ai pu m'abuser sans doute encore, tant que votre bouche n'a pas détruit ou confirmé mes soupçons. Mais quoi que vous prononciez, j'oublierai tout, je vous le jure, tout, excepté l'honneur et la reconnaissance.

HORTENSE. Eh bien! prouvez-le-moi.

GEORGE. Soumis à vos ordres, je les attends.

HORTENSE. Vous me disiez ce matin : « Si j'étais aimé, je fuirais à l'autre bout du monde. »

GEORGE. Je l'ai dit, c'est vrai.

HORTENSE. Eh bien! partez.

GEORGE, *voulant se précipiter vers elle*. Ah! qu'ai-je entendu!

HORTENSE, *l'arrêtant de loin*. Pas un mot de plus. Je connais mes devoirs, vous connaissez les vôtres; quoi que j'ordonne, vous m'avez promis d'obéir; et si vous hésitiez un instant, vous ne seriez plus à craindre pour moi.

GEORGE. J'obéirai. Il n'est point de sort si rigoureux que je n'affronte. J'ai maintenant du bonheur pour toute ma vie. C'est mon oncle!

SCÈNE XVI.

LES PRÉCÉDENTS, RIQUEBOURG.

RIQUEBOURG, *à George*. Eh bien! lui as-tu parlé? L'as-tu déterminée enfin à tout m'apprendre, à ne plus avoir de secrets pour moi?

HORTENSE. Oui, j'y suis décidée, je dirai tout.

RIQUEBOURG. Ah! mon cher George! que je te remercie! (*Passant entre George et Hortense. A Hortense.*) En revanche, je te promets tout ce que tu voudras; parle, impose tes conditions; pourvu que je sache son nom, je consens à tout. Eh bien?

HORTENSE. Eh bien, vos soupçons s'étaient portés tout à l'heure sur le vicomte d'Heremberg.

RIQUEBOURG. C'est vrai, et je le crois encore.

HORTENSE. Silence! c'est lui. (*En ce moment entre le vicomte donnant la main à Élise.*)

HORTENSE, *continuant*. Pour vous prouver à quel point vous vous abusiez, et pour bannir à jamais de votre esprit de semblables idées, j'exige d'abord que vous consentiez à son mariage avec Elise, qu'il aime, et dont il est aimé.

RIQUEBOURG. Moi! y consentir...

HORTENSE. Manquez-vous déjà à votre parole?

RIQUEBOURG. Non. Mais cela regarde mon neveu, à qui je la destine, et qui, j'espère, ne souffrira pas... (*Le vicomte regarde George, qui lui prend la main et le tranquillise.*)

HORTENSE. George m'a donné son aveu. Demandez-lui.

RIQUEBOURG. Est-il vrai?

GEORGE. Oui, mon oncle. (*Bas, au vicomte.*) Je te l'avais bien dit.

LE VICOMTE, *à George*. Ah! mon ami!

ÉLISE. Ah! mon cousin!

RIQUEBOURG, *à George*. Et toi aussi! elle t'a donc ensorcelé? Enfin, puisque je l'ai promis, qu'elle abuse de ma parole...

GEORGE. Pour faire des heureux.

RIQUEBOURG, *à George*. Qu'ils le soient, s'ils peuvent, et puisque tu me restes, j'ai de quoi me consoler. (*A Hortense.*) Est-ce tout?

HORTENSE. Non. Elise n'est pas la seule pour qui j'ai à demander. J'ai aussi à vous parler en faveur de George.

RIQUEBOURG. Et que ne parle-t-il lui-même?

HORTENSE. Il n'ose pas, et m'en a chargée.

RIQUEBOURG, *étonné*. Est-ce possible! et qu'est-ce donc?

HORTENSE. Il est naturel qu'à son âge il cherche à s'éclairer, à s'instruire, et dès longtemps il avait des projets de voyage.

RIQUEBOURG, *avec colère*. Des voyages! qu'est-ce que cela signifie?

HORTENSE. Voilà justement ce qui l'empêchait de vous en parler, la crainte de vous fâcher, et cependant, c'est cette idée-là qui le tourmente, qui le rend malheureux, et si vous l'aimez, vous ne résisterez point à ses prières et aux miennes.

GEORGE. Oui, mon oncle, il le faut, et si vous me refusez...

RIQUEBOURG. Tu oserais partir malgré moi! (*A demi-voix.*) Comment! George, tu veux me quitter? C'est toi qui as pu concevoir une pareille pensée! et qu'est-ce que je deviendrai? (*Regardant Hortense.*) A qui confierai-je mes chagrins? qui m'aidera à me consoler? Et toi-même, qu'est-ce que ces idées de jeunesse, ce vague désir de voir du pays, ce besoin de changer de lieu? En trouveras-tu où tu sois plus aimé qu'ici? Est-ce que moi et ta tante ne te rendons pas heureux?.. Eh bien! nous redoublerons de soins, de tendresse, je ne te demande en échange que toi, que ta présence; reste avec moi, mon fils, ne me quitte pas.

GEORGE. Ah! mon oncle!

RIQUEBOURG. Il cède, il est attendri... (*Au vicomte, à Elise.*) Mes amis, aidez-moi... (*A Hortense.*) Et toi aussi, car tu es là, tu ne dis rien; il semble que tu veuilles le voir partir, que tu le pousses dehors!

GEORGE. N'insistez pas, mon oncle; car, plus vous m'accablez de bontés, plus je sens que je dois persister dans mes projets.

RIQUEBOURG. Que dis-tu?

GEORGE. Par là, du moins, je puis m'acquitter envers vous; ce voyage ne vous sera pas inutile. Au lieu d'un commis, au lieu de Dampierre, qui ne servirait que faiblement vos intérêts, c'est moi qui m'en occuperai, je prendrai sa place.

RIQUEBOURG, HORTENSE ET ÉLISE. Ciel!

RIQUEBOURG. Tu veux partir pour la Havane?

GEORGE. Oui, mon oncle.

RIQUEBOURG. Et les dangers de la traversée! et ceux du climat! si tu étais malade, si...

GEORGE, *à part, avec joie*. Qu'importe? Je suis aimé.

RIQUEBOURG. Et quand même tu échapperais à tous les périls... Dans quelques années, à ton retour, si le docteur avait raison, si tu ne me trouvais plus?

GEORGE. Que dites-vous?

RIQUEBOURG. C'est possible, il me l'a dit; et tu n'aurais donc pas été là pour me fermer les yeux?

GEORGE. Mon oncle!

SCÈNE XVII.
Les précédents, LAPIERRE.

LAPIERRE, à *Riquebourg*. Monsieur, M. Dampierre fait demander vos derniers ordres ; car la chaise de poste est dans la cour, tout attelée, et prête à partir.
GEORGE, à *Lapierre*. Et Dampierre, où est-il ?
LAPIERRE. En bas, avec sa jeune femme, qui pleure, qui se désole.
GEORGE, *à part*. Encore un heureux que je ferai ! (*A Lapierre*.) Dis-lui qu'il reste, que je prends sa place.
LAPIERRE. Vous, Monsieur !
GEORGE. Va vite. (*Lapierre sort*.)
RIQUEBOURG. Ainsi donc, rien ne peut te retenir ?
GEORGE, *leur tendant la main à tous*. Adieu tout ce que j'aime, adieu tout ce qui m'est cher.
HORTENSE. George, vous êtes un brave, un honnête garçon.
RIQUEBOURG. Parbleu ! qui est-ce qui en doute ? (*Regardant Hortense pendant qu'elle se détourne*.) Ah ! elle pleure aussi, c'est bien heureux ! j'ai cru qu'elle le verrait partir sans lui donner un regret.
GEORGE, à *Riquebourg*. Adieu, mon oncle, mon père !
RIQUEBOURG. Ah ! l'ingrat... (*Il détourne la tête du côté d'Elise et du vicomte, et remonte la scène avec eux, pendant que George s'approche d'Hortense*.)

GEORGE, à *Hortense*. Ai-je fait mon devoir ?
HORTENSE. Oui. (*Riquebourg s'assied sur le fauteuil, et paraît accablé de douleur ; le vicomte et Elise, auprès de lui, cherchent à le consoler*.)
GEORGE, *avec joie*. Et je vous le dois, et je pars heureux, sans remords, sans regrets. (*Hortense, sans lui rien dire, lui tend la main*.)
GEORGE, *lui baisant la main*. Ah ! (*Prenant le mouchoir qu'elle tenait*.) Mouillé de vos larmes, il ne me quittera plus ; le voulez-vous ? (*Hortense lui abandonne le mouchoir, George le met dans son sein, et courant vers le fond*.) Adieu, pensez à moi, soyez heureux. (*Il sort, Elise et le vicomte sortent après lui*.)
RIQUEBOURG, *lui tendant les bras*. George ! mon ami ! (*Musique. — Resté seul avec Hortense, après un moment de silence, il se lève et s'approche d'elle*.) Vous l'avez voulu, je vous ai obéi en tout ; j'ai consenti à leur mariage, et plus encore, à son départ... Maintenant, votre promesse, je la réclame. (*Avec une colère concentrée*.) Celui que vous aimez, quel est-il ? (*On entend dans la cour le roulement d'une voiture qui part ; ce bruit fait tressaillir Riquebourg, qui porte la main sur son cœur*.) Parlez, où est-il ?
HORTENSE, *étendant le bras du côté de la voiture*. Il est parti. (*Riquebourg pousse un cri, et reste la tête appuyée dans ses mains*.)

FIN DE LA FAMILLE RIQUEBOURG.

LE COMTE ORY
ANECDOTE DU XIe SIÈCLE
VAUDEVILLE EN UN ACTE

Représenté, pour la première fois, à Paris, sur le théâtre du Vaudeville, le 10 décembre 1846.

EN SOCIÉTÉ AVEC M. POIRSON.

PRÉFACE.

Le comte Ory était fameux dans le moyen âge. On voit encore en Touraine et sur les bords de la Loire les ruines de ce couvent de Formoustiers qui fut, dit-on, le théâtre de ses galantes entreprises. Du reste, on ne connaît point l'époque précise où vécut le comte Ory ; son historien n'a parlé que de ses exploits consignés dans cette ancienne légende que nous mettons sous les yeux de nos lecteurs, et qui a fourni le sujet de la pièce que l'on va lire.

LE COMTE ORY.

BALLADE.

Le comte Ory, châtelain redouté,
Après la chasse n'aime rien que la beauté,
Et la bombance, les combats et la gaîté.

Le comte Ory disait, pour s'égayer,
Qu'il voulait prendre le couvent de Formoustiers
Pour plaire aux nonnes et pour se désennuyer.

— Holà ! mon page, venez me conseiller :
Que faut-il faire pour dans ce couvent entrer ?
L'amour me berce, et je n'en puis sommeiller.

— Sire, il faut prendre quatorze chevaliers,
Et puis en nonnes il vous les faut habiller,
Puis à nuit close au couvent il faut aller.

Holà ! qui frappe ? qui mène si grand bruit ?
— Ce sont des nonnes qui ne marchent que de nuit.
Tant sont en crainte de ce maudit comte Ory.

Survient l'abbesse, les yeux tout endormis :
Soyez, Mesdames, bienvenues en ce logis ;
Mais comment faire pour trouver quatorze lits ?

Chaque nonette, d'un cœur vraiment chrétien,
Aux étrangères offre la moitié du sien ;
Soit, dit l'abbesse, sœur Colette aura le mien.

Or, sœur Colette, c'était le comte Ory
Qui, pour l'abbesse, d'amour ayant appétit,
Dans sa peau grille de trouver la pie au nid.

Fraîche et dodue, œil noir et blanches dents,
Gentil corsage, peau d'hermine et pied d'enfant,
La gente abbesse ne comptait pas vingt printemps.

Tous deux ensemble dans le lit bien pressés, [sez !
— Ciel ! dit l'abbesse... Ah ! comme vous m'embras-
— Vrai Dieu ! Madame peut-on vous aimer assez ?

— Holà ! mes nonnes, venez me secourir,
Croix et bannière, eau bénite allez quérir,
Car je suis prise par ce maudit comte Ory.

Cessez, Madame, cessez donc de crier ;
Laissez en place eau bénite et bénitier,
Toutes vos nonnes ont chacune un chevalier.

Neuf mois ensuite, vers le mois de janvier,
L'histoire ajoute un fait très-singulier,
Que chaque nonne eut un petit chevalier.

LE COMTE ORY.

Personnages.

ALOISE, comtesse de Formoustiers, jeune veuve.
URSULE, demoiselle d'honneur d'Aloïse.
RAGONDE, dame d'atours d'Aloïse.
LE COMTE ORY, seigneur châtelain.
ISOLIER, page du comte.
CLAIRE ET AUTRES DAMES DE LA SUITE D'ALOÏSE.
CHEVALIERS DE LA SUITE DU COMTE.

La scène se passe dans le château de Formoustiers.

Le théâtre représente un salon gothique avec trois portes de fond et deux latérales. Sur le premier plan à droite, une cheminée sur laquelle brûle une lampe; sur le premier à gauche, un balcon saillant donnant sur la campagne.

SCÈNE PREMIÈRE.

LA COMTESSE, URSULE, DAME RAGONDE, *dames d'honneur de la comtesse.*

(*Au lever du rideau, toutes les dames, différemment groupées, et travaillant à divers ouvrages d'aiguille, écoutent dame Ragonde, qui achève une histoire.*)

RAGONDE.

AIR de *M. Guénée* (de l'Académie royale de musique).

« Quoi! répond-elle à l'ermite,
« Dans vos pieux séjours,
« Par vos soins on guérit vite
« Du mal que l'on nomme amour?
« — Ma fille, venez, courage! »
Alors, le cœur plein d'émoi,
Lise entre dans l'ermitage;
Mais jugez de son effroi :
Ce saint anachorète,
Ce dévot, ce prophète,
C'était lui, c'est encor lui, } (*Bis.*)
C'est le comte Ory.

TOUTES LES DAMES.
Eh quoi! Mesdames, c'était lui,
C'était ce méchant comte Ory?

RAGONDE.
Oui, c'est lui, c'est encor lui,
C'est le comte Ory.

DEUXIÈME COUPLET.

Fier d'une brillante écharpe,
Si voyez beau damoisel;
Si voyez avec sa harpe
Accourir gai ménestrel;
Si voyez berger fidèle,
Ou bien chevalier galant,
Qui dit que vous êtes belle
Et jure d'être constant :
Fuyez, fuyez, pauvrettes.
N'écoutez ces fleurettes :
Car c'est lui, c'est encor lui, } (*Bis.*)
C'est le comte Ory.

TOUTES LES DAMES.
Le ciel nous préserve de lui.
Fuyons ce méchant comte Ory.

RAGONDE.
Oui, c'est lui, c'est encor lui,
C'est le comte Ory.

URSULE. Ah! mon Dieu, le vilain homme que ce comte Ory! Pourtant on dit qu'il est charmant.
RAGONDE. Voyez le grand mérite! Il est charmant, sans doute il est charmant; c'est le seigneur le plus élégant, toujours brillant, toujours paré : il n'a que cela à faire.
URSULE, *à la comtesse*. Mais, Madame, comment n'a-t-il pas suivi son père et tous les autres seigneurs de la province, qui combattent maintenant les Sarrasins?
LA COMTESSE. On dit que lors de leur départ, retenu par une fièvre ardente, qui faisait craindre pour ses jours...
RAGONDE. Bah! est-ce que ces mauvais sujets-là meurent jamais? Voyez-les à nos genoux; à les en croire, ils expirent toujours, et ils ne s'en portent que mieux; c'est comme nous quand nous nous trouvons mal.
URSULE. Je ne suis pas curieuse, mais je voudrais bien le voir une fois dans ma vie, ce comte Ory.
CLAIRE. Et moi aussi.
RAGONDE. Miséricorde! et votre serment? N'avons-nous pas juré à nos maris de vivre toutes renfermées dans le château de Formoustiers, jusqu'à l'époque de leur retour?
URSULE. Moi l'oublier! eh, mon Dieu! je me le répète tous les jours!

AIR du vaudeville de *Voltaire chez Ninon.*

Ils partirent, quelles douleurs!
Nous restâmes dans ces tourelles.

CLAIRE.
Ils promirent d'être vainqueurs;
Nous jurâmes d'être fidèles.

LA COMTESSE.
Leur valeur et notre vertu
Seront dignes l'une de l'autre..

RAGONDE, *soupirant.*
Oui; mais leur serment n'a pas dû
Leur coûter autant que le nôtre.

CLAIRE. Depuis trois ans, n'avoir pas seulement vu l'ombre d'un homme!
RAGONDE. Il est vrai qu'aucun ne pénètre ici; et l'on se croirait dans un monastère, sans les caquets de ces dames, la médisance et les romans.
TOUTES. Comment donc, dame Ragonde?
LA COMTESSE, *se levant.* Eh bien! Mesdames, je crains qu'en devisant ainsi, vous n'ayez oublié l'heure du souper. La nuit est close depuis longtemps.
RAGONDE. Madame la comtesse a raison. Allons, Mesdames, descendons au réfectoire.

TOUTES EN CHŒUR.
AIR : *Aussitôt que la lumière.*

Toi qui vois notre souffrance,
Juste ciel que je bénis,
Donne-nous la patience
D'attendre encor nos maris!
Viens, soutiens notre constance,
D'elle dépend la vertu.
Dès qu'on perd la patience
Le reste est bientôt perdu.

(*Elles sortent.*)

SCÈNE II.

LA COMTESSE, URSULE.

LA COMTESSE. Eh bien! Ursule, vous ne les suivez pas?
URSULE. Oh! non, Madame; je n'ai point d'appétit depuis qu'on m'a dit que la guerre était finie, et que nos maris pouvaient arriver d'un jour à l'autre.
LA COMTESSE. Eh! qui vous a dit cela?
URSULE, *baissant les yeux.* Oh! je le sais de bonne part... c'est-à-dire, je présume.
LA COMTESSE. Voilà pourtant trois mois que je n'ai reçu de nouvelles du comte de Formoustiers, mon frère.

URSULE. Ni moi de Gombaud, mon fiancé ; mais tant mieux. Je parierais qu'ils veulent nous surprendre. Pauvre Gombaud !

Air du vaudeville du *Petit Courrier.*

> Quittant l'objet de ses amours,
> Que son adieu fut doux et tendre !
> Hélas ! je crois encore entendre
> Les premiers mots de son discours !
> Le clairon sonna : quel martyre !
> Il se tut ; et je crois pourtant
> Que ce qui lui restait à dire
> Était le plus intéressant.

LA COMTESSE. Plains-toi donc, l'espoir au moins te reste, mais moi ! veuve à mon âge !... et de quel époux !

Air : *Rions, chantons, aimons, buvons.*

> Sur ton sort je t'entends gémir.
> Entre nous quelle différence !
> Le veuvage est le souvenir...
> L'amour est plus ; c'est l'espérance
> URSULE.
> L'état de veuve a son plaisir,
> Si j'en crois votre expérience,
> Lorsqu'on garde le souvenir,
> Et qu'on ne perd pas l'espérance.

LA COMTESSE. Que veux-tu dire, l'espérance ?
URSULE. Oui, Madame, votre petit cousin Isolier, le page de ce terrible comte Ory.
LA COMTESSE. Bon ! Isolier, un enfant ! D'ailleurs c'était le parent, le pupille de mon mari, qui l'aimait beaucoup ! Et si j'ai consenti à le revoir, c'était par égard pour la mémoire du défunt ! Tu sais, du reste, combien il me respecte.
URSULE. Comment donc, Madame, il me disait encore hier : « Ma chère Ursule, tu ne sais pas... vous « ne savez pas ; car il me respecte aussi beaucoup, Madame, « combien j'idolâtre ma belle cousine ! »
LA COMTESSE, *vivement.* Il a dit cela ? (*Se reprenant.*) Eh bien ! il n'aurait jamais osé m'en dire autant.
URSULE. Écoutez donc, Madame, il est en bien mauvaise école auprès de ce comte Ory ; et il faut qu'il possède un bien bon naturel pour n'être pas plus mauvais sujet qu'il n'est.
LA COMTESSE. Oh ! voilà qui est décidé ; ces dames d'ailleurs se croiraient autorisées par mon exemple ; et je ne le recevrai plus ; je le lui ai même déjà signifié, et s'il osait jamais,... (*On entend frapper en dehors.*)
URSULE. Madame ! on frappe à la petite porte de la tourelle ; si c'était lui !.. (*Ouvrant la croisée du balcon.*) Ah ! quel temps affreux !
ISOLIER, *en dehors.* Ursule, est-ce toi ?
URSULE. Oui, c'est moi. (*A la comtesse.*) Madame, que faut-il faire ? il a déjà attaché son cheval sous un arbre.
LA COMTESSE. Dis-lui que je ne puis...
URSULE. Ah ! Madame, il a l'air d'avoir bien froid.
LA COMTESSE, *vivement.* Il a bien froid. Mais aussi quelle audace ! malgré ma défense ! faites-le monter, Ursule ; je vais lui parler. Tiens, descends par le petit escalier. Voici la clé.
URSULE. J'y vais, Madame.

SCÈNE III.

LA COMTESSE, *seule.* Ursule a raison, la pluie tombe par torrents ; et en conscience, on ne peut pas le laisser dehors ce pauvre enfant.

Air du vaudeville de *Turenne.*

> Il me souvient qu'inflexible et sévère,
> En m'enfermant dans ce séjour,
> Je fis le serment téméraire
> De n'y laisser jamais entrer l'amour.
> Oui, je jurai, redoutant ses outrages,
> De lui fermer mon cœur et mon castel ;
> Mais en faisant ce serment solennel,
> Je ne songeais pas aux orages.

Mon Dieu ! qu'Ursule est lente ! (*Regardant par la fenêtre.*) Ah ! elle lui ouvre. Eh ! mais je crois qu'il l'embrasse. Ne vous gênez pas, Monsieur ; je me repens maintenant de lui avoir ouvert : oh ! oui, je m'en repens. Le voici ; il n'est plus temps.

SCÈNE IV.

LA COMTESSE, URSULE, ISOLIER.

ISOLIER, *mettant un genou en terre.* Bonjour, ma belle, ma bonne, ma divine cousine !
LA COMTESSE. Votre cousine est très en colère contre vous, Monsieur ; j'ai à vous gronder. Mon Dieu ! comme il a froid ? Chauffez-vous, Monsieur, chauffez-vous. Je vous trouve bien hardi ! comment ! malgré ma défense?.. Dis donc, Ursule, il a peut-être faim ? N'est-ce pas, Monsieur, que vous avez faim ? Eh ! vite, Ursule ! ces conserves qui sont sur mon oratoire. (*Ursule sort.*)
ISOLIER. Ma bonne cousine !
LA COMTESSE. Oui, Monsieur, je vous enverrai Ursule pour vous ouvrir désormais. La pauvre petite !
ISOLIER. Comment, vous avez vu ?
LA COMTESSE. Oui, j'ai vu qu'avec votre apparente timidité, vous étiez le digne élève de votre maître.
URSULE, *rentrant.* Tenez, beau chevalier ! (*Isolier se met à table ; la comtesse est à côté de lui, le sert et le regarde manger. — Ursule debout lui verse à boire.*)
LA COMTESSE. Aussi, a-t-on jamais vu courir les grands chemins à cette heure-ci ?
ISOLIER, *la bouche pleine.* C'est un message important dont j'étais chargé.
LA COMTESSE. Encore quelque nouveau tour de ce méchant comte ?
ISOLIER. Oh ! non, c'est au contraire une lettre pour lui, et qui pourra bien... (*A part.*) Diable ! taisons-nous. (*Haut.*) C'était le plus long de passer par ici, (*Regardant la comtesse.*) c'était le plus beau !
URSULE. Oui, le plus beau, de la pluie à verse.
ISOLIER. Bah ! en venant on ne la sent pas ; c'est quand je m'en irai...
LA COMTESSE, *le contrefaisant.* Quand je m'en irai... Avec cet air câlin, qui ne le prendrait pour l'ingénuité même ? Eh bien ! c'est la le digne conseiller et souvent le compagnon des tours félons que le perfide comte joue aux femmes.
ISOLIER. Vous le savez, c'est mon père qui m'a placé, en partant, auprès du jeune comte ; et si ce n'était ses déloyautés en amour, il ne pouvait me choisir plus noble seigneur.

Air de la romance du *Comte Ory.*

> Le comte Ory, châtelain redouté,
> Après la gloire, n'aime rien que la beauté,
> Et la bombance, les combats et la gaieté.

D'ailleurs,

Air : *Ah ! daignez m'épargner le reste.*

> Brave, généreux et galant,
> Preux chevalier et noble prince,
> On craint ses exploits... et pourtant
> On le chérit dans la province.
> Il voudrait, il le dit tout haut,
> Voir chacun heureux à la ronde ;
> Et même, hélas ! son seul défaut
> Est de vouloir se mêler trop
> Du bonheur de tout le monde.

(*En confidence.*) Mais vous ne savez pas ? aujourd'hui je le crois amoureux.

LA COMTESSE. Amoureux? Est-ce qu'il est jamais autrement?
ISOLIER. Oh! cette fois, c'est sérieusement. Imaginez-vous que ce matin il me fait appeler.

Air du *Pot de Fleurs*.

« Holà! dit-il, holà mon page,
« Ici venez me conseiller;
« A mon cœur rendez le courage,
« Amour me berce, et ne puis sommeiller.
« — Hélas! seigneur, vos tourments sont les nôtres,
« Et l'amour, sensible à nos maux,
« Vous prive à la fin du repos
« Dont vous avez privé les autres? »

J'ignore le nom de sa belle, car, pour la première fois, il a été discret : mais il paraît qu'elle est surveillée par un jaloux ou renfermée dans quelque moutier, car ce pauvre comte ne savait comment pénétrer près d'elle, et c'est sur cela qu'il me consultait.
LA COMTESSE. Comment, Monsieur?..
ISOLIER. Oh! je lui ai donné une idée; je suis sûr qu'elle vous divertira. Sire, lui ai-je dit, il faut prendre...
LA COMTESSE. C'est bon, c'est bon; je vous dispense des détails : encore quelque perfidie...
URSULE, *à part*. Ah! quel dommage!
LA COMTESSE. Ecoutez donc! j'entends du bruit dans les corridors.
URSULE. Ce sont ces dames qui rentrent après le souper.
LA COMTESSE. Comment! il est déjà si tard? Allons, allons, Monsieur, vite, il faut vous retirer.
ISOLIER. Comment, ma belle cousine?..
LA COMTESSE. Vous devriez être déjà bien loin. Tenez, prenez ces fruits, prenez encore ces gâteaux. Bonsoir, encore une fois, bonsoir. Ursule, ouvre-lui la porte, et viens me rejoindre aussitôt. (*Elle sort par une des portes latérales.*)

SCENE V.

ISOLIER, URSULE.

URSULE. Vous vous en allez donc, monsieur Isolier?
ISOLIER. Il le faut bien.
URSULE, *à voix basse*. Bah! puisque vous voilà, quelques minutes de plus ou de moins... Si vous m'acheviez cette histoire du comte Ory, que tout à l'heure vous aviez commencée, que je la sache seulement.
ISOLIER. Oui, pour aller la redire.
URSULE. Non; je l'oublierai tout de suite.
ISOLIER. Imagine-toi que je lui conseillai, pour entrer dans ce moutier, de prendre parmi ses chevaliers... (*On entend frapper à coups précipités.*) Qui peut, à pareille heure, venir vous rendre visite? (*Le bruit redouble.*)
URSULE. C'est à la grande porte du château ; je cours voir ce que c'est. Mon Dieu! que je suis malheureuse! Je ne saurai encore rien. Tenez, Monsieur, descendez vite par cet escalier; surtout tirez la porte sur vous, et qu'on ne vous revoie plus. Demain vous n'achèverez l'histoire, n'est-ce pas? Allons, partez, et ne revenez jamais. (*Elle sort par la porte du fond. On continue de frapper.*)

SCENE VI.

ISOLIER, *seul*. Voilà qui est singulier! Ceci se rapporterait-il aux dépêches dont je suis chargé? Oh! non; il est impossible qu'avant minuit... (*Il regarde à la fenêtre à droite.*) Que de lumières dans la cour! Toutes ces dames se serrent l'une contre l'autre; elles n'osent ouvrir. Si je descendais... non, craignons de compromettre ma belle cousine! Mais si c'était quelque aventure? si ma cousine était menacée? si on attaquait le château? oh! non, je ne suis pas assez heureux pour cela. J'entends monter; c'est Ursule.

SCENE VII.

ISOLIER, URSULE, *entrant précipitamment*.

URSULE. Comment! encore ici, Monsieur?
ISOLIER. Pouvais-je partir sans savoir la cause de tout ce bruit? tu vas m'expliquer...
URSULE. Non, Monsieur. Hâtez-vous de vous retirer, et laissez-moi entrer chez Madame.
ISOLIER. Bah! quand on y est, quelques minutes de plus ou de moins...
URSULE. Eh bien! puisqu'il faut vous le dire, c'est encore un nouveau tour de votre maître : de malheureuses pèlerines qu'il poursuit, et qui nous demandent l'hospitalité.

Air : *Adieu, je vous fuis, bois charmant*.

Je viens en bas de les trouver :
Si vous voyiez leur contenance!
Elles me priaient de sauver
Leur honneur et leur innocence.
De frayeur mon cœur hésitait,
Mais la pitié fut la plus forte :
On ne peut, par le temps qu'il fait,
Laisser l'innocence à la porte.

ISOLIER. Et combien sont-elles?
URSULE. Quatorze; je les ai comptées.
ISOLIER, *étonné*. Quatorze! et tu les as fait entrer?
URSULE. Sans doute; elles sont en bas, dans le parloir.
ISOLIER. Ici, dans le château?
URSULE. Oui; elles attendent ce que Madame va décider de leur sort. Allons, vous voilà instruit, laissez-moi entrer, et hâtez-vous de vous retirer. Surtout, fermez les deux portes sur vous. (*Elle sort par la porte à droite.*)

SCENE VIII.

ISOLIER, *seul*. Me retirer! il s'agit bien de cela maintenant. Ah! malheureux! qu'ai-je fait? Oui, tout me le dit, voilà l'effet de mes conseils. Ce déguisement, c'est moi qui en ai donné l'idée. Le comte et ses dévoués serviteurs sont maintenant dans cette enceinte, dans le castel de ma belle cousine. Je ne me doutais pas, il est vrai, que ce fût là cette beauté dont il était amoureux. Grands dieux! que faire? Infortuné! et pourquoi me plaindre? je suis trop heureux, au contraire, de ne pas être parti; peut-être trouverai-je le moyen de déjouer les projets du comte, d'empêcher l'entrevue qu'il désire avec tant d'ardeur; car s'il la voit, qui sait? Ma cousine m'aime, mais elle est femme : le rang du comte, l'offre de sa main, peuvent l'éblouir!.. Non, veillons sur ma belle cousine, sur mon seigneur, et montrons-nous le digne page du comte Ory! On vient. Prévenir ma cousine ne servirait à rien. Le comte n'est pas homme à s'éloigner si la ruse ne l'y force. Cachons-nous sur ce balcon; et tenons-nous prêt à tout événement. (*Il entre sur le balcon et referme la croisée.*)

SCENE IX.

URSULE, *sortant de l'appartement de la comtesse*.
LA COMTESSE.

URSULE. Oui, Madame, on va leur offrir le meilleur repas possible.

SCENE X.

Les précédents, DAME RAGONDE.

ursule. Eh bien! dame Ragonde, que font nos pèlerines?
ragonde. Ah! ma chère! elles avaient grand besoin du bon feu que je leur ai fait allumer dans le parloir. Il fait un temps affreux.
la comtesse, à part. Pauvre Isolier!
ragonde. Je crois que la frayeur les a rendues muettes, car elles ne disent pas un mot.
la comtesse. Quatorze femmes! Et leurs figures? car je n'ai pas eu le temps de les examiner.
ragonde. Leurs figures? figures extrêmement respectables, regards pleins d'expression.
ursule. Allons, ne perdons pas de temps; je vais sur-le-champ leur faire servir à souper : après tant de fatigues, elles doivent en avoir bon besoin.

SCENE XI.

RAGONDE, seule. Mais voyez pourtant quel malheur d'être femme, d'être belle, à quoi nous sommes exposées! Ah! perfide comte Ory!.. si je te rencontrais... si nous nous voyions face à face, tu passerais un mauvais moment : comme je te traiterais!.. (*Faisant un geste pour imposer respect.*) Monsieur!..

Air : *Vers le temple de l'hymen.*

Mainte beauté que je vois
Demande, au siècle où nous sommes,
Comment éloigner les hommes...
Hé! mon Dieu ! regardez-moi :
Pour n'être point méconnue,
Il me suffit à leur vue
D'une certaine tenue,
D'un certain je ne sais quoi.
Aussi je ne les crains guères :
Toujours les plus téméraires
Ont reculé devant moi.

SCENE XII.

RAGONDE, LE COMTE ORY; *il porte une robe de pèlerine et s'appuie sur un bourdon.*

ragonde. Ah! voici une de nos pèlerines; celle qui regarde avec tant d'expression.
le comte. Pardon, ma belle demoiselle, d'oser m'adresser à vous aussi librement.
ragonde, à part. Ma belle demoiselle! Qu'elle est aimable!
le comte. N'êtes-vous point la maîtresse de ce château?
ragonde. Vous êtes trop bonne : dame d'honneur, tout au plus. Mon nom est Ragonde.
le comte. Hé bien! vertueuse Ragonde, pourriez-vous me faire parler à votre maîtresse?
ragonde. Impossible, ma belle dame; la comtesse ne peut voir personne.
le comte, à part. Ah diable!.. (*Haut.*) Dites-lui que ce sont des pèlerines qui reviennent de la Terre-Sainte.
ragonde. De la Terre-Sainte! sauriez-vous, par hasard, des nouvelles de nos maris?
le comte. De vos maris?.. justement; ce sont de leurs nouvelles que j'apporte.
ragonde. Ah! je cours sur-le-champ; je le dis à madame la comtesse, à tout le monde. De nos maris! quel bonheur! Madame, un peu de patience; la joie, l'émotion... Je reviens à l'instant.

SCENE XIII.

LE COMTE, *seul.* Je vais donc la voir cette superbe dame! cette belle cousine dont Isolier m'a tant de fois parlé! Pauvre Isolier ! il était loin de se douter que son conseil extravagant me conduirait en ces lieux. C'est que toutes ces petites femmes sont charmantes. J'étais venu ici avec les intentions les plus raisonnables, et je ne sais déjà quelles idées... J'ai laissé mes compagnons, ou plutôt mes compagnes, dans le parloir; et j'accours ici savoir quel destin me prépare l'Amour, prêt à profiter de toutes les chances qu'il me présentera pour toucher le cœur de cette fière comtesse, et pour l'obliger enfin à me pardonner la ruse qui m'a conduit à ses pieds. Encore cette folie; dans peu de jours le retour de mon père peut me forcer à la sagesse.

Air de la cavatine de *don Juan* (Mozart).

Vive la folie
Par qui ma vie
Fut embellie,
Entends mes vœux.
Si mon délire
Ici m'attire,
C'est pour te dire
Derniers adieux.
J'en fais promesse,
Belle comtesse,
Sage maîtresse
De ce séjour;
Quand ma tendresse
A toi s'adresse,
Vers la sagesse
C'est un retour.
Vive la folie
Par qui ma vie, etc.

Mais quel bruit! Dieu me pardonne, ce sont ces dames qui parlent toutes ensemble.

SCENE XIV.

LE COMTE, LA COMTESSE, RAGONDE; toutes les Dames, *excepté* URSULE.

Air : *Courons aux Prés Saint-Gervais.*

CHŒUR.

Quoi! vous apportez ici,
Noble et gentille pèlerine,
Quoi! vous apportez ici
Des nouvelles de mon mari!
première dame.
Revient-il près de sa belle?
ragonde.
Est-il frais et bien portant?
deuxième dame.
A-t-il battu l'infidèle?
claire, à voix basse.
Est-il constant?
toutes.
Vous que le ciel guide ici,
Parlez, gentille pèlerine,
Parlez, donnez-nous ici
Des nouvelles de mon mari.

le comte, *regardant la comtesse.* Isolier avait raison, elle est charmante.
la comtesse. Est-il vrai, Madame, que la guerre soit terminée, et que les seigneurs de cette province se disposent à revenir en France?
le comte. La guerre est terminée, Mesdames, mais non les exploits de vos maris; il leur reste encore trop à faire pour que vous puissiez compter sur leur prompt retour. Si cela continue, ils convertiront toute l'Asie.

RAGONDE. Que voulez-vous dire?

LE COMTE.
Air : *Les fillettes au village* (de M. Hip. de la Marre).

Vos maris, en Palestine,
Sont les soutiens de la foi.
Pour leur croyance divine
Les belles n'ont plus d'effroi.
Et sultane et pèlerine,
Ils soumettront tout, je croi... (*Bis.*)
Vos maris, en Palestine,
Sont les soutiens de la foi.
Du grand soudan de Syrie
Ils ont pris tout le sérail...
Voulant par une œuvre pie
Le convertir en détail.
Ils y restent, j'imagine,
Par zèle pour notre loi... (*Bis*)
Vos maris, en Palestine,
Sont les soutiens de la foi.

TOUTES.
Air du vaudeville de l'*Ecu de six francs.*
Quoi ! nos maris, est-il possible ?
Voyez, les traîtres, les ingrats !
PREMIÈRE DAME.
Le mien pour une autre est sensible.
RAGONDE.
Eh quoi ! le mien ne revient pas ?
CLAIRE, *à une autre dame.*
Toi qui depuis longtemps soupires...
RAGONDE.
Hélas ! nos époux, je le voi,
Seront les soutiens de la foi,
Et nous en sommes les martyres.

LA COMTESSE. Nous comptions sur leur retour pour nous soustraire aux poursuites de ce terrible comte Ory.
RAGONDE, *au comte.* Terrible, c'est le mot, vous le savez par expérience.
LE COMTE. Oui, je sais plus que personne de quoi il est capable. (*A la comtesse.*) Mais qu'avons-nous besoin de protecteurs, Mesdames ; notre sexe ne peut-il se défendre par lui-même ?

Air : *Restez, restez, troupe jolie* (de Doche).

Formons une étroite alliance ;
Liguons-nous toutes contre lui,
Et pour punir son arrogance,
Abaissons ce fier ennemi.
Oui, de vous seule il peut dépendre
Que tous ses torts soient expiés,
Et si nous pouvions nous entendre,
Il serait bien vite à vos pieds.

SCÈNE XV.

Les précédents ; URSULE, *puis les autres* Dames.

LA COMTESSE, *à Ursule.* Eh bien ! mes ordres ont-ils été exécutés ?
URSULE. Oui, Madame : quand toutes nos pèlerines ont été bien réchauffées, on les a fait passer dans le réfectoire ; nous les examinions à travers les vitraux. Grands dieux ! quel appétit ! les pauvres femmes, elles dévorent !
LE COMTE, *à part.* Les traîtres ! ils vont me trahir.
URSULE. Elles sont tellement reconnaissantes de notre accueil, qu'au moment où je suis entrée, elles voulaient toutes m'embrasser.
LE COMTE, *à part.* J'aurais parié, morbleu !
LA COMTESSE. Mais vous, Madame, vous ne partagez point leur repas ?
LE COMTE. La crainte et l'émotion m'ont ôté l'appétit.
LA COMTESSE. Votre situation me fait faire une réflexion qui m'embarrasse.

LE COMTE. Laquelle ?
LA COMTESSE. Comptez-vous sur-le-champ vous remettre en route ?
LE COMTE. Mais, Madame, à moins de risquer de retomber entre les mains du méchant comte, nous ne pouvons...
LA COMTESSE. Je le sens bien, mais comment faire pour loger ainsi tant de monde ?
URSULE. Mais, Madame, nul inconvénient : nous veillerons avec ces dames ; elles doivent savoir de belles histoires, et cela est si divertissant !
LE COMTE, *à part.* C'est charmant.

Air : *Beaux Damoiseaux et Demoiselles* (du *Prince troubadour*, de Méhul.)

Oui, noble dame et bachelettes,
Vous dirai mieux qu'un ménestrel
Tençons et récits d'amourettes,
Car j'en sais beaucoup, grâce au ciel !
Vous conterai récits de guerre,
Vous conterai joyeux refrain...
Enfin, si Dieu m'aide, j'espère
Vous en conter jusqu'à demain.

TOUTES.
Nous en conter jusqu'à demain !

LE COMTE. Mais dans ce moment, je ne vous cache pas que je suis un peu fatigué, et qu'un instant de repos...
RAGONDE. Chacune de nous peut offrir l'hospitalité à ces dames, moi d'abord, si Madame veut accepter.
LE COMTE, *à part.* Je suis perdu !..
LA COMTESSE, *à part.* Non, je veux être pour ma part dans cette bonne action ; et puisque Madame a besoin de repos, (*Prenant une lampe des mains d'une dame, et la présentant au comte.*) suivez ce corridor, au bout duquel se trouve un cabinet attenant à mon appartement. Dame Ragonde, indiquez à cette aimable personne.
RAGONDE. Volontiers ; venez, Madame.

LE COMTE.
Air : *Un moment de gêne* (des Rendez-vous Bourgeois.)

Bonsoir, noble dame ;
Croyez qu'en mon âme
N'oublierai jamais
D'aussi doux bienfaits.
Et bientôt peut-être
Avec loyauté
Saurai reconnaître
L'hospitalité.

CHŒUR.
Oui, le ciel peut-être,
Dans sa bonté,
Saura reconnaître
L'hospitalité.

(*Le comte sort avec Ragonde par la porte à gauche.*)

SCÈNE XVI.

LA COMTESSE, URSULE ; toutes les Dames.

URSULE. C'est bien la personne la plus douce, la plus aimable !..
LA COMTESSE. Avec toute son amabilité, je lui trouve une figure singulière !
URSULE. Il est vrai qu'elle n'est point de la première jeunesse.
LA COMTESSE. Non, je veux dire dans ses manières.
URSULE. Ecoutez donc, ces pauvres femmes...

Air du *Verre.*

A leur âge c'est naturel !
Si d'abord vous les aviez vues ;
A peine d'un effroi mortel

Sont-elles encore revenues.
La poursuite de tels amants
Doit donner de l'inquiétude,
Surtout lorsque depuis longtemps
On en a perdu l'habitude!

LA COMTESSE. De là vient sans doute cet air contraint et ce maintien embarrassé que j'avais remarqués d'abord. (*Ragonde entre.*)
URSULE. Et si vous voyiez les autres, Madame, c'est bien pire encore. Ce comte Ory ne doute de rien.
RAGONDE. Quel homme!
LA COMTESSE. Heureusement, nous n'en avons rien à craindre.
URSULE. D'ailleurs nous venons de faire une bonne action, et cela doit porter bonheur.

REPRISE DU CHŒUR PRÉCÉDENT.

Prenons confiance,
Car, dans sa bonté,
Le ciel récompense
L'hospitalité.
Rentrons en silence, etc.
(*Elles sortent.*)

SCÈNE XVII.
LA COMTESSE, URSULE.

URSULE, *sur le point de partir.* Madame veut-elle accepter mes services? (*Allant chercher une robe dans le fond.*) Comme Madame est bien ainsi! Ah! pauvre Isolier! où es-tu?
ISOLIER, *entr'ouvrant la fenêtre du balcon.* On s'occupe de moi!
LA COMTESSE. Que voulez-vous dire?
URSULE. Je dis qu'il donnerait bien des choses pour être à ma place.
LA COMTESSE. Quelle folie!
URSULE. Lui, Madame, il serait trop heureux; et je suis sûre qu'au prix de tout son sang...
LA COMTESSE. C'est bon, retirez-vous.
URSULE. Je me retire. (*Revenant sur ses pas.*) Madame, vous avez reçu des nouvelles de l'armée! Est-ce qu'on ne sait pas quand reviennent nos maris?
LA COMTESSE. Mon Dieu non. Tous les soirs vous me faites la même demande.
URSULE, *tristement.* Bonsoir, Madame.

SCÈNE XVIII.
LA COMTESSE, ISOLIER, *caché*.

LA COMTESSE. Enfin me voilà seule, et je puis donc m'occuper de lui. Ce pauvre Isolier! dans quel état il doit être arrivé au château! Qu'il m'en a coûté de le renvoyer par un temps aussi affreux!
ISOLIER. Bonne cousine!
LA COMTESSE. Aussi, que mon frère revienne, et j'espère bien qu'il ne s'en ira plus. Comme il m'aime! comme il braverait tout pour moi!.. jusqu'à la colère de son maître!
ISOLIER. C'est ce que je fais. (*Sortant du balcon.*)
LA COMTESSE. Ce n'est pas lui qui serait jamais audacieux ni mauvais sujet. Jamais il ne voudrait compromettre... (*L'apercevant et jetant un cri.*) Ah! qu'ai-je vu?
ISOLIER, *mystérieusement.* Chut! c'est moi.
LA COMTESSE. Malheureux! vous ici! Que venez-vous faire? me perdre?..
ISOLIER. Vous sauver!
LA COMTESSE. Ingrat! dans quel embarras vous me mettez!..
ISOLIER. Je viens vous en tirer.
LA COMTESSE. Vous! comment?

ISOLIER. Chut! parlons bas. (*Il va écouter à la porte du corridor.*) Je n'entends rien.
LA COMTESSE. Que signifie?..
ISOLIER. Savez-vous à qui vous avez donné l'hospitalité?
LA COMTESSE. A des pèlerines infortunées, poursuivies par le comte Ory.
ISOLIER. Non, au comte Ory lui-même.
LA COMTESSE. O ciel! quel affreux danger!
ISOLIER. Ne nous alarmons pas, et voyons avant tout...
LA COMTESSE. Il faut fermer cette porte.
ISOLIER. Faible obstacle pour lui.
LA COMTESSE. Grands dieux! j'entends marcher dans le corridor.
ISOLIER. Si nous pouvions seulement gagner du temps, jusqu'à minuit... Nous sommes sauvés!
LA COMTESSE. Que voulez-vous dire?
ISOLIER. Je n'ai ni le temps ni le pouvoir de m'expliquer. On vient. (*Il souffle la lampe.*)
LA COMTESSE. Que faites-vous?
ISOLIER. Je vous sauve. (*Il s'empare de la mantille que vient de quitter la comtesse.*) Moi, sur ce fauteuil; vous derrière : chargez-vous seulement des réponses.

SCÈNE XIX.
LES PRÉCÉDENTS, LE COMTE, *en habit de chevalier*.

LE COMTE. Me voici dans l'appartement de la comtesse. Quelle obscurité!

Air : *Che soave zefiretto* (MOZART).

Approchons-nous en silence.
ISOLIER, *à la comtesse.*
Silence!..
LA COMTESSE.
Silence!
LE COMTE.
Mon projet réussira (*Bis.*)
ISOLIER.
Mon projet réussira...
LE COMTE.
De l'adresse et de la prudence.
ISOLIER, *à la comtesse.*
Prudence!..
LA COMTESSE.
Prudence!
ISOLIER.
L'Amour nous protégera.
LE COMTE.
L'Amour me protégera.
(*Isolier fait signe à la comtesse de parler.*)

LA COMTESSE. Qui va là?
LE COMTE. Comme sa voix est émue! C'est moi, cette pauvre pèlerine à qui vous avez donné l'hospitalité.
LA COMTESSE. Vous m'avez fait une frayeur! j'en tremble encore.
LE COMTE. Pas plus que moi, je vous jure : c'est même cela qui m'amène. Je n'ai pu rester dans mon appartement. Il semble qu'à deux on ait moins peur.
ISOLIER, *à part.* Oui, quand on est deux.
LE COMTE. Et j'ai même besoin de savoir que vous êtes là, auprès de moi. (*Rencontrant Isolier.*)

Air : *Sans être belle on est aimable* (D'AMBROISE).

Est-ce bien vous?
LA COMTESSE, *répondant.*
Oui, c'est moi-même.
LE COMTE.
Hélas! ma frayeur est extrême...
(*Prenant la main d'Isolier.*)
Elle se dissipe soudain...
Depuis que je sens cette main.
LA COMTESSE, *à part.*
Eh! mais, il croit tenir ma main.

LE COMTE.
Mon cœur à se calmer commence.
LA COMTESSE, *à part*.
La frayeur fait battre le mien.
LE COMTE, *serrant sur son cœur la main d'Isolier.*
Enfin, elle est en ma puissance.
ISOLIER, *à part.*
Comme il me tient !
LE COMTE, *à part.*
Ah ! je la tien.
LA COMTESSE, *à part.*
Je puis la lui laisser, je pense ;
Son bonheur ne me coûte rien.
TOUS TROIS.
Ah ! je la } tien.
le }

LA COMTESSE. Maintenant, n'est-ce pas, vous pouvez rentrer dans votre appartement !
LE COMTE. Non, cela me serait impossible ; je ne sais quel charme me retient en ces lieux.
LA COMTESSE. Que dites-vous ?
LE COMTE. Oui, je vous abusais : vous voyez en moi le plus tendre et le plus fidèle des amants.
LA COMTESSE. Grands dieux !
LE COMTE, *retenant Isolier dans le fauteuil.* Ne cherchez point à vous éloigner. Pouvez-vous douter de mon respect, de ma soumission ? Je vous ai vue ce matin, et votre aspect seul a décidé de mon retour à la vertu.
LA COMTESSE. A la vertu !
LE COMTE. Oui, tout m'est possible si vous me permettez de vous revoir.
LA COMTESSE. Me revoir !
LE COMTE. On le peut sans danger, sans indiscrétion. J'ai déjà remarqué au bout de ce corridor une secrète issue.
ISOLIER, *à part.* Il n'a pas perdu de temps.
LA COMTESSE. Et qui vous a donné le droit de vous introduire avec cette audace ?
LE COMTE. Mon amour, vos cruautés. Mais, je vous l'avoue, l'idée d'une pareille ruse ne me serait jamais venue ; c'est un de mes conseillers, un page, un mauvais sujet...
LA COMTESSE, *à Isolier.* Comment, Monsieur ?
ISOLIER. Ce n'est pas vrai. (*La comtesse lui ferme la bouche avec la main.*)
LE COMTE. Pourriez-vous m'en croire capable ? moi ! le comte Ory ?

AIR de la romance du *Comte Ory.*
Ah ! de mon âme
A la fin connaissez
La vive flamme.
(*Il baise la main d'Isolier, qui, dans le même moment, baise celle de la comtesse.*)
LA COMTESSE.
Ah ! comme vous me pressez !
LE COMTE, *avec expression.*
Vrai Dieu ! Madame,
Peut-on vous aimer assez ?..
(*On entend un grand bruit au dehors.*)

Qu'entends-je ? (*Le comte rentre dans le corridor et Isolier sur le balcon.*)

SCENE XX.

LE COMTE, ISOLIER, *cachés* ; RAGONDE, URSULE, LES AUTRES DAMES, *arrivant par le fond avec des flambeaux.*

AIR : *Ah ! quel scandale !*
CHŒUR.
Ah ! quel scandale abominable !
Ah ! quelle horrible trahison !
Vit-on jamais rien de semblable ?
LA COMTESSE.
Répondez-moi, qu'avez-vous donc ?

RAGONDE. Madame, ces pèlerines...
LA COMTESSE. Eh bien ! où sont-elles ?
RAGONDE. Elles sortent de table ; mais qui s'en serait jamais douté ?

AIR du *Calife de Bagdad.*
Ah ! qui jamais pourrait le croire ?
Quelle honte pour ce saint lieu !
En passant près du réfectoire,
J'entends : *Morbleu, sanbleu, parbleu !*
Lors je m'approche avec mystère :
Ces dames buvaient à plein verre,
En criant : Guerre à la beauté,
Vivent l'amour et la gaîté !

LA COMTESSE. Guerre à la beauté !
RAGONDE. J'ai compris quel danger me menaçait ; j'ai été sur-le-champ prévenir ces dames, et nous accourons toutes. Tenez, ne les entendez-vous pas ? (*On entend en dehors.*)

Chantons le vin et la beauté ;
Vivent l'amour et la gaîté !

SCENE XXI.

LES PRÉCÉDENTS ; CHEVALIERS DE LA SUITE DU COMTE ORY, *paraissant à la porte du fond. Leur robe de pèlerine est entr'ouverte et laisse voir leurs habits de chevaliers.*

CHŒUR DE FEMMES, *se pressant autour de la comtesse.*
Grands dieux ! hélas ! protégez-nous.

CHŒUR DES HOMMES.
Belles, pourquoi nous fuyez-vous ?
Vous nous voyez à vos genoux.
(*Ils font un pas vers elles. L'horloge du château annonce minuit, et l'on entend sonner le beffroi. Ils s'arrêtent tous étonnés.*)

SCENE XXII.

LES PRÉCÉDENTS ; LE COMTE, *sortant du corridor.*

LE COMTE. D'où vient ce bruit ? Serions-nous menacés ?
ISOLIER, *sortant du balcon en face.* C'est minuit, et nous sommes sauvés !
LE COMTE. Que vois-je ? Isolier en ces lieux !
ISOLIER. Vous y êtes bien, Monseigneur ; il faut venir vous y chercher : c'est une lettre que, depuis plusieurs heures, je suis chargé de vous remettre.
LE COMTE. Mais, Dieu me pardonne, tu es arrivé par la fenêtre !
ISOLIER. On doit tout braver, Monseigneur, pour le service de son prince !
LE COMTE. Fripon ! Voyons de qui est cette lettre.
ISOLIER. De monseigneur votre auguste père.
LE COMTE. De mon père ! (*Lisant.*) « Mon cher comte, « je serai au château cette nuit même. (*A part.*) Cette « nuit ! Tous les gentilshommes de mon vasselage et « le brave comte de Formoustiers arriveront à mi- « nuit dans leurs castels, dans le dessein de causer à « leurs nobles dames une douce surprise. »
TOUTES LES DAMES. A minuit ! Ce sont eux !
URSULE, *sautant de joie.* C'est mon mari !
LE COMTE, *poursuivant.* « Quant à moi, qui n'ai pas « les mêmes motifs pour me cacher, je t'envoie par « Isolier la nouvelle de mon arrivée. » Grands dieux ! que pensera-t-il en ne me trouvant pas au château ?
ISOLIER. Mon prince, voulez-vous que je vous donne un conseil ?
LE COMTE. C'est ton habitude.
ISOLIER. Vous avez déjà eu l'adresse de remarquer au fond de ce corridor une secrète issue...

LE COMTE. Comment?

ISOLIER. Elle donne sur la campagne.

LE COMTE. Ah! traître, tu sais...

ISOLIER. Entendez-vous le beffroi? Laissez les maris faire leur entrée triomphale, et donnez à votre compagnie l'exemple d'une sage retraite.

LE COMTE. Tu pourrais avoir raison, et tu vas nous guider.

ISOLIER. Mon prince, j'aurai soin de fermer la porte sur vous. Le comte Formoustiers est mon cousin, et je dois rester pour le recevoir.

LE COMTE. Je devine une partie de la vérité. Allons, Mesdames, au revoir; adieu, charmante comtesse : nous n'aimons pas plus à rencontrer des frères que des maris. Mais je n'oublierai point certain baiser...

ISOLIER. Las! Monseigneur! je n'étais pas digne de cette précieuse faveur.

LE COMTE. Comment! c'était toi? Ah! pauvre comte! à qui t'es-tu joué? (*A voix basse*.) Mesdames, je vous demande le secret, et promets de le garder.

AIR du vaudeville du *Mameluk*.

Oui, sans bruit et sans escorte,
Pendant que chaque mari
Entrera par cette porte,
Nous, sortons par celle-ci...
Ne bougez, troupe craintive,
Nous sommes faits à cela.
Sitôt que l'Hymen arrive,
Prudemment l'Amour s'en va.

AIR de *la Sorbonne*.

Vous pourtant,
Croyez-m'en,
Ayez la prudence
De ne point en faire part :
Gardez le silence,
Car
Que chez lui
Un mari
Trouve un téméraire,
Cela peut arriver... mais
Cela doit se taire.
Paix!

URSULE.

Quel bonheur!
Ouvrons-leur;
Vite, ouvrons, Madame.
Pourtant quand on vient si tard
On prévient sa femme,
Car
On peut voir
Tout en noir...

RAGONDE.

En France, ma chère,
Un époux arrive... mais
Sait toujours se taire.
Paix!

LA COMTESSE.

Quand pour nous
Nos époux
Sont si débonnaires,
N'allez pas à notre égard
Etre plus sévères,
Car :
Que l'auteur
Par malheur
N'ait pas su vous plaire,
Cela peut arriver... mais
Cela doit se taire.
Paix.

FIN
de
LE COMTE ORY.

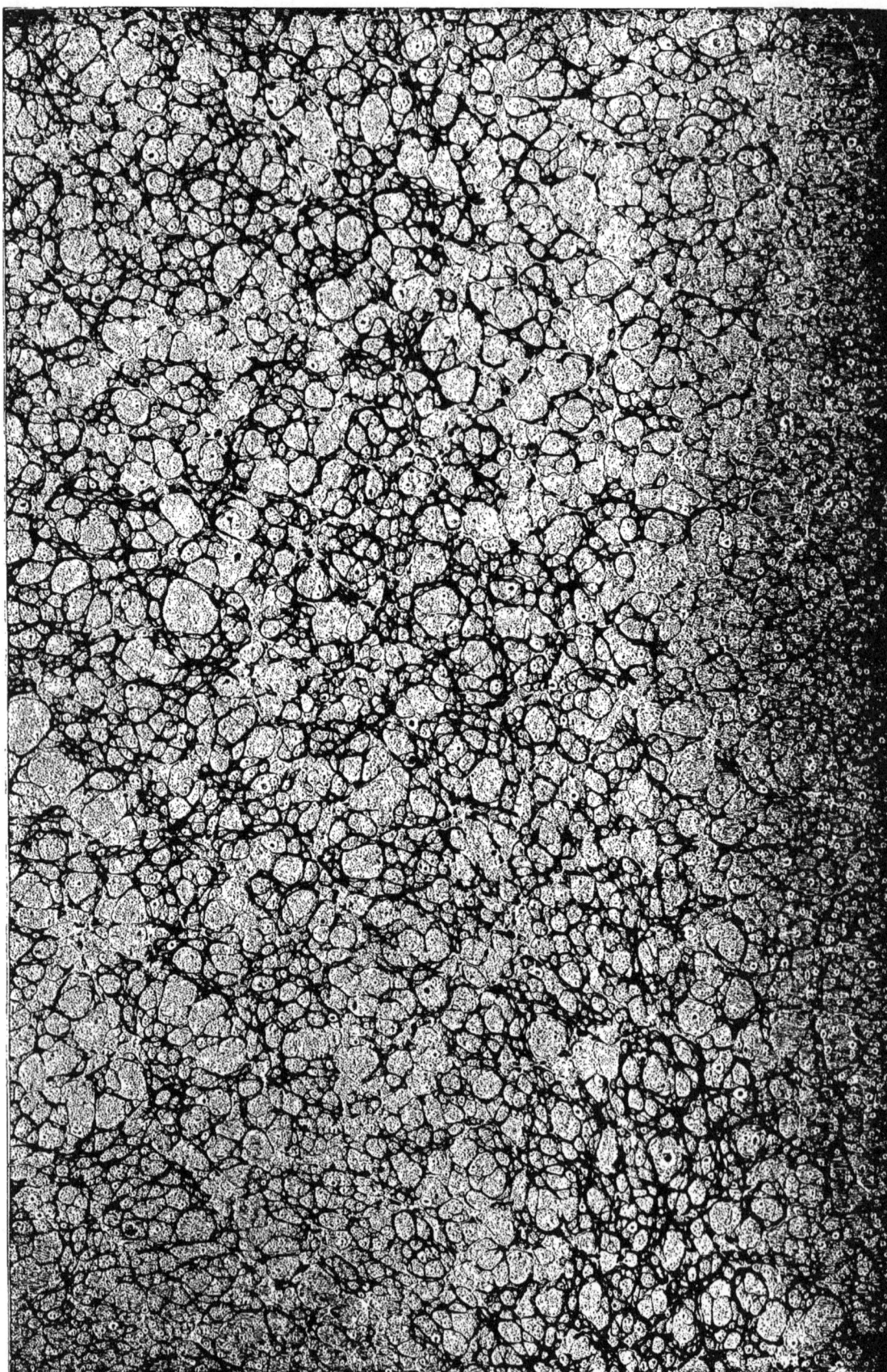

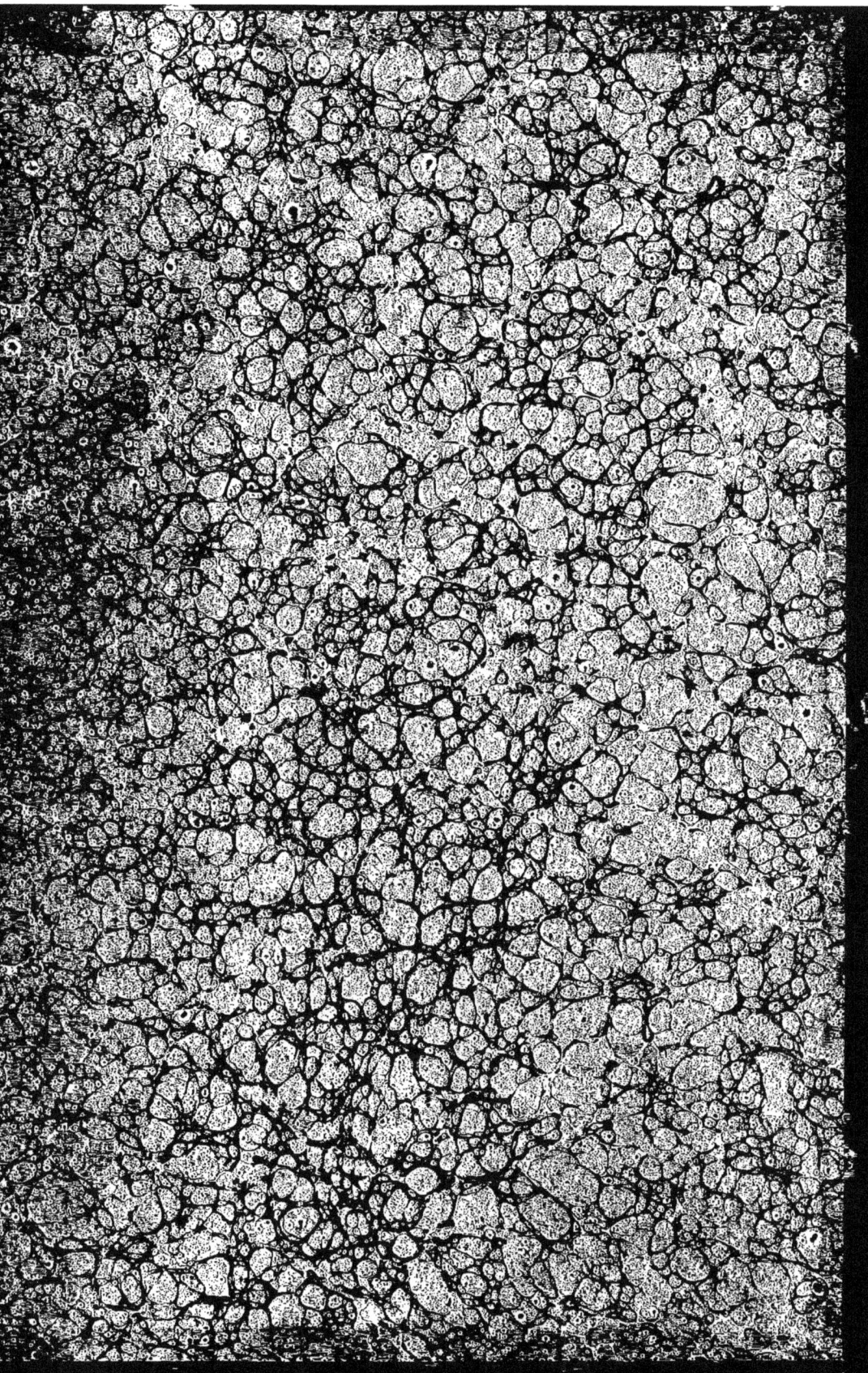

www.ingramcontent.com/pod-product-compliance
Lightning Source LLC
Chambersburg PA
CBHW062008180426
43199CB00033B/1611